Hartung/Bues/Halbleib (Hrsg)
Legal Tech

Legal Tech

Die Digitalisierung des Rechtsmarkts

Herausgegeben
von

Markus Hartung

Dr. Micha-Manuel Bues

Dr. Gernot Halbleib

2018

www.beck.de

ISBN 978 3 406 71349 1

© 2018 Verlag C. H. Beck oHG
Wilhelmstraße 9, 80801 München

Druck und Bindung: Nomos Verlagsgesellschaft mbH & Co. KG / Druckhaus Nomos
In den Lissen 12, D-76547 Sinzheim

Satz: Fotosatz H. Buck
Zweikirchener Str. 7, 84036 Kumhausen

Umschlaggestaltung: Ralph Zimmermann – Bureau Parapluie

Gedruckt auf säurefreiem, alterungsbeständigem Papier
(hergestellt aus chlorfrei gebleichtem Zellstoff)

Vorwort der Herausgeber

Seit einiger Zeit kann man sich vor Legal Tech kaum noch retten. Jeder redet darüber, die Zahl der Konferenzen nimmt ständig zu und vor allem online stößt man immer wieder auf die verschiedensten Publikationen zu dem Thema. Eine Gesamtdarstellung von Legal Tech, verstanden als Schlagwort für die Digitalisierung der juristischen Branche, gibt es nicht, und vermutlich könnte man alle Facetten in einem Buch auch gar nicht behandeln. In diesem Buch geht es deshalb hauptsächlich um die Frage, was Legal Tech für die juristische Profession bedeutet, weniger in rechtlicher Hinsicht, sondern mit Blick auf den Rechtsmarkt. Eine eindeutige Antwort darauf gibt es (noch) nicht, zumal die Entwicklung von Legal Tech noch am Anfang steht. Es können aber heute schon vielfältige Ausprägungen von Legal Tech in der juristischen Praxis beobachtet werden, die erahnen lassen, wohin die Reise geht. Neben allgemeinen Überlegungen zur Digitalisierung im Rechtsmarkt kommen daher in diesem Buch vor allem Praktiker zu Wort, die zeigen, wie Legal Tech jetzt und in der Zukunft konkret eingesetzt werden kann und die den Begriff dadurch auch etwas entmystifizieren. So wollen wir dazu beitragen, dass es gelingt, die juristische Arbeit und den Zugang zum Recht allgemein mit Hilfe von Technologie zu verbessern, zu vergünstigen und einem breiteren Publikum zugänglich zu machen. Denn wir sind fest davon überzeugt, dass das System der Rechtspflege durch Technologie nur besser werden kann – das gilt nicht nur für die Anwälte, sondern auch für die Justiz.

Der Fokus dieses Buchs liegt dabei allerdings auf der Anwaltschaft, ob Inhouse oder in Kanzleien. Anwälte finden in diesem Buch konkrete Anleitungen und Beispiele, wie man eine Strategie zur Digitalisierung auf- und umsetzt. Das sind natürlich alles keine Patentrezepte, sondern die Erfahrungen, die die Autoren dieses Buches als Praktiker und Berater gemacht haben. Auch Anbieter von Legal Tech-Lösungen kommen zu Wort. Man mag das als *Product Placement* kritisieren, aber wir sind der Auffassung, dass sich aus der Darstellung von Produkten, Lösungen und konkreten Umsetzungsbeispielen viel lernen lässt. Legal Tech, nicht nur verstanden als theoretische Kategorie, lebt davon, dass man sich praktische Lösungen anschaut und dadurch für den eigenen Prozess der Digitalisierung inspiriert wird. Daher hoffen wir, dass Sie nach der Lektüre nicht nur einen guten Überblick über die Materie, sondern auch genügend praktisches Anschauungsmaterial für Ihren weiteren Weg in die Digitalisierung bekommen haben.

Allen Autorinnen und Autoren danken wir herzlich für die Mitwirkung an diesem Buch. Sie haben sich nicht nur bereit erklärt, ihr Wissen und ihre Erfahrungen zu teilen, sondern ihre Beiträge auch in einem kurzen, der Aktualität des Themas angemessenen Zeitfenster zu verfassen. Ohne ihren Einsatz wäre ein umfassendes Werk wie dieses nicht möglich gewesen.

Ihr Feedback, positiv und kritisch, ist herzlich willkommen! Schreiben Sie uns an markus.hartung@law-school.de, micha.bues@law-school.de oder gernot.halbleib@law-school.de.

Berlin, im September 2017
Markus Hartung　　　　Micha-Manuel Bues　　　　Gernot Halbleib

Inhaltsverzeichnis

Vorwort der Herausgeber V
Bearbeiterverzeichnis XVII

Was Sie in diesem Buch erwartet 1

1. Kapitel
Digitalisierung

1.1 Gedanken zu Legal Tech und Digitalisierung 5
    A. Legal Tech: Ein alter Hut (?) 5
    B. Bessere Technik, mehr Risikokapital 6
    C. Definitionen 7
        I. Was ist Legal Tech? 7
            1. Definition auf Wikipedia 7
            2. Definition nach einer Studie des Bucerius CLP und BCG 8
        II. Taxonomie – Erscheinungsformen von Legal Tech 9
            1. Automatisierte Rechtsberatungsprodukte 9
            2. Marktplätze und Expertenportale 9
            3. Legal Process Outsourcing 10
            4. E-Discovery und Dokumentenanalyse (Document Review) 10
    D. Legal Tech und der Zugang zum Recht 10
        I. Verbraucherberatung (B2C) 11
            1. Studie des GdV aus dem Jahr 2013 12
            2. Anwaltliches Selbstverständnis und Honorarsystem 12
            3. Vorteile von Legal Tech gegenüber Anwälten 13
            4. Plattformen 14
            5. Zwischenergebnis 14
        II. Wirtschaftsrechtliche Beratung (B2B) 14
            1. Aufgaben von Anwälten bei der B2B-Beratung 15
            2. Software ersetzt die Tätigkeit von Anwälten 15
            3. Neue Transparenz und Zugang zu Informationen 16
        III. Legal Tech und Kanzleien 16
    E. Fazit 17

1.2 Auswirkungen und Erfolgsfaktoren der Digitalisierung von Kanzleien .. 19
    A. Was ist Digitalisierung? Was bedeutet sie für Kanzleien? 19
    B. Digitalisierungsstrategie 20
        I. Ist eine Digitalisierungsstrategie in der Kanzlei vorhanden? 20
        II. Startpunkt einer Digitalisierungsstrategie: Warum soll digitalisiert werden? 20
        III. Digitalisierungsdimensionen: Was kann und soll verändert werden? .. 21
            1. Digitale Geschäftsmodelle 22
            2. Digitalisierung von Prozessen 23
            3. Digitalisierung von Strukturen 24
            4. Digitalisierung des Kundenkontakts 25
    C. Erfolgsfaktoren zur Beschleunigung von Digitalisierung 26

			1. Innovationskultur braucht Buy-in vom Management	27
			2. Diversität schaffen und zulassen	27
			3. Fehler zulassen, Risiko zur Norm werden lassen	27
			4. Ideen feiern	28
			5. Carve out time	28
			6. Offene Kommunikationskultur	28
			7. Nicht immer perfekt sein – MVP	28
			8. Agiles Arbeiten	29
			9. Kooperation mit Start-Ups	29
	D.	Zusammenfassung und Ausblick	30
1.3	**Der Weg zur Legal Tech-Strategie**			31
	A.	Einführung		31
	B.	Beispiele für Legal Tech-Strategien und Legal Tech-Produkte		31
	C.	Effizienzsteigerung bei bestehenden Rechtsprodukten		33
		I.	Schritt 1: Wirtschaftliche Analyse und Ermittlung des Potenzials für Effizienzsteigerungen	33
		II.	Schritt 2: Workflow-Analyse	36
		III.	Schritt 3: Umsetzung von Maßnahmen	38
	D.	Entwicklung neuer, digitaler Rechtsprodukte		38
		I.	Wie entstehen Ideen für neue Rechtsprodukte?	38
		II.	Digitale Produkte erfordern neue Abrechnungs- und Geschäftsmodelle	39
		III.	Hohe Anfangsinvestitionen sind notwendig	40
		IV.	Return on Investment	41
		V.	Rechtliche Rahmenbedingungen	42
	E.	Fazit: Unternehmerisches Denken ist gefragt		42

2. Kapitel
Legal Tech Szene in Deutschland und anderen Ländern

2.1	**Legal Tech in Deutschland – zwischen Buzz Word und Anwaltsschreck** . .			47
	A.	Einführung		47
	B.	Leitsysteme für das Legal Tech-Chaos		48
	C.	Helden des kleinen Mannes		48
	D.	Strategien bei „Big Law"		49
	E.	Das neue Mantra: Mehrwert		50
	F.	Innovationstreiber Inhouse?		51
2.2	**Changes in the US Legal Market Driven by Big Data/Predictive Analytics and Legal Platforms**			53
	A.	Introduction		53
	B.	Part I: Big Data/Predictive Analytics in Law and its Impact on the U.S. Legal Market		54
		I.	What is Predictive Analytics?	55
		II.	Help! The Robolawyers are Coming!	55
		III.	Predictive Analytics in Law – Research	56
			1. Predicting Supreme Court Cases	56
			2. Predicting Criminal Defendants' Behavior	57
			3. Predicting Tax Evasion and Tax Outcomes	57
		IV.	Predictive Analytics in Law – Start-ups	57
			1. Search	57
			2. E-discovery	58
			3. Judicial/Litigation Analytics	58

		4. Contract Analysis	58
		5. IP Analytics	59
		6. Legislative Prediction	59
		7. Predictive Policing	59
		8. Lawsuit Financing	59
	V.	Open Questions Regarding Predictive Analytics in Law	60
		1. Predictive Analytics in Law – Technical Issues	60
		2. Predictive Analytics in Law – Explainability	60
	VI.	Conclusion	61
C.	Part II: Legal Platforms and their Impact on the U.S. Legal Market		61
	I.	Introduction	61
	II.	Gatekeeping Regulations	62
	III.	First Movers	62
	IV.	A New Generation of Platforms	63
	V.	Alternative Legal Service Providers	63
	VI.	Conclusion	64

2.3 The UK legal tech scene ... 67
- A. Introduction ... 67
- B. Big IT budgets boost legal tech ... 67
- C. Towards a different procurement model ... 68
  - I. The UK legal tech landscape ... 68
  - II. Post-downturn disaggregation and commoditisation ... 70
  - III. Blurred boundaries ... 70
- D. Artificial intelligence as a game-changer ... 70
- E. The lawtech start-up phenomenon ... 71
- F. Lawtech for good – and chatbots ... 71
- G. Start-ups lead the devolution of legal IT ... 72
- H. Conclusion: Looking ahead ... 74

3. Kapitel
Legal Tech in Großkanzleien

3.1 Big Law & Legal Tech ... 77
- A. Herausforderung ... 77
- B. Möglichkeiten durch Technologie ... 77
- C. Die Kanzlei der Zukunft ... 79
- D. Die Bedeutung von Technologie, Daten und Arbeitsteilung ... 80
- E. Fazit ... 82

3.2 Wirtschaftskanzleien unter dem Einfluss von künstlicher Intelligenz – Bestandsaufnahme und Ausblick am Beispiel der Analyse-Software KIRA ... 83
- A. Einleitung ... 83
- B. Hauptanwendungsbereich Legal Due Diligence ... 84
- C. Machine learning-Technologie ... 84
- D. Weitere Anwendungsbereiche ... 85
  - I. Compliance ... 85
  - II. Vertragsmanagement und Vertragsgestaltung ... 85
  - III. Zusammenfassungen von Mietverträgen ... 86
- E. Bedienung der Software ... 86
  - I. Wie funktioniert die Analyse mit Kira? ... 86
  - II. Anschaulicher Vergleich von Zusammenfassung und Originalversion ... 87

	III.	Tags	87
	IV.	Quick Study	88
	V.	Projektmanagement-Tool	88
	VI.	Sicherheitsfragen	88
F.	Vorteile des Einsatzes von Kira		89
G.	Kann Kira die Anwälte ersetzen?		90
H.	Herausforderung für Kanzleien		90

3.3 Law Firms as Incubators: Lessons learned from the first initiatives 93
- A. Introduction 93
- B. Strategizing innovation… and assessing where incubation fits in 94
  - I. Focusing on client pain points 94
  - II. Opening a window to allow for deeper exploration 94
  - III. Law firms: Giving it some thought… and a structure 95
- C. Incubating ideas, incubating solutions 96
  - I. A portfolio approach 96
  - II. Preparing the future with current parameters at hand 97
  - III. The startup bias 97
  - IV. Startup washing: an unsustainable signal 97
- D. Incubation as a catalyst of human synergies 98
  - I. Lateral perspective: not the external caution you may look for 98
  - II. Lawyers: at the core of incubation 99
  - III. Business support's role growing through incubation 99
  - IV. Dedicated team and resources 100
- E. What could possibly go wrong? Leveraging the risk of failure 100

3.4 Norton Rose Fulbright ContractorCheck: Von der Entwicklung bis zur Nutzung eines online Tools zur Abgrenzung zwischen freien Mitarbeitern und Arbeitnehmern 103
- A. Rechtlicher Hintergrund oder wofür der ContractorCheck hilfreich ist 103
- B. ContractorCheck 104
  - I. Erster Schritt: Entscheidung für das Arbeitsrecht 104
  - II. Wie funktioniert der ContractorCheck? 105
    1. Grundsätzliche Funktionsweise 105
    2. Logik des ContractorCheck 106
    3. Entwicklung des ContractorCheck 106
  - III. Wie ging es dann weiter? 107
  - IV. Wie wird der ContractorCheck benutzt? 107
  - V. Für wen ist der ContractorCheck relevant? 108
- C. Fazit 109

3.5 „Deloitte + Legal + Tech" 111
- A. Document Automation „plus X" 111
- B. Legal Expert Systems: Low Tech, High Impact 113
- C. Information Extraction 113
- D. eDiscovery 115
- E. Herausforderung Legal Tech 115
- F. Ausblick 117

3.6 Die Big Four und die digitale Revolution 119
- A. Einführung 119
- B. Öffnung zur Digitalisierung 120
- C. Öffnung für tiefgreifende Veränderungen von Prozessen und Prozessdesign 122

D.	Forcierte interdisziplinäre Verzahnung mit nicht juristischen Fachbereichen	122
E.	Zurück auf Start: Innovation als Motor für den digitalen Wandel in der Rechtsberatung	124
F.	Implementierung, und dann? – Ein Ausblick	127

3.7 The Clearspire Story ... 129
- A. Introduction: The Legal Marketplace At The Time Of Clearspire's Founding ... 130
- B. The Clearspire Founders And Their Vision ... 130
- C. The Regulatory Issue And The Two-Company Model ... 131
- D. Coral: The Clearspire Technology Platform ... 132
- E. The Path To Market ... 133
- F. Marketplace Challenges ... 134
- G. Marketplace Reception ... 135
- H. Lessons Learned: Clearspire In Hindsight ... 136

4. Kapitel
Legal Tech in mittelgroßen und kleinen Kanzleien

4.1 Legal Tech – Das digitale Mindset ... 141
- A. Legal Tech bringt die juristische Welt wieder auf den Boden der Tatsachen und alle Teilnehmer auf Augenhöhe ... 141
- B. Betrifft mich Legal Tech überhaupt? ... 142
- C. So implementieren Sie Legal Tech konkret in Ihrer Kanzlei ... 142
- D. Fokus und Ausrichtung als wichtiger Teil des Legal Tech Mindsets ... 143
- E. Den Fokus der Kanzlei neu ausrichten ... 143
- F. Das (Rechts-) Produkt – The Key to Success ... 144
- G. Making Business – Marketing und Vertrieb ist auch für kleine Kanzleien wichtig! ... 145
- H. They have to know you – Getting Attention! ... 146
- I. Je mehr Sie Legal Tech verinnerlichen, desto eher ist Software nötig ... 147
- J. Große Schritte für kleine Budgets ... 147
- K. Das Produkt weiter in Richtung Tech bringen und die Basis für weiteres Wachstum schaffen ... 148
- L. Legal Tech installiert – Was sind die Folgen für mein Geschäftsmodell? ... 149
- M. Grundsätzlicher Einfluss von Legal Tech für das Geschäftsmodell dieser Kanzleien ... 149
- N. Die Gefahr für das eigene Geschäftsmodell wandelt sich zur Chance für großes Wachstum ... 150

4.2 Legal Tech – Einsatz in einer kleinen Kanzlei ... 151
- A. Einsatzgebiet/Use-Case ... 151
- B. Ansatz ... 151
- C. Vorgehensweise ... 153
  - I. Erfassung des Sachverhaltes ... 153
    1. Erfassungsmethode ... 153
    2. Validierung des Sachverhaltes ... 153
    3. Prüfung des Sachverhaltes ... 154
  - II. Prozessablauf ... 155
    1. Aufgabenstellung ... 155
    2. Technische Umsetzung ... 155
- D. Bedeutung des „Tech" in Legal Tech ... 156

4.3	Mit dem Rücken zur Wand! Wie die Digitalisierung unsere Kanzlei rettete – und uns nebenbei massenhaft Mandanten bescherte	157
	A. Der Start: Ein Stau	157
	B. Streitgespräch im Fernsehen	157
	C. Erste Versuche der Neuorganisation	158
	D. Einschaltung eines Callcenters	158
	E. Überlegungen zu einer eigenen Software	159
	F. Papierakten als Innovationsbremse	160
	G. Lessons learned	161
	H. Die Redtube-Abmahnwelle	162
	I. Zum Schluss	163

5. Kapitel
Legal Tech in Rechtsabteilungen

5.1	Legal Tech in Rechtsabteilungen	167
	A. Einleitung	167
	B. Vorbereitungen für die Digitalisierung der Rechtsabteilung/Digitization Readiness	170
	I. Prozessdokumentation und -analyse	171
	II. Digitalisierungsbereiche	172
	C. Strategie und Architektur	172
	I. Strategie	173
	II. Architektur	174
	1. Eine Applikationsplattform-Architektur	175
	2. Eine komplexe Integrated Single Point Solution Applications-Architektur	175
	D. Die digitale Rechtsabteilung als Softwareentwicklungsabteilung?	176
	I. Standardanwendungen	176
	II. Selbstentwickelte Anwendungen	176
	III. Customizing	177
	IV. Agile Applikationen	177
	E. Use-Cases	178
	I. Smart Contracts	178
	II. External Legal Manager	178
	F. „Datenherrschaft"	180
	G. Mitarbeitermotivation und -qualifikation	180
	H. Conclusio und Next Steps	181
5.2	Legal Tech nach Maß – der Vertragserstellungsprozess mit dem Audi DocCreator	183
	A. Einleitung	183
	B. Vorüberlegungen	183
	C. Anforderungsanalyse und Erste Schritte	184
	D. Rechte-/Rollenkonzept	185
	E. Content und Userführung	186
	F. Fazit und Ausblick	187
5.3	From Contract Management to Legal Content Management	189
	A. Introduction	189
	B. Current state of play in Contract Management	190
	I. What is Contract Management?	190
	II. Contract Management at SAP	190

	III.	Processes	191
	IV.	Technology	192
	V.	People	192
	VI.	Content	193
	VII.	Self-perception and external perspectives	193
	VIII.	The "Moonshot Paradigm" or why did we start all over again?	194
C.	The future of Contract Management is Legal Content Management		194
	I.	Information-Enable the Legal Department!	194
	II.	The impact on the development of future SAP solutions?	196
D.	Conclusion		197

5.4 Automatisierung von Workflows … 199
- A. Entwicklungen im Rechtsbereich … 199
- B. Was bedeutet Digitalisierung von Workflows? … 199
- C. Konkretes Beispiel: Corporate Housekeeping … 200
- D. Herausforderungen … 202
  - I. Herausforderung 1: Wer ist interessiert an Effizienz durch Workflows? … 202
  - II. Herausforderung 2: Rebundling ./. point solutions … 202
  - III. Herausforderung 3: Change-Management und Individuelles Rollenverständnis … 203
  - IV. Herausforderung 4: Regulatorische Hürden … 203
- E. Ein Ausblick … 204

5.5 Digitalisierung des internationalen Auftrags- und Vertragswesens von Unternehmen durch Lawforce (Incodis) mit Praxisbeispielen … 205
- A. Einführung … 205
- B. Anforderungen der Unternehmen … 206
  - I. Kostendruck … 206
  - II. Prozesssicherheit und Qualität … 206
  - III. Internationalität: Verschiedene Sprachen, verschiedene Rechtsordnungen … 207
  - IV. Volatilität der Märkte … 207
  - V. Flexibilität … 207
- C. Anforderungen der Rechtsabteilungen am Best-Practice-Beispiel Heraeus Group … 208
  - I. Treiber für Veränderungen in den Rechtsabteilungen … 208
  - II. Unterschiedliche Digitalisierungen und ihre Bedeutung für die Rechtsabteilungen … 208
  - III. Steigerung der Erwartungen an Rechtsabteilungen in puncto Digitalisierungen … 209
- D. Arbeiten mit Lawforce … 210
  - I. Lawforce Generator: Vertragserstellung international … 210
  - II. Approval Tool: Genehmigung und Risikomanagementsystem … 211
  - III. Review Function: Unterstützung der punktgenauen Quality Checks … 212
- E. Ausblick … 212

6. Kapitel
Sonstige Akteure und Rahmenbedingungen

6.1 Online-Streitbeilegung (Online Dispute Resolution – ODR) … 215
- A. Einleitung: Wo geht es hier zum Onlinegericht? … 215
- B. Die wachsende Verbreitung der Online-Streitbeilegung … 216

C.	Das ODR-Modellgesetz der UNO	217
D.	Online-Streitschlichtung in der Praxis – Aktuelle Beispiele für ODR	217
E.	Die EU als ODR-Gesetzgebungspionier	218
	I. Hintergrund	218
	II. Die OS-Plattform der EU	219
	III. ODR-Umsetzung mit dem Verbraucherstreitbeilegungsgesetz	220
	IV. Bewertung der Gesetzgebung der EU zu ODR	220
F.	Computergestützte Strukturierung von Prozessen und Rechtsprechung und die Auswirkungen auf die Anwaltschaft	221
G.	Judicial Online Dispute Resolution (JODR): Das Onlinegericht	223
	I. Der Briggs-Report: The Online Court	223
	II. Bedenken gegen Onlinegerichte, insbesondere aus Sicht der deutschen Rechtsordnung	225
H.	Schlussbetrachtung: Online-Streitbeilegung als rechtspolitische Herausforderung	226

6.2 Legal Publishers, Legal Technology, and the New Legal Landscape 229
- A. Prelude: HOW is the New WHAT 229
- B. From Information to Action 230
- C. The Structure of a Top-Heavy Industry 230
- D. The Big Three: Consolidation, and the Shift from Content to Solutions 232
  - I. 20th Century Consolidation: Content, content, content 232
  - II. 21st Century Consolidation: From Content to Legal Solutions 233
- E. The Market Begins to Recognize this Move Beyond Content 233
- F. Advantages and Challenges: Legal Publishers as Solutions Providers 234
  - I. Challenges 234
  - II. Opportunities 235
- G. Future Outlook 236

6.3 Judex Calculat – Neue Berufsbilder und Technologie in der juristischen Ausbildung 237
- A. Fähigkeiten für Juristen im nächsten Jahrzehnt 237
- B. Neue Rollen und ein neues Selbstverständnis in der Rechtsdienstleistung 238
  - I. Juristische Projektmanager – Legal Project Manager 239
  - II. Juristische Prozessmanager – Legal Process Manager 239
  - III. Juristische Technologiemanager – Legal Technologists 240
  - IV. Juristische Analysten – Legal Analysts 240
  - V. Juristische Designer – Legal Designer 241
  - VI. Juristische Ingenieure – Legal Engineers 241
- C. Auswirkungen auf die Ausbildung – Eine neue Fachsozialisation für junge Juristen 242
- D. Pflicht und Kür 243
- E. Der weitere Weg 243

6.4 Legal Tech und anwaltliches Berufsrecht 245
- A. Einführung 245
- B. Nicht-anwaltliche (Alternative) Dienstleister 245
  - I. Plattformen 246
  - II. Vertragsgeneratoren 247
  - III. Chatbots 248
  - IV. Zwischenergebnis 249
- C. Legal Tech Angebote durch Anwälte 249
  - I. Anwaltliche Legal Tech-Angebote 249

	II. „SmartLaw" durch Anwälte?	250
D.	Gemeinsame Angebote	251
E.	Fazit	252

6.5 The Paris Bar Incubator: a story of breaking new boundaries 253
- A. Introduction 253
- B. The Founding of the Paris Bar Incubator 253
- C. The Centers of Interest: The Clusters 254
  - I. The "Communication" Cluster 254
  - II. The "International and European" Cluster 255
  - III. The "Justice" Cluster 255
  - IV. The "Deontology" Cluster 255
  - V. The "Recognition and Award " Cluster 255
  - VI. The "Economic Forecasting" Cluster 255
  - VII. The "Prospective Identity" Cluster 256
- D. Moving on 256

7. Kapitel
Technologie

7.1 Wie baut man einen Rechtsautomaten? 259
- A. Einleitung 259
- B. Verfügbare und machbare Rechtsautomation: Induktiv vs. Deduktiv 260
  - I. Induktiver Ansatz: Statistische Systeme 261
  - II. Deduktiver Ansatz: Regelbasierte Systeme 262
  - III. Legal Tech von Lexalgo 263
- C. Praxisbeispiel: Das DAV-Modul für Vergütungsvereinbarungen 263
  - I. Ausgangslage 264
  - II. Herausforderung 264
  - III. Umsetzung 264
  - IV. Lösung 264
- D. Einsatzbereiche regelbasierter Entscheidungsunterstützungssysteme 265
  - I. Wem helfen Entscheidungsautomationen? 265
  - II. Investition in Regelautomation 266

7.2 Automatisierte Dokumenterstellung in der juristischen Praxis 267
- A. Einsatzmöglichkeiten 267
- B. Funktionsweise von Dokumentautomatisierungs-Software 268
  - I. Bereitmachen von Vorlagen für die Automatisierung 268
  - II. Nutzung von automatisierten Vorlagen: Eingabe von Daten 270
  - III. Nutzung von automatisierten Vorlagen: Übernahme von Daten aus anderen Systemen 271
- C. Umsetzung 272
- D. Ausblick auf weitere Nutzungsmöglichkeiten 273

7.3 Artificial Intelligence im Recht 275
- A. Das Verdrängungsmantra 275
- B. Was ist künstliche Intelligenz (KI)? 276
  - I. Differenzierung: Schwache und starke KI 277
  - II. Ein Bündel von Methoden und Techniken 278
    - 1. Machine Learning 278
    - 2. Natural Language Processing 279
- C. Praktischer Einsatz von KI in der Rechtsbranche 279

XV

	I.	Analyse von Rechtsdatenbanken	279
	II.	E-Discovery	280
	III.	Vorhersage von rechtlichen Ergebnissen (Predictive Analytics)	280
	IV.	Dokumenten- und Vertragsanalyse	280
	V.	Juristische Expertensysteme	281
	VI.	Chatbots	282
D.	Herausforderungen und Risiken von KI		282
	I.	KI ist ein Entwicklungsprozess	282
	II.	Daten: Ungeahnte Schätze	283
	III.	Misstrauen: Black Box	283
E.	Ausblick und Auswirkungen		283
	I.	Automatisierung durch KI	283
	II.	Augmentation durch KI	284
	III.	Personenwissen zu Softwarewissen	284
	IV.	Wertschätzung von Daten	284
	V.	Wettbewerb mit anderen Anbietern	285
	VI.	Änderung juristischer Arbeitsweise	285

7.4 Blockchain und Smart Contracts – Eine neue Basistechnologie im Recht? 287
- A. Einführung 287
- B. Digitales Eigentum und digitale Knappheit 289
- C. Konsensmechanismen 290
- D. Smart Contracts 291
- E. Anwendungsfälle 292
- F. Ausblick 293

8. Kapitel
Epilog

Vier Thesen für die Zukunft 297

Sachverzeichnis. 301

Bearbeiterverzeichnis

Ulrike Barth
Journalistin, Köln

Marie Bernard
Europe Director of Innovation, Dentons und Strategic Advisor, Nextlaw Labs, Berlin

Ludovic Blanc
Avocat au Barreau de Paris

Dr. Friedrich Blase
Rechtsanwalt und Direktor, Incodis GmbH, Düsseldorf/Toronto

Tom H. Braegelmann, LL.M. (Cardozo)
Rechtsanwalt/Attorney and Counsellor at Law (New York), General Counsel bei LEVERTON sowie Of Counsel bei DLA Piper, Berlin

Stephanie Brtka
Rechtsanwältin (Syndikusrechtsanwältin), Zentraler Rechtsservice, AUDI AG, Ingolstadt

Dr. Micha-Manuel Bues, M.JUR. (Oxford)
Rechtsanwalt und Geschäftsführer bei LEVERTON, Berlin

Mark A. Cohen
CEO Legal Mosaic, Bethesda MD, USA

Filip Corveleyn, MBA (Cambridge)
Attorney at Law (Brussels), Research and Development Tools4Legal GmbH, Frankfurt a.M.

David Curle
Director, Market Intelligence, Thomson Reuters Legal, Eagan MN, USA

Lise Damelet
Avocat au barreau de Paris, Orrick Herrington & Sutcliffe LLP, Co-Founder of the Paris Bar Incubator, Paris

Dr. Bernhard Fiedler, LL.M. (UCT)
Rechtsanwalt, Norton Rose Fulbright, Frankfurt a.M.

Florian Glatz
Rechtsanwalt, Berlin

Philipp Glock, LL.M. (University of the Western Cape, South Africa)
Rechtsanwalt, KPMG Law, Leipzig

Joanna Goodman, MBA
Technology journalist and author, London

Volker Greisbach
Rechtsanwalt, Düsseldorf

Bearbeiterverzeichnis

Klaus Gresbrand
Rechtsanwalt, Deloitte Legal, Düsseldorf

Michael Grupp, Maître en Droit, Mag.iur.
Rechtsanwalt und Geschäftsführender Gesellschafter Lexalgo, Mainz/Berlin

Dr. Gernot Halbleib
Legal Tech-Berater und Unternehmer, Berlin

Dirk Hartung
Executive Director Legal Technology, Bucerius Law School, Hamburg

Markus Hartung
Rechtsanwalt, Direktor des Bucerius Center on the Legal Profession (CLP), Berlin/Hamburg

Ronja Hecker
Rechtsanwältin, DLA Piper, Hamburg

Kai Jacob
Rechtsanwalt und Global VP Legal Information Management, SAP, Walldorf

Andreas Keller
Rechtsanwalt, Zentraler Rechtsservice, AUDI AG, Ingolstadt

Marco Klock
Co-Founder und CEO, rightmart und edicted., Bremen

Dr. Nils Krause, LL.M. (Durham)
Rechtsanwalt/Solicitor (England/Wales), DLA Piper, Hamburg

Dan-Alexander Levien
Rechtsanwalt (Syndikusrechtsanwalt), Leiter Rechtsabteilung der Audi Electronics Venture GmbH, Ingolstadt

Pier Paolo Magrini, MBA (INSEAD)
Rechtsanwalt und CEO, Incodis GmbH, Düsseldorf

Christian Mohr
Diplom-Wirtschaftsjurist und Head of Innovation bei KPMG Deutschland, München

Thomas Northoff
Rechtsanwalt und Fachanwalt für Steuerrecht, Deloitte Legal, München

Dr. Benno Quade
Rechtsanwalt (Syndikusrechtsanwalt), General Counsel der Software AG, Darmstadt

Felix Rackwitz, MBA (Cambridge)
Rechtsanwalt und Managing Director, Tools4Legal GmbH, Frankfurt a.M.

Katrin Scheicht
Rechtsanwältin und Fachanwältin für Arbeitsrecht, Norton Rose Fulbright, München

Stéphanie Smatt Pinelli
Avocat, Membre Actif de l'Incubateur du Barreau de Paris, Altana Avocats, Paris

Christian Solmecke, LL.M.
Rechtsanwalt, Wilde Beuger Solmecke, Köln

Dr. Roland Vogl, J.S.M. (Stanford), Esq.
Executive Director, CodeX (Center for Legal Informatics) and Lecturer in Law, Stanford University

Dr. Konstantin von Busekist
Rechtsanwalt, KPMG Law, Düsseldorf

Dr. Hariolf Wenzler
Chief Strategy Officer GER/AUT, Baker McKenzie, Frankfurt a. M.

Bearbeiterverzeichnis

Im Einzelnen haben bearbeitet:

Barth	2.1 Legal Tech in Deutschland – zwischen Buzz Word und Anwaltsschreck
Bernard	3.3 Law Firms as Incubators: Lessons learned from the first initiatives
Braegelmann	6.1 Online-Streitbeilegung (Online Dispute Resolution – ODR)
Brtka/Keller/Levien	5.2 Legal Tech nach Maß – der Vertragserstellungsprozess mit dem Audi DocCreator
Bues	1.2 Auswirkungen und Erfolgsfaktoren der Digitalisierung von Kanzleien; 7.3 Artificial Intelligence im Recht
Cohen	3.7 The Clearspire Story
Curle	6.2 Legal Publishers, Legal Technology, and the New Legal Landscape
Damelet/Smatt Pinelli/Blanc	6.5 The Paris Bar Incubator: a story of breaking new boundaries
Glatz	7.4 Blockchain und Smart Contracts – Eine neue Basistechnologie im Recht?
Goodman	2.3 The UK legal tech scene
Greisbach	4.2 Legal Tech – Einsatz in einer kleinen Kanzlei
Grupp	7.1 Wie baut man einen Rechtsautomaten? Modellierung juristischer Entscheidungsstrukturen mit Lexalgo
Halbleib	1.3 Der Weg zur Legal Tech-Strategie; 7.2 Automatisierte Dokumenterstellung in der juristischen Praxis
Hartung D.	6.3 Judex Calculat – Neue Berufsbilder und Technologie in der juristischen Ausbildung
Hartung M.	1.1 Gedanken zu Legal Tech und Digitalisierung; 6.4 Legal Tech und anwaltliches Berufsrecht; 8 Vier Thesen für die Zukunft
Hartung/Bues/Halbleib	Vorwort Was Sie in diesem Buch erwartet
Jacob	5.3 From Contract Management to Legal Content Management
Klock	4.1 Legal Tech – Das digitale Mindset
Krause/Hecker	3.2 Wirtschaftskanzleien unter dem Einfluss von künstlicher Intelligenz – Bestandsaufnahme und Ausblick am Beispiel der Analyse-Software KIRA
Magrini/Blase	5.5 Digitalisierung des internationalen Auftrags- und Vertragswesens von Unternehmen durch Lawforce (Incodis) mit Praxisbeispielen
Northoff/Gresbrand	3.5 „Deloitte + Legal + Tech"
Quade	5.1 Legal Tech in Rechtsabteilungen
Rackwitz/Corveleyn	5.4 Automatisierung von Workflows

Scheicht/Fiedler	3.4 Norton Rose Fulbright ContractorCheck: Von der Entwicklung bis zur Nutzung eines online Tools zur Abgrenzung zwischen freien Mitarbeitern und Arbeitnehmern
Solmecke	4.3 Mit dem Rücken zur Wand! Wie die Digitalisierung unsere Kanzlei rettete – und uns nebenbei massenhaft Mandanten bescherte
Vogl	2.2 Changes in the US Legal Market Driven by Big Data/Predictive Analytics and Legal Platforms
von Busekist/Glock/Mohr	3.6 Die Big Four und die digitale Revolution
Wenzler	3.1 Big Law & Legal Tech

Was Sie in diesem Buch erwartet

Markus Hartung, Dr. Micha-Manuel Bues, Dr. Gernot Halbleib

In diesem Buch finden Sie Legal Tech in den meisten seiner Facetten beschrieben, und diese kurze Einführung soll Sie an die Hand nehmen und zeigen, was Sie erwartet. 1

In Teil 1 finden Sie Beiträge der Herausgeber zum Thema Digitalisierung im Rechtsmarkt, beginnend mit grundsätzlichen Überlegungen, Definitionen und Kategorien, sodann eine Schilderung von Herausforderungen und Erfolgsfaktoren der Digitalisierung allgemein und im Rechtsmarkt und schließlich eine konkrete Anleitung dazu, wie eine Digitalisierungsstrategie in Kanzleien aufgesetzt wird. 2

In Teil 2 finden Sie Länderberichte – Beschreibungen der Legal Tech-Szene in Deutschland, den USA und in Großbritannien. Es gibt auch in vielen anderen Ländern sehr lebendige Legal Tech-Szenen, aber das hätte den Rahmen dieses Buches gesprengt. Die USA und Großbritannien sind am weitesten in ihrer Entwicklung, und die Lektüre dieser Kapitel gibt Ihnen einen Eindruck davon, was auf uns noch zukommen kann. 3

In den dann folgenden Teilen 3 und 4 befassen wir uns mit Legal Tech in Kanzleien. Dabei teilen wir die Betrachtungen auf in große wirtschaftsberatende Kanzleien sowie Kanzleien der großen Wirtschaftsprüfungs-Gesellschaften einerseits (Teil 3) und mittlere und kleinere Kanzleien andererseits (Teil 4). Es sind keine allgemeinen theoretischen Schilderungen, sondern sehr konkrete Beispiele, wie sich bestimmte Kanzleien aufgestellt haben und wie sie Legal Tech heute schon einsetzen. Dies reicht von der Automatisierung interner Prozesse, der Kommunikation mit Mandanten, dem Einsatz künstlicher Intelligenz, der Entwicklung eines „digital mindset" bis hin zur Errichtung eines kanzleieigenen Inkubators für Legal Tech-Start-Ups. Dabei wird deutlich, dass Legal Tech kein Privileg der „Großen" sein muss, sondern dass auch kleine Kanzleien viel gewinnen können, wenn sie die Chancen aus Legal Tech konsequent verfolgen. 4

In diesem Teil findet sich auch ein besonderes Kapitel über die ehemalige Legal Tech-Kanzlei Clearspire, die vor Jahren so spektakulär gestartet wie dann gescheitert ist. Wenn Legal Tech heute sehr viel mit Hoffnung zu tun hat, zeigt diese Fallstudie, wie auch vielversprechende Ideen scheitern können. Da das in den USA aber nicht als Versagen gilt und der Autor damit sehr offen umgeht, betrachten wir dieses Kapitel als Lehrbuchbeispiel dafür, was man als anwaltlicher Unternehmer oder Manager einer Kanzlei heute anders machen oder auf jeden Fall beachten sollte. 5

Legal Tech spielt in Unternehmen eine ebenso wichtige Rolle wie in Kanzleien – damit befasst sich der Teil 5, wiederum mit konkreten Beispielen aus Rechtsabteilungen und von Legal Tech-Unternehmen, die Lösungen für Rechtsabteilungen anbieten. 6

Außerhalb von Kanzleien und Rechtsabteilungen betrifft Legal Tech auch andere Akteure im Rechtsmarkt und angrenzenden Bereichen. Das behandeln wir in Teil 6 und schauen auf die Justiz und mögliche private Schlichtungsstellen („Online Dispute Resolution"), Verlage und Universitäten. In diesem Teil geht es auch um die rechtlichen Rahmenbedingungen. Dazu finden Sie zwei Beiträge: zum einen eine Behandlung des Status Quo der berufsrechtlichen Regulierung in Deutschland, und zum anderen einen ganz anderen, sehr modernen Ansatz der Pariser Rechtsanwaltskammer, die einen eigenen Inkubator zur Förderung von Innovation und Legal Tech gegründet hat. 7

Mit Technologie als solcher befasst sich Teil 7 – dort lesen Sie etwas über Rechtsautomaten, über Dokumentenautomatisierung, über Systeme künstlicher Intelligenz und über die Blockchain. 8

9 In einem Epilog schließlich finden Sie vier Thesen zur Zukunft – als Annahmen, wie es sein könnte. Ansonsten werden Sie kein Kapitel darüber finden, wie es denn nun genau werden wird, denn das weiß niemand. Unsere Autoren haben aber bei ihren Schilderungen durchaus nach vorne geschaut und beschrieben, wie die nächsten Entwicklungen aussehen könnten. Legal Tech ist ein so vielfältiges Thema, dass es die **eine** Antwort auf die Frage des „Was wird?" nicht gibt. Was wir aus den ganzen Möglichkeiten machen, die Legal Tech uns bietet, hängt von uns ab.

1. Kapitel

Digitalisierung

1.1 Gedanken zu Legal Tech und Digitalisierung

Markus Hartung[1]

A. Legal Tech: Ein alter Hut (?)

Bevor wir uns mit Legal Tech und Digitalisierung eingehend befassen, steht eine Frage am Anfang unserer Überlegungen: Warum ist Legal Tech in Deutschland plötzlich so prominent geworden? Wieso redet heute jeder darüber, nachdem es noch in den Jahren 2014 und 2015 ein Begriff war, der eher ein Schattendasein führte?[2] Das Thema ist nämlich nicht neu: Richard Susskind hatte schon seit vielen Jahren propagiert, dass Technologie die juristische Branche tiefgreifend verändern werde, diese Erkenntnis war **das** Thema seiner Bücher, gipfelnd in dem Buch „The End of Lawyers?", dessen 1. Auflage bereits im Dezember 2008 erschien und deren Paperback-Ausgabe aus dem Jahr 2010 zugleich eine Aktualisierung seiner Thesen war. Susskinds These von der „Commoditization" der anwaltlichen Dienstleistung war ein weiterer Schritt, denn er beschrieb dort Bereiche, die von Technologie viel besser als von Menschen erledigt werden können. Mit der Commoditization verbunden war das sogenannte „unbundling" oder „decomposing", also das Auseinanderschnüren des anwaltlichen Dienstleistungspakets oder des „Rechtsrats", verbunden mit einer auf der Frage basierenden Analyse der einzelnen Bestandteile, von wem verschiedene Bestandteile schneller, besser und kostengünstiger erledigt werden können. Vor der Erkenntnis, dass anwaltliche Arbeit nur selten ein einheitliches Manufakturprodukt ist, das nur durch einen erfahrenen Anwalt erstellt werden kann und nicht delegierbar ist, können wir nicht mehr die Augen verschließen. Aber welche Folgen damit verbunden sein werden, wissen wir noch nicht genau.

Seit Susskinds Büchern konnte man auch nicht mehr ignorieren, dass Technologie einen wesentlichen Veränderungsschub mit sich bringen. Trotzdem waren Technologie oder Digitalisierung nicht die beherrschenden Themen im Rechtsmarkt des letzten Jahrzehnts. Die meisten wirtschaftsberatenden Anwälte und Kanzleien sind heute noch mit den Auswirkungen beschäftigt, die die Finanzkrise auf das Verhältnis zwischen Unternehmen und ihren anwaltlichen Beratern hatte. Und im Bereich der Verbraucherberatung beklagten sich Anwälte über den zunehmenden Konkurrenzdruck durch die wachsende Zahl von Anwälten und den (auch) damit verbundenen Preisverfall anwaltlicher Leistungen.

So beliebt Susskind als Redner (und Entertainer) und so gesucht er als Berater ist: massentauglich waren seine Bücher nie, obwohl viele seine Buchtitel und Thesen kennen. Aber werden seine Bücher wirklich gelesen? Daran kann man manchmal zweifeln. Für die allermeisten Anwälte ist die These der Commoditization Teil der anwaltlichen Konversation geworden, wenn auch häufig in falschem Zusammenhang. Noch populärer ist Susskinds These des „More for less" – damit ist gemeint, dass Unternehmensmandanten, die unter erheblichem Kostendruck stehen, diesen Druck an ihre Berater weitergeben, indem sie erwarten (oder verlangen), dass externe Berater deutlich mehr Leistungen bringen, ohne dafür höhere Vergütung zu erwarten, oder sogar eine Reduzierung der Vergütung akzeptieren –, die maßgeblich dafür sorgt, dass sich die anwaltliche Arbeit komplett verändern wird, oder in Richards Worten:

---

[1] Der Autor ist Rechtsanwalt und Direktor des Bucerius Center on the Legal Profession (CLP) an der Bucerius Law School in Hamburg. Er ist außerdem Vorsitzender des Berufsrechtsausschusses des Deutschen Anwaltvereins.
[2] In der juristischen Fachliteratur hat sich soweit ersichtlich erstmals *Grupp* damit befasst, vgl. *Grupp*, Legal Tech – Impulse für Streitbeilegung und Rechtsdienstleistung, AnwBl. 2014, 660 ff.

*I believe the more-for-less challenge, above all others, will underpin and define the next decade of legal service. The more-for-less challenge will, I expect, irreversibly change the way that lawyers work.*³

13 Dass die Grundannahmen dieser These nie bewiesen wurden und die uns zur Verfügung stehenden Daten diese eher nicht belegen⁴, ist eine andere Geschichte. Immerhin hat sie uns zum Nachdenken über Wert und Gegenwert anwaltlicher Leistungen gebracht.

14 Vermutlich muss man wohl sagen: Richard Susskind ist einer der am häufigsten zitierten, am wenigsten gelesenen, aber dennoch populärsten und klügsten Autoren unserer Branche. Dass er, wie er selber einräumt, mit seinem Timing nicht immer richtiglag, tut der Sache keinen Abbruch. Denn er hat wesentlich zu folgender Erkenntnis beigetragen: Die Zeiten, in denen all das als notwendigerweise teure anwaltliche Arbeit angesehen wurde, was von Anwälten gemacht wurde, sind unwiederbringlich vorbei.

B. Bessere Technik, mehr Risikokapital

15 Legal Tech ist nicht nur in Deutschland sehr populär geworden, das gilt für andere Länder ganz genauso. In den USA und in Großbritannien existiert seit einigen Jahren eine lebendige und große Legal Tech-Szene⁵, und es gibt viel mehr Venture Capital, kurz VC genannt: Risikokapital, das in Start-Ups gesteckt wird in der Hoffnung, dass sich das Start-Up als ein „Unicorn" erweist, als ein Mega-Erfolg. In England hat sich der Legal Services Act und der damit erlaubte „Fremdbesitz" als besonders innovationsfördernd erwiesen – innovationsfördernd deshalb, weil Investitionen in Technologie nur schwer aus dem Cash Flow finanziert werden können und Kanzleien deshalb häufig auf externe Investoren angewiesen sind. Mit diesen Investoren sind auch Unternehmensstrukturen verbunden, durch die Kanzleien, früher als gleichberechtigte Partnerschaften verbunden, ein professionelles Management bekommen. Diese neuen Unternehmensstrukturen bringen es mit sich, dass der Stellenwert der individuellen Partner als Miteigentümer, insbesondere ihr Vetorecht bei Entscheidungen über Investitionen, an Bedeutung verliert.⁶

16 Legal Tech hat auch mit der gestiegenen Leistungsfähigkeit der Softwaretechnologie zu tun – sicherlich ein wesentlicher Aspekt, aber vielleicht nicht der entscheidende. Denn der Legal Tech-Boom ist auch mit einer Gründerwelle verbunden: Die vielen technologischen Neuerungen werden nicht von den großen Kanzleien mit den ausreichenden finanziellen Ressourcen erfunden und entwickelt, sondern kommen von Start-Ups. Für die ersten Schritte bis zu einem Prototypen braucht es in der Regel eher überschaubare Investitionen. Um aus dem Prototypen hingegen wirklich etwas zu entwickeln und um wachsen zu können, braucht man Geld, viel Geld. Bis dahin sieht man den Start-Ups aber nicht an, dass sie eigentlich noch eher klein sind, denn: „*On the Internet, nobody knows you're a dog*".⁷ Ob also ein Start-Up-Unternehmer bereits ein Star ist oder noch nicht, kann man selten an äußeren Attributen wie einem Fabrik- oder Verwaltungsgebäude erkennen. So etwas braucht man auch nicht, vorerst jedenfalls nicht.

---

³ Susskind, R., Tomorrow's Lawyers. An Introduction to Your Future, Oxford 2013, S. 5
⁴ *Hartung/Gärtner*, Das „More for Less"-Paradox, Deutscher Anwaltsspiegel vom 16.12.2015, S. 15 ff.
⁵ Vgl. dazu die Kapitel von *Vogl.*, Rn. 190 ff. und *Goodman*, Rn. 233 ff.
⁶ Vgl. dazu *Jonathan T. Molot*, What's wrong with Law Firms? A Corporate Finance Solution to Law Firm Short Termism, in: Southern California Law Review Vol. 88 No. 1 (September 2014), Download hier: http://lawreview.usc.edu/issues/past/view/?id=1000004; vorher bereits *Tony Angel*, Your challenge. Sustaining partnership in the twenty-first century: the global law firm experience, in: Empson (Hrsg.), Managing the modern law firm, Oxford University Press 2007, S. 196 ff.
⁷ Zum Hintergrund dieses berühmten Cartoons aus dem Jahre 1993 vgl. https://en.wikipedia.org/wiki/On_the_Internet,_nobody_knows_you%27re_a_dog (Abfrage am 2.5.2017).

C. Definitionen

I. Was ist Legal Tech?

Legal Tech ist nach einer Formulierung von Micha Bues ein Kofferwort für die Begriffe „legal services" und „technology" und steht für „Legal Technology". Was man darunter genau versteht, war lange unklar. Bues definierte im September 2015 als einer der Ersten den Begriff wie folgt:

„Legal Tech beschreibt den Einsatz von modernen, computergestützten, digitalen Technologien, um Rechtsfindung, -anwendung, -zugang und -verwaltung durch Innovationen zu automatisieren, zu vereinfachen und – so die Hoffnung – zu verbessern".[8]

Es gibt sehr weitgehende und eher engere Definitionen.[9] Im weitesten Sinne geht es um Softwaretechnologie in der juristischen Profession weiter. Nachfolgend ein kurzer Überblick:

1. Definition auf Wikipedia

Seit Januar 2017 gibt es einen Eintrag in der deutschen Wikipedia. Nach der dortigen Definition versteht man unter Legal Tech *„Software und Onlinedienste, die juristische Arbeitsprozesse unterstützen oder gänzlich automatisiert durchführen"*. Das ist ein sehr weites Spektrum verschiedenster Anwendungen, die nur der gemeinsame Bezug zu Rechtsdienstleistungen eint.[10] Hinzu kommt, dass dieser Begriff darüber hinaus auch für eine aktive Gründerszene steht, die mit ihren Start-Ups entsprechende Programme entwickeln und damit Innovationen im Rechtsmarkt vorantreiben.[11]

Nach Oliver Goodenough[12] werden die verschiedenen Legal Tech-Angebote in 1.0-, 2.0- und 3.0-Anwendungen aufgeteilt:
- Zu den 1.0-Anwendungen gehört etwa Software zur Büroorganisation, was nach unserem Verständnis und der Vertrautheit fast der meisten deutschen Anwälte mit Kanzleisoftware schon Alltag ist. Allerdings gehören auch Fachdatenbanken und sonstige E-Commerce-Portale zu diesen Anwendungen.
- Zu den 2.0-Anwendungen gehören automatisierte Rechtsdienstleistungen, also Software, mit deren Hilfe juristische Arbeits- und Kommunikationsschritte selbständig und ohne Tätigkeit eines Menschen erledigt werden sollen. Diese Technologie kann bereits disruptive Auswirkungen auf den Rechtsmarkt haben, denn sie greift unmittelbar in die Arbeit ein, die bisher (oder immer noch) von Rechtsanwälten erledigt wird.
- Die 3.0-Anwendungen sind schließlich Smart Contracts und Systeme künstlicher Intelligenz, die nicht nur einzelne Arbeitsschritte automatisch erledigen, sondern geeignet sind, das Berufsbild von Anwälten entscheidend zu verändern. Bei Licht besehen wird man einräumen müssen, dass es bislang noch keine Software gibt, die schon heute dazu in der Lage wäre. Allerdings wäre es nicht klug, das Szenario gänzlich auszuschließen, neigen wir doch dazu,

---

[8] Vgl. http://legal-tech-blog.de/was-ist-legal-tech.
[9] Vgl. zuletzt mit einer guten Übersicht über die verschiedenen Definitionen und Anwendungsbereiche *Fiedler/Grupp*, Legal Technologies: Digitalisierungsstrategien für Rechtsabteilungen und Wirtschaftskanzleien, DB 2017, 1072 (die Verfasser sind auch Autoren in diesem Buch); *Wagner*, Legal Tech und Legal Robots in Unternehmen und den diese beratenden Kanzleien, BB 2017, 898 ff.
[10] Vgl. hier: https://de.wikipedia.org/wiki/Legal_Technology (Abfrage am 13.6.2017).
[11] *Reinemann*, Was ist Legal Tech?, in: Innovationen und Legal Tech, Beilage zur NJW Heft 20/2017, S. 6 ff.
[12] http://www.huffingtonpost.com/oliver-r-goodenough/legal-technology-30_b_6603658.html (Abfrage am 2.5.2017); Goodenough ging es nicht nur um die bloße Kategorisierung, sondern um das disruptive Potential dieser einzelnen Anwendungen.

die Fähigkeiten von Software heute zu überschätzen, ihre langfristigen Auswirkungen aber zu unterschätzen.[13]

2. Definition nach einer Studie des Bucerius CLP und BCG

21 Nach unserem Verständnis[14] ist es nicht sehr hilfreich, den Begriff zu weit zu verstehen, denn es ist schon überraschend, Büroorganisations- oder Zeiterfassungssoftware, die in Deutschland schon seit vielen Jahren verwendet werden, unter diesen Begriff zu fassen. Unseres Erachtens muss vor allem danach gefragt werden, inwieweit Software geeignet ist, das anwaltliche Geschäftsmodell nachhaltig zu ändern. Das wiederum folgt einer gemeinsamen Studie des Bucerius Center on the Legal Profession (CLP) und The Boston Consulting Group (BCG): Anfang 2016 hatten CLP und BCG eine umfangreiche Untersuchung veröffentlicht, in der die vorhandene Technologie in drei Gruppen eingeteilt wurde: Enabler-Software (alles, was für die Infrastruktur der Kanzlei erforderlich ist), sodann Support-Process Solutions (Practice Management, Back Office Software incl. HR-, Business Development, Abrechnung usw.) und schließlich die Substantive Law Solutions, mit denen die anwaltliche Leistungserbringung unmittelbar unterstützt oder sogar ersetzt wird.[15]

22 Dementsprechend unterscheiden wir zwischen Office-Tech einerseits und Legal Tech andererseits. Office-Tech-Software zeichnet sich dadurch aus, dass sie kaum bis wenig Einfluss auf das anwaltliche Geschäftsmodell hat. Es handelt sich um Büroorganisation, Kommunikation (E-Mail pp.), elektronische Akten, Spracherkennung und digitales Diktieren, Dateimanagement-Systeme, traditionelle Datenbanken usw. Diese Systeme unterstützen die klassische oder traditionelle Arbeit von Anwälten, verändern aber die Arbeit als solche nicht.

23 Unter Legal Tech (im engeren Sinne) versteht man Software, die unmittelbar die juristische Leistungserbringung berührt, etwa automatisierte Dokumenten- oder Schriftsatzerstellung, Ablaufautomatisierung, Document Review, Self Service Tools und sog. „intelligente Datenbanken" (etwa IBM/Watson oder ROSS).[16] Diese Technologien „ersetzen" Tätigkeiten, die von Anwälten durchgeführt wurden oder werden.[17] Technologie erzielt häufig bessere Ergebnisse und ist günstiger, so dass sich der Einsatz von Anwälten für Tätigkeiten, die durch einen Computer erledigt werden können, nicht mehr rechtfertigt. Diese Technologien (in der Terminologie der Bucerius-Studie: Substantive Law Solutions) hat nicht erst in ferner Zukunft das Potenzial, disruptiv zu wirken, sondern tut dies schon heute.

24 In diesem Buch beschränken wir uns aber nicht auf Legal Tech-Anwendungen im engeren Sinne, denn die in den Kapiteln aufgeführten Beispiele lassen sich nicht immer völlig trennscharf danach unterscheiden, ob eine Anwendung noch Office-Tech oder schon Legal Tech ist. Es ist nicht hilfreich, nur an der Definition zu kleben und sich gar darüber zu streiten, ob etwas Legal Tech ist oder nicht, und wir wollen uns den Blick nicht durch Definitionen verstellen.[18]

---

[13] Dies nennt man „Amara's Law"; Originaltext mit Nachweisen im Kapitel von *Quade*, Rn. 707 f.
[14] Was Definition und Kategorisierung angeht, so gehen diese Ausführungen auf die gemeinsamen Überlegungen der Herausgeber dieses Buchs zurück.
[15] *Veith/Wenzler/Hartung u. a.*, How Legal Technology Will Change the Business of Law, Final Report of Bucerius Law School and The Boston Consulting Group on impacts of innovative technology in the legal sector, 2015/2016, Download hier: http://www.bucerius-education.de/fileadmin/content/pdf/studies_publications/Legal_Tech_Report_2016.pdf.
[16] In Deutschland noch weitgehend unbekannt, aber in den USA bereits ein boomender Geschäftszweig sind *Predicive Analytics*, das sind Auswertungen von Gerichts- und/oder Behördenakten und -daten mit dem Ziel, für bestimmte Sachverhaltskonstellationen „vorherzusagen", wie eine Gerichts- oder Behördenentscheidung ausgehen wird; vgl. dazu das Kapitel von *Vogl*, Rn. 190 ff., 195 ff.; diese Art von Software erweitert und normalisiert anwaltliche Tätigkeiten, indem die auf Erfahrung beruhende Einschätzung durch Datenanalysen begleitet oder ergänzt, jedenfalls verbessert wird.
[17] Ähnlich *Fiedler/Grupp*, DB 2017, 1071, die von tätigkeitsbezogenen sowie formellen oder materiellen Anwendungen sprechen.
[18] *Fiedler/Grupp*, DB 2017, 1071, 1072, weisen auch auf die erheblichen Abgrenzungsschwierigkeiten hin, die bei solchen Softwarelösungen auftreten, die noch „im Werden" sind.

Letztlich geht es uns darum, zu beschreiben, wie Kanzleien und Unternehmen den Weg der digitalen Transformation beschreiten und welche Technologie sie dabei verwenden.

II. Taxonomie – Erscheinungsformen von Legal Tech

Nun ist nicht nur Legal Tech ein sehr weiter Begriff, sondern es gibt auch die unterschiedlichsten Unternehmen, die in verschiedenen Bereichen Dienstleistungen anbieten. Häufig werden Software-Unternehmen im deutschen Rechtsmarkt in drei Kategorien eingeteilt, nämlich solche, die den Anwalt in seiner Arbeit unterstützen, dann Marktplätze, die Mandanten und Anwälte zusammenbringen, und zuletzt Software, die Rechtsdienstleistungen selbständig erledigt.[19]

International lohnt sich ein Blick in den Tech-Index des CodeX Center for Legal Informatics an der Stanford University, der Anfang Juli 2017 insgesamt 717 Unternehmen aufführt, die in zehn Kategorien und 24 Unterkategorien gelistet sind.[20] Die derzeit meisten Unternehmen befassen sich mit der Automatisierung von Dokumenten (183 Unternehmen), gefolgt von elektronischen Marktplätzen (160 Unternehmen). Sodann gibt es 128 Practice Management Companies, 54 Legal Research Companies, 38 Analytics Companies, 35 Legal Education Companies und 20 ODR Companies (ODR steht für Online Dispute Resolution).

Deutsche Legal Tech-Unternehmen sind dort noch nicht vollständig vorhanden. Diese Unternehmen werden seit einiger Zeit von Dominik Tobschall erfasst und kategorisiert.[21] Ausgehend von seiner Übersicht nebst den dazu erfolgten Erläuterungen kann beispielhaft auf Folgendes verwiesen werden:

1. Automatisierte Rechtsberatungsprodukte

Das sind Unternehmen, die die Bearbeitung und Durchsetzung von Ansprüchen durchführen. Voraussetzung ist, dass diese Ansprüche gut zu strukturieren und zu automatisieren sind. Dies ermöglicht es, einen „Ablauf- und Entscheidungsbaum" abzubilden, mit dem dann tausende solcher Fälle automatisch abgearbeitet werden können. Das können Unternehmen wie Flightright, Fairplane oder EUFlight sein, also solche, die sich um Entschädigungsansprüche von Flugpassagieren kümmern. Unternehmen dieser Art gibt es auch für verspätete Bahnkunden (Bahn Buddy, Zug-Erstattung.de usw.). Auch Geblitzt.de oder Unfallhelden werden in diese Kategorie gezählt, weiterhin Unternehmen wie wenigermiete.de, Claimright, Helpcheck, Aboalarm usw.

2. Marktplätze und Expertenportale

Marktplätze helfen Mandanten auf der Suche nach geeigneten Anwälten und ermöglichen Anwälten, sich besser und gezielter darzustellen. Bekannte Namen sind Anwalt.de, Anwalt24.de, 123Recht.Net oder Advocado.de. Diese Marktplätze und Portale sind dann geeignet, wenn sich Anliegen von Rechtsuchenden nicht mit automatisierten Rechtsberatungsprodukten erledigen lassen. Die Anbieter gehen zunehmend dazu über, zusätzlich bestimmte standardisierte anwaltliche Dienstleistungen zu Festpreisen anzubieten, um dem Rechtsuchenden die Schwellenangst zu nehmen (siehe dazu später). Die eigentliche Beratung erfolgt aber dann durch einen Anwalt.[22]

---

[19] *Reinemann*, Was ist Legal Tech?, in: Innovationen und Legal Tech, Beilage zur NJW Heft 20/2017, S. 6 ff.
[20] Die Statistik findet sich hier: https://techindex.law.stanford.edu/statistics (Abfrage am 13.6.2017)
[21] Die Übersicht befindet sich hier: http://tobschall.de (Abfrage am 14.5.2017); vgl. außerdem *Kempe/Tobschall*, Der deutsche Legal-Tech-Markt, in: Innovationen und Legal Tech, Beilage zur NJW Heft 20/2017, S. 10 ff.
[22] Der Gründer der ältesten deutschen Plattform, Michael Friedmann von 123Recht.net, hat inzwischen ausgehend von seinen Erfahrungen mit Mandantenbeschwerden und -wünschen eine eigene Anwaltsgesellschaft gegründet.

3. Legal Process Outsourcing

30 Unternehmen dieser Kategorie werden nicht für Endverbraucher, sondern nur für Anwälte oder Rechtsabteilungen tätig.[23] Sie übernehmen entweder die externe Begutachtung von Fragen oder stellen Projektjuristen zur Verfügung, die dann nur für bestimmte Projekte eingesetzt werden. Bekannte Namen sind axiom, Perconex, edicted oder Digitorney. Die Vermittlung von Projektjuristen hat allerdings wenig mit Legal Tech zu tun. Technologie kommt aber immer dann ins Spiel, wenn alle Informationen zwischen Auftraggebern und den Projektjuristen über elektronische Plattformen ausgetauscht werden und die externen Mitarbeiter Zugang zu virtuellen Datenräumen erhalten. Technologie erleichtert in diesem Fall also die Einbeziehung externer Mitarbeiter.

4. E-Discovery und Dokumentenanalyse (Document Review)

31 Mit Hilfe dieser Systeme lassen sich sehr schnell große Daten- oder Dokumentmengen durchsuchen, entweder nach Stichworten oder bestimmten Begriffen oder weitergehend nach Inhalten der Dokumente. E-Discovery-Software etwa wird eingesetzt, wenn es um kartellrechtliche interne Untersuchungen geht oder um andere Unternehmensskandale, bei denen die Durchforstung der Datenmengen Aufschluss darüber liefern soll, wer wann was im Unternehmen gewusst oder angeordnet hat. Derzeit ist der VW-Dieselskandal einer der bekanntesten Fälle. Document Review-Software hingegen ist in der Lage, den Inhalt bestimmter Dokumente zu lesen, zu verstehen, zu exzerpieren und zu katalogisieren – wobei die Begriffe „lesen" und insbesondere „verstehen" nur im übertragenen Sinn gemeint sind. Diese Software erledigt jedenfalls Tätigkeiten, für die heute immer noch auch Rechtsanwälte eingesetzt werden, und wenn es eine Software gibt, welche die Arbeit von Anwälten schon heute teilweise ersetzt, dann ist es diese Kategorie.[24]

32 In diesen Kategorien findet man so gut wie ausschließlich Unternehmen, die Produkte für Anwälte oder Rechtsabteilungen anbieten. Produkte für die Justiz sind hier nicht erfasst. Mit Online Dispute Resolution – ODR – befasst sich jedoch ein eigenes Kapitel in diesem Buch.[25]

D. Legal Tech und der Zugang zum Recht

33 Die plötzliche Prominenz von Legal Tech lässt sich alleine mit den Möglichkeiten heutiger Software nicht erklären, auch wenn man davon ausgehen kann, dass auf der Technologiebasis von vor, sagen wir, sieben Jahren einige der Anwendungen, die sich heute präsentieren, nicht denkbar waren. Das gilt etwa für solche Anwendungen, die unter der Kategorie AI zusammengefasst werden, insbesondere Document Review-Anwendungen. Auch wenn diese Systeme noch längst nicht das liefern, was man sich von ihnen erhofft, so wird doch heute schon deutlich, was da auf uns zukommen kann.[26]

34 Vielleicht treffen auch eine gestiegene Leistungsfähigkeit und eine neue Start-Up-Gründerwelle auf eine tiefsitzende Unzufriedenheit von Rechtsuchenden mit anwaltlichen Leistungen und bilden ein explosives Gemisch, welches die Entwicklung treibt. Das gilt sowohl im Privat- oder Verbraucherbereich (Business to Consumer/Customer, B2C) wie im Bereich der wirtschaftsrechtlichen Beratung gewerblicher Mandanten (Business to Business, B2B), wenn auch in ganz unterschiedlicher Ausprägung. Im Bereich B2B kommt verstärkend hinzu, dass sich die deutsche Wirtschaft seit geraumer Zeit mit dem Prozess der Digitalisierung befasst

---

[23] Vgl. *Hartung/Weberstaedt*, Legal Outsourcing, RDG und Berufsrecht, NJW 2016, 2209.
[24] Zu dieser Art von Software vgl. das Kapitel von *Bues*, Rn. 1156; zum Entwicklungsstand in den USA vgl. das Kapitel von *Vogl*, Rn. 190; zum Stand der Dinge in Großbritannien vgl. das Kapitel von *Goodman*, Rn. 233.
[25] Vgl. das Kapitel von *Braegelmann*, Rn. 922.
[26] Vgl. dazu das Kapitel von *Bues*, Rn. 1156.

und es inzwischen kaum noch Unternehmen gibt, die sich dem entziehen können. Das erfasst auch die Rechtsabteilungen dieser Unternehmen, die sich nicht nur mit den damit verbundenen Rechtsfragen befassen, sondern sich selber der Digitalisierung ihrer eigenen Dienstleistung stellen müssen. So erreicht die Digitalisierungswelle dann zuletzt die externen Berater, also die Anwälte, die ohne Druck der Mandanten keine Veranlassung hätten, über eine tiefgreifende Umwälzung ihrer Arbeitsweisen nachzudenken. In diesem Fall erweisen sich die Mandanten als Innovationstreiber.[27]

Legal Tech tritt jedenfalls an mit dem Versprechen, die Unzulänglichkeiten des Rechtspflegesystems zu beseitigen und/oder anwaltliche Leistungen besser, besser erreichbar und kostengünstiger zu machen. Dieses Versprechen stößt auf offene Ohren (bei Mandanten und bei einigen Kanzleien, immerhin). Die Bereitschaft, solche Angebote nicht nur einmal auszuprobieren, sondern sie als werthaltige Dienstleistung zu erwerben, wäre kaum denkbar, wenn Rechtsuchende zufrieden wären mit dem, was sie in der traditionellen anwaltlichen Dienstleistung vorfinden.   35

Diese Entwicklung wiederum bedient ein Nutzerverhalten, welches Leistungen oder Informationen, gleich welcher Art, zunächst im Internet sucht. Die Angebote dort sind viel bequemer zu erreichen, vermeintlich günstiger oder sogar umsonst – „vermeintlich" deshalb, weil man dort Leistungen mit seinen persönlichen Daten und Informationen über sein Nutzerverhalten bezahlt. Natürlich findet man im Internet auch anwaltliche Homepages, die allgemein über die Leistungsfähigkeit dieser bestimmten Kanzlei informieren, aber man findet dort nicht das, was man sucht: Die Antwort auf eine bestimmte Frage oder die Lösung eines Problems. Auf dem Rechtsmarkt agieren die Legal Tech-Unternehmen wie E-Commerce-Unternehmer, die nicht nur hochprofessionell mit Search Engine Optimization und sogenannten AdWords versuchen, Kunden zu einem Besuch der Homepage und zum Vertragsabschluss zu motivieren, sondern darüber hinaus permanent darüber nachdenken, wie sie das Nutzererlebnis verbessern und vor allem vereinfachen können. Das gehört bei anwaltlichen Homepages noch lange nicht zum Standard. Wenn anwaltliche Homepages nicht aktiv in die Mandantengewinnung eingebunden werden, sind sie auf dem Rechtsmarkt eher mit Eckenstehern zu vergleichen.   36

Nachfolgend betrachten wir Legal Tech aus drei Blickwinkeln, nämlich hinsichtlich der Bedeutung für die Verbraucherberatung und den Zugang zum Recht, sodann aus Sicht von gewerblichen Mandanten und schließlich aus Sicht der Anwälte, für die Legal Tech eine Chance der Verbesserung ihrer Arbeit darstellt.

I. Verbraucherberatung (B2C)

Der Zugang zum Recht ist ein essenzieller Bestandteil eines Rechtsstaats und eines funktionierenden Gemeinwesens. Nur ein Zugang zum Recht verhindert, dass das Recht in die eigene Hand genommen wird. Zugang zum Recht bedeutet dabei nicht nur, dass man ein Recht hat, sondern dass man es auch durchsetzen kann: gegen seine Mitbürger, gegen wirtschaftlich Mächtige(re) und gegen den Staat. Das erfordert ein funktionierendes System der Rechtspflege, in dem alle Arten von Rechten durchgesetzt oder verteidigt werden können.   37

Bei aller Kritik über die Rechtspflege in Deutschland – zu umständlich, zu langsam, unzureichend ausgestattet – wird man gerade im Vergleich zu anderen Ländern sagen müssen, dass das bei uns im Großen und Ganzen gut funktioniert[28], auch wenn wir im Hinblick auf digitale Innovationen keine Musterknaben sind. Aber es scheint auch Bereiche zu geben, wo dies offenbar nicht der Fall ist, und wo gerade Verbraucher in diesem System zu kurz kommen, insbesondere dann, wenn es sich um Angelegenheiten mit kleinen Streitwerten handelt. Gerade in diesen Bereichen sind Legal Tech-Unternehmen besonders erfolgreich.   38

---

[27] Vgl. dazu das Kapitel von *Barth*, Rn. 161.
[28] Vgl. das jüngst veröffentlichte Justizbarometer 2017, zu finden hier: http://europa.eu/rapid/press-release_IP-17-890_de.htm (Abfrage am 13.6.2017); Deutschland nimmt einen Platz im Mittelfeld ein.

1. Studie des GdV aus dem Jahr 2013

39 Ist die Kritik am System der Rechtspflege berechtigt? Dazu zunächst einige Zahlen: Nach einer Forsa-Studie im Auftrag des GdV Gesamtverband der Deutschen Versicherungswirtschaft aus dem Jahr 2013[29] haben 71 % der Befragten Angst vor den Kosten eines Rechtsstreits und würden deshalb keinen Anwalt beauftragen. Betrachtet man die Altersgruppe der 18-29-jährigen, steigt die Zahl auf 81 %. Diese Zahlen sind dramatisch hoch. Eine der wichtigsten Aufgaben der Anwaltschaft ist die Hilfe rechtsuchender Bürger beim Zugang zum Recht, und dieser (geordnete) Zugang zum Recht ist eine der wichtigsten Voraussetzungen für einen funktionierenden Rechtsstaat. Auch wenn in vielen Fällen die Vertretung durch Anwälte nicht geboten oder erforderlich ist, so ist es für die Stellung der Anwaltschaft kein gutes Zeichen, wenn ein so großer Teil der Bevölkerung die Beauftragung eines Anwalts aus Kostengründen meidet. Offenbar ist das System der Beratungs- und Prozesskostenhilfe kein taugliches Ventil.

40 Diesen Zahlen mag man entgegenhalten, dass es eine Studie der Versicherungswirtschaft ist, und betrachtet man die Studie als Ganzes, kann man sie auch als Werbung für Rechtsschutzversicherungen lesen. Allerdings ist der Befund in anderen Ländern ähnlich, teilweise sogar dramatischer: In den USA sind es 80 % der Bevölkerung, die keinen Zugang zum Recht haben – entweder weil sie sich keinen Anwalt leisten können, oder weil ihnen gar nicht bewusst ist, dass sie in bestimmten Situationen Rechte haben. In Räumungsverfahren sind es 90 % der Beklagten (also derjenigen, die räumen müssen), die ohne anwaltliche Hilfe vor Gericht stehen. Das ist ein erhebliches Gerechtigkeitsproblem, und es beeinträchtigt zunehmend das Funktionieren der Justiz: Verfahren dauern länger, und ohne Anwälte sind mehr Ressourcen erforderlich, um diese Prozesse durchzuführen.

2. Anwaltliches Selbstverständnis und Honorarsystem

41 Ein funktionierendes Gemeinwesen braucht jedenfalls den Zugang zum Recht. Man kann der Anwaltschaft nicht vorwerfen, dass sie „zu teuer" seien, denn ganz überwiegend arbeiten Anwälte auf Basis einer gesetzlichen Gebührenordnung. Danach orientieren sich die anwaltlichen Gebühren am Streit- oder Gegenstandswert, unabhängig vom Aufwand, der für die Mandatsbearbeitung erforderlich ist, und völlig losgelöst vom Nutzen für den Empfänger der Dienstleistung, den Mandanten. Anwälte dürfen in bestimmten Grenzen auf Honorare verzichten[30], aber nicht regelmäßig, und sie dürfen schon gar nicht anbieten, dass sie Gebühren nur im Erfolgsfalle berechnet werden. Solche erfolgs- oder besser ergebnisorientierten Honorare sind nur in engen Ausnahmefällen zulässig.

42 Ein weiteres kommt hinzu: Die Anwaltschaft ist heute im Wesentlichen noch so organisiert wie vor 50 Jahren. Das betrifft nicht die Büroeinrichtung, sondern Selbstverständnis und Art der Arbeit. Anwälte sind wie Manufakturbetreiber, die davon überzeugt sind, dass jeder Fall anders ist und daher eine besondere Behandlung verdient. Auch wenn Anwälte mit Textbausteinen und Vertragsmustern arbeiten: von so etwas wie „industrialisierter Rechtsdienstleistung", verstanden als Massenproduktion auf hohem Niveau[31], sind sie meilenweit entfernt. Schon der Begriff würde Anwälte eher befremden. Immerhin haben Anwälte sich inzwischen damit angefreundet, dass man mit Spezialisierung mehr Erfolg hat als wenn man als Generalist unterwegs ist. Aber Fokus auf wenige Rechtsberatungs"produkte"? – allenfalls vereinzelt.[32] Aus anwaltlicher Sicht kommt es hauptsächlich darauf an, dass der von ihnen bearbeitete Fall am Ende keinen Verlust produziert. Das ist zwar nicht im System der Pauschalgebühren angelegt,

---

[29] Bericht über die Studie und weitere Materialien hier: http://www.gdv.de/2013/06/aus-angst-vor-den-kosten-eines-rechtsstreits-wuerden-zwei-drittel-der-deutschen-auf-ihr-recht-verzichten/ (Abfrage 14.5.2017).
[30] Vgl. zuletzt BGH v. 3.7.2017 – AnwZ (Brfg) 42/16, BeckRS 2017, 117491; danach ist nur die anwaltliche Erstberatung kostenfrei möglich.
[31] Vgl. dazu *Breidenbach*, Landkarten des Rechts – von den Chancen industrieller Rechtsdienstleistungen, in: Der moderne Anwalt, Festschrift für Benno Heussen zum 65. Geburtstag, Köln 2009, S. 39 ff.
[32] Ein solches Beispiel ist die Rightmart Rechtsanwaltsgesellschaft mbH, deren Geschäftsprinzip und -fokus von *Marco Klock* beschrieben wird, vgl. Rn. 590; ähnlich auch *Volker Greisbach* in diesem Buch, Rn. 659.

weil danach die Erträge aus Mandaten mit hohem Streitwert diejenigen Mandate mit geringem Streitwert und nicht kostendeckendem Ertrag quersubventionieren sollen. Dieses System der Quersubventionierung besteht allerdings nur in der Theorie, tatsächlich ist bereits lange nachgewiesen, dass dieses System nicht (mehr) funktioniert.[33]

Daher steht seit vielen Jahren die Forderung der Anwaltsverbände nach einer gesetzlichen Gebührenerhöhung im Raum, auch und gerade bei den kleinen Streitwerten. Damit ist verbunden, dass sich Preis der Dienstleistung und Nutzen für den Mandanten möglicherweise noch weiter voneinander entfernen. Das ist aber nun so ziemlich genau das Gegenteil dessen, was marktgerecht wäre: Verbraucher von heute suchen und finden juristische Unterstützung im Internet auf einer „No win, no fee"-Basis, ganz abgesehen davon, dass diese neuen Angebote ungleich viel bequemer zu erreichen sind als Anwälte in ihren Büros.

Das gilt umso mehr, wenn man sich noch einmal die Zahlen der GdV-Studie vor Augen führt: Dort waren es 81 % der 18-29jährigen, die aus Angst vor den Kosten nicht zum Anwalt gehen. Von dieser Bevölkerungsgruppe wird man annehmen können, dass sie besonders internetaffin ist und es als Selbstverständlichkeit betrachtet, Informationen zuerst einmal im Internet zu suchen. Bei dieser Bevölkerungsgruppe haben Anwälte demnach kaum noch eine Chance.

3. Vorteile von Legal Tech gegenüber Anwälten

So erklärt sich im Bereich der Verbraucherberatung ein erster Teil des Erfolgs von Legal Tech. Diese Unternehmen bieten Verbrauchern etwas, was Rechtsanwälte so nicht bieten dürfen: auf einer reinen Erfolgsbasis onlinegestützte Hilfe, die entweder in der Vermittlung von anwaltlichen Festpreisangeboten oder gleich aus Hilfsangeboten bei Rechtsfragen des täglichen Lebens bestehen. Sie können wegen ihres Fokus auf wenige „Produkte", die wegen so gut wie automatisierter „Fertigungsstraßen" mit geringen Kosten hergestellt und vertrieben werden, eine hohe Qualität anbieten. Neben den günstigen Kosten kommt aber auch hinzu, dass jemand, der viele tausende gleichartige Ansprüche bearbeitet, im Zweifel besser ist als derjenige, der so etwas auch, aber nicht ausschließlich macht. Denn es ist nachgewiesen, dass in der Rechtspflege sogenannte Repeat Players erfolgreicher sind als diejenigen, die einzeln unterwegs sind: Diese sind den Repeat Players hoffnungslos unterlegen.[34] Lässt man seine Ansprüche aber durch einen darauf spezialisierten Anbieter verfolgen, wird man zum Quasi-Repeat Player, mit einer deutlich höheren Wahrscheinlichkeit der erfolgreichen Rechtsdurchsetzung. Den Unternehmen steht nicht mehr nur ein einzelner Verbraucher gegenüber, dem man paternalistisch Verbraucherschutz im Gnadenwege gewähren kann, sondern ein Teil einer Verbrauchergemeinschaft, die viel besser organisiert ist, als es einzelne Verbraucher jemals sein könnten, und wären sie auch noch so gut anwaltlich vertreten.

Legal Tech-Unternehmen erweisen sich also als ungleich wirkungsvoller für den Verbraucherschutz als die traditionellen Verbraucherschutzangebote. Allerdings geschieht das nicht umsonst: Bei den Flugverspätungsportalen ist regelmäßig eine Provision von 25 % plus MwSt. fällig, wenn die Fluggesellschaft zahlt, bzw. 35 %, wenn das Legal Tech-Unternehmen gleich auszahlt und das Risiko für die erfolgreiche Anspruchsdurchsetzung übernimmt. Hingegen wäre eine Tätigkeit der Schlichtungsstelle für den öffentlichen Personenverkehr e.V. (SÖP) für den Passagier gratis. Dennoch nehmen viel mehr Passagiere die Verspätungsportale in Anspruch, weil deren Leistungen schneller und bequemer zu bekommen sind, bei der SÖP nicht alle Fluggesellschaften beteiligt sind und dort schließlich auch mehr an Mitwirkung durch die Passagiere gefordert wird. Hier sind die Portale überlegen.

Hinzu kommt eine weitere Betrachtung: Nimmt man die Portale nicht in Anspruch, erhält man in aller Regel gar nichts. Im Erfolgsfall bekommt man also immerhin 75 % – das ist von

---

[33] *Hommerich/Kilian* u. a., Quersubventionierung im RVG: Fiktion oder Wirklichkeit, AnwBl. 2006, 406 f.
[34] Vgl. die Untersuchungen von Kevin T. McGuire, Repeat Players in the Supreme Court, The Journal of Politics, Vol. 57, Issue 1 (Feb. 1995), 187 ff.; Download hier: http://mcguire.web.unc.edu/files/2014/01/jop_repeatplayers.pdf (Abfrage am 12.6.2017).

Null aus betrachtet ziemlich viel. Um 100 % erstattet zu bekommen, müsste man deutlich mehr unternehmen. Offenbar ist es aber für sehr viele Verbraucher völlig ausreichend, auf bequeme Art einen nennenswerten Anteil des Entschädigungsbetrags zu erhalten.

4. Plattformen

48 Plattformen haben in der Wirtschaft erheblich an Bedeutung gewonnen. Das gilt auch im Rechtsmarkt. Ihre Bedeutung liegt darin, dass Anwälte und Mandanten gezielter zusammengebracht werden und die Suchergebnisse in Google besser sind, wenn man auf diesen Plattformen gelistet ist. Die Plattformen bewerben ihre Attraktivität für Marktteilnehmer mit dem sogenannten Rückkoppelungseffekt: Je mehr Nutzer diese Plattformen benutzen, desto besser für die Anbieter, und je besser die Anbieter auf der Plattform werden, desto mehr Nutzer werden angezogen. Durch jeden neuen Marktteilnehmer steigt der Nutzen für alle. Für die Plattformbetreiber bedeutet das überdies, dass die Teilnehmerzahl ab einem bestimmten Zeitpunkt nicht mehr linear, sondern exponentiell steigt. Damit positionieren sich die Plattformen zwischen die Anwälte und Mandanten und Anwälte rücken in die zweite Reihe. Das mag ihnen auf den ersten Blick nicht als besonders bedrohlich erscheinen, doch kommen die Plattformen dadurch an Geschäftsmöglichkeiten, die den Anwälten entgehen. Ein Beispiel ist MyRight: Diese Plattform sammelt systematisch Ansprüche von VW-Fahrern gegen VW. Die Sammlung dieser Ansprüche geschieht durch gezieltes Online-Marketing und sonstige Werbung einschließlich Fernsehwerbung, ungleich professioneller als Anwälte das jemals könnten. MyRight erhält eine Erfolgsprovision von 35 %, von der die beauftragte Anwaltskanzlei und der Prozessfinanzierer bezahlt werden müssen. Das unternehmerische Risiko ist hoch, die Ertragschancen auch. Anwälten ist dieses Geschäftsmodell verboten. Würden sie selber so etwas wie MyRight gründen, um Mandate zu sammeln, die sie dann selber bearbeiten, handelte es sich um ein klassisches Umgehungsgeschäft. Das anwaltliche Berufsrecht erweist sich hier als Zwangsjacke für Anwälte und beflügelt den Erfolg nichtanwaltlicher Dienstleister.[35]

5. Zwischenergebnis

49 Ob es Entschädigungsansprüche bei Flugverspätungen sind, Hilfe bei arbeitsrechtlichen Problemen, bei Hartz IV-Streitereien oder bei Vermieterproblemen zum Thema Mietpreisbremse, Hilfe bei der Zusammenstellung individualisierter Vertragsdokumente, bei bestimmten Formularschreiben, bei Kündigungsfristenüberwachung, bei Vorsorgevollmachten oder Patientenverfügungen: wegen solcher Themen geht heute kaum jemand noch zum Anwalt. Die Angebote der Legal Tech-Unternehmen sind günstiger und viel bequemer zu erreichen, und man muss sich mit seiner Schwellenangst gegenüber Anwälten gar nicht erst befassen. Anwälte mögen das verschmerzen, weil es sich um Auseinandersetzungen mit geringen Streitwerten handelt, aber diese Angebote werden nicht auf dem Kleinstwertniveau verharren, sondern in Beratungssphären vordringen, in den Anwälte sich heute noch sicher fühlen.

II. Wirtschaftsrechtliche Beratung (B2B)

50 Alle diese Erörterungen gelten nicht oder nur eingeschränkt im Bereich B2B, trotzdem spielt Legal Tech auch dort eine erhebliche und spielentscheidende Rolle, und dies schon seit vielen Jahren. Das Outsourcing von Dienstleistungen in Länder mit niedrigerem Lohnniveau wäre ohne Plattformtechniken nicht möglich gewesen. Als weiteres Beispiel mag e-Discovery gelten, das es ebenfalls schon seit Jahren gibt, lange bevor es Document Review-Systeme wie heute gab.[36] Aber auch hier kam es nie zu der öffentlichkeitswirksamen Prominenz des Themas wie heute.

---

[35] Ausführlich befasst sich das Kapitel von *M. Hartung*, Rn. 1031 ff., mit berufsrechtlichen Fragen.
[36] Vgl. dazu das Kapitel von *Bues*, Rn. 1156.

1. Aufgaben von Anwälten bei der B2B-Beratung

Die Bedeutung von Legal Tech ergibt sich bei Rechtsdienstleistungen für Unternehmen aus einem anderen Grund als im Bereich B2C. Denn Anwälte spielen in der wirtschaftsrechtlichen Beratung eine andere Rolle als bei der Verbraucherberatung. Um den Zugang zum Recht geht es bei der Beratung von gewerblichen Unternehmen eher selten. Das bedeutet nicht, dass Unternehmen nicht auch Ansprüche gerichtlich durchsetzen oder sich dagegen verteidigen müssen. Doch im Verbraucherbereich ist der Zugang zum Recht eine existenzielle und strukturelle Machtfrage zwischen rechtlos bleiben und Recht bekommen. Über diese existenzielle Not reden wir im B2B-Bereich nicht. Überwiegend geht es dort um die Strukturierung und Begleitung bei Unternehmenstransaktionen, oft auch um prozessuale Auseinandersetzungen. Unternehmen würden grundsätzlich nicht aus Kostengründen auf die Hinzuziehung von Anwälten verzichten. Allerdings gab es schon seit gut 10 Jahren einen erheblichen Unwillen mit dem stetig steigenden Kostenniveau der wirtschaftsberatenden Kanzleien, insbesondere in den USA, aber auch in Großbritannien. Beratungsleistungen wurden immer auf Zeitbasis und mit einem erheblichen Leverage abgerechnet, also der Einbeziehung mehrerer Anwälte in Beratungsteams. Für Mandanten war das häufig undurchsichtig. Hinzu kam, dass insbesondere junge Anwälte viel Zeit in Datenräumen oder bei sogenannten Document Reviews verbrachten. Das war und ist eher eine mechanische Tätigkeit, bei der sich vielen Anwälten die Frage stellte, warum sie dafür zur Universität gegangen waren. Der Einsatz von Anwälten für solche Tätigkeiten und ihre Abrechnung nach Zeit führte zu einer erheblichen Profitabilitätssteigerung der wirtschaftsberatenen Kanzleien in den Jahren 2001 bis 2008/9, dem Einbruch der Finanzkrise. Mandanten saßen in Honorarverhandlungen immer am kürzeren Hebel. 51

Erst mit der Finanzkrise und dem Zusammenbruch des Transaktionsgeschäfts veränderte sich das Kräfteverhältnis zwischen Auftraggebern und Anwälten. Seitdem müssen sich Anwälte regelmäßig Forderungen nach Discounts und Caps oder anderen sog. Alternative Fee Arrangements unterwerfen.[37] 52

2. Software ersetzt die Tätigkeit von Anwälten

Diese Änderungen waren aber alle nicht auf Legal Tech zurückzuführen. Die Technik kam in den letzten Jahren ins Spiel, als Software so weit war, Dokumente nicht nur nach bestimmten Begriffen zu durchforsten, sondern Dokumente zu „lesen", den Inhalt „zu verstehen", wesentliche Dokumenteninhalte zu exzerpieren und sodann zu systematisieren und katalogisieren. Solche Software war vor einigen Jahren noch undenkbar, heute gibt es sehr viele Sozietäten, die mit solcher Software arbeiten. Damit können Due Diligences schneller und deutlich günstiger durchgeführt werden, und überhaupt kann die Document Review weite Teile der Tätigkeit ersetzen, die früher viele junge Anwälte auf Zeithonorarbasis durchführten. Hinzu kommt, dass diese Art von Software (die in diesem Buch noch eingehend beschrieben wird[38]) dazulernt: mit jeder weiteren Review, mit jedem weiteren Set von Daten wird der Algorithmus besser. 53

Damit verbunden war auch schon seit Jahren der Einsatz von Dokumentenerstellungssoftware für die umfangreichen Vertragswerke, die in internationalen Transaktionen üblich sind und aus vielen vorgefertigten Versatzstücken bestehen, die dann auf eine einzelne Transaktion angepasst und verhandelt werden. Auch dieser Prozess, früher auf Zeitbasis abgerechnet, geht heute durch den Einsatz von Software viel schneller und auf höherem Qualitätsniveau als früher.[39] 54

---

[37] Ausführlich zu den Gründen zu dem geänderten Kräfteverhältnis zwischen Mandanten und Anwälten vgl. *Hartung/Weberstaedt*, Marktentwicklung bei großen wirtschaftsberatenden Kanzleien in Deutschland – neues Kostenbewusstsein bei Mandanten, AnwBl. 2011, 607 ff.
[38] Vgl. die Kapitel von *Bues*, Rn. 1156, und Krause/Hecker, Rn. 304 ff.
[39] Vgl. dazu das Kapitel von *Halbleib*, Rn. 1131.

3. Neue Transparenz und Zugang zu Informationen

55 Hinzu kommen Forderungen von Mandanten an Kanzleien, ihre Zeiten für anwaltliche Leistungen auf Plattformen in Real Time (also spätestens 24 Stunden nach getaner Arbeit) einzugeben, mit der Folge direkter Transparenz für den Mandanten. Mandanten sehen also schon im Lauf der Transaktion, wie sich die Kosten entwickeln, und vor allem: warum. Damit gerät ein weiteres wesentliches Element des anwaltlichen Geschäftsmodells unter Druck: die Intransparenz. Wer in einer Transaktion was und für wen tut, war früher für Mandanten weitgehend unklar, heute liegt es transparent auf dem Tisch und kann sofort angesprochen werden. Das führt zu größerer Kostendisziplin auf Seiten der Kanzleien und dies wiederum zur Reduktion von Kosten.

56 Vor der Tür steht bereits die nächste Stufe solcher Software: IBM bietet seine Watson-Technologie Unternehmensrechtsabteilungen für das Management externer Beratungskosten an. Mit dieser Technologie kann z. B. in Zeiterfassungsdatensätzen nach Dopplungen, Redundanzen und außerhalb der Honorarvereinbarung liegenden Kosten gesucht werden. Erste Erfahrungsberichte nennen bis zu 30 % Kostenreduktionen durch die nunmehr verfügbare Transparenz.

57 Abschließend ist zu B2B zu bemerken: Wenn auch die Hilfe beim Zugang zum Recht nicht das entscheidende Kriterium für Unternehmen ist, so ist es doch häufig der Zugang zu strukturierten und aufbereiteten Informationen. Denn der Zugang zu Informationen allein stellt angesichts der Flut an Informationen keinen besonderen Wert dar. Das gilt gerade in den Bereichen, in denen die Regulierung komplex und unübersichtlich ist, was z. B. bei der Umsetzung von EU-Richtlinien mit Öffnungsklauseln in nationales Recht der Fall ist: ein Finanzdienstleister braucht einen verlässlichen und systematischen Überblick darüber, wie die Kapitalmarktrichtlinie MiFID II bisher in den einzelnen europäischen Mitgliedstaaten umgesetzt worden ist. Ähnlich kann es bei der Umsetzung der Datenschutzgrundverordnung sein oder auch bei der Frage, wie die Rechtslage in verschiedenen Ländern ist, wenn es um die Anmeldung von Unternehmenstransaktionen geht. Diese Informationen erfordern keine einzelnen Gutachten, sondern oft nur systematische Überblicke, die möglichst einfach zur Verfügung gestellt werden sollen. Darauf haben viele Kanzleien reagiert, indem sie ihren Mandanten, die ja allesamt Profis sind, solche Informationen online zur Verfügung stellen. Diese Dokumente werden durch die Mandanten dann heruntergeladen, oft gegen Entgelt, manchmal aber auch als ein kostenfreier Service.[40]

III. Legal Tech und Kanzleien

58 Das führt uns zum letzten Punkt: Legal Tech ermöglicht Kanzleien, ihre Art der „Produktion", also die anwaltliche Leistungserstellung, effektiver und kosteneffizienter zu gestalten, und es eröffnen sich neue Vertriebswege für die anwaltlichen Leistungen und Produkte. Um das Beispiel mit den Online-Informationen aufzugreifen: Die Information muss nur einmal erstellt und dann regelmäßig aktualisiert werden, und kann danach einer Vielzahl von Mandanten oder Kunden verkauft werden. Der Vertriebsweg ist für den Anwalt theoretisch kurz und unaufwendig, denn er stellt nur ein Dokument zum Download bereit. Produktions- und Versandkosten entfallen gänzlich (allerdings sind hier völlig andere und für Anwälte ungewohnte Vertriebsstrategien gefragt). Solche Informationen als traditionelle Beratungsdienstleistungen haben nur ein endliches Wachstumspotenzial, als digitale Produkte jedoch theoretisch ein unendliches Potenzial. Man spricht hierbei von skalierbaren Dienstleistungen. Die Kosten für die Erstellung solcher Informationen sind von der Zahl der Kunden unabhängig, es wird ein Produkt verkauft, das unendlich häufig vertrieben werden kann.

59 Während solche Angebote mit Legal Tech eigentlich nichts zu tun haben – es handelt sich um Word-Dokumente, die heruntergeladen werden können, was technisch eher unterkomplex

---

[40] Vgl. dazu die Beispiele im Kapitel von *Halbleib*, Rn. 127 ff.

ist –, sind Kanzleien inzwischen weitergegangen und haben Service-Tools entwickelt, mit denen Mandanten Rechtsfragen prüfen oder sich selber juristische Dokumente erstellen können. Die Prüfungsergebnisse sind rein softwarebasiert, die anwaltliche Tätigkeit erstreckt sich auf die Konzeption dieser Produkte oder Dienstleistungen.[41] Die Schnittstelle zum Mandanten ist ein Portal, nicht mehr ausschließlich der persönliche Kontakt zum Anwalt. Mandanten schätzen das, weil sie einerseits günstige Services erhalten, aber dennoch die Möglichkeit behalten, ihren Anwalt zu beauftragen, wenn das softwarebasierte Ergebnis nicht ausreicht. Hier bewahrheitet sich die These von Susskind zur Aufteilung von Rechtsberatung in standardisierte Bestandteile und das, was er „bespoke", also maßgeschneidert nennt.

Technologie hilft schließlich auch intern: sei es, dass durch Software Dinge erledigt werden, die gerade junge Associates als Strafarbeit betrachten (Document Review, Datenräume usw.), oder dass immer gleiche Abläufe durch Software automatisiert werden, oder dass die Erreichbarkeit von Anwälten verbessert wird – Kanzleien werden durch Technologie schneller und kostengünstiger. Die kommende Generation von Bewerbern wählt Kanzleien auch nach der technischen Ausstattung aus. Legal Tech ist hier als Versprechen an den Nachwuchs, flexibler arbeiten zu können und keine stumpfsinnigen Datendurchsichten vornehmen zu müssen.[42] 60

Legal Tech hat das Potenzial, einen Innovationsschub in Kanzleien zu bewirken, selbst wenn innovative Lösungen mit neuartiger Technologie eigentlich nichts zu tun haben – siehe die angebotenen Informationen als Word-Dokument per Download. Dieser Innovationsschub tut Kanzleien gut, denn sie hängen traditionell hinterher. 61

E. Fazit

Legal Tech ist also attraktiv, weil es sich bisher hauptsächlich als etwas Positives präsentiert – es hilft beim Zugang zum Recht dort, wo Verbraucher früher keine Chance (oder schlichtweg keine Angebote) hatten, es macht die anwaltliche Leistung kosteneffizienter und häufig besser, es eröffnet neue Geschäftsfelder und -chancen für Kanzleien und andere Unternehmer, und es steigert schließlich insbesondere aus Sicht der jungen Generation die Arbeitsplatzzufriedenheit. 62

Legal Tech wird jedoch in der gesamten Anwaltschaft noch nicht ausschließlich positiv wahrgenommen. Der Rechtsmarkt verändert sich schon seit vielen Jahren, auch unabhängig von Legal Tech, und viele Anwälte fühlen sich diesen Anforderungen nicht gewachsen. Legal Tech und die Digitalisierung stehen für die Bedrohung des herkömmlichen Berufsbildes, auch wenn man nicht von einer technologischen Revolution mit der Folge massenweiser Arbeitsplatzverluste oder Kanzleiensterben sprechen kann. Anwälte sind nach einer aktuellen Studie des Soldan-Instituts verhalten oder skeptisch: zwar denkt jeder Dritte, dass er durch ein Computerprogramm von Routineaufgaben entlastet werden kann. Den Wert von Plattformen für die Mandatsgewinnung sehen aber nur 13 % der Befragten, und 46 % sehen die Digitalisierung nicht als Chance für den Berufsstand, sondern als Chance für Nichtanwälte, durch die sie selber aus dem Beruf gedrängt werden. Das gilt gerade für diejenigen Angebote, mit denen Verbraucher schnell und günstig Hilfe bekommen.[43] 63

Legal Tech setzt das traditionelle Geschäftsmodell von Kanzleien unter Druck und zwingt sie, ihr bisheriges Modell zu überdenken.[44] Nach den bisherigen Erfahrungen geschieht das aber 64

---

[41] Vgl. dazu das Kapitel von *Scheicht/Fiedler*, Rn. 413.
[42] Zu diesen Fragen gibt es allerdings nur wenige empirische Untersuchungen, vgl. *Hartung/Ziercke*, What Tomorrow's Lawyers Want: What Law Firms Would Look Like if Generation Y Were in Charge, in: IBLF – The Independent Law Firm Newsletter, Vol. 1.3, June 1, 2016.
[43] Bericht über die Studie des Soldan-Instituts von *Marcus Jung* im Wirtschaftsteil der FAZ vom 30.5.2017, „Zahl der Anwälte sinkt"; Link zu einer Zusammenfassung der Studie: https://www.soldan.de/insights/anwaelte-verbinden-mit-legal-tech-mehr-risiken-als-chancen/.
[44] Vgl. dazu *Hartung/Ziercke*, Why the developments to the competence divide (and not the digital divide) will make or break the law firm business model, in Armentano (Ed.), New Directions in Legal Services, Wilmington Group London 2017, S. 1–10.

nicht abrupt oder disruptiv und nicht über Nacht. Trotzdem stehen auch die technologie-affinen Anwälte vor der Frage, wie man Digitalisierungsprozesse in einer Kanzlei anstößt[45] und wie man Investitionen in IT stemmen soll. Man kann solche Investitionen nicht immer aus dem Cash Flow bewältigen, und darüber hinaus stehen die traditionellen Gewinnverteilungssysteme einem Investment oft entgegen: Ältere Partner werden vielleicht weniger als junge Partner bereit sein, langfristig in die Existenz der Sozietät zu investieren.[46] Große wirtschaftsberatende Kanzleien und die Big4-Wirtschaftsprüfungsgesellschaften haben erhebliche Investitionen in IT und ihre Abläufe getätigt[47], und, soviel wird im Zwiegespräch zugegeben, nicht jede Investition war erfolgreich. Diese Möglichkeiten haben kleine und mittlere Kanzleien nicht. Bevor aber Legal Tech zu einem Standard wird, verbunden mit einem Preisverfall bei der Software, stehen diese Kanzleien vor der Frage, wie sie die Zukunft bewerkstelligen sollen. Einige Antworten darauf finden sich in diesem Buch.

---

[45] Vgl. dazu das Kapitel von *Halbleib*, Rn. 126 ff.
[46] Das ist eines der Hauptargumente für *Jonathan Molot*, dass die klassischen Partnerschaftsstrukturen für große wirtschaftsberatende Kanzleien erhebliche Nachteile haben, vgl. *Molot*, What's wrong with Law Firms? A Corporate Finance Solution to Law Firm Short Termism, in: Southern California Law Review Vol. 88 No. 1 (September 2014), Download hier: http://lawreview.usc.edu/issues/past/view/?id=1000004.
[47] Vgl. die Schilderungen in den Kapiteln von *Northoff* u.a., Rn. 466 und *Busekist* u.a., Rn. 489.

1.2 Auswirkungen und Erfolgsfaktoren der Digitalisierung von Kanzleien

Dr. Micha-Manuel Bues[1]

A. Was ist Digitalisierung? Was bedeutet sie für Kanzleien?

Immer mehr Juristen realisieren, dass die Digitalisierung nicht spurlos an der Rechtsbranche vorübergehen wird. Noch vor zwei Jahren fristeten die Themen der Digitalisierung und Technologisierung zumindest in Deutschland noch ein Schattendasein, mittlerweile scheint das Thema omnipräsent zu sein. Die Erkenntnis, dass Änderungen in der Rechtsbranche bevorstehen ist zwar gewachsen, führt aber allein weder zur Bewältigung noch zu praktikablen Lösungen. Wie also könnte sich eine sinnvolle Digitalisierungsstrategie in Kanzleien, in theoretischer und praktischer Hinsicht, entwickeln? Darum geht es in diesem Artikel. 65

Noch ist recht wenigen Beteiligten in der Rechtsbranche klar, was Digitalisierung überhaupt bedeutet. Viele Juristen haben bisher eher eine vage Vorstellung etwa in der Form, dass Digitalisierung heißt, bisher genutzte aber eben „ausgetretene Wege zu verlassen". Pragmatiker hoffen, mit einigen Sofortmaßnahmen zuschlagen zu können: Nutzung einiger Legal Tech-Programme, Homepage mit schickem Design, Blog und LinkedIn-Profil; der digitalisierungsbereite Anwalt hofft auf eine Checkliste, die es schlicht abzuarbeiten gilt, um seine Arbeit und die Kanzlei nun digital und somit besser managen zu können. Bereits ein erster Blick auf gängige Definitionen von Digitalisierung zeigt, dass eine derartige Sicht zu eindimensional ist. Digitalisierung wird bspw. bei Gartners IT Glossar wie folgt definiert: 66

> „Digitalization is the use of digital technologies to change a business model and provide new revenue and value-producing opportunities; it is the process of moving to a digital business."[2]

Diese Definition zeigt, dass Digitalisierung stets mehrdimensional ist. Zur Digitalisierung gehört selbstverständlich einerseits der Einsatz von Technologie, um bereits bestehende Prozesse und Geschäftsmodelle zu beschleunigen, zu verbessern oder zu vergünstigen (Stichwort: Automatisierung). Das ist aber letztlich nur alter Wein in neuen digitalen Schläuchen. Hiermit könnte man sich zufriedengeben, wenn Digitalisierung nicht andererseits eine „disruptive" Seite hätte:[3] denn Digitalisierung bringt neue Geschäftsmodelle und Produkte hervor, die klassische Industrien durcheinanderwirbeln und für völlig neue Wettbewerbsverhältnisse sorgen. 67

Die Gefahr ist, dass die disruptive Seite von Digitalisierung übersehen und lediglich ein bisschen „digitale Kosmetik" betrieben wird: Der Klassiker für die unterschätzte Dynamik von Digitalisierung ist die Firma Kodak, die zwar bereits in den 1970er Jahren als erste an Digitalkameras forschte, aber letztendlich den Übergang in eben dieses neue Produkt nicht schaffte und schlussendlich das Fotogeschäft komplett aufgeben musste.[4] Trotz Marktführerschaft und prall gefülltem Forschungsbudget überlebte Kodak die disruptive Welle der Digitalkameras nicht. 68

---

[1] Dr. Micha-Manuel Bues ist Rechtsanwalt und Geschäftsführer bei LEVERTON, außerdem Mitglied der Executive Faculty am Bucerius Center on the Legal Profession (CLP). Er betreibt mit dem Legal Tech Blog (www.legal-tech-blog.de) den bekanntesten Blog zum Thema Legal Tech im deutschsprachigen Raum.
[2] Vgl. www.gartner.com/it-glossary/digitalization.
[3] Vgl. hierzu genauer: www.claytonchristensen.com/key-concepts.
[4] Vgl. hierzu „Kodak's Downfall Wasn't About Technology", hbr.org/2016/07/kodaks-downfall-wasnt-about-technology; „Kodak and the Brutal Difficulty of Transformation, hbr.org/2012/01/kodak-and-the-brutal-difficult.

69 Die historische Entwicklung in den vergangenen Jahrzehnten zeigt bereits, dass als Digitalisierungsgewinner vielfach nur derjenige hervorgeht, dem es gelingt, neue Produkte und/oder Geschäftsmodelle sowie eine dezidierte Digitalisierungsstrategie zu entwickeln. Es bedarf, anders ausgedrückt, einer neuen und zukunftsfähigen Geschäftslogik, die zwar das „alte" Geschäftsmodell nicht einfach über Bord wirft, aber es erstens mithilfe von Technologie effizienter gestaltet und zweitens dann auch neue Geschäftsmodelle samt neuen Produkten auf den Markt bringt.

70 Dieses mehrdimensionale Durchdringen von Digitalisierung fällt in allen Branchen schwer. Nur wenige Firmen meistern daher erfolgreich die Herausforderung der Digitalisierung. Viele Rechtsfirmen versuchen sich – mehr schlecht als recht – über die Zeit zu retten und mit „quick fixes" möglichst innovativ und digital zu erscheinen. Die Rechtsbranche, die generell als innovationsarm gilt,[5] steht insofern vor besonderen Herausforderungen, um nicht den Anschluss an die Kunden zu verlieren und von neuen Wettbewerbern ersetzt zu werden.

B. Digitalisierungsstrategie

71 Was ist eine Digitalisierungsstrategie und wie kann sie entwickelt werden?

I. Ist eine Digitalisierungsstrategie in der Kanzlei vorhanden?

72 In der Rechtsbranche gibt es derzeit wohl nur vereinzelt Digitalisierungsstrategien, die diesen Namen wirklich verdienen.[6] Digitalisierungsstrategie meint eine belastbare, schriftlich niedergelegte Strategie, die einen gewissen Planungszeitraum umfasst und im Einzelnen festlegt, wie digitale Produkte und Geschäftsmodelle realisiert werden sollen.

73 Studien, wie beispielsweise die Deloitte/MIT-Studie „*Strategy, not Technology, Drives Digital Transformation*" (2015),[7] belegen, dass die schriftliche Formulierung einer Digitalisierungsstrategie Grundvoraussetzung für eine erfolgreiche Digitalisierung ist. Alle Unternehmen, die sich erfolgreich digitalisierten, fahren nicht zufällig in einer Erfolgsspur, sondern haben mit viel Zeit, Ressourcen und Geldaufwand eine Digitalisierungsstrategie entwickelt.

II. Startpunkt einer Digitalisierungsstrategie: Warum soll digitalisiert werden?

"We had a vision, and the vision was to be the first company who was fully digital end-to-end."
(Angela Ahrendts, CEO Burberry)

74 Für die Digitalisierung gibt es kein allgemeines Patentrezept, denn sie kann auf sehr unterschiedlichen Wegen zum Erfolg führen. Je nach Schwerpunkt der Tätigkeit, Größe und Ambition wird es sehr unterschiedliche Antworten auf die Frage geben, ob, wie und wie stark eine Rechtsfirma sich digitalisieren möchte.

75 Um eine Digitalisierungsstrategie ausarbeiten zu können, wird es zunächst notwendig sein, die Vision einer digitalisierten Kanzlei oder Rechtsabteilung zu entwickeln. Nur wenn die Vision (= das Ziel) klar ist, kann im Einzelnen untersucht werden, welche Schritte erforderlich sind, um dieses Ziel zu erreichen. Deswegen muss am Anfang der Umsetzung einer Digitali-

---

[5] Vgl. radicalconcepts.com/156/big-law-legal-fiction/.
[6] Siehe hierzu allerdings positiv anders, die Kapitel von *Wenzler*, *Solmecke*, *Klock* und *Greisbach*.
[7] https://dupress.deloitte.com/content/dam/dup-us-en/articles/digital-transformation-strategy-digitally-mature/15-MIT-DD-Strategy_small.pdf.

sierungsstrategie immer die Frage nach dem „Warum" stehen, was bekanntlich mühsam ist. Instinktiv scheuen sich viele, diese Frage zu stellen, weil Risiko und Unwägbarkeiten damit verbunden sind. Wer sich dennoch zu diesem Schritt und zu dieser grundsätzlichen Frage nach dem Warum durchringt, hat den Vorteil, einen Prozess zu starten, der nicht reaktiv sondern proaktiv, somit selbstbestimmt-intrinsisch, mittels einer eigenen Strategie abläuft.

Um eine Vision zu entwickeln, bieten sich – aufbauend auf der Studie „*The Vision Thing*" von Capgemini Consulting[8] – drei Schritte an: 76
1. Definition eines klaren Ziels durch das Management
2. Beteiligung des gesamten Unternehmens in einem strukturierten Prozess
3. Anpassungen der Vision mit der Zeit

Folgende Fragen können helfen, der Frage nach der Vision für die Digitalisierung auf den Grund zu gehen und eine intrinsisch-selbstbestimmte Digitalisierungsstrategie zu entwickeln: 77
- Welcher Vision (Ziele) wollen wir für unsere Rechtsdienstleistungen in den nächsten 5, 10 oder 20 Jahren folgen?
- Welcher Mehrwert wird durch unsere verschiedenen Rechtsdienstleistungen kreiert?
- Wie würden wir gegen einen Wettbewerber bestehen, der alle Hebel der Digitalisierung in Bewegung setzt und nach ganz neuen Regel betreibt (Nightmare Competitor-Ansatz)?
- Wie wollen wir uns von Wettbewerbern in Zukunft abheben?
- In welchem allgemein-wirtschaftlichen Umfeld bewegen wir uns, in dem sich verschiedene Industrien insgesamt durch Digitalisierung verändern? Was bedeutet dies für die Rechtsberatung?

III. Digitalisierungsdimensionen: Was kann und soll verändert werden?

"Digital transformation means business model change: everything from a process standpoint needs to be focused on a digital capability." (Patrick Bass, CEO von ThyssenKrupp in North America)

Digitale Transformation führt zu einer tiefgreifenden Veränderung von tradierten Denk-, Verhaltens-, Geschäfts- und Arbeitsmustern. Folgende Bereiche werden im Rahmen einer holistischen Digitalisierung in der Regel verändert:[9] 78
- Geschäftsmodelle
- Produkt/Angebot
- Prozesse
- Struktur
- Personal
- IT-Kapazitäten
- Kundenkontakt

Ein anderer Blick, mit dem die unterschiedlichen Dimensionen von Geschäftsmodellen untersucht werden, ermöglicht die Auffindung folgender Digitalisierungspotenziale: 79
- Wertschöpfungsdimension: Was sind die Kernkompetenzen und Kernprozesse?
- Angebotsdimension: Welches Produkt wird angeboten und wie wird hierdurch Mehrwert für den Kunden generiert?
- Kundendimension: Was sind die Zielkunden? Was ist das Nutzenversprechen?
- Vermarktungsdimension: Wie erfolgt die Gewinnung und Pflege von Kunden?
- Ertragsdimension: Was sind Einnahmen- und Kostenstrukturen?

---

[8] Vgl. https://www.capgemini-consulting.com/the-vision-thing-developing-a-transformative-digital-vision.
[9] Vgl. hierzu die Studie „Digital Business Transformation" des Global Center for Digital Business Transformation, www.imd.org/uupload/IMD.WebSite/DBT/Digital%-20Business%20Transformation%20Framework.pdf.

1. Digitale Geschäftsmodelle

80   Dass sich ganze bisher geltende Geschäftsmodelle – die Art und Weise, wie Organisationen Werte generieren und anbieten – durch Digitalisierung grundlegend ändern, zeigt sich in der Umwandlung ganzer Industrien und dem Angebots- und Nachfrageverhalten der jeweiligen Konsumenten. Ein instruktives Beispiel der Digitalisierung von Geschäftsmodellen bietet die Axel Springer AG. Während Springer noch vor 15 Jahren praktisch ausschließlich analoge Printmedien auf dem Markt anbot, hat sich die Geschäftsstrategie des Medienkonzerns in den letzten Jahren drastisch gewandelt. Mittlerweile wird ein Großteil des Umsatzes über digitale Geschäftsmodelle generiert – Tendenz steigend.[10] Hiervon kann und sollte die Rechtsbranche lernen.

81   Betrachtet man Digitalisierung unter dem Aspekt der digitalen Wertschöpfung, kann Digitalisierung (1.) als evolutionäre Weiterentwicklung bestehender Wertschöpfung und/oder (2.) als Erweiterung bzw. Ergänzung der Wertschöpfung verstanden werden.

82   Die evolutionäre Weiterentwicklung von Geschäftsmodellen bedeutet, wie das Beispiel der Axel Springer AG zeigt, dass analoge Zeitungen und Zeitschriften durch den Einsatz von digitaler Technologie günstiger, schneller und vielleicht auch qualitativ besser anzubieten ist. Evolutiv sollten dementsprechend bestehende Produkte optimiert oder auch automatisiert werden. Dass heute Zeitschriften und Zeitungen digital über Homepages oder E-Magazine angeboten werden, erscheint vielen als selbstverständlich, ist aber eine Folge der Digitalisierung der Medienbranche, wobei das Produkt „journalistischer Text" im Grunde genommen weitgehend das Gleiche geblieben ist. Die Vorteile der digitalen Produktion liegen auf der Hand: die Herstellung des Produktes ist einfacher, kostengünstiger und schneller, wodurch der Kunden früher, weltweit und häufig (noch) kostenlos das Angebot konsumieren kann.

83   Dieser Logik folgend können auch innerhalb der Rechtsbranche bestehende Produkte oder Dienstleistungen mit digitalen Mitteln optimiert und automatisiert werden. So könnte beispielsweise die Due Diligence mittels Technologie schneller, einfacher und günstiger gestaltet werden. Die Anlage einer Akte könnte mit digitalen Tools vereinfacht und beschleunigt werden. Durch die Optimierung und Automatisierung würden die Arbeitsergebnisse häufig ähnlich bleiben, obwohl sich die Produktionsweise verändert hätte. Diese „Produktionsdigitalisierung" stellt die Rechtsbranche vor gewisse Herausforderungen, da der Preis einer Rechtsberatung sich häufig nach der aufgewandten Beraterzeit berechnet. Kann aber durch Optimierung und Automatisierung eine Rechtsberatung schneller erfolgen, schlägt dies auf das Beraterhonorar durch. Anwälte, die digitalisieren wollen, stecken so scheinbar in einer Digitalisierungs-Zwickmühle.

84   Diese Herausforderung, bestehende Produkte und Dienstleistungen zu automatisieren bzw. zu digitalisieren, ist auch in anderen Branchen – mit teils anderen Nuancen – bekannt. In der Verlagsbranche führte die Digitalisierung von journalistischen Texten und deren Zurverfügung-stellung im Internet bereits dazu, dass die Umsätze im klassischen Kerngeschäft einbrachen. Deswegen trat die Axel Springer AG die Flucht nach vorne an: neben dem optimierten und automatisierten Kerngeschäft wurden neue bzw. ergänzende Wertschöpfungsketten installiert, um das geschrumpfte Kerngeschäft aufzufangen.

85   Der gleichen Herausforderung muss sich die Rechtsbranche stellen. Um der Digitalisierung erfolgreich begegnen zu können, genügt nicht allein eine Automatisierung des Geschäfts. Es muss gelingen, die eigene Wertschöpfungsbasis zu erweitern. Axel Springer hat seinem ursprünglichen Geschäftsmodell beispielsweise durch den Ankauf von ca. 150 Firmen ein Netz hinzugefügt, das digitale Plattformen für alle erdenklichen Dienstleistungen anbietet.

86   Wie derartige neue digitale Geschäftsmodelle in der Rechtsbranche aussehen könnten, ist derzeit noch im Fluss. Die nachfolgend beschriebenen Geschäftsmodelle wollen beispielhaft Möglichkeiten aufzeigen, sich von der bisher geltenden Logik zu lösen: aufgewandte Arbeitszeit = Umsatz:[11]

---

[10] Hierzu instruktiv The Economist, Axel Springer's digital transformation, http://www.economist.com/news/business/21721688-heavyweight-newspapers-price-comparison-websites-axel-springers-digital-transformation.
[11] Inwiefern derartige Geschäftsmodelle unter derzeitiger Regulierung möglich sind, wird im Kapitel „Legal Tech und anwaltliches Berufsrecht" von *M. Hartung* untersucht, Rn. 1031 ff.

- **Lizensierung von Softwareprodukten/Datenbanken**
Eine Möglichkeit, die Wertschöpfungsbasis für Kanzleien zu erweitern, bestünde darin, für bestimmte Rechtsbereiche Softwareprodukte anzubieten. Diese Software würde den Mandanten bei bestimmten, immer wiederkehrenden Aufgaben helfen, ohne dass zwingend ein Anwalt aktiv werden müsste. Eine Kanzlei könnte beispielsweise eine Software anbieten, anhand derer sich überprüfen ließe, ob bestimmte Transaktionen einer fusionskontrollrechtlichen Anmeldung unterliegen. Die Mandanten könnten dann selbständig eine Anmeldepflicht überprüfen. Der Vorteil dieser Softwarelösungen läge für Kanzleien darin, dass diese beliebig skalierbar sind. Sie könnten an beliebig viele Kunden verkauft werden, ohne dass relevante Mehrkosten entstünden.

  Auch im Bereich des E-Learning liegen interessante Geschäftsfelder für Kanzleien, wenn juristisches Wissen über digitale Lerntools an Mandanten verkauft würde. In eine ähnliche Richtung würde die Lizensierung von juristischen Datenbanken bzw. Expertensystemen gehen, die Kanzleien beispielsweise im Bereich Compliance zukünftig erstellen. Über Datenbanken bzw. Fragenmasken könnten sich Mandanten rechtliche Informationen zu bestimmten Problemstellungen erschließen, ohne dass es eines direkten Kontaktes mit einem Anwalt bedarf. Auch hier besteht die Möglichkeit Rechtsprodukte zu schaffen, die sich beliebig skalieren lassen.

- **Neue Vergütungsmodelle**
Die Digitalisierung von Rechtsdienstleistungen bietet auch die Chance, neue Vergütungsmodelle zu etablieren. Während derzeit zumeist die Vergütung der tatsächlich aufgewandten Beraterzeit für die Kosten der Rechtsberatung maßgeblich ist, kann Rechtsberatung insbesondere durch den Vertrieb im Internet zukünftig zum Festpreis bzw. im Abonnement angeboten werden, um für Kunden ein E-Commerce-Einkaufserlebnis zu schaffen. Rechtsberatung ließe sich, wie auch jedes andere Produkt, digital über das Internet erwerben. Derartige neue Vergütungsmodelle würden den Anbieter auch dazu anhalten, effizienter zu arbeiten. Verkaufe ich Rechtsberatung zu Festpreisen, spiegelt sich die Effektivität, die ich über Automatisierung und Standardisierung erreiche, unmittelbar in einer verbesserten Marge wider. Deshalb bedingen sich digitale Rechtsprodukte und der vermehrte Einsatz von Legal Tech-Programmen gegenseitig.

- **Plattform- und Marktplatzmodelle**
Um die Koordinierung von Angebot und Nachfrage in der Rechtsbranche zu digitalisieren, wird es zunehmend digitale Plattformen für Rechtsdienstleistungen geben. Marktplätze für Anwälte stellen einen neuen Weg der Kundenakquise aber auch des Kundenmanagements dar. In diesem Bereich sind bereits sehr viele Legal Tech-Unternehmen aktiv.[12] Neben den reinen Marktplätzen sind weitere Plattformideen in der Rechtsbranche interessant, um die Interaktion zwischen Anwalt und Mandant auf eine digitale Ebene zu heben. So wäre es beispielsweise denkbar, dass Kanzleien digitale Plattformen bereitstellen, auf denen Verträge verhandelt und verwaltet werden können. Auf diesen Plattformen würden dann komplexe Vertragsverhandlungen in einem strukturierten digitalen Prozess stattfinden. Anwälte und Kanzleien könnten über diese Plattformen einen Lock-In-Effekt erzielen, und den Zugang z. B. über ein Abonnementmodell gewähren.

2. Digitalisierung von Prozessen

Die Grundvoraussetzung für eine erfolgreiche Digitalisierung in der Rechtsbranche liegt in der schonungslosen und präzisen Analyse bestehender Prozesse. Schlechte Prozesse nur auf einfache Weise zu digitalisieren wird schlechte digitale Prozesse zur Folge haben. Die Arbeit des Anwalts ist, nüchtern betrachtet, eine Abfolge von bestimmten Prozessschritten, die es ermöglichen, einen Rechtsrat zu erteilen. So müsste eine einzelne juristische Tätigkeit in bestimmte (Teil-)Prozesse zerlegt werden, um dann durch Digitalisierung ein mindestens gleichwertiges

---

[12] Siehe hierzu das Kapitel „Legal Tech in Deutschland – zwischen Buzz Word und Anwaltsschreck" von *Barth*, Rn. 169 ff.

Ergebnis in Form eines juristischen Rates zu erhalten. Im Fall einer Due Diligence würde die Analyse der genauen Abfolge der vielen Prozessschritte dazu führen, eine Transaktion zuverlässig auf ihre rechtlichen Risiken hin bewerten zu können.

88 Ein Hindernis bei diesem Analysevorgang besteht darin, dass prozessorientiertes Denken in der Rechtsbranche kaum verbreitet ist. Ein Jurist ist – nach jahrelangem Drill – daraufhin „geeicht", lediglich das Endprodukt zu bewerten; wie gut die Klausur oder wie gut das Rechtsgutachten letztlich geworden ist. Der Weg, wie es in einem langen Prozess der einzelnen Schritte zu diesem Ergebnis kam, interessiert in der Regel kaum. Traditionell gibt es nur in den wenigsten Kanzleien und Rechtsabteilungen Experten, die auf die Optimierung von Prozessen achten.

89 Aus diesem Grund wird Digitalisierung in der Rechtsbranche auch als unangenehm und befremdlich empfunden, da
- die Analyse bestehender Prozesse kosten- und zeitaufwändig ist und zunächst keine unmittelbaren Vorteile verspricht,
- eine „reine" Prozessanalyse mit juristischer Tätigkeit wenig zu tun hat,
- bekannte und bewährte Prozesse ungern aufgeben werden,
- und der Anwalt oder Jurist sich ungern „in die Karten schauen" lässt.

90 An der Prozessanalyse führt jedoch wohl kein Weg vorbei. Gut beraten dürfte daher diejenige Kanzlei sein, die die Digitalisierung von Prozessen mit einer klaren Vision, Führung und Ausführung verbindet, um nicht im „Klein-Klein" der Prozesse und deren Optimierung hängen zu bleiben. Werden Prozesse – und sind sie auch noch so schlecht – geändert, kommt es in der Regel zu Widerständen innerhalb der Organisationen. Ohne einen dezidiert angestoßenen Change-Prozess, der aktiv durch das Management innerhalb von Kanzleien und Rechtsabteilungen gefördert wird, wird es kaum zu einer erfolgreichen Digitalisierung der juristischen Prozesse kommen. Digitalisierung findet nicht „über Nacht" statt und greift tief in bestehende Strukturen und Denkmuster ein.

91 Zusammenfassend erfordert die Digitalisierung von Prozessen es, jeden einzelnen Prozessschritt und den gesamten Workflow dahingehend zu untersuchen, ob er mittels Technologie oder durch andere effizienzsteigernde Maßnahmen besser, d. h. schneller und günstiger, umgesetzt werden kann. Hilfreiche Fragestellungen können hier beispielsweise sein:
- Wie sehen die Wertschöpfungsketten und Arbeitsvorgänge bei den verschiedenen Rechtsprodukten aus, die in einer Kanzlei bzw. Rechtsabteilung angeboten werden?
- Bei welchen Prozessschritten können Optimierungspotenziale gehoben werden?
- Können Prozesse durch den Einsatz von Technologie verbessert oder gänzlich neu gedacht werden?

3. Digitalisierung von Strukturen

92 Digitalisierung führt auch dazu, dass sich Strukturen innerhalb der Rechtsbranche ändern. Anpassungsbedarf entsteht hier bei
- der Hierarchie,
- der Umsatzverteilung innerhalb dieser Hierarchien sowie
- der Zusammensetzung des Personals.

93 Digitalisierung führt häufig zu einer Veränderung klassischer Hierarchien, die voraussichtlich besonders häufig bei partnerschaftlich organisierten Kanzleien auftreten werden. In vielen Kanzleien existiert nach wie vor das klassische „Pyramidenmodell", um die Arbeitskraft von Partnern durch „zuarbeitende" Kollegen zu hebeln. Das funktioniert insbesondere dann, wenn Tätigkeiten zuarbeitender Kollegen zu einem Preis verkauft werden, der es erlaubt, nach Zahlung der Arbeitnehmerkosten einen überschüssigen Betrag an die Partnerebene auszuschütten. Dieses Prinzip funktioniert allerdings nicht mehr, wenn Kunden nicht mehr bereit sind, für dieses Modell hohe Summen zu zahlen bzw. wenn Software die Aufgaben von zuarbeitenden Kollegen übernimmt. Dann dürfte die fast automatische Folge darin bestehen, dass die Hierarchie-Pyramide hin zu einer mehr raketenförmigen Struktur schrumpft: weniger Associates

arbeiten – unterstützt durch Legal Tech-Produkte – für einen Partner.[13] Hierzu formuliert Dan Jansen treffend:

"Law firms have historically had a pyramid structure. … If the work at the bottom of the pyramid is being automated, we want to own that technology and not be a victim of it."[14]

Das Interesse von Kanzleien, sich in dieser Hinsicht neu aufzustellen, wird daher vermutlich groß sein. Insbesondere wird man darüber nachdenken müssen, ob es in Kanzleien neue Managementhierarchien und -modelle geben soll, um schnell, nachhaltig und zielgerichtet auf die Herausforderungen der Digitalisierung antworten zu können. Einige Kanzleien haben sich beispielsweise bereits dazu entschlossen, „Digitalisierungsmanager" einzustellen. Klassische Karrierewege werden sich auf diese Weise verändern, da auch die Partnerpositionen insgesamt weniger werden oder nicht mehr attraktiv genug für die Associates erscheinen.

Eine weitere Strukturveränderung von Kanzleien wird das Personal betreffen. Während Kanzleien früher überwiegend aus Anwälten bestanden, kann der Übergang zu digitalen Geschäftsmodellen und Produkten nun zur Folge haben, dass Nicht-Juristen eine wesentlich größere Bedeutung in Kanzleien haben werden. Neben einer deutlich aufgewerteten und vergrößerten IT-Abteilung, könnten dann auch Spezialisten für die Anwendung bestimmter Legal Tech-Tools, Projektmanager, digitale Marketingexperten etc. dort arbeiten. Personalentwickler oder –verantwortliche werden somit auch die nicht-juristische Kompetenz in den Blick nehmen müssen. Damit dieses nicht-juristische Personal erfolgreich arbeiten kann, werden die bisherigen Verantwortungsträger eine Aufwertung dieser Tätigkeiten in Form einer Ermächtigung vornehmen müssen; beispielsweise müssten Projektmanager von Partnern eine Projektdisziplin einfordern dürfen, wobei einschränkend hinzugefügt sei, dass nicht jedes nicht-juristische Personal Entscheidungskompetenzen innerhalb der juristischen Wertschöpfungskette bekommen kann und wird.

Die Aufwertung von nicht-juristischem Personal wird dazu führen, dass Investitionen in nicht-juristische Abteilungen tendenziell zunehmen werden. Insbesondere die IT-Abteilung wird zu einem zentralen Werttreiber der Kanzlei werden und muss entsprechend mit Ressourcen und Entscheidungskompetenz ausgestattet werden, um Digitalisierung proaktiv vorantreiben zu können. In vielen Unternehmen wird beispielsweise die Softwarebeschaffung einschließlich der Durchführung von Tests und Pilot-Projekten allein vom IT-Department verantwortet, was bisher in der Rechtsbranche noch schwer vorstellbar ist. Die Notwendigkeit von Investitionen in Digitalisierungsressourcen kann bedeuten, dass sich Kanzleien neue Firmenstrukturen geben, um einfacher Geld für Investitionen aufzubringen bzw. externe Geldgeber, sofern regulatorisch möglich, heranziehen zu können.

4. Digitalisierung des Kundenkontakts

Wie mit Kunden interagiert wird, ist ein weiteres Feld, in dem Digitalisierung zu einem Wandel führen wird. Denn durch die Digitalisierung wird sich auch der Prozess der Mandantenakquise verändern. Bereits um die 70 % der deutschen Bevölkerung kauft regelmäßig im Internet ein, was zeigt, dass auch die Kaufentscheidungen Teil eines digitalen Prozesses geworden sind.[15] Hierdurch verlagert sich der Kaufinformationsprozess und die eigentliche Kaufentscheidung in das Internet bzw. wird über digitale Medien (Smartphone, App etc.) abgewickelt. So

---

[13] Ausführlich dazu Veith/Wenzler/Hartung u. a., How Legal Technology Will Change the Business of Law, Final Report of Bucerius Law School and The Boston Consulting Group on impacts of innovative technology in the legal sector, 2015/2016, Download hier: http://www.bucerius-education.de/fileadmin/content/pdf/studies_publications/Legal_Tech_Report_2016.pdf.
[14] Vgl. Vgl. ABA Journal, How artificial intelligence is transforming the legal profession, http://www.abajournal.com/magazine/article/how_artificial_intelligence_is_transforming_the_legal_profession.
[15] Vgl. Statista, https://de.statista.com/statistik/daten/studie/2054/umfrage/anteil-der-online-kaeufer-in-deutschland/.

ist es bereits für große Personengruppen der Bevölkerung eine absolute Selbstverständlichkeit, Produkte und Dienstleistungen digital zu erstehen.

98   Die Rechtsbranche muss daher Mittel und Wege finden, die Mandantenbeziehung zu digitalisieren, was bereits bei der Kundenakquise beginnt. Potenzielle Mandanten wollen sich online über bestimmte Rechtsfragen informieren und einen Anwalt beauftragen. Daher wird die digitale Visitenkarte eines Anwalts oder einer Kanzlei nicht nur ein nettes Extra, sondern integraler Bestandteil sein, um Kunden auf sich aufmerksam zu machen. Wenn Kaufentscheidungen heute digital erfolgen, findet auch der Wettbewerb um potenzielle Mandanten digital statt. Selbstverständlich bleiben persönliche Beziehungen und Reputation weiterhin wichtige Säulen der Kundenakquise. Untersuchungen zeigen aber, dass Kunden zunehmend auf digitale Bewertungen und Suchmaschinenergebnisse vertrauen.[16] Betrachtet man die derzeitige digitale Kundenakquise im Rechtsmarkt ist noch viel Luft nach oben. Viele Legal Tech-Start-Ups, die in diesem Buch näher beschrieben werden, setzen in diesem Bereich an und bieten dem Anwalt digitale Kundenakquisekanäle.

99   Neben der Kundenakquise werden zukünftig auch der Kaufprozess und das Kundenmanagement zunehmend digital erfolgen. Kunden sind es inzwischen gewohnt, alle Schritte einer Kaufentscheidung (inklusive Bezahlung) und der sich anschließenden Kundenbeziehung (Kundensupport etc) digital durchzuführen. Diese Erwartungshaltung wird sich aller Voraussicht nach auch auf die Rechtsbranche übertragen. Potenzielle Mandanten wollen eine Rechtsdienstleistung z. B. im Internet einkaufen und dort auch direkt bezahlen. Über ein digitales Tool werden sie dann mit ihrem Anwalt in Kontakt treten können und dabei nicht mehr wie bisher, lediglich die Möglichkeit haben, E-Mails zu schreiben. Mandanten wollen sich, ganz ähnlich wie bei Amazon, in ihren Account einloggen, um den Fortgang ihres Verfahrens zu überprüfen und mit Rückfragen auf den Anwalt zuzukommen.

100   Das digitale Kundenmanagement bietet bei guter Umsetzung die Möglichkeit, die Kunden stark an sich zu binden. Die sogenannten Lock-in-Effekte, die beispielsweise bei großen E-Commerce-Anbietern dazu führen, dass nur sehr wenige Kunden wechseln, lässt sich auf die Rechtsbranche übertragen. Anwälte, denen es gelingt, eine gute digitale Kundenerfahrung zu generieren, können sich sicher sein, dass der Mandant immer wiederkommt.

C. Erfolgsfaktoren zur Beschleunigung von Digitalisierung

101   Neben den Fragen der Vision (Warum? Ziele?) und den Handlungsoptionen (Was kann, soll und muss im Einzelnen geändert werden?) stellt sich die Frage, „wie" Digitalisierung und Innovation in der Rechtsbranche gelingen kann. Innovation und Digitalisierung geschehen nicht einfach, sondern bedürfen einer bestimmten Kultur; insofern beinhaltet eine Innovationskultur die richtigen Werte, Vorstellungen, Abläufe und Erwartungen tief in der DNA eines Unternehmens zu verwurzeln.

102   Die Innovationskultur ist der Nährboden, auf dem die praktische Umsetzung von Digitalisierung gelingen kann, denn, richtig eingesetzt, gilt sie als ein „Innovationsbeschleuniger". Louis V. Gerstner Jr. beschrieb dies in „Who Says Elephants Can't Dance?" wie folgt:

"I came to see, in my time at IBM, that culture isn't just one aspect of the game—it is the game. In the end, an organization is nothing more than the collective capacity of its people to create value."[17]

---

[16] Vgl. z. B. Samson/Metha/Chandani, Impact of Online Digital Communication on Customer Buying Decision, abrufbar unter: http://www.sciencedirect.com/science/article/pii/S2212567114002512.
[17] Louis V. Gerstner Jr., Who Says Elephants Can't Dance? Inside IBM's Historic Turnaround, Seite 181).

Aufsätze und Untersuchungen zum Thema Innovationskultur sind Legion.[18] Innovationskultur hat vielfältige Facetten und Nuancen, die hier nicht vollständig dargestellt werden können. Im Folgenden sollen aber einige Grundpfeiler für eine gelingende Innovationskultur im Rechtsbereich vermittelt werden, die sich an „best practice"-Erfahrungen in den anderen Branchen orientieren.

1. Innovationskultur braucht Buy-in vom Management

Innovationskultur muss vom Management vorgelebt und – sofern notwendig – auch gegen den Widerstand in der Organisation durchgesetzt werden. Innovationskultur ist gewissermaßen das praktische Gegenstück zur Digitalisierungsstrategie: Was gepredigt wird, muss auch praktisch gelebt werden. Ansonsten bleibt es bei Einzelinitiativen und Absichtsbekundungen, letztendlich bei Digitalisierungskosmetik. Insbesondere in Kanzleien, die partnerschaftlich geführt sind, kann die Implementierung einer einheitlichen Innovationskultur aufgrund unterschiedlicher Vorstellungen in der Partnerschaft und des Fehlens eines starken Zentralmanagements herausfordernd sein.

2. Diversität schaffen und zulassen

Viele Studien zeigen, dass mehr und bessere Ideen entstehen, wenn die Teams, die sich mit Digitalisierung und Innovation beschäftigen, möglichst divers aufgebaut sind.[19] Wissen und Ideen innerhalb enger Kreise sind häufig redundant. Eingespielte Teams und Führungsmannschaften haben oft festgefahrene Sichtweisen und Verhaltensmuster.

Menschen mit unterschiedlichen Profilen in Bezug auf Disziplin, Erfahrung und Hintergrund zeigen hingegen eine höhere Qualität von Vorschlägen sowie eine höhere Effektivität der Strategieinhalte. Eine diverse Zusammenstellung von Innovationsteams wirkt sich positiv auf die Mobilisierung der Organisation aus, was Akzeptanz und Umsetzungswahrscheinlichkeit der Maßnahmen befördert.

Für Kanzleien wie Rechtsabteilungen kann es daher sinnvoll sein, mehr Diversität in ihrem Personal zulassen. Dieses Mehr an Diversität kann sich in der Einstellungspolitik und auch in der Zusammenstellung von Innovationsteams zeigen. Viele Unternehmen wenden beispielsweise die 30/30-Regel an: 30 % der Entscheiderrunde muss jünger als 30 Jahre als sein. So wird ein diverser Altersdurchschnitt gewährleistet. In Kanzleien könnten Teams aus Juristen und Nicht-Juristen über alle Hierarchiestufen aufgebaut werden.

3. Fehler zulassen, Risiko zur Norm werden lassen

Innovation ist nur dann möglich, wenn Fehler zugelassen und als notwendige Folge sogar bewusst gefördert werden. A.G. Lefley, CEO von Proctor and Gamble, drückt es treffend so aus:

> *"You learn far more from your failures than you do from your successes. We are trying to fail faster and cheaper so we can fail more and get on with the next idea and success. We don't fire people when they fail – we see failure as learning and as an investment. However, if you make the same mistake three times in a row we start to ask questions."*

In den meisten Firmen, dies gilt insbesondere für Kanzleien und Rechtsabteilungen, haben die Mitarbeiter hingegen Angst, Fehler zu machen. Angst vor Fehlern gilt jedoch als Tod von Innovation, da diese häufig erst nach zahlreichen Rückschlägen und Fehlern entsteht. So hat

---

[18] Für eine vertiefte Befassung seien folgende zwei Bücher empfohlen: George Couros, The Innovator's Mindset (2015) und Greg Satell, Mapping Innovation (2017).
[19] Vgl. nur Harvard Business Review, How Diversity can drive Innovation, abrufbar unter: https://hbr.org/2013/12/how-diversity-can-drive-innovation.

James Dyson, Erfinder von Dyson Vakuum, über 5.100 zumeist „fehlerhafte" Prototypen herstellt, bevor er erfolgreich war.[20] Wer Angst vor Fehlern hat, startet das praktische Experimentieren nicht und wird daher dauerhaft im bloßen Planungsstadium steckenbleiben. Wer hingegen Fehler als notwendiges Übel von Innovation und Digitalisierung annimmt, der kann Risiken eingehen.

4. Ideen feiern

110 Erfolge, neue Ideen und Ansätze müssen gefeiert und belohnt werden. Eine Inzentivierungsstruktur kann die Entstehung von Innovation und deren Umsetzung entscheidend beflügeln. Belohnungen können dabei viele unterschiedliche Formen annehmen. Eine finanzielle Belohnung (Bonus etc.) ist nur eine Form der Inzentivierung. Das ausdrückliche und öffentliche Belobigen und Fördern von innovativen Mitarbeitern bestärkt eine interne Innovationskultur.

5. Carve out time

111 Innovationen kommen nicht über Nacht, sie brauchen Zeit. Im fordernden Tagesgeschäft gehen Innovation nur allzu schnell unter. Um Innovation zu ermöglichen, müssen explizite Räume für die Entwicklung von Neuerungen geschaffen werden, was Risikobereitschaft und Unterstützung seitens des Managements erfordert.

112 3M und Google stellen z. B. ihren Angestellten 10 % ihrer Arbeitszeit zur freien Verfügung für Experimente. Die Softwarefirma Atlassian ermutigt Mitarbeiter sogenannte „FedEx Tage", bezahlte Arbeitstage zur freien Verfügung, zu nehmen. Einzige Bedingung: Entsprechend dem FedEx-Versprechen Pakete innerhalb von 24 Stunden auszuliefern, soll aus einem „freien" 24-Stunden-Tag eine werthaltige Idee für das Unternehmen entstehen. Weitere Modelle ließen sich denken, um Freiraum für Ideen, Experimente und neue Lösungsansätze zu schaffen. Derartige Modelle wären in Kanzleien oder Rechtsabteilungen durchaus möglich. Sie würden aber die Entscheidung voraussetzen, dass ein bestimmter Anteil der Arbeitszeit für digitale Innovation eingesetzt werden darf.

6. Offene Kommunikationskultur

113 Innovation bedarf ebenfalls einer offenen Kommunikationskultur, um Ideen und insbesondere auch Fehler ohne Sorge vor vorschneller Abkanzelung oder Strafen zu ermöglichen. Eine geschlossene Kommunikationskultur führt schnell zur Resignation bei innovativen Mitarbeitern und sorgt für ein Team von Jasagern und Kopfnickern. Innovation bedeutet aber, die Realität gnadenlos anzuerkennen – auch wenn sie hart ist.

114 Eine offene Kommunikationskultur zu gewährleisten bedeutet, gegen Konformität (siehe hierzu den Punkt „Diversität schaffen") und Gruppendruck vorzugehen. Innovation bedeutet gerade, an das Ungewöhnliche, das bislang Undenkbare und das „Haben wir noch nie so gemacht" zu denken. Besonders hierarchisch strukturierte Einheiten wie Kanzleien und Rechtsabteilungen neigen allerdings eher zu geschlossener Kommunikation in bestimmten Zirkeln und Hierarchieebenen. Als Innovationsbeschleuniger kann diese Struktur gerade nicht bezeichnet werden.

7. Nicht immer perfekt sein – MVP

115 Anwälte sind perfektionistische Persönlichkeiten und definieren sich häufig (richtigerweise) darüber, ein perfektes Produkt für ihren Mandanten zu liefern. Sie wollen alle Eventualitäten vorab erkennen und durchdenken. Häufig rechtfertigen sie hohe Stundensätze bzw. die abge-

---

[20] Vgl. Nikos Acuna, Mindshare: Igniting Creativity and Innovation Through Design Intelligence, Seite 82.

rechneten Stunden durch die besondere Gründlichkeit und Genauigkeit, die einer Perfektion nahekommen soll.

Die sogenannte Lean-Startup-Methode hat einen Ansatz entwickelt, der berücksichtigt, dass ein falscher Perfektionismus für Innovation und Digitalisierung eher hinderlich ist. Die Lean-Startup-Methode hat drei zentrale Merkmale:[21]
1. Es werden bestimmte, im Einzelnen noch vage Geschäftsmodelle/Produkte entwickelt.
2. Diese werden am Markt mittels eines Minimum Viable Products (MVP)[22] am Kunden getestet, um frühes Anwenderfeedback einzuholen. Ein MVP ist ein schnell und günstig entwickelter Prototyp eines Produkts, der nur die allerwichtigsten Kernfunktionen enthält.
3. Auf Grundlage dieses „echten" Feedbacks wird das Produkt weiterentwickelt und, sofern notwendig, in ein neues Produkt/Geschäftsmodell überführt.

Das Ziel dieser Strategie ist die Vermeidung von Produkten, die die Kunden gar nicht wollen. Die gewonnenen Informationen über Kundenwünsche soll dazu beitragen, den Kapitaleinsatz auf das beste Produkt zu lenken.

8. Agiles Arbeiten

Agile Arbeitsmethoden, wie Design Thinking, Kanban oder Scrum, können helfen, Digitalisierungs- und Innovationsprozessen die richtige Struktur und einen Resonanzraum zu geben oder Prozesse neu zu denken. Zwei hiervon seien im Folgenden kurz beschrieben, um einen ersten Eindruck zu geben:

Design Thinking ist gemäß gängiger Definitionen *„eine systematische Herangehensweise an komplexe Problemstellungen aus allen Lebensbereichen"*. Hierbei stehen *„Nutzerwünsche und -bedürfnisse sowie nutzerorientiertes Erfinden im Zentrum des Prozesses. Design Thinker schauen durch die Brille des Nutzers auf das Problem und begeben sich dadurch in die Rolle des Anwenders."*

Um die Rolle des Nutzers zu verstehen, werden die *„Abläufe und Verhaltensweisen potentieller Nutzer genau unter die Lupe genommen. Lösungen und Ideen werden in Form von Prototypen möglichst früh sichtbar und kommunizierbar gemacht, damit potentielle Anwender sie – noch lange vor der Fertigstellung oder Markteinführung – testen und ein Feedback abgeben können. Auf diese Weise erzeugt Design Thinking praxisnahe Ergebnisse."*[23]

Die Kanban-Methode ist – vereinfacht ausgedrückt – eine Visualisierung von Prozessschritten, die es ermöglicht, im Einzelnen zu verstehen, welche Prozessschritte erforderlich sind und wie die einzelnen Prozessschritte ineinandergreifen. Durch die Visualisierung der Prozessschritte werden Verantwortlichkeiten klarer, Kommunikation vereinfacht und Engpässe bei der Bearbeitung deutlich.

9. Kooperation mit Start-Ups

Ein Engagement in Start-Ups kann ein Weg sein, in der Digitalisierung Fuß zu fassen. Häufig geht die Beteiligung an Start-Ups der Grundgedanke voran, dass eine Innovationskultur im eigenen Unternehmen nur schwer bzw. zu langsam eingeführt werden konnte. Durch eine Beteiligung an einem Start-Up möchten Unternehmen gewissermaßen mittelbar die Innovationskultur und -kraft von Start-Ups nutzen. Für die Rechtsbranche kann dies ebenfalls ein gangbarer Weg sein, um
- Zugang zu neuen Geschäftsmodellen bzw. Produkten,
- Einblick in den „way of business" von Start-ups sowie
- Zugang zu Netzwerken und Innovationszirkeln zu erhalten.

---

[21] Hierzu instruktiv das Buch von Eric Ries, The Lean Startup, 2011.
[22] Vgl. hierzu https://de.wikipedia.org/wiki/Minimum_Viable_Product, abgerufen am 25. Juni 2017.
[23] Vgl. die Definition für "Design Thinking" unter https://hpi-academy.de/design-thinking/was-ist-design-thinking.html.

D. Zusammenfassung und Ausblick

123 Für eine erfolgreiche Digitalisierung bedarf es einer klaren Strategie, die unterschiedliche Digitalisierungdimensionen analysierend in den Blick nimmt, um daraus einen klaren Plan zur Digitalisierung (Digitalisierungsstrategie) zu erstellen. Voraussetzung hierfür ist eine klare Managemententscheidung, die sicherstellt, dass die Digitalisierungsstrategie – auch gegen Widerstände in der Kanzlei – durchgesetzt und in der Praxis umgesetzt wird. Digitalisierungsstrategien, die im Einzelnen sehr unterschiedlich aussehen können, sind in der deutschen Rechtsbranche noch die Seltenheit. Dieses Kapitel hat erste Schritte aufgezeigt, um mit der Ausarbeitung zu beginnen und die richtigen Fragen zu stellen. Um einen neutralen Blick auf das derzeitige Geschäftsmodell zu erhalten, kann es hilfreich sein, externe Beratung mit ins „Boot" zu nehmen, um mögliche Potenziale überhaupt erst zu erkennen. Hierbei geht es, wie beschrieben, nicht um ein „digitales Feigenblatt", sondern um eine Digitalisierung von bestehenden Dienstleistungen (Automatisierung), um neue Kundenkanäle und Entwicklung neuer digitaler Geschäftsmodelle.

124 Die Umsetzung einer Digitalisierungsstrategie erfordert Zeit, Risikobereitschaft, Geduld und Investitionen in die Rahmenbedingungen und das entsprechende Personal, um schlussendlich erfolgreich zu sein. Abkürzungen gibt es nicht. Fehler und Fehlinvestitionen wird es zuhauf geben, die aber als Motor und Resonanzkörper für Innovation und Veränderungen wirken können. Deswegen sollte eine neue „digitale Innovationskultur" Fehler zulassen.

125 Welche Teile der Rechtsbranche die Kraft zu Digitalisierung und Innovation aufbringen wird, bleibt abzuwarten. Innovatoren und „early movers" haben sich bereits in Stellung gebracht und in Teilbereichen begonnen, Rechtsprodukte und -dienstleistungen zu digitalisieren. Ob die Innovation aus der Rechtsbranche selbst kommt, bleibt abzuwarten.[24] Wer auch immer die Digitalisierung in der tendenziell eher innovationsarmen Rechtsbranche vorantreibt, braucht dafür die richtige Innovationskultur, Disziplin und Strategie. Dann können digitale Transformationsprozesse ablaufen, die in diesem Buch an unterschiedlichen Stellen näher beschrieben werden und zum Nachdenken und Nachahmen einladen wollen.

---

[24] Vgl. hierzu die vier Thesen im Epilog (Rn. 1235 ff.).

1.3 Der Weg zur Legal Tech-Strategie

Dr. Gernot Halbleib [1]

A. Einführung

Trotz aller Euphorie im Hinblick auf Legal Tech ist es unwahrscheinlich, dass eine komplexe anwaltliche Beratung in naher Zukunft vollständig durch Technologie ersetzt werden wird. Doch Anwälte können schnell das Nachsehen haben, wenn andere Kanzleien oder alternative Anbieter durch Technologie einen Wettbewerbsvorteil erlangen. Dass die Digitalisierung der Rechtsbranche nicht erst in ferner Zukunft beginnt, sondern bereits voll im Gange ist, belegen die Beispiele in diesem Buch. Der Beitrag von Bues[2] zeigt, dass man schnell abgehängt ist, wenn man der Digitalisierung seiner Branche tatenlos zusieht. Daher sind Anwälte gut beraten, für sich und ihre Kanzlei jetzt eine Legal Tech-Strategie zu definieren. Der Blick geht dabei in zwei Richtungen. Erstens: Anwälte machen ihre Arbeit produktiver und kostengünstiger, um die Wettbewerbsfähigkeit zu steigern. Zweitens: Durch digitale und skalierbare Rechtsprodukte erschließen sich Anwälte komplett neue Geschäftsmodelle. Bevor in diesem Beitrag der Weg zur Legal Tech-Strategie betrachtet wird, sollen einige Beispiele verdeutlichen, wie Kanzleien mit Legal Tech bereits erfolgreiche Strategien und Produkte entwickelt haben.

126

B. Beispiele für Legal Tech-Strategien und Legal Tech-Produkte

Wie Effizienzsteigerungen für Kanzleien zum Wettbewerbsvorteil werden können, zeigt die britische Kanzlei Pinsent Masons mit ihrem Konzept „Smart Delivery"[3], das zu einer Kostenersparnis beim Mandanten von 25 % bei gleicher Leistung und Qualität führen soll. Was auf den ersten Blick nach blumigen Marketingaussagen klingt, scheint durchaus Substanz zu haben: Obwohl Pinsent Masons nicht zu den 10 größten Kanzleien in Großbritannien gehört, ist es der Kanzlei unter anderem mithilfe dieses Ansatzes gelungen, namhafte Unternehmen als Mandanten zu gewinnen.[4] Auch die Maßnahmen, die hinter „Smart Delivery" stehen, lassen sich sehen. Für standardisierbare Aufgaben hat die Kanzlei so genannte „process workflows" eingeführt, etwas, von dem viele Anwälte in Deutschland noch nie etwas gehört haben. Um repetitive Arbeiten zu vermeiden, wurden 490 Dokumente automatisiert. Wer einmal auch nur wenige Dokumente für die automatische Erstellung vorbereitet hat[5], weiß, wie viel Aufwand hinter dieser Zahl steckt. Im einzelnen Mandat sorgen spezialisierte Projektmanager dafür, dass die definierten Workflows eingehalten werden, während die Kommunikation mit dem

127

---

[1] Gernot Halbleib ist Legal Tech-Berater und Unternehmer. Er ist Mitglied der Executive Faculty des Bucerius Center on the Legal Profession.
[2] Siehe den Beitrag „Auswirkungen und Erfolgsfaktoren der Digitalisierung von Kanzleien" von Bues in diesem Buch, Rn. 65 ff.
[3] www.innovative.legal/solutions/smartdelivery/ (zuletzt abgerufen am 30.06.2017).
[4] So steht die Kanzlei auf Platz 2 im ARL-Ranking zur Anzahl börsennotierter Mandanten, vgl. https://adviserrankings.com/law-firms/top-rankings (zuletzt abgerufen am 30.06.2017), und erregte Aufmerksamkeit durch den Gewinn des Mandats von E.ON gegen 40 Mitbewerber, https://www.thelawyer.com/issues/online-october-2013/pinsent-masons-beats-40-firms-to-win-sole-legal-provider-contract-for-eon/ (zuletzt abgerufen am 30.06.2017).
[5] Was dafür zu tun ist, erläutert der Verfasser im Beitrag „Automatisierte Dokumenterstellung in der juristischen Praxis" in diesem Buch, Rn. 1131, 1138 ff.

Mandanten über ein eigens eingerichtetes Mandantenportal stattfindet. Schließlich wirbt Pinsent Masons auch damit, an manchen Stellen im Workflow unter anderem Systeme künstlicher Intelligenz einzusetzen, um noch effizienter zu werden.[6] All dies zeigt, dass Pinsent Masons das Potenzial von Legal Tech früh erkannt hat und mit der strategischen Ausrichtung, durch den Einsatz von Technik und durch andere Maßnahmen effizienter zu werden, einen erfolgreichen Weg eingeschlagen hat.

128 Ein digitales Produkt mit skalierbarem Geschäftsmodell hat CMS Hasche Sigle mit dem „onlinebasierten Produkt FPE (Fremdpersonaleinsatz)"[7] auf den Markt gebracht. Mit diesem Tool können Mandanten ihre Verträge mit freien Mitarbeitern auf das Risiko einer Scheinselbständigkeit hin überprüfen.[8] Bei der automatischen Ermittlung des Ergebnisses ist kein Anwalt involviert, der dem Mandanten Stundensätze in Rechnung stellen könnte. Mandanten zahlen stattdessen eine feste Gebühr für jeden geprüften Vertrag. Auch Clifford Chance hat mit dem „MiFID-Toolkit"[9] eine bewusste Entscheidung getroffen, seinen Mandanten bestimmtes Wissen nicht mehr in Form von stundenweise abgerechneten Gutachten, sondern als pauschal bepreistes Lizenzangebot zur Verfügung zu stellen. Der Mandant erhält nach der Beantwortung von Fragen sofort die benötigten Informationen und passende Standardformulierungen zur eigenen Verwendung.

129 Allen & Overy geht bei der Vermarktung seines Spezialwissens noch einen Schritt weiter und hat mit dem Portal „aosphere" ein Abo-Modell geschaffen.[10] Für eine feste Jahresgebühr können Abonnenten jederzeit auf ständig aktuelle Informationen zu Rechtsbereichen wie Meldepflichten am Kapitalmarkt (shareholding disclosure), Marketingvorschriften bei internationalen Finanzprodukten und Regulierung von Derivaten zugreifen. Das Portal verfolgt einen globalen Anspruch: Nutzer finden z. B. zu Meldepflichten am Kapitalmarkt Übersichten der wichtigsten Regulierungen aus über 90 Jurisdiktionen. Zweck dieser Informationen ist nicht, jede Spezialfrage zu lösen, sondern dem Nutzer – typischerweise Anwälten in Rechtsabteilungen mit eigenen Spezialkenntnissen – einen schnellen Zugriff auf relevante Regelungsinhalte und Vorschriften für die eigene Erstprüfung internationaler Sachverhalte zu ermöglichen. Die Inhalte sind dabei für jede behandelte Jurisdiktion in derselben Struktur aufbereitet, was einen sehr einfachen Zugriff auf die jeweils relevanten Informationen ermöglicht. Knapp 30 Personen sorgen dafür, dass die Inhalte stets aktuell verfügbar sind. Ein spezielles Team ist für den globalen Vertrieb zuständig und arbeitet offenbar sehr erfolgreich – aosphere hat nach eigenen Angaben bereits über 300 Kunden mit mehr als 10.000 individuellen Nutzern.

130 Ähnlich wie das FPE-Tool von CMS Hasche Sigle hilft aosphere seinen Anwendern, rechtliche Prüfungen nicht mehr von externen Anwälten, sondern inhouse („Self-Service") durchzuführen. Der Mehrwert dieser Angebote liegt darin, dass der Nutzer in die Lage versetzt wird, in allen Fällen, in denen er dies selbst kann, mit möglichst geringem Aufwand eine richtige und verwendbare Antwort zu finden. Nur Fragen, die dann noch offen bleiben, gehen an den Anwalt. Dies wird in der Regel ein Anwalt der Kanzlei sein, die das Self-Service-Tool zur Verfügung gestellt hat. Denn dieser weiß genau, welche Informationen der Mandant bereits erhalten hat und kann gegebenenfalls auf eingegebene Sachverhaltsinformationen zugreifen,

---

[6] Vgl. die Pressemitteilung unter https://www.innovative.legal/solutions/bringing-artificial-intelligence-to-life/ (zuletzt abgerufen am 30.06.2017). Diese Aussage unterscheidet sich fundamental von denen anderer Kanzleien, die schon mit Roboter-Anwälten arbeiten wollen, wie etwa die amerikanische Kanzlei Baker Hostelter, die einen „artificially intelligent lawyer named ROSS" im Einsatz haben will, vgl. www.prnewswire.com/news-releases/ross-intelligence-announces-partnership-with-bakerhostetler-300264039.html (zuletzt abgerufen am 30.06.2017).
[7] www.cms.law/de/DEU/Online-Services/CMS-Digital/Einsatz-von-Fremdpersonal (zuletzt abgerufen am 30.06.2017).
[8] Vgl. zum „ContractorCheck" von Norton Rose Fulbright mit demselben Anwendungsbereich den Beitrag von Scheicht/Fiedler in diesem Buch, Rn. 413 ff.
[9] www.cliffordchance.com/news/news/2017/02/clifford-chance-develops-artificial-intelligence-mifid-toolkit-t.html (zuletzt abgerufen am 30.06.2017).
[10] www.aosphere.com/aos/Home (zuletzt abgerufen am 30.06.2017).

um mit seiner individuellen Beratung nahtlos an das Ergebnis der automatischen Beratung anzuknüpfen.

Mit Beispielen von erfolgreichen Legal Tech-Anwendungen konfrontiert, fangen viele Anwälte an, sich Fragen zu stellen. Betrifft mich das überhaupt? Muss ich damit rechnen, dass in meinem Tätigkeitsfeld eine neue, mit digitalen Mitteln ausgerüstete Konkurrenz entsteht, die mir Geschäft wegnimmt? Wie kann ich selbst effizienter werden, um wettbewerbsfähig zu bleiben? Wenn ich mich entschieden habe, Legal Tech einsetzen zu wollen: Wo fange ich an? 131

Viele glauben, sobald sie eine (möglicherweise teure) Legal Tech-Software angeschafft haben, für Legal Tech und die damit verbundenen Herausforderungen gerüstet zu sein. Diese Vorgehensweise führt nur selten zum Erfolg. Vor der Auswahl von Software muss Anwälten klar sein, was sie mit Legal Tech erreichen möchten und welche Probleme dabei gelöst werden sollen. Die Entwicklung einer Legal Tech-Strategie sollte daher mit einem Blick nach innen beginnen und zuerst die mögliche Effizienzsteigerung bei bestehenden Produkten analysieren (dazu sogleich), bevor über die Entwicklung neuer Produkte und Geschäftsmodelle nachgedacht wird (siehe Abschnitt D.). 132

C. Effizienzsteigerung bei bestehenden Rechtsprodukten

Zur Effizienzsteigerung bei bestehenden Rechtsprodukten hat sich in der Beratungspraxis des Bucerius Center on the Legal Profession eine Vorgehensweise in drei Schritten bewährt, die Anwälten auf dem Weg zur Legal Tech-Strategie hilft.[11] 133

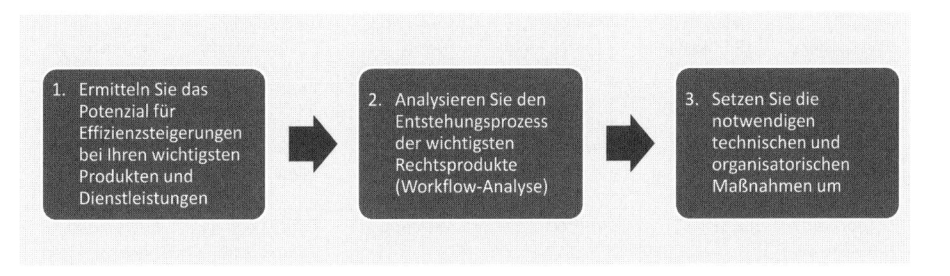

Abb. 1: Drei Schritte zur Legal Tech-Strategie

I. Schritt 1: Wirtschaftliche Analyse und Ermittlung des Potenzials für Effizienzsteigerungen

Am Anfang steht eine wirtschaftliche Analyse der Kanzlei, um den richtigen Fokus zu setzen: Investitionen in Effizienzsteigerungen werden sich in den Bereichen am ehesten amortisieren, die bereits jetzt signifikant zu Umsatz und Gewinn beitragen. Daher sollten sich Anwälte zunächst darüber klar werden, welche Bereiche dies sind: 134
- Welche Rechtsberatungsprodukte oder Dienstleistungen[12] verkaufen Sie am häufigsten (in Prozent des Gesamtumsatzes)?
- Womit machen Sie den meisten Gewinn? Erstellen Sie ein Ranking der umsatzstärksten Rechtsprodukte nach Profitabilität.

---

[11] In ähnlicher Form bereits beschrieben im Beitrag „Drei Schritte zur Legal-Tech-Strategie" des Verfassers im NJW-Sonderheft Innovationen & Legal Tech, 2017, S. 26.
[12] Im Folgenden wird für Rechtsberatungsprodukte und Dienstleistungen zusammenfassend der Begriff „Rechtsprodukt" verwendet.

135 Mit Fokus auf die wichtigsten Rechtsprodukte ist sodann das Potenzial für Effizienzsteigerungen zu identifizieren. Dabei hilft ein gewisses Verständnis für Legal Tech-Lösungen, um Potenziale zu erkennen. Aber auch ohne besondere Kenntnisse werden die meisten Anwälte die Fragen in diesem Schritt der Analyse selbst beantworten können und bei Bedarf kann ein Legal Tech-Berater hinzugezogen werden. Ziel ist es, die Rechtsprodukte zu ermitteln, bei denen sich Effizienzsteigerungen am ehesten anbieten und lohnen. Zunächst richtet sich der Blick auf die Standardisierbarkeit der Erstellungsprozesse von Rechtsprodukten. Dabei können die folgenden Fragen helfen:
- Bei welchen Ihrer Dienstleistungen haben Sie das Gefühl, dass die Lösung oder zumindest der Weg zur Lösung trotz unterschiedlicher Mandanten und Sachverhaltskonstellationen oft ähnlich ist?
- Wo arbeiten Sie bereits jetzt mit häufig eingesetzten Mustern, Vorlagen, Checklisten oder Textbausteinen?
- Bei welchen Mandaten haben Sie häufiger den Eindruck, dass bestimmte Arbeitsschritte nicht unbedingt von einem hochqualifizierten Bearbeiter mit zwei Staatsexamina ausgeführt werden müssten?

136 Wie eine solche erste Selbsteinschätzung in der Praxis aussehen kann, zeigt das Beispiel in Abb. 2[13], das auch Antworten zu zwei weiteren, sogleich erläuterten Fragestellungen enthält. Entscheidend ist bei diesem Schritt 1, dass sich Anwälte (i) überhaupt darüber klar werden, dass sie einen gewissen Teil ihres Umsatzes in Bereichen erzielen, in denen eine Standardisierung möglich ist[14] und (ii) erkennbar wird, welche Bereiche das größte Potenzial bieten, mit Maßnahmen zur Effizienzsteigerung erfolgreich zu sein. Auf diesen Bereichen sollte der

Produkt / Dienstleistung	Volumen (in % des Gesamtumsatzes, ungefähr)	Profitabilität (gering / mittel / hoch)	Standardisierbarkeit (gering / mittel / hoch)	Eignung für Pauschalpreise, Lizenz- oder Flatrate-Modelle	Potenzial für Umsatzsteigerung neue / bestehende Mandanten
Gesellschaftsgründung	15%	gering	hoch	jetzt schon Festpreise	mittel
Corporate Housekeeping	35%	mittel	mittel-hoch	gut, z.B. Flatrates	hoch, wenn Preise stimmen
M&A	15%	hoch	mittel	gering	mittel
Venture Capital	20%	hoch	mittel-hoch	gut	mittel
Litigation / Arbitration	15%	hoch	gering	gering	gering

Abb. 2: Beispiel für Schritt 1: Wirtschaftliche Analyse und Ermittlung des Potenzials für Effizienzsteigerungen

---

[13] Die hier erfolgte beispielhafte Bewertung der einzelnen Produkte und Dienstleistungen ist nicht als allgemeingültig anzusehen. Die individuelle Analyse kann für Anwälte ganz anders ausfallen, da diese entscheidend davon abhängt, um welche Tätigkeiten es genau geht, welche Präferenzen die Mandanten haben und in welchem Marktsegment der Schwerpunkt liegt.

[14] In der Beratungspraxis am Bucerius CLP zeigt sich immer wieder als erste typische Einschätzung von Anwälten zum Thema Standardisierbarkeit, dass das, was sie machen, „zu 99 % individuell" und „überhaupt nicht Standard" sei und dass sie die „Commodity" ohnehin nicht als etwas ansehen, das zu ihrem Geschäft gehört. Ein gezielter Blick darauf, aus welchen Tätigkeiten welche Umsätze und Gewinne resultieren, kann die Augen für

klare Fokus in den folgenden Schritten 2 und 3 liegen, denn hier ist für Anwälte einerseits am meisten zu gewinnen. Andererseits ist es hier am ehesten zu erwarten, dass eine mit Legal Tech ausgerüstete Konkurrenz den Markt verändern wird und diese Bereiche wirtschaftlich unter Druck geraten. Wer einem potenziellen Wegfall dieses Geschäfts nicht tatenlos zusehen möchte, sollte hier ansetzen.

Bei den Bemühungen, effizienter zu werden, sollten Anwälte sicherstellen, dass sie von einer gesteigerten Effizienz auch selbst profitieren. Bei stundenbasierten Abrechnungsmodellen bedeutet weniger Zeit, die für eine bestimmte Aufgabe verwendet wird, zunächst unmittelbar weniger Umsatz. Selbst wenn Mandanten Produktivitätssteigerungen erkennen und schätzen, wird es kaum gelingen, die Stundensätze so zu erhöhen, dass die erhöhte Effizienz 1:1 abgebildet wird.[15] Die Lösung dieses Problems liegt in einer Abkehr von Preisvereinbarungen, die nur den Input betrachten, hin zu Output-basierten Abrechnungsmethoden. Solche Modelle reichen von aufgabenbezogenen Festpreisen, transaktions- oder zeitbezogenen Flatrates, erfolgs- oder provisionsbasierter Bemessung bis hin zu einer Vergütung, die sich unmittelbar am Wert der Leistung für den Mandanten orientiert („value-based fees").[16] Daher sollten Sie sich folgende Frage stellen:

- Wie gut eignen sich Ihre häufig nachgefragten Rechtsprodukte mit Standardisierungspotenzial für Abrechnungsmodelle jenseits der Stundenvergütung, bei denen sich eine Effizienzsteigerung zu Ihren Gunsten auswirkt?

Um mit alternativen Modellen erfolgreich zu sein, müssen Anwälte ihren Aufwand gut abschätzen können und lernen, Preise im Vorhinein richtig zu kalkulieren. Nicht alle Rechtsprodukte sind hierfür gleich gut geeignet und in manchen Mandaten wird sich ein Mischmodell anbieten, bei dem ein gut kalkulierbarer, abgegrenzter Teil der Aufgaben zum Festpreis angeboten wird und zusätzlicher Aufwand stundenweise abgegolten wird. Dennoch verbleibt ein Risiko für den Anwalt, im Einzelfall auch einmal „draufzuzahlen", wenn die Kalkulation nicht aufgegangen ist. Entscheidend ist eine Portfoliobetrachtung: Wenn sich über alle Mandate hinweg das Verhältnis von Aufwand und Umsatz durch Effizienzsteigerungen zugunsten des Anwalts verschiebt, wird er am Ende mit mehr Gewinn dastehen. Die Einführung alternativer Abrechnungsmodelle setzt natürlich auch die Bereitschaft des Mandanten voraus, sich hierauf einzulassen. Da eine größere Kostensicherheit dem Mandanten aber grundsätzlich entgegenkommt, sollte von dieser Seite eher weniger mit Widerstand zu rechnen sein.

An diesem Punkt der Analyse lassen sich die Rechtsprodukte mit dem größten Effizienzsteigerungspotenzial in der Regel schon gut erkennen. Ein weiteres Kriterium sollte allerdings noch beachtet werden:

- Wie bewerten Sie das Potenzial für Umsatzsteigerungen bei diesen Produkten, a) bei bestehenden Mandanten und b) bei neuen Mandanten?

Damit sich der Aufwand für Maßnahmen zur Effizienzsteigerung lohnt, bietet sich eine Spezialisierung und Ausweitung des Geschäfts in diesen Bereichen an. Das setzt voraus, dass es die entsprechende Nachfrage gibt und Anwälte es schaffen, diese Nachfrage mit ihrem Angebot zu erreichen.[17] Die zusätzliche Nachfrage kann von bestehenden Mandanten kommen, etwa

---

die tatsächliche Bedeutung dieses Segments öffnen und ebenso für die Folgen eines Szenarios, in dem Mandanten die „Commodity" woanders einkaufen. Denn diese Umsätze fallen langfristig weg, wenn diese Leistungen durch effizientere Kanzleien oder Legal Tech-Firmen bei gleicher Qualität günstiger angeboten werden.

[15] Ein Anwalt stellte in einem Legal Tech-Seminar des Verfassers an der Bucerius Law School die Frage, wie er denn Stundensätze von vielleicht 3.000 € am Markt durchsetzen solle, um mit einem Mandat auf dem gewohnten Umsatzniveau zu bleiben, wenn er als Folge von Automatisierung nur noch einen Bruchteil der Zeit für bestimmte Aufgaben aufwenden müsste.

[16] Einen systematischen Überblick bietet „The Continuum of Fee Arrangements™" von Patrick Johansen, http://www.patrickonpricing.com/continuum (zuletzt abgerufen am 30.06.2017).

[17] Vgl. dazu auch den Beitrag „Legal Tech – Das digitale Mindset" von Klock in diesem Buch, der die Frage nach der Skalierbarkeit eines Rechtsprodukts und der potenziellen Nachfrage nach diesem sogar an den Anfang der Überlegungen zur Legal Tech-Strategie stellt und zeigt, wie man mit einem Ansatz „auf der grünen Wiese" sogar unabhängig von bereits etablierter Expertise erfolgreiche Angebote schaffen kann. Diese Vorgehensweise

wenn weiterer ähnlicher Beratungsbedarf besteht, der nicht an externe Anwälte vergeben wird oder aus bestimmten Gründen (auch) an andere Anwaltskanzleien geht. Beim Blick auf neue Mandanten ist entscheidend, wie groß der Markt für ein bestimmtes Rechtsprodukt ist und wie sich die Wettbewerbssituation darstellt. Sind die Probleme, die gelöst werden, auch bei anderen potenziellen Mandanten vorhanden und was wären diese bereit, für eine Lösung zu zahlen? Wenn diese neuen Mandanten bereits andere Kanzleien engagiert haben, sollten Anwälte eine Vorstellung davon haben, unter welchen Voraussetzungen (günstigerer Preis, bessere Qualität etc.) diese bereit wären, mit dem Mandat zu ihnen zu wechseln, und wie viel Aufwand diese Akquise bedeuten würde. Geben potenzielle Mandanten für Rechtsberatung im fraglichen Bereich noch kein Geld aus, ist abzuschätzen, unter welchen Voraussetzungen sie dies tun würden und wie aufwändig es wäre, sie davon zu überzeugen. Um diese Fragen zu beantworten, kann es hilfreich sein, Mandanten oder potenzielle Mandanten schon früh in die Überlegungen mit einzubeziehen und nach ihren Wünschen und Ideen zu fragen.

II. Schritt 2: Workflow-Analyse

141   Nachdem die Rechtsprodukte mit dem größten Potenzial für Effizienzsteigerungen identifiziert worden sind, folgt die Betrachtung des Entstehungsprozesses dieser ausgewählten Rechtsprodukte als Workflow. Dabei wird jeder Schritt von der Beauftragung bis zur Abrechnung des Rechtsprodukts betrachtet und genauer beschrieben. Wichtig ist es dabei, die eigene Tätigkeit einmal nicht nur im einzelnen Mandat, sondern aus übergeordneter Perspektive zu sehen und zum Teil auch stark ins Detail zu gehen. Da diese Perspektive für die meisten Anwälte ungewohnt ist, bietet es sich an, spätestens für diesen Schritt (gegebenenfalls auch bereits bei Schritt 1) mit einem externen Legal Tech-Berater zusammenzuarbeiten. Eine externe Beratung bei Fragen zur Strategie – die in anderen Branchen bereits etabliert ist – ist in vielen Kanzleien ein Novum, und es gibt nicht wenige Anwälte, die dazu neigen, „dies selbst zu machen". Da die Entwicklung einer Legal Tech-Strategie aber an vielen Stellen technisches Spezialwissen erfordert, das in den meisten Kanzleien so nicht vorhanden ist, können Anwälte von externer Expertise stark profitieren.

142   Einen Rahmen für die Workflow-Analyse kann das folgende Schema bieten, mit dem sich die Prozessschritte bei der Entstehung (nahezu) jedes Rechtsprodukts beschreiben lassen:

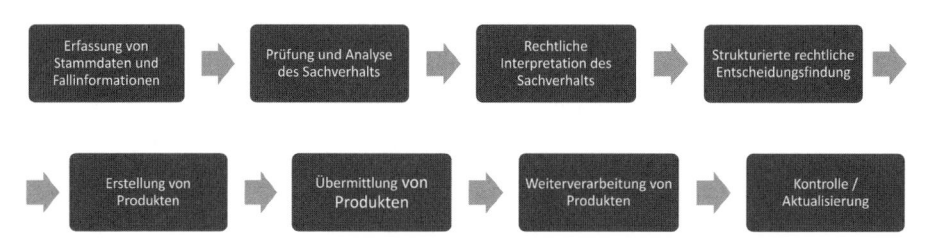

Erfassung von Stammdaten und Fallinformationen → Prüfung und Analyse des Sachverhalts → Rechtliche Interpretation des Sachverhalts → Strukturierte rechtliche Entscheidungsfindung → Erstellung von Produkten → Übermittlung von Produkten → Weiterverarbeitung von Produkten → Kontrolle / Aktualisierung

Abb. 3: Workflow-Analyse

143   Ziel dieser Betrachtung ist es, für jeden einzelnen Prozessschritt darzustellen, was bei der Erstellung eines Rechtsproduktes passiert, welche Fragen beantwortet und welche Informationen benötigt werden. Diese Aufteilung in einzelne Prozessschritte mag auf den ersten Blick künstlich oder wenig praxisnah erscheinen, doch es geht hier bewusst (noch) nicht darum, konkrete Arbeitsabläufe im Team oder deren zeitlichen und organisatorischen Ablauf darzu-

---

bietet sich vor allem für Anwälte an, die ihr eigenes Geschäft gerade erst aufbauen und besonders unternehmerisch denken.

stellen. Im Vordergrund steht die Aufteilung komplexer Vorgänge in logische Teilschritte, die bei der tatsächlichen Mandatsbearbeitung oft in einem Schritt vorgenommen werden. Um das Potenzial für Automatisierungen in diesem Prozess zu erkennen, müssen diese Schritte einzeln betrachtet werden.[18] Denn nur so wird ganz konkret erkennbar, an welchen Stellen welche Maßnahmen zur Effizienzsteigerung ansetzen können. Stellt man sich bei der Workflow-Analyse die richtigen Fragen, werden diese Anknüpfungspunkte sichtbar:
- Bei welchen Prozessschritten werden welche Informationen benötigt und von wem erhalten Sie diese Informationen in welcher Form?
- Wie lässt sich sicherstellen, dass alle Beteiligten auf alle benötigten Informationen zugreifen können, wenn sie diese benötigen? Durch welche Maßnahmen kann dies optimiert werden?
- Welche Bearbeitungsschritte lassen sich mit technischen Mitteln automatisieren?
- Wie lassen sich die benötigten Informationen so erfassen, dass sie im Rahmen einer automatisierten Bearbeitung verwendet werden können?
- Was müssen Sie tun, um bestimmte Prozessschritte nicht mehr von Anwälten, sondern kostengünstiger innerhalb oder außerhalb der Kanzlei erledigen zu lassen?

Durch die Beantwortung dieser Fragen wird klar, welche Probleme in jedem einzelnen Prozessschritt gelöst werden müssen, um effizienter zu werden. Das Ergebnis kann je nach betrachtetem Vorgang ganz unterschiedlich ausfallen, die Anknüpfungspunkte für technische Lösungen sind aber oft ähnlich. So gibt es bei der Informationseinholung beim Mandanten in fast allen Rechtsbereichen großes Potenzial, diese zu standardisieren. Selbst wenn dabei nicht alle in jedem Einzelfall benötigten Sachverhaltsinformationen in ein Schema passen, ist es bereits sehr hilfreich und der erste Schritt zur Automatisierung[19], zumindest einen – meist überwiegenden – Teil der Informationen standardisiert zu erfassen. Dies kann zum Beispiel über elektronische Formulare geschehen, die dem Mandanten über eine gesicherte Internetverbindung zur Verfügung gestellt werden.[20] Wenn es um die Verarbeitung großer Datenmengen bei der Erfassung, Analyse und rechtlichen Interpretation des Sachverhalts geht, haben Systeme künstlicher Intelligenz großes Potenzial.[21] So lässt sich eine Due Diligence in bestimmten Anwendungsbereichen bereits heute mit künstlicher Intelligenz erheblich vereinfachen.[22] Bei der strukturierten rechtlichen Entscheidungsfindung können programmierte Automaten zum Einsatz kommen.[23] Sobald man mit standardisierten Informationen arbeitet, ist auch die Erstellung von Dokumenten jeder Art weitgehend automatisiert möglich.[24] Um Rechtsprodukte und andere Informationen an Mandanten zu übermitteln, gibt es deutlich komfortablere Methoden als die übliche E-Mail mit Anhang, z. B. Mandantenportale oder automatische Schnittstellen. Ebenso braucht die Weiterverarbeitung (Signing, Archivierung etc.) eines fertigen Produktes längst nicht mehr händisch zu erfolgen, hierfür gibt es so genannte Contract Lifecycle Management Systeme und zahlreiche e-Signing-Lösungen. Auch für die Verteilung von Aufgaben und Informationen im Team lassen sich die unterschiedlichsten technischen Lösungen einsetzen, die erheblich zum Effizienzgewinn beitragen können und auch das Outsourcing einfacher machen.

144

---

[18] Susskind spricht in diesem Zusammenhang von „decomposing", vgl. Tomorrow's Lawyers (2013), S. 29 ff.
[19] Vgl. dazu auch den Beitrag „Legal Tech – Einsatz in einer kleinen Kanzlei" von Greisbach in diesem Buch, Rn. 659 ff.
[20] Ein Beispiel für die standardisierte Sachverhaltserfassung mit einem online-Formular ist der „ContractorCheck" von Norton Rose Fulbright, beschrieben von Scheicht/Fiedler in ihrem Beitrag in diesem Buch (Rn. 413 ff.), bei dem die für eine Risikobewertung von Verträgen freier Mitarbeiter notwendigen Informationen durch den Mandanten selbst eingegeben werden.
[21] Vgl. dazu den Beitrag „Artificial Intelligence im Recht" von Bues in diesem Buch, Rn. 1156 ff.
[22] Vgl. dazu den Beitrag „Wirtschaftskanzleien unter dem Einfluss von künstlicher Intelligenz – Bestandsaufnahme und Ausblick am Beispiel der Analyse-Software KIRA" von Krause/Hecker in diesem Buch, Rn. 304 ff.
[23] Beschrieben von Grupp in seinem Beitrag in diesem Buch „Wie baut man einen Rechtsautomat? Modellierung juristischer Entscheidungsstrukturen mit Lexalgo", Rn. 1100 ff. und als Anwendungsbeispiel den „ContractorCheck" von Norton Rose Fulbright, beschrieben von Scheicht/Fiedler, Rn. 413 ff.
[24] Siehe dazu ausführlich den Beitrag „Automatisierte Dokumenterstellung in der juristischen Praxis" des Verfassers in diesem Buch, Rn. 1131, 1144 f.

III. Schritt 3: Umsetzung von Maßnahmen

145 Im dritten Schritt geht es schließlich um die Einleitung und Umsetzung von technischen ebenso wie organisatorischen Maßnahmen, die regelmäßig Hand in Hand gehen:
- Entwickeln, dokumentieren und implementieren Sie Standard-Arbeitsabläufe für die Erstellung Ihrer wichtigsten Rechtsprodukte.
- Richten Sie gezielt Legal Tech-Lösungen ein, die Ihnen bei der Standardisierung und Automatisierung bestimmter Arbeitsschritte helfen können.
- Führen Sie ein Projektmanagement (und vielleicht eine Projektmanagement-Software) ein.
- Prüfen Sie die Zusammenarbeit mit Outsourcing-Dienstleistern.

146 Erst in diesem letzten Schritt geht es um die Auswahl und Implementierung neuer Legal Tech-Software. Typischerweise sind dies keine Lösungen, die den kompletten Prozess betreffen, sondern für jeden einzelnen Prozessschritt sind viele technische und organisatorische Maßnahmen denkbar und erforderlich, um diesen zu optimieren. Passende Software-Tools lassen sich oft lizenzieren, in der Regel gibt es eine Vielzahl von Anbietern entsprechender Produkte. Um diese umfassend zu beschreiben, bietet dieses Buch weder ausreichend Platz noch Aktualität, da ständig neue Anbieter und Lösungen auf den Markt kommen. Da es selbst technikaffinen Rechtsanwälten schwerfallen kann, sich hier einen Überblick zu verschaffen, bietet es sich an, bei der Auswahl auf die Erfahrung eines internen IT-Spezialisten oder eines externen Legal Tech-Beraters zurückzugreifen. Spezialisten werden auch dann benötigt, wenn aus der Gesamtheit der benötigten Tools eine einheitliche Software-Landschaft entwickelt werden soll.[25] Das maximale Potenzial entfalten die Lösungen nämlich erst, wenn sie vollständig in die bestehende Kanzleisoftware integriert werden, z.B. über Schnittstellen für den automatischen Datenaustausch.

147 Die in diesem Abschnitt beschriebene Geschäftsmodell- und Problemanalyse zahlt sich nicht zuletzt dadurch aus, dass sie die Kommunikation zwischen Anwälten und IT-Spezialisten deutlich vereinfachen kann. Wer genau beschreiben kann, welches Problem bei welchem Arbeitsschritt er lösen möchte und welches wirtschaftliche Ziel er damit verfolgt, wird zu einem besseren Ergebnis kommen als derjenige, der seiner IT-Abteilung den unspezifischen Auftrag gibt, sich „diese neuen Entwicklungen im Legal Tech" anzuschauen und herauszufinden, welche Programme die Kanzlei jetzt anschaffen soll. Ein guter Überblick über mögliche Anknüpfungspunkte von Digitalisierungsmaßnahmen hilft auch bei der Priorisierung von deren Umsetzung. Oft ist es sinnvoll, zunächst die Maßnahmen anzugehen, die bei dem geringsten Umsetzungsaufwand den größten Mehrwert bieten („low hanging fruits"). All dies zeigt, wie wichtig eine Legal Tech-Strategie als Fahrplan für eine erfolgreiche Digitalisierung ist. Denn Innovation kann man nicht kaufen – man muss sie sich erarbeiten und die Entwicklung eines strategischen Fahrplans nach der hier beschriebenen Methode ist ein guter erster Schritt.[26]

D. Entwicklung neuer, digitaler Rechtsprodukte

I. Wie entstehen Ideen für neue Rechtsprodukte?

148 Der systematische Blick nach innen zur Effizienzsteigerung bestehender Angebote kann eine gute Vorübung sein für das, was notwendig ist, um neue digitale Rechtsprodukte zu entwickeln. Hier ist ein hohes Maß an Kreativität und unternehmerischem Denken gefragt, um das notwendige Level an Innovationskraft zu erreichen. Ausgangspunkt der Überlegungen kann

---

[25] Quade beschreibt in seinem Beitrag „Legal Tech in Rechtsabteilungen" in diesem Buch die Architektur einer solchen Softwarelandschaft in der Rechtsabteilung der Software AG, Rn. 707 ff.
[26] Vgl. zu weiteren Erfolgsfaktoren der Digitalisierung den Beitrag „Auswirkungen und Erfolgsfaktoren der Digitalisierung von Kanzleien" von Bues in diesem Buch, Rn. 65, 101 ff.

das Kundenbedürfnis sein. Es gibt bewährte Kreativitätstechniken wie „Design Thinking"[27] oder die „Business Model Canvas"[28], bei denen man ein Kundenproblem oder den Mehrwert für den Kunden („value proposition") in den Mittelpunkt stellt, um neue Ideen für Produkte oder Geschäftsmodelle zu entwickeln. Ein anderer Ansatz geht von den bestehenden Produkten aus. Dabei ist die Frage zu beantworten, was an diesen Produkten verändert werden müsste, um Produkte mit größerem Skalierungspotenzial zu entwickeln: Welche Schritte bei der Entstehung des Produktes sorgen dafür, dass es nur mit manuellem Aufwand im Einzelfall reproduzierbar ist? Welches Produkt würde entstehen, wenn man diese Schritte weglassen oder anders erledigen könnte? Welche Probleme des Mandanten könnten durch ein solches Produkt gelöst werden, und wie wird diese Lösung im besten Fall besser, schneller, kostengünstiger, leichter verständlich, einfacher verwertbar etc. als die des Ausgangsprodukts?

Bei dem schon beschriebenen Fremdpersonaleinsatz-Tool von CMS liegt der Schlüssel der Skalierbarkeit darin, dass zwei Schritte, die die manuelle Prüfung durch den Anwalt aufwändig machen, anders erledigt werden: Die Erfassung des Sachverhalts wird an den Mandanten ausgelagert, der einfach verständliche Fragen in einer Online-Maske beantwortet. Die Ermittlung der rechtlichen Einschätzung anhand der Antworten übernimmt ein Algorithmus und das Ergebnis wird dem Nutzer direkt angezeigt. Wichtig ist zu verstehen, dass dieses Produkt nicht für alle denkbaren Fallkonstellationen des Einsatzes von Fremdpersonal eine automatische Problemlösung schaffen soll, sondern nur für die Fälle, bei denen eine eindeutige Antwort im Rahmen der erfassten Informationen automatisch ermittelt werden kann. Das adressierte Kundenbedürfnis ist daher, in genau diesen Fällen eine schnelle und kostengünstige Antwort zu erhalten, ohne einen Anwalt einschalten zu müssen. 149

Bei Rechtsprodukten wie dem Wissensportal aosphere wird die rechtliche Subsumtion zur Lösung von Fällen an den Mandanten ausgelagert. Das (anwaltliche) Produkt beschränkt sich darauf, die hierfür erforderliche Wissensgrundlage abstrakt in einer für den fachkundigen Anwender optimal verwendbaren und über viele verschiedene Rechtsordnungen hinweg einheitlich aufbereiteten Form bereitzustellen und aktuell zu halten.[29] Der Mehrwert für den Kunden besteht also nicht in der Prüfung eines Einzelfalles durch den Anwalt mit einem Ergebnis, für das der Anwalt haftet, wie dies bei einem sonst in vergleichbaren Konstellationen üblicherweise beauftragten Gutachten der Fall wäre. Der Erfolg von aosphere zeigt, dass auch mit einem deutlich weniger weitgehenden Produkt ein bestehendes Kundenbedürfnis befriedigt werden kann, und dass Mandanten auch bereit sind, hierfür zu zahlen. 150

II. Digitale Produkte erfordern neue Abrechnungs- und Geschäftsmodelle

Wenn bei Rechtsprodukten die anwaltliche Leistung im Einzelfall eine geringere oder gar keine Rolle mehr spielt, eröffnen sich Abrechnungs- und Geschäftsmodelle, die für digitale, skalierbare Produkte typisch sind. Bei Self-Service-Produkten bieten sich Nutzungsgebühren oder Flatrates an. Nutzungsgebühren sind meistens leistungsbasiert, z. B. eine feste Gebühr für jeden Download oder jede Verwendung eines bestimmten Dokuments oder für die Ermittlung eines bestimmten Ergebnisses wie bei dem Fremdpersonal-Tool von CMS. Flatrates sind oft zeitbasiert, z. B. als Monats- oder Jahresgebühr, und hängen in ihrer Höhe oft von der Anzahl der Personen ab, die das Produkt nutzen können (nutzerbasierte Abrechnung). Es gibt auch 151

---

[27] de.wikipedia.org/wiki/Design_Thinking (zuletzt abgerufen am 30.06.2017).
[28] en.wikipedia.org/wiki/Business_Model_Canvas (zuletzt abgerufen am 30.06.2017).
[29] Hierin liegt auch der entscheidende Mehrwert von aosphere gegenüber traditionellen Wissensprodukten wie z. B. Kommentaren oder Handbüchern, die in der Regel nur eine Jurisdiktion betreffen, weniger stark auf die zielgerichtete Beantwortung bestimmter praktischer Rechtsfragen zugeschnitten sind und in ihrer Aktualität schnell überholt sein können. Dass ein solches Wissensprodukt in einer Anwaltskanzlei und nicht als Produkt eines Verlags entsteht, mag daher nicht verwundern, wobei auch Verlage beginnen, in diese Richtung zu denken, vgl. dazu den Beitrag „Legal Publishers, Legal Technology, and the New Legal Landscape" von Curle in diesem Buch, Rn. 962 ff.

Mischformen, z. B. eine einmalige Nutzungsgebühr verbunden mit einer zeitbasierten Aktualisierungsgebühr, wie bei dem MiFID-Produkt von Simmons & Simmons.[30]

152 Für viele Anwälte ist es ein großer gedanklicher Schritt vom traditionellen stundenbasierten Geschäftsmodell zu digitalen Abrechnungsmodellen. Wer diesen Schritt wagt, eröffnet sich Chancen auf Gewinne, die den meisten Anwälten verwehrt bleiben. Das wirtschaftliche Potenzial digitaler Produkte liegt darin, dass sie skalierbar sind, also mit wenig Aufwand und Kosten im Einzelfall immer wieder produziert werden können. Die laufenden Kosten eines Angebots wie aosphere für den Kundenservice, die Aktualisierung der Inhalte und die Wartung der Plattform steigen nicht oder nur sehr gering, wenn neue Abonnenten gewonnen werden. Man spricht betriebswirtschaftlich von geringen Grenzkosten. Schaffen es Anwälte, ein skalierbares Rechtsprodukt erfolgreich zu vermarkten, können sie Gewinne in einer Dimension erzielen, die man sonst nur von erfolgreichen Unternehmen der Digitalwirtschaft kennt. Dies gleicht auch einen Kannibalisierungseffekt aus, der kurzfristig eintreten kann, wenn zuvor lukrative stundenbasierte Tätigkeiten durch digitale Angebote ersetzt werden. Die Aussicht auf große Gewinne kann helfen, einen durch mögliche Kannibalisierungseffekte hervorgerufenen internen Widerstand zu überwinden.

III. Hohe Anfangsinvestitionen sind notwendig

153 Wer zu Gewinnen aus digitalen Produkten kommen möchte, muss neue Risiken in Kauf nehmen, die es beim traditionellen anwaltlichen Geschäftsmodell nicht gibt. Die Entwicklung digitaler Produkte erfordert hohe Anfangsinvestitionen. Ein Kostenblock ist die notwendige technische Ausstattung. Je nach Produkt kommt man hier mit vorhandener Software aus, die lediglich konfiguriert werden muss. Ein Beispiel ist das Tool Neota Logic[31], das die technische Grundlage unter anderem für den „ContractorCheck" von Norton Rose Fulbright[32] sowie das MiFID-Tool von Clifford Chance ist. Solche Tools bieten einen Rahmen, innerhalb dessen mit verschiedenen Werkzeugen einfache juristische Anwendungen („Apps") erstellt und z. B. auf der Kanzleihomepage veröffentlicht werden können. Auch für die Entwicklung eines Prototyps („rapid prototyping") können diese Tools gut geeignet sein. Kommt man mit diesem Werkzeugkasten aus, fallen an Kosten für Software lediglich Lizenzgebühren an, die je nach Tool aber auch schnell fünfstellig pro Jahr werden können.

154 Oft sind die Anforderungen an juristische digitale Produkte so individuell, dass lizenzierbare Software allein nicht ausreicht. In diesem Fall bleibt nur der Weg der Eigenentwicklung. Einige Kanzleien in Deutschland haben hierfür bereits eine eigene Abteilung mit angestellten Software-Entwicklern etabliert oder planen dies, andere greifen auf Agenturen oder Freelancer zurück. Im Regelfall sind die Kosten für eine Individualprogrammierung deutlich höher als bei lizenzierten Softwareprodukten. Hinzu kommt, dass die Kosten – anders als bei regelmäßig fällig werdenden Lizenzgebühren – anfallen, bevor das Produkt am Markt eingesetzt werden kann. Hier bietet es sich an, nicht in einem Schritt die alles könnende Lösung produzieren zu wollen, sondern in kleinen Schritten vorzugehen. Startpunkt wäre ein sogenanntes MVP (= „minimum viable product"), das gerade so gut ist, dass es ein minimales Kundenbedürfnis zufriedenstellend löst.[33] Dieses Produkt wird bereits zum Einsatz beim Kunden gebracht und damit so früh wie möglich einer Bewertung am Markt ausgesetzt. Besteht es diese Bewährungsprobe, wird es den Kundenwünschen entsprechend weiterentwickelt. Dabei bietet sich

---

[30] Hier zahlt der Nutzer einmalig 10.000 GBP für den Download bestimmter Informationen zur MiFID-II-Umsetzung und zusätzlich 1.500 GBP pro Monat für Updates zu diesen Informationen, siehe https://www.simmons-simmons.com/en/online-services/simmons-simmons-mifid2-manager (zuletzt abgerufen am 30.06.2017).
[31] www.neotalogic.com.
[32] Beschrieben im Beitrag von Scheicht/Fiedler in diesem Buch, Rn. 413, 430.
[33] Siehe dazu auch den Beitrag „Auswirkungen und Erfolgsfaktoren der Digitalisierung von Kanzleien" von Bues in diesem Buch, Rn. 65, 115 ff.

die Methode der agilen Softwareentwicklung³⁴ an. Besteht das Produkt den ersten Test dagegen nicht, wird es noch einmal grundlegend verändert oder die Entwicklung wird komplett eingestellt – in diesem Fall hat die falsche Einschätzung des Kundenbedürfnisses nur minimale Fehlinvestitionen verursacht.³⁵

Neben dem Aufwand für Softwareentwicklung gibt es bei der Erstellung von digitalen Rechtsprodukten Aufwand, den Anwälte betreiben müssen, um ihr Spezialwissen so zu dokumentieren und aufzubereiten, dass daraus ein skalierbares Produkt entstehen kann. Bis zum Beispiel mithilfe der automatischen Dokumenterstellung Schriftsätze, Verträge, Gutachten etc. so produziert werden können, dass diese als Rechtsprodukt am Markt bestehen, ist eine Menge juristische Arbeit nötig. Diese juristische Arbeit müssen Anwälte als Spezialisten in ihrem Rechtsgebiet selbst erbringen, denn das in vielen Kanzleien wenig oder nicht einheitlich dokumentierte und daher nur in den Köpfen vorhandene Erfahrungswissen muss in eine neue, universelle Struktur gebracht werden. Nur dann kann es in einer automatisierten Anwendung genutzt werden. Besondere Anforderungen hat die Entwicklung von Self-Service-Produkten, bei denen die manuelle anwaltliche Beteiligung im Einzelfall so weit wie möglich reduziert werden soll. Hier muss der gesamte Interaktionsprozess zwischen Anwalt und Mandant auf ein automatisches Software-Interface verlagert werden. Vieles von dem, was Anwälte im persönlichen Dialog intuitiv können, z. B. die für die Erfassung des Sachverhalts geeigneten Fragen zu stellen oder bei Bedarf passende Erläuterungen zu geben, muss in allen möglichen Facetten vorgedacht und vorbereitet werden und in einen Online-Dialog integriert werden.³⁶

Beim Design eines digitalen Produkts müssen Anwälte es daher schaffen, sowohl für die Sachverhaltserfassung mit dem Kunden als auch für die rechtliche Bewertung von der gewohnten Einzelfall-Perspektive auf eine abstrakte Ebene zu wechseln, die alle denkbaren Einzelfälle (die das Produkt bedienen soll) in den Blick nimmt und diese in ein übergeordnetes System bringt. Der hierfür erforderliche anwaltliche Aufwand ist bei den meisten Legal Tech-Projekten höher als die Kosten für Lizenzen und Softwareentwicklung, wenn man den Wert dessen betrachtet, was Anwälte in der verwendeten Zeit sonst hätten erwirtschaften können (Opportunitätskosten). Im Vorfeld wird dieser Aufwand von Anwälten oft unterschätzt und auch hier bietet es sich an, mit einem möglichst kleinen, genau abgegrenzten MVP zu starten. Für angestellte Anwälte oder Partner von (großen) Sozietäten kann ein zu großer Aufwand schnell zum Problem werden, wenn die in ein Legal Tech-Projekt investierte Zeit in die Kategorie der „non-billables" fällt. Ein innovationsfreundliches Umfeld in einer Kanzlei setzt daher Anreizstrukturen voraus, in denen die Investitionen Einzelner honoriert und auch bei der Verteilung der daraus entstehenden Erträge berücksichtigt werden.

IV. Return on Investment

Um hohe Anfangsinvestitionen digitaler Rechtsprodukte zu refinanzieren und im laufenden Betrieb in die Gewinnzone zu kommen (Break-Even), ist ein gewisses Umsatzvolumen notwendig. In den meisten Fällen wird es nicht ausreichen, ein digitales Rechtsprodukt nur an bestehende Mandanten zu verkaufen, sondern es müssen neue Kunden außerhalb des bestehenden Vertriebsnetzwerks gewonnen werden. Dies setzt Marketing und Vertrieb in einer Weise voraus, die für fast alle Anwälte ungewohnt ist. Hierfür gibt es jedoch Spezialisten, die dies gut können. Anwälte werden diese Herausforderungen am besten bewältigen, wenn sie sich auf

---

³⁴ Vgl. de.wikipedia.org/wiki/Agile_Softwareentwicklung (zuletzt abgerufen am 30.06.2017).
³⁵ Vgl. zu einem Beispiel, wie es sich auswirken kann, wenn zu lange ohne echtes Feedback vom Markt in eine bestimmte Richtung entwickelt wird, das Schicksal von Clearspire, beschrieben im Beitrag „The Clearspire Story" von Cohen in diesem Buch, Rn. 536, Rn. 567 ff.
³⁶ Bei erfolgreichen Anbietern von Self-Service-Produkten wie Legalzoom in den USA war jahrelange Kleinarbeit in der Produktentwicklung nötig, bis ein automatisierter Kundendialog entstanden ist, der Nutzer ohne manuelle Hilfestellung im Einzelfall z.B. durch den komplexen Prozess einer Firmengründung führen kann.

Arbeitsteilung im Team auf Augenhöhe auch mit Nicht-Anwälten einlassen[37] oder komplett neue Strukturen für die Vermarktung digitaler Produkte schaffen, wie dies Allen & Overy mit aosphere getan hat.

158 Wer ein digitales Rechtsprodukt erfolgreich am Markt platziert hat, sollte sich auf diesem Erfolg nicht zu sehr ausruhen. Es wird nicht lange dauern, bis Konkurrenten ähnliche Produkte anbieten, womöglich mit besseren Funktionen und zu geringeren Preisen. Ein Kunde, dem es in erster Linie auf die Leistung eines bestimmten Rechtsprodukts ankommt, wird den Anbieter schneller wechseln als traditionelle Mandaten, bei denen das Vertrauensverhältnis zu einem bestimmten Anwalt im Vordergrund steht. Auch die möglichen Preisunterschiede, die es bei digitalen Produkten geben kann, sind größer als bei traditionellen Rechtsdienstleistungen: Bei traditionellen Rechtsdienstleistungen haben alle Anbieter am Markt eine zumindest in der Größenordnung vergleichbare Kostenbasis, so dass es kaum Angebote gleicher Qualität geben wird, die von anderen nachhaltig zu deutlich günstigeren Preisen angeboten werden. Bei digitalen Produkten wird es Marktteilnehmer geben, die vergleichbare Qualität wegen der geringen Grenzkosten auch dauerhaft deutlich günstiger anbieten als die Konkurrenz, um sich einen hohen Marktanteil zu sichern. Wenn andere mitziehen, entsteht eine Preisspirale nach unten, die in der so genannten Commoditization von Produkten enden kann.[38] An diesem Punkt lässt sich für bestimmte Produkte kein oder nur noch ein geringer Preis erzielen. Wer in einem solchen Umfeld bestehen will, sollte einen Teil der Gewinne frühzeitig in die Produktentwicklung reinvestieren, um die Qualität ständig zu steigern. Wenn dann die „Version 1.0" eines Rechtsprodukts zur Commodity wird, lässt sich mit „Version 2.0" weiterhin gutes Geld verdienen.

V. Rechtliche Rahmenbedingungen

159 Bei der Entwicklung digitaler Produkte müssen Anwälte bestimmte rechtliche Rahmenbedingungen beachten. Neben der berufsrechtlichen Zulässigkeit stellen sich bei automatisierten Rechtsdienstleistungen Fragen der Haftung, Versicherbarkeit und Gewerblichkeit, die bereits an anderer Stelle ausführlich beschrieben worden sind.[39] Bei der Entwicklung einer Legal Tech-Strategie ist es entscheidend, nicht zu versuchen diese Fragen abstrakt zu lösen oder zur Vorfrage dafür zu erheben, ob man sich mit Legal Tech inhaltlich weiter beschäftigen sollte. Sobald sich eine Idee für ein digitales Produkt zumindest zu einem groben Konzept verdichtet hat, ist der richtige Zeitpunkt gekommen, den rechtlichen Rahmen zu betrachten. Dann lassen sich mögliche Probleme konkret genug identifizieren, um mit anwaltlicher Kreativität eine passende Lösung zu gestalten.

E. Fazit: Unternehmerisches Denken ist gefragt

160 Viel Aufwand und hohe Kosten auf dem Weg zur Digitalisierung mögen manchen Anwalt abschrecken. Um von Legal Tech zu profitieren, muss man dies aber in Kauf nehmen und in unternehmerischen Kategorien wie Break-Even, Skalierung und Return on Investment denken.[40] Wer sich als Anwalt hierauf einlässt, eine Legal Tech-Strategie entwickelt und konsequent verfolgt, um effizienter zu werden oder sogar ein digitales Rechtsprodukt zu etablieren, kann mit Legal Tech sehr erfolgreich werden. Die folgenden Punkte sollten Anwälte dabei beachten:

---

[37] Vgl. dazu den Beitrag „Auswirkungen und Erfolgsfaktoren der Digitalisierung von Kanzleien" von Bues in diesem Buch, Rn. 65, 105 ff.
[38] Vgl. dazu auch Susskind, Tomorrow's Lawyers (2013), S. 23 ff.
[39] Siehe den Beitrag „Legal Tech und Berufsrecht" von M. Hartung in diesem Buch, Rn. 1031 ff., m. w. N.
[40] Dies beschreibt Klock in seinem Beitrag in diesem Buch auch als „digitales Mindset", Rn. 590 ff.

1. Bevor man mit Legal Tech startet, sollte man sich über das wirtschaftliche Ziel und die Auswirkungen der Digitalisierung auf das eigene Geschäftsmodell klar werden.
2. Eine Effizienzsteigerung interner Prozesse setzt bei einzelnen Arbeitsschritten an und lässt sich in vielen Fällen mit bereits am Markt verfügbaren Softwarelösungen umsetzen. Die Auswahl von Software gelingt umso besser, je genauer Anwälte wissen, welche Probleme sie mit digitalen Methoden lösen möchten.
3. Das größte wirtschaftliche Potenzial liegt in der Entwicklung neuer, skalierbarer Rechtsprodukte. Dies bringt hohe Anfangsinvestitionen mit sich und erfordert eine Art des Vertriebs und unternehmerischen Denkens, die für viele Anwälte neu ist.

2. Kapitel

Legal Tech Szene in Deutschland und anderen Ländern

2.1 Legal Tech in Deutschland – zwischen Buzz Word und Anwaltsschreck

Ulrike Barth, M.A.[1]

A. Einführung

Fragte man im Jahr 2015 deutsche Wirtschaftsanwälte nach ihren Erfahrungen mit Legal Tech, gab es eigentlich nur zwei Reaktionen. Ahnungsloses Stirnrunzeln, gefolgt von einer Erklärung, dass Roboter nie die eigene High-Class-Beratung ersetzen können. Oder ein – meist leicht diffuser – Vortrag darüber, dass irgendwann, irgendwo neue Technik auch Dienstleistungsberufe wie den des Anwalts verändern könnte, aber das träfe wohl eher die kommende Generation.

Inzwischen hat die Anwaltswelt die Phase des „hätte, würde, könnte" hinter sich. Die gerade noch ach-so-ferne Zukunft hat deutlich mehr Konturen bekommen. Man könnte auch sagen: Aus dem Legal Tech Hype wird gerade ein richtiges Geschäft.

Dabei hinken die Deutschen dem Markt in den USA meilenweit hinterher. Gerade einmal elf Prozent der registrierten Neugründungen im Bereich Legal Tech kommen überhaupt aus Europa, dominiert wird der Markt von den USA, wo knapp 80 Prozent aller Neugründungen zu finden sind. Eine Innovationsschmiede, die man hierzulande gerne verstärkt anzapfen würde. So werden immer mehr Ideen nach Deutschland exportiert.

Vor allem aber die zahlreichen Seminare und Konferenzen, die sich dem Thema widmen, zeigen, dass die Sorge um die digitale Zukunft in der Mitte der Kanzleien angekommen ist. Sorge wohlgemerkt, denn die „German Angst" und Zurückhaltung bestimmen vielerorts noch die Diskussion um das Thema, auch wenn die Zahl der digitalen Enthusiasten durchaus steigt. Kaum eine Woche vergeht, ohne dass irgendwo in Deutschland über Legal Tech debattiert wird. 2017 gab es zahlreiche, groß aufgeflaggte Konferenzen rund um das Thema. Zum Auftakt des Jahres traf sich die „Szene" im Februar zur Legal Tech Conference in Berlin, die mit einem vorgeschalteten Hackathon versuchte, auch die aktive Start-Up-Szene in Berlin anzudocken. Der Anwaltszukunftskongress ging im September in die zweite Runde, aber auch das Handelsblatt sprang auf den Hype auf und organisierte Ende Juni erstmals die „Legal Transformation Days". Vorher, Mitte Juni, rief der europäische Branchenverband ELTA, die European Legal Technology Association, zu ihrem ersten Jahreskongress nach Berlin. Die Botschaft ist klar: Es ist fünf vor zwölf, um sich mit dem Thema zu beschäftigen. Das meinte wohl auch der Deutsche Anwaltstag, der „Innovation und Legal Tech" ins Zentrum des diesjährigen Anwaltstages in Essen stellte und erstmals jungen Legal Tech-Unternehmen in einer Start- Up Corner Platz freiräumte.

All diese Versuche, sich das Thema Legal Tech zu eigen zu machen, ja es voran zu bringen, zeigen vor allem eins: Die allgemeine Verunsicherung darüber, was da in Sachen Digitalisierung der Dienstleistung auf die Anwaltschaft zukommt. Und dass sich eine sehr interessierte Berater-der-Berater-Szene freudig die Hände reibt: Sie werden die ersten Profiteure der neuen Anwaltswelt sein, wenn sie die Rechtsanwälte ins „Neuland" lotsen. War Legal Tech in Deutschland bis vor kurzem eher eine Grassroots-Bewegung, ist es heute ein veritabler Beratungszweig im Dunstkreis zahlungswilliger Konferenzteilnehmer.

---

[1] Ulrike Barth ist Ressortleiterin Kanzleien bei der Zeitschrift Juve, zuständig für die Rechtsgebiete Energiewirtschaftsrecht, Konfliktlösung/Dispute Resolution: Handel und Haftung, Gesellschaftsrechtliche Streitigkeiten, Gesellschaftsrecht, M&A.

B. Leitsysteme für das Legal Tech-Chaos

166 Die potenzielle Kundschaft für solche Veranstaltungen ist groß. Circa 20 Milliarden Euro setzen Rechtsanwälte in Deutschland jedes Jahr um, gut 164.400 besitzen (per 1. Januar 2017) hierzulande eine Zulassung. Und nur ein kleiner Prozentteil von ihnen hat sich frühzeitig mit der digitalen Revolution der eigenen Zunft beschäftigt.

167 Doch mittlerweile kennt fast jeder in der Branche die Thesen von Richard Susskind, der in seinem letzten Buch „The Future of the Professions" schon vor zwei Jahren (und vorher) die mutmaßlich großen Veränderungen beschrieben hat, die der Branche – auch aber nicht nur wegen Legal Tech – bevorstehen. Dreh- und Angelpunkt seiner Thesen ist die Annahme, dass schon bald künstliche Intelligenz der menschlichen überlegen sein könnte. In welche Richtung die technische Entwicklung geht, zeigt IBMs Supercomputer Watson. Seitdem es diesem Computer gelungen ist, die US-amerikanische Spielshow *Jeopardy!* zu gewinnen – und zwar mit weitem Abstand vor den menschlichen Champions –, traut man ihm alles zu. Er wird beispielsweise durch den Einsatz von Big Data in der Lage sein, ähnliche oder bessere Ergebnisse zu erzielen, als der Mensch. Allerdings wohl erst in einigen Jahren. Techniken wie Watson lernen zwar gerade erst, was Recht und Gesetz ist, wie etwa das IBM Tochterunternehmern Ross Intelligence. Doch in nicht ganz so ferner Zukunft werden sie schon in der Lage sein, Standardaufgaben zuverlässiger zu erledigen als der Mensch – und damit den Job des Anwalts ziemlich zu verändern. Susskind zitiert „*Amara's Law*", wenn er in seinem Buch davor warnt, das Potenzial der neuen Technik klein zu reden. Viele haben wegen seiner Thesen vor allem Angst davor, dass der Anwaltsjob nicht mehr sicher sein könnte. Bei dieser verunsicherten Grundhaltung setzen die Legal Tech-Veranstaltungen an. Sie alle versprechen, Ordnung ins Legal Tech-Chaos zu bringen und das Thema zu verorten. Denn was genau wir hierzulande unter dem Buzz Word Legal Tech zu verstehen haben, wie man sich am besten auf die Neuerungen vorbereitet – auch das wird 2017 verhandelt.

168 Dabei zeigt sich schnell, dass die Angst, von einem Roboter ersetzt zu werden, noch keinem Anwalt den Schlaf rauben muss. Allerdings stimmt wohl das Grundgefühl, sich dringend mit dem Thema beschäftigen zu müssen. Schneller als gedacht, verändern die neuen Systeme den Alltag der Anwälte.

C. Helden des kleinen Mannes

169 Wo also steht Legal Tech inzwischen? Den Status quo kann man grob in zwei wichtige Trends unterteilen: IT-Angebote, die weiße Flecken auf der juristischen Landkarte ausmerzen und Angebote, die standardisierbare Arbeit von Anwälten übernehmen.

170 Zur ersten Kategorie gehören etwa Start-Ups wie Myright, das gerade Schlagzeilen macht, weil es als „Anwalt der kleinen Mannes" wegen des Dieselskandals gegen VW vor Gericht zieht. Das Versprechen: Autokäufern auch in Deutschland Schadensersatz zu verschaffen, obwohl der Autobauer es hierzulande eigentlich bei einer Reparatur der Fahrzeuge belassen will, in denen manipulierte Dieselmotoren verbaut wurden. Die Macher hinter Myright haben Erfahrungen damit, wie man aus dem Unmut des Verbrauchers ein Geschäftsmodell zimmert. Mit Flightright haben sie bereits ein Angebot geschaffen, das Fluggästen Kompensation verschafft, sollte der Flug zu spät sein oder gar nicht abheben. Zahlen muss bei Flightright oder Myright nur, wer tatsächlich Schadensersatz bekommt. Das Angebot schließt so eine Lücke in der Rechtsversorgung, denn bislang lohnte es sich für Fluggäste kaum, ihre Ansprüche zu verfolgen – einen Anwalt auf so einen Fall anzusetzen, wäre bei geringen Zurückzahlungen einfach nicht besonders lohnenswert gewesen. Doch Flightright macht aus der Fülle der Fälle ein Geschäftsmodell.

171 Flightright hat mittlerweile viel Konkurrenz bekommen, beispielsweise durch refund.me, oder wirkaufendeinenflug. Bahn-buddy versucht sein Glück mit einem ähnlichen Modell für von Verspätungen geplagte Zugfahrer und auf geblitzt.de können Parksünder gegen Knöllchen kämpfen. Allen gemein ist, dass sie Dienstleistungen anbieten, die ohne die technische Lösung für den Mandanten nicht besonders attraktiv wären, und für die es vorher kaum einen echten Markt gab, weil die Anwaltsgebühren in solchen Fällen zu hoch waren. Sie erweitern die Rechtsberatung und schaffen im besten Fall sogar Jobs – statt sie zu vernichten.

Das Beispiel VW/Myright zeigt aber auch, dass es schon noch einen Anwalt braucht, wenn die Fälle komplexer sind. Hier kooperiert das Portal mit der bekannten Kanzlei Hausfeld, die wiederum dafür zuständig ist, einen rechtlichen Dreh für die Klagen zu finden. Ähnliches gilt auch für das Portal flightright, das Anwälte engagiert, sobald es zu Gericht geht.

Einen Schritt weiter als die hochspezialisierten Angebote von flightright & Co. gehen digitale Lösungen, die Standardprodukte der Rechtsberatung einem breiten Publikum zugänglich machen, wie beispielsweise Smartlaw, wo Nutzer Standardverträge an ihre Bedürfnisse anpassen können oder 123recht.org, eine Webseite, die neben Musterverträgen auch eine Plattform für die Mandatsvergabe bietet. Die neuen Vermittler schalten sich zwischen den Mandanten und den Anwalt: So auch Plattformen wie Advocado oder Jurato, die Transparenz zwischen Angebot und Nachfrage schaffen. Das wird – ähnlich wie in anderen Branchen – den Weg zwischen Kunden und Dienstleister verkürzen.

Für die knapp 165.000 Rechtsberater in Deutschland kann sowohl das Abwandern von Standardgeschäft als auch die Etablierung von neuen Plattformen gefährlich werden – wenn sie nicht mitmachen. Denn die Dienstleistungen, die hier gehandelt werden, gehören zum Standardportfolio des „Feld-Wald-und-Wiesen"-Anwalts, wie man in Anwaltskreisen gerne die Großzahl der Einzelkämpfer nennt, die als juristische Allrounder genau von solchen Mandaten leben.

Doch Technik kann auch Partner des Anwalts sein. So dienen sich andere Start-Ups Kanzleien eher an und versuchen, Nebendienstleistungen oder Standardberatungen günstiger – und damit für die Kanzlei effizienter – aufzuziehen. In diese Kategorie fällt beispielsweise das Start-Up Edicted aus Bremen, das als Legal-Outsourcing-Unternehmen die Recherche und das Schreiben von Schriftsätzen durch Studenten, Referendare oder Anwälte übernehmen lässt. Die Arbeit wandert also an andere Stelle. Andere Start-Ups versprechen, die Beziehung zwischen Anwalt und Mandanten besser zu gestalten, wie etwa Busylamp, die damit vor allem ein interessantes Angebot an Inhouse-Abteilungen machen, die Rechtsberatungskosten besser managen wollen.

Den größten Hype erfährt allerdings gerade Blockchain, die Technologie hinter Bitcoin, die derzeit vor allem in Banken und Versicherungen Legal Tech-Fantasien beflügelt. Sehr grob gesagt, steckt dahinter eine Datenbanktechnologie, bei der Verbraucher und Lieferant einer Transaktion direkt miteinander verknüpft werden, eine Art transparentes Register, in dem es aber keine zentrale Stelle mehr gibt, die für die Verifizierung von Informationen zuständig ist. Auf dieser Basis sollen Smart Contracts, digitale Kaufverträge zustandekommen. Die Dienste eines Grundbuchamts, aber auch die des Notars als Intermediäre von Transaktionen, die die Authentizität der Beteiligten garantieren, könnten dann entfallen. Deshalb wird Blockchain eine große Wirkung auf die Branche prophezeit.

D. Strategien bei „Big Law"

Die etablierten Kanzleien haben das alles aufmerksam beobachtet – und schalten gerade um auf eigene Digitalstrategien. Am weitesten sind die großen, meist auch internationalen Kanzleien, die also neben vielen Anwälten auch einen wahren Datenschatz aus Dokumenten ihr Eigen nennen, beim Thema Effizienz-Management. Und das größte Effizienzversprechen liegt derzeit bei Software-Lösungen, die sich viele Wirtschaftskanzleien in den vergangenen Monaten zugelegt haben: künstlich intelligente Systeme. So haben etwa Linklaters, DLA Piper, Clifford Chance, Freshfields Bruckhaus Deringer, aber auch Deutschlands größte Kanzlei CMS Hasche Sigle in den vergangen 24 Monaten Artificial Intelligence(AI)-Software angeschafft. Die Programme heißen Kira oder RAVN und werden zur automatischen Dokumentenanalyse eingesetzt. Sie versprechen auch, die wesentlichen, wirtschaftlichen Daten aus Dokumenten zuverlässiger, effizienter und billiger zu identifizieren und aufzulisten, als das Paralegals oder Associates können. Für die Kanzlei ist das interessant, weil sich damit standardisierte Prüfungsprozesse, die früher ganze Mannschaften von jungen Anwälten beschäftigten, nun auf Knopfdruck erledigen lassen. Die Programme haben den Vorteil, dazuzulernen, je mehr Daten sie verarbeiten: sie sind intuitiv benutzbar und leicht zu trainieren. Damit markiert AI-Software eine zweite Welle der Technisierung, die derzeit in die Kanzleien schwappt. Sie wird, anders als die ersten Digitalisierungsschritte, alle Praxisbereiche betreffen.

178   Bislang haben sich Softwarelösungen vor allem Spezialproblemen etwa im Litigation- oder Compliance-Geschäft gewidmet und waren darauf ausgerichtet, mehr Ordnung in einen begrenzten Arbeitsschritt zu bringen. In diesem Bereich sind auch noch Neuerungen zu erwarten, vor allem bei analysierender Software, die auf Basis von Big Data, also etwa den Auswertungen von zig Gerichtsentscheidungen, versucht, behördliche oder gerichtliche Entscheidungen zu prognostizieren. Auch hier ist die USA Vorreiter, doch auch in Deutschland sind solche Tools denkbar.

179   Programme wie Kira oder RAVN gehen einen Schritt weiter als solche Speziallösungen: Sie sind Generalisten und so offen gestaltet, dass sie vom Nutzer auf alle möglichen Fragestellungen angesetzt werden können – und das in vielen verschiedenen Sprachen. Legal Tech verlässt damit das 1.0-Stadium. Denn AI wird langfristig auf die etablierten Strukturen der großen Kanzleien einwirken, die in ihren Geschäftsmodellen bislang vor allem auf eine hohe Leverage – also den massiven Einsatz junger Kollegen – und die Abrechnung über Stundensätze geeicht waren. Doch große Teams sind heute nicht mehr en vogue – und die Digitalisierung bietet Kanzleien einen Ausweg aus dem Dilemma zwischen den eigenen hohen Gewinnerwartungen und den realisierbaren Stundensätzen im Euroraum.

180   So geht die neue AI-Technik Hand in Hand mit dem Trend, Rechtsberatung über Pauschalen abzurechnen oder die hohen Rechnungen der Großkanzleien mit Caps zu begrenzen. Weil Mandanten den Preisdruck in den Unternehmen auch an ihre etablierten Rechtsberater weitergeben, wird es für die Kanzleien plötzlich attraktiv, effizientere Beratungsprozesse zu definieren.

E. Das neue Mantra: Mehrwert

181   Ein Jobkiller ist der neue Kollege angeblich trotzdem nicht – sagen die, bei denen derzeit solche Software zum Einsatz kommt. Weil die Anwälte sich in der frei werdenden Zeit mit anderen, interessanteren Arbeiten beschäftigen. Doch sie geben auch zu: Intern muss man an vielen Stellen noch für den neuen Kollegen AI werben. Dabei entstehen an den Legal Tech-Schnittstellen sogar neue Jobs, etwa für Legal Process Manager. Auch auf Partnerebene und im Business Development werden momentan Zuständigkeiten geschaffen, die sich mit den neuen Techniken beschäftigen. Ihr Ziel ist überall das gleiche: Client Service, die Mandantenzufriedenheit, soll mit neuen Mitteln wieder hergestellt werden. Hier zeigt sich der Wert von Legal Tech für „Big Law": Die Wertschöpfungskette der juristischen Dienstleistung wird künftig von Projektmanagern auseinandergeschraubt und Teile der Arbeit werden dort erledigt, wo sie am günstigsten und zuverlässigsten erfolgen kann – auch durch technische Lösungen. Der Charme von Programmen wie Kira liegt auch darin, dass die Kanzleien selbst als Lehrmeister der Systeme fungieren – und so am Ende „Kira Freshfields" anders aussehen wird als „Kira DLA".

182   Auch deshalb ist wohl gerade ein Windhundrennen um die Implementierung dieser Systeme gestartet: Wer besonders schnell eine besonders weit entwickelte Form der Software einsetzt, erhofft sich Wettbewerbsvorteile. Das bedeutet aber auch, dass die großen Kanzleien hohe Summen und viel Zeit in die AI-Software stecken. Eine Investition, die im sehr diversifizierten deutschen Beratermarkt nicht jeder wird leisten können. Kleine und mittelständische Kanzleien werden keine Early Adopter solcher Technik sein – und laufen Gefahr festzustecken, zwischen

den innovativen Start-Ups, die ihr Geschäft abgraben und der technisch hochgerüsteten „Big Law"-Konkurrenz (einschließlich der Big4-Gesellschaften).

183 Bislang konnten gerade die mittelständischen Kanzleien bei vielen Mandanten mit partnerzentrierter Beratung und vergleichsweise niedrigen Stundensätzen punkten. Doch wenn dank Kira & Co auch eine internationale Großkanzlei mit gemeinhin deutlich höheren Partnerstundensätzen Standardarbeiten wieder günstig anbieten kann, wächst der großen Zahl mittelgroßer deutscher Kanzleien neue Konkurrenz. Sie liegen also nicht ganz falsch, wenn sie sich jetzt über ihre eigenen Chancen mit Legal Tech kundig machen – ihr Geschäft wird am meisten unter Druck kommen. Sie können auf andere Endprodukte warten – oder sich selbst mit Entwicklern zusammentun.

184 Die disruptive Wirkung, die sich Vordenker Susskind vorstellt, ist mit dem aktuellen Stand von AI oder Blockchain aber noch längst nicht erreicht, sie bietet allenfalls einen kleinen Vorgeschmack darauf, in welche Richtung es gehen könnte. Und so werden sich auch in den kommenden Jahren die meisten Kanzleien wohl nur dann mit Legal Tech befassen, wenn die Techniklösungen einen schnellen Nutzen, mehr Effizienz und geringere Kosten in der Bearbeitung von Mandaten versprechen. Oder wo Mandanten ihren Einsatz einfordern. Denn das eigene Geschäftsmodell grundsätzlich in Frage zu stellen, liegt nicht in der Natur der Wirtschaftskanzleien.

F. Innovationstreiber Inhouse?

185 Kanzleien werden auch eher nicht die Speerspitze der Innovation bilden, auch wenn sie teilweise selbst in neue Marktteilnehmer investieren: So tritt beispielsweise Dentons als eine der größten Kanzleien weltweit über die Plattform Nextlaw Labs als Investor auf. Seit 2015 wird dort bereits in rein rechtliche Start-Ups investiert. Eine ähnliche Strategie verfolgt auch die britische Kanzlei Allen & Overy und setzt mit „Fuse" auf eine eigene Plattform, die „legaltech", „regtech" und „dealtech" entwickeln soll.

186 Aber auch ohne solche Programme nehmen die technischen Eigenkreationen in Kanzleien zu. Oft werden kleine Apps und Programme aus der laufenden Beratung heraus geboren. Zu einiger Bekanntheit hat es beispielsweise ein Tool gebracht, das in der Arbeitsrechtspraxis von CMS Hasche Sigle entstanden ist und die Beratung zum Fremdpersonaleinsatz unterstützt – und das mittlerweile in einigen Arbeitsrechtspraxen nachgebaut wird. Das Beispiel zeigt, in welche Richtung die Innovationen aus der Kanzleiwelt gehen: Sie vereinfachen und unterstützen den Beratungsprozess – doch sie ersetzen ihn nicht.

187 Disruptiver könnte es da schon auf der anderen Seite zugehen: Bei den Mandanten. Von hier aus wären in den nächsten Jahren wesentliche Umwälzungen im Markt denkbar, denn aus den Rechtsabteilungen der großen Unternehmen kommt auch der permanente Druck, den aufgerufenen und den tatsächlichen Wert der Rechtsberatung stärker zu hinterfragen. Eine kritische Grundhaltung der Syndizi, die schon seit Jahren im verstärkten Preisdruck auf die Kanzleien, aber auch in der Forderung nach mehr „Mehrwert" kulminiert. Die Kombination aus Preisspirale nach unten und der Digitalisierung der Dienstleistung auf der anderen Seite ist eine wichtige Grundlage, die den Legal Tech-Hype derzeit so stark wachsen lässt.

188 Im Kerngeschäft der Unternehmen ist die Digitalisierung das beherrschende Thema. Diesen Trend werden sich die Rechtsabteilungen, die viel näher an der Entwicklung neuer Produkte sind, zu Eigen machen und innovative Ideen aufnehmen. Unternehmen haben gleichzeitig den Vorteil, dass sie Zugang zum Kapitalmarkt haben und damit auch das Geld für große Investitionen aufbringen können. Gleichzeitig denken sie langfristiger als etwa solche Kanzleien, die eher kurzfristig auf das aktuelle Umsatzjahr schielen.

189 So können Unternehmen mit ihrem Fachwissen neue Impulse in die Entwicklung von Legal Tech bringen. Vielleicht genau zum richtigen Zeitpunkt, denn der Start-Up-Markt tritt gerade in eine neue Phase ein. So ging 2016 weltweit die Zahl der registrierten Neugründungen

im Legal Tech zurück, gleichzeitig ist eine Konsolidierung des Marktes, teilweise auch durch Insolvenzen, zu beobachten. Wird sich die Welle der Konferenzen fortsetzen, was erweist sich als nachhaltig, was bleibt eine Eintagsfliege? Inzwischen hat die Phase begonnen, in der sich die Geschäftsmodelle von Legal Tech beweisen müssen.

2.2 Changes in the US Legal Market Driven by Big Data/ Predictive Analytics and Legal Platforms

Roland Vogl[1]

A. Introduction

Big data law, legal prediction, and legal platforms have become much talked about topics in recent years. Numerous Legal Tech startups have emerged bringing new products that promise deeper insights into legal issues. Breakthroughs in machine learning and data analytics have resulted in legal practitioners becoming increasingly worried about the possibility of being replaced by so-called **Robolawyers**. At the same time, they are excited about the possibility of having their work enhanced by big data analytics. Beyond that, they are starting to see multi-sided legal platforms as providing new ways to find or collaborate with clients or other lawyers.

The term "platform" can have many meanings. In information technology, it generally refers to hardware and/or software architecture that serves as a foundation or base.[2] Platforms in Legal Tech are, generally speaking, under the umbrella of legal infrastructure technologies that help connect stakeholders in the legal system more efficiently (for example, lawyer/ client match-making services).[3] That said, the term platform remains a broad concept, and is frequently also used in connection with predictive analytics technologies (e. g., "predictive analytics platforms"). In addition, some companies provide both platforms for lawyers as well as predictive analytics capabilities for their users (e. g. contract life cycle management solutions that also provide contract analytics aimed at predicting risk in transactions; or lawyer client match-making platforms using machine learning and big data analytics to make the perfect match). However, the issues raised by the expanding use of predictive analytics capabilities in the legal realm, as well as on legal platforms, are distinct and this chapter will therefore treat both topics separately.

Part I of this chapter provides an overview of the changes in the U.S. legal market driven by big data and predictive analytics. Part II provides an overview of the changes in the U.S. legal market driven by platforms. The overarching question that spans both parts is: What are the changes to the U.S. legal market in light of the expanding use of these technologies? This question appears to imply that – if there are observable changes – they can be causally attributed to platforms or predictive analytics. Further, the question asks us to consider as the subject of our investigation the entire U.S. legal market, as opposed to certain segments (e. g. certain practice areas). This is, of course, a challenging task given the market's diversity. The $300 billion law firm market alone is made of small, mid-size, and large firms with specializations as varied as the legal system is as a whole.[4]

---

[1] Roland Vogl, Co-founder and Executive Director, CodeX – The Stanford Center for Legal Informatics (http:// codex.stanford.edu); Lecturer in Law, Stanford Law School; Visiting Professor, University of Vienna. The author would like to express his gratitude to Alex Toh, Monica Katherine Zwolinski, and Bryan Casey for their invaluable feedback and edits on earlier drafts of this chapter.
[2] *See* Platform, PC ENCYCLOPEDIA, http://www.pcmag.com/encyclopedia/term/49362/platform.
[3] The other two main categories of tech innovation in Legal Tech are legal information retrieval, and computational law; *see* CodeX website at http://codex.stanford.edu.
[4] *See* Bill Henderson's estimate of the size of the addressable legal market using U.S. census data at Lexis Nexis BUSINESS OF LAW BLOG, (Jan. 15, 2015), http://businessoflawblog.com/2015/01/addressable-us-legal-market/; Not included in that number is the legal market of those practicing law in corporate legal departments and government. So the total size of the legal market is much larger than $300bn.

193 Recent reports and surveys provide an assessment of the overall state of the legal services market. For example, the *2017 Georgetown Peer Monitor Report on the State of the Legal Market*[5] characterizes the U.S. law firm market as a market that is facing fundamental irreversible changes that have led to flattening law firm revenue. Altman Weil's *Law Firms in Transition*[6] survey, which is sent to over 800 managing partners of U.S. law firms with over 50 lawyers, suggests that law firms are losing business to alternative legal service providers and technology companies. The LexisNexis and Cambridge Judge School of Business Report titled *Amplifying the Voice of the Client in Law Firms* found that 40% of clients indicated that the senior partners of their law firms lacked a basic understanding of their business and that partner interactions were often superficial.[7]

194 These trends suggest that new ideas, technologies and business models to deliver legal services, in other words "NewLaw"[8], are more than mere luxuries, but instead are becoming the way that clients will expect legal services to be provided. Predictive analytics and platforms are important components of this new order.

B. Part I: Big Data/Predictive Analytics in Law and its Impact on the U.S. Legal Market

195 In its essence, the law is entirely based on information that captures the rules governing our behavior/transactions as well as information about the world in which we operate. In other words, our personal and corporate actions take place in a tremendously complex system of legal information. As we take actions, we create legally relevant patterns and data trails. In fact, data has always driven the legal profession. We just never thought of it in these terms. Rather, we have used descriptors such as "legal documents" (e. g., statutes, or contracts), "evidence," "transcripts," "interviews," or "work product" and defined our skills as "expertise" or "experience".

196 Patterns of legally relevant data are increasingly discoverable through state-of-the-art data science techniques and technologies. A legal practitioner's ability to identify patterns in a legal actor's actions – be it a judge, opposing counsel, or a competitor – adds a layer of insight that allows them to represent clients in more effective, strategic ways. It also allows them to benchmark their strategies and to develop best practices (for example, when faced with the threat of litigation by a patent troll). Bringing data analytics to the law holds the promise of creating new avenues for predicting outcomes for clients – ultimately helping lawyers be better lawyers. The use of predictive analytics technologies in legal settings, however, also raises new issues – such as the human biases that can be perpetuated by algorithms.[9] These issues have to be addressed to ensure fairness and transparency.

---

[5] Georgetown Law, Thomson Reuters Peer Monitor, *2017 Report on the State of the Legal Market*, http://legalsolutions.thomsonreuters.com/law-products/solutions/peer-monitor/complimentary-reports.

[6] Altman Weil, *Law Firms in Transition 2016 – An Altman Weil Flash Survey*, http://www.altmanweil.com/index.cfm/fa/r.resource_detail/oid/95e9df8e-9551-49da-9e25-2cd868319447/resources/Law_Firms_in_Transition_2016_An_Altman_Weil_Flash_Survey.cfm.

[7] LexisNexis & Cambridge Judge School of Business, *Amplifying the Voice of the Client in Law Firms*, http://www.lexisnexis.co.uk/en-uk/products/campaign/voice-of-the-client.page?utm_source=votcpressrelease&utm_medium=landingpage&utm_content=votcpressrelease&utm_campaign=100307_voiceoftheclientresearchreport-digital#.

[8] GEORGE BEATON, NEWLAW NEW RULES – A CONVERSATION ABOUT THE FUTURE OF THE LEGAL SERVICES INDUSTRY (2013).

[9] *See*, e. g., Hannah Devlin, *AI programs exhibit racial and gender biases, research reveals*, THE GUARDIAN (Apr. 13, 2017) https://www.theguardian.com/technology/2017/apr/13/ai-programs-exhibit-racist-and-sexist-biases-research-reveals.

I. What is Predictive Analytics?

Predictive analytics is the use of data, statistical algorithms, and machine learning techniques to identify the likelihood of future outcomes based on historical data.[10] The goal of using predictive analytics is to go from knowing what has happened to providing a best assessment of what will happen in the future. Today, predictive analytics is used for decision-making in a variety of industries, including insurance[11], finance[12], marketing[13], healthcare[14], human resources[15], and more recently law. Companies that invest resources into building out their predictive analytics capabilities view the ability to leverage their own data or other industry related data to make predictions as a key component to staying competitive. The explosion of predictive analytics in different fields is a result of what some call the ***big bang*** of artificial intelligence.[16] This is driven, in large part, by the coming together of the ability to collect, store, and process vast amounts of data[17], the ability to mine structured and unstructured data, machine learning, and advances in computer hardware[18].

II. Help! The Robolawyers are Coming!

In the past, many companies in the big data law/legal predictive analytics space used the term "Robolawyer" to market their services.[19] The so-called Robolawyer uses natural language processing and machine learning to ingest massive amounts of legal data, detect patterns, and make predictions on how a particular legal issue will be decided. In recent years, the idea of the Robolawyer has been covered extensively by mainstream media[20], and it has come to epitomize lawyers' fears around the accelerating use of computers to accomplish legal tasks. As a computational law system[21], the Robolawyer has both the ability to predict legal outcomes as well as to automate certain legal processes. It appears that its legal prediction capability is the most worrisome for lawyers, because it suggests that a human lawyer's ability to exercise legal judgment and assess risk for their clients is mechanizable and automatable.

The fear of being replaced by artificial intelligence technologies, however, is by no means exclusive to lawyers. The proliferation of AI has professionals across industries asking the question: *"What are the things that computers won't be able to do, that will be left over for us humans?"*[22] At this point in time, we are nearing the point where computational power is close to rivalling the

---

[10] *See* Predictive Analytics, Wikipedia, https://en.wikipedia.org/wiki/Predictive_analytics.
[11] For underwriting, pricing/rating, claim fraud analytics, claim provider fraud analytics, marketing, and loss reserving.
[12] For determining the risk for loans and credit cards.
[13] For determining the probability of effective combinations of timing and marketing tools on purchase.
[14] To assess the probability of disease.
[15] To assess the probability of retention.
[16] *See*, e.g., Jensen Huang (Nvidia CEO) keynote at GTC conference (May 10, 2017), https://m.youtube.com/watch?v=jmY2LXy-hXU.
[17] Hadoop, MapReduce, in-database and text analytics for processing big data.
[18] Including faster CPU, cheap memory, MPP (massively parallel processor) architecture.
[19] E.g., Ross Intelligence.
[20] *See*, e.g., Jason Koebler, *Rise of the Robolawyers – How legal representation could come to resemble TurboTax,* The Atlantic, (April 2017); https://www.theatlantic.com/magazine/archive/2017/04/rise-of-the-robolawyers/517794/;
[21] Computational law is the automation and mechanization of legal analysis. An overview of computational law can be found here: http://logic.stanford.edu/complaw/complaw.html.
[22] McKinsey is involved in a broader study of the impact of automation on work. The authors decided to focus on occupational tasks as the relevant unit of analysis – rather than entire occupations – asking what kind of occupational tasks are more likely to be replaced by automation than others. The occupational tasks ranged from managing others, to applying expertise (to decision making, planning and creative tasks), to stakeholder interactions, unpredictable physical work, data collection, data processing to predictable physical work. The closer we get to data collection, data processing, and predictable physical work, the more susceptible those work tasks are to being replaced by current technologies. *See* Michael Chui et al., *Where machines could replace humans—and where they*

capabilities of the human brain. Lawyers must come to terms with the fact that nearly anything they can do, machines will be able to do – at least someday. Certainly, today's machines cannot argue cases in court and will not be able to do so for many years. But a large portion of what lawyers do involves managing legal processes and applying expertise and legal judgment – much of which can already be automated – at least to a large degree – by current technologies. As mentioned above, through predictive analytics even the higher-level legal tasks can be handled with greater efficiency by machines. But that does not mean we will want them to. Indeed, as LegalZoom cofounder, Eddie Hartman, points out, the right question to ask is: *"What do we want robots to do?"* rather than, *"What are they incapable of doing?"*. The answer to that depends on the answers to the following questions: *"What's the value at risk?"*, *"How familiar am I with the action?"* and *"What's the underlying ambiguity/complexity of the operation?"*.[23]

200   It is interesting to note that, in recent years, companies that had previously used the term Robolawyer to describe their services have dialed back their use of that term. This is, perhaps, attributable to the fact that the term does in fact overstate the capabilities of the currently available systems. But another reason might be that using the term Robolawyer does not help with sales to human lawyers, as it implies that the system can replace the human lawyer. Instead, companies in this space have come to prefer the terms "lawyer enhancing" or "augmenting," or "data driven decision-making."[24]

III. Predictive Analytics in Law – Research

201   A number of predictive analytics projects have been carried out by researchers around the U.S. – many of which have offered new insights into the possibilities of predictive analytics in law. To cover all the important research in this space in detail is, unfortunately, beyond the scope of this chapter. But the following three examples will serve as illustrations of the kind of work that researchers are doing in the field.

1. Predicting Supreme Court Cases

202   Katz et al. wrote the seminal article titled *A General Approach for Predicting the Behavior of the Supreme Court of the United States* explaining a machine learning approach to predicting Supreme Court cases.[25] By analyzing the past performances of the individual Supreme Court justices, their models fared better than expert legal analysts. The researchers developed a classifier[26] capable of predicting with over 70% accuracy more than 240,000 justice votes and 28,000 case outcomes over nearly two centuries (1816-2015).[27]

---

can't (yet), McKinsey Quarterly (July 2016), http://www.mckinsey.com/business-functions/digital-mckinsey/our-insights/where-machines-could-replace-humans-and-where-they-cant-yet.
[23] May 12, 2017 email conversation with Eddie Hartman, cofounder of LegalZoom (on file with the author).
[24] *See, e.g.*, Josh Becker (CEO of LexMachina) presentation at CodeX FutureLaw Conference 2017, https://www.youtube.com/watch?v=VY6IcmI3PrU.
[25] Katz DM, Bommarito MJ II, Blackman J, *A general approach for predicting the behavior of the Supreme Court of the United States*, PLoS ONE 12(4): e0174698. (2017) https://doi.org/10.1371/journal.pone.0174698.
[26] More specifically a so called "time-evolving random forest" classifier.
[27] Using only data available prior to decision, the model outperforms null (baseline) models at both the justice and case level under both parametric and non-parametric tests. Over nearly two centuries, they achieved 70.2% accuracy at the case outcome level and 71.9% at the justice vote level; *see also* Nikolaos Aletras, Dimitrios Tsarapatsanis, Daniel Preoţiuc-Pietro, Vasileios Lampos *Predicting judicial decisions of the European Court of Human Rights: a Natural Language Processing perspective*, https://peerj.com/articles/cs-93/.

2. Predicting Criminal Defendants' Behavior

Another note-worthy example of predictive analytics research in law is the work of Kleinberg et al. on *Human Decisions and Machine Predictions*.[28] This project focuses on the decisions that U.S. judges have to make every day on whether a defendant in a criminal lawsuit should await trial at home or in jail. Under U.S. law this decision depends on the judge's prediction of what the defendant would do if released.[29] The results of this research suggest potentially large welfare gains through the use of machine learning to augment the human decisions on bail, including a crime reduction by up to 24.8% with no change in jailing rates and a reduction of jail populations by 42.0% with no increase in crime rates.

3. Predicting Tax Evasion and Tax Outcomes

Hemberg et al. at MIT studied a new approach to predicting tax evasion schemes by simulating small changes to known tax avoidance strategies in the context of proposed and actual tax regulations.[30] Additionally, Alarie et al. of the Law Faculty of the University of Toronto in a recent article titled *Using Machine Learning to Predict Outcomes in Tax Law*[31] discuss how machine learning technologies can provide predictions in grey areas of tax law.

IV. Predictive Analytics in Law – Start-ups

The CodeX LegalTech Index, an open source database that at this point counts more than 711 legal tech companies, currently includes more than 38 companies in the analytics space.

1. Search

Electronic search of legal documents is one of the areas where predictive analytics algorithms have been playing an important role in predicting what cases are the most relevant for a particular legal search query. A recent article by Susan Nevelow Mark[32] looks at what happens when six different teams of humans set out to create algorithms aimed at solving the same problem: how to return results relevant to a searcher's query in a case database. When comparing the top ten results for the same search entered into the same jurisdictional case database in Casetext, Fastcase, Google Scholar, Lexis Advance, Ravel, and Westlaw, the results turn out to be quite different. The author calls this *"[a] remarkable testament to the variability of human problem solving…it is fair to say that each different set of engineers brought very different biases and assumptions to the creation of each search algorithm."* Some of the more recent entrants to the case law search space are RavelLaw[33], founded in 2012 and acquired by LexisNexis in June 2017[34], and Casetext[35], founded in 2013. Ravel provides a research tool that combines legal research and analytics using

---

[28] Jon Kleinberg, Himabindu Lakkaraju, Jure Leskovec, Jens Ludwig, Sendhil Mullainathan, Human Decisions and Machine Predictions, NBER Working Paper N0. 23180 (National Bureau of Economic Research).
[29] The researchers recognized this as a promising machine learning application because it is a concrete prediction task for which there is a large volume of data available.
[30] See E. Hemberg et al., *Tax Non-Compliance Detection Using Co-Evolution of Tax Evasion Risk and Audit Likelihood*, in The 15th International Conference on Artificial Intelligence and Law, San Diego (June 2015).
[31] Alarie, Benjamin and Niblett, Anthony and Yoon, Albert, Using Machine Learning to Predict Outcomes in Tax Law (October 16, 2016). Available at SSRN: https://ssrn.com/abstract=2855977 or http://dx.doi.org/10.2139/ssrn.2855977.
[32] Mart, Susan Nevelow, The Algorithm as a Human Artifact: Implications for Legal {Re}Search (October 26, 2016). Available at SSRN: https://ssrn.com/abstract=2859720.
[33] http://ravellaw.com/.
[34] *See* Zach Abramowitz, Why LexisNexis Acquired Ravel Law: A Conversation With Ravel CEO Daniel Lewis, Above the Law (June 17, 2017), http://abovethelaw.com/2017/06/why-lexisnexis-acquired-ravel-law-a-conversation-with-ravel-ceo-daniel-lewis/.
[35] https://casetext.com/.

expert legal knowledge, machine learning, and comprehensive case law from the Harvard Law Library. Casetext combines data science, machine learning and natural language processing. In late 2016, Casetext launched CARA[36], a feature that allows Casetext users to upload a brief, memo, or any document that cites cases or statutes, and – using the power of contextual search algorithms – returns a list of "suggested cases". These are cases that are relevant to, but not cited in, the document.

2. E-discovery

207   E-discovery is one of the early areas of big data law. Early e-discovery systems were mainly concerned with storing and making discoverable legal information accessible. Lawyers, however, were still necessary to review massive amounts of information and highlight what was important and what was not. For several years now, numerous e-discovery providers have offered systems that leverage machine learning and so-called "predictive coding" to separate relevant documents from irrelevant ones with impressive accuracy. The San Francisco based company Recommind (now rebranded as OpenText)[37], for example, offers predictive analytics for e-discovery, allowing lawyers to spend less time searching for the proverbial needle in the haystack.

3. Judicial/Litigation Analytics

208   An early player in the judicial analytics space is Lex Machina[38], a Stanford spin-off that was originally based on renowned Stanford Law School patent scholar Prof. Mark Lemley's extensive empirical IP research. The Menlo Park, CA company mines litigation data for insights, recognizing that IP litigation dockets are goldmines of information that computers can more quickly and accurately analyze – to the benefit of lawyers and clients alike. In 2015 the company was acquired by LexisNexis and soon thereafter announced an expansion of its data analytics capabilities into the area of Antitrust law. LexMachina is one of the companies that carefully attempts to avoid the label of being in the business of predicting case outcomes. Instead, it is promoting its services as data driven decision-making for lawyers – enabling lawyers to practice at the top of their license.

209   A recent entrant to the judicial analytics space is Docket Alarm[39], a New York-based company founded by intellectual property attorney Michael Sander. Among other search features, the company offers analytics for Patent Trial and Appeal Board (PTAB) decisions, showing trends across judges and technologies.

4. Contract Analysis

210   A number of companies were launched in recent years that use natural language processing (NLP), machine learning and semantic analytics techniques to mine contracts written in natural language. Contract discovery and analytics companies focus on identifying important information in contracts that enables the contracting parties to access and evaluate contracts more quickly and predict risks embedded in them. The contract analysis space is crowded with a number of different companies, including KMStandards[40], Seal-software[41], SirionLabs[42], Kira

---

[36] https://casetext.com/cara/upload.
[37] http://www.recommind.com/.
[38] https://lexmachina.com/.
[39] https://www.docketalarm.com/.
[40] http://kmstandards.com/.
[41] http://www.seal-software.com.
[42] http://www.sirionlabs.com/.

Systems[43], and LexCheck[44]. Some contract life cycle management companies (CLM) providers also offer contracts discovery and analytics (e. g., Exari[45], Determine[46]).

5. IP Analytics

IP Analytics is also a rapidly growing space. Some examples of companies in this field include Juristat[47] – a company that promises predictable patent prosecution – and companies like Innography[48], Clairvolex[49], and PatentVector[50] that use data analytics to provide deeper insights into patent portfolios.

6. Legislative Prediction

Skopos Labs[51] has built a machine learning process that provides predictions of enactment for all bills on GovTrack[52] – the most widely used bill tracking service in the U.S., with over 10 million unique users a year. The company accurately predicted the AHCA[53] – in other words the Obamacare Repeal act – to have a low chance to pass the day it was introduced.[54]

7. Predictive Policing

Predictive analytics is also used in law enforcement to predict crime, offenders, offender identity, and potential victims using data points such as date, time, location, and nature of past crimes.[55] A large player in this field is the company Palantir[56], which due to its commercial success and rapid expansion has taken over much of Palo Alto's downtown district. The company equips federal and local law enforcement officers and agents with software tools to analyze intelligence and – at least according to their website – respond to crime as it happens.

8. Lawsuit Financing

Companies such as Burford Capital[57] are incumbents in the world of financing lawsuits. They leverage data licensed from companies like LexMachina to make predictions about the likelihood of a lawsuit's outcome, on which they base their investment decision. Most recent entrants to this market include companies like Legalist[58] founded by Harvard graduates Eva Shang and Christian Haigh. Shang and Haigh develop algorithms to scour legal databases and analyze and identify the likelihood of a given case's success. Similarly, companies like Lexshares[59] allows individual investors to buy shares in the outcomes of lawsuits. However, some commentators

---

[43] https://kirasystems.com.
[44] http://lexcheck.com.
[45] https://www.exari.com/.
[46] https://www.determine.com/.
[47] https://www.juristat.com.
[48] https://www.innography.com.
[49] http://www.clairvolex.com/.
[50] http://patentvector.com.
[51] https://www.skoposlabs.com/.
[52] www.GovTrack.us.
[53] American Health Care Act of 2017.
[54] *See* Vanderbilt School of Engineering, *Recent Ph.D.'s AI platform weighed 100s of variables, gave federal health care bill a 15 % shot*, (April 5, 2017), https://engineering.vanderbilt.edu/news/2017/john-nay-ai-predictgov/.
[55] *See* Zach Friend, *Predictive Policing: Using Technology to Reduce Crime*, FBI (2013) https://leb.fbi.gov/2013/april/predictive-policing-using-technology-to-reduce-crime; *see also* Perry et al., *Predictive Policing: The Role of Crime Forecasting in Law Enforcement Operations*, RAND Corporation (2013), http://www.rand.org/content/dam/rand/pubs/research_reports/RR200/RR233/RAND_RR233.pdf.
[56] https://www.palantir.com/.
[57] http://www.burfordcapital.com/.
[58] https://www.legalist.com/#about.
[59] https://www.lexshares.com/.

V. Open Questions Regarding Predictive Analytics in Law

215 The increasing use of big data and predictive analytics in different industries has raised a number of important issues. Some commentators have, for example, pointed out that a lot of big data analysis is biased and missing context – as it is based on convenience samples or subsets that are more prone to "signal error" and "confirmation bias".[61] In her recent book titled *Weapons of Math Destruction: How Big Data Increases Inequality and Threatens Democracy*, Cathy O'Neill suggests that *"predictive models are nothing more than opinions embedded in mathematics"*.[62] There is also a risk that when we get the facts wrong or the model wrong, our ability to create damage is greatly magnified because of global interconnectivity. Beyond that, a risk with big-data mining is that an analyst can "discover" seeming patterns that are in fact meaningless. This is what statisticians call Bonferroni's principle, which means that if researchers look in more places for interesting patterns than the amount of data will support, they are bound to find meaningless connections. Complicating matters further is the so-called "black swan" theory that describes events that come as a surprise but have a major effect.[63]

1. Predictive Analytics in Law – Technical Issues

216 The first issue of the use of predictive analytics in law is one of technical feasibility. All good predictions require a good training data set. However, getting a high quality training data set to build predictions is challenging because most legal documents are in unstructured text form. New Natural Language Processing (NLP) techniques can be applied to legal documents. However, given the complexity of legal documents this approach is typically limited.

217 Even where we have enough data to form a predictive model, there is an important question regarding how to validate the predictive models. Related to the question of validation is the issue of the trade offs between opacity and performance within such models. Today, we have increasingly complex ensembles of models at our disposal that are better able to make predictions. Deep learning and neural networks, for example, have many hidden layers within their network. The problem with such models is that it is not always possible to understand how they are actually making predictions because there are many non-linear and higher level interactions between the inputs at play. This, at the same time, makes it harder to understand and explain how these variables interact – an issue which will be considered in further detail below.

2. Predictive Analytics in Law – Explainability

218 One of the central questions that has arisen with regard to the use of predictive analytics algorithms in the law is the question of transparency and explainability. To the degree that we utilize predictive models for legal decision-making, we are entering a system in which legal decisions will increasingly be made ex-ante, and we – as the law's subjects – will not necessarily

---

[60] *See* Santa Clara Law Professor Eric Goldman quoted in Matthew Renda, *Invest in a Lawsuit? Startup Matches| Cash-Strapped Plaintiffs With Benefactors*, COURTHOUSENEWS (Aug. 31, 2016) http://www.courthousenews.com/invest-in-a-lawsuit-startup-matchescash-strapped-plaintiffs-with-benefactors/.
[61] *See* Ari Zoldan, *More Data, More Problems: Is Big Data Always Right?*, WIRED BLOG (May 2013) https://www.wired.com/insights/2013/05/more-data-more-problems-is-big-data-always-right/.
[62] CATHY O'NEILL, WEAPONS OF MATH DESTRUCTION: HOW BIG DATA INCREASES INEQUALITY AND THREATENS DEMOCRACY (2016), p. 21.
[63] Black swan theory is a metaphor that describes an event that comes as a surprise, has a major effect, and is often inappropriately rationalized after the fact with the benefit of hindsight; *see* WIKIPEDIA https://en.wikipedia.org/wiki/Black_swan_theory.

know what rules the system followed in making its decision. This becomes particularly problematic when the data are not only used to show trends or patterns to a lawyer, but also when they are used to predict legal outcomes or to automate certain legal decisions. What variables did the system consider in suggesting a particular path or settlement? (E.g., what factors were considered in determining that a certain person should be denied a visa). In March 2017 the U.S. Supreme Court asked the federal government to file a friend-of-the-court brief offering its views on whether the court should hear the case of a Wisconsin man, Eric L. Loomis, who was sentenced to six years in prison based in part on a private company's proprietary software. Mr. Loomis claimed that his right to due process was violated by a judge's consideration of a report generated by the software's proprietary algorithm – one which Mr. Loomis was unable to inspect or challenge.[64] Explainability, in the context of the U.S. legal system, is a critical element of accountability. The more we use big data to inform our legal decisions, and the more we use computers to automate certain legal tasks, the more important it is for us to understand, monitor, and verify the factors that lead machines to make specific decisions. It is, therefore, of paramount importance that we make the decision-making process by which machines arrive at their conclusions understandable to humans.

VI. Conclusion

The legal field offers many new opportunities to leverage predictive analytics. Researchers are finding ever new areas where data analytics can be used to gain novel insights and companies are offering interesting solutions in the legal market. As the complexity of our legal system explodes, computers will also become increasingly able to extract the vast amount of data available – making access to legal information faster and easier. And as lawyers – both in-house and within law firms – use these technologies to enhance their legal decision-making with insights provided by data science, the wedding of law and computational analytics will benefit lawyers, clients, and the legal system as a whole. But systems that leverage predictive analytics and mechanize certain aspects of legal decision-making must be transparent and verifiable. If we can preserve a human-centric approach to leveraging this powerful technology, predictive analytics can be one of the building blocks of a more transparent and more efficient legal system.

C. Part II: Legal Platforms and their Impact on the U.S. Legal Market

I. Introduction

The CodeX LegalTech Index currently counts more than 159 companies in the category marketplace, which makes it the second largest category after document automation with 189 companies.[65] It is worth noting that sometimes the terms platform and marketplace are conflated. A platform that is also a marketplace requires multiple parties, and transactional capability or intent.[66] In any event, the 2016 *ABA Commission on the Future of Legal Services*[67] in Recommendation 2.3, suggests that states should explore how legal services are delivered by

---

[64] See Adam Liptak, *Sent to Prison by a Software Program's Secret Algorithms*, NYT ONLINE (May 1, 2017), https://www.nytimes.com/2017/05/01/us/politics/sent-to-prison-by-a-software-programs-secret-algorithms.html?_r=0.
[65] See CodeX Tech Index, http://techindex.law.stanford.edu.
[66] See WIKIPEDIA: "An online marketplace (or online e-commerce marketplace) is a type of e-commerce site where product or service information is provided by multiple third parties, whereas transactions are processed by the marketplace operator." https://en.wikipedia.org/wiki/Online_marketplace.
[67] AMERICAN BAR ASSOCIATION, REPORT ON THE FUTURE OF LEGAL SERVICES IN THE U.S. (2016) http://abafutures-report.com/#1.

entities that employ new technologies and internet-based platforms and then assess the benefits and risks to the public associated with those services.[68]

II. Gatekeeping Regulations

221   Many of the new Legal Tech platforms that have been launched over the past two decades in the U.S. experienced friction between their business models and certain rules governing the practice of law.[69] The *ABA Model Rules of Professional Conduct*[70] serve as such governing rules for the ethics rules of most states. Rule 5.5 of the ABA Model Rules of Professional Conduct, otherwise known as the unauthorized practice of law (UPL) rule, provides that only lawyers admitted to practice in a particular jurisdiction can provide legal advice in that jurisdiction. This has proven problematic for some innovative platforms. Companies, such as LegalZoom, have fought for several years with State Bar Associations over whether its service offerings amount to unauthorized practice of law.[71] Rules at issue include: Rule 5.4, which provides that lawyers shall not share legal fees with non-lawyers and Rule 7.2, which provides that lawyers shall not give anything of value to a person for recommending the lawyer's services. However, lawyers may still pay the reasonable costs of advertisements or communications (Rule 7.2(b)(1), or pay the usual charges of a legal service plan or a not-for-profit or qualified lawyer referral service approved by an appropriate regulatory authority (Rule 7.2(b)(2).

III. First Movers

222   One of the first platforms in the U.S. was Hyatt Legal Services, a network of law firms aimed at providing legal services to consumers at affordable rates. Then, during the dotcom boom LegalMatch[72], launched in 1999, and Case Post[73], which some called the "Lending Tree" of law, came online. LegalZoom[74], the biggest brand in consumer facing legal services in the U.S. was launched in 2000. Initially, the company provided a platform where consumers could purchase certain legal documents, such as contracts, or get their business incorporated. Later, it also began to offer its users access to a network of LegalZoom attorneys. Services like JustAnswer[75], Lawyers.com[76], and Avvo[77] are also among the earlier legal platforms that were launched in the mid 2000s. Because of the above-referenced regulatory challenges, most of the business models of these services were still advertising-driven.

---

[68] *Id.* at p. 41.
[69] The American Bar Association proposed model rules regarding the unauthorized practice of law, which Judge Richard Posner characterized as an attempt to perpetuate a monopoly to the disadvantage of consumers; see George W.C. McCarter, *The ABA's Attack on "Unauthorized" Practice of Law and Consumer Choice*, THE FEDERALIST SOCIETY (May 1, 2003), http://www.fed-soc.org/publications/detail/the-abas-attack-on-unauthorized-practice-of-law-and-consumer-choice.
[70] ABA MODEL RULES OF PROFESSIONAL CONDUCT, https://www.americanbar.org/groups/professional_responsibility/publications/model_rules_of_professional_conduct.html.
[71] *See* Joan C. Rogers, *Settlement Allows LegalZoom to Offer Legal Services in N.C.*, BLOOMBERG BNA (Nov. 16, 2015), https://www.bna.com/settlement-allows-legalzoom-n57982063694/.
[72] http://www.legalmatch.com/.
[73] http://www.casepost.com/.
[74] https://www.legalzoom.com/.
[75] http://www.justanswer.com/.
[76] http://www.lawyers.com/.
[77] https://www.avvo.com/.

IV. A New Generation of Platforms

Around 2012 a new generation of legal platforms began to pop up, including marketplaces/ networks such as Upcounsel[78] or Hire an Esquire[79], which in the promotional materials describe an especially rigorous vetting of lawyers on their platforms. LawGives, which later changed its name to Legal.io[80], promotes its services as the first platform for legal networks. Because of the above-mentioned regulatory reasons, their approach is to work with established networks of lawyers, like state bar associations for example, to provide them with a modern platform that will allow its members to present their capabilities, connect and collaborate with clients online.

In 2015, Joel Hyatt – who in the 1970s started the above-mentioned Hyatt Legal Services – launched Globality[81], a global B2B marketplace for premium services. Legal services are one sector within Globality. The platform focuses on facilitating transborder transactions for services and uses a mix of human curation, data science and machine learning to match clients with the right lawyers. Earlier this year, Globality came out of stealth mode and publicly launched the service.[82]

V. Alternative Legal Service Providers

Another group of legal platforms are the so-called "alternative legal service providers", which leverage a combination of new processes and technologies. A 2015 Hastings College of Law School study titled *Disruptive Innovation: New Models of Legal Practice*[83], describes 44 new kinds of alternative legal service providers currently operating in the U.S. and Canada. The report distinguishes five different models: (i) secondment firms that provide lawyers to work on a temporary or part-time basis in client organizations; (ii) law and business advice companies that combine legal advice with general business advice that was traditionally provided by management consulting firms; (iii) law firm "accordion companies" that provide networks of trained and experienced lawyers to meet short-term staffing needs in law firms; (iv) virtual law firms and companies that aim to drive down overhead by having attorneys works from their homes; and (v) innovation law firms and companies that typically offer specialized services under special fee arrangements or services delivery models that are different from traditional law firms.

Axiom[84] is the best known of the alternative legal service providers. The company "unbundles" what Big Law firms would traditionally sell as a package of expertise, categorizing the legal work into: exceptional events, experience, and efficiency. That is, Axiom unpackages the "expert" work to reveal a bulk of the work as actually just informational work that can be streamlined to save time and costs. Axiom refers to the type of work needing "brain work" as an exceptional event requiring customized work that be left to Big Law expertise. Axiom's "experience work" can be standardized. Finally, Axiom's "efficiency" category is the repetitive part of standardized work that is routine and can be systemized by its technology and network of low cost employees. Axiom, for example, may unbundle aspects of discovery and charge a significantly lower rate to perform routine tasks like depositions.[85] At this point in time, the

---

[78] https://www.upcounsel.com/.
[79] https://hireanesquire.com/.
[80] https://www.legal.io/.
[81] http://www.globality.com/.
[82] https://medium.com/@globality/its-time-to-move-global-business-forward-f2692a9b6908; http://fortune.com/2017/01/11/joel-hyatt-is-back/?iid=sr-link1.
[83] Joan C. Williams, Aaron Platt, and Jessica Lee, *Disruptive Innovation: New Models of Legal Practice*, CENTER FOR WORKLIFE LAW, UNIVERSITY OF CALIFORNIA, HASTINGS COLLEGE OF LAW (2015); http://repository.uchastings.edu/cgi/viewcontent.cgi?article=2277&context=faculty_scholarship.
[84] http://www.axiomlaw.com/.
[85] *See* Anna Oberthur, *Firm Aims To Strip Inefficiencies From Practice*, SAN FRANCISCO BUSINESS TIMES, Vol. 22, No. 24 (Jan. 10, 2008), http://www.bizjournals.com/sanfrancisco/stories/2008/01/14/focus2.html.

company already has more than 2,000 employees. Some predict it will be the largest firm by 2018.[86]

VI. Conclusion

227 It is difficult to assess the impact of platforms on the legal service market. On the hand, there are multi-sided marketplace platforms that bring lawyers new business by matching them with clients. On the other hand, there are technology platforms that partially replace what law firms do, and take over significant sources of revenue from law firms. Some say that LegalZoom technology has overtaken much of solo practitioners' practice leading to a 30% decrease in earnings.[87] Indeed, 19% of law firms interviewed in Altman Weil's Law Firms in Transition survey, claim that their firm lost opportunities to alternative legal service providers.[88]

228 Certainly, the increase in competition from tech platforms means that clients have more options, are smarter about their options and thus, have more **bargaining power**. Traditionally, lawyers acted as "gatekeepers" of their own expertise[89], and law firms were able to become one-stop shops from analysis of a legal issue to handling all legal tasks necessary to provide a custom legal solution. Today, platforms are contributing to the unbundling of legal services, which enables clients to pick and choose from a variety of providers of legal solutions. Certain traditional firms are responding by using technology to draw in clients by providing free tools and services such as free term sheets on their websites.[90]

229 On top of that, the increase in legal information available as well as information about the quality of services of different firms is further shifting bargaining power to clients. The increase in client bargaining power is further pushing platforms to develop products which can provide more complex legal work.[91] In this connection, many platforms have to address the question of who their primary customer is, the lawyer or the recipient of the legal service. There are, for example, platforms that serve as match-makers between clients and customers, such as LegalZoom or Avvo and they charge fees to lawyers for lead generation. But these platforms also develop increasingly more know-how on how to turn bespoke legal services into systematized legal products, which can be sold directly to the customer.

230 In this connection, it is interesting to note that 88% of managing partners surveyed in the Law Firms in Transition 2016 Flash Survey predicted that the commoditization of legal services is a permanent trend, and a trend that ranked number three of the top seven permanent trends (behind price competition and focus on efficiency).[92] Commoditization of services is of course a first step towards systematization and automation of those services.

231 The shift of power from law firms to in-house departments is a well-covered topic. Sixty eight percent of law firm managers surveyed in the *Law Firms in Transition* survey reported a sub-

---

[86] *See* Eric Chin, *2018: The year Axiom becomes the world's largest legal services firm*, BEATON CAPITAL (Sept. 13, 2013), http://www.beatoncapital.com/2013/09/2018-year-axiom-becomes-worlds-largest-legal-services-firm/; *see also* Handrea Villalobos, *Axiom: Forget Everything You Thought You Knew About Legal Services*, GLOBAL LEGAL CHALLENGES (Mar. 17, 2015); http://www.Globallegalchallenges.Com/Axiom-Forget-Everything-You-Thought-You-New-About-Legal-Services/?Lang=En.

[87] *See* Benjamin Barton, *The Fall and Rise of Lawyers*, CNN (2015), http://www.cnn.com/2015/05/22/Opinions/Barton-Rise-And-Fall-Of-Lawyers/; *see also* Keith Law, *Do These Charts Spell Doom For Solo Practice?* ABOVE THE LAW (2015), http://Abovethelaw.Com/2015/06/Do-These-Charts-Spell-Doom-For-Solo-Practice.

[88] ALTMAN WEIL, LAW FIRMS IN TRANSITION 2016: AN ALTMAN WEIL FLASH SURVEY (2016), http://www.altman-weil.com/LFiT2016/.

[89] *See* RICHARD SUSSKIND, THE END OF LAWYERS (2010).

[90] *See* Sophia Rios, *Lead Generation for BigLaw? The Business and Ethics of Providing Free Legal Tools and Information Online*, CODEX WORKING PAPER, (Apr. 1, 2015), https://law.stanford.edu/2015/04/01/lead-generation-biglaw-business-ethics-providing-free-legal-tools-information-online/.

[91] *See* supra note 87.

[92] *Id.*

stantial loss of business to in-house counsel.[93] LPO platforms, such as Pangea3[94] or UnitedLex[95], enable in-house counsel to outsource legal work and avoid the big price tag of law firms. With the rise of in-house lawyers, law firms have lost some autonomy as well as pricing power. Today, law firms have to work with in-house counsel to determine who, what, and how work will be disseminated and how a legal solution will be reached.[96] Thus, collaboration becomes a critical skill set for law firms and platforms like Legal.io, Globality, Lecorpio, and Legaler – all of whom are focused on making that collaboration much more seamless.

As a result of external pressures driving down law firm revenue, law firms have had to cut down on hiring associates.[97] This has also led to many law firms deleveraging and moving from the traditional pyramid structure, with large amounts of associates and few partners at the top whose main focus was on generating business, to a so-called diamond structure with equal parts associates and partners.[98] As a result, as some suggest, new associates can expect more stimulating and complex projects needing their attention earlier in their careers. And, as we see the type of roles of high paying jobs shift away from routine work, skills involving social aptitude are becoming an increasingly important value proposition for clients.[99]

232

---

[93] *Id.*
[94] http://legalsolutions.thomsonreuters.com/law-products/solutions/legal-outsourcing-services.
[95] https://www.unitedlex.com.
[96] *See* Ben Heineman, *The Rise Of The In House Counsel*, HARVARD BUSINESS REVIEW (Sep. 27, 2012), https://hbr.org/2012/09/the-rise-of-the-general-counsel.
[97] *Id.*
[98] *See* Bill Henderson and Evan Parker-Steven, *The Diamond Law Firm: A New Model Or The Pyramid Unraveling?* LAWYER METRIX (2013), https://issuu.com/lawyermetrics/docs/ii04_the_diamond_law_firm?e=26270906/38860758.
[99] *See* GEOFFREY COLVIN, HUMANS ARE UNDERRATED (2015).

2.3 The UK legal tech scene

Joanna Goodman[1]

A. Introduction

In a decade, the UK legal tech scene has changed beyond recognition. The transformation was initiated by the Legal Services Act 2007 which liberalised the legal services market and introduced Alternative Business Structures (ABS) which allow businesses other than law firms to offer legal services. ABSs allow law firms to be run as businesses with non-lawyer ownership and management and external investment. ABSs presented a clean slate for innovation, and new opportunities for applying technology to legal services delivery. Unlike most law firms, where technology was positioned as an add-on to the business model, some ABSs were built on a technology platform. ABSs also presented commercial organisations with the opportunity to offer legal services as part of their business offering. Although some of these were ultimately unsuccessful, others are thriving and one significant outcome was the successful re-entry of the Big Four accountancy firms into legal services.

ABSs are a major factor in differentiating the UK legal tech scene from its peers in Europe, the United States and globally. They have contributed to driving competition in legal services which has produced an innovation culture including and beyond the UK's thriving legal start-up community, predicated on applying emerging technology to legal services. Another key differentiator is the nature of UK legal systems, whereby English law applies in England and Wales, Northern Ireland law applies in Northern Ireland and Scots law applies in Scotland, whereas in the United States, for example, each state has its own constitution and regulations, making technology that supports legal matters – as distinct from legal services delivery – more challenging in firms with offices in multiple states or national jurisdictions.

Post-liberalisation, competition from commercial new entrants, many of whom used technology as a differentiator, forced market incumbents – law firms – to up their game. "*There is a lot of talk about market disruption, but the biggest change has been the approach of people and attitudes to transformation within the business,*" says Martyn Wells, IT director at Wright Hassall. "*The ABS process has forced firms to recognise that giving legal advice is a business process, and this new commercialism is reflected in new roles like legal project manager, pricing director, business analyst.*"

Commercialisation has reshaped the UK legal tech scene too, as tech developers and vendors are drawn to a market where legal service providers are open to exploring technology such as artificial intelligence (AI) that improves the speed and accuracy of service delivery and boosts their brand image as a lawtech leader. For example, Berwin Leighton Paisner was featured by the BBC, when it launched the world's first 'legal robot'!

B. Big IT budgets boost legal tech

But before turning to AI and wholesale process automation and legal engineers using technology to reinvent legal services, it is worth acknowledging that most law firms invest

---

[1] Joanna Goodman is IT columnist at the Law Society Gazette and author of Robots in Law: How Artificial Intelligence is Transforming Legal Services.

238 Although innovation and AI continue to attract the mainstream press to legal technology, firms still need practice management systems, and secure ways of holding and working with confidential client data and funds. As legal, like every other industry, finds itself dealing with an exponentially increasing volume of data, the resources and budget required to manage this have increased too. And, of course, these significant budgets appeal to mainstream and emerging technology vendors and incentivise them to focus on a sector that was previously lagging and slow to change.

239 In the UK, as elsewhere, law firms with traditional partnership structures centre their IT strategy on dependable core systems that prioritise efficiency, security and regulatory compliance with legal and professional requirements. Practice management systems support business functions, including billing and financial management, time recording and some elements of risk management. Case and matter management systems, which include some process automation, support legal services delivery, while document management and knowledge management systems organise content and make it accessible. As digital communications have advanced online mobile and remote working, firms introduced email management systems, intranets, and communication and collaboration platforms including client extranets, teleconferencing, instant messaging, all of which need to be covered by risk management, information security, and cyber security strategies, systems and applications.

240 In recent years technology has moved from an essential back office support function to the top of the law firm strategic agenda, and a market differentiator, thanks to a liberalised marketplace, technological advances, and a powerful start-up dynamic engaging emerging technology such as artificial intelligence (AI) with the business of law. These work with firms' core systems, including process automation and collaboration, to speed up and improve service delivery – delivering on clients' expectations of 'more for less' while maintaining acceptable margins.

C. Towards a different procurement model

I. The UK legal tech landscape

241 Until the recent start-up phenomenon, UK law firm IT directors and COOs faced a limited choice of legal tech vendors offering comparable products. The legal tech landscape was lagging other sectors, due to the lack of innovation from major suppliers, many of whose products remained almost unchanged for many years – until the sudden influx of new competition – and firms' realisation that emerging tech could produce a fast return on investment in terms of both operational margins and business development.

242 Previously, firms tended to purchase a portfolio of 'best of breed' products and employ the services of an IT integrator or consultant to make them work together. The alternative was to build a bespoke system on a mainstream platform such as Microsoft SharePoint. In both scenarios, law firms' lengthy procurement processes meant that firms would generally make a medium-to-long-term commitment to a selection of vendors until the time came to upgrade enough elements of the system to justify the expenditure and disruption of another major IT project. This limited the pace of change. Even when cloud computing changed the game, there were contractual and operational considerations around switching providers. This, in addition to law firms' specific requirements and the fact that the industry is highly regulated, meant that the legal tech scene was, and to a significant extent still is, dominated by a few major suppliers.

243 For example, most of the top 100 UK law firms by revenue deploy practice management and case/workflow management systems by Thomson Reuters Elite, Aderant, or LexisNexis, although Peppermint Technology, a relative newcomer which was established in 2011, has established a significant presence among mid-market firms. Document management is dominated by

iManage, which recently acquired AI vendor RAVN Systems, which faces significant competition from cloud-based offering NetDocuments. Document production tends to mean Workshare or DocsCorp and Thomson Reuters ContractExpress and HotDocs share the document automation space. Mimecast is the most popular choice for email management/cybersecurity. Intapp, which also supports compliance, and Tikit Carpe Diem dominate time recording and most firms use HighQ Collaborate for extranets and deal rooms. Thomson Reuters Legal Solcara, Recommind, Tikit and Sysero dominate search/knowledge management notwithstanding multiple start-ups offering AI-powered and other alternatives in this area as well as document production, automation and comparison.

The wholesale uptake of cloud computing and software as a service (SaaS) levelled the playing field, giving firms with limited IT budgets access to tools and technologies that previously only magic circle and international firms could afford. This meant that the top tier firms had to find a new differentiator, and that's where 'innovation' came in and as the UK emerged from the economic downturn, firms that could afford to do so started experimenting with emerging technologies such as artificial intelligence. The realisation that the pace of advancing technology meant that legal innovation was a perennial challenge, as emerging technologies hit the mainstream they would no longer be a differentiator. Consequently, firms introduced innovation roles, functions and spaces in order to engage their people in brainstorming new ideas and putting them into practice.

Derek Southall, head of innovation and digital at Gowling WLG and founder and CEO at Hyperscale Group, illustrates this in his digital transformation programme model, 'The Digital Onion' which is depicted in Figure 4.

Digital Transformation Programme Models
"The Digital Onion"

Key Notes:
1. Arrows show increases in:
   • Difficulty
   • Lawyer input
   • Benefit (but with lower ROI)
   • Partnering Requirements
2. The percentage investment in each category alters year on year as do the technologies.
3. BAU is dead. Transformation as Usual (TAU) is here to stay.
4. Key "Gotchas" include upgrading legacy, skills mix requirements, changes and shifts in internal and external environments.
5. What does real ROI look like? Will you ever achieve Benefits Realisation? What is the correct cost allocation model?

○ GOWLING WLG

Abb. 4: The Digital Onion (Source: Derek Southall/Gowling WLG)

As Southall explains in his key notes: Business as usual (BAU) is dead; transformation as usual (TAU) is here to stay. But you have to get the digital basics right and the enabling technology in place before focusing on your digital future, because ultimately the service that law firms provide to their clients is mostly unchanged – the transformation is in the delivery methodology.

Technology, however, has become a differentiator and a business development tool, underpinned by the change in clients' attitude towards law firms' use of technology, which is commonly included in panel pitches.

II. Post-downturn disaggregation and commoditisation

248   UK legal market liberalisation, followed by the global downturn in 2008, together with the take-up of cloud computing created a business environment that was ripe for change. Clients demanding more for less led to what Richard Susskind described in his book *The End of Lawyers?* as the 'decomposition' of legal services. By this he meant disaggregating legal services into a series of tasks, some of which could be automated or outsourced to enable the commoditisation of volume services and routine tasks, enabling lawyers to concentrate on value-added work. For example, litigation support and due diligence on mergers and acquisitions (M&A) could be outsourced to offshore locations, thereby reducing overall costs.

249   This disaggregation meant that the UK legal tech scene represented fertile ground for AI technologies, which are most successful when applied to specific routine work. This offered firms the potential to replace legal process outsourcing (LPO), which protected margins, but presented potential administrative and operational hurdles, with technology. Using AI to handle tasks formerly carried out by outsourced employees or trainees started the 'robots replacing lawyers' hype that dominated the first half of 2016 as AI moved from conference keynotes to legal practice.

III. Blurred boundaries

250   Legal tech in the UK, as elsewhere, has been changed by digital transformation which has blurred the boundaries of the IT department's remit, but not its responsibilities as people bring the way they use technology in their lives into the workplace. Wells observes: *"IT directors need to recognise the shadow IT in our firms – when people install aps on their iPhones and use them for work – and millennials bringing a collaborative approach to the workplace. We need to recognise that there has been a change of control. The borders have changed radically so we need to think about our data differently – in the cloud, in transit and on different devices."*

D. Artificial intelligence as a game-changer

251   AI's horizontal scalability – the ability to replicate tasks multiple times simultaneously – is transforming legal tech, particularly when the task in hand involves specific expertise, i.e. although the work may be routine, it is not repetitive. In this regard, London start-up RAVN Systems was the first AI vendor to offer products that caught on across the legal market, putting the UK in the vanguard of the 'next big thing' in legal tech.

252   AI first appeared on the UK legal tech scene in 2015 with Berwin Leighton Paisner's first legal 'robot' LONald, powered by RAVN Systems ACE (applied cognitive engine) which was developed to undertake due diligence for real estate M&A transactions by connecting with the Land Registry website to verify property details and collating the results in a spreadsheet (The name LONald was derived from the Light Obstruction Notices that the tool was used to expedite).

253   Part of the reason for the UK's leading position in legal AI is that take-up has been strongest in transactional work rather than litigation, where e-discovery would seem to be an obvious starting point. This is probably because technology advances tend to follow the money and the main advantage of AI, in legal as elsewhere, is its ability to handle multiple tasks rapidly and simultaneously. And in corporate transactions, time and money are the critical success factors.

254   UK-headquartered magic circle firms were the early adopters – and backers – of AI products which undertake M&A due diligence. Clifford Chance and Freshfields Bruckhaus Deringer are among firms that deploy Kira Systems, which identifies, analyses and compares key clauses in

company documents. Its natural language processing (meaning you can search without specific terminology) and machine learning capabilities mean that it continuously improves its speed, accuracy – and relevance – in response to its experience and user feedback. Luminance, a pay-as-you-go online AI engine that identifies anomalies in sets of unstructured data, is backed by Dr Lynch's investment fund Invoke Capital and Slaughter and May.

255 UK-headquartered firms Pinsent Masons and Linklaters have developed bespoke AI systems to handle specific processes that support particular clients and sectors. RAVN has developed similar generic applications around Brexit and GDPR, among others.

256 Smaller firms which may not have the time or resources to develop AI applications use the Neota Logic platform to build smart apps that can advise multiple clients contemporaneously on whether they are affected by specific legislative or regulatory developments.

257 The UK is also at the forefront of transforming the operations of corporate legal departments. Riverview Law, an ABS that handles outsourced legal work for corporates, developed Kim – an acronym for knowledge, information, meaning – an intelligent platform for managing in-house legal work.

258 As legal AI is an immature market, and its most successful applications are narrow in that they fulfil specific functions, there is no one-size fits all legal AI product, so rather than committing to a handful of providers, UK legal tech is returning to the portfolio model, whereby different specialist systems and applications are integrated into a firm's IT architecture. For example, Linklaters combines its home-grown AI engine, Verifi, which checks banking details, with applications from RAVN, Kira Systems and Leverton – which applies deep learning to real estate contracts. However, the role of the IT integrator – and to some extent the legal IT consultant – is being replaced by a series of new roles including legal project managers and legal engineers. Rather than 'robots' taking lawyers' jobs, perhaps legal AI is changing the key players in legal tech in the UK and elsewhere!

E. The lawtech start-up phenomenon

259 The start-up community is an important transformation agent for the UK legal tech scene. It was borne out of the opportunities presented by technological advances and supported by investors – including law firms.

260 The driving force behind the UK's start-up phenomenon was Legal Geek founder, entrepreneur Jimmy Vestbirk, who established lawtech meetups in San Francisco before launching in London in 2015. Legal Geek focused on bringing the Silicon Valley start-up culture to London, initially aimed at applying technological innovation to unmet needs in terms of legal service, predominantly helping people who cannot afford legal services.

F. Lawtech for good – and chatbots

261 In March 2016, Legal Geek hosted Europe's first Lawtech hackathon in London. The brief was to find ways to help Hackney Community Legal Centre (HCLC) provide free legal advice to the local community in the face of government funding cuts. The hackathon brought together teams of lawyers and technologists and the winner was Fresh Innovate, a team from Freshfields Bruckhaus Deringer who created a comprehensive portal management system. The runners up were an AI-powered SMS virtual receptionist and an SMS appointment reminder service. Other solutions were built on commercial platforms such as Neota Logic, which offered its platform to developers free for this pro bono cause. This started a trend for hackathons across the UK and beyond, generally with the aim of finding ways to extend access to justice or support pro bono legal services.

262   In parallel, the past couple of years has seen the launch of new technology platforms and new legal services with, initially at least, little or no financial outlay. This was pioneered by another young UK entrepreneur, Joshua Browder, a Stanford University computer science student from London, who was only 19 when he created DoNotPay, a chatbot built on the IBM Watson platform, that has successfully challenged over 160,000 incorrectly issued parking fines. DoNotPay has extended its pro bono services, by launching services to help homeless people in the UK find accommodation. Another DoNotPay chatbot, this time on the Facebook Messenger platform, assists with asylum issues in the UK and – separately, because it is interrogating a different legal system – US immigration queries.

263   DoNotPay is an example of technology opening up new legal services. It does not replace a lawyer, as it is unlikely that anyone would employ a lawyer to challenge a parking ticket, and asylum seekers are not in a position to afford one. It is likely that legal services will be broadened by other pro bono and commercial services powered by emerging technology. The following examples were launched in 2016/early 2017:

264   Lawbot, a chatbot created by four Cambridge law students, answers natural language queries in relation to various aspects of English criminal law. However, this is guidance, rather than legal advice.

265   Commercial chatbot, Robot Lawyer LISA, built on the Neota Logic platform, creates non-disclosure agreements, and saves money by representing both parties.

266   Whereas chatbots that answer legal queries are restricted to a particular legal system, the same does not apply to internal management information, and Helm 360's Termi interfaces with Thomson Reuters Elite 3E practice management system, boosting business intelligence by interrogating management information held in a firm's various repositories.

G. Start-ups lead the devolution of legal IT

267   Lawtech start-ups took off in 2016, bolstered by the efforts of Jimmy Vestbirk and driven by seed investor and venture capital funding enabling the early adoption of new law tech, and in October the first Legal Geek start-up conference was held in London, supported by three pillars of the legal establishment: The Law Society; magic circle law firm Freshfields Bruckhaus Deringer, and legal information and software provider Thomson Reuters. This mainstream support demonstrated how in just a few months the start-up community has become a major player on the UK legal tech scene.

268   The proliferation of start-ups might seem to indicate a devolution in UK legal tech – broadening the range and scope of offerings, but this theory is undermined by the gap between London's thriving start-up culture and the law firm procurement model.

269   Law firms are quicker to invest in start-ups than apply the technology to their own businesses. The way around this has been to create NewLaw spin-offs and start-up incubators, following the example of Dentons NextLaw Labs that was established in the US in 2015 and whose first investment was AI-powered legal research engine ROSS Intelligence which is employed as a knowledge lawyer in several US law firms. ROSS is not deployed in UK law firms as it is trained on US law.

270   One UK law firm that has been particularly successful as an investor and incubator is Taylor Vinters in Cambridge which acted as an incubator for contract intelligence start-up ThoughtRiver which raised over $1 million in its latest funding round. Taylor Vinters is also piloting ThoughtRiver software.

271   Although legal tech is changing rapidly, the procurement conundrum remains. *"When I joined the industry, I found a market driven by vendors and also about fast followers – everyone was looking at what other firms were doing,"* says Wells. *"Legal tech is disaggregating, but now perhaps there are too many providers of niche services. For every service, there are at least four or five vendors that can do the job*

for you – and sometimes more! That creates confusion. You can construct your firm's tech DNA from any number of building blocks, but these are available to others too."

He adds that the start-up community is following the same pattern, as is legal AI, which is more confusing because there is less experience across the market in practical implementation of AI technology.

The flood of start-ups into the market is expanding choice for buyers of legal tech products, but many of them are targeting the same areas. Last year, Legal Geek and Thomson Reuters produced a map of lawtech start-ups for the first Legal Geek conference. This has been updated for 2017, with the latest version reflecting changes in the market and the maturing lawtech start-up space (Figure 5).

Abb. 5: Lawtech start-up map (Source: Thomson Reuters/Legal Geek)

The 2017 start-up map shows that the start-up community is following a similar pattern to legal tech generally and focusing on certain specific areas – there are 15 companies in the contracts category (not counting RAVN or Kira which are deemed to be 'graduates' of the start-up map) and 18 in the practice management category, which is already well covered by mainstream providers, and the marketplace category, which has the potential to confuse rather than clarify the choices available, depending on how services are categorised.

275 Wells observes that the range of tech products available to law firms is becoming more contemporary. He says of the newer products – the start-ups and 'graduates': *"The decent ones are likely to get bought by one of the big players."* And just a few weeks later, RAVN Systems was acquired by US-headquartered document management system (DMS) vendor iManage, heralding a new era in legal tech.

276 This is likely to affect the direction of UK legal tech in the coming months – whether other popular start-ups are quickly acquired, or whether the big players develop similar offerings to include in their package of products. As emerging technology hits the mainstream, the competitive environment will change as firms need to balance the issues associated with working with start-ups (teething problems with products and the risk of purchasing from a start-up which may not exist in the same form within a relatively short time) with the safe option of a trusted vendor whose product will be reliable, but not a differentiator.

277 It is generally agreed that legal AI and automation will shift the legal business model from a pyramid structure, with large numbers of trainees and junior lawyers at the bottom, undertaking routine work, through to rainmakers and senior management at the top, to a diamond shape, with no or few junior lawyers undertaking repetitive, routine tasks; fee-earners and legal engineers in the middle, working with the outputs of AI-powered technology and the same configuration of rainmakers and senior management at the top. For mid-size and boutique firms that do not employ trainees to do routine work, AI software is likely to replace legal process outsourcers. They may also be less need for temporary lawyer placements as AI will enable firms to manage workload fluctuations without additional human resources. Here again, the UK is likely to be at the forefront of developments, with NewLaw ABSs taking a commercial approach to emerging technology and law firms playing catch up in order to compete effectively.

H. Conclusion: Looking ahead

278 In just a few years, the UK legal tech scene has undergone a metamorphosis from on-premise tools to manage the business to an essential utility that can be accessed in different ways (on-premise, online, mobile etc), to the centre of legal service delivery and a market differentiator and driver of new legal services. The fast take-up of emerging technologies in the UK compared with most other jurisdictions is due to a combination of factors: legal systems that cover entire countries; a liberalised and competitive legal services market, where clients are driving change – innovation and emerging technology are increasingly part of client pitches – and an entrepreneurial culture and strong start-up dynamic in tech innovation generally and in the legal space, involving law firms and other legal service providers across a broad range of sizes and profiles. It is also about take-up, as clients and customers want to access and consume legal services in new ways that reflect the way we purchase and access other products and services.

279 For the moment, at least, this combination of business diversity, agility and optimism has placed the UK at the forefront of law tech innovation. However, the proliferation of start-up communities and innovation hubs in multiple jurisdictions, combined with consolidation and acquisition in the legal tech vendor space, indicates that the UK's lead in legal tech could well be challenged as advanced technology remodels the legal services delivery model.

3. Kapitel

Legal Tech in Großkanzleien

3.1 Big Law & Legal Tech

Hariolf Wenzler[1]

A. Herausforderung

Selten waren die Zeiten für große Anwaltskanzleien so spannend, so herausfordernd und gleichzeitig so chancen- und risikoreich wie im Hier und Jetzt.

Aus dem Blickwinkel eines archetypischen *Unternehmers (oder einer Unternehmerin)* lesen sich die Begriffe „herausfordernd" und „chancenreich" wie gemacht für die DNA des Entrepreneurs: Erobern neuer Märkte und Mandanten, neue Möglichkeiten der Geschäftsentwicklung und neue Ertragsquellen.

Aus dem Blickwinkel eines archetypischen *Juristen (oder einer Juristin)* lesen sich die Begriffe „spannend" und „risikoreich" wie ein Angriff auf das bewährte Geschäftsmodell, auf eine stabile Ordnung, wie eine Bedrohung des Status Quo mit der Folge von Unsicherheit und Angst vor dem Verlust der eigenen Komfortzone, die mitschwingt.

Die Partnerinnen und Partner und damit Entscheidungsträger in großen Sozietäten sind beides: Juristen und Unternehmer. Und auch der Rest ist nicht so einfach: die „Komfortzone" ist oft ein 12- bis 16-Stunden-Arbeitstag unter hoher Anspannung in komplexen und komplizierten Mandaten, hinzu kommt das Entwickeln und Gewinnen von Mandatsbeziehungen, gestiegene Erwartungen an Profitabilität, an die Führung eines Teams und die erwartete „Sichtbarkeit im Markt" in Form von Vorträgen und Veröffentlichungen.

Und jetzt auch noch Legal Tech…

B. Möglichkeiten durch Technologie

In einer Welt, in der das analoge Fernsehen von Netflix, der Schuhladen von Zalando, der Buchhandel von Amazon, der Musikhandel von Spotify, der Schulunterricht von YouTube (sic!), das Taxigewerbe von Uber und das Beherbergungsgewerbe von AirBnB bedroht sind, wird deutlich, dass viele weitere Industrien von der „Digitalisierung von Allem und Jedem" betroffen sein werden.

Dabei stellt sich schon lange nicht mehr die Frage, ob Industrie 4.0, Agiles Arbeiten, Big Data und Digitalisierung der Arbeitswelt – Phänomene, zu denen wir jeden Tag unsere Mandanten beraten – auch die Rechtsberatung erreichen, denn sie sind längst da. Offen ist, wie sie unsere Arbeit in den Kanzleien verändern werden – und in welcher Geschwindigkeit.[2]

Fragt man Google Trend nach der Suchhäufigkeit des Begriffs „Legal Tech" in Deutschland in den vergangenen zwölf Monaten, sieht man an der Verzehnfachung der Suchanfragen, dass das Thema einen bedeutenden Aufschwung genommen hat. Dass Legal Tech im Mainstream angekommen ist, zeigt nicht zuletzt die Tatsache, dass der gesamte Deutsche Anwaltstag vom 24. bis 26. Mai 2017 in Essen unter der Überschrift „Innovationen und Legal Tech" stand. Die Bandbreite der Erwartungen an das Thema ist groß: Während am einen Ende des Meinungs-

---

[1] Hariolf Wenzler ist Chief Strategy Officer der deutschen und österreichischen Büros von Baker McKenzie und zudem Präsident der European Legal Technology Association (ELTA).
[2] Eversheds Sutherland/Winmark: The Looking Glass Report 2016, Raising the Bar, Digital Technology and the Enhancement of Legal Services (http://lookingglassreport.eversheds.com/download-the-full-report.html; 1. Juni 2017).

spektrums der gesamte Berufsstand kurz davor steht, durch künftige Intelligenz und „Robot Lawyers" ersetzt zu werden, kämpfen am anderen Ende Anwälte in strukturschwachen Gegenden darum, überhaupt erst einen leistungsfähigen Internetzugang zu bekommen oder zögern Anwälte ernsthaft noch, sich einen LinkedIn Account zuzulegen.

288 Was aber verändert sich konkret durch Legal Tech? Meine knappste Definition des Begriffes lautet: „Legal Technology ist der Einsatz digitaler Technologien zur Bewältigung juristischer Aufgaben". Wenn dem so ist, dann umfasst der Einsatzbereich ein breites Spektrum an Software und Services, von der Unterstützung des Anwalts bis hin zur Übernahme ganzer Bereiche juristischen Denkens und Urteilens. Bei der Klassifizierung werden typischerweise drei Ebenen unterschieden[3]:

1. Die erste Ebene wird mit „Office Technology" bezeichnet und umfasst die Anwendungen, die in den Bereich der Digitalisierung allgemeiner Bürotätigkeit fallen. Dazu zählen beispielsweise Kommunikations- und Organisationsplattformen wie Slack oder Workplace, Projektmanagementtools wie Trello oder Asana, Microsoft Office und Sharepoint, aber auch Plattformen und Cloud Services, die vielen Anwendungen zugrunde liegen, aber nicht rechtspezifisch sind wie Microsoft Azure, Amazon Web Services ode SAPs Clea.
2. Darüber gibt es eine zweite Ebene, die als „LegalIT" bezeichnet wird; Anwalts-, rechtsabteilungs- oder kanzleispezifische Software, die speziell auf deren Bedürfnisse hin entwickelt wurde. Anbieter wie RA Micro oder STP im deutschsprachigen Raum, Clio oder Thomson Reuters ELITE im angelsächsischen Raum und neuerdings cloud-based Software wie Legal Trek, eine Software-as-a-Service (SaaS) Lösung, die das Kanzleimanagement von der Mandanten- und Aktenanlage über das Zeiterfassen, Organisieren, Kommunizieren, Dokumentieren bis hin zum Erstellen der Rechnung als komplette Dienstleistung abbildet, KanBan-Boards, CRM und Dashboards zur Visualisierung und zum Reporting inklusive.
3. Schließlich gibt es eine dritte Ebene der Anwendungen, die man als Legal Tech im eigentlichen Sinne bezeichnen würde. Hier finden sich Anwendungen, die, teilweise unter Einsatz selbstlernender Technologien, also künstlicher Intelligenz, im Kern juristische Fragestellungen beantworten. Dazu zählen automatisierte Vertragsanalysen wie von eBrevia, Kira, Luminance oder Leverton, eDiscovery Tools wie Relativity, intelligente Entscheidungslogiken wie NeotaLogic oder Tools zur Prognostik und Prädiktion wie Ravel, LexPredict oder IBM Watson.

289 In den meisten großen, international agierenden, wirtschaftsberatenden Kanzleien wird nach Kenntnis des Autors mit Software aller drei Ebenen gearbeitet, zumindest aber experimentiert. Fast überall gibt es Task Forces, Committees und Gruppen, die sich mit den Möglichkeiten und Herausforderungen beschäftigen. Idealerweise arbeiten hier Kolleginnen und Kollegen unterschiedlicher fachlicher Hintergründe (Juristen, Paralegals, IT-Fachleute, Projektmanager etc.), unterschiedlicher Senioritätsstufen und aus unterschiedlichen Jurisdiktionen zusammen.

290 Je nach Innovationsfreude gibt es große Kanzleien, die signifikante Investments in Technologie, Infrastruktur und/oder Talente tätigen, um hier Motor einer Entwicklung zu sein, während andere tendenziell eher abwarten. Auffällig engagiert sind auch die vier großen Wirtschaftsprüfungsgesellschaften, die traditionell IT-affin sind und gelernt haben, in bestimmte Bereiche strategisch zu investieren.[4] Einen guten Überblick gibt die Financial Times, die jährlich einen Bericht über „Innovative Lawyers" veröffentlicht, Initiativen von Kanzleien und alternativen Anbietern von Rechtsdienstleistungen vorstellt und – im angelsächsischen immer beliebt – Ranglisten in verschiedenen Kategorien erstellt.[5] Die Bereitschaft und die Fähigkeit zu investieren hängt neben dem „Mindset" in Partnerschaften von vielen weiteren Faktoren ab,

---

[3] In Anlehnung an *Veith/Wenzler/Hartung u.a.*, How Legal Technology Will Change the Business of Law, Final Report of Bucerius Law School and The Boston Consulting Group on impacts of innovative technology in the legal sector, 2015/2016, Download hier: http://www.bucerius-education.de/fileadmin/content/pdf/studies_publications/Legal_Tech_Report_2016.pdf; vgl. zu Definition und Taxonomie von Legal Tech das Kapitel von *M. Hartung*, Rn. 17 ff.
[4] Vgl. die Kapitel von *Northoff* u.a., Rn. 466 ff.; und *Busekist* u.a., Rn. 489 ff.
[5] https://www.ft.com/reports/innovative-lawyers.

die Investitionen oft eher behindern anstatt sie zu fördern. Dazu zählen die partnerschaftliche Struktur und das Gewinnverteilungsmodell, bei dem für jede Investition auf Entnahme verzichtet werden muss, eine fehlende Historie und Kultur von institutioneller Forschung und Entwicklung auf Ebene der Kanzlei bzw. des Geschäftsmodells und häufig schlechte Erfahrungen mit Investitionen, weil Strukturen für und Erfahrungen mit straffem und ergebnisorientiertem Projektmanagement fehlen, welches wiederum Voraussetzung für eine erfolgreiche Umsetzung von Investitionsentscheidungen ist. Die Vorstellung, man sei lieber „smart follower" statt „first mover", weil man damit das Risiko der Geldverschwendung minimiere, ist daher auch ein häufig zu hörendes Diktum im Gespräch mit Kolleginnen und Kollegen.

C. Die Kanzlei der Zukunft

Wie sieht die Kanzlei der Zukunft aus? Der strategische Ansatz von Baker McKenzie als einer sehr großen, internationalen Full-Service Kanzlei ist, sich ein Bild von der Kanzlei der Zukunft zu machen und daraufhin Entscheidungen zu treffen, die den Weg dorthin ermöglichen. Der Umgang mit und der Einsatz von Legal Tech ist also eingebettet in die Strategie der Kanzlei, für die ein globales Executive Committee verantwortlich ist und die in Practice- und Industry Groups sowie in den verschiedenen Erdteilen, Ländern und Büros umgesetzt wird. Unser Ziel ist, für unsere Mandanten pragmatische und klare Lösungen in einer immer komplexer werdenden Welt zu finden, die ihnen helfen, ihre Strategien erfolgreich umzusetzen. Wie sehr Innovationen und technische Neuheiten die Welt unserer Mandanten verändern und wie wir als Kanzlei darauf reagieren, erarbeitet ein Global Innovation Committee, das Vorschläge unterbreitet, wie und wofür investiert werden soll und dem der Verfasser angehört. Mit zwei globalen Service Centers in Manila und Belfast hat Baker McKenzie bereits eine lange Tradition, in innovative Strukturen zu investieren. Wir arbeiten als erste Kanzlei überhaupt mit Methoden des Design Thinking und haben mit „Whitespace Collab" in Toronto im Juni 2017 den weltweit ersten Legal Innovation Hub eröffnet – mit sehr positiver Resonanz nicht nur von Mandanten, sondern auch in der Öffentlichkeit. Die Investitionen in eine andere Infrastruktur, in andere als „nur" juristische Fähigkeiten wie Design Thinking, Projekt- und Prozessmanagement, und in Technologien, die die Arbeit von Anwälten unterstützt, ist jedoch kein Selbstzweck, sondern wird entlang der künftigen Bedürfnisse unserer Mandanten entwickelt. 291

In zahlreichen Gesprächen mit Mandanten, von vielen im Silicon Valley beheimateten Technologiefirmen, mit europäischen und deutschen Global Playern, mit Marktforschern, Start-Ups, Venture Capital-Gebern und großen Mandanten aller Industrien, die sich der Digitalisierung aktiv stellen, sowie durch die Auseinandersetzung mit der vielen Literatur[6] rund um die Veränderungen der „Legal Profession", haben wir eine Vorstellung davon herausdestilliert, was eine Anwaltskanzlei der Zukunft auszeichnet. 292

Nach unserer Auffassung werden die globalen Anwaltskanzleien künftig geographisch noch breiter aufgestellt sein, also in noch mehr Ländern eigene Büros und Expertise vorhalten und ihren Mandanten ein noch umfassenderes Spektrum an Beratungsdienstleistungen anbieten, das mithilfe immer fortgeschrittener technologischer Lösungen erstellt werden wird. Dadurch wird es im Back-end anspruchsvoller sein, während es im Front-end (User Experience) bedienerfreundlicher sein wird. Die zunehmende Komplexität der Welt des Handels, der Wirtschaft und der Technologie wird sich in einer ebenfalls zunehmenden Komplexität rechtlicher Regelungen, Vorschriften und Gestaltungsmöglichkeiten ausdrücken. Mandanten werden immer mehr erwarten, Handreichungen zu erhalten, wie sie diese Komplexität beherrschen und in geschäftliche Opportunitäten umsetzen können. Die Beratungsleistung muss sich also für den 293

---

[6] Statt vieler: besonders lesenswert und aktuell: The Law Society of England and Wales: Capturing Technological Innovation in Legal Services, January 2017 (https://ncmedia.azureedge.net/ncmedia/2017/04/capturing-technological-innovation-report.pdf; 1.6.2017).

Mandanten zunehmend als einfach zu verstehende, einfach zu bedienende oder einfach zu navigierende Oberfläche anfühlen, die von „commercial pragmatism" geprägt ist. Darunter verbirgt sich dann wiederum juristische Expertise und Exzellenz, die man nicht an der Oberfläche sieht, die das Produkt aber qualitativ ausmacht. Weil die Erstellung von solchen Beratungsprodukten immer komplexer werden wird, braucht es arbeitsteilige Teams aus Juristen und Nichtjuristen, die mit Hilfe von Office Technology, Legal IT und Legal Technology gemeinsam an Lösungen entlang definierter Prozesse und messbarer Qualitätskriterien arbeiten. Maßgeblich hierfür ist das Bild, das eine Studie der Boston Consulting Group und der Bucerius Law School im Jahr 2016 prägte: die Entwicklung der Kanzleistruktur von der Pyramide zur Rakete.[7] Während das klassische Organisationsmodell von Kanzleien einer Pyramide glich, bei der unten viele Associates und oben wenige Partner arbeiteten bei der alle Leistungserbringer (oder Time-Keeper) Juristen waren, und die von einem „Up or Out" auf dem Weg von unten nach oben gekennzeichnet war, wird die Kanzlei der Zukunft sehr viel eher einer Rakete ähneln: Die Juristen-Pyramide wird ein Juristen-Zylinder, an den sich Flügel anflanschen, die aus Nichtjuristen bestehen: Paralegals, Legal Project Managers, Legal Technicians, Wirtschaftsjuristen und weitere Qualifikationen, die gebraucht werden, um eine insgesamt komplexere Beratungsleistung zu erstellen.

D. Die Bedeutung von Technologie, Daten und Arbeitsteilung

294 Der Technologie kommt die Rolle eines Katalysators zu. Technologie ermöglicht es, Routinearbeit mithilfe intelligenter Systeme zu automatisieren. Künstliche Intelligenz wird Urteilskraft entwickeln, die das menschliche Judiz unterstützt. Vorhersagen und Wahrscheinlichkeiten werden anhand großer Datenmengen berechnet werden können und die Einschätzung, das Bauchgefühl und die Erfahrung einer Anwältin und eines Anwalts stützen, verfeinern, ergänzen und teilweise ersetzen. Viele Legal Process Outsourcing-Firmen, alternative Anbieter von Rechtsdienstleistungen, die heute noch im Wesentlichen Personalgestellung betreiben, werden künftig durch den Einsatz von Technologie entlang einer Lernkurve mit weit weniger Menschen ihre Dienste bereitstellen können.

295 Ein wachsender Anteil der Arbeit, die heute in Vollzeit angestellte Associates erbringen, wird durch Menschen in hybriden Formen der Beschäftigung erbracht werden, die vom Heimarbeitsplatz bis hin zu projektgebundenen Arbeitsformen auf Plattformen wie Lawyers on Demand reicht. Diese „liquid workforce" wird helfen, Probleme von Unter- und Überkapazitäten zu minimieren und es Kanzleien und Unternehmen ermöglichen, mit einer „atmenden Belegschaft" zu arbeiten. In der „Gig-Economy" wird es zunehmend Arbeitskräfte geben, die örtlich und zeitlich flexibles Arbeiten schätzen.

296 Vielleicht am wichtigsten aber ist, dass in Zukunft die Daten im Mittelpunkt jedes anwaltlichen Geschäftsmodells stehen werden. Kanzleien werden „data driven businesses" sein. Die datengestützte Kenntnis von Mandantenbedürfnissen und Kundenhistorie, der Zugriff auf Daten zu Beratungszwecken, etwa Kenntnisse über Industrien und die Verfügbarkeit früherer Beratungsinhalte werden entscheidend für den Kanzleierfolg sein. Mandanten werden erwarten, dass ihre Anwälte über relevante Daten ad hoc verfügen. Rechtsanwälte und Inhouse-Juristen werden fortgeschrittene Kenntnisse im intelligenten Umgang mit Daten auch deshalb benötigen, weil Kanzleien und Rechtsabteilungen selbst mit Informationen in Echtzeit gesteuert werden können: Pricing, Fees, Collections, Außenstände, Auslastung und Profitabilität ermöglichen ein fein granuliertes und aktuelles Performance Management. Im Business Development ist es das Kennen, Auswerten und Nutzen von Mandantendaten, die deren Verhalten in der

---

[7] *Veith/Wenzler/Hartung u.a.*, How Legal Technology Will Change the Business of Law, Final Report of Bucerius Law School and The Boston Consulting Group on impacts of innovative technology in the legal sector, 2015/2016, Download hier: http://www.bucerius-education.de/fileadmin/content/pdf/studies_publications/Legal_Tech_Report_2016.pdf.

Vergangenheit und damit eine Mandantenhistorie beschreiben, um daraus künftige Bedarfe zu ermitteln und vorherzusagen. Das von vielen Full-Service-Kanzleien angestrebte Cross-Selling geht nicht mehr alleine von der absenderorientierten Idee des „Verkaufens der mannigfaltigen Fähigkeiten einer Kanzlei" aus, sondern basiert auf der Kenntnis und Prognose künftiger Mandantenbedarfe, für die passgenaue Angebote entwickelt werden. Im materiellen Bereich sind es wiederum Schriftsätze, Präzedenzfälle, Vertragsmuster und Klauseln, die künftig viel intelligenter verknüpft und genutzt werden können. Dies setzt Standardisierung und Prozesse voraus, um mit Datenbeständen entsprechend arbeiten zu können. Eine große Herausforderung wird das Speichern von Daten in der Cloud sein, um die langfristig kein Weg herumführt. Damit stabile und saubere, datenschutzrechtlich sichere und verfügbare Cloud-Lösungen möglich sind, bedarf es erheblicher Anstrengungen, insbesondere unter dem neuen europäischen Datenschutzrecht, aber auch den nationalen Berufsrechten der wirtschaftsberatenden Berufe.

Eine weitere wichtige Voraussetzung auf dem Weg zur Kanzlei der Zukunft ist, die Bereitschaft, arbeitsteiliger zu arbeiten, als bisher. Ein komplexeres Beratungsprodukt erfordert andere Fähigkeiten. Programmierkenntnisse, Kenntnisse in Datenvisualisierung und Datenanalyse werden ein wichtiger Bestandteil des Beratungsprodukts sein. Daher stellt sich die Frage, ob dies Kenntnisse sind, die Juristen zusätzlich zu ihren juristischen Fähigkeiten erwerben müssen oder ob dies Fähigkeiten „sui generis" sind und von Nicht-Juristen eingebracht werden. Nach Auffassung des Verfassers werden es Letztere sein, die zugleich auf einen neuen Typus von Juristen treffen müssen, der mit ihnen kommunizieren und arbeitsteilig Produkte erstellen kann. Angesichts der Juristenausbildung, in der methodisch Teamarbeit keine Rolle spielt und inhaltlich Arbeitsteilung als Konzept ebenfalls nicht vorkommt, stellt dies sicherlich eine besondere Herausforderung dar. 297

Inhaltlich stellt dies die zweite Welle der Professionalisierung in Anwaltskanzleien dar. Die erste Welle war die Professionalisierung des Kanzleimanagements. Lange gehörten Anwaltskanzleien zu den „undermanaged professions", vergleichbar mit Kliniken, die bis vor einigen Jahren von Ärzten geführt wurden oder Hochschulen, die von Professoren geleitet werden. Viele Organisationen im Non-Profit-Bereich gehören ebenfalls dazu, weil „Management" in einer vormodernen Sicht zu den Funktionen gehört, die vermeintlich nur zur Kostenbasis beitragen, aber keinen eigenen Wert schaffen, während erfolgreiche Unternehmen umgekehrt gute Unternehmens- und Mitarbeiterführung als zentralen Wert ihrer Unternehmung begreifen. Das gilt auch für viele erfolgreiche internationale Sozietäten, deren Management oft in einer Mischung aus gewählten Partnern und professionellen Managern besteht, die eng und arbeitsteilig mit Verantwortung für den jeweiligen Zuständigkeitsbereich zusammenarbeiten. 298

Die zweite Welle der Professionalisierung bringt ebenfalls andere als juristische Fähigkeiten in die Kanzleien. Der Unterschied aber ist, dass es nun nicht um Back-Office-Funktionen geht, sondern um „Zulieferer" für den Kernbereich juristischer Beratung. Neben der Aufgabe für die Personalabteilungen der Kanzleien, sehr unterschiedliche Profile für komplexere Teams zu erkennen und einzustellen, fordert dies das Geschäftsmodell heraus, weil es Stundensätze für nicht-juristische Tätigkeiten festzulegen gilt, die künftig fester Bestandteil der „delivery" sein werden. 299

Eine weitere, wesentliche Herausforderung stellt schließlich die Fähigkeit zu investieren dar. Das klassische Geschäftsmodell der partnerschaftlich strukturierten Anwaltskanzlei erschwert Investitionen dadurch, dass sie den unmittelbar entnehmbaren Anteil für Partner am Jahresende reduzieren. In besonderem Maße gilt dies für Kanzleien, die nach dem so genannten Cash-Accounting bilanzieren. Weil der Veränderungsprozess aber Investitionen erfordert, und zwar in Technologie, Aus- und Weiterbildung und möglicherweise in unternehmerische „Experimente", deren Return on Invest ex ante unsicher ist, wird dies einen Veränderungsprozess im Investitionsverhalten herbeiführen. In Deutschland würde das erfordern, dass das anwaltsspezifische Gesellschaftsrecht modernen Anforderungen angepasst wird und Investitionen steuerlich so wie in anderen Unternehmen behandelt werden können. Dabei steht zudem zu vermuten, dass mit der Größe der Anwaltskanzlei die Fähigkeit zum Investieren zunimmt und größere Kanzleien Erfahrungen mit größeren Investitionen wie z. B. in IT-Systeme haben. Dies 300 stellt umgekehrt kleinere und mittlere Kanzleien vor große Herausforderungen. Andererseits ist auch nicht sichergestellt, dass nur aufgrund der Größe einer Anwaltskanzlei die Investitionsbereitschaft steigt, noch ist mit Sicherheit davon auszugehen, dass mit steigender Bereitschaft auch die Qualität der Investitionsentscheidungen besser wird.

301   Der habituell größte Anpassungsschritt wird die nächste Stufe interdisziplinärer Zusammenarbeit sein. Rechtsanwälte werden mit Menschen, die über komplementäre Kompetenzen verfügen, noch intensiver und routinemäßig zusammenarbeiten. Je größer und je grenzüberschreitender Mandate werden, desto wahrscheinlicher werden sich die Teams aus Juristen unterschiedlicher Seniorität und Fachkenntnis mit beispielsweise Datenanalytikern, Visualisierern und Projektmanagern zusammensetzen, die allesamt von Maschinen, Software und Algorithmen unterstützt werden, die die eher repetitiven Aufgaben übernehmen. Die erfolgreichsten Anwaltskanzleien werden darauf ausgerichtet sein, eine bessere „User Experience" (UX) für Mandanten zu schaffen. Dabei werden allerlei Anleihen bei anderen Beratern und Serviceindustrien gemacht werden, die heute bereits mit Start-Ups kooperieren, um deren Arbeitsweise kennenzulernen, die Innovation Hubs betreiben, mit Universitäten kooperieren und eine Arbeitsweise des „experiment, collaborate and co-create" pflegen.

302   Für Baker McKenzie bedeutet das, einen Weg zu beschreiten, an dessen Anfang die Kenntnis von Daten und der Einsatz von Technologien und modernen Arbeitsmethodiken steht, und an dessen Ende eine Kanzlei neuen Typs stehen kann. Aus diesem Grund ist die Kernaussage dieses Beitrags, dass die elementare Veränderung durch Legal Tech nicht in der Anwendung neuer Software oder dem Einsatz neuer Tools und Apps liegt. Legal Tech ist ein ermöglichender Faktor, ein Treiber oder Katalysator für eine Entwicklung, die die Umwälzung einer ganzen Branche vorantreiben wird. Der arbeitsteilig organisierten, datenzentrierten, agilen, mit modernen Tools und Methoden sowie interdisziplinär arbeitenden Kanzlei neuen Typs wird diese Zukunft gehören. Das ist die eigentliche Herausforderung, weil sie an den Grundfesten des Anwaltsberufs, des Bilds der Juristen von sich selbst, der Ausbildung und hergebrachten Rollenbildern rüttelt.

E. Fazit

303   Legal Tech ist ein Treiber zur weiteren Professionalisierung der großen Anwaltskanzleien. Eine engere und inhaltlich weitgehende Zusammenarbeit mit Nicht-Juristen, die Beherrschung effizienter Prozesse und die mandantenzentrierte Entwicklung neuartiger, komplexerer und zugleich bedienerfreundlicher Beratungsprodukte stellt Kanzleien und ihre Personalabteilungen sowie die Ausbildungslandschaft vor Veränderungen und Herausforderungen. Am meisten gefordert aber sind die Juristen selbst: Auf dem Weg zum Anwalt im 21. Jahrhundert gilt es, Gewohnheiten und (Selbst-) Zuschreibungen zu hinterfragen, sich für eine noch weitergehende Arbeitsteilung mit „Professionals" zu öffnen, Geschäftsmodelle und Arbeitsmethodiken der Mandanten zu durchdringen und dem Einsatz von Technologie mit Interesse und Neugierde zu begegnen. Das Juristische wird im Kern seine Bedeutung in den großen Kanzleien behalten, das menschliche Judiz sogar wichtiger werden. Das Unternehmensmodell Big Law um diesen Kern herum wird zugleich noch unternehmerischer werden, professioneller und mit mehr Technologie als heute. Am Ende steht ein „Augmented Lawyer", der oder die datenbasiert und technologiegestützt ein noch besserer unternehmerischer Berater seiner Mandanten ist als heute.

3.2 Wirtschaftskanzleien unter dem Einfluss von künstlicher Intelligenz – Bestandsaufnahme und Ausblick am Beispiel der Analyse-Software KIRA

Dr. Nils Krause, LL.M., Ronja Hecker[1]

A. Einleitung

Der Einsatz computer- und softwaregestützter Lösungen gehört schon lange zum juristischen Alltag in Kanzleien jeglicher Größe. Am stärksten sind diese Anwendungen sicher in Wirtschaftskanzleien, insbesondere den internationalen Sozietäten, ausgeprägt. Derzeit werden diese Lösungsansätze aber vor allem bei administrativen Aufgaben, zum Beispiel beim Führen von elektronischen Akten oder bei der Abrechnung, eingesetzt. Darüber hinaus erleichtern elektronische Datenbanken und digitale Knowledge Management Systeme schon seit geraumer Zeit die juristische Recherche. 304

Getrieben von neuen technologischen Entwicklungen hat sich die Rechtsberatungsbranche in den letzten Jahren in technischer Hinsicht rasant weitergewickelt und ausdifferenziert. Der Einsatz von digitalen Technologien im Rechtsbereich wird unter dem Sammelbegriff „Legal Tech" zusammengefasst und umfasst ein breites Spektrum an Leistungen. Dieses reicht von zahlreichen Rechtsberatungsleistungen für den einzelnen Verbraucher (z.B. RocketLawyer, Flightright, Geblitzt.de) und Anwaltsmarktplätzen (z.B. anwalt.de, advocado) über Plattformen zur Kommunikation und zum Dokumentenaustausch mit Mandanten bis hin zu Softwareprogrammen zur Datenanalyse und Dokumentenproduktion. 305

Viele Großkanzleien haben sich in letzter Zeit allerdings mit einem anderen Thema im Bereich Legal Tech beschäftigt: mit künstlicher Intelligenz. Das Interesse gilt dabei vor allem Systemen, die das Durchsuchen großer Mengen an Dokumenten zur Extraktion bestimmter Vertragsbestimmungen oder Informationen ermöglichen. Diese Tätigkeit wird bislang hauptsächlich von angestellten Rechtsanwälten in den Großkanzleien im Rahmen einer Due Diligence, sprich der Untersuchung eines zu verkaufenden oder zu erwerbenden Zielunternehmens, durchgeführt. 306

Auch wenn diese menschliche Tätigkeit unvermindert ausgeübt wird, haben eine Reihe von Großkanzleien in jüngster Zeit verstärkt in Artificial-Intelligence (AI)-Technologien investiert. Neben RAVN und LEVERTON ist die Analyse-Software Kira eine dieser neuen Technologien, die auf dem Rechtsmarkt im Bereich der künstlichen Intelligenz entstanden ist. 307

Kira bietet die automatisierte Extraktion und Analyse bestimmter Vertragsbestimmungen aus Dokumenten an und ist insbesondere für den Bereich der Legal Due Diligence bei Mergers & Acquisitions (M&A)-Transaktionen konzipiert. Das kanadische Herstellerunternehmen Kira Systems wurde 2011 von Noah Waisberg und Dr. Alexander Hudek gegründet. Waisberg arbeitete vor der Gründung bei Weil, Gotshal & Manges in New York, während Hudek in Computer Science an der Universität Waterloo promovierte. Das Unternehmen zählt heute bereits eine Vielzahl nationaler und internationaler Rechtsanwaltskanzleien zu seinen Kunden, darunter beispielsweise Clifford Chance, Freshfields und DLA Piper. 308

---

[1] Dr. Nils Krause ist Partner und Leiter der deutschen Praxisgruppe Corporate/M&A der internationalen Sozietät DLA Piper. Er verantwortet die Implementierung von KIRA in die Transaktionsberatung der Kanzlei in Deutschland. Ronja Hecker ist Rechtsanwältin in der Corporate/M&A Gruppe von DLA Piper in Deutschland. Beide sind im Hamburger Büro tätig.

B. Hauptanwendungsbereich Legal Due Diligence

309 Im Rahmen der Legal Due Diligence ist stets eine große Menge an Dokumenten zu prüfen. Bisher fällt diese Aufgabe Associates und Paralegals zu. Sie sichten die zur Verfügung gestellten Daten, identifizieren Risiken und formulieren konkrete Handlungsempfehlungen, die vor allem Relevanz für die spätere Vertragsgestaltung haben.

310 Der Due Diligence-Prozess hat in den letzten Jahren bereits eine starke Digitalisierung erfahren. Während früher Anwälte noch einen Leitz-Ordner nach dem nächsten in einem physischen Datenraum durchschauten, werden die zu prüfenden Dokumente heutzutage zumeist in virtuellen Datenräumen hochgeladen. Trotz dieses Fortschritts und der Erleichterung, orts- und zeitunabhängig auf die Daten zugreifen zu können, ist aber der eigentliche Aufwand, die Durchsicht und Prüfung der Dokumente, für die Anwälte in der Summe nicht geringer geworden. Aufgrund der großen Anwaltsteams zur Sichtung der Datenmengen entstehen damit häufig beträchtliche Kosten für die Mandanten. Den Wirtschaftskanzleien begegnen dabei immer häufiger Mandanten, die die Kosten für eine solche Prüfung möglichst geringhalten wollen. Zwar möchte kein Mandant die Gefahr von unerkannten Risiken auf sich nehmen und somit gegebenenfalls einen deutlich über dem Wert des Unternehmens liegenden Preis bezahlen. Anderseits wird häufig die Due Diligence als notwendige Pflichtaufgabe angesehen, die aufgrund der Dokumentenmasse Kosten produzieren kann, die nicht in Relation zum Transaktionsvolumen stehen. Nicht selten stellen auch die beauftragenden Unternehmen eine hinreichende Kostentransparenz bei der Due Diligence infrage. Dem fertigen Arbeitsprodukt, hier Due Diligence-Bericht, lässt sich selten ansehen, welcher Prüfungsaufwand tatsächlich mit der Anfertigung des Reports verbunden war. Bevor kritische Verträge identifiziert werden, sind nicht selten eine Vielzahl von unbedeutenden Verträgen zumindest grob zu sichten, da kein Datenraum einen speziellen Ordner mit dem Hinweis auf besonders brisante oder risikoreiche Verträge enthält.

311 Viele Unternehmen sehen daher die Prüfung wie folgt: die Due Diligence kostet Zeit, ist teuer und ihr Mehrwert erschließt sich dem Abnehmer nicht in allen Prüfungsbereichen. Auf dieses Bedürfnis reagieren nunmehr die neuen AI-Technologien. Kurz gesprochen sehen Kanzleien wie auch Unternehmen hier die Möglichkeit, verbesserte Leistungen bei angemessenen Transaktionskosten zu erbringen bzw. zu erhalten. Für Anwälte schafft die Software die Möglichkeit, das zeitaufwändige Durchforsten der Aktenberge, zumindest teilweise, auf ein Programm auszulagern und sich auf die kritischen Rechtsfragen oder besonders relevanten Verträge in dem jeweiligen Projekt zu fokussieren. Die automatische Datenanalyse von Kira Systems bohrt somit den langwierigen und kostenaufwändigen Prozess durch ihre innovative Technologie auf.

C. Machine learning-Technologie

312 Die Software setzt bei der Durchsicht von Dokumenten an. Kira „liest" die zu prüfenden Verträge und filtert die relevanten Vertragsbestimmungen in kürzester Zeit heraus. Diesem Vorgang liegt eine sogenannte *machine learning*-Technologie zugrunde. Darunter versteht man die auf Algorithmen beruhende Generierung von Wissen aus Erfahrung: sie ermöglicht es, ein künstliches System mit Hilfe eines Algorithmus anhand von Beispielen so zu trainieren, dass wiederkehrende Muster und Gesetzmäßigkeiten in den Lerndaten erkannt werden und nach einer Lernphase verallgemeinert werden können. Die Software geht damit über ein bloßes Auswendiglernen der beigebrachten Formulierungen und ein schablonenhaftes Abgleichen mit dem zu prüfenden Text hinaus. Kira identifiziert die gesuchten Vertragsbestimmungen anhand verschiedener Parameter und arbeitet auf Basis von Wahrscheinlichkeitsprognosen, nicht auf Grundlage der Nachbildung des menschlichen Erkenntnisprozesses.

Die Software prüft beispielsweise zur Auffindung von gesuchten Klauseln und der Extraktion der relevanten Klauselbestandteile, an welcher Stelle im Vertrag eine Formulierung steht, welche Begriffe in den sie umgegebenen Formulierungen auftauchen und welche Querverweise es auf andere Stellen im Vertragstext gibt. Dabei liefert die Technologie mit jedem weiteren Vertrag, den sie analysiert, präzisere Ergebnisse. Auf diesem Wege haben die Entwickler bei Kira Systems dem Programm eine Reihe von Vertragsbestimmungen beigebracht, die nun jedem Nutzer bei der Dokumentenanalyse zur Verfügung stehen (z. B. Change-of-Control Klauseln, Wettbewerbsverbote, Haftungsbegrenzungen etc.). Zur vollständigen Bearbeitung einer Due Diligence reichen diese vortrainierten Klauseln jedoch nicht aus, so dass es im Wettbewerb der Kanzleien maßgeblich darauf ankommt, wie die bestehenden Klauseln von Kira weiter trainiert und ergänzt werden. Überdies kann die Software aufgefundene Klauseln nicht rechtlich bewerten. Diese Arbeit bleibt weiterhin den involvierten Anwälten vorbehalten. **313**

D. Weitere Anwendungsbereiche

Bevor sich der Beitrag dem Training und damit der Weiterentwicklung von Kira zuwendet, gilt es einen Blick auf die möglichen Anwendungsgebiete von Kira zu werfen, um die Bedeutung der Software in der praktischen Kanzleianwendung zu erkennen. Grundsätzlich bietet sich der Einsatz von Kira in allen Fällen an, in denen eine große Anzahl von Dokumenten kategorisiert und bestimmte relevante Klauseln identifiziert werden müssen. Im Rahmen der Identifizierung von gesuchten Vertragsbestandteilen kann Kira beispielsweise nur die für die jeweilige Regelung relevanten Klauselbestandteile auffinden und weitere, einen anderen Regelungskomplex in derselben Klausel betreffende, Vertragsbestandteile ignorieren. Der Anwendungsbereich ist dabei nicht auf eine Legal Due Diligence begrenzt. Auch bei großen, konzerninternen Prüfungen oder einer Neuordnung des Vertragsmanagements kommt eine Datenanalyse durch das Programm in Betracht. **314**

I. Compliance

Kira kann etwa im Bereich der Compliance Verträge eines Unternehmens auf wettbewerbswidrige Inhalte untersuchen. Unternehmen müssen heutzutage zahlreichen Compliance-Anforderungen gerecht werden und beispielsweise Vorsorge im Bereich der Korruptionsprävention und des Datenschutzes leisten. Kira ermöglicht eine schnelle Überprüfung des gesamten Vertragsbestandes eines Unternehmens und kann relevante Compliance-Klauseln aufzeigen. **315**

II. Vertragsmanagement und Vertragsgestaltung

Zudem kann das Programm im Vertragsmanagement von Unternehmen einen schnellen Überblick über die einzelnen Regelungsgegenstände von Verträgen liefern, beispielsweise über Laufzeit und Kündigungsmöglichkeiten. In der Praxis fragen vermehrt Unternehmen nach einer digitalen Sichtung ihrer weltweiten Verträge an, sofern diese nicht schon bereits von der Konzernzentrale systematisch erfasst wurden. Gerade in international tätigen Mittelstandsunternehmen fehlt dem Syndikusanwalt nicht selten ein Überblick über die in den verschiedenen Ländern abgeschlossenen Verträge. Ohne großen Personaleinsatz kann hier eine höhere Transparenz im Rahmen der digitalen Sichtung der Verträge für das betroffene Unternehmen geschaffen werden. **316**

Des Weiteren kann der Nutzer durch den Vergleich mit Standardverträgen herausfinden, welche Vertragsbestimmungen von der Norm abweichen bzw. wo gegebenenfalls Standard- **317** bestimmungen eines Unternehmens im Vertrag noch fehlen. Ferner können aber auch externe Ereignisse, die das Risikoprofil eines Unternehmens ändern, wie beispielsweise der drohende Brexit, auf einmal eine Überprüfung des gesamten Vertragsbestands eines Unternehmens erforderlich machen. So wird es im Zusammenhang mit dem Ausstieg des Vereinigten Königreichs aus der Europäischen Union für viele Unternehmen erforderlich sein, herauszufinden, welche ihrer Handelsbeziehungen vom Brexit betroffen sind. Mit Kira können die Verträge herausgesucht werden, die Bezug zu Großbritannien aufweisen, sei es durch Rechtswahlklauseln auf englisches Recht oder Gerichtsstandsvereinbarungen. Zudem können Unternehmen diese Verträge weiter auf sogenannte Material Adverse Effect bzw. Material Adverse Change (kurz „MAC") Klauseln oder Währungsanpassungsklauseln prüfen lassen. Ein damit verbundenes menschliches Sichten der Unterlagen würde viele Unternehmen vor eine große Verwaltungsaufgabe stellen und sie möglicherweise von einer Prüfung abhalten. Kira ermöglicht durch das zielgerichtete Herausfiltern der gewünschten Informationen, dass sich Unternehmen schnell den Lösungen der Probleme zuwenden können. Gerade in Fällen, bei denen das zeitliche Moment höchst entscheidend ist, stellt die Software eine große Bereicherung dar.

III. Zusammenfassungen von Mietverträgen

318   Zudem bietet das Programm ein eigenes Tool zur Erstellung von *Lease Summaries*. Dabei geht es nicht nur um die Identifizierung bestimmter Klauseln als solche. Vielmehr können mit Kira in kürzester Zeit alle relevanten Informationen eines Mietvertrages wie Mietzins und Kündigungsfrist akkurat zusammengetragen und kritische Vertragsbestimmungen herausgefiltert werden. Verkäufer oder Käufer eines Objekts können so schnell einen Überblick über die Vertragsbedingungen des Mietverhältnisses bekommen – für ein einzelnes Gebäude oder ein gesamtes Gebäudeportfolio.

E. Bedienung der Software

I. Wie funktioniert die Analyse mit Kira?

319   Die Handhabung von Kira ist aus Sicht der Autoren intuitiv und anwenderfreundlich. Bevor mit dem Hochladen der Dokumente begonnen werden kann, erstellt der Anwender zunächst einen Projektnamen und fügt die Personen hinzu, die gemeinsam an dem Projekt arbeiten sollen. Dabei ist es selbstverständlich möglich, auch später noch weitere Teammitglieder hinzuzufügen und somit auf Veränderungen im Projektlauf zu reagieren.

320   Durch Drag- und- Drop lassen sich Dokumente auf die Nutzeroberfläche ziehen. Neben Word- und Excel-Dokumenten kann Kira praktisch jeden Dokumententyp lesen – darunter PDF, GIF, JPG und Lotus. Insgesamt sind es über 60 Dateiformate, die hochgeladen werden können. Dabei vermag Kira auch Scans eingeschränkter Qualität zu lesen. Stuft Kira die Qualität eines Dokuments als unterdurchschnittlich ein, wird das Dokument entsprechend gekennzeichnet. Zudem können auch ganze Ordner inklusive weiterer Unterordner sowie auch Zip-Dateien hochgeladen werden. Dokumente kann der Nutzer direkt aus dem eigenen Computer-Netzwerk hochladen. Zudem verfügt Kira über eine Möglichkeit, sich mit dem Anbieter von virtuellen Datenräumen „Intralinks" zu verbinden. Mit der künftig wohl noch zunehmenden Verknüpfung mit virtuellen Datenräumen müssen die zu untersuchenden Dokumente auch nicht mehr zwischengespeichert werden. Kira kann dann quasi den Datenraum auslesen.

321   Je nach Vertragsart kann der Anwender festlegen, auf welche Regelungsgegenstände hin der Vertrag überprüft werden soll. Das Programm sucht die entsprechenden Vertragsbestimmungen heraus, markiert diese im Text und extrahiert sie in Übersichten. Kira arbeitet mit sogenannten

„Templates". Diese enthalten ein bestimmtes Set an Vertragsbestimmungen, auf die das Dokument hin überprüft werden kann. Dabei kann der Anwender eigene Templates zusammenstellen und Dokumente auch durch mehrere Templates gleichzeitig überprüfen lassen. Ferner ermöglicht die Software ein sehr gezieltes Arbeiten. So kann der Anwender auswählen, ob das Programm nur ausgewählte Teile eines Dokuments oder das komplette Dokument analysiert.

II. Anschaulicher Vergleich von Zusammenfassung und Originalversion

Klickt man auf einen Vertrag, der bereits von Kira geprüft wurde, erscheint auf der linken Seite der Benutzeroberfläche die Zusammenfassung mit den extrahierten Vertragsbestimmungen und rechts das Originaldokument. Diese Möglichkeit des direkten Vergleichs macht die Überprüfung sicherer und erleichtert die Bearbeitung des extrahierten Textes. Die Übersicht mit den extrahierten Vertragsteilen kann online bearbeitet werden und sodann in Excel, Word oder PDF-Format zur weiteren Verwendung exportiert werden, beispielsweise um sie in einem Due Diligence-Report einzupflegen. 322

III. Tags

Kira kategorisiert automatisch den Vertragstyp eines hochgeladenen Dokuments. Dieser Kategorisierung liegt die *machine-learning*-Technologie zugrunde. Auf Basis der Beispiele, mit denen das Programm trainiert wurde, findet nun die Einordnung in einen bestimmten Dokumententyp statt. Dokumente werden beispielsweise als „Supply Agreement" oder „by-laws" gekennzeichnet. Der Anwender kann die automatisch vergebenen Tags selbstverständlich auch löschen oder modifizieren sowie weitere Tags, die er für nützlich hält, hinzufügen, z. B. „Red Flag". 323

Kira erkennt zudem, wenn dasselbe Dokument mehrmals hochgeladen wurde und versieht solche Dokumente mit einem „Duplicate" Tag. Gerade bei großen Transaktionen kann es vorkommen, dass Dokumente versehentlich mehrmals hochgeladen oder, weil sie einen Bezug zu mehreren Bereichen aufweisen, ganz gewollt mehrfach zur Verfügung gestellt werden. Die Funktion spart Zeit und erleichtert die Organisation, da das Duplikat, sobald identifiziert, gelöscht werden kann. 324

Zudem kann Kira (obwohl die Originalversion nur englische Klauseln erkennen kann) weitere 40 Sprachen identifizieren. Sie versieht solche Dokumente, die in einer anderen Sprache als Englisch verfasst sind, mit einem „Language" Tag. Damit ist auf einen Blick erkennbar, in welchen Sprachen die Dokumente zur Verfügung stehen. Diese Funktion ermöglicht dem Leiter eines Projekts, frühzeitig Kollegen anderer Rechtsbereiche und/oder mit entsprechenden Sprachkenntnissen in das Projekt einzubinden. Gerade im Rahmen einer Legal Due Diligence, bei der eine Vielzahl an Dokumenten geprüft werden muss, kann dieses Tool einen nicht zu unterschätzenden Mehrwert liefern. 325

Zudem erstellt Kira über die Benutzeroberfläche „Analysis" Statistiken und Übersichten über alle herausgefilterten Vertragsbestimmungen eines Projekts. Diese werden nach Dokument oder nach Art der Vertragsbestimmung dargestellt. Gerade für den Einstieg in einen Due Diligence-Prozess gibt diese Funktion einen guten ersten Überblick über das künftige Prüfaufkommen und lässt erste Einschätzungen zum Aufwand der Prüfung zu. 326

IV. Quick Study

327   Das aus Sicht der Verfasser attraktivste Tool des Programms ist die sogenannte *Quick Study*. Mit dieser Funktion kann praktisch jede gewünschte Vertragsbestimmung angelernt werden. Der Anwender kann das Know-how des Systems folglich eigenständig erweitern und sein eigenes, durchsuchbares Archiv verschiedenster Vertragsbestimmungen erstellen, von dem er bei zukünftigen Projekten profitiert. Hier liegt auch das große Differenzierungskriterium zwischen den Kanzleien. Vereinfacht gesprochen kann man sagen, dass sich jede Wirtschaftskanzlei Legal Tech kaufen kann. Der Erwerb alleine reicht aufgrund des limitierten Klauselschatzes nicht aus. Vor diesem Hintergrund hat beispielsweise DLA Piper vor über zwei Jahren mit der Fortentwicklung von Klauseln begonnen und in diesem Zuge im letzten Jahr auch spezielle Algorithmen für Brexit-relevante Klauseln geschaffen.

328   Der Anwender muss für das Training von Vertragsklauseln oder Regelungszusammenhängen dem Programm bei der *Quick Study* manuell Beispielsdokumente zuführen. Die Software benötigt ungefähr 20 bis 30 Beispielsdokumente, um eine neue Vertragsbestimmung zu erkennen, wobei sich das Erkennen dann auch auf verschiedene Varianten bezieht. Der Nutzer hat dann im *Quick Study*-Modus lediglich die jeweilige Vertragsbestimmung zu markieren. Kira lernt dabei nicht nur die markierte Stelle, sondern entnimmt beispielsweise auch Informationen aus der Position der Vertragsbestimmung in dem Dokument sowie aus den sie umgebenden Formulierungen. Je mehr Beispiele dem Programm zugeführt werden, desto akkurater sind die Ergebnisse. Das Programm kann also nur durch menschliches Feedback und Training lernen. Je besser und intensiver Kira trainiert wurde, desto höher ist die Wahrscheinlichkeit, dass auch ungewöhnlich ausgestaltete Varianten einer typischen Klausel erkannt werden.

329   Kanzleien haben durch die *Quick Study* die Chance, ihr eigenes Know-how auf das Programm zu übertragen. Dies gilt insbesondere auch im Hinblick auf die Internationalität einer Großkanzlei. Die Software erkennt von sich aus zwar nur englische Vertragstexte. Allerdings kann Kira dank der *Quick Study*-Funktion weitere Sprachen erlernen. Je mehr Anwälte unterschiedlicher Jurisdiktionen und Herkunftsländer in einer Kanzlei beschäftigt sind und mit Kira trainieren, desto „intelligenter" wird auch das Programm.

V. Projektmanagement-Tool

330   Ferner stellt Kira ein Organisationstool bereit, das den Bearbeitungsstatus jedes einzelnen Dokuments aufzeigt und die Allokation auf bestimmte Teammitglieder ermöglicht. Zudem kann jeder Anwender verfolgen, welche Vertragsbedingungen bereits geprüft wurden und wenn ja, durch wen. Dabei wird der Review-Status eines jeden Dokuments abgebildet, insbesondere ob der Review-Prozess bereits abgeschlossen ist oder es noch weiterer Review Schritte bedarf. Dadurch wird eine Transparenz hergestellt, die vielen Due Diligence-Prozessen häufig fehlt. Sie ermöglicht es, den Fortschritt des Projekts genau zu erfassen und erleichtert so auch das Zeitmanagement. Weiter wird durch das eindeutige Zuweisen der Prüfungsaufgabe auf bestimmte Teammitglieder Missverständnissen und damit einhergehenden Prüfungslücken vorgebeugt. Ein besonderer Mehrwert liegt schließlich darin, dass Kira die Verwaltung aller Dokumente an einem Ort ermöglicht. Der Stand der Dokumentenanalyse ist daher für jedes Teammitglied auf einen Blick erkennbar.

VI. Sicherheitsfragen

331   Kira arbeitet wie auch andere Analyse-Software auf Basis einer cloudbasierten Technik, die Benutzerauthentifizierung, Zugriffskontrollen und Benutzerberechtigung beinhaltet. In die

Cloud hochgeladene Dokumente werden umgehend aus der Systemschnittstelle entfernt und darüber hinaus nach ein paar Tagen aus dem Datenbestand gelöscht. Insofern verbleiben die einst hochgeladenen Dokumente nicht in der Cloud.

Zudem sind alle Mitarbeiter von Kira Systems, die mit den vertraulichen Inhalten in Berührung kommen könnten, vertraglich von Kira Systems zur Verschwiegenheit verpflichtet. Kira sichert zu, dass Mitarbeiter nur in Ausnahmefällen auf Kundendaten zugreifen, nämlich dann, wenn dies ausdrücklich vom Kunden gewünscht wird. In diesem Fall hat aber nur eine begrenzte Anzahl an Mitarbeitern von Kira Systems die Möglichkeit, Zugang zu dem System zu erlangen. Dadurch soll dem Umstand Rechnung getragen werden, dass sowohl das Anlernen wie auch Betreiben von Kira anhand von vertraulichen Unterlagen geschieht. 332

F. Vorteile des Einsatzes von Kira

Kira schafft in den nachfolgenden Bereichen einen wesentlichen Mehrwert in der Transaktionsarbeit: 333

- **Risikominimierung**
  Die Genauigkeit einer menschlichen Prüfung soll im Durchschnitt bei lediglich 60 – 70 % liegen, was auf mangelnde Erfahrung oder auch Überarbeitung zurückgeführt wird. Die Genauigkeit von Kira bei der Auffindung der gesuchten Klauseln liegt dagegen nach eigener Erfahrung der Autoren bei über 90 %.

- **Effizienzsteigerung**
  In der Praxis kann bei der Due Diligence eine Zeitersparnis von 20 % bis 90 % erreicht werden. Diese Werte werden auch von Kira Systems genannt, wobei die konkrete Zeitersparnis nach unserer Erfahrung maßgeblich von der Komplexität, dem Umfang und auch der Qualität der Dokumente abhängt. Je standardisierter zu untersuchende Verträge sind, desto höher ist auch die Zeitersparnis in der praktischen Anwendung. Kira ist bei der Vorauswahl relevanter Vertragsbestimmungen damit schneller und präziser als der Anwalt. Zudem sorgt das Organisations-Tool auch dafür, dass das Projekt transparenter gestaltet wird. Da der Review-Status eines jeden Dokuments vom Programm abgebildet wird und die Aufgaben klar verteilt werden, können Missverständnisse im Projekt während der Bearbeitung vermieden werden. Insgesamt kann daher auch der Aufwand für die Verwaltung sowie das Transaktionsmanagement reduziert und Zeit eingespart werden. Damit ist ein gezielter Einsatz der anwaltlichen Expertise und folglich ein effizienterer Einsatz von Ressourcen möglich. Aufgrund der Zeiteinsparung durch Kira können Kanzleien Projekte bewältigen, die ohne Unterstützung der Software aufgrund des Umfangs oder des zeitlichen Rahmens nicht möglich gewesen wären.

- **Mehr Leistung für den Mandanten**
  Die Effizienzsteigerung wirkt sich auch auf den Umfang der Prüfung aus. Aufgrund der Kosten einer umfangreichen Due Diligence sind viele Unternehmen in den letzten Jahren dazu übergegangen, Verträge mit scheinbar geringem materiellen Gehalt aus der Prüfung auszuklammern. In der Post-Merger-Phase sehen sich Unternehmen dann aber nicht selten unüblichen Exklusivitätsregelungen, Garantieregelungen oder anderen unerwarteten Verpflichtungen gegenüber. Mit Kira kann auf eine solche Einschränkung des Prüfungsvolumens verzichtet werden. Das Programm überprüft in kürzester Zeit, welche Verträge tatsächlich einen relevanten Inhalt aufweisen und welche nicht. Es macht den Due Diligence Prozess nicht nur wesentlich schlanker, sondern führt dank der Möglichkeit, sehr große Datenmengen schnell zu analysieren, auch zu mehr Transaktionssicherheit. Diese steht aber natürlich in Abhängigkeit zum vorherigen Training von Kira. Erst ein sorgfältiges und umfassendes Training von Kira wird ein Qualitätsniveau erzeugen, dass den Mandantenanforderungen gerecht wird. Insofern realisiert der bloße Erwerb von Kira noch nicht die genannten Vorteile.

G. Kann Kira die Anwälte ersetzen?

334　Der Einsatz von Legal Tech wird auf lange Sicht unvermeidbar und unabdingbar sein. Die Erwartungshaltung der Mandanten erfordert eine umfassende und günstige Due Diligence sowie sichere Projektbudgets – gerade auch bei großen Transaktionen.

335　Eine echte Konkurrenz zur anwaltlichen Beratung stellt die neue Technologie freilich nicht dar. Im Hinblick auf die Due Diligence bei M&A Transaktionen können sich Anwälte dank der Software auf die Tätigkeiten konzentrieren, welche den eigentlichen Wert einer Due Diligence ausmachen. Der Algorithmus schafft damit bei den vom Anwalt als mühsam empfundenen Massenaufgaben Entlastung und ermöglicht einen gezielteren Einsatz der anwaltlichen Kapazitäten. So bleibt die Festlegung der Prüfungsschwerpunkte im Vorfeld der Due Diligence nach wie vor den Anwälten vorbehalten. Schließlich ist selbst die effizienteste Suchmaschine erst dann von Nutzen, wenn der Anwender weiß, wonach er suchen muss, weil er die Risiken und Besonderheiten eines konkreten Falles kennt.

336　Zudem ist die Analyse durch Kira noch kein Substitut für die Überprüfung eines Vertrags durch einen Anwalt. Anwälte müssen die Ergebnisse, die das Programm herausfiltert, stets noch kritisch materiellrechtlich auf ihre Wirksamkeit oder Bedeutung prüfen. Dabei hat die bisherige Erfahrung mit Algorithmen im Allgemeinen gezeigt, dass tendenziell eher zu viele Ergebnisse gefunden werden, so dass der Anwalt hier gegebenenfalls noch einmal die Ergebnisse filtern muss. Zudem obliegt auch die weitere rechtliche und wirtschaftliche Einordnung einer gefundenen Klausel weiterhin dem Anwalt. Er muss entscheiden, ob die gefundene Vertragsbestimmung im Gesamtzusammenhang relevant ist oder unberücksichtigt bleiben darf.

337　Das Programm extrahiert lediglich einzelne Vertragsbestimmungen eines Vertrags, ohne sie miteinander in Bezug zu setzen oder den Gesamtzusammenhang zu bewerten. Die eigentliche anwaltliche Dienstleistung der Legal Due Diligence liegt aber in den Handlungsempfehlungen für den weiteren Transaktionsablauf, die insbesondere auf mögliche Empfehlungen für Regelungen des Kaufvertrags abzielen. Die Rechtsanwendung im Sinne der Subsumtion nimmt Kira aber gerade nicht vor. Diese Aufgabe bleibt daher weiterhin den Anwälten vorbehalten. Während es die Fleißarbeit weitestgehend übernehmen kann, verbleibt der Kern der juristischen Tätigkeit daher weiterhin bei den Anwälten. Kurz gesagt, liegt damit der besondere Mehrwert von Kira in der Sachverhaltsaufbereitung, was aber gerade in umfassenden Due Diligence Projekten nicht zu unterschätzen ist.

338　Zudem droht M&A Anwälten bei Deals auch keine Konkurrenz durch Inhouse-Juristen – zumindest noch nicht. Zu einer optimalen Nutzung der neuartigen Technologien wie Kira wird es den meisten Unternehmen an den Ressourcen fehlen, die Software in ihr Unternehmen zu integrieren und zu trainieren. Eine erfolgreiche Implementierung wird aber gerade der Schlüssel sein, mit der neuen Technologie den erhofften Mehrwert zu schaffen.

339　Es bleibt abzuwarten, wie sich der Rechtsmarkt im Hinblick auf alternative Anbieter entwickelt. Schließlich kann Kira von jedem erworben und trainiert werden. Das Know-how wird daher vermutlich nicht nur bei den Großkanzleien verbleiben. So sind auch Zusammenschlüsse von kleineren Kanzleien oder die Lizenzvergabe von bereits trainierter Software in der Zukunft denkbar. Das Eigentum an einer Analyse-Software wie Kira wird daher kein Alleinstellungsmerkmal einiger weniger Kanzleien bleiben, sondern Standard in der Rechtsberatungsbranche werden. Umso wichtiger ist es für Kanzleien, sich möglichst früh mit der neuen Technologie auseinanderzusetzen und Erfahrungen zu sammeln.

H. Herausforderung für Kanzleien

340　Die Mandatsbearbeitung wird sich durch die auf Kira zu delegierenden Aufgaben naturgemäß verändern. Kanzleien sind nun gehalten, ihren Mandanten die Vorteile der Nutzung der neuen Technologie zu erläutern. Um das System mittels der *Quick Study* optimal zu trainieren, benötigen Kanzleien ein breit aufgestelltes Team zum gezielten Betreiben des Knowledge-Managements. Für den deutschen Rechtsmarkt ist es etwa essenziell, dass Kira auch deutsche Vertragstexte lesen kann. Zu den Kosten für den Erwerb der AI-Technologie kommen daher weitere Kosten für das Training des Programms.

In Zukunft werden im Kanzleialltag vermehrt Projektmanager und Spezialisten gefragt sein, die sich mit den neuen Technologien beschäftigen. Großkanzleien haben bereits begonnen, neue Stellen an der Schnittstelle zwischen Jura und Technologie zu schaffen. Diese Mitarbeiter kümmern sich nicht nur um die Implementierung bereits erworbener Software in das bestehende Geschäftsmodell, sondern sollen zugleich auch die aktuellen Entwicklungen am Rechtsmarkt beobachten. **341**

Zudem wandelt sich auch das Anforderungsprofil an junge Anwälte. Zwar sind Programme wie Kira intuitiv zu bedienen. Allerdings sind zu einer optimalen Nutzung zweifelsohne bestimmte IT-Kenntnisse erforderlich. Darüber hinaus ist ein Verständnis dafür, welche Technologien und Prozessmanagement-Tools zur Verfügung stehen und wie sie in die Rechtspraxis zur Erreichung der versprochenen Synergien integriert werden können, für junge Anwälte essenziell. Neben diesen technischen Fähigkeiten wird es für die künftigen Karrieren auch stärker um Elemente von Kreativität und sozialen Fähigkeiten, beispielsweise im Umgang mit Mandanten und Verhandlungssituationen gehen. Zwar gehören solche Fähigkeiten bereits heute zum Ausbildungsprogramm der meisten Wirtschaftskanzleien. Häufig handelt es sich in der Praxis dabei aber eher um Feigenblätter von Kanzleien. Für den neuen Anwaltstypus werden diese Elemente eine weitaus zentralere Rolle spielen. Gerade diese Bereiche können auf absehbare Zeit nicht durch neue AI-Technologien ersetzt werden, während dagegen die Bereiche der Fleißarbeit unter Druck geraten werden. Insofern wird sich auch die Arbeit in der juristischen Wertschöpfungskette einer Transaktion verändern. Davon werden besonders Legal Process Outsourcing-Unternehmen und Paralegals betroffen sein. Ihr Schicksal in der Legal Industrie wird maßgeblich davon abhängen, inwieweit sie internationales Projektmanagement für sich besetzen können, da auf Dauer ihr bisheriger Bereich der Due Diligence unter Druck geraten wird. **342**

Des Weiteren wird der Einsatz von Kira und anderen AI-Tools einen nachhaltigen Einfluss auf die Kalkulation von Projektkosten haben. Während mandantenseitig sicher der Wunsch entstehen wird, kostenlos an der Software zu partizipieren, werden Kanzleien bestrebt sein, möglichst langfristig diesen Service auch zu bepreisen. Dies allein schon aufgrund der ressourcenintensiven Schaffung von eigener IP in Form von neuen Algorithmen. Am Ende wird die Leistung von Kira den Mandanten sicher nicht kostenlos zur Verfügung gestellt. Es werden aber andere Projektbudgets gebildet, in denen die Kosten von Kira eingebunden sind. Hier zeigt sich auch eine momentane Schwierigkeit: Bis heute ist nicht klar, wie viele Legal Tech-Produkte bzw. ihre Leistungen angemessen zu bepreisen sind. Insofern werden die Pricing-Diskussionen kanzleiintern auch nicht nur unter Partnern, sondern insbesondere mit Softwareentwicklern, Ingenieuren und weiteren technischen Berufen geführt. Dies bedeutet aber auch einen stärkeren Druck auf das stundenbasierte Abrechnungsmodell. Eine bestimmte Praxis hat sich im Hinblick auf die Einpreisung bei den Kanzleien, die bereits mit Kira oder ähnlichen Systemen arbeiten, dabei noch nicht herausgebildet. Zu erwarten ist, dass es vermehrt zur Nutzung von Festpreisen kommen wird, aber auch gänzlich neue Honorarmodelle entwickelt werden (müssen). **343**

3.3 Law Firms as Incubators: Lessons learned from the first initiatives

Marie Bernard[1]

A. Introduction

In May 2015, Dentons announced the creation of its accelerator and venture fund, Nextlaw Labs. This announcement brought an unprecedented structure within the legal industry into the spotlight: a subsidiary fully dedicated to the development and acceleration of ideas and solutions and focused on the vertical legal market.

While product development within law firms is not a new concept, the Nextlaw Labs approach, by leveraging the drive and expertise of Legal Tech startups and technology partners, has laid the foundations for a new model. Since then, other law firms have developed their own incubation models, and have contributed to the pioneering effect of law firms as incubators.

This is the first generation of such initiatives. While there is no "one-size-fits-all" in this approach, a common denominator prevails: the value of experimenting, testing and piloting within law firms. Outside of the legal industry, corporate venturing has been around for a while, including within the sphere of professional services. Law firms going down this road can benefit from the lessons learnt by their clients and by some of their providers. They are defining new sandboxes for themselves and their ecosystem.

> **The Innovation Sandbox**
>
> Borrowing the words from Eric Ries[2] a sandbox is a safe place to innovate a structure designed *"for empowering innovation teams out in the open"* with no constraint on the methods.
>
> *"The sandbox also promotes rapid iteration"*, thus allowing cross functional teams *"to converge on optimal solutions rapidly even if they start out with really bad ideas. (...) By making the batch size small, the sandbox method allows teams to make cheap mistakes quickly and start learning. (...) These small initial experiments can demonstrate that a team has a viable new business that can be integrated back into the parent company."*

There are a variety of concepts around incubation: short-term commercial benefits and collaborations, a longer-term understanding of technology trends and their implications for the talent pipeline... It's each firm's responsibility to assemble the pieces of this mosaic and to build a unique picture that makes sense in their strategic environment. The purpose of this chapter is to help those who are tempted by (or simply curious about) the model to grasp some of the elements and lessons learnt after two years of Nextlaw Labs – and many more years of corporate incubation.

Why should a business consider embracing this model? What are the risks, the lessons learnt – and above all, the benefits? Is this model going to contribute to the bottom line of industry standards? In the next pages we will endeavor to be as concrete as possible, drawing from this blended experience gathered both within and outside of the legal industry.

---

[1] Marie Bernard is Europe Director of Innovation at Dentons and a Strategic Advisor at Nextlaw Labs.
[2] *The Lean Startup*, 2015.

B. Strategizing innovation… and assessing where incubation fits in

350   The legal industry has a structure and a set of specific regulatory constraints that make it fairly unique. However, this is not a parallel universe – law firms are also businesses: market rules and the imperative of profitability apply.

I. Focusing on client pain points

351   Just like any other business, understanding the gaps in the market and transforming them into opportunities is critical. Corporate executives, who play a vital leadership role in fostering organizational innovation, can pull several levers.

352   All sorts of strategic decisions can indeed be made by law firms to embrace change and adjust their business model to their new normal. This includes:
- playing with the resources available to deliver legal advice: human resources, financial resources, and technological resources;
- making the processes for delivering legal advice leaner and more cost efficient;
- pricing in a more rigorous, accurate way, supported by data-driven KPIs and more informed profit/margin decisions; and
- shifting the core value proposition for its clients –delivering additional services other than purely legal services.

353   There are several ways to proceed. Some strategic decisions may trigger initiatives allowing the old business model to adapt and survive longer than it would otherwise. Others may be radically different, and require a degree of testing before being broadly implemented or enforced. This is where incubation comes into play.

354   In the Innovation Leader research from Winter 2016, Texas Instruments' Kilby Labs are described as *"high-risk innovation centers focused on delivering breakthrough technology"*. This definition combines the stakes and pressure attached to this structure. It represents a safe place for experimentation, right next to the main business *"an opportunity to experiment, innovate and push the boundaries of technology in an environment that's one step removed from day-to-day business demands."*

355   It doesn't come alone. When making the space needed for the incubation of new ideas, firms must figure out the mechanism and incentives required to connect the lab with the mainstream talent pool, as well as the channels for interacting with entrepreneurs and experts who will fuel the engine with new perspectives and potentially disruptive business opportunities. According to Shawn Murphy of the Shell TechWorks Lab, quoted in the same Innovation Leader research, this is a three-leg mission as their *"primary mandate is to bring technologies, methodologies, and entrepreneurship from outside oil and gas to the larger group."*

II. Opening a window to allow for deeper exploration

356   The incubation pipeline, when properly sourced, provides a steady flow of innovative business ideas. This could quickly prove to be a very valuable asset, providing growth and creating new markets. But unleashing this growth potential requires very different behaviors than those required to successfully exploit existing markets.

357   Other professional service providers have already engaged in this model: To better seize the opportunities, or to ride future challenges, banks and insurance companies established incubators and accelerators years before law firms even began considering the concept. Separate teams, sometimes separate spaces, allowed them to gain new perspectives on existing business models and operational frameworks which otherwise would remain largely unchallenged.

This is clearly one of the main take-aways that we draw from observing earlier moves in other industries. We witness that businesses review and assign a range of primary objectives to their incubation vehicles: investigating and re-designing the customer journey, exploring current or future technologies in safer environments than the main operational platforms. For example;
- incremental and process innovation: If inefficiencies were to force some firms out of the market, incubation and its potential acceleration, is conceived as a way to improve quality, the portfolio of offers, and the overall resilience of the business; and
- technology exploration: Incubator teams assess *in vivo* the potential of what would otherwise remain buzzwords for the parent business: such as Big Data, the Internet of Things, Virtual Reality, Robotics, or 3D Printing.

We learn from corporate incubation experiences that solving customer problems is a must-have. It is a great starting point indeed, crowned by the recent breakthrough of design thinking practices – one that is for instance a recurrent focus of Nextlaw Labs. But it is by no means the only attribute of incubation: to become future standards, the solutions that are incubated should have a high impact on a broad range of stakeholders (clients, lawyers, peers, etc.) in respect of the issues they address. Within our legal world, this could translate into an obvious reminder that incubation within a law firm doesn't mean developing a set of quick fixes for the enjoyment of a few rainmakers.

Nextlaw Labs' management has the discretion to select which opportunities to pursue and to submit to its investment committee, whether they are investments in pre-existing startups, co-creation of solutions with and for third parties, or co-development of proprietary solutions for Dentons. There are multiple opportunities to test the market potential through official vetting circles and informal conversations, plus market benchmarks. This power, to independently build and nurture its portfolio of solutions, is balanced by regular touch points within the parent corporate, through a range of committees and advisory circles. Interestingly, it is this very element of independence that actually serves the mothership's best interests. It provides a lateral specific perspective that is close enough to the parent's strategic line to support it, while also being in close interface with a fast evolving market.

To embrace the challenges of business transformation, we observe *"a trend where the traditional, closed product development process is slowly being replaced by a more open model of innovation."*[3]

Collaboration around incubation has become a real phenomenon, where peers, providers, and academia join forces. This may materialize as strategic partnerships which may well generate more open-ended marketplaces or community initiatives.

III. Law firms: Giving it some thought… and a structure

What's in it for law firms? Depending on their purpose, and the resources they are prepared to invest, incubation centers may embrace and tackle different angles of innovation. To paraphrase categories from a recent Cap Gemini study, these may lean towards 4 main categories of vehicles: in-house innovation labs, university residences, community anchors, and innovation outposts. In practice, these main categories often evolve and blend over the years to adjust and reap even more opportunities.

It may be tempting to dive straight into the specifics of involving startups within businesses. However, when at the beginning of the journey, and assessing the direction of travel for a potential incubation initiative, law firms shouldn't limit their options at the outset. There is a more granular potential in corporate incubation than the mere investment in and acceleration of startups. The portfolio of activities and missions may span across;

---

[3] Katja Meriläinen's thesis, Success factors in corporate startup accelerators: Insights from the case of Nestholma & Yle Media Startup Accelerator, Degree Master of Science in Economics and Business Administration, MSc Entrepreneurship 2016.

- meeting unexpressed needs to create a competitive advantage
  - through the development of "Proofs of Concept" for new products and services
  - through the design of new business models; or
- leveraging an ecosystem
  - through the identification of business partners and strategic alliances
  - through investment in and acceleration of startups; or
- supporting the innovation culture within the business

365   Let's review what we gathered from our market observations so far. Unsurprisingly, the innovation agenda of a business is realistic and achievable to the extent it aligns with the priorities of the overall business strategy. An incubation initiative provides a safe space for exploration outside of the sharp focus on the existing set of operations and financial performance.

366   A sensible way to proceed could be to first scan the breadth of possibilities as broadly as possible and only then align the means of actions and resources (vehicle structuring, funding and resources aligning, adjustment of corporate policies and incentives, decision to have a virtual or a physical space for the incubation, etc.).

367   Let's wander along the path trail-blazed by in-house incubators, including Nextlaw Labs' team, and see if we can gather some useful tips along the way.

C. Incubating ideas, incubating solutions

368   Identifying and nurturing proprietary ideas are a superb way for a firm to innovate. Granted, this type of innovation has a pace of its own and embraces rules and codes borrowed from the venture capital industry. In the context of the legal profession, there may be a risk that the initiative is neither fast enough for observers of the profession, nor spectacular enough for the tenants of 'innovation marketing'.

369   While each firm can design its own specific roadmap, including fast tracks and shortcuts, an incubation program is a journey that usually involves a number of set milestones.

370 | What are the typical stages of an incubation process?
- Idea/product sourcing
- Vetting/selection, proof of concept
- Team assembling: lawyers, experts, business support
- Phasing of test: minimum viable product (aka MVP), user feedback, development/adjustment
- Beta testing, broader launch

I. A portfolio approach

371   Bringing a portfolio approach to law firms' innovation strategies may be an interesting place to be. It enables a firm to mitigate risk within a range of smaller tickets, and allows for deeper pockets in follow-up rounds. As in venture capital, the success of an incubation program lies to a greater extent in extensive due diligence. Assessing the potential of the business plan, the market, and the team will be essential for the rest of the initiative.

372   While it may happen that an investment or an acceleration decision is made on the basis of an unexplored segment, in the very early stages, what generally attracts attention as potential valuation drivers include:
- a developed product;
- a range of (paying) customers;
- a sustainable revenue stream;
- a sizeable addressable market; and
- proprietary technology/barriers to entry.

The management team is also critically important. It seems obvious to emphasize that a qualified or trained lawyer within the management team strongly adds to the credibility of a legal tech startup. Additionally, as in every startup investment, the coherence of the team, its complementarity and drive is a must-have.

II. Preparing the future with current parameters at hand

Legal innovation is a noisy universe. There are lots of ideas out there and lots of competition for solutions as well. Some solutions are developed by big brands, traditional providers, some of them are offered by new entrants.

For a law firm, the incubator provides a safe environment to try out a few solutions which are at an early stage, influence how the solutions are developed in order to tailor them to their current needs. This is indeed the core paradox of incubation: a big, bold objective to prepare for the future (and potentially influence it), with tools that are assessed, vetted and adopted by professionals and stakeholders who have never been prepared to this. Every stakeholder must step out of their own comfort zone.

In practice, a non exclusive portfolio strategy within the incubation sandbox often triggers simultaneous testing of overlapping solutions: some provided by established providers, some by new entrants, perhaps even some created in-house. Law firms with an incubator generate an environment where the technology prescription is no longer the monopoly of a dialogue between senior function specialists (IT, Knowledge, etc.) and a large supplier. It opens up a door of new perspectives to enlighten the procurement process of the firm.

All in all, incubation programs create new streams of communication and exchange which, if properly managed, allow law firms to consider their purchases as an enabler of sustainable production effort, instead of placing all their eggs in the same basket. Thus they can start to embrace future technology standards and, even better, have the opportunity to influence this new standard in the making.

III. The startup bias

One of the occasional original sins or misunderstanding of an incubation initiative is the distortion of its primary goals. Self-centricity is a red flag. That is, when fuelling the engine's portfolio becomes an end in itself.

In its report from 2016 "The Age of Collaboration", MatchMaker Ventures pictures this general trend, from a startup perspective: *"When we approached a large European telco with one of our portfolio startups, we received the following answer: "Do you want to apply for our accelerator or do you need funding?" There was not even an attempt to discuss real business – we dropped this corporate and focused on other more advanced competitors."*

For efficiency and credibility's sake, the law firm's incubator should not limit its interactions to startups or, otherwise said, startups shouldn't be the alpha and omega of innovation. Internal, bottom-up approaches also matter. A vast number of sources may provide inspiration.

IV. Startup washing: an unsustainable signal

Another lesson learnt from other industries which have been testing corporate incubation for years or even decades: the confusion between startup incubation and 'startup washing' is potentially damaging and likely to backfire.

382   What does 'startup washing' mean? It is a blunt way to describe the situation where a business associates, for marketing purposes, its corporate brand with one or more startups – either in residency, or operating more or less closely on a project based within one or more teams from the corporation.

383   Let's not fool ourselves. Communication and marketing obviously form part of product or solution incubation through startups. Actually, from both sides, this provides a real reputational benefit. When communication drains too much of the energy and the focus of the incubation team, the relationship is under a serious risk due to lack of substance. Like it or not, beyond the excitement of the incubation announcement, day-in day-out collaboration, spanning over six to twelve months (possibly even more), is not particularly glamorous.

384   Many industries have learnt to become cautious of corporate/startup partnership announcements. If given too high a priority, it may generate a mutual piggybacking of each party's brand and reputation. Having been there before, many industry and service ecosystems have begun to appreciate that to successfully deliver on incubation programs, there must be plain work, and actually *hard* work. There may be long periods of time where nothing significant can be leveraged from a marketing viewpoint…They have learnt to keep a relatively low profile and to communicate mostly when there is something tangible to mention.

385   In the legal industry, as the cycle of incubation programs unfolds, there is no reason why we wouldn't observe a similar trend – from a communication essentially focused on the mere fact that a law firm has engaged in an incubation process with a given startup, to articulating the progress made and the difficulties addressed during the incubation program.

386   In short: there is much more to gain from the behind-the-curtain mutual engagement than boasting about the concept of incubation. As part of a collective learning curve, let's bet that law firms will gradually become more mature and start to assess when communication serves the overall purpose of the incubation.

387   Let's pause here and check what we have collected so far. Incubation generates a portfolio of solutions which are beneficial for innovation purposes (with a mid- to long-term return). It also equips the business with unique, more mature benchmark points when discussing with their suppliers, today.

D. Incubation as a catalyst of human synergies

388   In order to create value, incubation programs must be a truly holistic venture: while the technological viewpoint is often at the front of our mind, the exploration aspect also has to be framed and project-managed from a market, financial and human viewpoint. And it has to be challenged by subject matter experts. This means that a broad range of stakeholders must be involved.

I. Lateral perspective: not the external caution you may look for

389   The 'innovate or die' imperative has been out there for decades. Most, if not all, law firms know that, at a macro level, new entrants are at the gate, startups are about to disrupt the industry (whatever that means). At a micro level however, the "what's in it for us?" is less clear. Designing an incubation program offers a unique opportunity to bring this lateral perspective into challenging a firm's particular *modus operandi*.

390   Let's go back to Texas Instruments' Kilby Labs for a moment: "*The right combination of fresh top talents and good experienced people is an amazingly powerful engine for innovation. You need to think out of the box and be a risk-taker by injecting new ideas from fresh new minds, but you don't want to re-learn the lessons you've already learned*". You don't want to re-learn the lessons you've already learned. To

deliver the best value, incubation programs shouldn't be designed to comfort lawyers and/or legal professionals with respect to assessments that they have already made.

Subject experts are an ideal complement to this external vision. No business organically owns the talent that is at the cutting edge of every single technology powering the incubated solutions. In other industries, in academia, in the client pool, there is expertise at hand to confirm whether the solution is sustainable and can lead to a profitable tool. Formal committees or agile think tanks, these experts are very often eager to contribute and actually excited to apply their knowledge in a very practical way. A precious source of wisdom!

II. Lawyers: at the core of incubation

Let's shift to the internal stakeholders – lawyers from the parent law firm who have created the incubator in the first place. The incubator law firm gets to adopt a thinking pattern that, at first glance, looks very much like uncharted territory. It attracts lawyers who wish to do something, to try out something innovative, while remaining a lawyer at a law firm.

The value it adds is as large as it is able to generate a virtuous circle of engagement, connecting lawyers of varied seniorities and expertise, with the other internal or external components of the incubation: startups, experts, and the team managing the incubation or acceleration program.

Lawyers bring their subject matter expertise, their intimate knowledge of the on-the-ground reality *hic et nunc*. This perspective is critical to anchor the product into reality. It truly helps to reduce the adoption gap, supporting a product that takes lawyers out of their comfort zone, whilst remaining realistically embraceable.

In this model lawyers also serve as guinea pigs to assess how intuitive and user friendly the interface of the product is, at least the core functionalities of the product. To use a comparison: few people need a tutorial to get started with their smartphone. The adoption is usually fast and intuitive or playful. If necessary, they would ask someone, a friend, a colleague, or perhaps look up the answer in some online community for more sophisticated issues. They most likely wouldn't call the official support center. This is the reality of 2017, the one that innovation in a business environment tries to mirror.

III. Business support's role growing through incubation

Law firms as businesses do not only consist of lawyers. Actually incubation allows the exposure of business service people to innovation to increase. Getting away from the 'just a cost center' approach and nurturing a superior pool of support services may well be one of the directions the industry is headed in. If a share of legal advice becomes a commodity, the quality of law firms' business services might become an additional pivot in law firms' unique selling propositions. What might help create value and differentiate law firms could reside in the value brought by streamlined business functions. It could be determined by their ability to integrate, in a leaner way, what comes 'upstream' and 'downstream' of technology. The closer they are associated with incubation initiatives, the earlier they can grow and become mature.

If there is any shade of truth in this model, how are we going to transition to it? A closer vicinity to the 'startup mode', a greater familiarity with the products and solutions in the making, a culture of taking a critical look at these and engaging in constructive dialogue with the makers, could place law firms running incubation programs in a better position than their competitors.

IV. Dedicated team and resources

398 Last but certainly not least, a dedicated team must support the incubation program. This permanent core team isn't randomly assembled. It blends specific soft skills that are generally not naturally present within law firms. They are the guardians of new processes such as rapid prototyping, agile modes. They ensure that all stakeholders, from within the law firm and from the outside world, collaborate effectively and stay on track as they pursue the right objectives (markets, product features) with the right technology. They fully embrace and embody a 'startup mode' in its composition (resources) as well as in its behavior.

399 Beyond its core project management skills and tech savvy can-do attitude, the incubation team ensures the variety of stakeholders involved in incubation remains motivated and committed. An interesting quote from a recent MatchMakers Ventures report describes the asymmetry between startup and corporate commitment: *"Think "bacon and eggs" – chicken is interested, pig is committed. The corporates are doing their job (interested) but are not committed – for the start-up they are 150% committed, and if it fails, they have insufficient resources to try again."* (Malcolm Ross). This asymmetry between stakeholders exists in all projects. The incubation team's soft skills and ability to drive projects to a positive outcome for each stakeholder is certainly critical for making the incubation venture sustainable in the long run.

400 Especially when something doesn't work according to plan…

E. What could possibly go wrong? Leveraging the risk of failure

401 The concept and the possibility of failure is something obvious to anyone familiar with the world of startups, being an inherent part of the new business design. Switch to the legal world: all of a sudden, embracing the possibility of failure is much less obvious, let alone being experienced in how to learn and recover from failure.

402 In pursuing edgy and high-potential ideas, says Scott Emmons at Neiman Marcus, you're destined to sometimes come up short. *"It's easy to pay lip-service to the [idea that] you have to be willing to fail and accept failures along with the successes. In practice, it's harder to get the culture into that mode. We all come from a culture where we say we're going to do it, and the end result should be a successful completion of 'we did it.'"*[4]

403 Here again, it could be worth opening a discussion with the outside world. We know clients who are not shy about discussing the topic. In fairness, many industries are based on trying, trying, and trying harder, and then hitting a commercial success or a technological breakthrough.

404 As an industry, legal professionals celebrate business successes and awards with trophies that demonstrate excellency in the recent past. Achievement celebration is fully legitimate. What the near future needs however, is also the ability to celebrate the value of trying, and if necessary, the recognition that failed attempts which contribute to changing the industry are actually successes.

405 As mentioned above, incubation isn't only about developing solutions with startups. Many initiatives include a form of open innovation, with clients, with large and reputable partners such as publication houses, bar association, law societies, law schools… Is this a recipe for success? Absolutely not. There are plenty of reasons why an innovation project could derail – incubation or not. Market evolution, wrong assessment of the flexibility of the corporate culture of the target law firms, change in the strategy of one of the partners… or even, let's face it, incorrect project management.

---

[4] quoted in Innovation Leader research from Winter 2016.

Booz Allen Hamilton Executive Vice President Karen Dahut[5] nailed the natural tension between the freedom to experiment and play with ideas and the focus on efficiency of large companies that often manage risk through process standardization:

"These formal structures can stifle creativity. In fact, overbearing structure and protocol is one of the principal reasons why people believe big companies can't innovate. (…) By instilling a culture of innovation—one that encourages original thought, sensible risk taking, and collaborative problem solving—companies can avoid the smothering effects bureaucracy can have on innovation. (…) This culture is not created by chance. It is engineered. It is practiced. It is disciplined."

As an instrument of corporate innovation, incubation is not a bed of roses, in the legal market just like in any other industry segment. Some projects may be tricky to handle. Relationship management, administrative or legal hurdles, sometimes even old school prejudice can rise up and destroy the incubation dynamics. If we think about it, there are many reasons why a project in startup mode can go wrong! Is this a reason to pass? Most likely not, as the benefits offset the risks. As mentioned above, the creation of an incubation initiative should trigger an assessment of the relationship between the parent and the subsidiary, possibly the implementation of some policies to frame the projects. Also, some degree of autonomy provides the incubator's team with a space to do what they need to do.

Incubation is an inherently risky venture – otherwise it's most likely an exploration of innovation that can be dealt with by others – corporate professionals, consultants… If the risk level is high, it's difficult to squeeze the project into a business line with short-term financial goals. An incubator operates on a different model than the year-on-year financial cycle of the parent law firm. The incubation team is also managed and trained to fail fast, to fail often.

At the end of the day, we may want to think of the incubation within law firms as the sandbox where innovation can happen aside of the main business. A safe place to be bolder than in the daily business, a framework to make sense of the buzz and benchmark, and at a micro level, the tools and techniques allegedly vowed to be game-changers. A flagship vehicle where, to borrow Warren Buffett's words *"You want to be greedy when others are fearful and fearful when others are greedy"*. Not always easy, but so rewarding when it delivers!

We have every reason to rejoice that the legal industry is going down the road of corporate venturing, and we are looking forward to the outcome of the first generation of these initiatives, as much as to a possible second generation of law firms acting as incubators. There are many ways which can be invented, possibly involving consortia of smaller firms, or involving corporate counsels. The time has come for the legal industry professionals to get their hands dirty at a micro level, with the changes that otherwise may remain a fairly vague Damocles sword about their heads.

With the help of incubation professionals, creating a dedicated space outside of the daily routine is now within reach. The perception of risk-taking is gradually evolving. As an industry, we have entered a transition phase, hopefully heading towards a model where the most basic explorations are open innovation, shifting our collective standards upwards. Accordingly, the most sophisticated and most strategic explorations would be incubated in a more protected environment. Now is the time to start!

---

[5] *Who says big companies can't innovate?*, Booz Allen Hamilton, 2014.

3.4 Norton Rose Fulbright ContractorCheck: Von der Entwicklung bis zur Nutzung eines online Tools zur Abgrenzung zwischen freien Mitarbeitern und Arbeitnehmern

Katrin Scheicht, Dr. Bernhard Fiedler LL.M.[1]

Der ContractorCheck[2] ist ein innovatives online Tool, das im Rahmen einer Bestandsaufnahme eine Einordnung zur Abgrenzung zwischen Arbeitnehmern und freien Mitarbeitern ermöglicht. Bei der Entwicklung spielten neben einer möglichst unkomplizierten Bedienung sowohl technische als auch rechtliche Aspekte eine wichtige Rolle. Der Beitrag gibt einen Überblick über die Überlegungen und die Schritte, von der Idee, über die Entwicklung bis hin zur Nutzung des online Tools.   413

A. Rechtlicher Hintergrund oder wofür der ContractorCheck hilfreich ist

Der Einsatz von sogenanntem Fremdpersonal ist in zahlreichen modernen Unternehmen in vielen Ländern an der Tagesordnung. Beispielsweise für IT-bezogene Projekte oder für das IT-Troubleshooting greifen immer mehr Unternehmen ausschließlich auf Fremdpersonal zurück, da sich die Einrichtung einer kompletten IT-Abteilung aus Kosten- und Auslastungsgründen oftmals nicht lohnt. Dabei werden solche freien Mitarbeiter oft auch unter verschiedenen anderen Bezeichnungen wie zum Beispiel „Freelancer", „Berater", „Consultants" oder auch schlicht „Externe" geführt. Für die rechtliche Einordnung spielt die Bezeichnung jedoch keine Rolle. Nachfolgend wird von diesen Personengruppen daher einheitlich als freie Mitarbeiter gesprochen.   414

In der Praxis stellt sich oft die Frage, ob es sich tatsächlich um einen freien Mitarbeiter oder vielmehr um einen Arbeitnehmer handelt.   415

Charakteristisch für freie Mitarbeiter ist, – anders als bei Arbeitnehmern – dass sie insbesondere nicht weisungsgebunden bzgl. Inhalt, Ort und Zeit ihrer Leistung sind. Sie können in den allermeisten Fällen selbst entscheiden, ob, wie, wann, wo und wie lange sie arbeiten. Dies erlaubt sowohl dem freien Mitarbeiter als auch dem Unternehmen eine größere Flexibilität als sie typischerweise in einem Arbeitsverhältnis besteht. Daneben gibt es aber auch rechtliche Unterschiede in der Behandlung von freien Mitarbeitern und Arbeitnehmern: 416

Für freie Mitarbeiter hat ein Unternehmen in Deutschland keine Sozialversicherungsbeiträge und Einkommensteuern abzuführen. Darüber hinaus gelten für freie Mitarbeiter in zahlreichen Jurisdiktionen, wie auch in Deutschland, die gesetzlichen Vorschriften zum Schutz von Arbeitnehmern (hier beispielsweise der gesetzliche Kündigungsschutz) nicht oder nur zum Teil. Mit einer – im Vergleich zu Arbeitnehmern – größeren Freiheit geht demnach auch ein erhöhtes Maß an Eigenverantwortlichkeit und Planungsnotwendigkeit einher.   417

Wird ein Beschäftigter, insbesondere unter steuer- und sozialversicherungsrechtlichen Gesichtspunkten, wie ein freier Mitarbeiter behandelt, d.h. werden keine Sozialversicherungsbeiträge und keine Lohnsteuer durch das Unternehmen abgeführt, handelt es sich jedoch   418

---

[1] Katrin Scheicht ist Partnerin bei Norton Rose Fulbright und als Rechtsanwältin im Bereich Arbeitsrecht tätig. Dr. Bernhard Fiedler ist Senior Associate bei Norton Rose Fulbright und betreut den ContractorCheck von der technischen Seite.
[2] Abrufbar unter http://www.nortonrosefulbright.com/knowledge/online-services-resources-and-tools/contractorcheck/.

tatsächlich um einen Arbeitnehmer, spricht man von der sogenannten Scheinselbständigkeit. Dieser schillernde Begriff hat insbesondere in den letzten Jahren durch zahlreiche prominente Fälle Bekanntheit erlangt.

419 Die falsche rechtliche Einordnung als freier Mitarbeiter, obwohl es sich tatsächlich um einen Arbeitnehmer handelt, ist – unabhängig von der Bezeichnung – mit erheblichen und oftmals folgenschweren Risiken für ein Unternehmen verbunden:

420 Sollte beispielsweise eine Betriebsprüfung oder eine Untersuchung durch die Hauptzollämter ergeben, dass ein freier Mitarbeiter tatsächlich als Arbeitnehmer einzustufen ist, ist das Unternehmen insbesondere zur Nachzahlung von Sozialversicherungsbeiträgen verpflichtet und haftet sowohl für den Arbeitnehmer- als auch den Arbeitgeberanteil dieser Beiträge. Eine Rückforderung des Arbeitnehmeranteils von dem vermeintlich freien Mitarbeiter ist nur in engen Grenzen möglich. Daneben drohen Unternehmen vor allem empfindliche Bußgelder.

421 Dieser Risiken sind sich viele Unternehmen nicht bewusst. Hinzu kommt, dass sich die rechtliche Einordnung nicht in erster Linie nach dem zwischen einem Unternehmen und dem freien Mitarbeiter abgeschlossenen Vertrag richtet. Entscheidend ist vielmehr die tatsächliche Handhabung der Vertragsbeziehung im Einzelfall. Der schmale Grat zwischen einem Arbeitsverhältnis und einem freien Mitarbeitsverhältnis wird daher sogar dann überschritten, wenn beide Parteien davon ausgehen, dass sie sich gesetzestreu verhalten. Dann kann es teuer werden.

422 Aus diesen Gründen bleibt eine effektive Abgrenzung zwischen Arbeitnehmern und freien Mitarbeitern für viele Unternehmen eine Herausforderung. Vor diesem Hintergrund wurde der ContractorCheck entwickelt, um Unternehmen und auch den Führungskräften, die im Arbeitsalltag mit freien Mitarbeitern zusammenarbeiten, eine Hilfestellung an die Hand zu geben.

B. ContractorCheck

423 Technische Innovationen sind mittlerweile nicht nur für Unternehmen, sondern auch für Rechtsanwälte unerlässlich: Um den Mandanten möglichst effektive Dienstleistungen anzubieten, gehen immer mehr Anwälte mit der Zeit; Digitalisierung und Automation sind unverzichtbar und werden auch von den Mandanten selbst immer häufiger verlangt.

I. Erster Schritt: Entscheidung für das Arbeitsrecht

424 Voraussetzung einer Automation ist zunächst die Standardisierung und Formalisierung eines bestimmten Sachverhalts. Dies setzt einen Sachverhalt voraus, der sich in standardisierten und eindeutig formalisierbaren Prozessen abbilden lässt. Weiter muss der Sachverhalt mit einer gewissen Häufigkeit vorkommen, um den mit der Erstellung einer Automationslösung verbundenen Aufwand zu rechtfertigen.

425 Die Abgrenzung zwischen Arbeitnehmer und freiem Mitarbeiter eignet sich aus folgenden Gründen hierfür besonders:

426 Bei der zugrunde liegenden Rechtsfrage handelt es sich mittlerweile um eine Standardfragestellung des Arbeitsrechts. Zudem sind aufgrund der mittlerweile sehr detaillierten Rechtsprechung und der Vorgaben der Sozialversicherungsbehörden eine ausreichende Zahl an abstrakten Kriterien vorhanden, anhand derer die Einzelfälle mit hinreichender Sicherheit beurteilt werden können. Damit sind die Anforderungen an einen formalisierbaren Prozess erfüllt.

427 Hinzu kommt die immer größer werdende Relevanz der Abgrenzung zwischen Arbeitnehmer und freiem Mitarbeiter. Dass diese Abgrenzung nicht nur auf Deutschland begrenzt ist, wird dadurch deutlich, dass der ContractorCheck ursprünglich in Australien entwickelt und in der Folge für verschiedene weitere Jurisdiktionen (einschließlich Deutschland, Kanada und des Vereinigten Königreichs) adaptiert wurde. Erstaunlicherweise zeigte sich bei der Anpassung des

ContractorChecks an die lokalen Rechtsordnungen, dass sich die Abgrenzungskriterien zum Teil stark ähneln. Dies hat zur Folge, dass der ContractorCheck stark skalierbar ist, was wiederum mit Blick auf die mit der ursprünglichen Entwicklung verbundenen Investitionskosten von entscheidender Bedeutung ist.

Auch wenn hier die Wahl eines Mediums zur Abgrenzung zwischen Arbeitnehmern und freien Mitarbeitern auf ein online Tool fiel, bedeutet dies nicht, dass Digitalisierung und Automation im Zusammenhang mit Rechtsfragen nur im Arbeitsrecht in Betracht kommen. Vielmehr ist ein entsprechendes Tool auch in anderen Rechtsgebieten denkbar und zwar immer dann, wenn die Rechtsfrage genügend abstrakte Kriterien bietet, damit eine Standardisierung und Formalisierung möglich wird. Ein entsprechendes Tool ist beispielsweise im Steuerrecht und im Sozialversicherungsrecht denkbar, in denen sich zahlreiche Fragestellungen mittlerweile standardisiert beantworten lassen. 428

II. Wie funktioniert der ContractorCheck?

Der ContractorCheck ist ein sogenanntes Expertensystem, also eine Anwendung, die bildlich gesehen als „Experte hinter dem Bildschirm" fungiert und ein vorhandenes Expertenwissen modelliert. Im Kern unterstützt es den Anwender wie ein Experte, indem es Handlungsempfehlungen aus einer Wissensbasis ableitet. 429

1. Grundsätzliche Funktionsweise

Der ContractorCheck basiert auf einer Software des Legal Tech Anbieters Neota Logic. Die verwendete Software erlaubt dabei die Erstellung komplexer Expertensysteme auf Basis einer sogenannten no-code-Plattform, so dass Programmierkenntnisse grundsätzlich nicht erforderlich sind. Die Plattform kann mit einem Baukasten verglichen werden, mit dem einzelne Variablen, Logikbausteine und Aktionen mittels drag-and-drop beliebig miteinander verknüpft werden können. 430

Variablen sind Bausteine, deren Wert entweder vom Anwender durch die Beantwortung von Fragen oder auf Basis der verwendeten Logik bestimmt wird. Die Variablen dienen im Wesentlichen der Informationseinholung und erlauben neben einfachen Ja/Nein-Werten unter anderem auch Listen, Zahlen, Freitext bis hin zum Upload von vorhandenen Dateien. 431

Die Logikbausteine dienen der Verarbeitung der Werte der Variablen. Sie umfassen neben klassischen Wenn-Dann-Verknüpfungen unter anderem Entscheidungsbäume, Entscheidungstabellen, einfache Formeln, komplexe Spreadsheets sowie Gewichtungen. Dabei kann jeder Logikbaustein individuell konfiguriert werden, sodass im Wesentlichen nur die Form der anzuwenden Logik feststeht, nicht aber deren inhaltliche Ausgestaltung. 432

Aktionen bestimmen im Wesentlichen den späteren Output. Basierend auf den Eingaben des Anwenders und der anzuwenden Logik bestimmen die Aktionen, ob beispielsweise eine bestimmte Mitteilung angezeigt, eine E-Mail verschickt oder ein Report erstellt wird. 433

Im Rahmen des Baukastenprinzips werden zunächst verschiedene Variablen mit den Logikbausteinen verknüpft und es wird festgelegt, welche Logik auf die Variablen Anwendung finden soll. Zuletzt werden dann den Ergebnissen der Anwendung der Logik spezifische Aktionen zugewiesen. Der Anwender des so erstellten Tools betrachtet ein webbasiertes Frontend, über das er die abgefragten Informationen zur Verfügung stellt. Die Anwendung der eigentlichen Logik erfährt der Anwender dabei nur insoweit, wie antwortspezifische Folgefragen von seiner Eingabe abhängen. Am Ende ist für ihn lediglich die Aktion sichtbar, wenn er beispielsweise eine E-Mail erhält. 434

2. Logik des ContractorCheck

435 Kern des ContractorCheck ist die angewandte Logik, mit der die vom Anwender standardisiert zur Verfügung gestellten Informationen bewertet werden. Dabei ist zu berücksichtigen, dass abhängig von der ausgewählten Jurisdiktion, für die der ContractorCheck verwendet wird, zwischen 15 und 28 Fragen vom Anwender zu beantworten sind. Daraus folgen zwischen 2^{15} und 2^{28}, oder anders ausgedrückt, zwischen 32.768 und 33.554.432 verschiedene Antwortkombinationen.

436 Aufgrund der enormen Vielzahl an unterschiedlichen Antwortkombinationen ist eine einfache Wenn-Dann-Logik (etwa anhand eines Entscheidungsbaums) hier nicht zweckdienlich. Stattdessen wurde eine Bewertung anhand eines Gewichtungssystems entwickelt, dessen Funktionsweise im Folgenden kurz dargestellt werden soll:

437 Bei einem Gewichtungssystem werden den im Rahmen der Bewertung möglichen Ergebnissen zunächst Zahlenbereiche zugeordnet. Ist eine Situation beispielsweise wahr oder falsch (zwei mögliche Ergebnisse), so könnte dies z.B. wie folgt dargestellt werden: wahr = x<10 und falsch = x≥10.

438 Im Fall des Contractor Checks ist zu beachten, dass die mit diesem Tool zu klärende Frage (d.h. die Abgrenzung zwischen Arbeitnehmern und freien Mitarbeitern) von einer Gesamtbetrachtung einer Vielzahl von Indizien und Umständen abhängt. In der Praxis fallen dabei einige Indizien mehr oder weniger ins Gewicht, so dass dies bei dem Gewichtungssystem und den Punkten pro Frage berücksichtigt wurde.

439 In einem zweiten Schritt werden dann die einzelnen Variablen (dies sind im Falle des ContractorCheck die vom Anwender zu beantwortenden Fragen), mit denen das Ergebnis der Situation bestimmt werden soll (im obigen Beispiel wahr oder falsch), mit einzelnen Werten versehen, die ihrer Gewichtung im Rahmen der Situation entsprechen.

440 Reicht beispielsweise die Beantwortung einer Variable aus, um festzustellen, dass das Ergebnis der Situation "falsch" ist, muss der Wert der Variable mindestens 10 sein. Abhängig von den Eigenschaften der einzelnen Variablen sind hier neben einer einfachen Addition und ggf. Subtraktion der den einzelnen Variablen zugeordneten Werte auch komplexere Formeln im Rahmen der Gewichtung denkbar.

441 Entscheidend ist insoweit, wie die Ergebnisbereiche definiert, und welche konkreten Werte den einzelnen Variablen zugeordnet werden. Im Hinblick auf den ContractorCheck hilft hier insbesondere die Vielzahl der von den Sozialversicherungsbehörden und der Rechtsprechung entwickelten Kriterien zur Abgrenzung von freien Mitarbeitern und Arbeitnehmern, da diese die adäquate Gewichtung der einzelnen Variablen ermöglicht.

442 Da es bei der Abgrenzung zwischen freien Mitarbeitern und Arbeitnehmern auf eine Gesamtbetrachtung aller Umstände des Einzelfalls ankommt, gibt es kein Merkmal, das für sich alleine bereits zu einer Qualifizierung als Arbeitnehmer führt. Im Zusammenspiel mit weiteren Merkmalen kann sich das Risiko einer entsprechenden Einordnung aber deutlich erhöhen. Insofern lassen sich hier bestimmte, regelmäßig wiederkehrende Situationen ableiten, die bei der Gewichtung entsprechend zu berücksichtigen sind.

3. Entwicklung des ContractorCheck

443 Die ursprüngliche Idee des ContractorCheck wurde von einem Anwalt der australischen Arbeitsrechtspraxis von Norton Rose Fulbright entwickelt. Hintergrund war, dass im Rahmen des Austausches der Mitglieder der internationalen Arbeitsrechtspraxis festgestellt wurde, dass einzelne gleichgelagerte Rechtsprobleme innerhalb mehrerer Jurisdiktionen auftreten.

444 Die eigentliche Entwicklung des ContractorCheck erfolgte dann in einer Kollaboration aus Anwälten als Domänen-Experten und Legal Technology Innovation Architects als Entwickler. Die Grundzüge der anzuwendenden Logik (einzelne Merkmale qualifizieren direkt, andere Merkmale erst im Zusammenspiel mit weiteren Merkmalen) wurde von den Domänen-Experten vorgegeben und von den Entwicklern durch die Entscheidung für ein Gewichtungssystem umgesetzt.

In der Folge bestand der hauptsächliche Beitrag der Domänen-Experten in der Definition der einzelnen, abzuprüfenden Merkmale (Variablen), der Gewichtung der einzelnen Antworten (Logik) und den anzuzeigenden Ergebnissen (Output). Eine der wesentlichen Herausforderungen bestand insoweit in der Kommunikation zwischen den Domänen-Experten und den Entwicklern, da die Domänen-Experten das erforderliche Fachwissen in für die Entwickler, die über keine juristische Ausbildung verfügten, verständlicher Art und Weise zur Verfügung stellen mussten. Dies setzte auf der anderen Seite voraus, dass die Domänen-Experten ein Grundverständnis der Funktionsweise der Anwendung erhielten. Für künftige Anpassungen ist in diesem Fall auch weiterhin eine Zusammenarbeit zwischen Domänen-Experten und Entwicklern erforderlich. 445

Die Adaption des ContractorCheck für Deutschland stellt insofern eine Besonderheit dar, da hier die technische Umsetzung durch einen Rechtsanwalt mit eigener technischer Expertise erfolgte. Zwar wurde auch hier in einer Kollaboration zwischen Anwälten der Arbeitsrechtspraxis und dem Entwickler gearbeitet. Dass der Entwickler aber selbst Rechtsanwalt ist, war für den Prozess aufgrund der erleichterten Abstimmung sehr hilfreich. Insbesondere können Anpassungen so sehr kurzfristig erfolgen. 446

Insoweit bleibt festzuhalten, dass eine technische Expertise auf Seiten der Domänen-Experten für die Entwicklung einer Anwendung nicht zwingend notwendig ist. Allerdings kann die eigentliche Entwicklung einer Anwendung erheblich vereinfacht und beschleunigt werden, wenn der Domänen-Experte in einer Person auch Entwickler ist. 447

III. Wie ging es dann weiter?

Nach Erstellung des Tools von arbeitsrechtlicher und IT-Seite wurde dieses zusätzlich unter steuerrechtlichen Aspekten geprüft, da aufgrund der Thematik nicht nur arbeitsrechtliche sondern auch steuerrechtliche Aspekte eine Rolle spielen. 448

Dabei hängen die jeweils zu beachtenden Rechtsgebiete von der Thematik des Tools ab. Bei anderen Themen können deutlich mehr Rechtsgebiete oder ggf. auch nur ein einziger Rechtsbereich zu berücksichtigen sein. 449

Anschließend erfolgte vor der Veröffentlichung ein Test nicht nur durch Kollegen, sondern auch potenzielle Anwender, wie Mitarbeiter in Personal- und Rechtsabteilungen und Führungskräfte. Diese Testläufe haben nochmals wertvolles Feedback geliefert, um den ContractorCheck möglichst praxistauglich und entsprechend der Bedürfnisse der Anwender zu gestalten. 450

Nach Umsetzung dieses Feedbacks wurde der ContractorCheck live geschaltet. Jedoch wird auch weiterhin Feedback durch die Anwender gesammelt, um den ContractorCheck dynamisch an die Bedürfnisse der Anwenders anpassen zu können und eine Stagnation zu vermeiden. Auch etwaige Änderungen in der Rechtsprechung sowie in den Vorgaben der Sozialversicherungsbehörden werden überwacht und die Parameter des ContractorCheck, soweit erforderlich, entsprechend angepasst. 451

IV. Wie wird der ContractorCheck benutzt?

Der Zugriff auf das Tool erfolgt über die Webseite von Norton Rose Fulbright. 452

Nachdem sich der Anwender auf der Startseite des ContractorCheck angemeldet hat, erfolgt die eigentliche Prüfung anhand eines vordefinierten und eingabeabhängigen Fragenkatalogs. Das Anwendungsinterface ist übersichtlich aufgebaut, klar strukturiert und benutzerfreundlich ausgestaltet. Um dem Anwender schnelle Ergebnisse liefern zu können, wurde zudem auf überflüssige Arbeitsschritte und Items verzichtet. 453

454 Der Anwender erhält unmittelbar vor dem Prozess eine Kurzinstruktion zur Beantwortung der Fragen. So wird der Anwender beispielsweise darauf hingewiesen, dass die Fragen wahrheitsgemäß und möglichst vollständig zu beantworten sind, und dass bei Widersprüchen zwischen vertraglichen Regelungen und deren praktischer Handhabung, letztere für die Beantwortung der Fragen entscheidend ist.

455 Von dem Anwender werden dann die für den ContractorCheck erforderlichen Informationen im Rahmen eines Frage/Antwort-Dialoges abgefragt.

456 Diese Fragen können großteils einfach mit Ja oder Nein beantwortet werden. Teilweise ist aber auch eine Auswahl unter mehreren Antwortmöglichkeiten und die Eingabe von Freitext möglich.

457 Der Abfrageprozess ist dabei in mehrere Unterabschnitte gegliedert, wobei die Fragen innerhalb dieser Unterabschnitte thematisch aufeinander abgestimmt sind. So werden beispielweise innerhalb der Kategorie Kosten/Risikoallokation Informationen in Bezug auf die Kostenallokation und Verlustübernahme-/Verlustausgleichspflichten abgefragt.

458 Am Ende des Frage/Antwort-Dialoges erhält der Anwender eine E-Mail, die eine Auswertung der Fragen und eine darauf basierende Risikoeinschätzung der eigentlichen Fragestellung, Arbeitnehmer oder freier Mitarbeiter, enthält. Zudem enthält dieser Report weiterführende Informationen für den Anwender. Abhängig von der ausgewählten Jurisdiktion, für die der ContractorCheck verwendet wird, kann dieser Report teilweise auch direkt am Ende des Frage/Antwort-Dialoges von der Webseite heruntergeladen werden.

459 Im Ergebnis gibt der ContractorCheck basierend auf den Antworten des Anwenders eine automatisierte Einschätzung, ob ein niedriges, mittleres oder hohes Risiko für eine Scheinselbständigkeit besteht. Voraussetzung ist, dass die Fragen zutreffend und vollständig beantwortet werden.

V. Für wen ist der ContractorCheck relevant?

460 Der ContractorCheck wurde zwar nicht im Rahmen eines bestimmten Mandats entwickelt, wird aber durchaus auch zur Unterstützung im Rahmen der Mandatsarbeit genutzt. Da die Rechtsprechung in diesem Bereich zum Teil sehr detailliert und umfangreich ist, kann die erste Einschätzung mittels des ContractorCheck jedoch nicht in allen Fällen die individuelle Rechtsberatung „von Angesicht zu Angesicht" ersetzen. Insbesondere aufgrund der zum Teil erheblichen und folgenschweren Konsequenzen sollte im Zweifelsfall immer eine persönliche Rechtsberatung erfolgen.

461 Im Vordergrund stand bei der Entwicklung der Gedanke, Unternehmen und ihren Führungskräften durch den Einsatz von Legal Tech eine und konkrete Hilfestellung bei der Abgrenzung von freien Mitarbeitern und Arbeitnehmern und damit einen added-value zu bieten.

462 Dabei ist der ContractorCheck nicht nur für Mitarbeiter in Rechts- oder Personalabteilungen von Interesse. Er ermöglicht vor allem auch juristisch nicht erfahrenen Führungskräften, die mit freien Mitarbeitern zusammenarbeiten, aber die rechtlichen Aspekte der Abgrenzung nicht so gut kennen wie Juristen, eine erste Einschätzung, ob es sich tatsächlich um freie Mitarbeiter handelt oder ob ein Risiko besteht, das es z.B. mit der Rechtsabteilung zu besprechen gilt.

463 Die Anwendung bietet somit unterschiedlichen Ansprechpartnern in einem Unternehmen eine Hilfestellung bei der Lösung der konkreten Rechtsfrage.

464 Alternativ zu einem Tool, das von einer Vielzahl von Unternehmen genutzt werden kann, wäre es selbstverständlich auch möglich, zu anderen Rechtsfragen ein Basis-Tool zu erstellen und dieses dann für den jeweiligen Mandanten im Einzelfall an dessen besondere Situation anzupassen. Bei dem ContractorCheck war dies weder erforderlich noch sinnvoll, da durch die Fragen und Antwortmöglichkeiten die Einzelfälle bereits ausreichend berücksichtigt werden.

C. Fazit

Der ContractorCheck ist ein gutes Beispiel und zugleich ein Vorreiter für die in den nächsten Jahren im Rechtsbereich zu erwartende, weiter fortschreitende Automation und Digitalisierung. Das Tool lässt sich nicht nur einfach handhaben, sondern zeigt auch, wie Rechtsfragen standardisiert online bearbeitet werden können und kommt dem Wunsch der Unternehmen nach einer effizienten, schnellen Beantwortung von Fragen entgegen. Überall dort, wo ein Sachverhalt – unabhängig vom Rechtsgebiet – standardisiert und formalisiert abgebildet werden kann, wird es in der Zukunft Automatisierungen geben. Während eine solche auf künstlicher Intelligenz beruhende Prozessautomation eine effiziente Möglichkeit für eine vorläufige Einordnung einer rechtlichen Problemstellung bietet, ersetzt sie jedoch insbesondere in Zweifelsfällen nicht die rechtliche Beratung im Einzelfall durch einen externen Rechtsanwalt oder internen Syndikusanwalt. **465**

3.5 „Deloitte + Legal + Tech"

Thomas Northoff und Klaus Gresbrand[1]

In diesem Beitrag soll ein exemplarischer Einblick in den aktuellen Stand der Technik bei Deloitte Legal gewährt werden, gefolgt von einem kurzen Blick in die Zukunft. Dabei beginnen wir unseren Beitrag mit einer Darstellung typischer effizienzsteigernder Lösungen für Rechtsabteilungen in Unternehmen oder Kanzleien (Document Automation, Legal Expert Systems, Information Extraction und eDiscovery), bevor wir die aus unserer Sicht in der Zukunft sich ergebenden Herausforderungen beschreiben. 466

Deloitte Legal ist der in über 75 Ländern tätige Rechtsberatungsarm von Deloitte, einem der weltweit größten Dienstleister für Wirtschaftsprüfung, Risk Advisory, Rechts- und Steuerberatung, Consulting und Financial Advisory. Deloitte Legal deckt mit seinen Service Lines Corporate/M&A, Commercial, Employment, Business Integrity, Tax Controversy und Regulated Industries das volle Beratungsspektrum einer klassischen Wirtschaftskanzlei ab. Untypisch für eine Anwaltskanzlei ist jedoch der Umstand, dass Deloitte Legal Teil des über 244.400 Mitarbeiter starken Deloitte-Netzwerks ist, in dem sowohl der Einsatz externer Technologien als auch die Eigenentwicklung von Software für verschiedenste Bereiche professioneller Dienstleistungen seit Jahren praktiziert wird. Diese besondere Ausgangssituation bietet eine große Chance, gerade vor dem Hintergrund der sich immer konkreter abzeichnenden technologischen Veränderungen der Branche. Deloitte Legal profitiert insbesondere davon, dass die Technisierung der Beratung in anderen Unternehmensbereichen, etwa der Steuerberatung und Wirtschaftsprüfung, bereits etwas weiter fortgeschritten ist als in der Rechtsberatung, und insofern auf einen gewissen Grundstock an Erfahrungen und IT-Entwicklungskompetenzen im Hause Deloitte zurückgegriffen werden kann. 467

A. Document Automation „plus X"

Document Automation[2], also die softwaregestützte Generierung individualisierter Dokumente auf Grundlage dynamischer Dokumentenvorlagen, ist zentraler Bestandteil der aktuellen Legal Tech-Diskussion. In der Tat kann der Einfluss dieser Technologiegattung auf die anwaltliche Tätigkeit kaum überschätzt werden, denn sie ist einer der entscheidenden Faktoren bei der Entwicklung fort von der Manufaktur und hin zur Massenproduktion rechtlicher Dokumente. Während in der Steuerberatung seit einiger Zeit Steuererklärungen selbstverständlich mithilfe von Software generiert werden, ist dies für den Rechtsberatungsmarkt noch immer ein vergleichsweise neues Konzept. 468

Besonders konsequent wird Document Automation in Deutschland bei Anbietern wie Smartlaw[3] oder Janolaw[4] eingesetzt. Dort können Endverbraucher unterschriftsreife Testamente, GmbH-Satzungen, Kfz-Kaufverträge usw. für eine geringe Gebühr und ohne menschliche Beratung online in Echtzeit erstellen. Die vorstehenden Anbieter wenden sich in erster 469

---

[1] Thomas Northoff ist Managing Partner von Deloitte Legal in Deutschland, Mitglied der Global Legal Executive von Deloitte Legal und Leiter des Global Legal Technology Centre von Deloitte Legal; Klaus Gresbrand ist Rechtsanwalt bei Deloitte Legal im Bereich Corporate/M&A.
[2] Üblich sind auch Bezeichnungen wie Contract Automation, Document Assembly, Vertrags- oder Dokumentenautomation.
[3] www.smartlaw.de.
[4] www.janolaw.de.

Linie an Privatkunden und kleine Unternehmen. Doch auch in full-service Wirtschaftskanzleien gehört Document Automation zunehmend zum neuen Technikstandard. Die am Markt verfügbaren Softwaretools[5] werden von Kanzleien in der Regel zur internen Effizienz- und Qualitätssteigerung eingesetzt. Für den Mandanten steht hierbei typischerweise nicht im Vordergrund – und es ist auch für ihn oft nicht erkennbar –, ob ein für ihn vorbereiteter Entwurf mittels Document Automation erstellt wurde oder konventionell „von Hand". Die Erstellung eines Dokuments erfolgt in der Regel dadurch, dass ein dynamisches Template aufgerufen und sodann in einen Fragebogen die für die Individualisierung des Dokuments erforderlichen Angaben eingegeben werden. Anschließend erstellt die Document Automation-Software aus diesen Angaben das individualisierte Dokument oder ein komplettes Set zusammengehöriger Dokumente.[6]

470   Auch Deloitte Legal setzt sich seit einigen Jahren intensiv mit Document Automation auseinander und verwendet verschiedene Document Automation-Lösungen. Dabei hat sich im Rahmen von Pilotprojekten und in Gesprächen mit Mandanten gezeigt, dass diese Technologie besonders in solchen Szenarien sinnvoll eingesetzt werden kann, in denen bei der Generierung der individuellen Dokumente auf einen bereits vorhandenen Datenbestand zurückgegriffen werden kann. Gemeint ist damit, dass nicht nur auf einem dynamischen Template aufgesetzt wird, sondern dass darüber hinaus die einzelfallbezogenen Angaben, die für die Erstellung des individualisierten Dokuments erforderlich sind, soweit möglich aus vorhandenen Datenbeständen (Datenbanken) bezogen werden können. In solchen Konstellationen sind für die Erstellung eines bestimmten Dokuments keine oder nur minimale händische Eingaben erforderlich und Aktualisierungen der eingebundenen Datenbestände wirken sich unmittelbar auf die nächsten generierten Dokumente aus.

471   Ein Beispiel für diesen integrierten Einsatz von Dokumentenautomation ist das von Deloitte Legal in-house entwickelte Entity Management- und Compliancetool „Element". Element ermöglicht die strukturierte Ablage und Verwaltung der gesellschaftsrechtlichen Dokumente aller Gesellschaften einer Unternehmensgruppe und sichert die Erfüllung wiederkehrender Corporate Compliance-Aufgaben, etwa Feststellung und Veröffentlichung von Jahresabschlüssen, deren Status in übersichtlichen Dashboards (Weltkarte/Ampelprinzip) dargestellt wird. Auch Corporate Housekeeping-Aufgaben wie die Bestellung und Abberufung von Geschäftsführern kann über Element verwaltet werden, wobei die Software – je nach den Anforderungen der betreffenden Gesellschaftsform und Jurisdiktion – automatisch weitere Corporate Compliance-Vorgaben wie etwa das Einhalten einer Mindestanzahl von Geschäftsführern, Mindestalter der Geschäftsführer usw. abprüft. Zusätzlich zu der reinen Darstellung und Verwaltung solcher Sachverhalte nutzt Element die zu den einzelnen Gesellschaften abgelegten Daten, um mittels Dokumentenautomation die Standarddokumente wie Gesellschafterbeschlüsse oder Registeranmeldungen zu erstellen, die für die Umsetzung solcher Maßnahmen benötigt werden. Da die Software Angaben zu beispielsweise den Geschäftsführern oder Gesellschaftern einer Gesellschaft bereits aus dem eigenen Datenbestand ziehen kann, müssen nur in geringem Umfang händische Eingaben getätigt werden.

472   Der Einsatz von Element ermöglicht es Deloitte Legal, das Corporate Housekeeping ganzer Unternehmensgruppen zu übernehmen und dabei ein weltweit konsistentes Maß an Kosteneffizienz und Qualität sicherzustellen. Element ist bereits für Deutschland und ausgewählte, weitere Ländern verfügbar und wird gegenwärtig auf weitere Jurisdiktionen ausgerollt. Dies beinhaltet insbesondere die Anpassung des Datenmodells und der dynamischen Templates auf die Besonderheiten der jeweiligen Rechtsform.

---

[5] Typische Vertreter sind etwa ContractExpress, Exari, HotDocs oder XpressDox. Einen kostengünstigen und mit geringem Administrationsaufwand verbundenen Einstieg in Document Automation bietet z. B. TheForm-Tool PRO.

[6] Etwa die Gründungsurkunde, Satzung, Gesellschafterliste und Handelsregisteranmeldung einer neu zu gründenden GmbH.

B. Legal Expert Systems: Low Tech, High Impact

Im Kern kann Document Automation als eine Aneinanderreihung von „Wenn-Dann"-Regelungen verstanden werden, die im Ergebnis das Wissen eines menschlichen Anwalts zu einem bestimmten Dokument nachbilden – in den Kategorien der künstlichen Intelligenz würde man Document Automation wohl im Bereich der sog. Expertensysteme ansiedeln. Aber schon in deutlich einfacheren Varianten dieses Prinzips lassen sich Lösungen realisieren, die spürbare Auswirkungen auf die rechtsberatenden Berufe haben. Dies gilt insbesondere für Lösungen, die verschiedene Rechtsordnungen adressieren.

Mit dem Dismissal Calculator[7] hat Deloitte Legal ein Onlinetool geschaffen, mit dem Kündigungsfristen und Abfindungsbeträge errechnet werden können.[8] Der Nutzer stellt dafür über einen Online-Fragebogen Angaben wie Jahresgehalt und Dienstalter von Angestellten zur Verfügung und erhält unmittelbar eine entsprechende Auswertung. Da der Dismissal Calculator nicht nur deutsches Arbeitsrecht, sondern insgesamt fünfzehn Jurisdiktionen abdeckt, ermöglicht er insbesondere auch den Personalabteilungen internationaler Unternehmen einen schnellen Erstzugriff auf die zu erwartenden Auswirkungen geplanter Personalrestrukturierungen – ohne hierfür einen Anwalt kontaktieren zu müssen.

Ein weiteres Beispiel ist der von Deloitte Legal in Zusammenarbeit mit Deloitte Tax und dem Deloitte Center for the Long View[9] innerhalb weniger Wochen zur Einsatzreife gebrachte Brexit Navigator.[10] Durch Beantwortung eines Online-Fragebogens erhalten Unternehmen mit dem Brexit Navigator einen individualisierten Überblick über Brexit-Risiken. Dabei beschränkt sich der Brexit Navigator nicht auf eine Auswertung rechtlicher und steuerlicher Risiken, sondern berücksichtigt auch Auswirkungen auf die Unternehmensstrategie.

Die dem Dismissal Calculator und dem Brexit Navigator zugrundeliegende Technologie ist zweifellos unspektakulär. In Verbindung mit den länder- bzw. fachübergreifenden Inhalten wird jedoch ein erheblicher Nutzwert für den Mandanten geschaffen. Es liegt auf der Hand, dass die Anfrage einer Personalabteilung an eine Anwaltskanzlei zu einer groben Ersteinschätzung von Kündigungsfristen und Abfindungen für eine angedachte Restrukturierung in fünfzehn Ländern nicht nur einige Zeit in Anspruch nehmen, sondern auch erhebliche Kosten verursachen würde. Auch eine Erstberatung durch Anwälte, Steuerberater oder Consultants zu Brexit-Risiken wäre ein zeit- und kostenintensives Unterfangen. Mit dem Dismissal Calculator und Brexit Navigator schlägt Deloitte einen anderen Weg ein. Beide Tools stehen ihren Nutzern kostenlos zur Verfügung und liefern jederzeit und in Echtzeit Auskunft.[11]

C. Information Extraction

Eine weitere Schlüsseltechnologie im heutigen Legal Tech-Universum ist die automatische Extraktion von Daten aus rechtlichen Dokumenten. Information Extraction Tools[12] können mittels *machine learning*, einer Form künstlicher Intelligenz, bestimmte Angaben in rechtlichen Dokumenten wie beispielsweise Parteien, Laufzeit, Change-of-Control-Klauseln, Rechtswahlklauseln oder Schadenersatzbestimmungen identifizieren. So können automatisch strukturierte

---

[7] https://www2.deloitte.com/global/en/pages/legal/articles/deloitte-dismissal-calculator.html?nc=1.
[8] Die gewährten Auskünfte sind unverbindlich und sollen den Nutzern lediglich einen raschen und groben Überblick verschaffen. Eine konkrete Planung und Ergreifung rechtlicher Schritte sollte nur mit anwaltlicher Beratung und unter Berücksichtigung des Einzelfalls erfolgen.
[9] https://www2.deloitte.com/de/de/pages/strategy/topics/center-for-the-long-view.html.
[10] https://www2.deloitte.com/de/de/pages/strategy/articles/Deloitte-Brexit-Navigator.html.
[11] Kostenlose Registrierung erforderlich. Sowohl der Dismissal Calculator als auch der Brexit Navigator dienen der unverbindlichen und allgemeinen Auskunft zu den in ihnen dargestellten Inhalte. Sie stellen keine Rechtsberatung dar.
[12] Typische Anbieter solcher Tools sind z. B. Kira, RAVN, Leverton oder Seal Software.

Datenbestände aus vormals unstrukturierten – da nur auf dem Papier gespeicherten – Informationen gewonnen werden. Dies kann schon an und für sich ein Gewinn sein, etwa wenn im Rahmen einer Legal Due Diligence größere Mengen an Verträgen auf das Vorhandensein von Change-of-Control-Klauseln zu prüfen sind. Der Output des Information Extraction Tools kann jedoch auch eine Vorstufe für eine nachgelagerte Weiterverarbeitung sein, etwa ein Einspielen der Daten in ERP- und Vertragsmanagemensysteme oder die Vornahme weiterer Analysen oder Berechnungen auf Grundlage der gefundenen Daten.[13]

478 Allerdings müssen Information Extraction Tools zunächst anhand möglichst zahlreicher Beispiele auf die von ihr zu extrahierenden Angaben trainiert werden – entweder im Rahmen reinen *machine learnings* nur durch Vorlage von Beispieltexten oder, im Rahmen von *rule based learning* durch zusätzliche Vorgabe abstrakter Suchparameter. Nach dem ersten Training beginnt die Software, die gewünschten Angaben selbsttätig aufzuspüren. Typischerweise muss sie jedoch vom Nutzer sowohl auf übersehene Textstellen (*false negatives*) als auch auf von der Software irrtümlich als relevant eingestufte Passagen (*false positives*) hingewiesen werden, um ihr internes Suchmodell stetig verbessern zu können. Der Schlüssel für den effizienten Einsatz von Information Extraction Tools liegt häufig gerade in diesem Trainingsaufwand – insbesondere wenn nach Angaben gesucht wird, auf die die Software nicht schon „von Haus aus" vortrainiert ist.

479 Bei Deloitte sind Information Extraction Tools zunächst nicht im Kontext anwaltlicher Arbeit, sondern vielmehr in der Wirtschaftsprüfung, der Steuerberatung und im Consulting eingesetzt worden. Das Tool „Argus" ermöglicht den Wirtschaftsprüfern die effiziente Sichtung großer Mengen von Dokumenten im Rahmen der Abschlussprüfung. Indessen zielt das Consulting Tool „D-ICE" in erster Linie darauf ab, Kunden einen raschen Einblick in umfangreiche Vertragslandschaften zu gewähren. Auch in der computergestützten Analyse von Mietvertragsportfolien nutzt Deloitte Information Extraction Tools. Im Bereich der Steuerberatung, insbesondere im Tax Management Consulting, steht insbesondere die automatisierte Auswertung von formularmäßigen Dokumenten im Vordergrund.

480 Die von Deloitte in diesem Kontext angebotenen Lösungen bauen in der Regel auf Standardtechnologien auf (Kira, Leverton, ABBYY Flexicapture, Seal, etc.), die häufig schon seit mehreren Jahren und durch eine größere Anzahl ausgebildeter Nutzer verwendet und trainiert werden. So hat mit der Software Kira, die allein bei Deloitte USA von rund 3.000 Nutzern eingesetzt wird, die Analyse von bislang über einer Million Dokumente nicht nur zu hoher Treffsicherheit beim Einsatz der Software geführt, sondern auch das Training von über 200 auffindbaren Angaben ermöglicht.[14] Die Fähigkeiten aktueller Information Extraction Tools ähneln sich, jedoch gibt es in spezifischen Funktionalitäten im Einzelfall oft wichtige Unterschiede. Deloitte kooperiert daher bedarfsbezogen mit verschiedenen Anbietern.

481 Trotz der beeindruckenden Funktionalität der Software ist der Kunde in der Regel nicht allein an dem Arbeitsergebnis der eingesetzten und trainierten Software interessiert. Daher bietet Deloitte zusätzlich verschiedene Formen eines menschlichen Reviews unter Berücksichtigung von Qualitätssicherungsprotokollen an. Anhand der konkreten Bedürfnisse von Mandanten kann der Review durch Anwälte von Deloitte Legal erfolgen oder auch durch Business Consultants. Gerade in der Nachfrage nach einem ersten Vertragsreview durch „Nicht-Anwälte", etwa zur Ermittlung von deren wirtschaftlicher Bedeutung, zeigt sich der oft diskutierte Trend zur Aufspaltung vormals rein anwaltlicher Aufgaben auf verschiedene Dienstleister.[15]

---

[13] Etwa die Berechnung des Wertes eines Portfolios von Mietverträgen anhand der jeweiligen Laufzeiten und Regelungen zur Miethöhe.
[14] Zum Einsatz von KIRA vgl. auch das Kapitel von Krause/Hecker, Rn. 304 ff.
[15] Vgl. Susskind, a.a.O.

D. eDiscovery

482 Deloitte gehört zu den führenden Anbietern von e-discovery Services und verfügt über die klassische Bandbreite von eDiscovery-Software. eDiscovery-Software dient im Wesentlichen dazu, relevante Informationen in umfangreichen Datenbeständen zu identifizieren. Dabei steht weniger die Zusammenfassung der Kernpunkte der durchsuchten Dokumente im Vordergrund (wie bei Information Extraction Tools), sondern das reine Aufspüren relevanter Dokumente in großen und größten Datenbeständen. Deloitte Legal unterstützt dabei insbesondere solche Projekte, bei denen eine Durchsicht der identifizierten Dokumente durch Anwälte erforderlich ist, etwa aus fachlichen Gründen oder unter dem Gesichtspunkt der Wahrung des *attorney client privilege*. Mithilfe von Software wie Relativity des Herstellers kCura werden dabei in größeren Projekten Datenmengen im Petabyte-Bereich[16] verarbeitet und Milliarden von Dokumentenseiten gesichtet.

483 Um die Reviewzeiten in einem akzeptablen Rahmen zu halten, wird hierbei Technology Assisted Review (TAR) genutzt. Hierbei lernt das System, Dokumente auf Basis des bisherigen Reviews selbsttätig auf Relevanz hin zu klassifizieren. Dies kann genutzt werden, um potenziell relevante Dokumente im Review zu priorisieren, aber auch um den vom Menschen zu sichtenden Datenbestand zu reduzieren, indem Dokumente vom Review ausgeschlossen werden, die das System als mit hoher Wahrscheinlichkeit irrelevant eingestuft hat. Visualisierungslösungen wie z. B. Brainspace unterstützen den Review durch die Darstellung von Kommunikationsbeziehungen und durch Clustern von Dokumenten zu Themenbereichen und ermöglichen so eine zielgerichtete und schnelle Identifikation von relevanten Dokumenten.

484 Ferner nutzt Deloitte Legal eDiscovery-Software, um für Mandanten in kurzer Zeit und zu attraktiven Konditionen große Mengen von Verträgen nach Anhaltspunkten für Brexit-bezogene Risiken zu durchsuchen. Dies ermöglicht einen schnellen Erstzugriff auf potenziell vom Brexit betroffene Verträge und eine fundierte Entscheidung darüber, welche Verträge einem eingehenden Review unterzogen werden sollten.

E. Herausforderung Legal Tech

485 Die Rechtsberatungsbranche ist schon häufiger mit der Einführung von technischen Neuerungen konfrontiert worden. Die Einführung von E-Mail, von elektronischen juristischen Datenbanken wie beck-online, Juris, Jurion etc. oder – unlängst – von Speech-to-Text-Software oder kanzleieigenen elektronischen Datenräumen oder Kommunikationsplattformen à la HighQ Collaborate haben spürbare Auswirkungen auf die Arbeitsgeschwindigkeit gehabt. Im Kern waren die mit der Einführung dieser Neuerungen verbundenen Herausforderungen ganz überwiegend technischer Natur. Die geeignete Software musste ausgewählt und in die Infrastruktur der Kanzlei integriert werden, Mitarbeiter mussten im Umgang mit der Software geschult werden. So wurde etwa der Brief zum Fax und später zur E-Mail, welche sich gegenwärtig in vielerlei elektronische Kommunikationsströme aufspaltet, etwa in die Q&A-Systeme elektronischer Datenräume oder andere spezialisierte Kommunikationsplattformen. Die im Mittelpunkt der Legal Tech-Diskussion stehenden Technologien sind insofern anders gelagert, als ihre erfolgreiche Integration über die Bewältigung der rein technischen Installation hinausgeht.

- **Personal.** Dies liegt zum einen darin begründet, dass Technologien wie Document Automation oder sonstige Expertensysteme mit maßgeschneiderten juristischen Inhalten befüllt werden müssen, bevor sie eingesetzt werden können. Am Beispiel von Document Automation bedarf etwa die Programmierung dynamischer Vorlagen sowohl eines technischen

---

[16] 1 Petabyte = 1.000 Terabyte.

Grundverständnisses aufseiten des für die juristischen Inhalte Zuständigen als auch einem Sinn für juristische Zusammenhänge aufseiten des Programmierers der dynamischen Templates. Dieses Anforderungsprofil hat in einigen Kanzleien, insbesondere im angloamerikanischen Raum, zur Einführung neuer Berufsbilder wie dem des Legal Engineers oder Knowledge Engineers geführt. Deloitte Legal begegnet dieser Herausforderung zum einen durch enge Kooperation mit den bereits im Hause Deloitte vorhandenen IT-Spezialisten und zum anderen durch gezielte Förderung jüngerer, technikaffiner Anwälte im Rahmen von Legal Tech-Projekten.

- **Investitionen in Technologie und Innovation.** Besonders wenn die später mithilfe von Legal Tech erbrachten Leistungen rein nach tatsächlichem Aufwand abgerechnet werden (*billable hours*), stellt sich die Frage nach der Rechtfertigung für die oft erheblichen Investitionen für Erwerb/Entwicklung von Software, Bereitstellung der erforderlichen IT-Infrastruktur, ihrer inhaltlichen Befüllung und der fortlaufenden Überprüfung ihrer Aktualität und Sicherheit. Denn der Effizienzgewinn durch Legal Tech führt idealiter gerade zu einer deutlichen Verringerung des Zeitaufwands durch den Anwalt und damit denklogisch zu weniger Umsatz für die gleiche Tätigkeit. Nicht immer ist ein attraktiver, interner *business case* für den Einsatz moderner Legal Tech-Anwendungen möglich. Anders gestaltet sich die wirtschaftliche Betrachtung bei Leistungen für die in der Regel Festpreise oder *fee caps* vereinbart werden oder bei Leistungen, deren Erbringung auf konventionelle Weise zu einem Zeitaufwand führen würde, der dem Mandanten gegenüber nicht (mehr) gerechtfertigt werden kann. Für die Anwälte persönlich kann sich dabei eine ganz ähnlich gelagerte Frage stellen: Wie ist das persönliche Engagement, also die Investition von Arbeitszeit in Legal Tech mit Zielvereinbarungen wie Umsatz oder Anzahl abgerechneter Stunden in Einklang zu bringen? Wünscht und honoriert die Kanzlei solcher Art persönlichen Einsatzes? Deloitte verfügt über verschiedene Programme zur Förderung von innovativen Technologien und Projekten – sowohl durch Bereitstellung von Budgets zum Erwerb von Softwarelizenzen als auch durch Einräumung von Zeitkontingenten für Mitarbeiter, die sich einem bestimmten Projekt widmen möchten. So können Anwälte von Deloitte Legal sich zeitlich bei der Entwicklung von Legal Tech-unterstützen Lösungen beteiligen, ohne dabei in Konflikt mit Zielvereinbarungen zu kommen.
- **Technologiegovernance und -strategie.** Besonders bei größeren und international operierenden Kanzleien stellt sich zunehmend das Problem der Technologiegovernance und -strategie. Auf der strategischen Ebene sind grundlegende Entscheidungen über das „ob & wie" des Legal Tech-Einsatzes der Kanzlei notwendig, um angesichts der Vielzahl an neuen Möglichkeiten handlungsfähig zu bleiben seine Energien konzentriert einsetzen zu können. Auf der Governance-Ebene müssen u. a. Dopplungen in der (neu) entstehenden Infrastruktur vermieden und Interoperabilität zwischen einzelnen Tools und der bestehenden IT-Landschaft gewährleistet werden. Deloitte Legal hat sowohl auf globaler wie deutscher Ebene eine eigene Technologiestrategie formuliert. Das im Jahr 2017 eingerichtete Legal Tech Center koordiniert globale Legal Tech-Entwicklungen und Anschaffungen bei Deloitte Legal. Ferner stellt ein weltweites Netzwerk von Chief Technology Officers (CTOs) die funktions- und länderübergreifende Koordination auch funktionsübergreifend sicher.
- **Digitale Storefront.** Die Vielfalt neuartiger Dienstleistungen und technischer Möglichkeiten fordert nicht nur Berater, sondern auch deren Kunden: Wo immer ein Tool nicht nur rein intern verwendet wird, sondern auch direkt durch den Mandanten genutzt werden kann, muss sich dieser an eine neue Benutzeroberfläche gewöhnen, persönliche Einstellungen vornehmen und – einmal mehr – seine Zugangsdaten verwalten. Daher bietet Deloitte mit „myInsight" eine für den Mandanten konfigurierbare Portalseite an, die in einem einheitlichen Look-and-Feel zahlreiche Onlinelösungen von Deloitte an einem Ort vereint. Die „single sign-on"-Funktionalität reicht dabei die bei Aufruf von myInsight eingegebenen Zugangsdaten an die einzelnen Applikationen weiter, so dass keine erneute Anmeldung erforderlich ist. Neue Applikationen können über einen Store, ähnlich den aus Smartphone und Co. bekannten App Stores, hinzugefügt werden.

F. Ausblick

Legal Tech steigert die Produktivität des einzelnen Anwalts, wie es vor zwanzig Jahren bereits E-Mail, Officelösungen und Co. getan haben. Schon heute sind mit Hilfe von eDiscovery Dokumentenreviews in Größenordnungen realisierbar, die vor wenigen Jahren selbst von Großkanzleien kaum in einem überschaubaren Zeit- und Kostenrahmen hätten abgewickelt werden können. Information Extraction Tools werden zunehmend den Umfang der typischen Legal Due Diligence erweitern – wo bislang aus Kostengründen in einem Bestand von z. B. fünfhundert Verträgen die (vermeintlich) wichtigsten fünfundzwanzig Verträge im Detail analysiert und der Rest nicht berücksichtigt wurde, kann heute per Software jeder einzelne Vertrag analysiert und sodann entschieden werden, welche Verträge so wichtig sind, dass sie einen vertieften menschlichen Review rechtfertigen.[17]

In noch etwas fernerer Zukunft liegt die Entkopplung der Erbringung von Rechtsberatungsleistungen von menschlicher Arbeitszeit und damit die Übertragung von Internet Economy-Geschäftsmodellen aus der Start-Up-Szene auf Rechtsberatung im B2B-Kontext. Die technischen Grundlagen für Beratungsprodukte in diesem Bereich, z. B. die automatische Erstellung der Dokumentation einer grenzüberschreitenden Verschmelzung, komplexe Expertensysteme zur automatisierten Beratung z. B. in Compliancefragen oder gar eine voll automatisierte Legal Due Diligence, sind bereits vorhanden. Doch ist der Aufwand für die inhaltliche Befüllung von Systemen, die sämtliche in solchen Projekten denkbaren rechtlichen Aspekte mit hinreichender Zuverlässigkeit erkennen und analysieren könnten noch zu groß und die Marktakzeptanz solcher Angebote im B2B-Kontext ungewiss; künstliche Intelligenzen, die sich diese Inhalte selbsttätig erarbeiten könnten sind noch in ihren Anfängen. Indessen lehrt die Erfahrung, dass neue Technologien oft zu Beginn als funktional unzureichend oder zu teuer eingeschätzt werden, sich aber über die Zeit gegen konventionelle Angebote behaupten können.[18]

Ohnehin stellt sich vor dem Hintergrund von Smart Contracts, Blockchain und Co. die Frage, in welchem Umfang in Zukunft überhaupt noch ein nennenswerter Bedarf an der Erstellung und rechtlichen Prüfung „analoger" rechtlicher Dokumente bestehen wird. Selbst dies wäre wohl nicht das berüchtigte „end of lawyers",[19] ganz gewiss aber das „end of lawyering as we know it."

---

[17] Instruktiv hierfür ist etwa die im Juni 2016 auf dem HighQ Forum als Experiment vorgeführte automatische Risikogewichtung von Mietvertragsportfolien durch Integration von Software aus den Häusern HighQ, RAVN und NeotaLogic, https://www.youtube.com/watch?v=oNEIxMSJOc4.
[18] Vgl. nur den Klassiker „The Innovator's Dilemma: When New Technologies Cause Great Firms to Fail", C. Christensen, 1997.
[19] Es wird gelegentlich übersehen, dass Richard Susskind, dem das eingängige Schlagwort vom „Ende der Anwälte" zu verdanken ist, dieses als Frage formuliert hat, vgl. „The End of Lawyers? Rethinking the nature of legal services", R. Susskind, 2008.

3.6 Die Big Four und die digitale Revolution

Dr. Konstantin von Busekist, Philipp Glock LL.M., Christian Mohr[1]

A. Einführung

Legal Tech wird die Rechtsbranche revolutionieren, darüber scheint weitgehend Einigkeit zu bestehen. Undeutlich bleibt in der Diskussion bisher jedoch vielfach, wie diese Revolution für die Rechtsberatungsbranche und deren Mandanten erfolgreich gemeistert werden kann. Mehrere Faktoren werden aus Sicht von KPMG Law hierfür ausschlaggebend sein: erstens die Bereitschaft der sehr traditionellen Juristen, sich überhaupt für die Digitalisierung zu öffnen, zweitens die Öffnung für auch tiefgreifende Veränderungen von Prozessen und die Fähigkeit, solche Prozesse auch zu gestalten, drittens die interdisziplinäre Verzahnung mit nicht-juristischen Disziplinen zur Nutzung von Synergien und viertens die Etablierung, Förderung und stetige Weiterentwicklung einer tiefgreifenden Innovationskultur.

Technologische Neuerungen können natürlich für sämtliche größere Kanzleien nennenswerte Vorteile bringen. Doch diese Vorteile können nur generiert werden, wenn auch die nötigen fachlichen Ressourcen und Kapazitäten für die Umsetzung solcher Lösungen vorhanden sind. Gemessen an den zuvor genannten Faktoren ist also nicht allein die Größe einer Kanzlei dafür ausschlaggebend, ob sie die digitale Revolution erfolgreich gestalten wird. Maßgeblich ist vielmehr, ob sie die Möglichkeiten und Bereitschaft hat, interdisziplinär mit Experten aus anderen Fachrichtungen Lösungen agil zu entwickeln, die die Probleme der Mandanten schneller, effizienter und umfassender lösen, als dies bisher möglich war. Denn nur dann entsteht ein Mehrwert für die Kunden.

Hier haben die Rechtsberatungsgesellschaften, die mit einer der großen Wirtschaftsprüfergesellschaften kooperieren, also mit einer der sogenannten Big Four, nach unserer Ansicht einen bedeutenden Vorteil: Sie haben sich als multidisziplinäre Beratungsgesellschaften im Rechtsberatungsmarkt etabliert. Nach acht Jahren starken Wachstums gehört KPMG Law heute zu den Top 25 in Deutschland.[2] Vor allem aber konnte und kann sie auf bereits bestehendes Prozess- und Technologie-Know-how sowie auf eine bereits jahrelang geförderte Innovationskultur zugreifen, die in einer großen WP-Gesellschaft zur Verfügung stehen und nur darauf warten, auch für juristische Themenstellungen eingesetzt zu werden. Sämtliche der oben genannten Faktoren sind in den großen Prüfungs- und Beratungsfirmen bereits vorhanden oder angelegt. Die kooperierenden Rechtsberatungsgesellschaften können hier sehr schnell und agil auf Bestehendem aufsetzen. In der gemeinsamen Nutzung und Weiterentwicklung der Technologien können enorme Synergien zwischen den verschiedenen Disziplinen in den Häusern genutzt werden. Aus diesem Potenzial ergibt sich die Chance, technologiebasierte Rechtsberatung äußerst schnell und qualitativ hochwertig an den Markt zu bringen.

---

[1] Dr. Konstantin von Busekist ist Head der Solution Line Legal Operations bei KPMG Law; Philipp Glock, LL.M., ist Rechtsanwalt bei KPMG Law und verantwortet dort das Thema Legal Tech; Christian Mohr ist Head of Innovation bei KPMG AG Wirtschaftsprüfungsgesellschaft.
[2] Juve Umsatzranking 2015/2016: http://www.juve.de/rechtsmarkt/umsatzzahlen.

B. Öffnung zur Digitalisierung

492 Damit die juristische Arbeit auch digital erfolgen kann, müssen jeder einzelne Jurist und die Kanzlei als Einheit zunächst für das Thema Digitalisierung ein Grundverständnis haben. Nur wenn alle Mitarbeiter an einem Strang ziehen, wenn sie bereit sind, neue Produkte und Dienstleistungen durch Innovation zu entwickeln und auch neue Geschäftsmodelle erarbeiten, wird man einer Kanzlei die Nähe zu Legal Tech abnehmen.

493 Rechtsanwälte und Kanzleien agieren traditionell sehr konservativ. Im Bereich Digitalisierung jedenfalls stehen sie anderen Branchen nach. Das liegt nicht nur an ihnen selbst, sondern auch an der Natur ihrer Dienstleistung. Die Abläufe eines internationalen Mergers sind ungleich komplexer als der Kauf eines Buches. Auch deshalb ist der Einzelhandel der Rechtsberatung weit voraus, was die Digitalisierung anbetrifft.

494 Letztlich kann dieses Argument aber nur beschränkt gelten. Denn zum einen sind andere komplexe Dienstleistungs- und Beratungsbranchen schon deutlich weiter als die Rechtsberatungsbranche, etwa die Wirtschaftsprüfung oder die Unternehmensberatung, und zum anderen gibt es auch im Rechtsberatungsbereich deutlich mehr Potenzial zum Einsatz von Technologie, als viele Juristen annehmen. In einer WP-Gesellschaft werden viele Prozesse und Lösungen bereits digital durchgeführt oder zumindest digital unterstützt. Dabei haben diese Gesellschaften umfassende Erfahrungen gemacht, wie digitale Lösungen mit menschlicher Prüfungsleistung optimal ergänzt werden können. In diesem Zuge wurde auch die Bereitschaft der Organisation und der einzelnen Mitarbeiter, sich auf solche digitalen Lösungen einzulassen, nach und nach entwickelt.

495 Wurde dieser Prozess noch vor einigen Jahren nahezu vollständig analog durchgeführt, erfolgen Prüfung, Dokumentation und Review sowie Freigaben bei KPMG mittlerweile komplett in einem sogenannten „eAudiIT-Tool". Dieser Prozess ist faktisch weitgehend digitalisiert. Das zeigt, dass bei KPMG der Kern der Dienstleistung eine massive Digitalisierung erfahren hat. Auch dies war vor einigen Jahren schwer vorstellbar; heute macht es die Dienstleistung deutlich effektiver und ist selbstverständlicher Bestandteil des Services. Diese Effektivität wird von den Mandanten auch erwartet. Der Sprung, digitale Optimierung auch bei anderen Dienstleistungen wie bei der Rechtsberatung einfließen zu lassen, ist hier deutlich kürzer als in einer bisher rein von Manufaktur geprägten Rechtsanwaltskanzlei.

496 Ein weiteres Beispiel ist der Einsatz von sogenannten Shared Service Centern, in denen standardisierte, vergleichbare Dienstleistungen zentral und mit einem geringeren Aufwand erbracht werden, als es dezentral in den Fachabteilungen möglich wäre. Diese Einheiten arbeiten seit Jahren höchst effektiv unter Nutzung moderner Prozessmanagement-Tools. Dabei sind sie Vorreiter für die Bearbeitung standardisierbarer Teilleistungen unter Einbeziehung von Technologie zur massiven Steigerung effizienter Leistungserbringung. Wurden diese Center zu Beginn nur im Bereich der klassischen Wirtschaftsprüfung eingesetzt, erfolgte der erste Schritt in die Beratung durch Nutzung des dort entstandenen Prozess- und Technologie-Know-hows in Verbindung mit menschlicher Fachexpertise zunächst in der Steuerberatung und nun auch in der Rechtsberatung.

497 KPMG Law arbeitet heute in verschiedenen Bereichen unter Nutzung der genannten Projektmanagement-Tools mit den Mitarbeitern des Shared Delivery Centers zusammen. Ein Beispiel ist hier die effektive Bearbeitung von Massenklageverfahren. Mit traditionellen Mitteln wäre es nicht möglich, eine Zahl von mehreren hundert bis über tausend Klageverfahren mit angemessenem Aufwand und Effektivität zu bearbeiten. Unter Nutzung der Projektmanagementerfahrung prozessaffiner Rechtsanwälte, des Shared Delivery Centers und der dort eingesetzten Technologie ist dies jedoch möglich. Hierbei werden die einzelnen Verfahren in dem Tool erfasst, Bearbeitungs- und Reviewprozesse im Ablauf und mit Remindern digital abgebildet, Schriftsätze digital vorbereitet und die erforderlichen Reportings damit verknüpft. Die anwaltliche Arbeit konzentriert sich auf ihren eigentlichen Kern, nämlich die juristische Feinarbeit in Form der Prüfung von Einzelfragen und Letztbearbeitung des juristischen Produkts. Hier kommt den Rechtsanwälten wiederum die Prozesserfahrung der WP-Gesellschaft zugute, die auf juristische Prozesse übersetzt wird. Schwerpunkte der technologischen Weiterentwicklung liegen hier auf dem Feld des Machine Learning, spezifisch einer algorithmisch-semantischen Erfassung von Schriftsätzen mit verknüpfter, vorbereitender Komposition von Klageerwiderungen. Ferner sind der Austausch von Daten und Informationen über neue Argumentationen, Verfahrensstände und gerichtliche Entscheidungen sowie deren analytische Auswertung im Rahmen der Projektanalytik maßgeblich für den Erfolg eines solchen Projektes. Auch hier kommen Legal-Analytics-Lösungen zum Einsatz.

Ein gutes Beispiel für die Öffnung hin zur Digitalisierung ist das „digitale Richtlinienmanagement", das KPMG Law gemeinsam mit einem Kooperationspartner umsetzt. Diese Lösung verbindet eine sehr eingängige Technik mit einem überzeugenden Nutzererlebnis und dem Input menschlichen Know-hows. Damit löst sie eine große Faszination auf neue Kolleginnen und Kollegen aus, die an dem Tool „ausgebildet" werden und sich damit schnell einen Wissensvorsprung gegenüber anderen Kollegen erarbeiten: 498

- Die meisten rechtlichen Risiken, die ein Unternehmen eingeht, entstehen nicht in der Rechtsabteilung, sondern außerhalb davon. Fachabteilungen schließen Verträge, vergeben Aufträge, informieren Behörden über Vorgänge – oder unterlassen vielleicht eine Meldung, obwohl sie vorgeschrieben ist. Die Rechtsabteilung wird typischerweise erst bei Vorgängen ab einer bestimmten Größe und Tragweite eingeschaltet.
- Gleichzeitig zwingen Compliance-Anforderungen Unternehmen aber, immer mehr Vorgänge rechtlich überprüfen zu lassen, um Verstöße zu verhindern. Daher geben sie ihren Mitarbeitern Richtlinien an die Hand, damit diese in vergleichbar gelagerten Fällen wissen, wie sie sich verhalten sollen. Ziel ist es, der rechtlich gebotenen Organisationspflicht Rechnung zu tragen. Diese Richtlinien entstehen aber oftmals zeitlich verzögert und getrennt voneinander. In der Folge entstehen oft lange, komplexe, nicht abgestimmte Regelwerke mit vielen Redundanzen oder es bleiben Lücken.
- Die Richtlinien befinden sich oftmals an nicht einfach zugänglichen Stellen im Unternehmen. So kann es etwa für einen Vertriebsmitarbeiter im Außendienst schwierig sein, auf die einschlägige Regelung zuzugreifen und sich schnell zu informieren. Die Folge ist in vielen Fällen ein Fehlverhalten der Mitarbeiter und die schlichte Nichtbeachtung der Richtlinie.
- Zudem werden Compliance-Abteilungen so mit sehr kleinteiligen Vorgängen belastet und können Fragen nicht unmittelbar beantworten. Die um Auskunft ersuchenden Kollegen empfinden die ohnehin lästige Freigabeschleife wegen der entstehenden Wartezeiten als zunehmend irritierend. Im Ergebnis steigt die Gefahr von Compliance-Verstößen.

Um diesem Problem zu begegnen, nutzt KPMG Law eine digitale Lösung in Form eines Software-Tools. Der Mitarbeiter gibt eine bestimmte Fragestellung ein und wird über eine Frage-Antwort-Struktur in wenigen Schritten zu einer compliance-konformen Auskunft geleitet. 499

Am Ende steht eine eindeutige Auskunft, also im Einladungsfall „zulässig" oder „unzulässig", oder es werden weitere Informationen gegeben, unter welchen Bedingungen eine bestimmte Handlungsweise zulässig ist oder nicht. Im Rahmen der Implementierung einer solchen Lösung werden die Richtlinien einer Revision unterzogen, da sich das Tool andernfalls nicht mit eindeutigen Aussagen bestücken lässt. Nach Erfahrungswerten aus bestehenden Projekten kommt es hierbei durchschnittlich zu einer Reduktion von Richtlinieninhalten von 30 bis 50 Prozent durch Vermeidung von Redundanzen. Solche Lösungen bedeuten unmittelbar mehr Sicherheit und schützen die Geschäftsleitung vor gegebenenfalls haftungsrelevanten Vorwürfen im Hinblick auf deren Organisationspflicht. Darüber hinaus sprechen solche Lösungen in Form einer App die neue Generation von Mitarbeitern besonders an, die es gewohnt ist, Inhalte immer und überall digital abrufen zu können, und fördern damit den im Compliance-Bereich so wichtigen „Pull"-Effekt. 500

Solche modernen Lösungen können nur entstehen, wenn Juristen verstanden haben, welche Arbeit durch Technik abgedeckt werden kann. Dies muss das Ziel der internen Ausbildung einer Kanzlei sein, wenn man sich von den traditionellen Beratungsmöglichkeiten lösen möch- 501 te – und es fördert wiederum die Öffnung für eine neuartige Rechtsberatung in der neuen Anwaltsgeneration.

C. Öffnung für tiefgreifende Veränderungen von Prozessen und Prozessdesign

502   Viele technische Lösungen sind dadurch entstanden, dass man Prozesse definiert und dafür eine Software entwickelt hat, die diese Probleme angeht. Durch den Einsatz solcher Tools können nun ganz neue Lösungen auch für Mandanten entstehen.

503   Dabei sehen wir bei unserer täglichen Arbeit, dass Legal Tech auch für Rechtsabteilungen massive Änderungen der Prozessabläufe bedeutet. Es ist eben nicht damit getan, einfach eine Software einzuführen. Vielmehr bedarf es regelmäßig einer begleitenden Revision der Prozesse, die von der Technologie betroffen sind. Eine erfolgreiche Implementierung von Legal Tech-Anwendungen erfordert dabei vorab eine Bestandsaufnahme der Abläufe, welche die Tech-Anwendung verbessern sollen. In der Folge sind diese auf die Wirkungsweise der Technologie anzupassen. Wenn also eine Auswertung zukünftig automatisiert erfolgt, welche Aufgabe übernimmt dann in Zukunft die Fachkraft, die bislang die Auswertung vorgenommen hat? Bereitet sie vor, kontrolliert sie, entscheidet sie, und wenn ja, was? Welche Kontrolldichte besteht nach Einführung der Technik noch? Auch müssen sonstige Beteiligte mit Rollen definiert werden: wer bekommt Reports aus einem Tool, wofür werden sie verwendet, etc.?

504   Diese Art von Prozessgestaltung selbst ist wiederum ein Aspekt, der, technologisch unterstützt, schon seit langem von Wirtschaftsprüfern und Prozessdesignern bei Big-Four-Gesellschaften vorgenommen wird. Neben der Einführung von Legal Tech selbst ergeben sich also in Bezug auf die Erfordernisse bei der Implementierung von digitalen Lösungen in Rechtsabteilungen erhebliche Synergien zwischen Rechtsanwälten und klassischen Wirtschaftsberatern und Beratern, die in dieser Form nur in multidisziplinärer Zusammenarbeit möglich sind. Denn Rechtsanwälte allein verfügen ursprünglich meist nicht über das erforderliche Know-how im Prozessdesign.

505   Als Beispiel kann hier auch der Einsatz von Prozess-Modeling-Tools dienen. Bei KPMG wird dieses Know-how längst für die Gestaltung von betriebswirtschaftlichen und steuerrechtlichen Themen eingesetzt. Nun setzt KPMG Law dieses Know-how auch für die Visualisierung rechtlicher Anforderungen ein. Damit können rechtliche Fragestellungen als Prozess hinterlegt werden und ressourcensparend beantwortet werden. Diese Prozessvisualisierungen werden etwa in Verwaltungsverfahren eingesetzt, in denen eine Vielzahl an ähnlichen, wenn auch nicht identischen, Entscheidungen getroffen werden. Hier kann auch bei Ermessensentscheidungen eine hohe Qualität erreicht werden, indem klare Kriterien für die Entscheidung in einem Prozessmodell dargestellt werden. Diese Darstellung im „Back-End" führt dazu, dass der Entscheider im „Front-End" durch eine klare Führung durch das Tool vergleichbare, sichere und damit auch rechtssichere Entscheidungen treffen kann. Das gleiche Vorgehen kann für die Entscheidung über das Vorliegen von Scheinselbstständigkeit und Arbeitnehmerüberlassung eingesetzt werden, um nur zwei von vielen möglichen Anwendungsbereichen zu nennen. Letztlich sind der Anwendbarkeit dieses Vorgehens kaum Grenzen gesetzt.

D. Forcierte interdisziplinäre Verzahnung mit nicht juristischen Fachbereichen

506   Wir sehen heute vorsichtige, erste Ansätze, die Rechtsberatung zu digitalisieren. Viele der Lösungen, die bereits im Einsatz sind, sind Insellösungen und konzentrieren sich auf den Bereich Business-to-Consumer. Dazu zählen etwa Tools zur Wahrnehmung von Fahr- und Fluggast-

rechten oder Hilfestellungen bei der Suche nach dem passenden Anwalt in einem bestimmten Fall oder Rechtsgebiet.

Aus Sicht des rechtsuchenden Bürgers ist sein Fall ein seltenes Ereignis. Aus Sicht eines betroffenen Unternehmens allerdings, etwa einer Fluglinie, ändern diese Plattformen den Umgang mit ihren Kunden von Grund auf. Sie benötigen Antworten auf diese neuen Entwicklungen. Selbst scheinbar wenig weitreichende Fragestellungen können ein großes disruptives Potenzial für Unternehmen entfalten. 507

Das Beispiel zeigt anschaulich, dass Kunden und Geschäftspartner ihrerseits immer mehr die Möglichkeiten von Technologie nutzen, um ihre Interessen durchzusetzen. Hier erwarten wir einen großen Zuwachs an Lösungen, die juristische Expertise mit schneller Technologie verbinden. Wenn aber Kunden und Partner um ein Unternehmen herum Technologie nutzen, um schneller und effektiver zu werden, entsteht eine „Waffenungleichheit", obwohl sich das Unternehmen gerade noch in einer stärkeren Position befunden hatte. 508

Dies bedeutet aber auch, dass die Mandanten von ihren Rechtsberatern zukünftig erwarten, dass diese gleichermaßen schnell und effektiv arbeiten. Die interne Organisation von Kanzleien wird sich daher von Grund auf verändern müssen, um die Zusammenarbeit mit den Mandanten auf neue Beine zu stellen, bestimmte traditionell juristische Aufgaben werden von Nicht-Juristen ausgeführt werden, und Juristen dürfen und müssen sich neuen Aufgaben stellen. 509

Unterstellt man also, dass infolge dieser Revolution der anwaltliche Wertschöpfungsprozess durch die Zusammenarbeit von Juristen mit Nicht-Juristen geprägt wird, wird hier das Potenzial von Big-Four-Kanzleien nochmals deutlich. Sie sind in der Lage, durch Synergien mit den anderen Bereichen im Haus diese Waffengleichheit in Geschwindigkeit und Effektivität herzustellen. 510

KPMG etwa beschäftigt seit vielen Jahren eine interdisziplinäre Gruppe von Mitarbeitern, die sich ausschließlich mit innovativen Lösungen rund um Prozesse und Datenanalysen beschäftigen, das sogenannte „Lighthouse". Hier wird umfassendes Know-how entwickelt, wie Datenanalysen für betriebswirtschaftliche, steuerrechtliche und nunmehr auch juristische Fragestellungen nutzbar gemacht werden können. Das Potenzial von Datenanalysen für die Untersuchung juristischer Fragen ist enorm. Die Experten von KPMG und KPMG Law arbeiten hierbei intensiv zusammen, um etwa Fragen rund um Scheinselbstständigkeit, Arbeitnehmerüberlassung oder im Bereich Commercial Law mithilfe von Daten zu lösen. Aber auch bei der Vertragserstellung sind Datenanalysen gut nutzbar. Das Thema Vertragsgestaltung bezieht sich heute zum Beispiel zumeist auf abstrakte Risiken. Dabei kann man diese bereits durch intelligente Datenanalysen konkretisieren. Der Datenanalytiker braucht den Juristen, um zu wissen, welche Informationen er extrahieren muss. Der Jurist braucht den Datenanalytiker, da ihm das entsprechende „Skill-Set" fehlt. 511

Vergleichbar damit zeigen sich Synergien in der Zusammenarbeit von Forensik-Experten mit Juristen. Im Bereich Forensik wird intensiv mit IT-Tools gearbeitet, um Informationen aus Dokumenten oder E-Mails zu gewinnen. Somit kann bei einer Untersuchung das Hauptaugenmerk auf die Einordnung und Bewertung der Ergebnisse gelegt werden. Diese Technologien werden bei KPMG Law auch für rechtliche Fragestellungen eingesetzt, etwa in großen Vergabeverfahren. Hier wird oftmals eine immense Zahl an Bieterfragen gestellt, die zwar ihrer Formulierung nach verschieden, inhaltlich jedoch gleich sind. Letztlich kann die Wirkungsweise des Tools also für diverse juristische Fragestellungen eingesetzt werden. 512

Solche Einsatzmöglichkeiten können besonders gut in einer Struktur einer Big-Four-Gesellschaft entwickelt werden. Denn sie entstehen nicht am Reißbrett, sondern konkret nach den Bedürfnissen der Mandanten. An besagtem Reißbrett kommt man oftmals auch gar nicht auf die verschiedenen Einsatzmöglichkeiten, und wenn, sind die Tools unter Umständen nicht vorhanden. In der Struktur der Big Four arbeiten die verschiedenen Disziplinen aber täglich zusammen. Fragen tauchen auf allen Ebenen auf, wirtschaftlich, steuerlich oder eben juristisch. Im Austausch untereinander wird dann schnell klar, wie eine technische Lösung auf welchen Ebenen helfen kann. Und die Wahrscheinlichkeit, dass eine solche Lösung im Haus bereits verfügbar ist – wenn auch bisher in einem anderen Bereich eingesetzt – ist sehr hoch. So können 513 neue Fragen mit vorhandenen Mitteln beantwortet werden, und ein Forensik-Tool ist plötzlich ein Vergaberechts-Tool; oder ein Tax-Risk-Assessment-Tool wird auch von KPMG Law für Risk-Assessments verwendet.

514   Nicht zu unterschätzen ist beim Thema Synergien auch die Möglichkeit, auf ein großes internationales Netzwerk zugreifen zu können. Im Legal-Bereich hat sich im KPMG Law-Netzwerk eine internationale Legal Tech-Working-Group gebildet, in der Anwälte vollständig von der Mandatsarbeit freigestellt werden, um Tech-Lösungen aus dem Netzwerk allen Mitgliedsgesellschaften zugänglich zu machen und nach Mandantenbedarf gemeinsam zu entwickeln. Betrachtet man daher die Vielzahl an digitalen Lösungen, die die verschiedenen WP-Gesellschaften alleine in einem Land (wie z. B. Deutschland) haben, lässt sich erahnen, welches Potenzial sich ergibt, wenn man die Länder des übrigen Netzwerks hinzunimmt. Die Möglichkeiten potenzieren sich.

515   Ein gutes Beispiel hierfür ist der Einsatz von Watson durch KPMG. Der „Supercomputer" von IBM wird durch KPMG international genutzt und hält auch für juristische Fragestellungen großes Potenzial bereit. Das betrifft vor allem die Themen Recherche sowie Dokumentenerstellung und Dokumentenanalyse mit künstlicher Intelligenz. Ein solches Projekt international zu stemmen, ist in einer Big-Four-Gesellschaft ungleich einfacher als in einer reinen Rechtsanwaltskanzlei.

516   Letztlich sind die internen Synergien aber auch durch externe Kooperationen zu ergänzen. Denn nicht alle Lösungen müssen zwingend „im Haus" entwickelt werden. Dort, wo Start-Ups passende Technologien zur Verfügung stellen, können diese mit Rechtsberatungsangeboten kombiniert werden und völlig neuartige Antworten auf Themenstellungen geben. Dies gilt gleichermaßen für Allianzpartner, die über die notwendige Technologiekompetenz und Infrastruktur verfügen.

517   KPMG Law hat hier zum Beispiel gemeinsam mit einem Anbieter eine Lösung im Bereich Beteiligungsmanagement entwickelt:
- Global aufgestellte Konzerne müssen eine große Anzahl Tochtergesellschaften, Beteiligungen und Joint Ventures und andere Kooperationen führen und deren Aktivitäten miteinander verzahnen. Die Aufgabe wird erschwert durch eine ebenfalls große Zahl von Sprachen, Kulturkreisen und insbesondere Rechtssystemen.
- Der traditionelle Ansatz ist eine Fachabteilung, die mit oder ohne Unterstützung durch externe Kanzleien in den betroffenen Ländern berät. Vielleicht gelingt es, durch die Beauftragung einer global aufgestellten Kanzlei die Komplexität etwas zu reduzieren. In jedem Fall ist es eine Herausforderung, das nötige Wissen aus allen Jurisdiktionen zu erfassen, jeweils auf dem neuesten Stand zu halten und den Entscheidern zugänglich zu machen.
- Die digitalisierte Lösung sieht folgendermaßen aus: IT-Fachleute stellen ein Tool zur Verfügung, das die nötigen rechtlichen und tatsächlichen Informationen aufnehmen und nach verschiedenen Zielsetzungen verfügbar machen kann. Alle notwendigen Informationen sind damit weltweit in Echtzeit und immer aktuell nutzbar. Juristische Fachleute in den jeweiligen verschiedenen Rechtskreisen pflegen die Informationen ein und halten sie auf dem neuesten Stand. Urteile, Gesetzesvorhaben oder aktuelle Fälle, die Grundsatzentscheidungen zur Folge haben könnten, finden so Eingang in die Entscheidungsfindung. Mitarbeiter des Mandanten sorgen dafür, dass alle unternehmerischen Entscheidungen und wirtschaftlichen Entwicklungen in das Tool mit aufgenommen werden. Steuerfachleute leisten Input, wenn sich die steuerlichen Voraussetzungen in einem Land ändern. Die Liste lässt sich fortsetzen.

E. Zurück auf Start: Innovation als Motor für den digitalen Wandel in der Rechtsberatung

518   Die Harmonisierung von innovativen und beharrenden Kräften ist für jedes Unternehmen eine Herausforderung, egal ob Traditionsunternehmen oder Start-Up. In einem wirtschaft-

lichen Umfeld, das immer stärker von Spezialisierung geprägt ist, lassen sich solche Prozesse nicht von oben herab, also generell, verordnen. Stattdessen muss es darum gehen, die nötigen Rahmenbedingungen zu schaffen, innerhalb derer einzelne Mitarbeiter oder Teams neue Ideen entwickeln und bis zur internen oder externen Marktreife bringen können. Es geht um Unternehmertum im Unternehmen.

Zweierlei ist zentral: Die Möglichkeit zur persönlichen Entfaltung und der Freiraum zur Entwicklung eigener Ideen über Abteilungs- und Unternehmensgrenzen hinweg. Die persönliche Entwicklung ist deshalb eine Voraussetzung, weil nicht jeder Mensch ein geborener Unternehmer ist. Und nicht jeder Mitarbeiter bringt von sich aus Interesse für die Arbeit von Kollegen aus anderen Bereichen mit. Gleichwohl ist das Unternehmen auf Menschen angewiesen, die unternehmerisch denken und handeln, Verantwortung übernehmen und Ideen verwirklichen möchten. Und auch für den einzelnen Arbeitnehmer wird diese Qualität wichtiger – Stichworte sind hier „gebrochene Erwerbsbiografien" und „lebenslanges Lernen". 519

Auch der angesprochene Freiraum ist eine Bedingung für Kreativität. Das Unternehmen muss das notwendige Anreizsystem schaffen, damit sich die angesprochenen Fähigkeiten entfalten können. Dazu gehören die Möglichkeit des Austauschs mit Kollegen über Abteilungsgrenzen hinweg, die Bereitstellung von zeitlichen und anderen Ressourcen, um an Projekten zu arbeiten, und Anerkennung für das Erreichte. Nicht zuletzt trägt eine positive Fehlerkultur dazu bei, Menschen für die Entwicklung innovativer Lösungen zu gewinnen. Um zukunftsfähig zu bleiben und digitalen Wandel zu ermöglichen, müssen Fehler – oder vielmehr Erfahrungen – gesammelt werden. 520

Viele Unternehmen haben in den letzten Jahren und Jahrzehnten das Thema Innovation in den eigenen Abläufen so verankert, dass die Entwicklung neuer Ideen als Leistung anerkannt und gefördert wird. Häufig sind hier bewusst Schnittstellen zu anderen Akteuren vorgesehen, etwa zu Start-Ups, wissenschaftlichen Einrichtungen oder Technologiepartnern. Die interne Kommunikation neuer Leistungen und Services erhöht dabei den Anreiz. 521

Innerhalb von Teams werden neue Ansätze und Ideen zur Diskussion gestellt und auf ihr Potenzial untersucht. So können einerseits einzelne Folgeideen von Kollegen zünden (analog zu vielen Gruppen-Kreativitätstechniken) und andererseits freie Ressourcen mit den richtigen Werkzeugen, Methoden und Infrastruktur auf die erfolgversprechendsten Ansätze konzentriert verwendet werden. Da die besten Ideen entstehen, wenn Menschen mit unterschiedlichen Erfahrungen und Kompetenzen zusammenkommen, sollte großer Wert auf vernetztes Denken und Handeln gelegt werden. Eigens geschaffene Kreativräume bieten abseits des Büroalltags die Möglichkeit, gemeinsam mit Mandanten mittels agiler Methoden wie Design Thinking neue Lösungen zu erarbeiten. 522

KPMG und die mit ihr kooperierende KPMG Law machen hier keine Ausnahme. Auch hier zeigt sich, wie eine mit einer Big-Four-Gesellschaft assoziierte Rechtsberatungsgesellschaft auf bereits erarbeitete Innovationsprozesse aufsetzen kann. Bei KPMG wurden etwa Strukturen mit KPMG Innovation Factory, einer Ideenmanagement-Plattform, geschaffen, in welcher der einzelne Mitarbeiter Gelegenheit hat, seine Ideen weiterzuentwickeln. Die Plattform bietet die Möglichkeit, konzentriert zu strategisch relevanten Themen Impulse von Mitarbeitern, Kunden und des Marktes aufzunehmen und darauf aufbauend die Intelligenz aller Mitarbeiter im Haus und darüber hinaus zu vernetzen. Dies ermöglicht einen schnellen und zielgerichteten Wissenstransfer über Fachbereiche hinweg, sodass KPMG Law aktiv an Kompetenzen und Expertisen aus Abteilungen der KPMG, wie deren Entwicklungseinheit für Datenanalyse, Anwendungen und strategischen Partnern partizipieren kann. Der Vorteil hierbei ist vor allem, dass bereits erfolgreich umgesetzte Anwendungsfelder in anderen Bereichen leicht auf den Bereich Law adaptiert werden können. Als weiteres Beispiel sei die Vertragsdatenanalyse mittels kognitiver Intelligenz genannt. 523

Neben der Plattform hat KPMG ein Programm geschaffen, das es auch KPMG Law ermöglicht, in kürzester Zeit mittels eines sogenannten Accelerator-Programms (KPMG InnoCube) Ideen bis hin zum ersten Prototypen zu entwickeln. Dies bedeutet, dass KPMG beispielsweise aktiv nach Lösungen für Industrie 4.0 mit sogenannten Ideenkampagnen sucht, Mitarbeiter und 524

Teams sich hierfür bewerben können und die ausgewählten Teams anschließend konzentriert gemeinsam mit den entsprechenden Methoden, technologischen Hilfsmitteln und Mentoren ihre Idee bis zum Prototyp vorantreiben können. Abschließend werden die Ergebnisse gegenüber dem KPMG-Management präsentiert und die besten Ideen entsprechend finanziert und umgesetzt.

525   Die Ausarbeitung dieser neuen digitalen Ansätze und Lösungen kann nicht in einem herkömmlichen Umfeld erfolgen, weshalb KPMG die Teilnehmer währenddessen sowohl in Innovation & Ignition Labs als auch in Co-Working-Spaces arbeiten läßt. Dies ermöglicht den barrierefreien Austausch mit Start-Ups wie im Ignition Center in Köln. Das Ignition Center soll Anders-Denken und -Arbeiten ermöglichen, sowohl KPMG- und KPMG-Law-intern als auch in der Interaktion mit den Mandanten. So arbeiten wir hier gemeinsam an Fragestellungen unserer Kunden für neue Lösungen. Das folgende Beispiel „Regulatorischer Radar" illustriert, wie wir mit den vorgenannten Strukturen und Programmen eine wesentliche Herausforderung der Rechtsberatung und KPMG insgesamt neu denken.

526   Regulatorische Veränderungen und deren Komplexität stellen Mandanten und Berater vor wachsende Herausforderungen. Die Identifikation relevanter regulatorischer Änderungen sowie die Bewertung des Einflusses auf das eigene Unternehmen werden immer komplexer, was es dem Menschen schwer macht, alle relevanten Informationen verfügbar zu halten und sie mit Mustern aus der Vergangenheit abzugleichen. Der Faktor menschliche Erfahrung verliert ohne Ad-hoc-Kombination mit anderen Erfahrungen und Informationsquellen in einer digitalen Welt an Bedeutung. KPMG hat nunmehr vor gut drei Jahren begonnen, diese Komplexität aufzulösen und die Potenziale aus der Vernetzung dieses Wissens zu nutzen. Mit dem sogenannten Regulatory Ecosystem hat KPMG hierfür eine weltweite Software-Architektur entwickelt.

527   Die Web-fähige Softwarelösung basiert unter anderem auf Elementen semantischer Datenanalyse und lernender Algorithmen. Hierbei sind semantische Elemente die kleinsten Einheiten der Bedeutung, zum Beispiel eines Wortes. Die Grundidee ist, dass die Bedeutung eines Wortes in Bedeutungsbestandteile zerlegt werden kann, um diese auch bei der Beschreibung der Bedeutung anderer Wörter zu verwenden. Den Worten Löwe und König ist zum Beispiel das männliche Merkmal gemeinsam.

528   Die Software liest täglich definierte Quellen auf Basis der kleinsten Einheit aus und ermöglicht ein Nachverfolgen der regulatorischen Änderungen sowohl individuell als auch im Gesamtkontext etwa einer Branche. Für den größtmöglichen Nutzen lässt sich die Ansicht entsprechend definierter Merkmale individualisieren, etwa nach Veröffentlichungsquelle, Einrichtung, Branche oder Thema. Dies ermöglicht es Beratern und Anwälten, immer auf dem aktuellen Stand der Gesetzgebung zu sein ab dem Zeitpunkt der Entstehung/Diskussion und somit dynamisch und tagesaktuell auf dem Stand des regulatorischen Gesetzgebungszyklus'. Im Zielbild soll dies ein voll-digitaler Prozess sein, der als One-Stop-Shop angeboten werden kann und dynamisch jederzeit die Auswirkungen auf das Geschäftsmodell eines Unternehmens oder einer anderen Organisation visualisiert und Handlungsempfehlungen gibt.

529   Des Weiteren bietet diese Software die Möglichkeit, Dienstleistungs-Opportunitäten zu identifizieren, die anschließend strukturiert über unseren Innovationsprozess und unsere Plattform evaluiert und darauf aufbauend im Entwicklungsprozess in neue Lösungen umgesetzt werden können, sowohl in Form von Beratungs- als auch softwarebasierten Lösungen.

530   Die Entwicklung der Software erfolgt kollaborativ in Zusammenarbeit unterschiedlicher Mitgliedsgesellschaften, unterstützt durch das Data & Analytics Lighthouse, samt strategischer Entwicklungspartner und Ecosystem. Die Entwicklungsschritte erfolgen hierbei in sogenannten Sprints, einer agilen Methode zur Entwicklung von Software.

531   Bereits im Rahmen des Entwicklungsprozesses neuer Lösungen binden wir Kunden mittels Open Innovation ein und nutzen hierfür neben dem digitalen Zugang zu unserer Ideenplattform auch agile Methoden wie Design Thinking, um die Herausforderungen neu zu denken und gemeinsam mit dem Kunden zu hinterfragen. Der Perspektivwechsel, der aus der Fokussierung auf den Kunden und auf agile Entwicklung entsteht, ist essenziell dafür, digitale und komplexe Lösungen entwickeln zu können. Wir wollen die Technologiethemen wie Data & Analytics,

Blockchain, Robotik und künstliche Intelligenz für den Kunden im Rechtsberatungsumfeld erlebbar machen, gemeinsam die Anwendungsfelder ganzheitlich diskutieren und die Lösungen hierfür implementieren. Hierfür nutzen wir spezielle Visualisierungsumgebungen. Zudem bringen wir unser Netzwerk und Expertise auch aus der Zusammenarbeit mit FinTechs und anderen Technologie-Start-Ups ein, um Synergien auch sektor- und themenübergreifend für die bestmögliche Lösung kombinieren zu können. Besonders wichtig ist es uns dabei, unseren Kunden auch zu demonstrieren, dass wir parallel intern an den Fragestellungen arbeiten, zu denen wir sie beraten.

Ein solcher agiler Innovationsprozess wird gerade im Bereich Legal Tech zum Wettbewerbsvorteil. Die Zusammenarbeit in multidisziplinären Teams mit externen Partnern im Rahmen von Open Innovation lohnt schon vor der Entwicklung einer neuen Lösung im Stadium der kundenzentrischen Opportunitätsanalyse und kreativen Ideenfindung. **532**

F. Implementierung, und dann? – Ein Ausblick

So wie die Implementierung einer Insellösung nur eine Station auf dem Weg zur digitalisierten Rechtsberatung ist, so stellt auch die Klassifizierung der neuen Technologien in branchenspezifische Bereiche wie Legal Tech oder FinTech lediglich eine Übergangslösung dar. Die Digitalisierung wird die Vernetzung der Rechtsberatung mit anderen Disziplinen neu organisieren – und das sowohl im Unternehmen als auch außerhalb. **533**

Die Komplexität der digitalen Transformation wird von Einzelpersonen und auch von interdisziplinären Teams nicht mehr zu planen, sondern mit einem agilen Prozess stetiger Neu- und Weiterentwicklungen zu begegnen sein. Eine unmittelbare Rolle werden dabei Monitoring- und Analyse-Funktionen einnehmen. Im Compliance-Beispiel etwa werden besonders riskante Vorgänge direkt an die Compliance-Abteilung oder Unternehmensführung gemeldet. Darüber hinaus wird die Software eine aktuelle und gezielte Auswertung nach frei wählbaren Parametern erlauben und zukünftig automatisieren. Entscheider können sich damit jederzeit einen punktuellen Einblick in einzelne Unternehmensbereiche verschaffen und ihre Strategie und Einzelentscheidungen präziser an der tatsächlichen Lage des Unternehmens orientieren als bisher. **534**

Da allerdings der Ausgangspunkt der Entwicklung die schon erwähnten Insellösungen sind, wird zukünftig ein radikales Umdenken notwendig sein, um für die Digitalisierung im Rechtsberatungsmarkt gewappnet zu sein und diese auch nachhaltig meistern zu können, gegen Wettbewerber und Player, die heute noch nicht existent sind. Gerade in dieser komplexen und unsicheren Situation ist es essenziell, mittels geeigneter Ansätze Fehlerquellen zu vermeiden und Risiken zu reduzieren. Neben dieser operativen von Verbesserung und Effizienz getriebenen Sichtweise ist einer Fehlerkultur und Lernfähigkeit langfristig ein höherer Stellenwert beizumessen als heute. Je besser Unternehmen diese beiden Welten in Einklang bringen, desto höher dürften ihre Chancen sein, sich langfristig in der digitalen Welt durchzusetzen. Gegenüber dem tradierten Berufsbild des Anwalts bedeutet das eine nachhaltige, tiefschneidende Veränderung. **535**

3.7 The Clearspire Story

Mark A. Cohen, J.D.[1]

Preface

Clearspire was a revolutionary law firm and legal services company founded in Spring 2008. Clearspire pioneered the two-company model for delivering legal services – a law firm, Clearspire Law, LLC; and a Service Company, Clearspire Service Company, Ltd. Bifurcation was required to comply with U.S. regulatory and state Bar requirements. It also reflected the distinction Clearspire's Founders drew between the practice of law and the delivery of legal services.

Clearspire's mission was to reengineer the delivery of corporate legal services long dominated by large law firms. The traditional law firm pyramidal partnership structure was sustained by leverage, high billable rates and hours, an absence of fiscal predictability or accountability, and self-regulation architected to stifle competition. Legal cost continued to skyrocket during the early years of the new millennium even as other industries were deploying technology and process to deliver "*faster, cheaper, better*" solutions. Clearspire endeavored to provide a quality, scalable alternative to law firms and their partnership model that was no longer aligned with client expectations – "Big Law at half the price." Here's how.

Clearspire stripped out cost-escalators from the incumbent law firm model that produced negligible client value – partner "tribute" derived from the traditional pyramidal model, expensive real estate, corporate art collections, and bloated staff. Clearspire invested heavily in technology and process to drive efficiency, pare down cost, and enable its workforce – and clients – to collaborate seamlessly across the globe. It championed an agile legal work force, liberating lawyers to work when they wanted from where they wanted on a secure, web-enabled proprietary technology platform named Coral. The Clearspire platform was the *de facto* "office" for firm attorneys and the means by which clients could secure instant access to their active and closed matters in real-time.

Clearspire maintained physical offices in major hubs; Coral drastically reduced real estate costs. Clearspire's agile, dedicated workforce proved appealing to many large firm refugees tired of high billable hour quotas and the premium placed on business origination. The Clearspire model and technology platform created an organically diverse workforce of dedicated, highly skilled professionals with high client value but generally lacking large books of business. Clearspire advanced a new performance/reward paradigm based upon expertise, efficiency, results, and client evaluations – not business origination. This aligned well with the firm and its clients.

Clearspire was the first legal services provider to meld legal, technological, and process expertise. It distinguished between the practice of law – the core functions lawyers perform – and the delivery of legal services – the business of delivering services more efficiently by "the right person for the right task," technology, process, and a corporate economic model.

Clearspire closed its doors in Spring 2014 after four years in operation. The Service Company was sold shortly thereafter. Though it failed to achieve the financial success that many had predicted, Clearspire's groundbreaking model and vision are very much in evidence in today's marketplace and will no doubt be successfully replicated by others.

This is the Clearspire story.

---

[1] Following a successful career as an international civil trial lawyer, Mark has turned his attention to improving the delivery of legal services and legal education. Today he is the CEO of LegalMosaic, a legal business consultancy; a regular contributor to Forbes, a speaker and a Distinguished Lecturer in Law at Georgetown University Law Center.

A. Introduction: The Legal Marketplace At The Time Of Clearspire's Founding

543 Clearspire was founded in April 2008 – just months before the global financial crisis. The legal marketplace was markedly different than it is today. It's worth taking a closer look at the legal market in 2008 not only because it provides context for just how novel Clearspire was but also to explain why it proved too revolutionary for the conservative legal industry at that time.

544 Large law firms were the dominant corporate legal supplier in 2008. They had enjoyed an almost uninterrupted two-decade run of growth, fee escalation, and rising profit-per-partner (PPP). Until Lehman's collapse in September 2008 and the fiscal fallout that ensued, there was little reason to doubt that law firm prosperity and dominance would end any time soon.

545 Large law firms had a lock on elite legal talent when that was the sole component of legal service. Most corporate (in-house) legal departments outsourced the bulk of their legal work to law firms, especially large, complex matters including litigation and corporate work. The buy-sell dynamic in the legal industry was cozy, uncomplicated and stable. It was relatively rare for corporate clients to replace law firms. To draw from Facebook, clients were "in a relationship" with their outside firms. Today, that dynamic more closely resembles Tinder – it is largely transactional.

546 Prior to the global financial crisis, law firms routinely handled cases from start to finish. Disaggregation – "chunking" work by task and category and sourcing it to different providers – was in its early days. There was no identifiable legal supply chain. Disaggregated work was restricted to high-volume/low value tasks (document review, basic research, etc.) often conducted offshore. Legal service providers were a labor arbitrage play and posed little threat to law firm market share.

547 Clearspire was founded when law firms were the only game in town. They sold legal expertise when that was synonymous with legal delivery. Clearspire's Founders viewed legal delivery as a three-legged stool comprised of legal, technological, and process expertise. They believed that just as technology and process fundamentally changed – if not disrupted – other industries, so too could it have a similar impact upon the legal industry. This is not a novel concept today, but it certainly was nearly a decade ago.

B. The Clearspire Founders And Their Vision

548 Clearspire's Founders were Bryce Arrowood, a businessman/entrepreneur and me. Both were early adopters of technology in the delivery of legal services and believed that law firms lagged in adopting technology and process to streamline legal delivery. They sought to create a legal delivery model that would be *"at the intersection of law, business, and technology."* They determined to create a new legal economic model that better aligned the interests of lawyer, provider, and client, in part by *"letting lawyers practice law"* and letting business professionals *"operate the business of legal delivery."* They sought to provide an alternative to Big Law's sky-high cost, budget unpredictability, tepid adoption of technology and process, and the lack of competition in the legal market.

549 Bryce Arrowood had founded and managed LawCorps, one of the largest, most profitable legal staffing companies. He helped create a patented software application for LawCorps that increased efficiency of legal service provision and deployed internal and client benchmarks.

550 I had a long career as a civil trial lawyer – first as a highly decorated Assistant United States Attorney, then as the youngest partner of Finley Kumble, and later as the founder and managing partner of a multi-city 30 lawyer national litigation boutique. I was an early adopter of legal technology, investing more than $1M of my own money in the late 1980's to integrate my national boutique's offices with video-conferencing, a virtual law library, and a centralized

attendant. I was well versed in the client side of legal delivery having served as outside general counsel to three insurance companies and as a federally appointed Receiver of an international business with operations on four continents.

Bryce and I believed that the financial crisis that erupted soon after our decision to move forward would play to the Clearspire *"better, faster, cheaper – and with comparable quality"* model. We were also buoyed by the launch of the Association of Corporate Counsel's (ACC) "Value Challenge" at this time. It created an outside counsel wish list straight out of the Clearspire business plan. What we misgauged was the risk: reward calculus of general counsel at the time and the extreme risk aversion created by the escalating financial crisis. While general counsel would soon be placed under unprecedented pressure to rein in legal costs, they were even more concerned at that time not to expose the enterprise to risk. The new, untested Clearspire model was appealing to many general counsels intellectually, but most were reluctant to retain Clearspire in place of an incumbent firm. The "you don't get fired for hiring IBM" attitude prevailed at this time. Why risk losing one's job for incremental cost savings? The Clearspire law firm was too small to provide a scalable solution that would be meaningful to corporate counsel – either from a financial or portfolio management perspective.

At a time when powerful firms like Skadden Arps were offering incoming associates $60,000 *not* to show up for work (and to delay entry into the firm for a year), general counsel preferred to exact discounts from established firms than retain Clearspire. Another option – that occurred with increasing regularity – was the election to handle more work in-house as well as to disaggregate it and source it to service providers. Clearspire's legal "revolution" was not what general counsel identified as a safe bet during a time of upheaval and risk aversion.

How, then, did Clearspire's Founders intend to execute upon their vision of "reengineered legal delivery?" The core elements of the Clearspire model included:

- An integrated technology platform that enabled Clearspire to deploy an agile workforce with significantly reduced office requirements, resulting in greater efficiency, cost reduction, and geographical nimbleness;
- Deploy the 'right lawyer for the right task' based on experience, expertise, and the value of the matter to the client – not who has idle hands; and
- Create Statements of Work (SOW) for each matter. The SOW involved two related contracts between: (1) Clearspire's lawyers and the firm; and (2) Clearspire and the client. The SOW described the different phases and tasks of the engagement – who was assigned to perform what tasks; deliverables; due date; and cost. Clearspire's SOW's resembled general contractor agreements. When necessary, change orders were effected and agreed to by lawyers/firm/and clients. This created price predictability, accountability, transparency, and cost-reduction. It also ensured that assignments were made based upon the right person for the right task according to the level of expertise and experience required.

Clearspire was successful in creating and implementing its model and process; however it failed to achieve the scale it had envisioned. The Founders believed that by creating what the marketplace said it wanted it would be a huge success. Intrigued as the marketplace was with the vision, the Founders soon learned that *"if you build it, they will not necessarily come."* There is a big difference between expressing admiration for a model and becoming a paying client. Clearspire's Founders had not anticipated the size of that delta.

C. The Regulatory Issue And The Two-Company Model

Clearspire's two-company model was the byproduct of two things: (1) U.S. regulatory and State Bar Limitations on non-lawyer investment, ownership, and profit sharing in law firms; and (2) the Founders' belief that lawyers should practice law and business, process and technology experts should manage the delivery of legal services. They imagined that legal services would follow the path of medical practice and its transformation to the healthcare delivery.

556   In order to raise the capital necessary to build its proprietary technology platform as well as other infrastructure to support the law firm, Clearspire created its two-company model because only its service company could accept outside investment. At the same time, the Founders believed bifurcation was functionally sound because it established "lanes" for lawyers trained to "know the law" and others trained as operators. Clearspire was the amalgam of the two companies operating under a unified brand with two legally separate but sister entities. I ran the law firm and Bryce Arrowood managed the service company.

D. Coral: The Clearspire Technology Platform

557   Coral, the name given to the Clearspire technology platform, was the centerpiece of the Clearspire Service Company and the bundled services it provided to its law firm. Coral was designed for the exclusive use of the Clearspire law firm; however, the Founders envisioned that it would ultimately be reconfigured to accommodate multiple users as a licensed or software as a service (SaaS) application. Coral was designed specifically for the legal industry, although its architecture was industry agnostic and could readily be reconfigured for use in other verticals.

558   The platform was called "Coral" to evoke the image of a coral reef – a living organism at the center of a diverse ecosystem. That was the role the Founders envisioned Coral would play – initially as an integrator of the Clearspire ecosystem – linking its lawyers and clients. Later, the vision was for Coral to integrate other groups in the legal ecosystems. Coral enabled lawyers to work seamlessly and collaboratively across the globe, linking them as never before with clients. This enabled clients to track matter management and budget in real time as well as to access and reuse intellectual capital. It also bridged the divide between Clearspire and in-house counsel. I believed that the bright line distinction between in-house and outside counsel should be blurred, because both serve the client. Coral enabled the two groups of lawyers to collaborate seamlessly to better advance client interest.

559   Coral's architecture was a pyramidal structure with three layers or stacks. The foundational/bottom layer included systems that were common in large firms. This included document management, records, conflicts, finance, and unified messaging. What made Coral's foundational level different was not only its best-of-breed suite of applications and their heavy customization by Clearspire's IT team, but also their integration via the layer sitting above them. Clearspire licensed 3rd-party software for these functions; however, it negotiated IP grants from some of the software providers in recognition of the degree of customization that Clearspire made to the off-the shelf version of the software.

560   The middle layer – "the customized enterprise backbone" – was Coral's "brain", integrating and aggregating data from the bottom layer. This provided human resources (HR) information systems functionality, project management, matter staging and management, and reporting.

561   Coral's top layer was the user interface – a web-based intranet and extranet. This layer had separate portals for Clearspire; clients; and the public. The entire Clearspire platform ran on a private cloud in a Tier 4 data center – the highest security layer with ultra-secure access and fully backed-up systems. Though Clearspire's workforce was agile, its "virtual office" was far more secure than that of traditional law firms.

562   Coral had separate, though similarly designed interfaces for Clearspire's lawyers and clients. When lawyers logged-in, they were greeted by a home page that included customized buckets of information – "my to-do list", matter list, key updates, and presence tracking that indicated colleague availability to video-conference, IM, email, or call. Coral provided both a geographic and practice view of colleagues. Color-coding and icons signaled availability; each lawyer controlled how her availability was displayed to colleagues. Most internal Clearspire communication was in wiki style or other collaboration forums, not emails. This meant that message exchanges were organized and available to anyone who joined the team mid-stream.

Coral presented each lawyer with her own customized task list. As the lawyers completed the task, the system noted this and presented the next one. This enabled lawyers to work in a disciplined, purposeful fashion – an automated form of project management supplemented by each matter's statement of work. It also enabled clients to track progress, to render input, or to pose questions in real time. It provided instant, substantive direct access to the person performing a particular task. It was also – like other Coral functionalities – an effective internal management tool – both for matter management and budgeting purposes. Working in concert with the matter-and task-based approach, Coral also presented lawyers with a news feed customized to the matter. That provided lawyers – and clients – with instantaneous access to information not contained in the file but potentially relevant to it.

Clients had a similar but contextual client interface. The client dashboard included a matter overview as well as a list of Clearspire lawyers working on a specific matter as well as across all the client's cases with the firm. Clients were provided with an individual and aggregate matter overview, a subset of "shared" documents (the presumption was that the majority of file materials excepting rough drafts and attorney notes were client accessible) billing, case chronology, research and prior communications. Financial reports and attorney benchmarking were also made available.

Coral afforded clients the opportunity to collaborate meaningfully and in real time with Clearspire attorneys. It also provided clients with unprecedented real time access to individual matter handling and billing as well as all prior client matters handled by Clearspire. Clients were free to re-use research, briefs, and other paid-for intellectual capital any time and in any way they deemed appropriate.

Coral was much more than a collection of software applications. It was designed specifically to enable Clearspire's lawyers and clients to collaborate, practice, and access information in a very different way than previously possible. Coral worked remarkably well during its nearly three years of active service and truly *"reengineered the delivery of legal services"* – just not for enough clients.

E. The Path To Market

The first nine months of Clearspire's existence focused on the Founders building out the business plan, working out the structural and regulatory challenges of creating a "two-company model", and putting together a team to develop Coral. Unsurprisingly, a tremendous amount of time, energy, and capital was spent developing Coral. The platform was built from scratch and at its zenith had approximately 90 developers working on it. The Founders took an inter-disciplinary approach to Coral's architecture and build-out. We retained Eyal Iffergan, an experienced legal technology architect, to coordinate the build-out. Bryce Arrowood anchored the functionality and process aspects of Coral, while I was responsible for the internal and client requirements. We retained Dr. Lynda Gratton, an expert in the future of the global workplace to provide "social cues" for Coral that would allow its geographically remote users to feel more integrated and part of a team. Fred Krebs, the long-time President of the Association of Corporate Counsel also served as a consultant on the project.

The build-out of Coral was an interdisciplinary process that involved a close collaboration between the technology team and the Founders. Bryce Arrowood focused on process elements and I provided the "customer" or ultimate user perspective – what would lawyers and clients want from Coral and how could that be made user-friendly? It was like working backwards: I told the tech team and Bryce what should (ideally) be built and they constructed it. This process, that involved as many as 90 programmers at one time, took approximately sixteen months to complete.

Once Coral was completed and pressure tested by a small team of Clearspire Law's initial attorney on "friendly" client matters, Clearspire began to build up its attorney roster and engaged in a more formal launch. This occurred in January 2011, approximately two and a half years after the company's formation. During the course of the next eighteen months, Bryce and I met with the General Counsel of almost 300 Fortune 500 companies. While the access to market leaders was phenomenal, the client conversion rate was less stellar due to a number of marketplace challenges.

F. Marketplace Challenges

570   Clearspire confronted a wide array of challenges when it launched. It was introducing something radically new and different to an exceedingly entrenched, traditional industry. The legal vertical is steeped in precedent, not innovation. The virtual monopoly that large firms enjoyed was long preserved by self-regulation, and by the fact that State Bars were dominated by the large law firms themselves – exactly the market that Clearspire's model sought to disrupt.

571   Clearspire's two-company model also posed a challenge in itself. The legal marketplace had never seen such a model or approach and had difficulty categorizing Clearspire – was it a law firm, a staffing company or a technology company? Likewise, Clearspire was challenged by its categorization as a "virtual law firm" – a generic phrase frequently used to describe firms that substituted technology for physical offices. Most of those firms had primitive technology and were comprised of a small group of practitioners working from home on laptops. This was the antithesis of Clearspire but created confusion for it nonetheless. It further clouded Clearspire's status as a "real" law firm and fueled an already risk-averse in-house community.

572   Clearspire's fixed-price model and detailed statements of work – ironically – turned out to be more of a liability than an asset. This was because most clients were unfamiliar with SOW's and, so, could not readily compare them to hourly rates and billing. Clients incorrectly associated fixed-prices with "cutting corners", "bait and switch", and other practices that were antithetical to the transparent and detailed Clearspire SOW. Though corporate counsel often decried the billable hour, they were nonetheless comfortable with it. They preferred to negotiate discounts from "usual suspect" large firms than to deal with an entirely new billing method.

573   Clearspire's election to go head-to-head with large firms for Fortune 1000 company work also proved to be a challenge, especially during the cautious times following the financial crisis. Clearspire was not a known brand and, though it received a great deal of international media coverage and acclaim, its model was untested. This did not sync well with the caution and risk-aversion that followed the financial crisis. Clearspire's law firm also lacked the size and breadth of practice to compete successfully with large firms – especially for more substantial matters. As a result, when Clearspire was retained by clients, the matters assigned were generally small.

574   The exorbitant cost of Clearspire's technology build-out also proved to be an insurmountable burden. That cost was borne before the law firm launched, meaning that Clearspire was about $5M in the red before it earned its first dollar. The Founders' projections for recouping this investment from law firm operations proved overly aggressive, and Clearspire was constantly cash-strapped. It lacked adequate funds for a sales and marketing team, nor did it engage in public relations to leverage the significant organic media coverage it received.

575   Clearspire's bold end-to-end approach to reengineering the delivery of legal service proved too sweeping for its limited financial resources. Had Clearspire elected to be either a legal technology or staffing company, for instance, it would have undoubtedly been a huge financial success. But neither its war chest nor the marketplace was ready for Clearspire's reengineered law firm approach. Clearspire could have succeeded had it broken out its different components, focusing on each one individually and building on its success to broaden its offering and vision. For example, Clearspire could have become a large, highly profitable law firm that sometimes served also as a staffing company. Likewise, Coral could have been licensed as a platform or deployed as a multi-user SaaS application.

In the end, Clearspire's greatest market challenge was an inability to compromise on the scope and breadth of its model. This was a point of constant contention between the Founders and ultimately resulted in the Clearspire's end.

G. Marketplace Reception

Clearspire was the legal version of a child prodigy – from infancy, its two-company model, technology platform, and innovative business model were closely followed and analyzed by mainstream media including The Economist, The Wall Street Journal, Fast Company, and The American Bar Association Journal. Richard Susskind, perhaps the legal vertical's best-known pundit, spoke glowingly of Clearspire, describing its model and technology as inspired and "bang on."

The media buzz reached a crescendo in January 2011 when Clearspire announced its launch. Several GC's asked whether they could license the platform, and three suggested creating a joint venture to deploy Coral as a SaaS application. Coral had been designed as a single user platform that could eventually be adapted to SaaS. Bryce and I declined these early offers and elected to build up the Clearspire law firm – using Coral – to establish "proof of concept" before marketing it for third-party use.

What was conspicuously absent from the GC meetings was a desire to retain Clearspire as a law firm. There were a number of reasons cited: (1) the firm's lack of scale – at its zenith, the firm had approximately 60 attorneys; (2) an absence of high-profile lawyers; (3) unfamiliarity with the fixed-price model – most GC's were more comfortable with the billable hour even as they decried Big Law's high rates, billable hours and price unpredictability; and (4) a preference among many GCs to use Clearspire as a staffing provider, not as a law firm. Walmart, for example, praised the Clearspire vision and two-company model – then requested it undertake a staffing role. The request was denied because one of Clearspire's Founders insisted that Clearspire was a law firm, not a staffing company.

The Clearspire law firm was burdened by the enormous cost of building and maintaining Coral; a rigid hiring approach that focused too much on lawyer pedigree and too little on experience and a willingness to embrace its model; a lack of scale; an inability to convince buyers of the value of the transparent, fixed-price model; and client fascination with the shiny metal object that was Coral instead of the law firm.

The Clearspire law firm operated efficiently, effectively, and to favorable client reviews. When fixed-price engagements were undertaken – only about one-third of the firm's matters per client election – the budget was met 98% of the time. This demonstrated that large and small high-end legal projects *can* be accurately budgeted *provided that* project management and technology keeps lawyers on task. Clearspire's lawyers seemed to enjoy the freedom that Clearspire's technology and structure offered, and the attrition rate was low compared with large law firms. Clearspire's law firm was profitable, although that was diluted by the burden of defraying infrastructure costs imposed by the service company to pay for Coral.

The market was intrigued by Clearspire and by its effort to reengineer legal delivery. But it was uncertain exactly what Clearspire was and how it could best be used. Was it a legal technology company or a law firm enabled by technology? It was both, of course; however, the marketplace was looking for one application and that was clearly the technology company.

Clearspire had many paths to success that it did not pursue. For example, it could have licensed or sold off its technology early on. Likewise, it could have entered into a joint venture to that effect – obtaining a perpetual use license for Coral. The law firm could have used the Coral platform to greater advantage to scale up more rapidly, rather than relying on the Service Company's HR team that mimicked Big Law's fixation with pedigree as the preeminent hiring criterion.

584   The market was not ready to replace its incumbent large law firms with Clearspire – the reward was not equivalent to the perceived risk. That risk – and Clearspire's cash flow problems – would have been removed had Clearspire agreed to operate *both* as a law firm and, when clients opted, as a staffing company. Clearspire failed in part because of its unwillingness to adapt and offer the market what it wanted from it – services it could have readily delivered. Its intractability was the proximate cause of its disappointing financial results.

H. Lessons Learned: Clearspire In Hindsight

585   Clearspire was "ahead of its time" in the way it envisioned – and executed – the delivery of legal services. But that's by no means the sole reason that Clearspire failed to achieve commercial success. The market suggested course changes to Clearspire's leadership at different points during the firm's seven-year run. But adherence to Clearspire's "revolution" eclipsed the corrections in course that successful start-ups must make to survive, let alone to achieve financial success.

586   There are several strategic decisions that Clearspire made that, with hindsight, impeded its commercial success. This includes:

- *The legal vertical is extremely conservative, risk averse, and resistant to change. Clearspire was too sweeping and aggressive in what it attempted to do.*
- *Law is grounded in precedent, not innovation. Clearspire inaccurately gauged the market's appetite for real change.* A more gradual, phased-in approach to Clearspire's grand vision would have been more palatable to consumers. For example, Clearspire's website and collateral materials touted the disruption it sought to effect, proclaiming "This is your revolution." That worked for the Beatles, but not for Clearspire. Law was ready for incremental change, not a "revolution."
- *The decision to operate as a law firm, not a staffing company was an initial miscue that was compounded by Clearspire's unwillingness to adapt to what the market wanted it to deliver.*
- *Clearspire targeted the wrong market segment.* Its Founders were convinced that the F1000 were ready for a new model law firm to challenge incumbent large firms for "fat middle" legal work – everything in-between high volume/low value work, LPO work and "bet the company" matters sourced to elite law firms. This assumption was incorrect; as the success of Axiom demonstrates, the market was willing to embrace a higher-end staffing model – supervised by corporate legal departments and law firms. But it was not, in the years immediately following the global financial crisis, ready to assume the risk of ceding responsibility to an upstart law firm like Clearspire.
- *Clearspire's election to operate as a law firm delayed its launch by about a year and cost the company several hundred thousand dollars to create.* The candle proved not to be worth the game.
- *Clearspire posited that large corporations would be attracted to its model because of their significant volume of work and the substantial savings that would result with no additional risk.* This proved incorrect for two reasons: (1) Clearspire lacked the scale and legal brand recognition to warrant sourcing large blocks of work to it; and (2) most GC's concluded the risk of sending work to Clearspire instead of an "established" firm did not warrant the incremental cost savings. And while several F1000 companies became satisfied Clearspire clients, most GC's wanted Clearspire to bring on additional attorneys and to operate as a staffing company. Walmart and Ally Bank are two examples.
- *Clearspire refused to engage in strategic partnerships, several of which would have been highly advantageous* because its prospective partners had substantial capital, global brands, and large customer bases. Several F500 companies and two prominent law firms approached Clearspire and sought to create joint ventures to leverage Clearspire's staffing capability and its technology. The irony of Clearspire's refusal to partner with others is that it was designed to align the players in the legal ecosystem, not to operate in isolation.
- *Clearspire's fixation on lawyer pedigree compounded its depth and breadth problem.* Ironically, Clearspire's hiring criteria mimicked large law firms. Clearspire should have hired many highly

qualified applicants that had different backgrounds and skillsets suited to its practice. Clearspire anticipated claims that its lawyers were "*not of the same quality*" as large firms, so, to blunt that, it hired lawyers from large firms and some in-house departments as well. But its HR team carried this to an extreme, excluding many lawyers that would have been well qualified and well-suited for its "right person for the right task" approach to legal delivery.

- *Clearspire failed to answer one crucial question for the marketplace: "What Are You?"* Clearspire's two-company model was unique and the subject of many articles, interviews, and symposia. While it commanded considerable interest among legal scholars, entrepreneurs, and many GC's, there remained considerable confusion about exactly what Clearspire was and what it sold. Some thought Clearspire was a staffing company; others a legal technology company or "virtual law firm." The problem was compounded by sales and marketing pitches that opened a discussion on Coral, then segued to the law firm. This left many GC's wondering just what Clearspire was and how they could best utilize it. Many concluded it was Coral – which was not available for license, sale, or joint venture – that they wanted.

- *Clearspire lacked sufficient capital for the sweeping breadth of its vision*. By most accounts, Clearspire was well-capitalized. The Founders, together with a small group of "friends and family" invested approximately $7M in the venture. The bulk of that money – about $5M – was poured into Coral. The entire Coral investment was made before Clearspire Law launched. That made it exceedingly difficult for the law firm to recoup its investment without substantially more capital and caused tremendous pressure. Coral was simply too much of an investment for a dedicated – and relatively small – law firm. Coral was a Ferrari that was driven around the neighborhood at 10 miles an hour; it was a grossly underutilized asset. Had Coral been licensed or utilized in a joint venture with a F500 company, it would have been another story altogether.

- *It's easier to start a revolution than to win one*. Clearspire would have been immensely successful had it embraced a more incremental rollout of its sweeping vision of change. For example, had it initially marketed itself as a staffing company and developed its technology platform over time, it would have had an easier time generating revenues to defray the considerable expense of its technology. Then, when the technology was built out, it could have leveraged it internally as well as with different partners in a variety of lucrative, brand-enhancing ways. Clearspire was all about marrying technology and process with legal expertise; it did not have to do everything on its own in one grand step. Neither the marketplace nor Clearspire's war chest were ready for this. Clearspire did not have to launch a revolution; a targeted counter-insurgency would have worked just fine.

Epilogue

I often describe Clearspire as "my multi-million dollar tutorial." The seven year experience taught me a great deal about how technology and process can be applied to improve legal delivery as well as how legal services can be delivered from a new model that is more client-centric, accessible, affordable, efficient, and objectively evaluated. I am sharing that experience now in my teaching, writing, speaking, and consulting. Clearspire was clearly an intellectual success in my view.

Our investors – and my own balance sheet – would say otherwise. Clearspire was a financial disappointment – a failure.

Was it worth it? Yes. Being an entrepreneur is as much about creativity – executing a vision – as it is about making money. And while it's disappointing not to have achieved both, it's gratifying that so much of the Clearspire vision and model are evident today. That's our legacy and something I am proud of.

4. Kapitel
Legal Tech in mittelgroßen und kleinen Kanzleien

4.1 Legal Tech – Das digitale Mindset

Ein Überblick darüber, was kleine und mittlere Kanzleien
heute bereits an Legal Tech einsetzen könnten

Marco Klock[1]

Sie lesen dieses Buch – Sie wissen also von den eruptionsartigen Veränderungen, die uns am Rechtsmarkt bevorstehen. Es werden Veränderungen sein, die Geschäftsmodelle schwinden, Kanzleien Bankrott gehen und Margen schmelzen lassen werden. Insofern scheint eine Angst vor Veränderung nicht ganz unbegründet.

Insbesondere als kleine oder mittlere Kanzlei[2], die eine große thematische Bandbreite von Mandanten ohne wirkliche Spezialisierung bedient, mag diese Angst zur gedanklichen Verzweiflung führen. Ich will Ihnen sagen: Diese Angst ist unbegründet. Vielmehr ist es für dieses Segment, ja sogar für den Einzelkämpfer, die größte Chance der letzten 50 Jahre.

A. Legal Tech bringt die juristische Welt wieder auf den Boden der Tatsachen und alle Teilnehmer auf Augenhöhe

In diesem Kapitel breche ich eine Lanze für all diejenigen, die mit dem Begriff Legal Tech nicht direkt das Silicon Valley verbinden – sondern ein Mindset. Ein Mindset, das von jedermann einsetzbar ist und damit vom Einsteiger in die juristische Selbstständigkeit genauso gelebt werden kann wie vom Partner in einer Großkanzlei.

Auch wenn *Mindset* verdammt nach Silicon Valley klingt, ist es doch die bodenständige Variante des allseits verbreiteten Legal Tech-Getöses, hinter dem sich eben nicht immer artificial intelligence (AI) oder block chain verbirgt. Oder anders gesagt: Legal Tech beginnt im Kopf und benötigt kein Budget in Millionenhöhe. Genau dieses Verständnis verändert die thematische Wahrnehmung von Angst zu Interesse – von Hokuspokus zu *Mindset*.

rightmart Exkurs – Das Mindset bringt Erfolg: In 12 Monaten zu 1 Mio. EUR Umsatz

Um meine Worte zu unterstreichen, möchte ich kurz erläutern wie ich zu dieser Auffassung gelangt bin: Mit edicted[3] habe ich bereits 2014 einen LPO-Dienstleister[4] gegründet, der ein grundlegendes Problem am Markt beheben sollte: Ineffiziente Rechtsdienstleistungen durch fehlende Markttransparenz.

Angelehnt an den Marktplatz-Hype[5] vermittelt edicted auf Basis verschiedener Parameter Juristen an Juristen. In der Theorie ein unglaublich gutes Konzept, wenn es skaliert – was es damals nicht tat. Das Problem war die Einstellung der Berufsträger oder unsere falsche Markteinschätzung, je nachdem, wer die Story erzählt. Das Wort Legal Tech war selbst 2015 noch ein Fremdwort in der Branche.

---

[1] Marco Klock ist Co-Founder und CEO zweier Legal Tech Unternehmen (rightmart und edicted.). Er berät Kanzleien in Sachen Produkt, Prozessoptimierung, Marketing und Marktentwicklung (Legal Tech Berater).
[2] zum Verständnis: Wir sprechen von kleinen Kanzleien bis zu 5 Berufsträgern – auch Einzelanwälte – und von mittleren Kanzleien bis zu 30 Berufsträgern.
[3] 11/2016: Verlag C. H. Beck wird Gesellschafter bei edicted.: http://blog.seedmatch.de/2016/11/17/legaltech-edicted-beck-rightmart/.
[4] Legal Process Outsourcing, www.edicted.de.
[5] https://www.forbes.com/sites/hbsworkingknowledge/2016/07/13/how-uber-airbnb-and-etsy-attracted-their-first-1000-customers/#4c11c43d6213.

Am Anfang des Jahres 2016 habe ich dann gemeinsam mit den edicted-Gesellschaftern eine eigene Kanzlei[6] (rightmart) gegründet, die in Ihrer DNA zwar das Legal Tech Mindset hatte, in Wirklichkeit allerdings zunächst Legal Tech als brachiale Softwareentwicklung interpretierte.

Heute – 18 Monate später – mit einem mittlerweile siebenstelligen Jahresumsatz, mehreren strategischen Pivots (radikalen Änderungen des Geschäftsmodells), hunderttausenden ausgegebenen Euro für Softwareentwicklung und einem Kundenstamm von weit über 10.000 Mandanten bei nur einem Rechtsprodukt/Rechtsgebiet[7] wissen wir, dass es nicht der Tech-Teil von Legal Tech war, der uns einen Vorteil am Markt verschaffte – es war das Mindset. Und das kann jeder schaffen.

B. Betrifft mich Legal Tech überhaupt?

595   Die subsumierte „Light-Version" von Legal Tech (Mindset) lässt sich viel leichter mit dem alltäglichen Geschäft von kleineren oder mittleren Kanzleien vereinbaren. Da von den Entwicklungen des Legal Tech-Zeitalters nicht jeder gleich betroffen ist, stellen wir uns ein paar Kernfragen, um die Dringlichkeit des *Legal Tech Mindsets* für Sie einzustufen, bevor wir konkret Veränderungen, Tools oder Prozesse evaluieren:

- Gibt es für einen Großteil Ihrer Mandate nur wenige Kollegen, die diese Spezialisierung aufweisen und deshalb mit Ihnen konkurrieren (das Gegenteil ist ein hoher Anteil von Mandanten repetitiver Natur)?
- Haben Sie einen exklusiven Marktzugang, der für andere eine höhere Markteintrittsbarriere darstellt (das Gegenteil ist eine Mandatsakquise ausschließlich aus Quellen, die jedermann auch ohne großartiges Know-how offenstehen)?
- Besteht die Möglichkeit, die Dienstleistung(en) Ihrer Kanzlei in konkrete Produkte zu verpacken? Oder anders gefragt: Ist Ihre Kanzlei spezifischer ausgerichtet als ein Rechtsgebiet (das Gegenteil ist eine große thematische Brandbreite bei den Mandaten Ihrer Kanzlei)? Ist Ihre Kanzlei spezifisch auf ein Rechtsgebiet ausgerichtet?
- Betreiben Sie aktives Marketing (oder aktive Vertriebsmaßnahmen) für Ihre Kanzlei?
- Haben Sie sich bereits mit Online-Marketing auseinandergesetzt?
- Kennen Sie die Akquisitionskosten Ihrer Mandate?
- Kennen Sie die Bearbeitungskosten Ihrer Mandate?
- Trägt Ihre Kanzlei einen Namen, der allgemeingültig als Marke durchgehen könnte? (Hinweis: Nachnamen gehen nur dann als Marke durch, wenn Ihre Kanzlei Skadden heißt)

596   Diejenigen unter Ihnen, die vergleichsweise häufig mit Ja geantwortet haben, werden in den nächsten zehn Jahren zu den Gewinnern des Marktes zählen. Zum Verständnis: Dazu brauchen Sie kein Genie zu sein, Sie müssen einfach nur besser sein als der Durchschnitt am Markt, um exponentielle Vorteile für sich zu realisieren.

597   Haben Sie die Fragen größtenteils mit *Nein* beantwortet, wird Ihre Kanzlei mit großer Wahrscheinlichkeit stark von den Veränderungen am Markt betroffen sein. Dennoch sollten Sie unabhängig davon, wie Sie auf die Fragen geantwortet haben, die Bandbreite der folgenden Möglichkeiten voll ausschöpfen.

C. So implementieren Sie Legal Tech konkret in Ihrer Kanzlei

598   Die Herleitung dieser Fragen ergibt die Herangehensweise an das *Legal Tech Mindset*, das im Grunde aus verschiedenen Säulen besteht. Stück für Stück versuche ich Ihnen diese in diesem

---

[6] www.rightmart.de.
[7] rightmart war bis Ende April 2017 ausschließlich im Sozialrecht aktiv mit dem Produkt „Jobcenter-Schutzschild".

Kapital näherzubringen, in der Hoffnung, dass Sie die Chance hinter dem Begriff Legal Tech erkennen.

Los geht's. 599

D. Fokus und Ausrichtung als wichtiger Teil des Legal Tech Mindsets

Zunächst sollten Sie detailliert das Geschäftsmodell und das Umfeld der eigenen Kanzlei 600
betrachten. Es gilt, sich transparent und ehrlich vor Augen zu führen, wo sich Ihre Kanzlei am Markt einordnet und wie sich diese Position innerhalb der nächsten Jahre voraussichtlich entwickeln wird.

Was hat die Ausrichtung der Kanzlei mit Legal Tech zu tun? Ganz einfach: Wenn Sie in 601
den nächsten Jahren keinen klaren strategischen Fokus haben, werden die neuen Dienstleister Sie einfach überrennen. Was landläufig als „Wald & Wiesen"-Anwalt bezeichnet wird, ist ja nichts mehr als der Allrounder mit 13 Rechtsgebieten im Profil bei anwalt.de – genau das ist das Gegenteil von Fokus und das gilt es zu vermeiden.

Wenn Sie inhaltlich durch fehlenden Fokus nicht die Oberhand verlieren, werden Sie zumin- 602
dest in Sachen Service und Dienstleistungserlebnis keine Chance gegen fokussierte Player im gleichen Marktsegment haben. Die Entscheidung liegt beim Kunden und der bewertet in erster Linie das Dienstleistungserlebnis, welches bei erwähnter Konkurrenz immer besser sein wird.

rightmart Exkurs – Erste Schritte 603
Als wir bei rightmart begonnen haben den Kanzleibetrieb aufzunehmen, haben wir zunächst angenommen, jeden Monat zwei neue „Rechtsprodukte" (wichtige Erkenntnis: Auch eine Rechtsdienstleistung sollte als Produkt betrachtet werden) zu starten. Mehrere Monate irrten wir in diversen Versuchen zwischen Verkehrsrecht, Mietrecht und Reiserecht, ohne den Fokus auf das bereits florierende Produkt im Sozialrecht zu wahren. Als dann die Entscheidung getroffen wurde, den Fokus nur auf das laufende Produkt zu legen, steigerten sich Wachstum und Effizienz der Kanzlei exponentiell. Wir wären heute nicht so nahe am Start eines weiteren Rechtsprodukts, wenn wir uns nicht für den Fokus entschieden hätten.

Abgeleitet aus dieser Erfahrung ist es Ihre Aufgabe Nr. 1, den eigenen Fokus zu finden. 604
Sofern der Betrieb Ihrer Kanzlei schon gefestigte Strukturen hat (und damit auch einen Kundenstamm), bedeutet ein neuer Fokus keinen Bruch mit dem Bestehenden, sondern maximal eine Neuausrichtung Ihrer Kanzlei in Richtung Zukunft.

E. Den Fokus der Kanzlei neu ausrichten

Betrachten Sie die Mandate der letzten 24 Monate und sortieren Sie diese auf dem Papier. 605
Kategorisieren Sie Ihr gesamtes Geschäft nach Ansprüchen, Zielgruppe, Rechtsprodukten oder Rechtsgebieten, suchen Sie den kleinsten gemeinsamen Nenner (je detaillierter eine Kategorisierung vorgenommen wird, desto leichter ist die strategische Ausrichtung).

Danach sollten Sie die Kategorien nach Häufigkeit gewichten und sich auf die bis zu fünf 606
häufigsten Mandatsarten konzentrieren. Jede dieser häufigen Kategorien wird nun auf Wirtschaftlichkeit und Skalierbarkeit überprüft. Es ist dazu zwingend notwendig, dass Sie sowohl die Kosten- als auch die Umsatzstruktur der einzelnen Kategorien transparent darstellen, um einen Überblick zu haben, welche der einzelnen Kategorien für Sie besonders wertvoll oder welche weniger wertvoll sind.

Die Frage nach der Skalierbarkeit einer Kategorie ist schwieriger zu beantworten und bedarf 607
eines Verständnisses über die Akquisitionswege dieser Mandate: Haben Sie keinen Schimmer davon, mit welchem Hebel Sie die Mandate einer Kategorie verzehnfachen, sollte diese Kategorie nicht Ihren zukünftigen Fokus darstellen. Allerdings sollte die weitere Lektüre dieses Buches Ihnen helfen, das eigene Toolset für die Verzehnfachung Ihrer Mandatszahlen zu erweitern.

608   Bildet sich eine Kategorie mit wirtschaftlich-lukrativen Mandaten heraus, für die gleichzeitig auch einige gedankliche Ansätze bestehen, diese Art von Mandaten in großer Zahl zu akquirieren, ist der erste Schritt abgeschlossen. Nun gilt es, diese Art von Mandaten in ein oder mehrere Produkte zu verwandeln.

609   *rightmart Exkurs – Die Mandanten von heute wollen Service*
Im Übrigen gilt in Zeiten von Legal Tech eines: Es spielt keine Rolle, ob Sie das Rechtsgebiet, Rechtsprodukt oder den einzelnen Anspruch <u>inhaltlich</u> beherrschen. Dem Kunden von heute ist die eigentlich Fachkenntnis lange nicht mehr so wichtig wie in alten Zeiten: amazon, UBER, airbnb und Co. haben den Kunden und die Generation von heute auf Convenience (Bequemlichkeit) getrimmt. Natürlich zählt die Qualität nach wie vor, aber Know-how kann sich jeder einkaufen[8] oder erlernen. Keiner der Gründer bei rightmart hatte vor Gründung Kenntnisse im Sozialrecht, trotzdem ist rightmart laut Trustpilot mittlerweile der Rechtsdienst Nr. 1 in Deutschland und besticht durch Qualität.

610   So gilt gerade für Berufseinsteiger, die sich mit einer eigenen Kanzlei selbstständig machen wollen: Suchen Sie sich den Anspruch, das Rechtsgebiet oder das Rechtsprodukt heraus, was am leichtesten zu verkaufen ist.

F. Das (Rechts-) Produkt – The Key to Success

611   In Produkten zu denken ist kein Trend im Legal Tech, aber allgemein sehr wichtig: Marketing und Vertrieb starten beim Produkt und das bildet damit auch die Grundlage jeder Skalierung. Eine Rechtsdienstleistung als Produkt abzubilden, erfordert ein kreatives Verständnis der Zielgruppe und auch die Fähigkeit, alte Konventionen fallen zu lassen. Der Mandant erwartet heute selbst bei einem Verkehrsunfall einen Rundum-Service, der dem Dienstleistungserlebnis in anderen Branchen entspricht.

612   Die Erkenntnisse aus anderen Branchen auf unsere adaptiert bricht es auf folgende Frage herunter: Wie schaffe ich ein Produkt, welches eine fest umrissene Zielgruppe hat, sehr eng extern (inhaltlich) und mit klaren Prozessen intern definiert ist und dessen Inanspruchnahme für den Kunden möglichst keine Hürden (Convenience) offenbart?

613   Einige Beispiele für produktbasierte Rechtsdienstleistungen:
- Jobcenter-Schutzschild, hartz4widerspruch.de by rightmart
- Fluggast-Entschädigung: flightright.de (u. v. m.)
- Abgasskandal: myright.de
- Bußgeldbescheide: geblitzt.de
- Mietrecht: mieterengel.de, wenigermiete.de
- Lebensversicherung: helpcheck.de; claimright.de

614   Zurück in der Praxis bedeutet dieser Punkt für kleine und mittlere Kanzleien Folgendes: Versuchen Sie nach Analyse Ihres Geschäfts (Ausrichtung) Ihre beste Kategorie als Produkt zu denken. Wenn die Kategorie so eng definiert wurde, dass der kleinste gemeinsame Nenner der einzelnen Mandate beispielsweise ein einzelner Anspruch ist, ist der Kreativität keine Grenze gesetzt.

615   Nehmen Sie sich dann alle Schritte vor, die aus Sicht des potenziellen Mandanten nötig sind, um von Ihrem Produkt zu erfahren und schließlich dann auch zum Mandanten zu werden: Website, Produktname, Ansprache auf verschiedenen Kanälen, Informationsbeschaffung, Preisgestaltung/-transparenz, Kommunikationsmöglichkeiten und Mandatierungsprozess.

616   Versuchen Sie dabei aus Sicht eines Laien zu denken, der möglichst einfach jeden einzelnen Punkt begreifen muss, damit Sie die Kanzlei seiner Wahl sind. Jede kleine Unebenheit macht Sie unattraktiv: Auch Sie kennen das Gefühl, wenn Sie etwas kaufen wollen und eine komplizierte Preisgestaltung oder undurchschaubare Kombinationsmöglichkeiten Sie davon abhalten,

---

[8] www.edicted.de.

den jeweiligen Shop zu wählen. Denken Sie einfach und geradlinig und nehmen Sie sich die genannten Beispiele zum Vorbild.

Absolut jedes Rechtsgebiet, jeder Anspruch oder jede Ausrichtung kann dem Kunden als Produkt präsentiert und angeboten werden. Der einzige Unterschied ist möglicherweise die Bandbreite der einzelnen Produkte. Kleiner Tipp: Ein Rechtsgebiet ist kein Produkt, da es für den Kunden überhaupt nicht greifbar ist. Damit schießen Sie mit Kanonen auf Spatzen und schaffen viele interne Probleme.

Jedes Produkt ist nur so gut wie die internen Prozesse der Kanzlei: Der Mandant muss nahtlos die Möglichkeit haben, über diverse Kommunikationskanäle mit Ihnen zu kommunizieren, Termine dürfen keine Pflicht sein und jede einzelne Hürde zwischen Erstkontakt und Mandatierung muss so niedrig wie möglich sein. Das bedeutet für Sie: Gestalten Sie aktiv Prozesse, die den Kontakt zwischen Ihrer Kanzlei und dem potenziellen Mandanten vereinfachen. Sehen Sie dies als Service, der die Kundenbindung steigert und eine Säule Ihres Produktes ist.

Die momentane Entwicklung des Marktes bestätigt im Übrigen deutlich diesen Punkt: Die umsatzstärksten Legal Tech-Unternehmen im Bereich B2C haben alle einen produktbasierten Fokus.

Die Weiterentwicklung der eigenen Produkte ist ein nie endender Prozess, der genährt wird durch das Feedback der Kunden. Mit jeder Iteration wird das Produkt besser. Insbesondere der Einsatz verschiedener Software-Elemente kann Ihr Produkt meilenweit nach vorne bringen.

Um in Erfahrung zu bringen, an welchen Prozessen ein iteratives Vorgehen nötig ist, brauchen Sie das Feedback von Bestands- und Neukunden. Genau deshalb ist das Marketing- und Vertriebskonzept und der damit einhergehende Traffic die Grundlage produktbasierter Entscheidungen.

G. Making Business – Marketing und Vertrieb ist auch für kleine Kanzleien wichtig!

Ein großer Irrtum innerhalb unserer Branche ist die Auffassung, dass Marketing- oder Vertriebsmaßnahmen als Kanzlei berufsrechtlich nicht möglich seien. Die Wahrheit ist: Nahezu jeder ist zu bequem sich rechtlich und auch inhaltlich mit dem Thema zu beschäftigen. Es ist viel angenehmer sich auf die Seite der Unmöglichkeit zu stellen und genau das ist ein Fehler.

Unabhängig von der Mandatsakquise nutzen die neuen Rechtsdienstleister, die heutzutage mit dem Legal Tech Mindset starten, von Tag 1 an traditionelle Vertriebs- und Marketingmaßnahmen, um durch das Feedback der potenziellen Mandanten eine iterative Weiterentwicklung ihrer Produkte zu beschleunigen.

Grundsätzlich ist Marketing und Vertrieb strikt zu trennen, beides ist allerdings fester Bestandteil des Legal Tech Mindsets.

rightmart Exkurs – Wolf of Law Firms

Wir haben bei rightmart zu Beginn jeden Tag ein paar Stunden lang alle Kontakte angerufen, die sich auf unserer Website oder bei Facebook gemeldet haben. Wir haben assistiert beim Ausfüllen der Unterlagen und haben uns Feedback eingeholt, um immer wieder neue Iterationen durchzuführen, die unser Produkt noch passgenauer auf den Kunden zuschneiden.

Diese Anrufe stellten für uns den Abschluss des Marketing- und Vertriebskonzeptes dar und waren quasi die letzte Meile, die wir zu gehen hatten, um den Mandanten für uns zu gewinnen.

Zuvor haben wir uns darum gekümmert, die Aufmerksamkeit potenzieller Mandanten (Zielgruppe) zu erhalten. Dabei muss sich der Kern Ihrer Überlegungen immer aus der Perspektive dieser Zielgruppe ergeben.

H. They have to know you – Getting Attention!

626　Aufmerksamkeit zu erhalten ist Kernziel des Marketings. Um als Kanzlei finanziell nicht zu große Risiken einzugehen, ist es spätestens an dieser Stelle unausweichlich, die Kosten- und Umsatzstruktur Ihrer Produkte zu kennen. Denn in einem Punkt unterscheidet sich die Rechtsbranche deutlich von bereits digitalisierten Branchen: Das verfügbare Kapital für Marketing und Vertrieb ist aufgrund berufsrechtlich verhinderter Investitionsmöglichkeiten (gemeint ist hier das Fremdbesitzverbot, also die unzulässige Verbindung zwischen Rechtsanwälten und Finanzinvestoren) vergleichsweise gering – und genau das ist die Chance der kleinen und mittleren Kanzleien.

Das beste Preis-/Leistungsverhältnis bilden Performance-Marketing-Kanäle, deren Erfolg messbar ist – und die findet man für gewöhnlich online.

627　Folgende Tools sind kostenlos verfügbar und bilden die Grundlage für das Online-Marketing:
- Google AdWords: Schalten Sie Anzeigen abhängig von Keywords, die in die Suchmaschine von Google eingegeben werden. Nutzen Sie den Keywords-Planer von Google, um mehr Verständnis für das Suchvolumen und die Kosten pro Klick zu erhalten.
- Facebook Business Manager: Schalten Sie Anzeigen im Facebook Newsfeed oder bei Instagram in eng definierten Zielgruppen auf Basis von extrem detaillierten Nutzerdaten (Beispiel: Zeigen Sie Ihre Anzeige für ein Reiserechtsprodukt nur Menschen, die innerhalb der letzten 14 Tage im Urlaub waren).
- XING, LinkedIn: Analog zum Facebook Business Manager können auch hier Anzeigen anhand zielgruppenspezifischer Kriterien geschaltet werden, was gerade im Bereich von Mandanten mit höheren Streitwerten interessant ist.
- MailChimp: Alles rund um das Thema Newsletter bis hin zu verschiedenen Mail-Automatismen, welche den Service erheblich verbessern.
- Google Analytics: Führt den Traffic auf gewisse Quellen zurück, was Ihnen ermöglicht die Kontaktanfragen (Leads), Mandate (Conversions), die Conversion- und Leadrates (wieviel % des Traffics wird zu validen Kontakten oder zum Mandat) zu kontrollieren und letztlich die Customer-Acquisition-Costs (CAC) zu ermitteln.

628　Online-Marketing ist ein extrem weites Feld mit vielen Möglichkeiten. Nichtsdestotrotz muss sich jeder Inhaber einer kleinen bis mittleren Kanzlei mit diesem Thema beschäftigen. Aus diesem Grund sollten Sie unbedingt die Möglichkeit nutzen, sich mit Tutorials bei YouTube und anderen frei verfügbaren Quellen dem Thema anzunähern.

629　Gleichzeitig gilt „learning by doing" als Devise, denn je eher Sie einfach machen, desto schneller skalieren Sie ein Produkt in einer Nische, die Sie möglicherweise erst dadurch finden.

630　Sich mit diesen Tools und generell mit dem Thema Marketing auseinanderzusetzen, ist ein wichtiger Bestandteil des *Legal Tech Mindsets*. Es ist enorm wichtig zu verstehen, dass die Mandanten zukünftig nicht mehr von alleine aufgrund Ihrer Präsenz in den Gelben Seiten kommen. Die verfügbare Aufmerksamkeit der Menschen ist zu 85 % auf dem Display des Handys. Wenn Sie dort nicht erscheinen, verlieren Sie sukzessive Marktanteile.

631　Übrigens: Auch regionale Vorteile schmelzen immer mehr dahin, da es den Mandanten schlicht und ergreifend egal ist, wo die Kanzlei ihren Sitz hat. Dies ist darauf zurückzuführen, dass die alltägliche Kommunikation mit Familie, Freunden oder auch Unternehmen durch Whatsapp und Co. extrem an Geschwindigkeit zugenommen und an Ortsgebundenheit eingebüßt hat – das Vertrauen in Fernkommunikationsmittel ist enorm gestiegen.

632　Die Basis für Ihre ersten Schritte im Online-Marketing darf natürlich auch nicht vergessen werden:
- Website mit Blog, bestenfalls auf Wordpress-Basis für einfaches Content-Management
- Inhalte (Content) basierend auf Ihrer Expertise, suchmaschinenoptimiert (SEO)
- Facebook-Seite für Ihre Kanzlei als Basis für die Anzeigen
- Erweiterungen: YouTube-Kanal, Aktivieren von Bewertungsportalen (wie Trustpilot), Twitter, Instagram.

Sowohl für das Online-Marketing oder den Umgang mit Websites und Software kann die nötige Expertise günstig eingekauft werden. Für ein moderates Budget erhalten Sie eine schöne und einfach bedienbare Website für Ihre Kanzlei, die Sie mit Content füllen können, den man beispielsweise mit Hilfe von edicted erstellen kann.

Meine persönliche Erfahrung mit dem Thema Outsourcing im Bereich IT, Marketing, Content und auch Legal ist gemischter Natur. Es bedarf einer sehr engen und zeitintensiven Führung für qualitativ hochwertige Ergebnisse. Und genau dies ist eigentlich nur möglich, wenn der Outsourcende inhaltlich den nötigen Tiefgang hat (den sich nach meiner Meinung jeder erarbeiten kann). Testen Sie es selbst in kleinen Schritten für sich aus, aber merke: Outsourcing schafft nie Substanz, die ausgebaut werden kann, ohne dass inhouse eine Grundexpertise vorhanden ist.

I. Je mehr Sie Legal Tech verinnerlichen, desto eher ist Software nötig

Sobald alle Punkte umgesetzt sind und das richtige *Legal Tech Mindset* von strategischer Ausrichtung bis zum Produkt mit Marketing- und Vertriebskonzept verinnerlicht wurde, ist der Erfolg im Prinzip vorprogrammiert. Die größte Schwierigkeit an dieser Stelle ist die Aufrechterhaltung des eigenen Fokus' und das Priorisieren der verfügbaren Möglichkeiten.

Fakt ist, dass die Dringlichkeit, Software im Kanzleibetrieb einzusetzen mit der Anzahl der akquirierten Mandate exponentiell steigt. Neben dem Einsatz der bereits erwähnten Tools gibt es eine Reihe von weiteren SaaS-Möglichkeiten *(Software-as-a-Service)* bis hin zur Entwicklung einer eigenen Software.

rightmart Exkurs – Der richtige Zeitpunkt für die eigene Software

Aus teuer erkaufter Erfahrung kann ich Ihnen sagen, dass die Entwicklung eigener Software wesentlich später beginnen sollte als man für gewöhnlich denkt. Und noch wichtiger: Es interessiert den Mandanten nicht die Bohne wie hoch der Einsatz von Software ist, solange er Ihr Honorar nicht pro Stunde zahlt – dann will der Mandant natürlich effiziente Softwarestrukturen.

Wer einen guten Überblick hat, was für SaaS-Anwendungen es gibt, findet für fast alles eine Lösung. Erst recht, wenn Verbindungen über Tools wie Zapier[9] erstellt werden, die ganze Prozesse komplett automatisieren können.

Retrospektiv würde ich sagen, dass der richtige Zeitpunkt spätestens dann gekommen ist, wenn ein Produkt skaliert und die Anzahl repetitiver Vorgänge erheblich zunimmt, oder die Belastungsgrenze bestehender Infrastruktur ausgeschöpft ist, sodass man mit 100 % Sicherheit weiß, dass diese Entwicklung sich rechnet.

J. Große Schritte für kleine Budgets

Wie eingangs erwähnt, kann auch ohne hohe Budgets eine riesige Bandbreite technologischer Möglichkeiten realisiert werden. Einige Tools wurden in jahrelanger Arbeit mit Budgets in Höhe von vielen hundert Millionen Euro entwickelt und sind in ihrer Benutzerfreundlichkeit nicht zu toppen. Eine eigene Entwicklung, um diese Art von Tools zu ersetzen, wäre alles andere als klug.

Als zwingend notwendig für alle Schritte in Richtung Legal Tech sehe ich die Einführung folgender Tools:
- Google Drive: Auch ohne G-Suite-Kunde zu sein, kann Google Drive als flexible Cloud bereits kostenfrei genutzt werden. Besonders hervorzuheben ist die automatische Texterkennung (OCR – optical character recognition) von Google Drive, welche die Digitalisierung aller Akten erheblich erleichtert (theoretisch muss nur noch in einen Ordner gescannt werden, ohne Benennung oder Sortierung).

---

[9] www.zapier.com.

- Google Sheets: Ersetzt in meinen Augen jedes CRM und jede Kanzleisoftware, bevor klar ist, wohin die Reise geht. Mittels sehr intelligenter Tabellen und Formeln lassen sich tausende Datensätze abbilden und hunderte Prozesse direkt aus der Tabelle ansteuern. Schwer vorstellbar, aber damit kann kostenlos eine besser angebundene Datenstruktur (Google Sheets kann mit Zapier mit nahezu jeder Software verbunden werden → Automatisierung auf Basis der Daten) abgebildet werden als jede Kanzleisoftware es Stand heute abbildet. *PS: Die Daten über Ihre Kunden werden das Gold Ihrer Kanzlei, achten Sie unbedingt auf eine verwertbare Struktur.*
- G-Suite: Alle Google-Tools in der Business-Variante, welche sich insbesondere aufgrund von Google Mail und Google Drive eignen. G-Suite bietet unvergleichliche Sicherheit und eine benutzerfreundliche Oberfläche für die Rechteverteilung. Alle Google-Tools sind via Schnittstellen (APIs) kinderleicht mit anderen Tools zu verbinden.
- Microsoft OneNote: Digitale Kollaboration und ein anfängliches Wissensmanagement über geteilte Notizbücher bei OneNote ermöglichen für kleines Geld große Effekte.

640 Ob eine moderne Kanzleiführung mit der Berufsgeheimniswahrung vereinbar ist, wird größtenteils in den neuen Gesetzesentwürfen des Bundesministeriums für Justiz beantwortet. Bezüglich der Diskussion rund um das Thema Cloud-Computing und Berufsrecht empfehle ich einen Beitrag von Michael Grupp aus dem *Anwaltsblatt*.[10]

K. Das Produkt weiter in Richtung Tech bringen und die Basis für weiteres Wachstum schaffen

641 Produktseitig kann durch den Einsatz verschiedener Tools aus dem Bereich des Cloud Computings[11] einiges verbessert werden. Dabei sind eigentlich alle Tools branchenunabhängig und stellen einen Teil der Möglichkeiten des digitalen Zeitalters dar:
- Zendesk: Kommunikation und Service verschiedener Kanäle (YouTube, Facebook, Email, Telefon, Chat u. v. m.) gebündelt in einer Webanwendung
- WebMerge: Erstellung von Dokumenten auf Grundlage verschiedener Formeln (dynamisch) und Anbindung an Zapier oder andere APIs für diverse Automatismen
- SignatureIT: Rechtssichere digitale Unterzeichnung wichtiger Dokumente (z. B. Vollmacht)
- Candis: Buchhaltung und Controlling
- Zapier: Automatisieren Sie ohne Softwareentwicklung verschiedene Prozesse durch das Verbinden verschiedener Tools.

642 Der Einsatz solcher und auch anderer Tools sollte abhängig von der Größe der Kanzlei evaluiert werden. Es bedarf Zeit und Geduld, möglicherweise auch erweitertes technisches Verständnis den richtigen Zeitpunkt zu finden, dennoch lohnt sich diese Zeit.

643 *rightmart Exkurs – Exponentielles Wachstum durch den Einsatz verfügbarer Tools*
Mittlerweile wird die gesamte Kommunikation von rightmart in Zendesk gebündelt, verarbeitet und intern verteilt. Dies führt dazu, dass bei rightmart ein Kommentar bei YouTube denselben Stellenwert wie eine E-Mail an einen unserer Rechtsanwälte hat. Sobald irgendjemand aus der Kanzlei ein Ticket gelöst hat (d. h. eine Kundenanfrage vollständig bearbeitet hat), registriert Zendesk dies automatisch. Die Qualität unserer Kanzlei und das Wachstum im Allgemeinen sind dadurch enorm gestiegen.
Pro Monat laufen mehrere hunderttausend Automatismen über Zapier durch, wodurch der Mandant sich zu jedem Zeitpunkt unserer Beziehung optimal informiert und abgeholt fühlt: Zum Beispiel wird der Mandant direkt über sein Aktenzeichen informiert, erhält minutengenau Benachrichtigungen über neue Ereignisse im Mandat oder die Aufforderungen fehlende Unterlagen einzureichen – alles automatisch und individualisiert.

---

[10] https://anwaltsblatt.anwaltverein.de/de/anwaltsblatt/anwaltsblatt-datenbank?FORM_SUBMIT=tl_dav_juris_search_20035&query=cloud.
[11] https://de.wikipedia.org/wiki/Software_as_a_Service.

Dafür braucht es weder eigene Software noch Kenntnisse im Bereich Softwareentwicklung: Es reicht eine strukturierte Exceltabelle (bzw. Google Sheets) und die sukzessive Erweiterung der Toolbasis. Bis zur Einführung unserer eigenen Systeme (ca. bei Mandat Nr. 2.500) war unsere Kanzleisoftware eine extrem ausgeklügelte Tabelle bei Google, die mehrere 100 Prozesse steuerte. Noch heute bauen wir uns erst Prozesse über Zapier, bevor wir die eigene Entwicklung starten.

L. Legal Tech installiert – Was sind die Folgen für mein Geschäftsmodell?

644 Eine Branche oder ein Markt entwickelt sich immer sehr langsam. Wenn es allerdings soweit ist, dass Investoren, Kunden und Marktteilnehmer die Chancen erkannt haben, wachsen die neuen Player sehr schnell und aggressiv, sodass der Anteil am Markt derjenigen, die nicht mitziehen, exponentiell sinkt.

645 Momentan erschließen die neuen Marktteilnehmer wie flightright oder rightmart größtenteils unerschlossene Märkte, die für die bisherigen Kanzleien schlicht und ergreifend nicht lukrativ abbildbar sind oder waren. Dies führt zu dem Trugschluss, dass die „Legal Tech-Unternehmen" keine Gefahr für das Kerngeschäft der Branche, die Rechtsberatung, darstellen. Zugegeben, es gibt nicht mehr viele Vertreter, die diese Auffassung öffentlich bestätigen würden – das zeigt die Sonderausgabe der NJW zum Thema Legal Tech oder auch der Anwaltstag 2017 in Essen, der sich ebenfalls ausschließlich diesem Thema widmete.

646 Erschwerend kommt hinzu, dass durch das Berufsrecht eine kleine Innovationsbremse besteht, die auch Investoren abschreckt oder in einigen Fällen sogar rein rechtlich komplett blockieren kann. Allerdings wird sich auch in dieser Hinsicht der Markt sukzessive liberalisieren und entwickeln, sodass sich die Bandbreite der Möglichkeiten bei der Kapitalbeschaffung erweitern wird.

M. Grundsätzlicher Einfluss von Legal Tech für das Geschäftsmodell dieser Kanzleien

647 Wie beschrieben, lauern die Gefahren für das Kerngeschäft der Rechtsberatung noch ein wenig im Verborgenen. Nichtsdestotrotz sind für die Geschäftsmodelle der Kanzleien bereits heute deutliche Tendenzen erkennbar.

648 Während Kanzleien, die auf Honorarbasis abrechnen (vor allem Großkanzleien) durch Legal Tech unter Preisdruck geraten und damit viele billable hours verlieren (z. B. document review), ist die Kerngefahr für Kanzleien auf RVG-Basis eine andere: Die aufstrebenden – meist risikoaffinen – neuen Rechtsdienstleister treiben die Akquisitionskosten für neue Mandanten derart in die Höhe (irgendwann betreiben alle Online-Marketing und es überleben nur die margenstarken Player), dass diese ohne genügend Kapitalressourcen für einen gewissen Zeitraum nicht lukrativ zu akquirieren sind.

649 Selbst wenn der Marktanteil (oder Mandantenstamm) bereits ausgereicht hat, um bisher einen Zufluss an neuen Mandanten zu generieren, werden die von vornherein unternehmerisch aufgestellten Rechtsdienstleister durch den produktbasierten Fokus mit Convenience und der hohen Servicequalität diese Marktanteile an sich ziehen.

650 Es entsteht eine Abwärtsspirale, die in letzter Konsequenz dazu führen wird, dass ehemals wirtschaftlich erfolgreiche Kanzleien abstürzen werden. Im Rahmen dieser Marktkonsolidierung werden natürlich neue Geschäftsfelder (Legal Outsourcing) entstehen oder verstaubt geglaubte Tätigkeiten (Terminsvertretung) aufblühen, dennoch wird ein Großteil der Marge bei den Rechtsdienstleistern mit *Legal Tech Mindset* verbleiben, die große Marktanteile unter sich verteilen.

N. Die Gefahr für das eigene Geschäftsmodell wandelt sich zur Chance für großes Wachstum

651 Dieses trübe Bild soll dieses Kapitel nicht abschließen. Vielmehr wollen wir zurückkehren zum Anfang des Kapitels, wo von der „… größten Chance der letzten 50 Jahre" gesprochen wurde. Und genau das entspricht heute und vermutlich auch noch die nächsten fünf Jahre der Realität.

652 Jeder Jurist, ob noch im Studium oder bereits viele Jahrzehnte dabei, kann mit der richtigen Herangehensweise (*Legal Tech Mindset*) diese Chance nutzen. Jeder der dargestellten Säulen (Fokus, Produkt, Marketing, Vertrieb, Software) ist Teil eines vom Kunden ausgehenden Trends, der heute als Legal Tech bezeichnet wird.

653 Der Trend „Legal Tech" ist jung. Immer noch bildet der Rechtsanwalt eine Bastion im Bereich der Intimität eines Menschen. Das führt dazu, dass auch kundenseitig ein gewisses Hemmnis besteht, welches sich nur langsam – aber stetig – abbaut.

654 Dies ergänzt durch einen großen Generationenwechsel in der Welt der Kanzleien, der ebenfalls zunächst für eine Verlangsamung dieser Entwicklung sorgen wird, verstärkt die Chance, an diesen neuen Möglichkeiten und auch neuen Märkten (siehe flightright oder rightmart) zu partizipieren.

655 Hinterfragen Sie – wie dargelegt – Ihre bisherigen Aktivitäten und erlernen Sie das Rüstzeug ein Unternehmer zu sein, der seine Kanzlei wie ein Unternehmen führt. Investieren Sie Zeit oder auch Geld in das Erlernen der Fähigkeiten, die für den Markt von Morgen wichtig sind.

656 Wenn Sie dazu im laufenden Betrieb keine Ressourcen aufbringen können, müssen Sie sich diese einkaufen, indem Sie neue Anstellungen vornehmen oder sich externes Know-hows mittels Outsourcing bedienen.

657 Es ist der richtige Zeitpunkt, sich mit Legal Tech zu beschäftigen. Verinnerlichen Sie das Mindset und bauen Sie sich Ihre Position am Markt auf. Mit großer Wahrscheinlichkeit sind Ihre Ideen für Rechtsprodukte noch nicht mit einem Player besetzt, also werden Sie einer.

658 *Mit rightmart hatten wir nichts außer diesem Mindset.*

4.2 Legal Tech – Einsatz in einer kleinen Kanzlei

Volker Greisbach[1]

A. Einsatzgebiet/Use-Case

In Folge der Änderung der Rechtsprechung des Bundesgerichtshofes aufgrund einer Entscheidung des Europäischen Gerichtshofes zur Frage nach der Widerrufsmöglichkeit von Altersvorsorgeprodukten haben wir uns als Kanzlei mit der Übernahme solcher Widerrufsmandate beschäftigt[2]. 659

Es wurde schnell klar, dass eine Bearbeitung solcher Mandate der technischen Unterstützung bedarf, um diese wirtschaftlich und effizient bearbeiten zu können. Als besondere Herausforderung hat sich hier die Vielzahl an denkbaren Fall- und Sachverhaltsgestaltungen herausgestellt, die – wenn auch nur in Nuancen – zu unterschiedlichen rechtlichen Würdigungen und Bearbeitungen führen. Eine „klassische" Bearbeitung durch einen Rechtsanwalt wäre aufgrund der doch umfangreichen Sachverhalte aus unserer Sicht nicht wirtschaftlich darstellbar und für den bearbeitenden Kollegen sicherlich auch sehr schnell ermüdend. Entscheidend für uns war es daher, dass diese unterschiedlichen Fall- und Sachverhaltsgestaltungen in elektronischer Form präzise und nachvollziehbar erfasst werden können, damit eine entsprechende Folgebearbeitung überhaupt möglich wird. Für eine effiziente Bearbeitung war es sodann wichtig, dass diese Erfassung der Grunddaten auch durch den Mandanten in elektronischer Form erfolgen kann, um hier zum einen die Erfassungszeit zu sparen und zum anderen unsere Fehlerquellen bei Übertragung der Mandantenangaben in ein EDV-System zu minimieren. Aus diesem Grund war es erforderlich, dass die Lösung ein sogenanntes Web-Frontend aufweisen musste. Aufgrund eigener Erfahrungen mit sogenannten Anwaltsprogrammen wurde ebenfalls schnell deutlich, dass es derzeit keine Software gibt, die die erforderliche Unterstützung bietet. Wir haben uns daher entschlossen, eine solche Software selbst zu erstellen und für die Bearbeitung dieser Mandate einzusetzen. Von der Idee bis zum tatsächlichen Einsatz waren rund 1,5 Entwicklungsjahre und etliche Mannjahre an anwaltlicher Zuarbeit und Softwareentwicklung erforderlich. Ohne dies am Anfang geplant zu haben, sind wir nun Teil der Bewegung, die heute in den Medien als Legal Tech bezeichnet wird. 660

B. Ansatz

Eine bislang aus der Sicht des Autors wenig beachtete Facette von Legal Tech ist der Ansatz, dass man unter Zuhilfenahme von EDV-Programmen Sachverhaltsinformationen strukturiert erfasst, um damit eine Weiterbearbeitung in elektronischer Form überhaupt erst zu ermöglichen. Entscheidend hierbei ist – in Abgrenzung zu einer semistrukturierten[3] oder unstrukturierten[4] Erfassung – die strukturierte Erfassung des Sachverhaltes. Wie allen Juristen aus ihrer 661

---

[1] Volker Greisbach ist Rechtsanwalt und Geschäftsführer der GREISBACH Rechtsanwaltsgesellschaft GmbH, Düsseldorf.
[2] Eine sehr gute Einführung in diesen (rechtlichen) Themenkomplex bei *Reiff*, „Die bereicherungsrechtliche Rückabwicklung des Policenmodells in der Lebensversicherung", r+s 2015, 105 ff.
[3] Beispiel für eine semistrukturierte Erfassung im klassischen Bereich wäre das Abheften von Mandatsunterlagen nach einem vorgegebenen, abstrakten Aktenplan.
[4] Beispiel für eine unstrukturierte Erfassung im klassischen Bereich wäre das Verfassen von Aktenvermerken, die lediglich chronologisch zur Akte geheftet werden.

täglichen Arbeit bekannt ist, stellt die zutreffende Sachverhaltsermittlung die Grundvoraussetzung für eine zutreffende juristische Würdigung dar. Steht der Sachverhalt fest, ist die rechtliche Würdigung meist nur noch ein Reflex. Sofern man eine strukturierte Sachverhaltserfassung realisiert, ist es möglich, eine Mehr- oder Vielzahl von unterschiedlichen Sachverhalten einheitlich und dennoch differenziert zu bearbeiten.

662 Dieser Ansatz birgt in seiner Umsetzung nicht zu vernachlässigende Problembereiche. Der Grund hierfür liegt sicherlich in unserer Rechtsordnung selbst begründet. Die Würdigung vieler Lebenssachverhalte erfordert eine wertende Betrachtung, die nicht objektiv, sondern Ausdruck des aktuell geltenden Werteverständnisses ist.

663 Hiermit zeigt sich die Stärke und gleichzeitig die Grenze dieses Ansatzes im Bereich des Legal Tech. Wenngleich auf der einen Seite die Würdigung einer großen Anzahl von Sachverhalten ermöglicht werden kann, ist die Bewertung selbst ein Vorgang, der nicht automatisiert erfolgt. Zwar erfolgt die weitere Bearbeitung der erfassten Sachverhalte automatisiert – die Bewertung selbst ist jedoch durch den bearbeitenden Rechtsanwalt zu treffen. Berufsrechtlich ließe sich an dieser Stelle trefflich darüber streiten, ob eine „Generalentscheidung" für bestimmte Sachverhaltskonstellationen möglich ist oder ob der Rechtsanwalt in seiner Bearbeitung gehalten ist, den jeweiligen Einzelfall konkret zu bewerten. Auch wenn der Autor zu der letztgenannten Auffassung tendiert, ist dies sicherlich bereits heute in vielen Anwaltskanzleien nicht mehr die gelebte Praxis. Man bedenke die Kollegen, die eine Vielzahl von Inkasso- oder Verkehrsrechtsmandaten bearbeiten und sich hierbei der Hilfe qualifizierten Personals (Rechtsanwaltsfachangestellten) bedienen. Diese bearbeiten die Fälle nach einer grundsätzlichen Vorgabe des Berufsträgers eigenständig. Eine Bewertung des Einzelfalls durch den Berufsträger erfolgt in der Regel nicht. Vielmehr beschränkt sich die Tätigkeit des Berufsträgers in diesen Fällen auf die Kontrolle seiner Mitarbeiter und der erzielten Arbeitsergebnisse. Praktisch ist dies identisch mit einer voll-automatisierten Bearbeitung:

Klassische Bearbeitung	Voll-automatisierte Bearbeitung
Vorgabe der Bearbeitung durch den Berufsträger	Programmierte Bearbeitungsroutine (nach Vorgabe durch den Berufsträger)
Bewertung durch Nicht-Berufsträger (zB. Refa) nach Maßgabe der gemachten Vorgaben	Automatisierte Bewertung gemäß der vorgegebenen Bearbeitungsroutine
Abarbeitung durch Nicht-Berufsträger (zB. Refa)	Abarbeitung durch Nicht-Berufsträger (EDV-System)
Kontrolle durch Berufsträger	Kontrolle durch Berufsträger

664 Tatsächlich ist es so, dass die Fehlerquellen im Rahmen der automatisierten Bearbeitung kleiner sind, da die Ablaufschritte „Bewertung" und „Abarbeitung" nach einem vorgegebenen Muster erfolgen. Bei der menschlichen Tätigkeit ist stets die Fehlerquelle „Mensch" zu berücksichtigen. Gleichwohl ist die sorgfältige Programmierung der Bearbeitungsroutine von besonderer Bedeutung. Auf der anderen Seite dürfte die Sorgfältigkeit im Hinblick auf das Delegieren von Tätigkeiten an Nicht-Berufsträger gleich wiegen. Jedenfalls richtig und berufsrechtlich zulässig dürfte es sein, dass die Bewertung durch einen Berufsträger erfolgt und die hieraus resultierende Weiterbearbeitung nach Weisung durch qualifizierte Mitarbeiter oder eben durch ein EDV-Programm ausgeführt wird.

C. Vorgehensweise

Die Vorgehensweise der (technischen) Umsetzung lässt sich in zwei Abschnitte unterteilen. Zum einen galt es, den Sachverhalt strukturiert zu erfassen und zum anderen den Prozessablauf, der über die Würdigung des Sachverhaltes zum anwaltlichen Produkt (bspw. Schriftsatz) führt, zu definieren, damit dieser automatisiert umgesetzt werden konnte. Die nachstehenden Ausführungen legen den Schwerpunkt auf die strukturierte Sachverhaltserfassung und die (theoretischen) Grundlagen des Prozessablaufes. Beide Elemente stellen nach Auffassung des Autors die Besonderheit der eingesetzten Software dar. Die Erstellung des anwaltlichen Produktes (Schriftsatz) erfolgt mit Hilfe einer komplexen Textbausteinmatrix, die über die anwaltlichen Verfügungen entsprechend gesteuert wird. **665**

I. Erfassung des Sachverhaltes

Die strukturierte Erfassung des Sachverhaltes war und ist für uns als Kanzlei der Dreh- und Angelpunkt. Entscheidend ist, dass der Sachverhalt durch den Mandanten in einfacher Art und Weise mitgeteilt werden kann, um diesen gut elektronisch erfassen zu können. Zugleich muss die Einfachheit der Eingabe dennoch der Komplexität der Angelegenheit gerecht werden. **666**

Um den Sachverhalt so beim Mandanten abzufragen, dass dieser danach einfach elektronisch erfasst werden kann, müssen alle rechtlich relevanten Sachverhaltsangaben identifiziert werden. Diese Aufgabe erfordert besondere Sorgsamkeit und Aufmerksamkeit. Nur bei Vorliegen aller relevanten Informationen kann eine zutreffende Bewertung erfolgen. Es galt daher genau festzustellen, welche Sachverhaltsangaben für die rechtliche Bewertung überhaupt eine Rolle spielen und auf welche Weise diese Angaben strukturiert erfasst werden können. **667**

Nach dieser Identifikation der maßgeblichen Sachverhaltsinformationen galt es die Konsequenzen zu identifizieren, die sich aus den unterschiedlichen Sachverhaltsangaben ergeben. So richtet sich beispielsweise die Beurteilung einer Widerrufsbelehrung nach unterschiedlichen Normen – abhängig davon, ob das Produkt im sogenannten Policen- oder Antragsmodell abgeschlossen wurde. **668**

1. Erfassungsmethode

Für die Umsetzung der Erfassung des Sachverhaltes haben wir uns für ein SSL-verschlüsseltes Web-Frontend entschieden. Hierbei wurde Wert darauf gelegt, dass für den Benutzer (also den Mandanten) eine einfache und übersichtliche Eingabe seiner Daten und Sachverhaltsangaben ermöglicht wurde, ohne dass dieser mit wertenden Fragen konfrontiert wird. Die Wertung bzw. Würdigung ist ausschließlich Aufgabe des Rechtsanwaltes. Die technische Umsetzung eines solchen Frontends ist nach heutigem Stand der Technik eher als trivial einzustufen. Die Herausforderung bestand vielmehr darin, alle für die rechtliche Würdigung erforderlichen Sachverhaltsangaben auch abzufragen. **669**

2. Validierung des Sachverhaltes

Die tägliche anwaltliche Praxis zeigt, dass die Angaben eines Mandanten nicht immer frei von Widersprüchen sind. Aufgrund dieser Erfahrung bestand der nächste Schritt im Rahmen der Sachverhaltserfassung in der Festlegung bzw. Identifikation von Validierungsregeln und der Implementierung von Validierungsmethoden. **670**

Als eingängiges Beispiel ist die von dem Mandanten zu beantwortende Frage zu nennen, ob dieser beispielsweise die Verbraucherinformationen erhalten hat. Je nach Antwort („ich habe die Verbraucherinformationen erhalten"/„ich kann mich nicht erinnern"/„ich habe die Verbraucherinformationen nicht erhalten") richtet sich die (etwaige) Erforderlichkeit zur Übermittlung **671** der Verbraucherinformationen. Im Idealfall muss der Mandant, sofern er angibt, dass er die Verbraucherinformationen erhalten hat, diese auch übermitteln. In der Praxis stellt sich aber häufig heraus, dass der Mandant angibt, diese nicht erhalten zu haben, die Verbraucherinformationen aber trotzdem übermittelt. In diesem Fall sind die Angaben des Mandanten widersprüchlich und müssen validiert werden. Es ist zwar richtig, dass der Rechtsanwalt grundsätzlich auf die Richtigkeit der von dem Mandanten gemachten Angaben vertrauen darf. Allerdings ist er bei für ihn erkennbaren Widersprüchen gehalten, diese aufzuklären. Für unseren Anwendungsfall bedeutet dies, dass wir Rückfrage bei dem Mandanten stellen müssen, um Klarheit darüber zu erhalten, ob er die Verbraucherinformationen nun tatsächlich erhalten hat oder nicht. Hier zeigt sich eine weitere Erforderlichkeit, die wir bei der Umsetzung berücksichtigen mussten: Die Interaktion mit dem Mandanten während der Laufzeit des Verfahrens. Bei der Entwicklung der Software musste darauf geachtet werden, dass strukturierte Rückfragen an den Mandanten gestellt werden können. Gleichfalls war darauf zu achten, dass die Antwort auf diese Rückfragen ebenfalls strukturiert erfolgen kann, da andernfalls eine Weiterbearbeitung nicht mehr automatisiert (d. h. ohne einen manuellen Zwischenschritt zur Strukturierung) möglich wäre. Gelöst haben wir diese Aufgabenstellung durch die automatisierte Erstellung von E-Mails, die unsere Rückfrage enthalten. Der Mandant kann diese Rückfragen über ein auf die Rückfrage zugeschnittenes Eingabeformular in unserem Web-Frontend dann beantworten. Erfolgt die Beantwortung nicht innerhalb einer angemessenen Zeit wird der Mandant an die Beantwortung der Frage durch eine automatisierte E-Mail erinnert.

672 Neben der inhaltlichen Validierung gibt es eine ganze Reihe technischer Validierungen, die erforderlich sind, um sicherzustellen, dass der Sachverhalt strukturiert erfasst wird. Ein banales Beispiel hierfür ist zum einen die Vollständigkeit der gemachten Angaben. Solange beispielsweise die Adressdaten des Mandanten nicht erfasst sind, kann keine weitere Bearbeitung erfolgen. Neben der Frage der Vollständigkeit stellte sich das weite Feld der Falscheingaben als (technisches) Problem dar. Wenn der Mandant nach der monatlichen Beitragshöhe seines Altersvorsorgeproduktes gefragt wird, ist es einleuchtend, dass die Antwort „zu viel" nicht zu einer strukturierten Sachverhaltserfassung führt. Aus diesem Grund ist es erforderlich, dass technisch nur Eingaben möglich sind, die zu der gestellten Frage passen. In dem genannten Beispiel war dies leicht umzusetzen, in dem man als Eingabe nur Zahlen technisch ermöglichte. Bei anderen Fragestellungen ist beispielsweise die Vorgabe von Auswahlmöglichkeiten geeignet, um Falscheingaben weitestgehend auszuschließen.

673 Hier zeigt sich, dass die Validierung und die Validierungsmethoden der Art der Sachverhaltsangaben folgen. Sofern es sich um objektive Sachverhaltsangaben handelt, ist eine Validierung technisch möglich, ohne dass hierfür die Bewertung durch einen Rechtsanwalt erforderlich ist. Weder die Vervollständigung der Mandantenstammdaten noch das Nachhalten der vollständigen Beantwortung aller gestellten Fragen ist eine Tätigkeit, die eine Vorbehaltstätigkeit darstellt. Die Validierung von zu würdigenden Sachverhaltsangaben setzt jedoch (nach unserem berufsrechtlichen Verständnis) die Würdigung durch einen Rechtsanwalt voraus.

3. Prüfung des Sachverhaltes

674 Die unumgängliche (d. h. nicht technisch ersetzbare) Würdigung des Sachverhaltes durch den Rechtsanwalt war für uns dergestalt umzusetzen, dass sich die Tätigkeit des Rechtsanwaltes genau auf die eigentliche anwaltliche Tätigkeit reduziert und die restlichen Abläufe durch die Software erfolgen. Hierbei kann wieder differenziert werden. Zum einen sind die „zu würdigenden Sachverhaltsangaben" des Mandanten durch den Rechtsanwalt zu validieren und zum anderen ist im Anschluss der strukturiert erfasste Sachverhalt auch rechtlich zu würdigen. Das Ergebnis der rechtlichen Würdigung wird in unserem System ebenfalls strukturiert erfasst und erfolgt im Wesentlichen unter Zuhilfenahme von standardisierten Kategorien, die in ihrer Kombination in einer Sachverhaltsausprägung münden. Für die jeweils denkbaren Sachverhaltsausprägungen sind dann für den weiteren Bearbeitungsablauf entsprechende Bearbeitungsroutinen (in der „klassischen" Welt: Arbeitsanweisungen oder Verfügungen) hinterlegt. Das strukturiert erfasste

Ergebnis wird sodann auch für die ordnungsgemäße Aktenführung in einem Aktenvermerk nach klassischem Aufbau in der Akte (automatisiert) vermerkt.

II. Prozessablauf

1. Aufgabenstellung

Nach Abschluss der strukturierten Sachverhaltserfassung und der rechtlichen Würdigung durch den Rechtsanwalt steht die Umsetzung bzw. der Eintritt in die Auseinandersetzung mit den Prozessbeteiligten an. Wenn bis zu diesem Stadium der Einsatz unserer Software hilfreich war, ist der Einsatz mit Beginn der Auseinandersetzung unabdingbar geworden.

Folgende Herausforderungen haben sich bei der Softwareerstellung gestellt: Der gleichzeitige Umgang mit mehreren Prozessbeteiligten (Gegner, Rechtsschutzversicherung, Gericht, anwaltlicher Vertreter des Gegners und Mandant) einerseits und die hieraus resultierenden Abhängigkeiten für den weiteren Ablauf (bspw. Klageerhebung erst nach Deckungszusage durch die Rechtsschutzversicherung) andererseits.

Es hat sich schnell herausgestellt, dass ein lineares Vorgehen bei Vorliegen einer solchen Komplexität nicht zielführend ist und auch realistisch kaum softwareseitig umgesetzt werden kann. Vielmehr war es angezeigt, eine Matrix der Zustände, die eine rechtliche Angelegenheit haben kann, in Bezug auf die Prozessbeteiligten zu definieren und die sich hieraus ergebenden Folgeaktionen zu definieren.

Als Beispiel kann hier die Situation dienen, wenn der Mandant nach der strukturierten Sachverhaltserfassung das Mandat zur Erklärung des Widerrufs und der Geltendmachung seiner Forderung erteilt:

Sehr vereinfachte und reduzierte Darstellung:

	Mandant	Gegner	Rechtschutzversicherung
Zustand	Mandat erteilt	Nicht kontaktiert	Nicht kontaktiert
Ereignis		Mandat wurde erteilt	Mandat wurde erteilt
Aktion		Widerruf wird versendet Mandant wird unterrichtet	Deckungsanfrage wird versendet Mandant wird unterrichtet

Hier zeigt sich die Stärke der strukturierten Sachverhaltserfassung. Durch das Vorliegen der strukturierten Daten ist es möglich, automatisiert Textbausteine auszuwählen und zu füllen, die exakt auf den vorliegenden Einzelfall angepasst sind. Der Widerruf, der an den Gegner versendet wird, enthält bspw. die genauen Angaben zu dem streitgegenständlichen Altersvorsorgeprodukt (objektive Sachverhaltsangaben) und die Darlegung der einzelnen Gründe, die zu einem Widerrufsrecht des Mandanten führen (Ergebnisse der rechtlichen Prüfung) sowie die Berechnung seines Anspruches (Kombination aus objektiven Sachverhaltsangaben und Ergebnissen der rechtlichen Prüfung).

2. Technische Umsetzung

Die Beschreibung der technischen Umsetzung dieses Zustandsmodells würde für sich genommen eine eigene Publikation erfordern. Tatsächlich ist die Modellierung nach dieser Methode in der Softwareentwicklung bereits als sogenannte „finite state machine" oder „endlicher Automat" bekannt[5].

---

[5] Eine einfache Einführung mit weiteren Nachweisen findet sich unter: https://de.wikipedia.org/wiki/Endlicher_Automat.

682 Letztlich ist dieser Gedankenansatz der „finite state machine" dem praktisch tätigen Rechtsanwalt nicht fremd. Die anwaltliche Arbeitsweise bildet diese theoretische Grundlage ab. Streng genommen liegt der wesentliche Unterschied im sogenannten „Eingabeobjekt". Während auf der einen Seite die bekannte und bewährte Papierhandakte mit den Unterlagen des Mandanten zur Bewertung des Sachverhaltes benutzt wird, steht auf der anderen Seite die Bewertung bereits elektronisch erfasster Sachverhaltsangaben. Sicherlich wird sich auch die Erstellung und der Versand des Widerrufs unterscheiden (der „klassisch" arbeitende Rechtsanwalt wird den Widerruf diktieren, während unsere Software den Widerruf anhand der strukturiert erfassten Sachverhaltsangaben und Prüfungsergebnisse selbst zusammenbaut); der grundsätzliche Vorgang ist jedoch auf der abstrakten Ebene identisch.

683 Hierbei wird deutlich, dass der strukturierten Sachverhaltserfassung besondere Bedeutung zukommt. Diese stellt (untechnisch gesprochen) das sogenannte Eingabeobjekt dar. Eine Bearbeitung, d. h. die Anwendung von Funktionen, die in einen neuen Zustand überführen bzw. eine Ausgabe vornehmen, wäre ohne das Vorliegen von strukturierten Daten gar nicht möglich.

D. Bedeutung des „Tech" in Legal Tech

684 Tatsächlich haben wir es geschafft, für die Bearbeitung von Widerrufen von Altersvorsorgeprodukten eine sogenannte „finite state machine" zu schaffen. Nach Kenntnis des Autors ist dieser Ansatz bislang in der deutschen Kanzleilandschaft einzigartig, bzw. nur in ganz wenigen Fällen im Ansatz anzutreffen. Hierbei ist jedoch insbesondere zu beachten, dass der eigentliche Kern der anwaltlichen Bearbeitung gerade nicht automatisiert wurde. Die Bewertung einer Widerrufsbelehrung oder die Plausibilisierung von Mandantenangaben erfolgt durch einen Rechtsanwalt, der seine Prüfungsergebnisse wiederum strukturiert erfasst. Abhängig von diesen Ergebnissen wird die Bearbeitung fortgesetzt, ohne dass hierzu (weder tatsächlich noch berufsrechtlich) die Arbeitskraft eines Rechtsanwaltes erforderlich wäre. Anders ausgedrückt: Alle Abläufe und Tätigkeiten, die keine rechtliche Würdigung darstellen, wurden automatisiert.

685 Sogar eine Automatisierung der rechtlichen Würdigung wäre technisch umsetzbar. Eingehende Dokumente können nach dem heutigen Stand der Technik inhaltlich strukturiert erfasst werden. Nach einer solchen Erfassung können diese Daten analysiert und je nach Ergebnis der Analyse behandelt werden. Dies bedeutet, dass beispielsweise eine gescannte Widerrufsbelehrung nach Erfassung mit gängigen OCR-Programmen auf Fehler untersucht werden kann. Für den Fall, dass die Software bestimmte Fehler feststellt, könnte ein Widerruf auf dieser Basis erfolgen. Technisch ist dies machbar. Es stellen sich jedoch bei einem solchen Vorgehen zwei Fragen: Steht der Aufwand der Programmierung im Verhältnis zur Zeitersparnis, die eine Person zur Bearbeitung benötigt, und ist ein solches Vorgehen berufsrechtlich zulässig?

686 Tatsächlich dürfte es meistens schon nach Beantwortung der ersten Frage scheitern. Gerade bei rechtlichen Fragestellungen, die für einen versierten Rechtsanwalt einfach und schnell zu beantworten sind, ist die Bewertung durch einen Menschen in der Regel nicht mit viel Aufwand verbunden. Kommen dann auch noch eine sehr große Anzahl von Varianten (wie im Falle der Widerrufsbelehrungen bei Altersvorsorgeprodukten) hinzu, ist der technische Aufwand groß.

687 Ob eine solche Bearbeitung berufsrechtlich zulässig ist, ist nach Auffassung des Autors bislang noch nicht hinreichend geklärt. Sofern sich die Auffassung festigen sollte, dass eine solche Bearbeitung auch berufsrechtlich zulässig ist, wird man über eine Implementierung automatischer Prüfungsvorgänge sicherlich nachdenken müssen.

688 Gleichwohl gilt es aber zu bedenken, dass in diesem Fall darauf zu achten sein wird, dass die Vorgaben, nach denen die Software arbeitet, sowohl von einem Anwalt stammen müssen als auch einer laufenden Überprüfung durch einen Rechtsanwalt bedürfen.

4.3 Mit dem Rücken zur Wand! Wie die Digitalisierung unsere Kanzlei rettete – und uns nebenbei massenhaft Mandanten bescherte

Christian Solmecke, LL.M.[1]

A. Der Start: Ein Stau

Die Geschichte der Digitalisierung unserer Kanzlei begann im Jahr 2007 zunächst ziemlich analog. Ich stand im Stau im Autobahnkreuz Köln-Nord und hörte den Radiosender WDR 2. Die Topmeldung des Tages lautete: „Internationaler Tauschbörsen-Ring zerschlagen, 160 Hausdurchsuchungen in ganz Deutschland." Ich hatte einen dieser „Verbrecher" als Mandanten und wusste, dass die klassischen Medien gerade falsch lagen. Hier war nicht etwa ein Ring organisierter Kriminalität mit mafiösen Strukturen zerschlagen worden; vielmehr hatte es 160 Eltern von Jugendlichen erwischt, die Musik über Tauschbörsen wie Napster, Limewire oder BitTorrent getauscht hatten. Mir war sofort klar: „Die Fehlinformation, die hier gerade durch die klassischen Medien verbreitet wurde, muss richtiggestellt werden!"

In der Kanzlei angekommen verfasste ich sofort einen Blogbeitrag, in dem ich den Sachverhalt ins juristisch korrekte Licht rückte. Diesen Beitrag schickte ich an ca. 200 andere Blogbetreiber. Wenige Minuten später verlinkten andere Blogs auf meinen Text und am Nachmittag bekam ich einen Anruf. Am anderen Ende der Leitung meldete sich das ZDF heute journal und bat um einen O-Ton für die Abendsendung. Da ich mir mein Jurastudium als Radio-Nachrichtensprecher für den WDR finanziert hatte, waren mir solche Medienanfragen zwar nicht fremd, ein Auftritt im Fernsehen war jedoch auch für mich neu. Das Interview glückte und fortan war ich Experte für das Thema Tauschbörsen-Abmahnung. Ein für mein berufliches Fortkommen sehr wichtiger Expertenstatus, wie ich später noch feststellen sollte.

Nach und nach begriffen die Medien, dass die Internet-Tauschbörsen mit der einen Hausdurchsuchungswelle keinesfalls trockengelegt worden waren. Die tägliche Berichterstattung führte dazu, dass in meiner Kanzlei, in der ich damals noch angestellt war, die Mandatsanfragen zunahmen. Anfangs erkannten wir das Thema noch nicht als Massengeschäft, so dass ich als junger Anwalt neben Mietsachen, Erbstreitigkeiten und Immobilienverträgen eben auch noch die abgemahnten Tauschbörsennutzer betreute.

B. Streitgespräch im Fernsehen

Doch das änderte sich in der Nacht vom 10. auf den 11. Oktober 2007 schlagartig. Am Abend des 10. Oktober war ich zum zweiten Mal – wieder zum Thema „Filesharing" – Gast in der RTL-Sendung *sternTV*. Vor über drei Millionen Zuschauern hatte ich die Möglichkeit, mir live ein Streitgespräch mit **dem** Anwalt der Musikindustrie, Clemens Rasch, zu liefern. Ich scheine mich nicht so schlecht geschlagen zu haben, denn am nächsten Tag überfluteten fast 200 Mandatsanfragen unsere Kanzlei. Ein Erfolg, den ich bei keinem der etwa 400 späteren Fernsehauftritte je wieder erlebt habe. Von dem Ansturm wurden wir völlig überrascht. Es war klar, dass ich diese Vielzahl an Anfragen nicht alleine bearbeiten konnte. Daher wurden alle

---

[1] *Christian Solmecke* ist Rechtsanwalt für Medienrecht und IT-Recht und Partner der Kanzlei WILDE BEUGER SOLMECKE.

fünf Kollegen aufgefordert, die Abgemahnten zusammen mit mir zurückzurufen. Das führte bei den Anwälten zunächst unweigerlich zu Überstunden. Wenn eine Vielzahl an Geschäft „droht", werden in der Regel immer reflexartig Mehrarbeit und Überstunden angeordnet. An den Einsatz technologischer Mittel denken Anwälte erst in einem zweiten Schritt. Nachdem die erste Welle an Mandatsanfragen seitens der Anwälte erfolgreich abgearbeitet worden war, galt es Fristen einzuhalten. Auch hier gingen wir anfangs wieder recht händisch vor und ordneten Überstunden im Sekretariat an. Als das nicht reichte, wurden in den Abendstunden noch Anwälte zum Anfertigen von Schriftsätzen und Eintüten der Post eingesetzt. Ohne Anleitung durch die Sekretariate ging das freilich nicht, denn die immer noch gängige Anwaltssoftware war damals schon so kompliziert, dass sie von keinem Anwalt intuitiv bedient werden konnte. Rechtsanwaltsfachangestellte benötigen drei Jahre Ausbildung, um diese Software bedienen zu können.

C. Erste Versuche der Neuorganisation

693 Da die Tauschbörsennutzung zum Massenphänomen geworden war und sich die Musikindustrie (bis heute) nicht anders zu helfen wusste als jährlich Hunderttausende abzumahnen, boomte auch in den Folgejahren bei uns das Geschäft. Technologie zur Abarbeitung der Fälle setzten wir jedoch erst verhältnismäßig spät ein. Von Anfang an dienten uns allerdings technologische Lösungen zur Akquise und Qualitätskontrolle. So wurde beispielsweise jedes Telefonat in eine große, zentrale Excel-Tabelle geschrieben. Später schauten wir dann, ob dieses Telefonat auch in ein Mandat überführt werden konnte. So wurden die Erfolgsquoten eines im Jahr 2008 aufgebauten Teams aus jungen Anwälten (den Hotlinern) gemessen. Diese jungen Anwälte, die meist frisch aus dem zweiten Staatsexamen kamen, konzentrierten sich voll auf die Beratung der Tauschbörsennutzer. Da sie den ganzen Tag nichts anderes taten, als mit den abgemahnten Anschlussinhabern zu telefonieren, waren sie juristisch in diesem Themengebiet voll auf der Höhe und strahlten eine entsprechende Kompetenz aus. Unseren Statistiken konnten wir entnehmen, dass mit zunehmender Kompetenz auch die Akquisequote deutlich zunahm. Während die meisten Hotliner mit einer Erfolgsquote von 36 Prozent begonnen hatten, endeten einige bei 74 bis 78 Prozent. Das waren unglaubliche Dimensionen, die selbst ich nicht erreicht hatte, als ich noch jeden Mandanten persönlich zurückgerufen habe.

D. Einschaltung eines Callcenters

694 Neben der Erfassung sämtlicher Telefonate in der zentralen Excel-Tabelle hatten wir schnell gemerkt, dass unser Sekretariat mit der Vielzahl der täglichen Telefonanrufe völlig überfordert war. Testweise entschieden wir uns dazu, zwei verschiedene Telefonnummern zu registrieren. Zum einen gab es unsere alte Nummer, die auch auf allen Briefköpfen und in den E-Mail Signaturen zu sehen war. Diese Nummer wurde von den bestehenden Mandanten angerufen, die dann wie gewohnt im Sekretariat landeten. Darüber hinaus gab es noch unsere Internet-Telefonnummer. Diese war auf unserer Webseite und allen Publikationen, die wir im Netz verbreiteten, zu sehen. Die Nummer war hauptsächlich für Neumandanten gedacht. Wer sie anrief, landete nicht direkt in der Kanzlei, sondern in einem großen Callcenter für Anwälte in Berlin. Dort saßen seinerzeit 400 geschulte Mitarbeiterinnen und Mitarbeiter, die Telefonate für Anwälte in ganz Deutschland annahmen und Rückrufnachrichten an den jeweiligen Anwalt per E-Mail weiterleiteten. Vor der Einschaltung des Callcenters schafften wir es, etwa 60 Prozent aller Telefonate anzunehmen. Mit Hilfe der Callcenter-Mitarbeiter stieg diese Quote auf 97 Prozent. In Anbetracht der Tatsache, dass jetzt viel mehr potenzielle Neumandanten zu uns durchdrangen, trugen sich die Kosten des Callcenters komplett von selbst. Und mehr noch: Die Entlastung des internen Sekretariats durch nicht länger ständig klingelnde Telefone führte zu einem wesentlich entspannteren Arbeiten bei allen Mitarbeitern. Die Sekretariate, die bislang im Minutentakt durch Telefonate aus ihrer eigentlichen Arbeit herausgerissen wurden, konnten sich jetzt wieder ihren sonstigen Aufgaben widmen. Insofern ist es nicht verwunderlich, dass aus dem Test des Callcenters mittlerweile ein Dauerzustand geworden ist, den ich als einen der wesentlichen Erfolgsfaktoren bezeichnen würde. Die Rückrufbitten der potenziellen Neumandanten wurden nun per E-Mail von meinem Team an jungen Anwälten entgegengenommen und wir stellten von sogenannten inbound calls auf outbound calls um. Wir mussten also nicht mehr spontan reagieren, weil der Anruf von uns direkt angenommen wurde, sondern konnten uns nun durch den von uns initiierten ausgehenden Anruf vorher auf das Gespräch vorbereiten.

Zum damaligen Zeitpunkt mahnten etwa zehn Kanzleien die Tauschbörsennutzer in Deutschland ab. Da wir durch das vorgeschaltete Callcenter schon vor dem Rückruf des potenziellen Mandanten wussten, wer die abmahnende Kanzlei war, konnten wir für die Rückrufe sogar Teams zusammenstellen, die sich jeweils mit der konkreten Abmahnung auskannten und damit noch gezielter und schneller berieten. Nach und nach bauten wir auch unsere zentrale Excel-Tabelle aus, so dass auch die Dauer eines Akquisetelefonats notiert wurde. Wir wussten jetzt, welcher Junganwalt bezogen auf welche Abmahnkanzlei und mit welcher Länge eines Telefonats die größte Chance hatte, einen Mandanten für sich zu gewinnen. Das Verrückte daran war: Es funktionierte! An Tagen, an denen wir mit Mandatsanfragen überflutet wurden, konnten wir uns also zunächst auf das Geschäft konzentrieren, bei dem wir statistisch die größten Erfolge erzielten. Wir befanden uns mittlerweile im Jahr 2009 und vertraten rund 8000 Menschen gegen die Musikindustrie. Vereinzelt hatte seinerzeit auch die Filmindustrie schon mit Abmahnungen begonnen, diese waren jedoch damals noch eher in der Unterzahl. **695**

E. Überlegungen zu einer eigenen Software

So sehr wir uns auf die Steigerung des Geschäfts und die Optimierung der internen Prozessabläufe konzentriert hatten, um noch bessere Akquiseerfolge zu erzielen, so sehr hatten wir es versäumt, die Arbeit der Sekretariate technologisch aufzurüsten. Wir arbeiteten immer noch mit Papierakten. Das führte schnell dazu, dass ständig neue Kellerräume als Stauraum angemietet werden mussten. Außerdem konnten Mandanten bei Rückfragen keine unmittelbaren Auskünfte erteilt werden; zuerst musste die jeweilige Akte aus dem Keller geholt und dem Sachbearbeiter vorgelegt werden. Das dauerte in der Anfangszeit fast einen Tag, was verständlicherweise zu Verärgerung bei den Mandanten führte. Zuletzt beschäftigten wir drei Studenten nur damit, täglich Akten aus dem Keller zu holen und wieder wegzusortieren. Diese Studenten nannten wir Kellerkinder, da sie tatsächlich kaum Tageslicht zu sehen bekamen. Als besonders problematisch erwiesen sich die zahlreichen Ratenzahler in unserer Mandantschaft. Monatlich zahlten etwa 90 Prozent der Mandanten 50 €. Damit beglichen sie über einen Zeitraum von zwölf Monaten ihr Pauschalpaket, welches sie für 600 € bei uns gebucht hatten. Da allerdings jede Buchung anfangs noch händisch seitens der Buchhalterin in der Akte vermerkt wurde, wurden allein zu buchhalterischen Zwecken pro Monat etwa 5000 Akten aus dem Keller geholt. Ich möchte nicht verhehlen, dass dies teilweise zu chaotischen Zuständen und irren Suchaktionen in unserer Kanzlei geführt hat. **696**

Dass es so nicht mehr weitergehen konnte, wurde mir spätestens im Jahr 2010 klar, als ich Partner und Gesellschafter der nunmehr umbenannten Kanzlei „Wilde Beuger Solmecke" wurde. Wir beschlossen, uns auf dem Markt der bestehenden Kanzleisoftware-Hersteller umzuschauen, um eine Lösung für unsere Bedürfnisse zu finden. Ich ließ mir die führenden Softwarelösungen vorstellen und besuchte auch etliche Seminare zu dem Thema, doch das, was wir wollten, gab es einfach nicht. Die meiste Software war zu umständlich, teilweise sehr teuer und unflexibel. Also beschlossen wir, einen Webentwickler zu suchen und uns zunächst darauf zu konzentrieren, das Tauschbörsengeschäft zu digitalisieren. Da ich selbst während **697** meines Studiums Internetseiten entwickelt und aus der Start-Up Phase hinausgeführt hatte, gab es bereits gute Kontakte zu erfahrenen Entwicklern. Binnen weniger Monate stand somit die erste Grundversion unserer Software. Es handelte sich um ein webbasiertes System, welches eine selbst programmierte Schnittstelle zu unserer bis dahin genutzten Software Ra-Micro hatte. Wir nannten diese Software WINNI, das „Wilde Beuger Solmecke Informations-, News- und Nachrichten-System". Am Anfang beschränkte sich die Informationsgewinnung über die Software darauf, dass wir einen Mandanten schnell finden und grundlegende Informationen zu seinem Verfahren (jedoch noch keine Dokumente) einsehen konnten. Schon in der ersten Version war es allerdings möglich, Aktenvermerke dort zu hinterlegen. Allein aufgrund der Aktenvermerke konnten unsere Hotliner damit Mandanten ad hoc am Telefon beraten. Es war also nicht mehr notwendig, dass Mandanten einen Tag auf den Rückruf warteten. Vielmehr konnten wir jetzt durch weitere Ablaufoptimierung dafür sorgen, dass sowohl potenziellen Neumandanten als auch bestehenden Mandanten innerhalb von spätestens 30 Minuten ein Rückruf zugesichert werden konnte. Dieser Effekt wirkte sich übrigens auch ausgesprochen positiv auf die Zufriedenheit der Mandanten aus. Relativ früh hatten wir damit begonnen, jedem Mandanten nach Abschluss des Mandats eine Zufriedenheitsumfrage zuzuschicken. Darüber sahen wir, dass die Optimierung der Rückrufgeschwindigkeit die Zufriedenheit von 4,1 Punkten im Durchschnitt auf 4,8 Punkte steigerte. Nichts hassen Mandanten mehr, als wenn sie ihren Anwalt nicht zeitnah erreichen. Diese Annahme konnte mit der Optimierung der Rückrufgeschwindigkeit bewiesen werden.

F. Papierakten als Innovationsbremse

698 Bei der Bearbeitung des Geschäfts hatten wir allerdings immer noch das Problem, dass die Akten selbst in Papierform geführt wurden. Unser Entwickler arbeitete fieberhaft daran, dem webbasierten WINNI auch noch ein System zur Dokumentenanzeige hinzuzufügen. In der Zwischenzeit konnte der Mitarbeiter unserer Kopiererfirma in unserer Kanzlei fast ein Zelt aufschlagen. Nahezu täglich war der Kopierer defekt. Es stellte sich heraus, dass wir einen Kopierer für 50.000 monatliche Drucke gemietet hatten, jedoch tatsächlich 200.000 Kopien angefertigt wurden. Da die Mehrkopien teuer bezahlt werden mussten, stand die Kopiererfirma bei uns ständig brav auf der Matte und reparierte, was das Zeug hielt. Genervte Sekretärinnen und ein stockender Workflow bei der Aktenabarbeitung waren die logische Folge. Leider – wie so oft bei Softwareprojekten – verzögerte sich die Fertigstellung des eigenen Dokumentenmanagementsystems. Diesbezüglich war die Musikindustrie offenbar schneller und schaffte es in ihren Hochzeiten, uns mit 3000 Schriftsätzen pro Tag an den Rand des Machbaren zu drängen. Uns blieb zunächst nur die Einstellung weiteren Personals und die Anschaffung eines weiteren Kopierers, um mit der Digitalisierung, die auf Seiten der Angreifer offensichtlich schon erfolgt war, mithalten zu können. Zeitweise stieg unsere Kostenquote in den Bereich von ungesunden 90 Prozent. Wir hatten einfach zu spät erkannt, dass nicht nur die Akquise, sondern auch die Abarbeitung digital erfolgen musste. Insofern waren es ein Segen und eine Entlastung, als wir sämtliche Tauschbörsenakten von nun an komplett digital führen konnten. Als hilfreich erwies sich dabei, dass wir von Anfang an mit einem Hochleistungsscanner arbeiteten, der bis zu 50.000 Blatt Papier pro Tag einscannen konnte. Diese Profigeräte verzeihen dann auch schon einmal, wenn eine Sekretärin beim Enttackern eine Heftklammer vergessen hat.

699 Von nun an konnten wir an jedem Rechner der Kanzlei allein über den Browser auf sämtliche digitalisierte Akten zugreifen und diese bearbeiten. Der Weiterversand von Schriftstücken erfolgte aus unserem WINNI entweder automatisch per E-Mail, per Fax oder per Post über ein Postversandzentrum in Oldenburg. Das hatte den Vorteil, dass wir zumindest in den Massenverfahren nicht mehr ausdrucken und eintüten mussten. Der Mitarbeiter der Kopiererfirma kam von da an wesentlich seltener bei uns vorbei. Wir reduzierten die monatlichen Ausdrucke von 200.000 auf 10.000. Ein weiterer Vorteil der digitalen Dokumentenzustellung war, dass die

Mandanten alle Schriftstücke einen Tag früher hatten. Damit blieb mehr Zeit, auf weitere Forderungen der Gegenseite zu reagieren und Strategien zu besprechen. In diesem Zusammenhang wurde uns auch schnell klar, dass Automatisierung das Zauberwort der Zukunft für Anwälte werden würde. Wir identifizierten, dass etliche Arbeiten im Anwaltsgeschäft gleichförmig sind. Kam beispielsweise ein Schriftstück der Gegenseite bei uns an, musste dieses an den Mandanten weitergeleitet werden. Auch die Rechtsschutzversicherungen bekommen eine Kopie von dem Dokument. Darüber hinaus musste auf das Schriftstück geantwortet werden. Diese Antwort ging an den Gegner, die Rechtsschutzversicherung und den Mandanten. Den kompletten vorbeschriebenen Prozess ließen wir von unseren Softwareentwicklern technisch abbilden, so dass sämtliche Schriftstücke und Antworten mit einem einzigen Knopfdruck erzeugt und verschickt wurden. Im Jahr 2017 konnten wir im Vergleich zum Jahr 2007 die durchschnittliche Bearbeitungszeit einer Tauschbörsenakte im Bereich der Sekretariate von 30 Minuten auf 3 Minuten senken. Die Folge war eine stark sinkende Kostenquote. Als äußerst praktisch erwies sich übrigens auch, dass wir mit Hilfe der Software unser eigenes Mahnsystem automatisieren konnten. Während wir zu „analogen Zeiten" unsere eigenen Mandanten lediglich dreimal im Jahr gemahnt hatten, erfolgte die Mahnung nunmehr vollkommen automatisch 14 Tage nach der Rechnung. Vollautomatisch wurde dreimal per E-Mail und einmal per Post gemahnt, bevor dann das Mahnverfahren eingeleitet wird. Wir konnten damit den Ausfall unserer Honorarforderungen von 3,8 Prozent auf 1,6 Prozent senken.

Diese mittlerweile hoch digitalisierten Workflows mussten von uns nur an einer Stelle **700** unterbrochen werden: Bei der Kommunikation mit dem Gericht. Etliche Schriftsätze wurden noch ausgedruckt, händisch unterzeichnet und an das Gericht per Post oder per Fax geschickt. Letztlich kam uns hier die Computerfax Entscheidung des BGH[2] zugute. Da wir mit eingescannten Unterschriften arbeiten und unser Computersystem selbständig faxen kann, wurde nunmehr auch diese letzte Baustelle im Jahr 2015 geschlossen. Auch wenn die Gerichte es nicht immer gern gesehen haben, dass Schriftsätze von uns ausschließlich per Fax kamen – auf diese Weise hatten wir die Bearbeitung der Tauschbörsennutzer vollkommen digitalisiert.

G. Lessons learned

Abstrakt kann man unser Vorgehen bei der Digitalisierung wie folgt beschreiben: Zunächst **701** haben wir immer geschaut, ob ein Prozessablauf mehrfach vorkommt. Antworten an die Gegenseite, Mahnungen, Deckungsanfragen an die Rechtsschutzversicherung sind etwa solche Prozesse, die ständig stattfinden. In einem weiteren Schritt galt es herauszufinden, wie die optimale Abarbeitung des Prozesses strukturiert werden sollte. Sodann haben wir uns gefragt, ob ein Computer möglicherweise die Arbeit übernehmen kann. War das der Fall, so wurden unsere Entwickler mit der entsprechenden Programmierung beauftragt. War der Job zu komplex für eine Softwarelösung, so wurde im Intranet eine Prozessbeschreibung hinterlegt, an die sich alle Anwälte und Sekretariate halten mussten. Im Laufe der Jahre gab es so weit über 100 Abläufe, die wir entweder digital oder standardisiert durch Menschen lösen konnten. Im Prinzip blieb uns gar nichts anderes übrig, als auf diese Weise zu arbeiten und uns ständig selbst zu optimieren, denn unsere Gegner taten es auch. Wir stellten fest, dass dort Schriftsätze mit Scancodes versehen waren, um schneller Akten finden zu können. Auch die Gegenseite stellte auf große Postversandzentren um oder verschickte Dokumente gleich per Computerfax oder E-Mail. Interessanterweise stand trotz des Drucks, der seitens der Gegner aufgebaut worden war, oder der Vielzahl an schubweise aufkommenden Mandanten, ein Aufgeben oder Herunterfahren des Geschäfts für mich nie zur Diskussion. Mir war immer klar, dass wir mit Technologie die Aktenmassen in den Griff bekommen würden.

---

[2] Gemeinsamer Senat der Obersten Gerichtshöfe des Bundes, Beschl. v. 5. April 2000 – GmS-OGB 1/98 – Bundesgerichtshof.

702 Mittlerweile vertreten wir – neben dem „normalen" Kanzleigeschäft – 72.000 Tauschbörsennutzer im Jahr 2017 und sind effizienter als je zuvor. Alle Anwälte und Sekretariate – auch die, die mit den Urheberrechtsabmahnungen nichts zu tun haben – arbeiten mittlerweile mit Freude nur noch mit unserem WINNI. Schon früh kam daher der Gedanke auf, unsere technologische, cloudbasierte Kanzleilösung auch anderen Kanzleien anzubieten. Der Erste, der auf den Zug aufsprang, war mein Cousin, der über Deals mit allen Rechtsschutzversicherungen an sechs Kanzleistandorten ein massenhaftes „Feld-Wald-und-Wiesen-Geschäft" abzuwickeln hatte. Es stellte sich die Frage, ob unsere Technologie, die wir zunächst nur für Massenverfahren im Bereich der Tauschbörsenmandanten entwickelt hatten, auch für normale Kanzleien wie die meines Cousins sinnvoll sein würde. Sie war es – und wie. Schneller noch als wir führte mein Cousin bei seinen Mitarbeitern die digitale Agenda ein. Eine Art digitaler Aktenstapel, der täglich von jedem seiner Anwälte abgearbeitet werden musste. Egal welches Rechtsgebiet, mithilfe des Mahnwesens, der Zeiterfassung und des Dokumentenmanagements in optimierter technologischer Form kann jedem Anwalt zu weniger Kosten und höherer Effizienz verholfen werden. So beschlossen wir 2016 die Software-Entwicklung in die eigenständige Legalvisio GmbH auszugliedern und arbeiten seitdem in Kooperation mit dem großen Bonner Softwarehaus Scopevisio. Ziel ist es eine der ersten cloudbasierten Software-Lösungen für Anwälte am Markt anbieten zu können.

H. Die Redtube-Abmahnwelle

703 Während wir in der Anfangszeit der Tauschbörsenabmahnungen noch sehr analog unterwegs waren, half uns unsere technologische Erfahrung im Dezember 2013 bei der Aufarbeitung der wohl größten Abmahnwelle, die Deutschland je erlebt hat. Anfang Dezember, kurz bevor das Weihnachtsgeld schon in Geschenke investiert worden war, erhielten rund 40.000 Deutsche innerhalb einer Woche Post der Regensburger Kanzlei Urmann und Collegen. Ihnen wurde vorgeworfen, auf der Internetseite redtube.com pornografische Filme angeschaut zu haben, die dort angeblich ohne Lizenz des Rechteinhabers zu finden waren. Es ging also nicht um das Herunterladen von illegal verbreiteten Filmen, sondern um den reinen Konsum im Wege des Streamings. Eine Rechtsfrage, die zumindest damals noch hoch umstritten war. Glücklicherweise hatten wir seit 2010 einen der größten Rechts-YouTube Kanäle in Europa etabliert (www.wbs-law.tv). Da ich damals die Meinung vertrat, dass das Anschauen von illegal verbreiteten Filmen im Wege des Streams nie eine Urheberrechtsverletzung darstellen kann, produzierte ich noch am Tag der ersten Redtube-Abmahnungen ein aufklärendes Video dazu. Über 150.000 Menschen schauten sich das Video in den ersten drei Tagen an. Von den 40.000 Abgemahnten riefen 2.000 in der Abmahnwoche bei uns in der Kanzlei an. Jeder, der einen Telefonhörer in der Hand halten konnte, wurde zum Telefonieren verpflichtet. Für die rund 1.000 Mandanten, die wir in dieser Zeit akquirieren konnten, waren wir nunmehr tagesaktuell in der Lage, auf die massenhaften Abmahnungen auch massenhaft zu antworten. Das bot sich in diesem Fall ganz besonders an, da Rechtsfragen im Vordergrund standen und die Schriftsätze kaum individualisiert werden mussten. Der Ausgang dieser unbeschreiblichen Abmahnwelle dürfte bekannt sein. Es stellte sich heraus, dass die Auskunftsansprüche fehlerhaft waren, sodass die Abmahnungen verpufften und die Abmahnkanzlei Insolvenz anmelden musste.

704 Doch allein mit Software lässt sich der Erfolg einer Kanzlei natürlich nicht begründen. Ohne juristische Kompetenz und ohne Kampfgeist hätten wir wahrscheinlich nie eine solche Entwicklung hingelegt. Das beste Lob habe ich einmal von einem unserer größten Gegner bekommen. Er konnte nicht verstehen, wieso wir so wenige Vergleiche für unsere Mandanten schließen. Lieber gehen wir an den Rand der Unwirtschaftlichkeit und bekämpfen uns bis zum Bundesgerichtshof. Diese Strategie des steten Dagegenhaltens war es übrigens auch, die im Laufe der Jahre die Forderungen der Musikindustrie von zunächst 12.000 € für einige getauschte Musikstücke auf nunmehr durchschnittlich 600 € herunterpurzeln ließ. Durch diese

Beharrlichkeit gewannen wir auch im Jahr 2012 das „Morpheus Verfahren" vor dem BGH. Bis dahin nahmen die Gerichte an, dass Eltern neben ihren Kindern sitzen müssen, wenn diese im Internet surfen. Ansonsten kämen Eltern bei Urheberrechtsverletzungen selbst in die Haftung. Der Bundesgerichtshof kippte diese weltfremde Rechtsprechung und stellte fest, dass Eltern ihre minderjährigen Kinder vor der ersten Internetnutzung aufklären müssen, es danach allerdings keine weiteren Überwachungspflichten gibt. Unser Sieg half uns nicht nur bei der Verteidigung der bestehenden Mandanten, sondern auch bei der Akquise von Neugeschäft. Einen zweiten BGH Sieg erzielten wir 2016 mit der „Afterlife Entscheidung", bei der es im Wesentlichen um nicht ganz so populäre, aber ebenso wichtige Fragen der sekundären Darlegungslast ging. Wir hatten der Gegenseite sowohl technologisch als auch juristisch die Stirn geboten und damit auf das richtige Pferd gesetzt.

In der Folgezeit überlegten wir uns, wie wir die vorhandenen Strukturen auch für die Abarbeitung und Akquise in anderen Rechtsgebieten einsetzen könnten. Es zeigte sich, dass die Vertretung geblitzter Verkehrsteilnehmer sehr gut mit den von uns geschaffenen technologischen Möglichkeiten erledigt werden konnte. Also engagierten wir eine Fachanwältin für Verkehrsrecht, die dieses Thema übernahm und mit zwei weiteren Kollegen bis heute lukrativ fortgeführt hat. Ein weiteres Thema, welches die Gemüter, Rechtsschutzversicherungen und Anwälte in Deutschland erhitzte, war der Widerruf von Immobilienkrediten. Aufgrund von Formfehlern in den Widerrufsbelehrungen war es Häuslebauern bis Mitte des Jahres 2016 möglich, ihre teuren Kreditverträge zu widerrufen. Ein standardisiertes Geschäft, das wie für uns gemacht war und sich hervorragend mit den abstrakten Prozessabläufen, die wir in den Vorjahren etabliert hatten, bewältigen ließ.

I. Zum Schluss

Letztlich bleibt festzustellen, dass die Digitalisierung unserer Kanzlei keineswegs auf dem Reißbrett geplant wurde. Viel zu oft waren wir Getriebene unserer Gegner, manchmal waren wir ihnen einen Schritt voraus und konnten ihnen somit das Wasser reichen. Bezeichnend dürfte sein, dass wir Prozesse digitalisiert haben, die wir vorher nicht für digitalisierbar hielten. Das dürfte übrigens eine Einstellung sein, die die meisten Anwälte in Deutschland bezogen auf ihre tägliche Arbeit immer noch vertreten. Fakt ist: Wir konnten unsere Produktivität und unsere Marge nachweislich durch den Einsatz neuester Technologien vervielfachen. Rückblickend betrachtet würde ich alles genauso wieder machen, ich würde nur noch früher mit der Digitalisierung beginnen.

5. Kapitel
Legal Tech in Rechtsabteilungen

5.1 Legal Tech in Rechtsabteilungen

Dr. Benno Quade[1]

A. Einleitung

Legal Tech und Rechtsabteilungen, passt das zusammen? Und wenn ja, wie? Zur ersten Frage fällt mir die abgedroschene Juristenfloskel des „nun, es kommt darauf an" ein, denn die Mitarbeiter von Rechtsabteilungen zeigen unterschiedliche Haltungen zum Thema Digitalisierung. Da sind die, die denken, dass es sich nur um eine weitere Sau handelt, die aktuell durchs Dorf getrieben wird und in Kürze wieder verschwunden sein wird.[2] Da sind jene, die sich freuen, dass sich endlich etwas grundlegend ändern wird in den Rechtsabteilungen und ihrer Arbeitsweise, und solche, die (noch) überhaupt keine Meinung zu Legal Tech haben. Darüber hinaus trifft man auch auf KollegInnen, die sich nach einer Dokumentation ihrer Prozesse mit einer Digitalisierungsstrategie auf den (langen) Weg der nachhaltigen Digitalisierung ihrer Abteilung gemacht haben, und auf diejenigen, die zwar alles über Legal Tech wissen und zahlreiche Anwendungen ausprobiert haben und fortwährend ausprobieren, sich aber nicht festlegen wollen und (noch) abwarten. Für alle vorstehend beschriebenen Haltungen gibt es heute (noch) gute Gründe.

Das Verständnis von dem, was Legal Tech eigentlich ist und was Legal Tech zum Erfolg einer Rechtsabteilung beitragen kann, ist sehr heterogen. Jedenfalls scheint *Amara's Law*[3] auch auf die Legal Tech Use-Cases anwendbar zu sein: *„We tend to overestimate the effect of a technology in the short run and underestimate the effect in the long run."*[4]

Es erscheint mir fruchtbar, den Blick kurz auf den 1995 von der Gartner-Beraterin *Jackie Fenn* entwickelten *Hype-Cycle*[5] werfen, um den typischen Lebenszyklus von Technologieinnovationen zu veranschaulichen. Der *Hype-Cycle* weist fünf Phasen auf: 1. *Technology Trigger*: ein möglicher technologischer Durchbruch wird – basierend auf ersten erfolgreichen *Proof of Concept*-Anwendungen – von Fachmedien und Beratern beschrieben und dargestellt; daran schließt sich 2. der „*Peak of Inflated Expectations*" an, in dem erste Anwendungserfolge herausgestellt und erreichte Erfolge repetitiv vorgetragen und publiziert werden, bevor die Phase der Desillusionierung beginnt, die 3. im Tiefpunkt der Desillusionierung („*Trough of Disillusionment*") endet, um dann 4. über den „*Slope of Enlightment*" 5. den Höhepunkt des produktiven Nutzens („*Plateau of Productivity*") zu erreichen:

---

[1] Benno Quade ist Rechtsanwalt (Syndikusrechtsanwalt) und General Counsel der Software AG in Darmstadt.
[2] *Susskind* nennt diese Haltung „Stage 1 Denial"; vgl. *Susskind, Richard*, „Tomorrow's Lawyers – An Introduction to Your Future", Oxford, 2013, 76 (Figure 8.1).
[3] *Roy Amara* war Präsident des *Institute for the Future*; vgl. https://en.wikipedia.org/wiki/Roy_Amara, zuletzt abgerufen am 30. April 2017.
[4] http://www.pcmag.com/encyclopedia/term/37701/amara-s-law, zuletzt abgerufen am 30. April 2017.
[5] Vgl. http://www.gartner.com/technology/research/methodologies/hype-cycle.jsp, zuletzt abgerufen am 30. April 2017, sowie *Fenn, Jackie/Raskino, Mark*, Mastering the Hype Cycle: How to Choose the Right Innovation at the Right Time, Harvard, 2008.

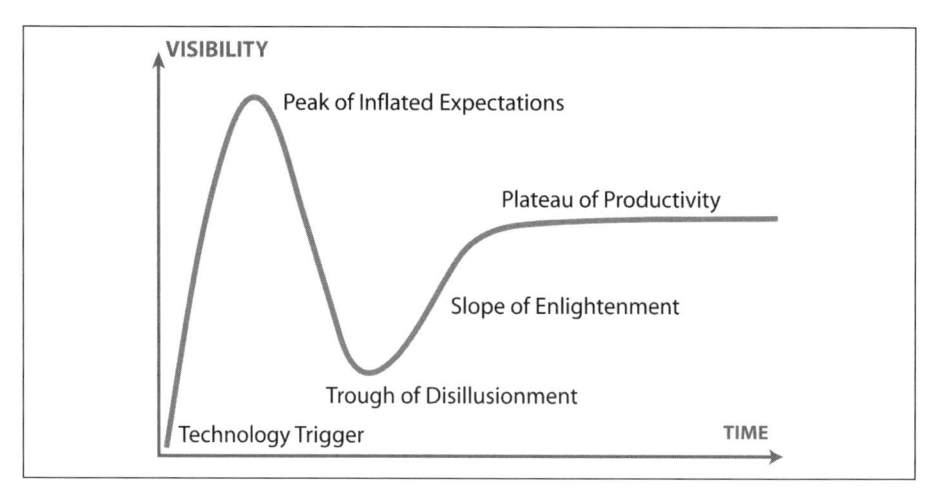

Abb. 6: Gartner's Hype Cycle (Quelle: Wikipedia, (https://en.wikipedia.org/wiki/Hype_cycle#/media/File:Gartner_Hype_Cycle.svg; zuletzt abgerufen am 21. September 2017); by Jeremy Kemp at English Wikipedia, CC BY-SA 3.0, https://commons.wikimedia.org/w/index.php?curid=10547051

710 Tatsächlich sprießen seit einigen Monaten zahlreiche *Legal Tech Start-Ups*, *Offerings* und Lösungen aus dem Boden und bedienen Legal Tech-Apps und -Tools ein immer breiteres Spektrum der juristischen Tätigkeit.

711 Der Legal Tech-Markt wird augenscheinlich von der Aufmerksamkeit getragen, welche die Digitalisierung von Rechtsdienstleistungen, die Digitalisierung der Funktion Recht oder Legal Tech im Allgemeinen von Fachmedien, Technologieherstellern, Verbänden oder auch wissenschaftlichen Einrichtungen und Autoren gegenwärtig erhält. Doch wie schon angesprochen ist Legal Tech alles andere als ein homogener und klarer Begriff; so existieren technische Hilfsmittel (Legal Tech 1.0), die längst über den *Peak of Inflated Expectations* hinaus sind (z.B. *Document Builder* und *Contract Management Systems*), während andere Technologien (hier geht es weniger um konkrete *Use-Cases* in der Rechtsabteilung als vielmehr um allgemeine Technologietrends wie *Artificial Intelligence*, *Block-Chain* und *Predictive Analytics*) noch mit zusätzlichen Erwartungen aufgeladen werden. Den Gipfel der übertriebenen Erwartungen bildet die aus meiner Sicht unrealistische Erwartung, dass Technologie alle Juristen ersetzen kann.

712 Doch der Hype hat etwas Gutes: der Markt für Rechtsdienstleistungen kommt in Bewegung und es herrscht ein wohltuendes Innovationsklima, das dem Eigen- und Fremdbild der Unternehmensjuristen gut tut. Der IT-Markt stellt heute mehr technologische Lösungen für Rechtsabteilungen bereit als je zuvor. Positiv hervorzuheben ist auch, dass die Euphorie des Hypes auf größtenteils gut informierte Rechtsabteilungsleiter trifft, die meistens genau wissen, dass ein sinnvoller (unterstützender) Einsatz von Legal Tech weitreichende Vorarbeiten voraussetzt, um eine *Digitization Readiness* (s. hierzu Rn. 717 ff.) für die jeweilige Abteilung zu erreichen und damit den Boden für einen effizienten produktiven Einsatz von Legal Tech zu bereiten. Die Investitionskosten für die Digitalisierung der Rechtsabteilungen und ihr *Return* werden davon abhängen, mit welcher Digitalisierungsreife eine Rechtsabteilung ihre Digitalisierung bestreitet.

713 Aus der Digitalisierungsbewegung, wie wir sie aktuell in allen Wirtschaftsbereichen beobachten können, dürfen wir die folgenden allgemeinen Startannahmen für die weitere Erörterung zugrunde legen:
(a) Die Digitalisierung ist ein Faktum.
(b) Die Digitalisierung der Rechtsabteilung und des Rechts ist Möglichkeit und Desiderat.

(c) Die Digitalisierung hat Einfluss auf das juristische Arbeiten und kann die Dienstleistungsqualität deutlich verbessern.
(d) Alle Rechtsabteilungen müssen (auch) Software-Abteilungen werden, wenn sie erfolgreich den strategischen Kurs ihres Unternehmens in der Digitalisierung und darüber hinaus mitbestimmen möchten.
(e) Der *General Counsel* muss sich intensiv mit allen Legal Core- und Supportprozessen auseinandersetzen, diese dokumentieren, in der Prozesslandschaft des Gesamtunternehmens verorten und analysieren.
(f) Der *General Counsel* muss sich mit der Rolle seiner Abteilung im Unternehmen, der Digitalisierungsstrategie des Unternehmens, seiner Abteilungsstrategie/Digitalisierungsstrategie (inklusive einer Digital Roadmap) und auch der IT-Architektur des Unternehmens und seiner Abteilung auseinandersetzen.
(g) Alle Unternehmensjuristen müssen mit ihrer (Weiter-)Qualifizierung für die Digitale Rechtsabteilung beginnen.

Als Zwischenstand unserer Überlegungen können wir festhalten: Die Digitalisierung der Rechtsabteilung ist ein strategisches Projekt. Dieses Projekt ist einerseits eingebettet in den wissenschaftlichen, politischen und richterlichen Diskurs zur Digitalisierung des Rechts (an allen Orten finden Aktivitäten in diese Richtung statt[6]). Andererseits sind die meisten Unternehmen mit einer Rechtsabteilung heute insgesamt auf dem Weg der Digitalisierung. **714**

Die Kunst der Stunde ist es Ruhe zu bewahren, sich einen Überblick zu verschaffen und zugleich dem Anspruch des unverzüglichen Tätigwerdens gerecht zu werden. Es besteht kein Grund für Aktionismus. Wem es gelingt, jetzt erst einmal die „Digitization Readiness" seiner Rechtsabteilung herzustellen, wird die ersten Digitalisierungsschritte mit einer viel größeren Schrittweite gehen können. **715**

Diese Vorbereitung eines sinnvollen Einsatzes neuer digitaler Werkzeuge in der Rechtsabteilung setzt zunächst einmal voraus, dass die (Arbeits-)Prozesse dokumentiert und weitestgehend harmonisiert sind. Klare Verantwortlichkeiten und Informationsflüsse sind ebenfalls wichtig. Und nicht zu vergessen sind die Qualifizierung des Teams und die Motivation der KollegInnen, am Gelingen der Weiterentwicklung der Rechtsfunktion im Unternehmen mitzuwirken. Verfügbare Legal Tech an den Anfang oder in das Zentrum des Digitalisierungsprojekts zu stellen, erachte ich für falsch. Unternehmensjuristen könnten sich schon „schwindelig shoppen" und für nahezu jeden Winkel ihrer Rechtsabteilung Legal Tech einkaufen, doch damit würden wir uns nur einen Flickenteppich schaffen, der womöglich viel Geld kostet und am Ende in seinen Abmessungen gar nicht in unsere Abteilungen passt. **716**

B. Vorbereitungen für die Digitalisierung der Rechtsabteilung/ Digitization Readiness

Voraussetzung für jede Digitalisierung und Automatisierung ist die Zerlegung von Arbeitsprozessen[7] und ihre systematische Dokumentation. Die Digitalisierung von juristischen Arbeitsprozessen verlangt zudem auch noch eine logische Zerlegung der Dokumente als Arbeitsergebnisse der juristischen „Produktion" und die entsprechende Bindung von Klauseln an die anwendbaren Rechtsnormen und möglichen Regelungsziele. In einer Rechtsabteilung sind folglich drei Prozessdimensionen zu berücksichtigen: 1. der Geschäftsprozess, in den der **717**

---

[6] Mit großer Freude habe ich die Einladung der Darmstädter juristischen Gesellschaft zum 1. Darmstädter Juristentag zur Kenntnis genommen, der sich mit der Digitalisierung des Rechts beschäftigen wird und den strukturierten (digitalisierten) Parteivortrag zum Gegenstand der Beratungen macht. Das zeigt m.E. auch, dass das aktuelle Recht und die Anwendung desselben schon eine gewisse Digitalisierungsreife besitzen. Der Gesetzgeber hat es in der Hand, ein digitale(re)s Recht zu schaffen, das seine Digitalisierung noch leichter macht. Vgl. zum strukturierten Parteivorbringen im Zivilprozess schon *Gaier, Reinhard*, ZRP 2015, 101 ff.

[7] Das galt schon für die Fließbandfertigung und ist Grundvoraussetzung für jede Industrialisierung.

juristische Arbeitsprozess eingebettet ist; 2. der juristische Ablauf- oder auch Geschäftsprozess und 3. der eigentliche juristische Arbeits- oder Entscheidungsprozess. Letzterer ist derjenige, der die höchste Komplexität aufweist, weil hier Regelungsziel und anwendbares Recht den

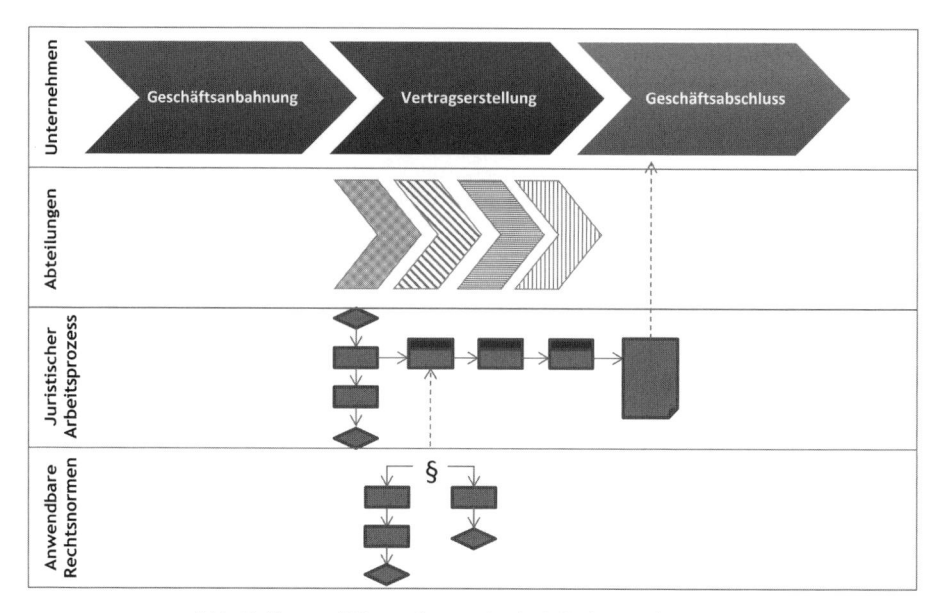

Abb. 7: Ebenen/Dimensionen der juristischen Arbeitsprozesse

Arbeitsprozess strukturieren. Im Wesentlichen handelt es sich dabei um die in juristischen Schemata dargestellten Subsumtionsbäume.

718 Unsere Kernaufgabe als General Counsels und Unternehmensjuristen ist es, so schnell wie möglich die Kartierung und Dokumentation unserer Prozesse auf den Weg zu bringen. Dabei werden wir Core- und Supportprozesse vorfinden. Coreprozesse sind die eigentlich juristischen Arbeitsprozesse, die von Juristen verantwortet werden – wie die Prüfung von Ansprüchen im Falle eines Schadensfalls, die Auslegung einer gesetzlichen Regelung oder die Erstellung eines komplexen Vertragswerks. Supportprozesse bezeichnen die Einbindung in den großen „Geschäftsprozess" (Bsp. Geschäftsabschluss) sowie die unterstützenden Prozesse (Assistenzprozesse, Datenpflege-/-aktualisierungsprozesse) in der Rechtsabteilung selbst.

719 In einer internationalen Rechtsabteilung darf erwartet werden, dass sowohl globale (harmonisierte) Prozesse als auch regionale Ausprägungen von Prozessen ihre Berechtigung haben und ko-existieren. Entsprechend den unterschiedlichen Jurisdiktionen werden auch globale und regionale Inhalte (in Form von Vertragsklauseln und Coreprozessen) zu Tage treten.

720 In diesen internationalen Rechtsabteilungen wird ein fortwährender Rechtsvergleich das Verständnis der Unternehmensjuristen für die verschiedenen Rechtsordnungen verbessern und perspektivisch eine globale Arbeitsteilung zwischen den Unternehmensjuristen möglich machen. Das Wissen aus der Digitalisierungsvorbereitung und die Prozessdaten bilden die Grundlage für den sinnstiftenden und wertschaffenden Einsatz von Technologie (Legal Tech).

I. Prozessdokumentation und -analyse

721 Zwar kann jede Tätigkeit in einer Rechtsabteilung als Geschäftsprozess verstanden und dargestellt werden, doch verwendet man hierzu idealerweise ein juristisches Prozessmodell, um spätere Missverständnisse in der Zusammenarbeit mit der IT auszuschließen. Nachstehend sei einmal ein Beispielprozess dargestellt, wie er in meiner Rechtsabteilung automatisiert worden ist und nach wie vor durch eine agile Applikation (Agile oder auch Dynamic App genannt) unterstützt wird. Hierbei handelt es sich um den Beauftragungsprozess für externe Rechtsdienstleistungen, also um einen Unterstützungsprozess (Supportprozess):

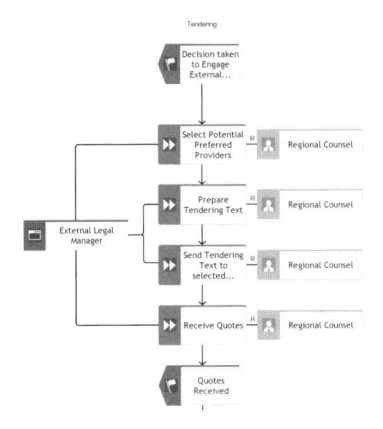

Abb. 8: Beispielhafte Prozessdokumentation eines Legal Supportprozesses in ARIS.

722 Juristische Arbeitsergebnisse werden in juristischen Arbeitsprozessen hergestellt, die sich grundsätzlich nicht von anderen Geschäftsprozessen unterscheiden, aber eine weitere Prozesseebene voraussetzen (s. hierzu schon Abbildung 7 oben). Auf dieser Ebene laufen die juristischen Coreprozesse ab, in denen Subsumtion und Auslegung von Text etc. durch Juristen betrieben werden. Die Hermeneutik ist nach meiner Erwartung das Feld der juristischen Tätigkeit, auf dem – wenn nicht ein digitales Recht entsteht – Juristen nicht weggedacht werden können.

723 Denken wir zum Beispiel an die juristischen Entscheidungen, die notwendig sind, um die treffenden Klauseln in einen Vertragsentwurf einzufügen bzw. die Änderungen in einem Vertragsentwurf so gering wie möglich zu halten und dennoch das angestrebte Regelungsziel zu erreichen. Diese Entscheidungen sind nicht einfache *Decision-Switches*, sondern komplexe juristische Entscheidungen, die von einem qualifizierten Juristen zu treffen sind (ähnlich wie eine Freigabeentscheidung in einem *Approval*-Prozessschritt).

724 Allerdings können Juristen mit Hilfe von Legal Tech-Anwendungen (schon heute) qualitativ bessere Entscheidungen treffen und die typischen Regelungsbedarfe so in Sachverhalts-/Regelungszielangaben übersetzen, dass auch der nicht-juristische User in die Lage versetzt wird, durch Beantwortung von Fragen den richtigen Vertragsentwurf herstellen zu lassen.

725 Je genauer ein Prozess dokumentiert und dann mit allen Prozessbeteiligten analysiert wird, desto größer ist auch das Optimierungspotenzial. Dass natürlich auch *Benchmarks* (z. B. zwischen Teams, Regionen oder auch anderen Unternehmensrechtsabteilungen) einen Beitrag zur Prozessverbesserung leisten können, liegt auf der Hand. Mit analysierten Prozessen ist die Tür zur Harmonisierung von Prozessen für das Unternehmen weit aufgestoßen, was wiederum die Grundvoraussetzung für eine global einheitliche und damit skalierende Digitalisierung und Automatisierung ist.

726 Ein Prozess in der (digitalen) Rechtsabteilung sollte über seine initiale Digitalisierung hinaus lebendig oder agil gehalten werden. Schließlich sollen gesetzliche/regulatorische Änderungen

oder organisatorische Veränderungen im Unternehmen nicht dazu führen, dass ein Prozess und die daraus resultierende Digitalisierung insgesamt obsolet werden; vielmehr sollte darauf geachtet werden, dass Änderungen in juristischen Coreprozessen von uns Unternehmensjuristen selbst vorgenommen und umgesetzt werden können[8].

727 Die Analyse der Einhaltung von Prozessen, der Prozessausnahmen, -fehler und -risiken hilft dabei, die Dienstleistungsqualität zu verbessern und eine Null-Fehler-Kultur in der Rechtsabteilung zu fördern.

728 Für die Digitalisierung gilt, dass Prozessänderungen in Form von Anpassungen und Optimierungen jederzeit möglich bleiben sollten, was auch Auswirkungen auf die Architekturentscheidungen haben kann/wird, die Gegenstand der folgenden Erörterungen sein werden.

II. Digitalisierungsbereiche

729 Bevor ich mich nun den strategischen Überlegungen zuwende, möchte ich kurz einen Überblick über die Arbeitsbereiche der Rechtsabteilung geben, in denen mir der Einsatz von Legal Tech grundsätzlich sinnvoll und empfehlenswert erscheint. Unten (siehe unten E. Use-Cases) werde ich auf die Anwendungsmöglichkeiten noch einmal genauer eingehen.

730 Aus meiner Sicht gibt es drei natürliche Startpunkte für die Digitalisierung der Rechtsabteilung, die folgende Anwendungsbereiche betreffen:

(a) Smart Contracts: die Prozesse rund um Dokumente und Erstellung digitaler, „gebildeter" Vertragsdokumente. Dieser zentrale Anwendungsbereich erfordert technische Unterstützung, da das manuelle (Vertrags-)Dokument das zentrale Hindernis für eine wirkliche Digitalisierung der Rechtsabteilung darstellt.

(b) External Legal Management: Zusammenarbeit mit externen Kanzleien: die Mandats- und auch Kostentransparenz ist ein zentrales Instrument zur effektiven Steuerung von externen Kanzleien.

(c) Auch die Bereiche Projekt- und Risikomanagement bieten sich für eine Digitalisierung an. Zu denken ist hier z.B. erst einmal an die Gerichtsprozessrisiken, die heute in den meisten Rechtsabteilungen in Form von Excelsheets erfasst und nur einmal im Quartal aktualisiert werden. Diese Risiken können deutlich besser verfolgt und nutzbar gemacht werden, wenn die den Fall betreuenden Juristen (intern/extern) ihre Risikobewertungen stets aktuell in einer App erfassen.

C. Strategie und Architektur

731 Es gehört zur täglichen Arbeit eines Juristen, Strategien zu entwickeln und umzusetzen: Das gilt sowohl für Vertragsverhandlungen als auch für Transaktionen und Rechtsstreitigkeiten jeder Art. Der Unternehmensjurist ist dabei auch gewohnt, es nicht nur mit einem „Mandanten" zu tun zu haben, sondern eine Vielzahl von Stakeholdern, sprich Kollegen aus anderen Abteilungen mit einzubeziehen. Die juristischen Prozesse sind regelmäßig auf Input aus anderen Abteilungen/Prozessen angewiesen (siehe hierzu noch einmal Abbildung 7: Ebenen/Dimensionen der juristischen Arbeitsprozesse) und die Ergebnisse juristischer Arbeitsprozesse werden in andere Geschäftsprozesse „hineingeliefert", was auch die Notwendigkeit einer technologischen Integration vorzeichnet.

---

[8] Hier fällt mir die simple Analogie zum Verhältnis zwischen gedrucktem Kommentar und Onlinekommentar ein; erstere wird durch Gesetzesänderungen und Zeitablauf obsolet und bedarf einer kostspieligen Neuauflage, während letzterer an den betreffenden Stellen in Echtzeit aktuell gehalten werden kann und über die Nutzungsdauer für Verlag und Leser günstiger ist. An dieses Win-Win-Verhältnis werden wir uns vermutlich bei den Überlegungen zur Architektur der digitalen Rechtsabteilung noch einmal erinnern.

Für die Digitalisierungsstrategie und die Festlegung der Architektur der digitalen Rechtsabteilung ist es von Vorteil, die Integrationsanforderungen und die Abteilungs-/Prozessschnittpunkte zu kennen. So können Silos vermieden und auch Investitionen fair aufgeteilt werden.

I. Strategie

Abgesehen von den Prozess- und Verhandlungs- oder auch Vermittlungsstrategien sind wir Unternehmensjuristen es häufig (noch) nicht gewohnt, auch Unternehmens- bzw. Abteilungsstrategien zu denken, zu formulieren und auszuführen. Doch die Digitalisierung zwingt uns dazu. Ohne Strategie wird jedes Digitalisierungsprojekt ein Stückwerk bleiben müssen und die große Chance, die die Digitalisierung für die Rechtsabteilung bedeutet, vertan. Eine Taktik[9] im Sinne einer langfristigen Planung ist erforderlich, um die Ausrichtung der Rechtsabteilung passgenau digital unterfüttern bzw. unterstützen zu können. 732

Die Systeme und Anwendungen einer digitalen Rechtsabteilung liefern und verarbeiten Daten und ermöglichen u. a. auch die Öffnung der Rechtsabteilung z. B. in Form von *Self-Service*-Angeboten für Nicht-Juristen. Die Daten und ihre Verwendung ebenso wie die Auswirkungen eines veränderten Serviceangebots und Transparenzlevels gilt es zu Beginn zu bedenken und dann mit Stringenz nach vorn zu entwickeln. Die digitale Rechtsabteilung kann, wenn die Digitalisierung richtig unternommen und realisiert wird, dabei helfen, die Prozesse und Arbeitsergebnisse der Rechtsabteilung stetig zu verbessern, ihre Entscheidungen mit Daten belegen und mit den richtigen Werkzeugen Geschehensverläufe (insbesondere Verlauf und Ausgang von Disputen und Gerichtsprozessen) vorhersagen. Kurz gesagt: an die Stelle unserer individuellen Erfahrung und Expertise tritt institutionalisiertes Wissen, das in einer skalierenden Form der Abteilung und dem Unternehmen zur Verfügung gestellt werden kann. Die Digitalisierung kann dazu beitragen, dass Unternehmensjuristen mehr als informierte „Entscheider" und strategische Berater wahrgenommen werden und weniger als gebildete „Bedenkenträger". 733

Das *Controlling* hat sich in den vergangenen Jahren nur anhand der durch die ERP-Systeme verfügbar und analysierbar gemachten Daten etablieren können; die Rechtswissenschaft wird im Zuge der Digitalisierung zunehmend zu einer empirischen Wissenschaft, in der Dogmatik zwar nach wie vor methodische Bedeutung haben wird, die aber aufgrund der (grundsätzlich schon heute) verfügbaren historischen Daten, aktuellen Daten und Wahrscheinlichkeitsannahmen immer bessere Prognosen wird anstellen können. 734

Wie eine Digitalisierungsstrategie aussieht bzw. aussehen kann, hängt von der Strategie des Unternehmens ab, in dem die Rechtsabteilung wirkt, von den wesentlichen juristischen Risiken dieses Unternehmens und von der Rolle der Rechtsabteilung im jeweiligen Unternehmen. Die Rollenbilder und -verständnisse für und von Rechtsabteilungen liegen heute weit auseinander: aus persönlichen Gesprächen mit anderen *General Counsels* und Geschäftsleitern weiß ich, dass die Rechtsabteilung oftmals als Akteur verstanden und eingesetzt wird, der zu einem ausgewogenen *Checks-and-Balances* System beitragen soll. Nicht selten wird die Rechtsabteilung dabei mit übersteigerten Erwartungen konfrontiert, weil *CEOs* von ihrer Rechtsabteilung gleichzeitig erwarten, dass sie pauschal Risiken vermeidet und zugleich alle Geschäftschancen ermöglicht. 735

Das Kaleidoskop der möglichen Rollen sollte solange mit dem zuständigen Vorstandsmitglied/Geschäftsleiter gedreht werden, bis das Rollenbild deutlich ist und im Einklang mit Wunsch und Möglichkeit steht. Die ideale Rechtsabteilung wäre aus meiner Sicht diejenige, die zu jeder Zeit Auskunft darüber geben kann, welche Verträge mit welchen Inhalten verhandelt werden, welche Inhalte die abgeschlossenen Verträge haben, welche Beziehungen juristisch zu eskalieren drohen und wie die Position des Unternehmens in den aktuellen Eskalationen einzuschätzen ist. Darüber hinaus ist die ideale Rechtsabteilung stets in der Lage, den bestmöglichen Ressourcenmix (interne und externe Anwälte) für die aktuell zu bewältigenden Aufgaben/ 736

---

[9] Als Übersetzung des altgriechischen στρατηγία.

Transaktionen bzw. Projekte zur Verfügung zu stellen und ihrer Compliance-, allgemeinen Beratungs- und Risikomanagementfunktion nachzukommen. Die Rechtsvermittlung und eine stetige Qualitätsverbesserung sind ebenfalls zentrale Bestandteile der Rolle einer idealen Rechtsabteilung. Der langfristige Plan für meine Rechtsabteilung (Abteilungsstrategie) lautet:

737 „Wir wollen die effizienteste Inhouse-Law Firm sein, die in alle materiell-relevanten Unternehmensentscheidungen und -entwicklungen eingebunden ist. Wir sind jederzeit in der Lage kurzfristig individualisierte digitale Verträge zur Verfügung zu stellen, deren Inhalte voll transparent sind. Vorausschauend begleitet die Rechtsabteilung zudem komplexe Verhandlungs-, Einigungs- und Gerichtsprozesse und hat in allen juristischen Fragen die Beratungs- und/oder Entscheidungsverantwortung, wobei sie sich nach ihrem Ermessen externer Anwälte bedient. Die Rechtsabteilung sorgt dafür, dass anwendbare Normen verständlich im Unternehmen vermittelt werden. Wir passen unsere Prozesse kurzfristig ebenso an Gesetzesänderungen wie auch an Prozess-/Strukturänderungen im Unternehmen an. Wir machen unsere Daten, die wir auf unternehmenseigenen Servern vorhalten, für Unternehmensentscheidungen nutzbar."

738 Auf der Basis der Abteilungsstrategie können wir *General Counsels* die passenden Architekturentscheidungen für unsere digitale Rechtsabteilung treffen.

II. Architektur

739 Jede Umsetzung einer Strategie (unabhängig von der Digitalisierung) erfordert bestimmte architektonische Entscheidungen, sei es bezüglich der Zusammensetzung des Teams, der regionalen Verteilung der Mitarbeiter, der Schnittstellen, der Berichtslinien etc. Dies gilt auch für die Digitalisierung, zumal hier neue Arbeitsmittel in den Blick und in den Zugriff der Rechtsabteilung genommen werden, die ihr heute eher nicht zugeordnet werden.

740 Wie wir festgestellt haben, werden Daten in den allermeisten Unternehmen heute noch in Silos vorgehalten. Daher muss es Teil der Digitalisierung der Prozesse der Rechtsabteilung sein, an der Öffnung dieser Silos mitzuwirken, um Prozesse wirklich „end-to-end" digitalisieren zu können. Jeder, der einmal eine „handgestrickte" Anwendung in seiner Abteilung zu verankern versucht hat (z. B. eine Access-Datenbank), weiß, wie schwierig es sein kann, eine solche Anwendung (unabhängig von der Qualität der Anwendung) in die Unternehmens-IT zu integrieren.

741 Jede Architektur muss in Betracht nehmen, was schon vorhanden ist, die Bestandsbauten, hier also die bestehenden Systeme und Applikationen. Sodann geht es darum, sich einen Plan dafür zu überlegen, wie das Neue aussehen soll. Da das Neue nicht ohne Investitionen möglich ist, sollten schon bei den Architekturüberlegungen Fragen der Zukunftsoffenheit eine Rolle spielen, die ein wesentliches Kriterium darstellen, um die Investitionen abzusichern. Eine wirklich zukunftssichere Investition bezieht auch die Schnittstellen und Integrationsanforderungen/-möglichkeiten mit in Betracht. Heute kommt außerdem noch dem *Deployment*-Modell eine entscheidende Bedeutung zu: *Cloud* oder *On-premise* oder beides (*hybrid*)?

742 Der Unternehmensjurist sollte, so auch meine Erfahrung, diese architektonischen Grundüberlegungen nicht allein anstellen; im Sinne einer frühen Einbindung der Unternehmens-IT sind wir gut beraten, wenn wir uns bei der Planung gleichzeitig nach innen und nach außen wenden. Die Perspektiven der internen IT-Abteilung und externer IT-Berater oder Softwareanbieter sind wichtiger Input und eine direkte Diskussion der internen und externen IT-Spezialisten kann dabei helfen, Entscheidungsprozesse zu beschleunigen. Das gilt auch für die Erstellung von *Business Cases*.

743 Die Rechtsabteilung muss vor dem Hintergrund des Datenrechts (Datensicherheits- und Datenschutzrecht etc.) bei der Architekturentscheidung (falls nicht schon strategisch auf Unternehmensebene entschieden) auch entscheiden, wo die Daten vorgehalten/gespeichert werden sollen und wer Zugriff auf die Daten erhält.

744 Grundsätzlich gilt, so viel *Legacy* (bestehende Systeme) zu bewahren wie möglich, aber so wenig Siloeffekt und Beschränkung nach vorne hin zu akzeptieren wie nötig. Zwei Architekturen

sind denkbar, die eine Rechtsabteilung für ihre Digitalisierung nutzen kann – die nachfolgenden Ausführungen sind naturgemäß anspruchsvoll:

1. Eine Applikationsplattform-Architektur

Aus meiner Sicht bietet eine Architektur, in der die bestehenden Backendsysteme, zu denen zum Beispiel die ERP-Applikation, das *Contract Management System* oder auch *Customer Relationship* Managementsysteme etc. zählen, vollständig mit einer einheitlichen Applikationsplattform integriert sind, die größte Integrations- und Zukunftssicherheit. Die auf der Applikationsplattform bereitgestellten oder entwickelten Anwendungen können – ohne weiteren Integrationsaufwand – auf Daten der Backendsysteme zugreifen und/oder Daten in die Backendsysteme schreiben. Eine solche Architektur erleichtert die Skalierung und verbessert – auch bezogen auf das Gesamtunternehmen – den *Return on Investment* und damit auch den *Business Case* der digitalen Rechtsabteilung. Allerdings erfordert diese Architektur entweder bereits eine unternehmensweit eingesetzte, voll-integrierte Applikationsplattform oder die Anschaffung bzw. Entwicklung einer solchen einheitlichen Plattform. 745

Die Vorteile der Applikationsplattform liegen auf der Hand: sie ermöglicht eine kostengünstige Entwicklung neuer Anwendungen auf der Plattform, was – je nach Beschaffenheit der Applikationsplattform – sogar von sogenannten *Power-Users, Civil Developers* oder *Low Codern*, also Mitarbeitern in der Rechtsabteilung (!) unternommen werden kann. 746

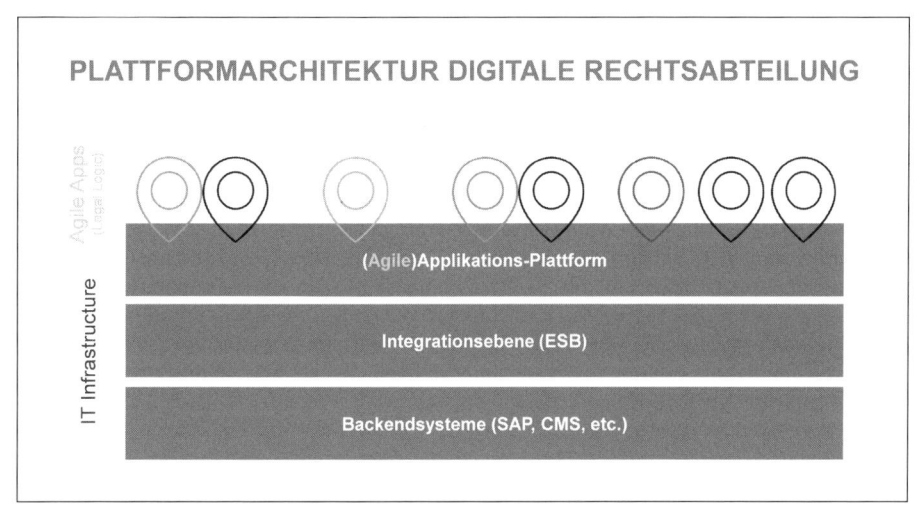

PLATTFORMARCHITEKTUR DIGITALE RECHTSABTEILUNG

Agile Apps (Legal Logic)

(Agile)Applikations-Plattform

Integrationsebene (ESB)

Backendsysteme (SAP, CMS, etc.)

IT Infrastructure

Abb. 9: Plattformarchitektur

2. Eine komplexe Integrated Single Point Solution Applications-Architektur

Ebenso kommt eine Architektur in Betracht, in der komplexe Einzelanwendungen zum Einsatz kommen, die je nach Bedarf über moderne Integrationstools miteinander sowie mit den Backendsystemen integriert werden können. Die Integration von Cloud- und Nicht-Cloudanwendungen ist heute ebenfalls möglich, sodass auch diese Form der IT-Infrastruktur eine zukunftsoffene und skalierbare Grundlage für eine digitale Rechtsabteilung darstellt. Mit dieser Architektur geht der Vorteil einher, dass die Rechtsabteilung die besten Einzelanwendungen am Markt einkaufen kann (*Best-of-Breed*), ohne an eine bestimmte Plattform gebunden zu sein. 747

Der *Best-of-Breed*-Gedanke steht gegen den *Best-of-Suite*-Ansatz einer Plattformarchitektur, die dafür den Vorteil der silofreien Datenhaltung und des grenzenlosen Datenaustausches über die Plattform sowie die agile Anpassbarkeit von Plattformapplikationen aufweisen kann. 748

749 Diese Architektur-Entscheidung werden – wie schon erwähnt – die wenigsten Rechtsabteilungsleiter allein treffen können oder wollen; umso wichtiger erscheint es mir, hier bestmöglich informiert zu sein und die strategischen Überlegungen abgeschlossen zu haben, um mit dem *Chief Information Officer, Chief Digitization Officer* (CDO) oder anderen zuständigen Personen im Unternehmen eine Diskussion auf Augenhöhe führen zu können. Wer sich dabei einen „eigenen" CDO für die Rechtsabteilung leisten kann, hat diesbezüglich sogleich einen Vorteil. Aus meiner Sicht ist hierfür am besten ein IT-affiner Inhouse-Anwalt geeignet, der diese Aufgabe zu seinem (vermutlich dann reduzierten) „juristischen Deputat" übernimmt.

D. Die digitale Rechtsabteilung als Softwareentwicklungsabteilung?

750 Je nach Architekturentscheidung stellt sich die Frage nach der Softwareentwicklung bzw. dem Erwerb von Applikationen für die digitale Rechtsabteilung. Diese Frage sollte auch schon Einfluss auf die strategischen Überlegungen und die Architekturentscheidung haben.

I. Standardanwendungen

751 Standardanwendungen erfreuen ihre Nutzer regelmäßig durch ihre für den jeweiligen Anwendungsfall ebenso ausgereiften wie ausgefeilten Funktionalitäten und *Features*. Über die Pflege der Applikationen durch den Softwarehersteller wird die Anwendung idealerweise fortwährend an die Anforderungen der Nutzer angepasst und optimiert. Standardanwendungen bilden regelmäßig einen Standardprozess ab, der ohne Customizing, also Anpassung durch Entwickler oder Consultants des Herstellers, regelmäßig nur in engen Grenzen auf die individuellen Prozesse einer Rechtsabteilung zugeschnitten werden kann. Durch den Einsatz von Standardanwendungen kann somit einerseits eine „Prozessoptimierung" erreicht werden, andererseits muss sich aber die Arbeitsweise der jeweiligen Rechtsabteilung an der Applikation und dem in ihr abgebildeten Prozess ausrichten. Das wird an einem Beispiel augenscheinlich, das viele Unternehmensjuristen im Jahr 2016 intensiv beschäftigt hat: die elektronische Insiderliste, wie sie in Artikel 18 der Marktmissbrauchsverordnung verlangt wird. In einer Standardapplikation zur Pflege einer solchen Liste müssen bestimmte Prozesse festgelegt und dabei auch Auslegungsentscheidungen bzgl. des anwendbaren Rechts getroffen werden, wie zum Beispiel die Frage, ob bei möglicherweise insiderrelevanten Projekten frühzeitig eine Projektliste unterhalten wird oder nicht. Ich fühle mich als Jurist am wohlsten, wenn ich eine solche Entscheidung mit meinem Team und ggf. externen Beratern treffen und für das Unternehmen in die Tat umsetzen (digitalisieren) kann.

752 Standardapplikationen sind sowohl als *stand alone*-Applikationen als auch als Plattformapplikationen denk- und verfügbar. Eine vitale Plattform mit einer aktiven juristischen Entwickler-*Community* könnte über einen *App-Store* unzählige Standardapplikationen bereithalten; der Legal Tech Markt zeigt heute (noch) ein klares Übergewicht an *„stand alone standard Apps"*.

II. Selbstentwickelte Anwendungen

753 Im diametralen Gegensatz zu den Standardapplikationen stehen selbstentwickelte Applikationen, die als Individualanwendung passgenau an die Sollprozesse im Unternehmen und in der Rechtsabteilung angepasst sein können. Die „Selbstentwicklung" ist dabei sowohl durch Dritte in Form eines IT-Entwicklungsprojekts als auch durch die IT-Abteilung des Unternehmens selbst denkbar. In seltenen Einzelfällen soll es auch Eigenentwicklungen von Software durch Mitglieder der Rechtsabteilung geben; je nach Architektur erscheint mir dies mehr oder weniger empfehlenswert, weil die Pflege einer solchen Anwendung und damit auch die Weiterentwicklung bei einer Individualapplikation regelmäßig von der Person abhängen wird, die die Anwendung initial entwickelt hat. Das ist bei einer Plattformarchitektur regelmäßig anders, da die Grundfunktionalitäten jeder Plattformapplikation vom Plattformhersteller gepflegt und weiterentwickelt werden. Die Applikation als bloß logisches *Add-On* kann leicht von anderen mit der Plattform vertrauten Entwicklern oder aber vom Plattformhersteller mit übernommen bzw. begleitet werden. Je besser die Applikationsplattform ausgestattet ist, desto bessere Development-, Analyse- und Test-Funktionalitäten werden enthalten sein, die es ermöglichen, selbstentwickelte Applikationen auch für sogenannte *mission critical* Anwendungsbereiche, wie etwa die schon angesprochene Insiderdatenbank, zu verwenden. Hierzu sogleich unter IV. mehr.

III. Customizing

Von den selbstentwickelten Applikationen (sei es *stand alone* oder als Plattformapplikation) zu unterscheiden sind *customized standard applications*, die sozusagen in der Mitte zwischen *standard* und *self- made* stehen und in beiden Architekturen denkbar sind. Der Aufwand, aber auch die Reichweite der unternehmensspezifischen/rechtsabteilungsspezifischen Anpassung (*customization*) von Standardapplikationen variiert mit der gewählten Architektur: auf einer Plattform setzt die Plattform selbst die Grenzen für die Anpassbarkeit. Die Anpassung einer Applikation an spezifische Anforderungen einer Rechtsabteilung wird regelmäßig weniger Aufwand und (Zusatz-)Kosten verursachen; *stand alone*-Applikationen können soweit an Kundenbedürfnisse angepasst werden, dass sie einer Selbstentwicklung nahekommen. Diese Anpassungen werden aber regelmäßig mehr Aufwand und auch höhere Kosten verursachen als die Individualisierung einer Plattformapplikation, vorausgesetzt es handelt sich um eine gut ausgestattete Applikations(entwicklungs)plattform. **754**

IV. Agile Applikationen

Einen vierten Typ an Applikationen bilden jene als agile Applikationen bezeichneten Standardapplikationen, die auf einer Plattform weitgehende Anpassungen durch *Civil Developer* oder *Low Coder* ermöglichen; auf diese Weise können auch Nichtprogrammierer, namentlich auch Mitglieder der Rechtsabteilungen, also Juristen, Applikationen an die Rechtslage, die eigene Auslegung von Rechtsvorschriften oder Unternehmens-/Abteilungsprozesse anpassen. **755**

Denkbar ist zum Beispiel eine visuelle Entwicklung von Applikationen in Form modellierter Prozesse. Als Beispiel sei ein solcher Prozess-Editor gezeigt, der die Entwicklung und Anpassung auch komplexer Anwendungen einfach macht; die Prozessänderungen werden als Prozessversionen gespeichert, was auch die erforderliche Dokumentationssicherheit in Compliance-relevanten Bereichen gewährleistet. Es ist also auch ohne zusätzlichen Aufwand möglich, das Compliance-System als lernendes System zu dokumentieren. **756**

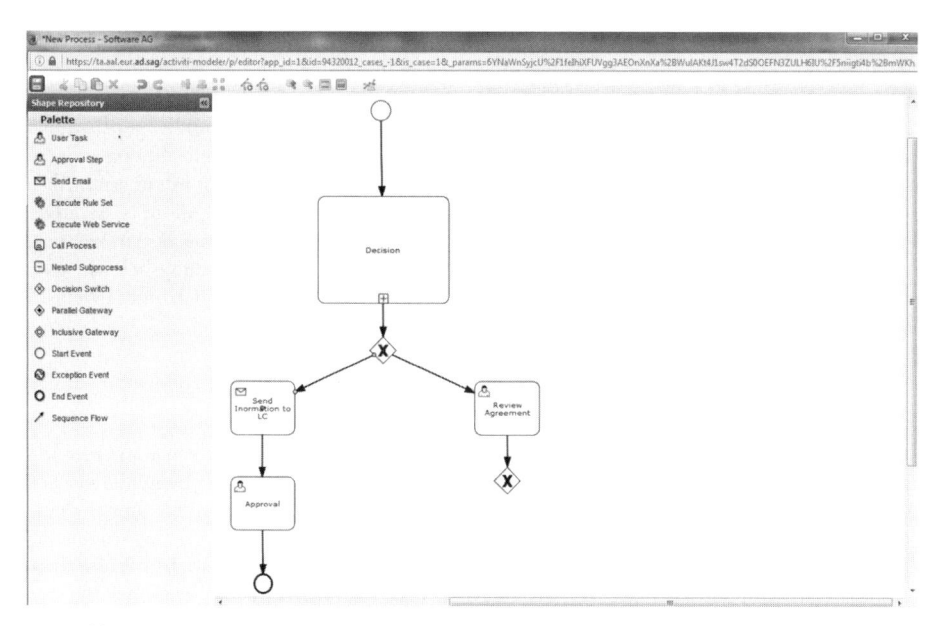

Abb. 10: Interactive Graphical Prozess Development Editor in webMethods Agile Apps

E. Use-Cases

757   Glücklicherweise hat die Innovationsgeschwindigkeit im Legal Tech Bereich stark zugenommen, so dass fast täglich neue *Use-Cases*, Anwendungsbereiche und Problemlösungen verfügbar gemacht werden. Aus Sicht eines Rechtsabteilungsleiters gibt es bestimmte Anwendungsfelder, die lauter nach ihrer Digitalisierung rufen als andere (vgl. auch schon oben B. II. Digitalisierungsbereiche).

758   Im Ergebnis hängt es aber von der Abteilungsstrategie der Rechtsabteilung und dem Geschäftsmodell des jeweiligen Unternehmens ab, welche *Use-Cases* in einer Rechtsabteilung (zuerst) digitalisiert werden (sollten).

759   Eine gewisse Reihenfolge kann sich daraus ergeben, dass sich einige *Use-Cases* als *state of the art* zu etablieren scheinen: hierzu zählen ein *Smart Contract Tool* zur Erstellung und Pflege von Vertragstemplates und zum Management von *Intercompany Agreements*, das *Legal Spend Management*, ein *Virtual Boardroom* für das *Corporate Office*, ein leistungsstarkes *Contract Management Tool*, eine Insiderdatenbank, ein Projektmanagement Werkzeug, ein (voll integriertes) *Corporate Housekeeping* Werkzeug, das nicht nur die Daten der Tochtergesellschaften verfügbar hält, sondern auch eine Zuordnung von *Legal Spend*, Rechtsstreitigkeiten und Verträgen (*Inter-Company* und Kundenverträge etc.) ermöglicht und ggf. auch M&A Projekte und Dokumente operationalisiert (z. B. beim Auftreten eines bestimmten Risikos bei einem Tochterunternehmen prüft, ob in den Akquisitionsdokumenten eine Gewährleistung hierzu enthalten ist und/oder inwieweit Haftungsfreigrenzen ausgenutzt sind etc.). Dass auch Verhandlungslösungen und *Due Diligence* (DD) Werkzeuge am Markt verfügbar sind, die mehr oder weniger eigenständig und selbstlernend *red flag*-Reports aus strukturierten oder nicht strukturierten Daten herstellen können, sei ebenfalls erwähnt.

760   Einen *stand-alone Use-Case* für *DD-Tools* ohne externe juristische Beratung sehe ich hier (noch) nicht, da diese Werkzeuge in den Händen erfahrener Transaktionsjuristen und -kanzleien mit den entsprechenden Transaktionsdatenmengen besser und effizienter eingesetzt werden können.

I. Smart Contracts

Das Arbeitsergebnis Vertrag ist in der digitalen Rechtsabteilung komplett neu zu denken. Was heute noch ein sprachlicher Monolith aus einem systematisch aufeinander abgestimmten Fließtext ist, muss morgen ein in kleinste (Sub-)Klauseln zerlegtes Gebilde sein, das mit juristischem Fachverstand und dem richtigen digitalen Werkzeug schneller und qualitativ hochwertiger an individuelle Sachverhalte angepasst werden kann.

761

Diese (Sub-)Klauselkombinationen namens Vertrag 2.0 oder *Smart Contract* stellen ihren Inhalt nicht mehr nur auf der Ebene des menschenlesbaren Sprachlayers, sondern auch auf der maschinenlesbaren Ebene zur Verfügung und sind soweit „gebildet", dass z. B. erkennbar ist, welche Klauseln von Gesetzesänderungen betroffen sind und bestimmte Informationen in Form von Metadaten und *Tags* an andere Anwendungen übergeben werden können. *Smart Contracts* stehen für ein konsequentes Dokumentenmanagement uneingeschränkt zur Verfügung, da sie vollständig suchbar und vor allem auch analysierbar sind.

762

Schritt für Schritt sollten die *Templates* von heute in Klauselbestandteile zerlegt werden. Diese können dann in anderen Verträgen wiederverwendet sowie für verschiedene Jurisdiktionen regionalisiert und übersetzt werden. Auf diese Weise wird sichergestellt, dass ein Vertragsdokument ohne eine Veränderung des Regelungsgehalts übersetzt und/oder in anderen Jurisdiktionen verwendet werden kann.

763

Für die Klauseln können leistungsfähige *Apps*/Werkzeuge einen oder mehrere Besitzer (*Owner*) vorsehen, die nach einem ausdifferenzierten Berechtigungskonzept Klauseländerungen vornehmen können. Auch sind Freigabe-, *Retirement*- und Aktualisierungsprozess (inkl. Versionierung) denkbar und möglich. Mit der richtigen Anwendung ist die Aktualisierung und das Zurverfügungstellen von stets aktuellen *Templates* ein Mausklick. Auf dem Weg der Digitalisierung besteht so auch die Chance zur tiefgreifenden Integration des *Smart Contracts Tool* mit anderen datenbereitstellenden Systemen im Unternehmen, die dann auch den Abschluss des Individualvertrags so einfach und schnell macht, dass die Akzeptanz der veränderten Arbeitsweise gesichert ist.

764

II. External Legal Manager

Ein *external Legal Manager* kann von der Panelverwaltung über ein auch für die Kanzleien effizientes Ausschreibungstool bis hin zur Zusammenarbeitsplattform reichen; auf diese Weise kann die E-Mailflut in Transaktionen eingedämmt, eine vollständige Kostentransparenz erreicht und ein Datenschatz angelegt werden. Über *Rating-Engines* können außerdem die Effizienzgewinne und Qualitätsvorteile bestimmter externer Berater zur fortlaufenden Qualitätsverbesserung nutzbar gemacht werden.

765

F. „Datenherrschaft"

Wesentlich für die Strategie der Rechtsabteilung im Zusammenhang mit der Digitalisierung erscheint mir auch die Frage der Datenherrschaft. Die Rechtsabteilung besitzt schon heute eine Fülle von Daten, die für ein Unternehmen sehr wertvoll sind oder sein könn(t)en. Doch fehlt es heute noch oft an der strukturierten Verfügbarkeit dieser Daten, um den vollen Nutzen daraus ziehen zu können.

766

Sicher ist es wichtig, dass alle Daten, die in der Rechtsabteilung anfallen, dort auch zum Nutzen des Unternehmens vorgehalten, verfügbar gemacht und analysiert werden können. Insoweit ist es sehr empfehlenswert, dass die Datenmengen in der Rechtsabteilung verbleiben und frühestmöglich auch strategische *KPIs* (am besten mit der Ausformulierung der Strategie und

767

ihrer Operationalisierung) definiert werden, für die diese Daten dann strukturiert aufbereitet und fortlaufend beobachtet werden können. Ein Beispiel hierfür können auch weniger offensichtliche Daten sein, wie etwa die Anzahl der Änderungen in einem *Share Purchase Agreement* in den letzten Stunden vor dem *Signing*. Ich stelle einmal die These auf, dass eine hohe Anzahl an Änderungen in den letzten zwölf Stunden vor dem *Signing* in einer Korrelation zu erhöhten Transaktionsrisiken auf der Käuferseite steht. Dies mag bezweifelt werden, doch ist es ohne Daten weder zu be- noch zu widerlegen. Aber eben solche Zusammenhänge werden in Zukunft darüber entscheiden, welche Prozesse verbessert werden können, um Risiken im Unternehmen und in der Rechtsabteilung zu reduzieren. *Legal Data Scientists* (ein ganz neues Berufsbild für Juristen) werden dafür nötig sein, die einen völlig neuen Blick auf die Datenströme und -mengen werfen als das bislang der Fall gewesen ist.

G. Mitarbeitermotivation und -qualifikation

768 Und damit ist auch schon ein Aspekt angesprochen, der über das Gelingen der Digitalisierung in der Rechtsabteilung und neue Rollen der Rechtsabteilung im Unternehmen entscheiden wird: die Qualifikation und Weiterentwicklung von juristischen Mitarbeitern. Aus dieser folgt m.E. auch die erforderliche Motivation der erfahrenen und beginnenden Kollegen für die Tätigkeit in einer Unternehmensrechtsabteilung. Wir in der Software AG haben einen Wettbewerb ausgerufen, der die *Legal Agile App of the Year* sucht und haben damit erfreulichen Erfolg, weil die KollegInnen sehr aktiv über die Digitalisierung ihrer tagtäglichen Tätigkeiten nachdenken und damit der gesamten Abteilung und sich selbst helfen, besser, effizienter und innovativer zu sein als andere.

769 Doch dafür müssen auch Qualifikationsprogramme – passend zu Strategie und Architekturentscheidung – realisiert werden, die unmittelbar im Zusammenhang mit einer Plattformentscheidung oder einem Applikationserwerb aufgesetzt und durchgeführt werden müssen, wenn der Erfolg der Investitionsentscheidung tatsächlich zeitnah erreicht werden soll. In erster Linie geht es darum Berührungsängste mit dem Neuen zu nehmen und Juristen als Entwickler, *Civil Developer* oder auch *Low Coder*, ich spreche hier vom *Law-Coder*, zu befähigen. Diese Weiterbildungsmöglichkeit im Bereich des Juristischen macht die KollegInnen zu noch wertvolleren Ressourcen und sichert den Nutzen der Digitalisierung für die Rechtsabteilung, denn auch die Herrschaft über best-strukturierte Daten besitzt wenig Wert, wenn die erforderlichen Berichte oder Analysen nicht hergestellt, angepasst und verwendet werden können.

770 Es wäre natürlich gut, wenn die universitäre Ausbildung im Zeitalter der Digitalisierung wieder universitärer werden würde und interessierten angehenden Juristen frühzeitig Gelegenheit zum Erlernen von Digitalisierungskompetenzen (Digitalisierungsstrategie, IT-Architekturen, Plattform- und Anwendungs-Know-How und Basiskenntnisse im Programmieren) anböte. Diese „Zusatzausbildung" wäre heute Gold wert und würde den Juristen einen wirklichen Vorteil im „Streit der Fakultäten"[10] an die Hand geben.

H. Conclusio und Next Steps

771 Im Ergebnis ist die selbstbestimmte strategisch integrierte Digitalisierung der Rechtsabteilung erforderlich, um die Rechtsabteilungen in den Unternehmen bestmöglich zu entwickeln. Kern ist eine Abteilungsstrategie, aus der die wesentlichen Digitalisierungsentscheidungen abgeleitet werden müssen, sprich die IT-Architektur, die Anwendungsentwicklung/der An-

---

[10] In Anlehnung an *Kant, Immanuel*, Streit der Fakultäten (1798), Hamburg, 2005.

wendungserwerb, die Felder der Digitalisierung sowie die Qualifizierungsnotwendigkeiten der KollegInnen.

Der nächstliegende Schritt ist die Formulierung der langfristigen Rolle der Rechtsabteilung im Unternehmen und der Ziele, die die Rechtsabteilung für das Unternehmen erreichen soll, wie zum Beispiel die effizienteste Rechtsabteilung in der Branche zu werden, die zu jedem Zeitpunkt in der Lage ist die Vertrags- und Prozessrisiken genau zu beziffern – ein anspruchsvolles Ziel, aber Dank der Legal Tech Innovationen innerhalb und außerhalb von Rechtsabteilungen schon mittelfristig realistisch erreichbar. Legen wir los! 772

Als kleiner Spickzettel für die Schritte zur digitalen Rechtsabteilungen erscheinen mir die folgenden 12 Schritte sinnvoll: 773
1. Prozessdokumentation und -analyse
2. Entscheidung über die zu digitalisierenden Bereiche
3. Formulierung der Abteilungsstrategie
4. Entscheidung über die IT-Architektur der Rechtsabteilung
5. Entscheidung über Apps unter Berücksichtigung von Budgets und Architektur
6. Aufsetzen und Managen eines entsprechenden Change Managementprozesses inkl. Definition von KPIs
7. Entwicklung/Erwerb der erforderlichen Apps
8. Weiterqualifizierung/Schulung der KollegInnen
9. Rolloutplan und Rollout der Apps
10. Go-Live und Prozessmanagement, -optimierung und Transparenzmachung der Ergebnisse
11. Fortlaufende Überwachung der Strategieumsetzung anhand der definierten KPIs
12. Fortlaufende Weiterentwicklung der Applikationen.

5.2 Legal Tech nach Maß – der Vertragserstellungsprozess mit dem Audi DocCreator

Stephanie Brtka, Andreas Keller, Dan-Alexander Levien[1]

A. Einleitung

In diesem Kapitel stellen wir Ihnen vor, wie wir bei Audi das Thema Legal Tech bereits vor einigen Jahren aufgegriffen haben. Dies zeigen wir Ihnen ganz konkret am Beispiel unseres Vertragserstellungsprozesses, den wir optimiert und im Zuge dieser Optimierung eine Softwarelösung – unseren Audi DocCreator – entwickelt und implementiert haben.

B. Vorüberlegungen

Zu Beginn stellt sich die Frage, warum überhaupt eine Unternehmensrechtsabteilung In-house-Entwicklungen von Software vorantreiben sollte, ohne dass dies zu den eigentlichen Geschäftsfeldern des Unternehmens gehört. Plakativ lässt sich das einfach zusammenfassen: Weil es mittel- und langfristig Arbeit abnimmt, die Qualität steigert und Kosten spart. Das führt konsequent zu der Frage, welche Schritte hierzu im Detail zu durchlaufen sind. In wissenschaftlichen Ausarbeitungen zu klassischen „Change-Prozessen" würde der Kanon sehr vereinfacht lauten: (i) die Zustimmung zu einem Projekt abholen, (ii) eine Bestandsanalyse vornehmen, (iii) ein Lösungskonzept erarbeiten und (iv) dieses dann umsetzen. Abstrakt betrachtet ist unser Audi DocCreator auch so entstanden, aber weniger als Projekt, sondern über einen langen Zeitraum und als konsequenter evolutionärer Prozess.

Keimzelle und Startpunkt für die Entwicklung unseres Audi DocCreator war eine kleine Rechtsabteilung in einer Tochtergesellschaft der AUDI AG. Diese ist für die Rechtsberatung der Audi Electronics Venture GmbH (nachfolgend AEV genannt) und ihrer Beteiligungsgesellschaften zuständig. Dieser Teilkonzern beschäftigt sich operativ mit der Entwicklung von Innovationen im Bereich Elektrik und Elektronik.

Die AEV hatte bei ihrer Gründung in 2001 als konzerneigenes Start-Up Unternehmen zunächst keine eigene Rechtsabteilung. Erst nach ein paar Jahren wurde diese als typische „Ein-Mann-Rechtsabteilung" ohne Sekretariat oder sonstige Assistenz aufgebaut und betrieben. Demzufolge war das Arbeitsumfeld als eines mit immer zu viel interessanter Arbeit und einem stetig wachsenden Grundrauschen an Aufgaben bei gleichbleibenden Mangel an Zeit zu charakterisieren. Die denklogischen Gegenmaßnahmen waren: Effizienz steigern, Standardisierung von Massengeschäft, Individualisierung an den notwendigen Stellen und die Mitarbeit des internen Kundens sicherstellen. Einen lehrbuchgerechten Projektstart gab es nicht. Die Bedarfsanalyse erfolgte laufend im Rahmen des Tagesgeschäfts und der Aufbauarbeit der Rechtsabteilung.

Ein wesentliches Element der Effizienzsteigerung und Komplexitätsbewältigung war einerseits die Definition, Implementierung und tägliche Anwendung der Unternehmensprozesse, andererseits die Entwicklung von Standards und Vertragsmustern, um den Aufwand für

---

[1] Stephanie Brtka ist Rechts- und Syndikusanwältin im Zentralen Rechtsservice der AUDI AG und rechtlich verantwortlich für das Marketing und Sponsoring. Andreas Keller ist Rechtsanwalt im Zentralen Rechtsservice der AUDI AG in Ingolstadt. Dan-Alexander Levien ist Rechtsanwalt, Syndikusrechtsanwalt, Mediator, Systemischer Coach und Leiter der Rechtsabteilung der Audi Electronics Venture GmbH in Ingolstadt.

gleichartige Vorgänge zu reduzieren. Vertragsmuster erfordern jedoch laufende Pflege und Aktualisierung – ein Aufwand, für den im Tagesgeschäft oft zu wenig Zeit vorhanden ist. Um auch dies im Griff zu behalten, war unser Ansatz, über alle Vertragsarten eine gleichbleibende Vertragsstruktur mit einer möglichst hohen Anzahl von Gleichteilen bei den Einzelklauseln in den verschiedenen Vertragsmustern sicherzustellen. Dieses sehr manuelle Vorgehen ist jedoch fehleranfällig, zeitraubend und daher in Summe unbefriedigend. Und da wir in einem Umfeld arbeiten, in dem hochinnovative Softwarelösungen, unter anderem zur Erhöhung der Fahrzeugsicherheit oder für das zukünftige autonome Fahren, entwickelt werden, war es naheliegend zu überlegen, wie die bestehenden technischen Möglichkeiten auch im rechtsberatenden Arbeitsumfeld besser genutzt werden können.

C. Anforderungsanalyse und Erste Schritte

779 Wenn man eine Software (das gilt auch für andere Projekte) zum Einsatz bringen will, sollte man zunächst die Anforderungen kennen und festlegen, die damit erfüllt werden sollen. Dies setzt eine genaue Kenntnis des operativen Geschäfts mit den bestehenden IST- und den zu erreichenden SOLL-Prozessen voraus. Weiter sollte man sich Gedanken machen, wer die Prozessbeteiligten sind und wie man deren Akzeptanz im Tagesgeschäft gewinnen kann.

780 Unser erster zaghafter Versuch war nicht erfolgreich. Wir suchten am freien Markt eine Software und fanden ein budgetschonendes und, isoliert betrachtet, gutes Textbausteinprogramm, das einen Teil der von uns gesetzten Anforderungen erfüllte. Leider war es auch mit dieser Software zu kompliziert, die Menge unserer Textbausteine laufend zu pflegen; letztlich war der Aufwand derselbe wie bei der bisher praktizierten Lösung auf Basis der einzelnen Vertragsmuster. Folglich tat sich das inzwischen bei der AEV gewachsene Rechtsanwaltsteam schwer, das Textbausteinprogramm anzunehmen. Es war leichter, bei „bekannt und bewährt" zu bleiben. Hinzu kam aber eine neue Anforderung: Sicherzustellen, dass, egal wer aus dem Team einen Vorgang bearbeitet, die gleichen Standards genutzt, dieselben Qualitätsmaßstäbe angelegt und dieselben Prozessschritte eingehalten werden, um dadurch aufwendige Abstimmungen und Mikromanagement zu vermeiden. Zentrales Ziel war es, dass auch in einem größeren Team niemand etwas vermeintlich Neues erfindet, obwohl es schon vorhanden ist.

781 Neben Budgetrestriktionen war der Faktor Zeit ein weiterer Hindernisgrund, ein Softwaretool neu zu entwickeln, denn zunächst musste man diese investieren. Erst auf mittlere bis lange Sicht steht für einen selbst und für die gesamte Abteilung ein Gewinn an Effizienz und täglicher Arbeitserleichterung. Zunächst stellte sich uns deswegen die Frage, ob am Markt nicht doch eine bessere, weil passgenaue Alternative zu finden war. Eine Kauflösung hat den simplen Vorteil, dass einem die Fragen der Produktentwicklung abgenommen werden. Man fängt eben nicht bei Null an, die Konzept- und Softwareentwicklung ist bereits abgeschlossen und man kann vor dem Kauf besichtigen, was man erwerben möchte. Der Nachteil bleibt, dass man auch mit den Grenzen der erworbenen Lösung leben muss. Natürlich besteht oft die Möglichkeit des „Customizing", aber auch das hat seinen Preis und bringt (zumindest teilweise) den Aufwand zurück, den auch eine Software-Eigenentwicklung generiert.

782 Als unsere Suche am Markt nicht zum Ziel führte, begannen wir eine eigene maßgeschneiderte Softwarelösung zu entwickeln, die wir zunächst prototypisch nach unseren Anforderungen von einem begabten Studenten programmieren ließen. Herausfordernd bei einem solchen Vorgehen ist, dass die denkbaren Möglichkeiten unendlich sind, so dass man sich schnell in einer neuen Komplexität verirren kann. Es gilt viele Details zu entscheiden, die langfristige Auswirkungen haben. Gleichzeitig muss man die Kosten im Griff behalten. Parallel haben wir immer wieder sehr selbstkritisch geprüft, ob wir am Markt nicht doch noch ein Produkt finden, welches unseren Anforderungen entspricht. Dieses harte „Benchmarking" hat uns dabei stets transparent gemacht, welche Funktionalitäten wir geschaffen haben, aber auch was andere können und was für uns auch nützlich sein könnte.

Mittlerweile hatten sich bei uns folgende, zunächst noch sehr generische Anforderungen herauskristallisiert:
1. Bestandssicherung: Wir benötigten eine simple Lösung, die zunächst unsere „best practice" und Vertragsstandards an einem Ort zentral erfasst.
2. Agilität: Die Lösung musste zudem sicherstellen, dass Änderungen am Inhalt in Form von Klauseln und Textbausteinen leicht und schnell umgesetzt werden können.
3. Erlebbarkeit: Die Änderungen mussten unmittelbar zu besichtigen sein, nicht erst im Rahmen von turnusmäßigen Updates. Erst die Möglichkeit, die eigene Arbeit „besichtigen" zu können, erzeugt Verbindlichkeit und ein Erfolgserlebnis für den Einzelnen.

Erst die Umsetzung dieser zentralen Anforderungen generierte für uns die geforderte Arbeitserleichterung und Entlastung, nämlich die Gewissheit, auch bei eiligen Fällen im Arbeitsalltag vorbereitet zu sein und nicht erst Grundsatzfragen klären zu müssen, sondern einfach das benötigte Dokument schnell erstellen und versenden zu können.

D. Rechte-/Rollenkonzept

Bald bemerkten wir, dass ein Tool nur für Rechtsanwälte noch nicht ausreichte, um die von uns angestrebte Qualität im Gesamtprozess sicherzustellen. Eine entscheidende Größe in unserem Prozess sind unsere internen Mandanten, die Verträge und Dokumente anfordern. Bei uns in der AEV sind die nicht-juristischen Kollegen (z.B. Softwareentwickler) immer schon Startpunkt und wesentlicher Teil des Vertragserstellungsprozesses. Das bedeutet, dass der interne Mandant den gewünschten Vertrag, zum Beispiel eine Geheimhaltungsvereinbarung, möglichst selbständig nach bestimmten Vorgaben erstellt, um uns Rechtsanwälten die Vorarbeit hierfür abzunehmen. Unser Idealziel lautet dabei: Sobald der interne Mandant für einen Vertrag keine Besonderheiten benötigt, also beim Standard bleibt, braucht er auch die Rechtsabteilung nicht einzubinden. Gut veranschaulichen lässt sich das am Einstellungsprozess von neuen Mitarbeitern. Im Idealfall muss ein solcher Einstellungsprozess völlig ohne rechtliche Unterstützung durch einen Rechtsanwalt alleine durch die kompetenten Kollegen der Personalabteilung abgebildet werden können. Dasselbe gilt auch für den Fall einer Beauftragung eines unserer Lieferanten oder der Abgabe eines Leistungsangebotes gegenüber einem Auftraggeber. Dazu müssen wir aber sicherstellen, dass immer die richtigen und aktuellen Dokumente von den jeweiligen Kollegen der Personal-, Einkaufs- oder Vertriebsabteilung verwendet werden. Außerdem müssen die Dokumente so gestaltet sein, dass alle notwendigen Informationen von diesen abgefragt und an der richtigen Stelle in den Verträgen verarbeitet werden.

Wir haben daher einige Zeit dafür aufgewendet, ein ausdifferenziertes Userkonzept zu definieren, das wie folgt aussieht: Ein „Legal User", in der Regel also Rechtsanwälte, Paralegals oder Rechtsfachangestellte, kann alle Dokumente im Bestand sehen, exportieren und verändern. Ein normaler „Anwender", zum Beispiel ein Mitarbeiter einer Personalabteilung, hat nur Zugriff auf Dokumente aus seinem Tätigkeitsbereich (dasselbe gilt entsprechend für die Mitarbeiter des Einkaufs, Vertrieb, Entwicklung), um nicht mit unnötigen Dokumenten zu verwirren und damit einhergehend auch Fehlgebrauch zu reduzieren. Die Anwender aus den Fachbereichen können die Dokumente nur an bestimmten, dafür vorgesehenen Stellen ändern und anpassen, wie man es in statischer Form auch aus PDF-Formularen kennt. Gleichzeitig gibt es vom Audi DocCreator eine Rückmeldung, wenn der Anwender vergessen hat, etwas auszufüllen. Sind weitere Individualisierungen notwendig, wenden sich die Kollegen an uns beim Rechtsservice.

Die Weichenstellung, wer was darf, erfolgt bei der Registrierung der Nutzer. Dort gibt der Anwender an, zu welcher Gesellschaft er gehört und welchen Tätigkeitsbereich er verantwortet. Danach richtet sich dann, welche Dokumente er nutzen kann. Da beispielsweise die Arbeitsverträge einzelner Beteiligungsgesellschaften an bestimmten Stellen voneinander abweichen (etwa bei den vertraglichen Leistungen) haben wir auch sichergestellt, dass jede Beteiligung nur die für sie bestimmten Dokumente sieht, während wir als gesellschaftsübergreifende Rechtsberater wiederum auf alle Verträge uneingeschränkt zugreifen können.

788   Zusammengefasst haben wir damit folgende Situation geschaffen: Solange ein Anwender sich an den Prozess hält, also jeden Tag aufs Neue die von ihm benötigten Dokumente im Audi DocCreator erstellt und von dort exportiert, sind wir sicher, dass er auch den jeweils aktuellsten und von uns Rechtsanwälten autorisierten Vertragsstand nutzt. Das gibt unseren Anwendern die Sicherheit, dass sie keine Änderung verpasst haben und macht es für sie attraktiv, unseren Audi DocCreator zu nutzen. Häufige Fragen werden bereits durch Ausfüllhinweise im Tool beantwortet, wodurch das System auch ohne intensive Schulung verwendbar ist. Wir Rechtsanwälte kommen nur dann ins Spiel, wenn weitergehende Anpassungen notwendig sind. Das spart allen Beteiligten Zeit und Ressourcen.

E. Content und Userführung

789   Im Gesamtprozess ist natürlich auch der Inhalt der Vertragsmuster eine wesentliche Größe, wobei sich dieser Aspekt denknotwendig mit einer Lenkung des Anwenders verbindet. Vertragsmuster müssen rechtssicher und möglichst selbsterklärend sein, was sich eben auch auf die Bedienung erstrecken muss. Idealerweise müssen die Muster daher so gestaltet sein, dass Formulierungen, die häufige Missverständnisse und unnötige Verhandlungspunkte generieren, eliminiert sind. Weiter kann es sein, dass ein Vertragsmuster verschiedenen Konstellationen des Unternehmensalltags gerecht werden muss. Schließlich empfiehlt sich – auch hierzu kann ein Vertragsgenerator den Anlass geben – eine formale und inhaltliche Harmonisierung von Vertragsmustern innerhalb von Unternehmens- und Konzernstrukturen.

790   Bei der Konzeption des Audi DocCreators hatten wir uns die Frage gestellt, ob ein „Vorschaltdialog" vor der Generierung eines Dokumentes hilfreich sein könnte, also eine Einzelabfrage der für die Konkretisierung des Vertrags im Einzelfall erforderlichen Daten. Wir entschieden uns dagegen. Zu zäh wäre die Bedienung für den einigermaßen geübten Anwender gewesen, der täglich immer wieder auf Basis desselben Musters arbeitet und sich für jeden Vertrag durch den Fragenkatalog kämpfen müsste. Stattdessen kamen wir zu einer hybriden Lösung, bei der zu Beginn die Basisinformationen eingegeben werden, was aber praktisch selbsterklärend ist und sich daher für erfahrene Anwender und Neulinge gleichermaßen eignet. Diese Basisdatenabfrage war der Grundstein für die stringente Ausrichtung des Tools in Richtung Endanwender, was wir bereits früh als kritischen Erfolgsfaktor für unser „Bottom-up" gestartetes Projekt festgelegt hatten.

791   Weiterhin wollten wir dem Anwender so viel Hilfestellung wie möglich anbieten, aber an der jeweils passenden Stelle. So entstand das Feature „DocGuide", mit dem wir eine weitere Brücke von der reinen Vorlagenverwaltung in Richtung Prozesssteuerung und Wissensmanagement schlagen konnten. Jeder Schalter, jede Auswahlliste und jedes Freitextfeld gibt dem Anwender eine Entscheidungsmöglichkeit. Wo die Eingabe des Projekttitels noch trivial erscheinen mag, stellen die Feinheiten eines Lizenzvertrages den (auch juristischen) Neueinsteiger vor einige Herausforderungen. Der DocGuide ermöglicht es dem Nutzer nicht nur, sich von Option zu Option durch das Dokument zu hangeln, sondern „erklärt" ihm auch gleichzeitig, was die Einstellungsmöglichkeiten bewirken. Der Anwender kann über den DocGuide jederzeit an einen schon bearbeiteten Punkt im Vertrag springen, um seine Auswahl zu ändern, egal, ob es sich um die Haftungsklausel oder die Vertragssprache handelt. Hier ist auch der richtige Ansatzpunkt, um unternehmensinterne Vorgaben oder juristische „best practice" einfließen zu lassen, um gerade bei großen Rechtsabteilungen ein möglichst einheitliches Vorgehen in Vertragsverhandlungen zu erreichen. Die Kunst des Syndikusanwalts besteht hier darin, die Standardeinstellungen im Vertrag für den eiligen Anwender aus dem Fachbereich so zu wählen, dass möglichst jeder Alltagsfall zufriedenstellend geregelt ist. Gekoppelt mit dem abgestuften Konzept Anwender/Rechtsanwalt ist der Audi DocCreator damit auch zu einem Governan-

ce-Tool geworden, in dem zugleich das wertvolle Wissen der erfahrenen Kollegen konserviert werden kann.

Beim Inhalt des Audi DocCreator achteten wir auch auf eine Strukturierung nach Dokumententypen, die neben Verträgen auch andere Standarddokumente umfassen sollte. So können auch Handlungsvollmachten verschiedener Art inklusive Begleitschreiben mit dem Audi DocCreator erstellt werden. Ebenso können bestimmte Arten von Auskunftsschreiben, die inhaltlich vom Zentralen Rechtsservice der AUDI AG verantwortet werden, komfortabel und prozesssicher erstellt werden. Von komplexen Dokumenten (z. B. Arbeitszeugnisse) bis hin zu „Zufallsprodukten" aus der täglichen Arbeit (z. B. Sideletter zur Bestellung, Vertragsverlängerung) wächst unser Dokumentenfundus stetig weiter an. Mittlerweile lassen sich nicht nur einzelne Dokumente erzeugen, sondern auch Konvolute, wie etwa ein Arbeitsvertrag mit diversen Anlagen, die abhängig von den Eingaben hinzukommen oder entfallen (z. B. Dienstwagennutzung, Arbeitsordnung, Zusatzvereinbarung für mobiles Arbeiten). 792

Das beste IT-Tool nutzt jedoch nichts, wenn es sich nicht adäquat in den Arbeitsalltag der Masse von Anwendern einfügt. Gerade eine gewachsene IT-Struktur zwischen Textbearbeitung und E-Mail-Programm bietet hier zusätzliche Herausforderungen. Am Ende eines jeden Vertragserstellungsvorgangs steht daher der Klick auf den „Exportieren in Word"-Knopf, so dass der Nutzer in seiner gewohnten Umgebung und auch mit externen Partnern reibungsfrei arbeiten kann. 793

Das Ganze steht und fällt mit der User-Akzeptanz. Da wir aber streng auf Komplexitätsvermeidung, Einfachheit, Logik und selbsterklärende Stringenz achten, liegt die Akzeptanzrate in der AEV-Gruppe bei nahezu 100 %. Wir hatten keine Diskussionen oder Widerstände bei der Einführung. Diskussionen entstehen bei Individualisierungswünschen und hier und da bei Formulierungsfragen. 794

Wenn wir Rechtsanwälte Änderungen am Datenbestand vornehmen, z. B. eine Klausel aktualisieren, machen wir das nach einem uns selbst vorgegebenen Prozess zentral an einer Stelle. Da wir versuchen, einen sehr hohen „Gleichteilebestand" bei unseren Textbausteinen und Klauseln vorzuhalten, ist dann mit dieser einen Änderung eine Anpassung bei allen Dokumenten und Beteiligungsgesellschaften, die auf diese Klausel zugreifen, automatisch umgesetzt. Es entfällt das berühmte Rundschreiben: „ACHTUNG, es gibt einen neuen Vertragsstand. Bitte diesen ab sofort umsetzen und das nunmehr alte Muster sofort löschen." Wir schaffen mit dem Audi DocCreator eine sofortige Umsetzung mit der Freischaltung der Änderung. Im Zweifel sogar, ohne dass die Anwender das überhaupt merken. Ein ganz praktischer Nebeneffekt, wenn sich Tippfehler eingeschlichen haben. 795

Wichtig war uns im eigenen Interesse, die wachsende Komplexität im Tool beherrschen zu können. Der uns schon zu Beginn selbst auferlegte Grundsatz „Nur eine Klausel für einen Sachverhalt" ist dabei eines der wichtigsten und zudem einfachsten Werkzeuge, verlangt aber konsequente Selbstdisziplin. Diese zahlt sich spätestens dann aus, wenn eine Rechtsprechungsänderung im betreffenden Bereich erfolgt und nur eine Klausel im Bestand zu ändern ist. Bei unseren Geheimhaltungsvereinbarungen (GHVs) beispielsweise haben wir unterschiedliche Varianten: einseitig, gegenseitig, jeweils projektbezogen oder projektunabhängig. Bereits im Deutschen gibt es also schon vier Varianten. Hinzu kommt jeweils noch eine englische Übersetzung. Durch die Konstruktion unseres Audi DocCreator können wir Änderungen an zentralen Klauseln – z. B. der salvatorischen Klausel oder der Gerichtsstandsklausel – so vornehmen, dass wir nicht acht Vorlagen von Hand anpassen müssen. 796

F. Fazit und Ausblick

Als wir mit dem Audi DocCreator begonnen haben, hatten wir zwar viele Visionen, waren aber mit Entwicklungs-Frameworks gestartet, bei denen uns nicht klar war, dass sie uns in der Weiterentwicklung einschränken würden. Inzwischen haben wir über ein Jahr lang parallel 797 zum operativen Betrieb unseres Audi DocCreator eine Modernisierung vorgenommen, die Sie sich wie die Renovierung und Modernisierung eines Hauses vorstellen können, das Sie weiter bewohnen, jedoch gar nicht merken, dass die Handwerker Ihr Haus umbauen, während Sie tagsüber bei der Arbeit sind.

798 Der Audi DocCreator als solcher ist inzwischen seit zwei Jahren vollständig in den laufenden Arbeitsalltag integriert und wächst stetig mit weiteren Vertragsarten und Inhalten für Rechtsanwälte und Anwender. Auch der Nutzerkreis wächst mit jedem Tag, innerhalb von Konzerngesellschaften als auch über deren Grenzen hinweg. Der Erfolgsfaktor war und bleibt nicht zuletzt die unterschiedliche Perspektive, die jeder Beteiligte auf die Features und Inhalte im Tool einbringt und es dadurch besser macht.

799 Wir haben viele Ideen, wie es mit dem Audi DocCreator weitergehen könnte. Die sich auftuende Welt von Big Data und Machine Learning schafft ganz neue Möglichkeiten. Wir haben zum Beispiel bereits Überlegungen gestartet, wie wir unsere Klauseln maschinell auf ihre Aktualität überprüfen lassen können, indem wir automatisiert Gerichtsurteile und neue Gesetze abgleichen und den Audi DocCreator Anpassungsvorschläge machen lassen. Auch der Einsatz „echter" künstlicher Intelligenz bei der Vertragserstellung und -bewertung ist für uns ein Thema. Grenzen sehen wir hier eigentlich nur bei den dann doch sehr einschränkenden Faktoren Investment und Zeit – die Grenzen der Technik sind noch lange nicht erreicht.

5.3 From Contract Management to Legal Content Management

Kai Jacob[1]

Deutsche Zusammenfassung

Dieser Artikel beschreibt die Erfahrungen von SAP bei der Entwicklung und internen Implementierung einer alle Geschäftsbereiche (außer HR) umfassenden Vertragsmanagement-Lösung, und die darauf aufbauende Vision eines Legal Content Managements, das neben der Verwaltung auch die geschäftliche Analyse und die automatische Erstellung von Rechtsdokumenten beinhaltet und in einer ersten Version als SAP *S/4HANA for legal content* ab 2017 auch für Kunden erhältlich sein wird. **800**

A. Introduction

As the legal departments of large enterprises become more business savvy, information enabled and performance driven[2], the need for managing not only contracts, but all kinds of legal content becomes more pronounced. Business information and legal information are merging. What constitutes legal information has become a matter of perspective and context, and is no longer determined by where the information originated from. For a legal transaction, all business information is potentially relevant – not only regarding regulatory compliance, but also regarding the transaction itself: For the selling and buying of products or services to occur at all, many different departments and lines of business must collaborate and jointly deliver a contract, a sale or purchase order, and other legally binding documents. Legal content can be defined as all information needed to do business in a sustainable way. Depending on the kind of transaction and the context within which it happens, product and service documentation, external reports and publications, internal norms, policies and guidelines, external communications by employees and even internal communications such as memos, project reports and meeting minutes can be legal content that must be managed in a compliant, effective and efficient manner. IT systems must reflect this need for a more comprehensive and consolidated management of legal content. Instead of optimizing isolated legal functions such as contracts – and thus involuntarily contributing to fragmented legal IT landscapes – IT systems must enable legal departments to look inside all forms of legal content, instead of simply treating documents as black boxes. While many companies feel overwhelmed by the recent advances in LegalTech and do not know how to deal with emerging technologies like Blockchains, A.I., smart contracts, autonomous legal reasoning and other capabilities, LegalTech actually presents a huge business opportunity for General Counsels: the chance to gain a faster and better understanding of the company's rights, risks and obligations, and thereby to evolve from a traditional legal advisor to a true business enabler. The following article describes SAP's journey from the internal management of contracts to the development of the customer solution, *SAP S/4HANA for legal content*. **801**

The following chapter starts by describing what contract management actually is, then alludes to SAP's current state of contract management, and finally presents a holistic view of our contract, legal information and legal template management vision, as well as the concrete steps needed to turn this vision into a reality. **802**

---

[1] Kai Jacob ist Rechtsanwalt und Global VP Legal Information Management bei SAP.
[2] Diese Themen sind umfassend in *Jacob/Schindler/Strathausen* (Hrsg.), Liquid Legal, Management for Professionals, Springer, Heidelberg, 2017, behandelt worden.

B. Current state of play in Contract Management

I. What is Contract Management?

803   In 2010, the International Association of Contract and Commercial Management[3] (IACCM) challenged its members to come up with an 'elevator pitch' for the question *"What is contract management?"* How should one sell the basic concept of our profession to an executive in no more than three or four sentences and in about 30 seconds, the time available before the lift arrives at its destination?

804   The winner, Rajini Saudranrajan, from Kuala Lumpur (Malaysia) hit the nail on the head with the following denotation *"Contract management manages both pre-and post-contractual matters which includes the review, drafting and negotiation of contracts, and the thorough monitoring of the performance of that particular signed contract until its closing. Contract management is really about maximizing profits and minimizing risks in any contract. In a nutshell, Contract Managers are people who possess the technical, operational and commercial skills and acumen in managing a contract so that it always remains healthy and brings in the optimal and desired results."*[4]

805   I remember this challenge well, not only because I contributed my own definition, but because reading the 50-plus pitches gave me a sense of how diverse and culturally different the role of Contract Manager and the perception of Contract Management are around the globe.

806   There is no company on earth without a contract: Contracts are the foundation and the lifeblood of a business. Companies establish, merge, trade, hire and compete based on contracts. The companies which are most adaptable and flexible regarding their contracts will have strategic advantages. Companies, on the other hand, which do not organize their contract management will not only face serious regulatory and compliance issues, but simply run the risk of going out of business. For far too long contracts have been separated from the business: Have you ever heard someone say "Let's close the deal and leave the paperwork for the lawyers"? It is this perception of the legal function that results in contracts being designed in a "legal friendly" opposed to "business friendly" way.[5]

807   Instead of **us vs. them**, Contract Management aims to take a holistic and integrated approach. How this translates for a specific company can only be answered by the company itself. This aspect is nicely covered in the words of the runner-up in the above mentioned IACCM contest, Mike Serulneck *"Contract Management consists of all the various tasks and activities that enable an organization to maximize the value of its recorded relationships. And yes, the definition may seem too general at first, but contracts inform and define business processes in every part of an organization so the definition must be inclusive too. It's not just buyers and sellers; everyone does contract management every day."*

808   *"Everyone does contract management every day"* – that is a bold statement! So, the aim of good Contract Management is to equip the entire workforce with all the processes, people, tools and content that is required to do their job.

II. Contract Management at SAP

809   In the early years, contracts were managed along the lines of "to whom it may concern", with some general rules to be followed, but without clear guidelines or a central infrastructure in place. In 2011, the Global Contract Management Services (GCMS) team was mandated to design, build and implement SAP's first and central repository for all of SAP's contracts

---

[3] IACCM is the world's leading association for contract managers, with over 44, 000 members in all parts of the world, representing over 16, 000 companies from all industries, equally distributed between buy-side and sell-side. For details see: http://www.iaccm.comhttp://www.iaccm.com/iaccm-facts-figures.
[4] https://www2.iaccm.com/resources/?id=6359.
[5] Helena Haapio and Thomas Barton in K. Jacob et al. (eds), Liquid Legal, Management for Professionals, p. 371.

(except for HR contracts). The Contract Management Solution (CMS) was launched in 2011 with a rudimentary Graphical Interface and this internal solution soon matured. Now, in its 7th release, CMS is serving more than 15,000 users and contains more than 500, 000 contracts, in peak times creating more than 7, 000 contracts per day (of which a majority is created in a fully automated way).[6]

The GCMS team set itself ambitious goals and kept its promises:

- All contract types were identified by 2015 and onboarded to CMS
- The average processing time was reduced by 95%
- 100% of new, signed contracts are stored in CMS
- Nearly all contracts are e-signed by SAP internally and a growing ratio is e-countersigned
- All approved legal templates are managed in CMS
- All legacy contracts are identified and either uploaded or awaiting upload

Truth be told: what reads like a straight success story was, in fact, a series of ups and downs, wins and losses, experimentation and failures. Ultimately, connecting a fully committed and hard-working team with visionary leaders at executive management level led to our success.[7]

Just as a child must fall in order to learn to walk, companies must be prepared to fail to become successful. I would like to share the learning experience that allowed us to "Run SAP's contracts".

One of the first things we did was to conduct a global inventory, revealing a very fractured contract landscape. Based on our inventory findings, we supported our SAP Board in issuing a Contracting Policy, providing guidance regarding the contracting process, the use of legal templates and practices for legacy contracts. Although it received support at the highest level, the adoption of our tool, at least in some parts of the world, left much to be desired. By examining the root-cause, we were able to reveal the four areas of improvement on which the team had to focus.

III. Processes

One may exaggerate and say that there are two kinds of processes: the ideal process, and the real process. The ideal process is a combination of wishful thinking and ignorance. The assessment is constrained by the assumption that more or less all departments, countries and lines of business will follow a similar process, a type of standard.

In contrast, the real process must necessarily be adapted to meet local and other specific circumstances. Teams are not making a conscious effort to complicate the process, just a little concession here and a deviation there. The ideal process approach will just continue under the assumption that the deviating processes will adjust themselves over time, whereas the real process approach will understand the need for an active adaption of processes.

The focus is to extract a standard process through the myriads of process variations, because process management tools can only represent the normal process, disregarding creative divergences that might be even superior to the identified norm. Employees have an intrinsic motivation to improve things, and the technology of the future should leverage this creativity and support all meaningful process variations.

---

[6] For more details on the GCMS story, see Kai Jacob in K.Jacob et al. (eds), Liquid Legal, Management for Professionals, p. 311.
[7] Mark White, former COO SAP and Brad Brubaker, General Council Field Legal SAP supported CMS from its inception to its current state and deserve my team's deepest respect.

IV. Technology

817   The end-users of today's technology have high demands and expectations. A tool must be easy to understand and easy to use, and must be able to significantly improve the user's own professional life. For each individual employee, any considerations regarding 'the greater good' or the company's overall success beyond personal responsibilities are of secondary importance. Future tools must center their design around the individual user – true to the motto "One size fits nobody!"

818   To persuade our end-users, we introduced three features:
1. A Contract Request Form (CRF) was created. Based on a pre-configured, but easily customizable webpage, every SAP employee can fill out a questionnaire (by picking from drop-downs) and edit some fields. This releases a workflow to the contract facing personnel and automatically triggers the creation of a CMS Case. In some scenarios, the respective contract is even auto-generated and sent back to the requestor. Presently, we have over 500 CRF's in production and we are adding new versions every week.
2. Most of our end-users preferred eMail and disregard the embedded workflow. Overhauling the Document Approval Workflow (DAW) and applying the latest User Interface (UI) designs convinced legal and other specialized departments to communicate within the application for the review or approval of deviations from standard templates, rather than using eMail.
3. Finally, the introduction of our eSignature solution created an incredible pull-effect. Teams who had delayed their transfer to CMS finally asked to be on-boarded. This success was due to the superior user experience of that tool and the amendment of the Contracting Policy, which set eSignature as the default option.

819   These measures turned out to be a suitable instrument with which to increase the CMS adoption rate.

V. People

820   People especially in large organizations are used to adapting to a given workload and simply *get it done*. What we often face, however, is so-called "silo optimization", where one improvement is realized without observing the end-to-end process, or even at the expense of jeopardizing another process. This problem is not a process, but rather a mindset and leadership issue. The balance between self-interest and common goals must be demanded top-down and be considered to be self-evident by the people involved.[8]

821   Based on our experience, we can tell that large companies should split responsibilities between the ones who own the tools and processes, and those who carry out the contractual work for the benefit of both sides. Such a team can act as a neutral advisor when it comes to process improvements and tool enhancements as they have no personal interest. Their sole purpose is to serve the whole company in becoming more efficient and effective.

822   Only a central team, mandated to improve the entire contract landscape, can keep the ship on course and weather the storm. People working in such a team are best described as situational leaders, agents of change without managerial empowerment, but with an overview of the process and technical experience to accommodate the needs of the end-users. Our team just recently received an accolade for our contribution in the field of digital transformation: for selecting, empowering and equipping a group of "Business Advisors" in each region to champion the contract management related activities on our behalf, thus bridging the gap between us and the field.

---

[8] Arne Byberg in K.Jacob et al. (eds), Liquid Legal, Management for Professionals, p. 175 ff.

VI. Content

The greatest potential in digitalizing contract management lies in the disassembly, re-organization and structuring of legal content. To meet the growing demands of our business units, we were asked to increase the number of productive word-based templates to over 6, 000 templates. It is assumed that the quality control of a single word-file (e.g. check variables, conditions, macros) takes approximately 20 minutes. Intelligent software can significantly reduce the time needed for quality control, thus increasing the ability of contract management departments to respond quickly to the ever-changing needs of their stakeholders.

Structuring legal content and assembling legal output in a unified format will allow companies to gain full transparency across their business and will enable contract managers to realize business potentials, mitigate legal risks, and ensure regulatory compliance more easily.

VII. Self-perception and external perspectives

Leveraging Elevate's legal department maturity assessment[9], we evaluated ourselves as being somewhere between a "maturing" and "best practice" department. Although CMS is a great success, the team, in numerous workshops with customers and partners, acknowledged that more is required to keep up with the pace of digitalization and the unprecedented volatility of the business.

We learned that legal departments and contract management teams are constantly challenged to "do more with less"[10]. The core competence is to adapt fast. Organizations must gain full control over all relevant legal data and content, such as contract metadata and legal spend, but also contract content, legal templates, legal clauses, claims, formal letters, policies etc. Internal stakeholders and workshop participants told us that, although knowledge management (KM) goals are defined, they are hardly ever achieved. Moreover, even if there are shared knowledge tools available, no clear ownership or responsibility is assigned, thus the information remains unreliable and private KM continues.

We realized that our customers require full transparency of all rights, obligations and risks in real-time. The new IFRS 16 regulations exemplifies this growing interdependence between products (e.g. real estate, leasing goods) and contracts. The customer organizations lack insight into the mountains of unstructured content that they possess. Terabytes of legacy Word files, PDFs, scans, emails, excel and the like are stored in decentralized storage systems. The clients of our customers expect legal content in handcrafted quality, but at the speed of mass-production. They require "Smart Contracts" that can be fully monitored and easily adjusted. Legal content should be provided anytime, anywhere; they should be device agnostic, automated and paperless, and should be created in a way that is compliant, easy to audit and, at the same time, should reduce the manual intervention of legal personnel. In addition, our own research showed that customers run on average 30 non-integrated applications in their legal and contracting departments – a zoo of diverse legal tools. We heard that many of our customers lack a central layer for legal content. A heterogeneous environment of legal tools, in combination with private share drives, makes it almost impossible to standardize or harmonize legal content.

No wonder that legal and contracting departments are shying away from new technology and sticking to their familiar set of tools (Word, Outlook, PowerPoint and Excel).

---

[9] Liam Brown in K.Jacob et al. (eds), Liquid Legal, Management for Professionals, p. 401.
[10] For a current view on the discussion see Markus Hartung and Arne Gärtner in K.Jacob et al. (eds), Liquid Legal, Management for Professionals, p. 276f.

VIII. The "Moonshot Paradigm" or why did we start all over again?

829   When we compared the steadily growing demands of our internal and external customers with our existing CMS solution, we realized that we would not be able to keep up with the change by improving our CMS. When contemplating the next release of CMS, we were faced with the Moonshot Paradigm[11]: Should we try to make the solution ten **per cent** better, by following the old path, or should we take a risk by changing the technology and the approach, and attempt to make the solution ten **times** better?

830   After we admitted that we could not improve our CMS to meet our own expectations, we decided to re-build CMS again from scratch – but this time as a standard product for SAP.

C. The future of Contract Management is Legal Content Management

I. Information-Enable the Legal Department!

831   With *SAP S/4HANA for legal content*, our goal is to information-enable the contract and legal departments of large organizations. The term "information-enablement" has been coined by Salim Ismail in his publication "Exponential Organizations"[12]. For us at SAP, "information-enablement" means that all information follows the same data structure, is semantically categorized, is automatically stored in a central database, and is discoverable, re-usable and adaptable. Most importantly, legal information is more than just contracts: It is all relevant data and content that is needed and can be re-used; legal service requests, policies and claims, IP, risk and compliance cases, litigation, open projects and legal spend, all these corporate matters require the assembly and management of legal content. Given that the world's information is doubling every 3 years and consists of only 20 % structured data, with the remaining 80 % being unstructured data, the management of legal information has become an important task for chief information officers and General Counsels.

832   We introduced Legal Information Management (LIM) as a new corporate practice that harnesses the value of distributed legal information by digitalizing content and automating cross departmental workflows – for better, faster and less expensive output. **Digitalizing** goes beyond mere **digitizing**. Although today, most legal content is already digitized, i.e. available in electronic format, it is only accessible as one object or document, and the actual content of the document usually remains a black box. **Digitalizing** allows users to look inside documents and to get more value out of a digital asset by enabling access to specific document elements, such as master data, header, clauses, obligations and references. This specific content must be structured and used for better system recognition and smarter legal operations. Digitalizing becomes possible when companies move away from using MS Word and towards an online (HTML based) editor. Instead of manually formatting texts or documents, the final output is automatically generated by applying a company-wide style sheet to the content elements.

833   What is missing is a central place which consolidates these applications and collects all the relevant information on one platform. The graphic below shows how *S/4HANA for legal content* consolidates existing legal applications. On the vertical axis, we have differentiated applications which have been specifically developed for in-house legal departments and law firms, and, on the other hand, solutions that can be used cross-industry. Law firms and in-house legal departments require solutions that support the industry-specific (and oftentimes even company-specific) end-to-end business processes, and ultimately measure financial success or

---

[11] See 'Singularity University' (https://su.org/concepts/).
[12] Ismail, S., Malone, M.S., and van Geest, Y (2014). Exponential Organizations: Why new organizations are ten times better, faster, and cheaper than yours (and what to do about it). New York: Division Books.

legal spend. Cross-industry LegalTech solutions, on the other side, provide functionality that is relevant for many industries and companies' lines-of-business.

On the horizontal axis, we differentiate stand-alone (i.e. best-of-breed) solutions from solution suites. Stand-alone systems rely on their own proprietary database, functionality, and look-and-feel, and offer capabilities tailored to one specific business purpose, e.g. managing documents. Solution suites, on the other hand, offer capabilities for a variety of different business purposes which are represented as individual modules. These solution suite modules use the same database and guarantee real-time data integration.

Using the 2 x 2 matrix, we can now cluster existing LegalTech solutions and show how *S/4HANA for legal content* fits into the landscape. Legal-specific stand-alone systems (upper left quadrant) include Legal Case or Matter applications, eFiling, eHold and eDiscovery and other industry-specific applications, while cross-industry stand-alone systems (lower left quadrant) include Document and Knowledge Management applications. Examples of cross-industry solution suites (lower right quadrant) are Enterprise Content and Information Management systems, as well as traditional ERP, CRM and SRM solutions.

S/4HANA for legal content (upper right quadrant) combines the capabilities of other applications and provides a comprehensive solution for assembling and managing legal content in corporate legal departments.

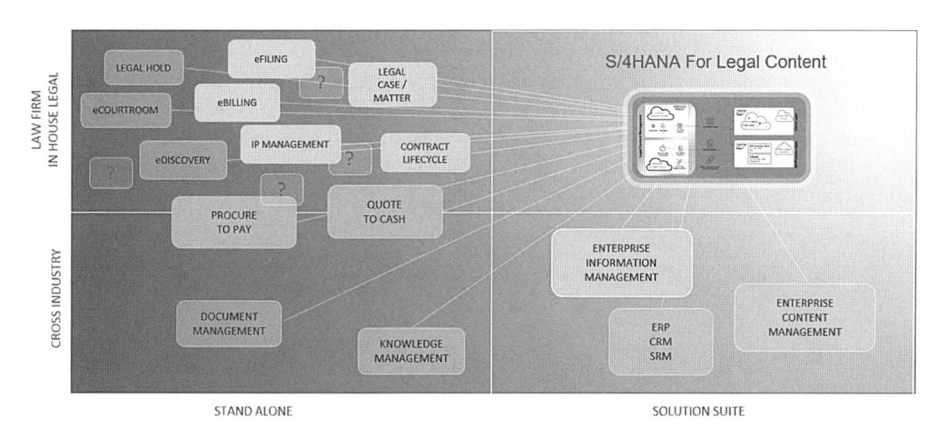

Abb. 11: How S/4HANA for legal content consolidates existing legal applications (author's own material)

S/4HANA for legal content will close the current gap in SAP's portfolio and provide our customers with a central layer for contracts and other legal content in the SAP S4 digital core.

S/4HANA for legal content is designed for the creation and management of legal content in enterprises. Integrated into all core business processes, it assembles all types of document based on templates, text blocks and rules and stores all legal content in a central online repository. It mainly consists of two Apps and Analytics:
- Standalone App: *S/4HANA for legal content* (Central Repository and Manage Legal Transactions) to archive all types of legal documents and to manage the whole lifecycle of legal content.
- Standalone App: Legal Content Assembly on SAP Cloud Platform (SCP) to assemble any type of structured content based on templates, text blocks and text elements.
- Central reporting (S/4HANA and SCP): Dashboards for all types of legal content to enable a 360-degree view across all business processes, thereby providing valuable insight into rights and obligations.

II. The impact on the development of future SAP solutions?

839 We are aware that the digitalization of legal is still in its infancy and that much more is yet to come. In the overview below, we tried to illustrate the four phases which need to be tackled, with CMS as our **Today's State**, and **Phase 1 + 2** to be covered by our *S4/HANA for legal content* release, which is targeted to be deployed at SAP in the first quarter of 2018.

840 With all legal content organized in a central place, our customers will gain capabilities that are far beyond today's agenda, including topics such as blockchain enabled smart contracts, and the extensive use of machine learning and A.I. capabilities in everything we do. Also, SAP itself will greatly benefit from a fully structured and thus information-enabled legal department. Legal advice that has been provided through training, meetings or eMails can be made available in earlier stages of the software development cycles, or might even be included in the application itself. For example, a German University encouraged us to include the latest contract templates from the Federal Ministry of Education and Research (BMBF) into our S4/HANA for *legal content* solution. Combining the new central legal content layer with the growing number of standard templates has the potential to significantly contribute to the commoditization of legal content. As the Legal Content Assembly App will be developed in a stand-alone version, we are ultimately able to integrate the App via Microservices in all SAP applications. Thus, we provide legal support directly to the user, without jeopardizing our high legal standards, since all the content provided is fully controlled by the respective clause or content block owner.

841 Moreover, we are currently working on concepts for a Common Legal Network/Platform that will enable the entire legal industry to collaborate without being constrained by proprietary technology. In parallel, we are engaged in various research projects, in the fields of legal data mining, data analytics, machine learning, standard settings and smart contracts (with or without blockchain).

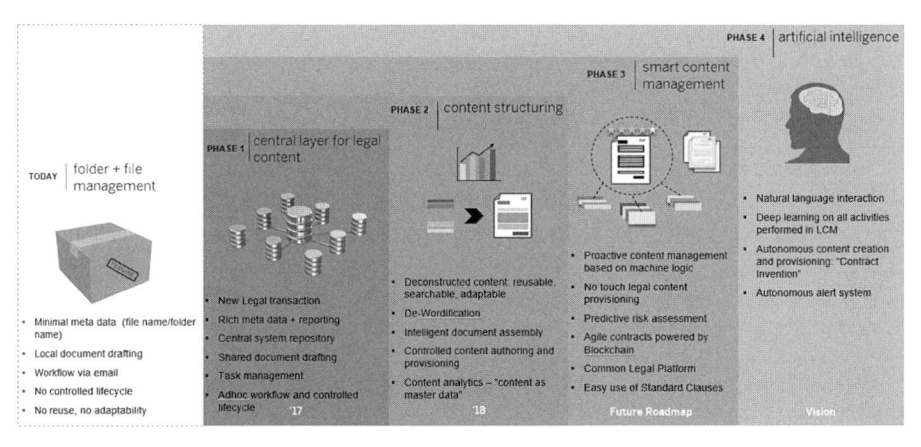

Abb. 12: SAP S/4HANA for legal content, Vision and Roadmap (author's own material)

842 Looking at the speed of change, it is becoming increasingly important to stay focused and make sure that the foundation is laid before we (and our customers) move on. This legal and technical foundation will be *S4/HANA for legal content*. Once it is deployed to our first customers, we will fully concentrate on leveraging the insights to advance the legal transformation.

D. Conclusion

Richard Susskind proclaimed the "end of lawyers", and I would add "the rise of the new legal function!" Information-enabled by new technology, legal and contract departments will optimize their operations and no longer only provide legal security and manage risks, but also provide holistic business support, create value and generate critical business insights, thereby also earning themselves a seat at the business table.   **843**

For those looking for concrete recommendations on how to start with Contract Management, and on what you can and, in fact, *must* do internally before creating a Request for Proposal and selecting a software solution, here is a summary of our own 3 key Lessons Learned: **844**

1. Identify Legal Information experts and intrapreneurs in all lines of business who realize the importance of legal content management and will support your vision.
2. Create an inventory of existing contract types and related legal documents across the organization, including how and where they are stored. Understand the underlying business requirements and the governance, processes and tools around the creation, execution and management of your company's contracts.
3. Develop a business case for a corporate-wide Legal Information Management with a central repository, standardized processes and automated workflows. SAP and other software vendors will support you in this effort as part of their pre-sales activities.

5.4 Automatisierung von Workflows

Felix Rackwitz und Filip Corveleyn[1]

A. Entwicklungen im Rechtsbereich

Im Bereich Legal Tech stehen aktuell sehr viele Themen auf der Agenda. Zu nennen wären hier vor allem die in den News der Social-Media-Kanäle führenden Schlagwörter *Artificial Intelligence*, *Machine Learning* und *Blockchain*. Das Thema *Workflows* hingegen führt in der Wahrnehmung – wenn überhaupt – nur ein Nischendasein. Doch das tut es aus unserer Sicht zu Unrecht.

Geschäftsprozessoptimierung spielt in der Rechtswelt schon länger eine Rolle. Diese war allerdings in der Regel, zumindest was Kanzleien betrifft, auf das Backoffice beschränkt. Die bisherige Zurückhaltung im Kanzleiumfeld leuchtet ein. Bringt man nämlich optimierte Prozesse in ein realwirtschaftliches Umfeld, werden (Produktions-)Kosten gesenkt und die Profitabilität gesteigert. Überträgt man diese Denkweise und Prozesse hingegen in die Welt der Rechtsberatung und wendet diese nicht nur zur Kostensenkung im Backoffice, sondern auf die rechtliche Beratung an sich und deren Abläufe an, so senkt man in einer traditionell nach Zeitaufwand abrechnenden Industrie direkt den Umsatz.[2]

Folglich musste das Interesse an Prozessoptimierung in Kanzleien zwangsläufig limitiert sein. Das eigene Geschäftsmodell stellt sich als Innovationshindernis dar.

Eine bekanntere, erste Initiative, die sich international mit Geschäftsoptimierungsprozessen, außerhalb des rechtlichen Backoffices befasste, war Seyfarth*Lean*[3] der US-amerikanischen Kanzlei Seyfarth Shaw. Das Projekt startete im Jahr 2007 mit dem Mapping von arbeitsrechtlichen Workflows.[4] Die so extrahierten Ablaufprozesse wurden optimiert und in der Folge deutlich effizienter (schneller) und robuster (d. h. besser, weil sie weniger anfällig für menschliche Fehler in der Anwendung sind).

Eine weitere Softwarelösung, die zu diesem Thema entwickelt wurde, ist „iManage Workflow" (dieser Programmteil ist heute zu Hewlett-Packard zugehörig als „HP Process Automation"). Ein anderer aktiver Anbieter ist das Unternehmen Neota Logic, welches bereits mit verschiedenen Großkanzleien kooperiert[5] oder das Londoner Start-Up Autto[6]. Und auch Deutschland war schon früh in diesem Bereich unterwegs mit „KnowledgeTools"[7] und „Lexalgo"[8].

B. Was bedeutet Digitalisierung von Workflows?

Dreh- und Angelpunkt sind grundsätzlich weniger der Zweck als vielmehr die Folgen und Auswirkungen der Digitalisierung auf die verschiedenen Abläufe.

845

846

847

848

849

850

---

[1] Felix Rackwitz ist Rechtsanwalt und Managing Director der Tools4Legal GmbH. Filip Corveleyn ist in Belgien zugelassener Rechtsanwalt und Head of Research & Development der Tools4Legal GmbH.
[2] Corveleyn/Rackwitz, Legal Innovation Matrix, 2015 https://tpr-legal.com/wp-content/uploads/2017/04/TPR-Legal-White-paper-Vol.1.pdf.
[3] http://www.seyfarth.com/seyfarthlean-background.
[4] Rohrer/DeHoratius, SeyfarthLean: Transforming Legal Service Delivery at Seyfarth Shaw, Case Study Georgetown Law/Harvard Law School (HLS 15-13), 19.05.2015.
[5] https://www.neotalogic.com/2016/11/03/press-release-international-law-firm-clifford-chance-llp-partnered-neota-logic/.
[6] www.autto.io.
[7] www.knowledgetools.de.
[8] www.lexalgo.de.

851 Die Rede ist zumeist vom sogenannten *unbundling*. Dies bedeutet die Zerlegung der Wertschöpfungskette in ihre einzelnen, kleinsten Bestandteile. Dabei geht es um das Nachvollziehen von Entwicklungen, die in anderen Branchen und Industrien zum Teil bereits Jahrzehnte zurückliegen (z. B. Automotive).

852 Rechtsdienstleistungen als *Professional Service* wurden erst relativ spät zu einem Anwendungsfeld der vorgenannten Techniken, was an dem fehlenden Effizienz-, Kosten- und Innovationsdruck in dieser Branche in der Vergangenheit lag. Die Bereiche der (grenzüberschreitenden) Steuer- und insbesondere Wirtschaftsprüfung sind hier in ihren Entwicklungen bereits weiter fortgeschritten. Ein Vorteil dieser verspäteten Anwendung sind jedoch die technischen Möglichkeiten, von denen der Rechtsmarkt heutzutage profitieren kann, um die Digitalisierung von Workflows umzusetzen.

853 Eben eine solche Möglichkeit des *unbundling* ist die inhaltliche Trennung des eigentlichen Beratungsprodukts, d. h. des angewandten materiellen Rechtswissens, auf der einen Seite, vom damit (in den Juristenköpfen untrennbar) verbundenen Beratungs- und Ablaufprozesswissen auf der anderen Seite. Prozesswissen und Ablauf sind stets Teil einer juristischen Beratung, ebenso wie der Ablauf der Subsumtion von Tatbestandsmerkmalen eines Anspruchs.

854 Das Aufbrechen dieser Verkapselung bedeutet einen gewaltigen Schritt in mehrere Richtungen, auch wenn es zunächst lapidar klingt. Bereits bestehende Formularhandbücher würden um einen ganz wesentlichen Teil, nämlich den Ablaufprozess, ergänzt.

C. Konkretes Beispiel: Corporate Housekeeping

855 Der Beginn der Entwicklung der „Corporate Housekeeping Solution" (2015) geschah zwar nicht gänzlich zufällig, da wir uns schon seit 2010 mit Fragen der Veränderungen im Rechtsmarkt befasst hatten und damals bereits die Kernidee in der Optimierung von Workflows lag. Zufall war allerdings der Weg zur Produktentwicklung.

856 Seinen Ursprung hatte dieser in einem Gespräch mit dem General Counsel Europe eines US-Fashion Retailers. In diesem Gespräch ging es im Wesentlichen darum, was denn so gar nicht funktioniere und aktuell ein echtes Problem der Rechtsabteilung darstellte.

857 Folgendes war das Problem: ein Mitarbeiter der Rechtsabteilung des befragten General Counsels hatte im Jahr 2014 wieder über 500 Stunden für das Corporate Housekeeping der knapp 30 Landesgesellschaften in Kontinentaleuropa aufgewendet. Kernbestand der Tätigkeiten war die Kommunikation und Koordination im Management von Daten und Templates – intern und an der Schnittstelle zu externen Kanzleien und Notaren, die dann wiederum dafür insgesamt einen jährlichen, sechsstelligen Betrag in Rechnung stellten. Die Summe war zwar über die letzten Jahre gesunken, erschien aber für die gesellschaftsrechtlichen Standardvorfälle als immer noch sehr hoch. Trotz der Einfachheit der abgefragten Dienstleistungen war die Anzahl der Bearbeitungsfehler erstaunlich.

858 Als Herausforderung kristallisierte sich so die Entwicklung einer Anwendung im repetitiven Volumengeschäft des Beteiligungsmanagements/Corporate Housekeepings[9], mit im Kern vier Arten von Geschäftsvorfällen heraus:
- Gesellschafterversammlungen,
- Abberufung und Neubestellung von Geschäftsführern,
- Vollmachten und
- Apostillen/Legalisationen.

859 Die Lösungserarbeitung begann auf unserer Seite mit der Sichtung unstrukturierter Daten und bis dahin nicht dokumentierter, faktischer Ablaufprozesse, d. h. Beauftragungsverhandlungen, E-Mail Korrespondenz, Telefonaten, Dokumentenvorlagen, Abfragen erforderlicher Informationen und dazu interne bereichsübergreifende Rückfragen, fehlende zentrale Datencontainer usw.

---

[9] Auch bezeichnet als Corporate Secretary oder Shareholding Management.

Brad Smith, der CEO von Intuit (ein führender Hersteller für Standardanwendungssoftware) bezeichnete diesen, auch von uns gewählten, Ansatz als „*follow you home*".[10] Übertragen bedeutet dies, dass wir u. a. auch beobachtet haben, wie der betreffende Mitarbeiter arbeitet. Weiterhin bemühten wir uns darum, eine kundenzentrische Lösung – unter anderem unter Einsatz von Methoden des *Design Thinkings* – zu entwickeln.

Zentral in der Entwicklung stand das Mapping des jeweiligen Workflows eines jeden rechtlichen Geschäftsvorfalls, in jeder Jurisdiktion (Stand 06/2017: 24 Jurisdiktionen). Das Mapping geschah und geschieht nicht nur oberflächlich; Ablaufprozesse werden bis in die kleinste Granularität ihrer Schritte, Entscheidungsabläufe, Beteiligten und deren Interaktion aufgebrochen und dokumentiert. Für die Darstellung hat sich dabei der Standard für Geschäftsprozessmodell und -notation *BPMN* (business process model and notation)[11] als sehr hilfreich erwiesen.

Diese vollständig zerlegten Workflows wurden unter Anwendung von Techniken wie *Lean SixSigma* optimiert und in ihren Ablaufprozessen neu zusammengesetzt.[12] Anstatt in einem linearen Ablauf immer wieder einzelne Informationen abzufragen, wenn sie gerade benötigt werden, haben wir solch allgemeine und grundsätzliche Daten dauerhaft zur Verfügung gestellt. Schon die allein dadurch gewonnenen Effizienzsteigerungen waren beachtlich, verglichen mit dem früheren Vorgehen.

Da diese Übung gleichzeitig verschiedene Jurisdiktionen betraf, gab es einen breiteren Einblick in die Prozesse. Und das Verlassen der juristischen Detailebene, die vieles so unterschiedlich aussehen lässt, gab den Blick frei auf die grundlegende Chance zur Veränderung. Denn der allem zugrundeliegende Ablaufprozess war im Standardgeschäft immer gleich, völlig unabhängig davon, was der einzelne Geschäftsvorfall, oder welche Landesgesellschaft bzw. Jurisdiktion betroffen war:

- Die Notwendigkeit einer Aktivität wird ausgelöst.
- Es muss etwas entworfen werden.
- Es muss etwas freigegeben werden.
- Es muss etwas unterschrieben werden.
- Es muss etwas veröffentlicht werden.

Kombiniert man dies und bildet es vereinfacht ab, ergibt es einen Überblick und bereits ein einfaches „Tracking System" des Workflows:

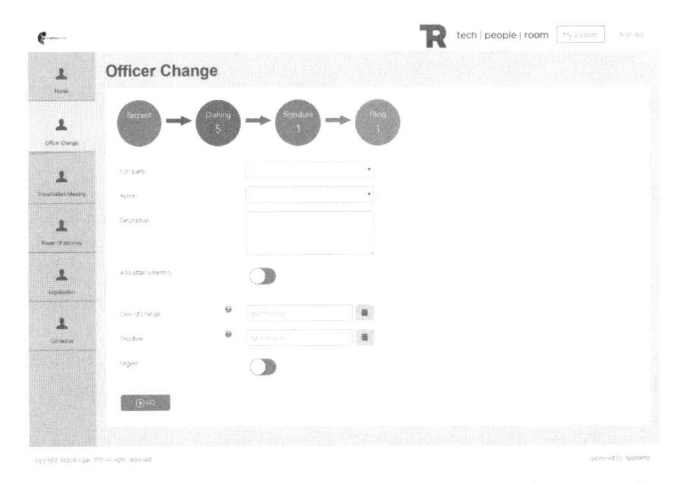

Abb. 13: Screenshot Tools4Legal™ Corporate Housekeeping Solution

---

[10] Smith, Intuit's CEO on Building a Design-Driven Company, Harvard Business Review 09/2015.
[11] Allweyer, Business Process Model and Notation: Einführung in den Standard für die Geschäftsprozessmodellierung (Norderstedt, 2015).
[12] Nur ein Beispiel: George, Lean Six Sigma for Service (New York, 2003).

865 Das Tracking System besteht aus den vier oben beschriebenen Ablaufschritten (Request – Drafting – Signature – Filing) und gibt dem Kunden jederzeit die Möglichkeit des Zugriffs auf die Information, in welcher Bearbeitungsstufe sich ein Geschäftsvorfall auch gerade befinden mag.

866 Dies ist in der sehr vereinfachten Darstellung bereits der Kern des Optimierungsprozesses: nicht juristische Abläufe stehen mehr im Zentrum, sondern der Ablauf eines Geschäftsprozesses.

867 Das alles ist nicht wirklich neu, wenn man dies unter Gesichtspunkten des *Business-Process-Reengineerings* betrachtet. Die realwirtschaftliche Industrie hat ihre Prozesse bereits in den 80er Jahren solchen Denkweisen unterworfen. Aber die Anwendung auf juristische Prozesse zeigte den Weg dafür auf, wo neben dem Einsatz reiner IT-Lösungen noch enormes Steigerungspotenzial liegt.

868 Das Ergebnis dieser Übungen waren neue, deutlich effizientere Workflows, ohne den früher in Zeiteinheiten abgerechneten *waste*. Außerdem wird deutlich, zu welchem Anteil ein Prozess tatsächlich juristischer Natur, und wie viel eigentlich reiner Ablaufprozess ist. Wir schätzen den Aufwand für diesen bloßen Ablaufprozess aufgrund unserer Erhebungen auf fast 80 % des Gesamtprozesses ein.

869 Diese Abläufe bestehen alle aus Aufgaben, die (insbesondere hochbezahlte externe) Juristen nicht tun sollten. Zudem weist eine solche Abbildung der Ablaufprozesse eine deutlich niedrigere Fehlerquote auf, was eine erhebliche Qualitätssteigerung bewirkt.

870 Betrachtet man lediglich diese theoretischen Ausführungen, käme man eigentlich zu dem Schluss, dass eine solche Veränderung der Abläufe eigentlich ein *no-brainer* sein sollte. Die juristische und generelle Arbeitspraxis macht es aber letzten Endes dann doch nicht ganz so einfach.

D. Herausforderungen

I. Herausforderung 1: Wer ist interessiert an Effizienz durch Workflows?

871 Das sind die Rechtsabteilungen, nicht die Kanzleien. Während dieser Lösungsansatz für erstgenannte Marktteilnehmer direkt in eine interne Zeit- und externe Kostenersparnis mündet, bedeutet er für letztere bei der konsequenten Anwendung auf (noch) abrechenbare juristische Gewerke eine Umsatzsenkung (s. o.).

II. Herausforderung 2: Rebundling ./. point solutions

872 Was zerlegt (unbundled) wird muss, damit es funktionieren kann, auch wieder zusammengesetzt (rebundled) werden. Hier bewegt man sich in einem Spannungsfeld, denn die neuen innovativen Lösungsansätze, gerade von Legal Tech Start-Ups (z. B. Dokumentenautomation, Kollaborationsplattformen, eDiscovery Tools), lösen in der Regel „nur" ein punktuelles Problem bzw. bilden nur einen Prozessschritt ab (sog. *point solutions*).

873 Was traditionell aus einer Hand von Kanzleien geliefert wurde, kann nun in Gewerke zerlegt und diese einzelnen Abschnitte können anders abgearbeitet werden, u. a. durch Einsatz von Technologie.

874 Aber die fehlende Verbindung der einzelnen Schritte nach einem „unbundling" scheint eines der großen Hemmnisse in der Entwicklung zu sein. Denn diese Entwicklung der besseren *point solutions* birgt das Risiko, als Kunde von Rechtsdienstleistungen nach kürzester Zeit über eine Vielzahl von Einzellösungen zu verfügen, die letztendlich in der Koordination wieder Mehraufwand erzeugen oder in der Kombination ineffizient sind, z. B. wegen fehlender Schnittstellen zwischen den einzelnen Tools.

III. Herausforderung 3: Change-Management und Individuelles Rollenverständnis

875 Notwendig werden daher Lösungen sein, die Prozessgesamtheiten und -abläufe abbilden (sog. *end-to-end solutions*) oder die Einzelanbieter, neue wie traditionelle, miteinander verbinden.

876 Ablaufprozesse existieren grundsätzlich immer, auch im juristischen Bereich. Sie sind aber in der Regel nicht gesondert neben dem materiellen Rechtswissen erfasst oder dokumentiert (und wenn, dann war nicht Effizienz der Treiber in der Entstehung). Die Dokumentation der Prozesse bringt eine erhebliche Veränderung mit sich.

877 Kommen IT-basierte Workflowtools zur Anwendung, so sollten diese die bereits existierenden Abläufe in Organisationen aufgreifen oder zumindest entsprechend angepasst werden können. In jedem Fall bedeutet die Einführung neuer oder die Veränderung bestehender Ablaufprozesse die Notwendigkeit eines Change-Managements und deren Begleitung, um eine erfolgreiche Umsetzung sicherzustellen. Dies dürfte umso mehr gelten, wenn die Veränderung juristisch qualifiziertes Personal, als eher konservativere Anwender, betrifft.

878 Dieses Change-Management ist ebenfalls gefordert, um den vermeintlichen Widerspruch aufzulösen, der bei dem Aufbau von Expertenwissen in Software geschieht. Soweit das Teilen von Wissen auf Freiwilligkeit beruht, wird durch das Teilen etwas preisgegeben, was als Expertise der individuellen Wertsteigerung dienen könnte. Das betrifft auch Ablauf- und Prozesswissen.

879 Dessen Standardisierung und Abbildung in Workflows schafft letztendlich eine höhere Qualität in einfachen Abläufen, und Freiräume für die individuelle, anspruchsvollere Arbeit. Durch die notwendige Abbildung und das *re-engineering* werden völlig neue Tätigkeitsfelder entstehen.[13] Neben dem institutionellen *Change* wird es eines veränderten individuellen Rollenverständnisses der Anwender bedürfen.

IV. Herausforderung 4: Regulatorische Hürden

880 Bei der Konzeption einer Lösung und dem damit verbundenen Geschäftsmodell muss der regulatorische Rahmen beachtet werden, hier insbesondere das Rechtsdienstleistungsgesetz (RDG). Denn soweit die Workflow-Lösung nicht nur als Bausatz zur Verfügung gestellt wird bzw. eine Software zur Kanzleinutzung sein soll, muss man prüfen, ob es sich um eine genehmigungspflichtige Rechtsdienstleistung handelt.[14]

881 Man kann darüber diskutieren, ob die hier exemplarisch vorgestellte Lösung prozessbasierte Workflows mit gesellschaftsrechtlicher Nebenleistung sind, oder aber gesellschaftsrechtliche Beratung mit technischer Ablaufunterstützung. Ohne in die vertiefte Diskussion einzusteigen, gilt wahrscheinlich auch hier die juristische Standardantwort: „Es kommt darauf an".

882 Aber um nicht das erste Start-Up zu sein, dass bei der zukünftigen Rechtsprechungsentwicklung als Partei in diesem Bereich erheblich mitwirken durfte, begleitet die hier gewählte Lösung eine hybride Struktur aus mandatierter Kanzlei (T4L Legal Rechtsanwaltsgesellschaft mbH) im Zentrum, die die von einer IT-Entwicklungsgesellschaft (Tools4Legal GmbH) aufgesetzten Workflowtools einsetzt.

883 Auch wenn also durch die Rechtsprechung noch keine klare Linie zur Orientierung gezogen worden ist, sollte dies nicht als Hindernis, sondern vielmehr als Möglichkeit angesehen werden.

---

[13] Susskind, Tomorrow's Lawyers, siehe dort Tabelle 11.1 mit den „New jobs for lawyers", S. 111 (Oxford, 2013).
[14] Zu den Themen „Legal Tech und Berufsrecht" vgl. das Kapitel von Markus Hartung, Rn. 1031 ff.

E. Ein Ausblick

884 Die fortschreitende Erfassung von Workflows im Rahmen der Digitalisierung und die Trennung des Ablaufes (process) von inhaltlichem Wissen (content), bedeuten einen wichtigen Schritt weg von der manuellen Arbeit über die Standardisierung hin zur Industrialisierung des Rechts, wie schon vor einiger Zeit beschrieben.[15]

885 Der Workflow ist hierfür zentrale Voraussetzung. Neue Technologien werden darüber hinaus ebenfalls Einzug halten (Dokumentenautomation, digitale Signaturen, e-filings – die selbst wiederum ebenfalls Workflows enthalten), allerdings angelagert an der jeweiligen Schnittstelle des „Meta"-Prozesses – und nicht nur als *point solutions* in einem vorwiegend manuell betriebenen Workflow.

886 Über die Ebene des individuellen Lernens hinaus ebnet die Darstellung solcher Workflows den Weg zur Entstehung von „lernenden (juristischen) Organisationen". Workflows zu standardisieren, abzubilden, Schritt für Schritt zu automatisieren und diese zu verbinden wird sehr zeitnah in die juristische Arbeit Einzug halten und die individuelle manuelle Arbeit verdrängen bzw. substituieren.

887 Denn letztendlich geht es dabei lediglich um die Dinge, die insbesondere externe Rechtsdienstleister schon heute aus Effizienz-, Kosten- und Qualitätsgesichtspunkten längst nicht mehr tun sollten.

---

[15] Breidenbach, Landkarten des Rechts – von den Chancen industrieller Rechtsdienstleistungen, in: Festschrift für Benno Heussen (Köln, 2009), S. 39–49.

5.5 Digitalisierung des internationalen Auftrags- und Vertragswesens von Unternehmen durch Lawforce (Incodis) mit Praxisbeispielen

Pier Paolo Magrini und Dr. Friedrich Blase[1]

A. Einführung

Die internationale Vertragsgestaltung ist im Fluss. Viele Unternehmen haben den Wunsch, in ihren internationalen Verträgen einen konzernweit akzeptierten Mindeststandard einzuführen, um finanzielle und Haftungsrisiken zu minimieren. Gleichzeitig muss die Auftrags- und Vertragsbearbeitung immer schneller durchgeführt werden, um den Veränderungen in den Märkten, Geschäftsfeldern und Produkten Rechnung zu tragen. Hierzu eine Lösung zu finden, schien zu Beginn wie die Quadratur des Kreises. Bis vor Jahren eine Idee entstand, die auf ihre Konsistenz hin zu prüfen war. 888

Die Entwicklungs-, Marketing-, Sales- oder anderen Tätigkeiten, denen die Mitarbeiter bei Incodis tagtäglich nachgehen, basieren auf folgender kurzer Geschichte: 889

In 2015 saß ein Verantwortlicher von Incodis bei einem Mittagessen in Berlin und sprach mit Eric Schmidt von Google über die Themen Digitalisierung und Automatisierung. Er fragte ihn, was er von der derzeitigen Arbeitsweise hielt und wie er die Akzeptanz von digitalen Arbeitsweisen in Arbeitsprozessen einschätzen würde. Eric Schmidt antwortete, dass er regelmäßig im Google-Hauptquartier mit Kollegen zusammensäße und es gar nicht fassen könne, dass überall auf der Welt Menschen noch repetitive und automatisierbare Arbeitsschritte durchführen, die eine Maschine schneller und präziser machen kann. 890

Wir haben bei Incodis viel über diese Aussage nachgedacht. Wir denken nicht, dass die Maschine den Menschen ersetzen wird. Wir sehen auch, dass viele Arbeitnehmer besorgt sind, was die Zukunft in Bezug auf die Themen Digitalisierung und Automatisierung noch bringen wird, insbesondere **für sie** noch bringen wird. Wir sind jedoch überzeugt, dass die Unterstützung durch a) Computer, b) Algorithmen und c) Künstliche Intelligenz im Zusammenspiel mit dem Menschen unerhörte Produktivitätssteigerungen ermöglichen wird, einhergehend mit hohen Kostensenkungen, höheren Arbeitsgeschwindigkeiten und besserer Qualität mit niedrigerer Fehlerrate. 891

Der Arbeitnehmer soll das Geschehen weiter bestimmen und kontrollieren und sich unterstützen lassen. Lawforce tut genau dies und ermöglicht dem Bearbeiter eine intuitive und bewusst einfach zu bedienende Erhöhung der Prozessgeschwindigkeit in komplexen Arbeitsbereichen. Der Bearbeiter erstellt, verwaltet und prüft Verträge mit Hilfe von Lawforce, ähnlich wie ein Autofahrer mit Assistenzsystemen und Navigationsgerät fährt und lenkt, nur dass Lawforce darüber hinaus positiv die Kosten und Zeiten beeinflusst. 892

Im Folgenden wird beschrieben, wie Unternehmen Lawforce erfolgreich eingesetzt haben, um den Weg in die Digitalisierung der internationalen Auftrags- und Vertragsbearbeitung einzuläuten. 893

---

[1] Pier Paolo Magrini, MBA (INSEAD), ist Rechtsanwalt und CEO der Incodis GmbH in Düsseldorf. Friedrich Blase ist Rechtsanwalt, Direktor der Incodis GmbH und bei weiteren Legal Tech Start-ups in den USA, Kanada und Großbritannien aktiv involviert. Er ist außerdem Mitglied der Executive Faculty des Bucerius Center on the Legal Profession.

B. Anforderungen der Unternehmen

I. Kostendruck

894 Ein zentrales Argument für viele der heutigen Arbeitstools ist die Möglichkeit, Kosten zu senken. Nicht nur bei börsennotierten Unternehmen ist der Druck gewaltig, bei gleicher oder höherer Qualität und Geschwindigkeit durch Nutzung a) anderer Arbeitsweisen, b) Technologie, c) Outsourcing, d) unterstütztes Incourcing die Gewinn- und Verlustrechnung positiv zu beeinflussen. Daher ziehen die CFO's vieler Konzerne seit einiger Zeit „shared-services center" hoch, oftmals „off-shore". Wenn das passiert, werden die gesteigerten Anforderungen an möglichst einfach gehaltene Prozesse, digitale Übertragungs- und Speichermedien und -weisen und sogar Sprachvariabilität evident. Dieser Faktor wird durch die zunehmende Globalisierung und verschiedene Kostenniveaus in der Welt weiter Bedeutung haben. 30 % Kostenersparnis bei gleichzeitigem höheren Arbeitstempo auf die Position „Rechtsberatungskosten" ist ein Beitrag zur Gewinnmaximierung, aber auch zur schnelleren Internationalisierung.

895 **Das Dilemma in der Praxis:**

Armin Ahlers kümmert sich in der Alpha Gruppe um den Auftrags- und Vertragsbereich. An einem Freitag, dem Geburtstag seiner Frau, bekommt er spät nachmittags unerwartet eine dringende Anfrage: eine Kollegin bei der Tochtergesellschaft in Brasilien braucht am Montagmorgen lokaler Ortszeit einen Liefer- und Wartungsvertrag für einen Kunden. „Warum haben die mich nicht früher eingebunden," denkt er sich.

Bis vor kurzem hätte er seine Abendpläne begraben können. Statt Geburtstagsessen mit seiner Frau würde er noch etliche Stunden im Büro verbringen, denn er müsste die Vertragsdaten mit der brasilianischen Kollegin per Telefon oder E-Mail abstimmen, Meine lokale Kanzlei kontaktieren und mit den dortigen Anwälten den Vertragsentwurf koordinieren. Dann würde er bis tief in die Nacht auf deren Antwort warten. Und das Wochenende wäre bestimmt von E-Mail-Ping-Pong mit Mark-ups, was ihn immer wieder Stunden an seinen Laptop zu Hause fesseln würde.

Doch weil die Alpha Gruppe Lawforce einsetzt, ist Armins Stimmung ungetrübt. Im Gegenteil, er freut sich, die Anfrage in Kürze mit den richtigen Anweisungen vom Tisch zu haben. Im Generator von Lawforce nutzt er das mitgekaufte Brasilienpaket um einen Entwurf zu erstellen. Die Kollegin bittet er, die entsprechenden wirtschaftlichen Eckdaten in dem Entwurf zu ergänzen. Leistungsbedingungen sind von seinem Konzern in Lawforce vorab genehmigt und, wenn sie davon nicht abweicht, bedarf es keiner weiteren Approvals. Gleichzeitig geht der Vertragsentwurf per Lawforce an die Kanzlei, die das Brasilienpaket für die Alpha Gruppe mitentwickelt hat. Deren Anwalt muss sich nur um die zwei speziellen Fragen kümmern, die Armin ihm in Lawforce übermittelt. Damit ist Armins Teil erledigt und er ist auf dem Weg nach Hause, denn die App von Lawforce schickt ihm eine Nachricht, wenn die Kanzlei die Anpassungen durchgeführt und die brasilianische Kollegin die letzten Daten eingesetzt hat. So ist der Entwurf noch am Freitagnachmittag lokaler Zeit fertig und kann in Lawforce mit dem Kunden zu Ende verhandelt und unterzeichnet werden. Auf der Heimfahrt denkt sich Armin: „Genau so muss das laufen. Die Kollegen im Business sind begeistert." Und dann widmet er sich ganz dem Geburtstag seiner Frau und freut sich auf das Wochenende.

II. Prozesssicherheit und Qualität

896 Jedes Unternehmen hat unterschiedliche Kulturen und Prozesse. Dies wird insbesondere dann deutlich, wenn Unternehmen hinzugekauft werden, die in der sogenannten „post-merger integration" in die neue Familie einzuführen sind. Die Prozesse, die sich in einem Unternehmen herausgebildet haben, bilden einen zentralen Teil der Arbeitsweise, neben offensichtlichen Kulturelementen des Unternehmens („artifacts") und den nicht sichtbaren und meist schwer zu greifenden kulturellen Aspekten („underlying assumptions"). Dazwischen kann man jedoch relativ gut ansetzen und viele Unternehmen sind zu Recht stolz auf ihre Prozesse, die sie über Jahre hinweg aufgebaut haben. Die Prozesssicherheit steht vor einer Herausforderung, wenn unterschiedliche, nicht physisch zusammenarbeitende Teile der Organisation in „virtual teams" für den Erfolg streiten. Die Prozesssicherheit hat darüber hinaus Einfluss auf Corporate-Governance- und Compliance-Aspekte und das Haftungspotenzial der Geschäftsleitung. Diese Faktoren werden den Trend in Richtung Standardisierung der Arbeitsschritte verstärken.

III. Internationalität: Verschiedene Sprachen, verschiedene Rechtsordnungen

897 Auf internationaler Ebene steht der Rechtsbereich aufgrund der sprachlichen Barrieren und Unterschiede in den Rechtsordnungen vor einer höheren Komplexität als andere Unternehmensbereiche. Dem wird oft durch die Beauftragung lokaler Kanzleien zur Erstellung von Vertragsentwürfen begegnet, was proportional zum Wert des Prozesses für den Geschäftszweck einen höheren Kosten- und Zeitaufwand birgt: Der in der Unternehmenszentrale erstellte Vertragsentwurf, z. B. ein internationales „sales agreement" wird an verschiedene Kanzleien gesandt zwecks Anpassung an die lokale Rechtsordnung. Der damit verbundene Zeit- und Kostenaufwand wird akzeptiert als „cost of business". Wie aufwendig solch ein Projekt sein kann, wird von außen und von der Geschäftsleitung oft nicht gesehen, denn *„es sind ja nur 37 Verträge, die lediglich übersetzt und angepasst werden"*, wie oftmals argumentiert wird.

IV. Volatilität der Märkte

898 Unternehmen müssen Marktveränderungen mit zunehmend schnellen Reaktionen begegnen, um wettbewerbsfähig zu bleiben, was gerade im internationalen Bereich einen höheren Kosten- und Zeitdruck mit sich bringt. Einige Unternehmen versuchen in solchen Fällen, unter Vermeidung komplexer IT-Projekte zur Adaption der bestehenden Prozesse – durchaus mit pragmatischem Ansatz – „drumherum zu bauen" oder stoßen mit einem Seufzer ein neues IT-Projekt „on premise" an. Man denke hier nur an „embargo control" und die damit verbundenen Prüfungen oder ganz allgemein an Veränderungen, die sich aus strategischen, taktischen oder operativen Erwägungen der Geschäftsleitung ergeben, z. B. die Entscheidung, schnell in neue Märkte vorzustoßen oder neue Produkte in einem Markt einzuführen. Solche Veränderungen können auch der Entscheidung fremder Regierungen geschuldet sein, wie z. B. bei der Einführung neuer Anforderungen in den dortigen Märkten, die primär (lokale) Elektroautos fördern bzw. Verbrennungsmotoren pönalisieren sollen. Der Trend zum Protektionismus ist ein weltweites Phänomen. Die damit verbundene Komplexität kann alle möglichen Aspekte betreffen. Die Volatilität der Märkte erhöht sich in jedem Fall stetig und die Fähigkeit des Unternehmens, hierauf schnell und präzise zu reagieren ist für zahlreiche Vorstände und Geschäftsführer überlebenswichtig.

V. Flexibilität

899 Die Nutzung des Internets scheint viele Verbraucher zu einer Einstellung zu führen, die lauten könnte: „*Ich nutze was ich will, wann ich will und wo ich will.*" In der Arbeitswelt sind viele Verantwortliche und Arbeitnehmer mit verschiedenen Kontinenten und Zeitzonen in Kontakt, so dass sie zu fast jeder Tages- und Nachtzeit etwas für die Firma tun. Daraus folgt der Wunsch

nach einer 24/7-Verfügbarkeit der Systeme und – idealerweise – Ressourcen. Die daraus resultierende Flexibilität ermöglicht es dem Kunden, die eigenen Mitarbeiter so arbeiten zu lassen, wie es für die eigene Planung und Auslastung sinnvoll ist. Eine kurzfristige Anfrage für einen Vertrag nach brasilianischem oder chinesischem Recht ist kein Grund mehr für eine Kontaktierung einer Kanzlei vor Ort mit entsprechenden Zeit- und Kostenfolgen. Eine Aktivierung weiterer Funktionen ist kurzzeitig möglich und plug-and-play mit möglichen Anpassungen verfügbar.

C. Anforderungen der Rechtsabteilungen am Best-Practice-Beispiel Heraeus Group

900   Die Heraeus Group hat bei der Einführung digitaler Effizienzsteigerungen einen flexiblen und anwenderfreundlichen Weg gewählt. Auf Initiative des General Counsel entwickelt und testet die Rechtsabteilung „Smart Legal Inhouse Solutions". In diesem Zusammenhang haben sich zu den spezifischen Anforderungen an digitale Tools für Rechtsabteilungen folgende Punkte herauskristallisiert, die der General Counsel Hergen Haas wie folgt beschreibt:

I. Treiber für Veränderungen in den Rechtsabteilungen

901   Hinter den wesentlichen wahrgenommenen Treibern für Veränderungen verbergen sich die „Megatrends" Globalisierung(en) und Digitalisierung(en). Sehr vereinfacht scheinen Globalisierungen die Welt zu verkleinern und zwingen dadurch dazu, die tatsächliche und regulatorische Komplexität der Welt als Ganzes in den Blick zu nehmen. Durch Globalisierungen veränderte Unternehmensprozesse und Geschäftsmodelle erhöhen in Anbetracht dieser Komplexität Risiken (beinhalten aber auch Chancen). Der Versuch, sich angesichts dieser gigantischen Komplexität auf traditionellen Wegen unserer Verantwortung als Legal Manager zu stellen, scheint gelegentlich hoffnungslos. Fast scheint es so, als erhofften wir uns von Digitalisierungen Lösungen für das Management der Globalisierungen.

II. Unterschiedliche Digitalisierungen und ihre Bedeutung für die Rechtsabteilungen

902   Zusammengefasst kann man Digitalisierungen unterteilen in Digitalisierungen der Geschäftsmodelle des Unternehmens einerseits und Digitalisierungen der Kern-, Management- und Unterstützungsprozesse andererseits. Vereinfacht geht es im ersten Fall um die Top-Line und im zweiten um Effizienzvorteile, also die Bottom-Line. Aus Sicht einer Rechtsabteilung sind diese Digitalisierungen Gegenstände unserer Beratung.

903   Fokussieren wir uns auf die Digitalisierungen der Rechtsabteilung selbst, kann man hier dem gleichen Dualismus folgen: Digitalisierungen der rechtsabteilungsinternen Prozesse und auch der unternehmensinternen rechtlichen Geschäftsmodelle, also neue Formen der internen Rechtberatung. All diese Digitalisierungen wollen wir voranbringen, getrieben vom Willen zur Gestaltung und zur Exzellenz. Zum einen entspricht dies unserem Selbstverständnis als Legal Manager. Mögen wir zudem noch Experten in dem Bereich sein, so ist doch unsere vornehmste Aufgabe die, unseren internen Partnern rechtliche Lösungen zu verschaffen. Dabei haben wir vor allem den Nutzen unserer internen Partner im Blick und sollten die in Anbetracht der Aufgabe relativ beste und kostengünstigste Lösung bereitstellen. Ein weiterer Treiber ergibt sich aus unseren Erfahrungen im privaten Umfeld.

III. Steigerung der Erwartungen an Rechtsabteilungen in puncto Digitalisierungen

Wie wir selber als Privatperson mehr und mehr digitale Lösungen nutzen, tun dies auch unsere internen Partner. Man muss kein Prophet sein, um vorherzusagen, dass die Gewöhnung an sehr einfache und kundenfreundliche digitale Lösungen im privaten Umfeld zunehmend ein Spannungsfeld zu analogen und wenig kundenfreundlichen Lösungen in der Rechtsabteilungswirklichkeit erzeugen wird. Wer Digitalisierungen nicht selber treibt, wird zum Getriebenen werden oder andere nicht juristisch geführte Treiber werden diese Aufgabe übernehmen. Der CFO als ein anderer interner Partner erwartet Kostenreduktionen, was in Anbetracht der Aufgabenfülle vor allem durch effizientere Prozesse und neue, ressourcenschonende, interne rechtliche Geschäftsmodelle möglich scheint. Der CEO schließlich wird sich in naher Zukunft kaum noch auf Legal Opinions allein verlassen wollen, sondern voraussichtlich auch datenbasierte Rechtsargumente erwarten. Und selbst, wenn er dies nicht tut, steht es uns gut zu Gesicht, auch mit datenbasierten Argumenten zu überzeugen, wie es die meisten anderen kaufmännischen Funktionen schon lange tun. 904

Diese Bestandsaufnahme zeigt recht deutlich, wie die Dynamik und letztendlich auch der Druck auf die Rechtsabteilung in puncto Effizienzsteigerungen zu möglichen Lösungsansätzen führen wird. Im Detail bilden sich daraus Anforderungen an digitale Lösungen für Rechtsabteilungen heraus, die es konkret zu durchdenken gilt. 905

> **Best-Practice Beispiel für digitale Innovationen: Heraeus Group** 906
>
> *Fragen an **Hergen Haas**, General Counsel Heraeus Group, Heraeus Holding GmbH*
> Welche Anforderungen stellen Sie an digitale Lösungen?
> *Unsere wichtigste Erwartung an digitale Lösungen scheint einfach: es geht um die Reduktion von Komplexität, um Vereinfachung. Unsere Erfahrungen mit Digitalisierungen sind teilweise erheblich anders. IT-Einführungsprojekte sind komplexe, sehr schwerfällige Change-Management-Projekte und haben das Potenzial zu wahrgenommener Erhöhung oder Verschiebung von Komplexität. Die Gründe hierfür sind vielfältig. Vereinfacht sollten drei wesentliche Themen stets im Blick bleiben, die typische Quellen von Schwierigkeiten darstellen: Einbindung in die IT-Landschaft, Nutzerfreundlichkeit und der Kundennutzen. Rechtabteilungen sollten eine eigene digitale Strategie entwickeln und digitales Know-how, gegebenenfalls auch über nicht juristische Mitarbeiter aufbauen. Die IT-Infrastruktur des Unternehmens ist zu berücksichtigen und es ist sicherzustellen, dass Daten auch außerhalb der betreffenden Anwendung möglichst einfach zur Verfügung stehen. Digitale Lösungen sollten zudem möglichst nutzerfreundlich sein. Dies bezieht sich auf jeden Anwender, sowohl den internen Partner als auch die Mitarbeiter in der Rechtsabteilung. Die Nutzung sollte möglichst intuitiv und ohne lange Tutorials möglich sein, insbesondere für die internen Partner außerhalb des Rechtsbereichs. Leider mangelt es nach unserer Erfahrung bei etlichen Anbietern digitaler Inhouse-Lösungen am Verständnis typischer rechtsabteilungsinterner Prozesse und Arbeitsweisen. Es hilft sehr, wenn Anbieter von digitalen Lösungen erfahrene Inhouse-Kollegen in ihren Reihen haben, was leider viel zu selten der Fall ist. In jedem Fall müssen die Lösungen möglichst flexibel (und ohne jedes Mal den externen Anbieter und/oder die interne IT-Abteilung einbeziehen zu müssen) auf die eigenen Unternehmensprozesse anpassbar sein. Hierzu muss man diese Prozesse erst einmal kennen und sichtbar machen, was die Voraussetzung jeglicher Digitalisierung in Rechtsabteilungen darstellt. Am Wichtigsten ist schließlich der Kundennutzen. Ein angeordneter Nutzen ist kein Nutzen. Der interne Partner muss den Nutzen leicht erkennen, sonst wird er die digitalen Angebote nicht wahrnehmen.*

> In welchen Bereichen nutzen Sie digitale Lösungen?
>
> *Wir haben bislang digitale Lösungen in den Bereichen Vertragsmanagement, Management von juristischen Personen sowie im IP- Management eingeführt bzw. veraltete IT-Systeme dort abgelöst oder planen dies. Zudem testen wir verschiedene Applikationen, insbesondere rund um das Thema agile Prozessdigitalisierung (Agile Apps) sowie Automatisierung der Vertragserstellung (Lawforce). Der Markt für Digitalisierungslösungen für Rechtsabteilungen ist hochdynamisch und sehr intransparent, und es besteht die Gefahr, bei Anschaffungen von Lösungen das Ziel der Komplexitätsreduktion zu verfehlen oder zahlreiche Datensilos zu kreieren."*

D. Arbeiten mit Lawforce

907 Die Nutzung von Lawforce ermöglicht dem Bearbeiter eine sofort einsetzbare Plug-and-play-Lösung für verschiedene Rechtsordnungen in unterschiedlichen Sprachen, je nach Bedarf – Lawforce kennt keine Sprachbarrieren. Die Benutzeroberfläche, die Fragenkataloge und die zu generierenden Verträge können jede Sprache enthalten, die das Unternehmen benötigt. Hierfür stehen verschiedene Module zur Auswahl:

I. Lawforce Generator: Vertragserstellung international

908 Der Lawforce Generator unterstützt den Bearbeiter beim Erstellen von Verträgen in verschiedenen Rechtsordnungen und Sprachen. Er enthält einen Wizard zur Unterstützung der intuitiven Eingaben, angeboten an der jeweiligen Bearbeitungsstelle in der gewünschten Sprache. Falls der Bearbeiter weitere Unterstützung wünscht, kann er die Chat-Funktion zum Austausch mit dem internen oder externen Experten (oftmals, aber eben nicht immer ein Jurist) in Echtzeit nutzen.

909 Sollte der Bearbeiter mehr als eine kurze Nachfrage haben, die sich komfortabel über die integrierte Chat-Funktion kommunizieren lässt, nutzt er/sie die Share-Funktion. Sie ermöglicht den direkten Austausch des Entwurfs mit dem Experten zu speziellen Nachfragen. Der Experte erhält den Status der Bearbeitung und den kompletten (vorläufig) generierten Vertrag und kann um Prüfung in Teilen oder komplett gebeten werden; möglich sind auch Ergänzungen.

---

910 **Verbundsparkasse Emsdetten-Ochtrup**

Die Verbundsparkasse Emsdetten-Ochtrup nutzt in einem Pilotprojekt Lawforce zur privaten Vertragserstellung. Die leicht zu bedienende Benutzeroberfläche hilft den Mitarbeitern bei der Erstellung von diversen Verträgen in verschiedenen Rechtsbereichen. Die Hilfe- und Unterstützungsfunktionen leiten den Nutzer durch die Bearbeitung, so dass ein unmittelbarer Einsatz möglich ist.

„Lawforce bietet durch die Plug-and-Play-Freischaltung nach Abstimmung der Inhalte eine schnelle Möglichkeit zur Verfassung und Bearbeitung von Verträgen in verschiedenen Rechtsgebieten. Auf dem Weg in die Digitalisierung zeigen die Bearbeitungszeiten den hohen Wert der Geschwindigkeit im heutigen, auch volatilen Geschäft."

Dr. Peter Eckhardt, Vorstandsvorsitzender, Verbundsparkasse Emsdetten-Ochtrup

---

911 Für den Fall, dass der Bearbeiter bei der finalen Version des Vertrags eine Bestätigung wünscht – was gerade in der Anfangszeit der Nutzung von Lawforce oder aus internen Gründen des Kunden erfolgt – steht die Sign-Off-Funktion zur Verfügung. Sie ermöglicht die digitale Abzeichnung des Vertrags durch einen Experten.

Der bearbeitete Vertrag kann in der jeweiligen Sprache und unter der jeweiligen Rechtsordnung jederzeit geändert werden und in verschiedenen Formaten (änderbar und nicht änderbar in z. B. MS Word und/oder Adobe PDF) generiert werden.

Bei Wahl des entsprechenden Pakets kann der Kunde jederzeit die Rechtsordnung des Vertrags mit einem Klick ändern. Ebenso kann er die Sprache des Vertrags anpassen. Die Bearbeitung am Tablet oder Smartphone ist optimiert, was gerade von vielreisenden Bearbeitern als Vorteil gesehen wird.

II. Approval Tool: Genehmigung und Risikomanagementsystem

Lawforce bietet die Möglichkeit der Genehmigung von Verträgen mit praktisch unbeschränkt vielen Genehmigenden. Der Bearbeiter kann einen Vertrag zur Genehmigung in das Approval Tool einstellen und definieren, wer zur Genehmigung vorgesehen ist. Die Benachrichtigung der Genehmigenden erfolgt im Tool sowie, optional, parallel per E-Mail. Die Gruppen der Genehmigenden können voreingestellt werden oder vom Bearbeiter angepasst werden. Die Genehmigenden können ihre Entscheidung mit Kommentaren versehen. Daneben ist eine Mark-up-Version des übersandten Vertrags möglich, so dass umfangreichere Änderungen durch Fachabteilungen möglich sind.

Der Genehmigungslauf spielt sich inklusive lückenlosem Tracking im System ab bei gleichzeitiger vollständiger Flexibilität der Auswahl der Genehmigenden in sequenzieller oder kumulativer Arbeitsweise sowie auch sequenziell-kumulativ – je nach Bedarf des Unternehmens. Die Funktion hat einen positiven Effekt auf das Risikomanagementsystem.

Teleperformance Group

Teleperformance ist als führender Anbieter von Callcenter- und weiteren Mehrwertleistungen in verschiedenen Branchen und Märkten an einer Vereinfachung der Prozesse und an einer hohen Geschwindigkeit bei der Bearbeitung der Aufträge interessiert. Die Digitalisierung wurde dabei im Bereich der Genehmigungsprozesse international vorangetrieben. Hierdurch können auch komplexe Verhandlungssituationen von jedem Ort der Welt schnell und unkompliziert durch die Führungskräfte und Fachabteilungen genehmigt oder kommentiert werden. Wichtig ist für Teleperformance die hohe Flexibilität des Genehmigungslaufes mit möglicher Einstellung der Genehmigungssequenz und der genehmigenden Personen sowie die einfache Bedienbarkeit. Daneben hilft die Review-Funktion, insbesondere in Zeiten hoher Auslastung, indem die Teams zeitnah eine Übersicht der relevanten Risikoprofile eingehender Vertragsentwürfe oder –Mark-ups der Kunden erhalten. Die eingehenden Entwürfe werden dabei aufgrund der hohen Qualitätsanforderungen bei Teleperformance gegen interne Standards laufen gelassen unter Generierung und Nutzung der Summaries als Entscheidungsgrundlage. Hierdurch konnte nicht nur der durchschnittliche Zeitlauf der Auftragsbearbeitung gesenkt, sondern auch die Transparenz bei Risikoprofil und Marge erhöht werden. Die dadurch erreichte Flexibilität und kurze Reaktionszeit bei Auftragsverhandlungen kommt dem Geschäft zugute. Der Einsatz der Produkte von Incodis gibt nicht zuletzt wegen der für Teleperformance sehr wichtigen Security-Standards ein sicheres Gefühl.

„Das Approval- und Review-Tool von Incodis hat für Teleperformance zu einer erheblichen Verringerung des Papier- und bürokratischen Aufwands geführt. Wir können nun in schnellem Ablauf auch komplexe Projekte international genehmigen und nützliche Kommentare und Bedingungen der Verantwortlichen mit einbeziehen. Gerade die intuitive Nutzung mit iPad & Co. ist bei wenig Zeit und auf Reisen eine große Hilfe. Das Review-Tool hat ein großes Problem gelöst, indem es die eingehenden Kommentare fachgerecht und in unserem Paket innerhalb von 72 Stunden analysiert und gegen unsere internen Konzernstandards abgleicht. Die Reaktionsgeschwindigkeit auf RfQ's ist steil gestiegen."

Brian Blackader, CEO, Teleperformance Germany S.à.r.l. & Co. KG

III. Review Function: Unterstützung der punktgenauen Quality Checks

916 Lawforce ermöglicht das Hochladen von Verträgen zur technologiegestützten
- Extraktion von relevanten Daten,
- Zusammenstellung relevanter Daten in einem „summary",
- Prüfung des Vertrages durch eingebundene Experten,
- Kommentierung der Inhalte durch die Experten sowie
- Analyse gegen „market practice" und interne Standards.

917 Die Extraktion der Daten erfolgt in verschiedenen Sprachen und ist, ebenso wie das Summary, auf die Bedürfnisse des Kunden abgestimmt. So liefert Lawforce einen raschen Überblick in Bezug auf die Risikobereiche. Die Review-Funktion wird durch einen zusätzlichen Abgleich mittels Experten flankiert, die das Qualitätsniveau der Reviews nach Maßgabe der Prioritäten des Kunden sichern. Auch hier gilt bei uns der Grundsatz: Mensch und Maschine sind besser als nur Mensch und nur Maschine. Es kommt auf die effiziente, prozess- und kostenoptimierte Kombination an.

918 Der Kunde lädt das Summary nach der Review von der Plattform herunter. Mark-ups und andere Änderungen sind in den nachfolgenden Verhandlungsstadien möglich.

919 Die Analyse auf der Basis von „market practice" entspricht internationalen Standards; die weitere Analyse auf Grundlage von internen Standards ist auf den jeweiligen Kunden im Detail abgestimmt. Je nach Paket wird eine toleranzbasierte Spanne der Bearbeitungszeit, einschließlich der Expertenanalyse, von Incodis garantiert.

920 Die Review-Funktion ist in mehreren Sprachen und Rechtsordnungen verfügbar. Wir arbeiten stetig daran, dieses Angebot auf neue Bereiche auszudehnen, um auch in diesem Bereich den Kunden eine lückenlose Abdeckung bieten zu können.

E. Ausblick

921 Die Unterstützung von Fachmitarbeitern birgt ein hohes Potenzial an Kostensenkungen und Zeiteinsparungen. Wettbewerbsfaktoren und Globalisierung zwingen international tätige Unternehmen immer mehr zu Effizienzsteigerungen. Die Unterstützung – und nicht Ersetzung – des Mitarbeiters durch digitale Tools wie z. B. Lawforce in einem aufwendigen internationalen Umfeld reduziert die Komplexität der Bearbeitung und setzt Ressourcen frei, die das Unternehmen mit hohem Mehrwert nutzen kann. Die Studien zur Zusammenarbeit von Mensch und Maschine werden noch detaillierter werden und mit der Zeit auf Erfahrungssätze zurückgreifen können. Diese Erfahrungen nutzt Incodis für die Entwicklung der eigenen Pipeline in den Bereichen Künstliche Intelligenz und Machine Learning – zum Nutzen seiner Kunden.

6. Kapitel
Sonstige Akteure und Rahmenbedingungen

6.1 Online-Streitbeilegung (Online Dispute Resolution – ODR)

Tom H. Braegelmann[1]

"Im Rahmen der Geschichte des Rechts bleibt der Geist der Online-Streitbeilegung kühn. Richter ohne Gerichtssäle, Justiz ohne Anwälte, Gerichte als Service und nicht als Ort – dies sind radikale Bestrebungen."[2] "Das Recht droht seinen Einfluss auf die Bürger zu verlieren, wenn es nicht erkennt, wie sehr die Online-Welt neue Justizmodelle benötigt.[3]

A. Einleitung: Wo geht es hier zum Onlinegericht?

Die Online-Streitbeilegung, auch Online Dispute Resolution („ODR") genannt, verbreitet sich weltweit seit gut 20 Jahren und verändert Justiz und Rechtsanwendung grundlegend.[4] Die moderne Technik erzeugt viele und neuartige Streitigkeiten, denen jedoch nur begrenzte Möglichkeiten gegenüberstehen, diese gerecht, kostengünstig und zügig zu lösen.[5] Insbesondere Verbraucher und kleine Unternehmen scheuen sich, ihre Rechte (mit oft kleinem Streitwert) aus Online-Transaktionen geltend zu machen, was zum sogenannten „Digital Justice Gap" führt. Noch überwiegt die private Online-Streitschlichtung, doch könnte uns die nahe Zukunft computerunterstützte staatliche Onlinegerichte als Dienstleistung *(„court as a service"* – „CaaS") bescheren: 922

Einige aktuelle Zitate illustrieren den anstehenden Rechtswandel und den Impuls von ODR, der über private, alternative Streitschlichtung (engl.: „Alternative Dispute Resolution", abgekürzt „ADR")[6] hinausgeht: 923

„Für Prozessanwälte, deren Arbeit auf dem traditionellen gerichtsbasierten Zivilprozess beruht, ist ODR – ob nun in der Form von z. B. Onlinegerichten oder e-Verhandlungen oder e-Mediation – eine Herausforderung, die auf das Herz ihres Geschäftsmodells zielt."[7]

„Diese neue Landschaft zur Beilegung und Vermeidung von Streitigkeiten birgt das Versprechen vieler wichtiger Verbesserungen, einschließlich unseres grundlegenden Verständnisses, wie Justiz funktioniert. Sie wird nicht mehr abhängig sein von physischen Treffen von Angesicht zu Angesicht, und auch nicht mehr den Begrenzungen der menschlichen Entscheidungsfindung unterworfen sein."[8]

„Wie wird sich die Wahrnehmung der Justiz in der Öffentlichkeit wandeln, wenn eines ihrer Hauptsymbole, der Gerichtssaal, verdrängt wird? Können gut ausgestattete Onlinegerichte das Symbol eines neuen, inklusiveren Zeitalters der Streitbeilegung werden? (…) Es gibt keine durchschlagenden Ein-

---

[1] Tom Braegelmann ist Rechtsanwalt, General Counsel bei LEVERTON und Of Counsel bei DLA Piper.
[2] "(…) [I]n the broader context of the history of law, the spirit of ODR remains bold. Judges without courtrooms, justice without lawyers, courts as a service and not a place – these are radical aspirations." Richard Susskind, Foreword, S. xiv, in: Katsh/Rabinovich-Einy, Digital Justice: Technology and the Internet of Disputes, Oxford University Press, 2017 – Übersetzung durch den Autor dieses Beitrages.
[3] Katsh/Rabinovich-Einy, 2017, S. 175. Übersetzung durch den Autor dieses Beitrages.
[4] Richard Susskind, Tomorrow's Lawyers – An Introduction to Your future, Second Edition, 2017, S. 121.
[5] Katsh/Rabinovich-Einy, 2017, S. 178.
[6] Zur Differenzierung zwischen ODR und ADR siehe Eggimann/Harasgama, DSRITB 2013, 937, 938 ff.
[7] Richard Susskind, Tomorrow's Lawyers, 2017, S. 52. Übersetzung durch den Autor dieses Beitrages.
[8] Katsh/Rabinovich-Einy, 2017, S. 180. Übersetzung durch den Autor dieses Beitrages.

wände, keine vorrangigen rechtlichen oder grundsätzlichen Bedenken, welche gegen die andauernde und fortschrittliche Computerisierung des Gerichtswesens sprechen."[9]

924 Schon jetzt werden Millionen an Konflikten (meist von Verbrauchern mit Unternehmen) online innerhalb kürzester Zeit effizient gelöst. So werden in den USA bei eBay jedes Jahr an die 60 Mio. Konflikte geschlichtet, mehr als dreimal so viele wie in der gesamten US-amerikanischen Gerichtsbarkeit der Vergangenheit zusammen.[10] Diese hohe Fallzahl liegt an eBays Attraktivität als Handelsplattform für Transaktionen zwischen Dritten, weswegen eBay dank seiner Marktmacht diese Dritten an den „virtuellen Verhandlungstisch zwingen und für Rechtssicherheit und damit positive Nutzerreputation sorgen kann."[11] Es ist kaum vorstellbar, dass staatliche traditionelle Gerichte in der Lage sind, so viele Fälle in so kurzer Zeit zu entscheiden.[12] Hinzu kommt: Diese Entwicklung kommt zu einer Zeit, in der in Deutschland die Zahl der Gerichtsprozesse massiv abnimmt.[13]

925 Online-Streitbeilegung hat gegenüber traditionellen Gerichten etliche Vorteile: Weltweite Verfügbarkeit per Internet, keine Beschränkung auf vereinzelte Nationalstaaten/Rechtsordnungen und die Erledigung von Online-Sachverhalten in multijurisdiktionalen Kontexten. Da die Online-Streitbeilegung strukturell oft ohne Anwälte auskommt, die durch Software-Algorithmen ersetzt werden, empfindet einer aktuellen Umfrage zufolge ein Teil der deutschen Anwaltschaft diese Frucht der Digitalisierung als Bedrohung und befürchtet, davon verdrängt zu werden.[14] Diese Angst ist berechtigt, doch gibt es vor der Digitalisierung der deutschen Justiz kein Entrinnen – die Infrastruktur dazu entsteht bereits: Im Mai 2017 beschloss der Bundestag das „Gesetz zur Einführung der elektronischen Akte in der Justiz und zur weiteren Förderung des elektronischen Rechtsverkehrs", mit einem bundesweiten unentgeltlichen Online-Akteneinsichtsportal für alle Verfahrensbeteiligten (auch ohne rechtlichen Beistand).[15]

926 Bei der Online-Streitbeilegung geht es nicht nur um eine bloße Verständigung der Konfliktparteien per elektronischer Kommunikation, etwa wenn per E-Mail ein Vergleichsvertrag bestätigt wird. Ins Spiel kommt vielmehr ein technologiebasierter Vermittler, eine „ODR-Plattform", welche alle dazugehörigen elektronischen Daten speichert und verarbeitet.[16] Mit solchen Plattformen werden z.B. schon computerunterstützte Verhandlungstechniken (*„assisted/automated negotiation"*) eingesetzt, oder computergenerierte Vergleichsvorschläge vorgelegt, nachdem die Parteien verdeckt jeweils für sie akzeptable Geldbeträge angegeben haben (*„blind bidding"*).[17]

B. Die wachsende Verbreitung der Online-Streitbeilegung

927 Mit der Gründung von eBay und Amazon 1994/1995 und der damit einhergehenden rasanten Entwicklung des eCommerce wurde die Online-Streitbeilegung für die Allgemeinheit

---

[9] Richard Susskind, Tomorrow's Lawyers, 2017, S. 120. Übersetzung durch den Autor dieses Beitrages.
[10] Braegelmann, Moderne Onlinegerichte: Ein Reformvorschlag aus dem Vereinigten Königreich – Vorbild für die Digitalisierung des Deutschen Insolvenzrechts? ZInsO 2016, 950, 952 (online unter http://legal-tech-blog. de/moderne-onlinegerichte-reformvorschlag-aus-u-k), siehe auch Susskind, The Future of the Professions: How Technology Will Transform the Work of Human Experts, 2015, S. 70.
[11] Grupp, AnwBl 2014, 660, 661.
[12] Vgl. Schulte-Nölke, ZGS 2010, 385; Richard Susskind, Tomorrow's Lawyers, 2017, S. 117.
[13] Siehe Wolf, NJW 2015, 1656, 1657 und Gaier, NJW 2016, 1367.
[14] Siehe die aktuelle Studie des Soldan-Forschungsinstitut zur Digitalisierung der Rechtsberatungsbranche, www.soldan.de/insights/anwaelte-verbinden-mit-legal-tech-mehr-risiken-als-chancen/.
[15] BT-Drs. 18/9416 iVm BT-Drs. 18/12203.
[16] Vgl. Nr. 26 des Entwurfs der UNCITRAL Working Group III (Online Dispute Resolution) der UNO für ein ODR-Modelgesetz. A/CN.9/WG.III/WP.140 – Online dispute resolution for cross-border electronic commerce transactions: Draft outcome document reflecting elements and principles of an ODR process. Datum: 22 Dezember 2015. Erhältlich unter: www.uncitral.org/uncitral/commission/working_groups/3Online_Dispute_Resolution.html.
[17] Grupp, AnwBl 2014, 660, 661.

relevant.[18] 1999 empfahl die OECD in neuen eCommerce-Guidelines zum Verbraucherschutz ausdrücklich den Einsatz von ADR durch innovative Nutzung der Informationstechnologie sowie 2007 die Einrichtung internationaler ODR-Mechanismen für Verbraucher.[19] Die UNO nahm im Jahr 2010 die Arbeiten an einem ODR-Modellgesetz auf.[20] Deshalb konnte schon im selben Jahr konstatiert werden: „Die internetgestützte alternative Beilegung von Rechtsstreitigkeiten (…) entwickelt sich zu einer ernsthaften Alternative zur staatlichen Gerichtsbarkeit."[21] Einige Bereiche, in denen Online-Streitbeilegung verstärkt eingesetzt werden, zeichnen sich bereits ab: eCommerce, Finanzsektor, Gesundheitswesen, soziale Netzwerke/Medien, sowie Teile des Arbeitsrechts und der Justiz.[22] Dabei wachsen die technischen Möglichkeiten der Online-Streitbeilegung stetig, immer komplexere Sachverhalte können dargestellt werden. Irgendwann wird es möglich sein, fast sämtliche Rechtsstreitigkeiten online zu führen und beizulegen.

C. Das ODR-Modellgesetz der UNO

928 Die UNO hat diese Entwicklung durch den Einsatz der UNCITRAL Working Group III (Online Dispute Resolution)[23] anerkannt und arbeitet seitdem an einem weltweit gültigen ODR-Modellgesetz.[24] Der neueste Entwurf von 2016 [25] hält mündliche Verhandlungen für unnötig, hybride Prozesse für möglich und traditionelle Gerichte für inadäquat; es sieht technikunterstützte Verhandlungen vor und hält auch Streitigkeiten zwischen Unternehmen geeignet für ODR. Das ODR-Modellgesetz wird prägend für die internationale rechtspolitische Diskussion und Weiterentwicklung der Online-Streitbeilegung sein.

D. Online-Streitschlichtung in der Praxis – Aktuelle Beispiele für ODR

929 Unter den vielen kommerziellen Anbietern von Online-Streitbeilegungsverfahren[26] hat sich noch kein Marktstandard herauskristallisiert. Anfänglich erfolgreiche ODR-Angebote wie z. B. Cybersettle oder SquareTrade sind gescheitert. In der EU gibt es hunderte Angebote für ODR/ADR. Eines der bekanntesten Beispiele ist die „Uniform Domain-Name Dispute-Resolution Policy" der ICANN für Internetadressen.[27]

---

[18] Siehe hierzu Katsh/Rabinovich-Einy, 2017, S. 31., sowie darin das gesamte 1. Kapitel zur Geschichte der Online-Streitbeilegung, S. 25-38. Zur Geschichte der ODR siehe auch ausführlich Weimann/Nagel, NJ 2012, 413. Weiterführende Ressourcen zur ODR finden sich unter http://odr.info, https://ec.europa.eu/consumers/odr.
[19] Weimann/Nagel, NJ 2012, 413–415.
[20] Schüttel, Streitbeilegung im Internet – Zukunft oder Irrweg? 2014, S. 273 f., mit weiteren Hintergründen. Online erhältlich unter: http://dx.doi.org/10.5445/KSP/1000044590 bzw. www.ksp.kit.edu/index.php?link=-title_info&oldTitleID=1000044590.
[21] Schulte-Nölke, ZGS 2010, 385.
[22] Katsh/Rabinovich-Einy, 2017, S. 173.
[23] Weimann/Nagel, NJ 2012, 413, 415. Siehe auch den offiziellen Link: www.uncitral.org/uncitral/commission/working_groups/3Online_Dispute_Resolution.html.
[24] Schüttel, Streitbeilegung im Internet – Zukunft oder Irrweg? 2014, S. 274.
[25] A/CN.9/WG.III/WP.140 – Online dispute resolution for cross-border electronic commerce transactions: Draft outcome document reflecting elements and principles of an ODR process. Datum: 22 Dezember 2015. Erhältlich unter: www.uncitral.org/uncitral/commission/working_groups/3Online_Dispute_Resolution.html – Siehe S. 4-6 des Entwurfs; siehe auch Weimann/Nagel, NJ 2012, 41, 416f.
[26] Siehe z. B. die Auflistungen bei http://odr.info/provider-list/. Vgl. auch die umfassenden Übersichten bei Schüttel, Streitbeilegung im Internet – Zukunft oder Irrweg? 2014, S. 6, 352 und S. 365 ff. Siehe auch die aktuelle Liste der EU Kommission unter http://ec.europa.eu/consumers/solving_consumer_disputes/non-judicial_redress/national-out-of-court-bodies/index_en.htm.
[27] Siehe hierzu Eggimann/Harasgama, DSRITB 2013, 937, 496 f.

930 Weltweit am erfolgreichsten ist wohl die Marktführerin in der EU[28], die ODR-Plattform „Modria"[29] eine Ausgründung von eBay-Mitarbeitern, die für eBay und PayPal, seit 2011 aber auch für Dritte – automatisierte ODR-Dienstleistungen aller Art erbringt, insbesondere für Waren- und Dienstleistungs-Marktplätze, führende Zahlungsnetzwerke, mittlere und große Onlinehändler, Anzeigenanbieter, Versicherungsbeschwerden, im Familienrecht und bei Streitigkeiten mit dem Staat. Dabei kann man nicht direkt bei Modria eine Online-Schlichtung beginnen, vielmehr betreibt Modria für vielerlei andere Websites, private und staatliche, das ODR-Angebot. Durch diesen Netzwerkeffekt lernt Modria von einer Vielzahl von Fällen aus unterschiedlichsten Bereichen und kann so kontinuierlich sein ODR-Angebot verbessern. Die Kosten sind überschaubar: Der Tarif für Online-Schlichtung von 1600 Konflikten pro Jahr liegt bei USD 550 pro Monat (USD 4,13 pro Fall), bei 16.500 Konflikten pro Jahr kostet dies USD 3.600 pro Monat (USD 2,61 pro Fall). Unlängst wurde Modria von Tyler Technologies übernommen, dem größten Anbieter von Software zur Unterstützung von staatlichen Gerichten in den USA, mit dem Ziel, die Gerichte zu befähigen, eine Vielzahl von Fällen automatisiert erledigen zu können.[30]

931 In Deutschland gibt es viele staatliche und staatlich anerkannte Schlichtungsstellen[31], von denen derzeit bereits 22 auch über die Online-Streitbeilegungs-Plattform der EU (s. u.) angesteuert werden können.[32] Sie decken folgende Bereiche ab: Verbraucherverträge, Finanz- und Versicherungswirtschaft, Energie, Postdienste und Telekommunikation, Nahverkehr, Luftverkehr, sowie Rechtsdienstleistungen. Etliche Bundesländer fördern seit 2009 das Schlichtungsportal „Der Online-Schlichter" zusammen mit der Privatwirtschaft. Weitere Beispiele sind „Euro-Label" eine Kooperation nationaler Anbieter von Internet-Gütesiegeln für Online-Shopping, der „Internet Ombudsmann" in Österreich, und bis Anfang 2017 den „Rechtwijzer" für Scheidungen per ODR in den Niederlanden[33].

932 Ob die internen ODR-Systeme marktstarker Onlinehändler wie z.B. Amazon als gutes Beispiel dienen können, mag man bezweifeln, da diese Händler über große Marktmacht verfügen, insbesondere wenn sie zwischen Dritten vermitteln und naturgemäß erheblichen Einigungsdruck ausüben können. Ein kommerzieller Händler, der eine solche Plattform nutzt, wird, um sich den Vorteil der Teilnahme daran zu erhalten, evtl. kulanter sein, als es auf dem ordentlichen Gerichtswege wäre.

E. Die EU als ODR-Gesetzgebungspionier

I. Hintergrund

933 Die EU treibt die Einführung von ODR/ADR für Verbraucher ganz maßgeblich an.[34] Seit 1998 hat sie stetig den Boden hierfür bereitet, um die „Rechtsschutzlücke im eCommerce"[35] zu füllen. Anlass war, dass an die 20% der Verbraucher beim Erwerb von Waren und Dienstleistungen in der EU Probleme haben ihre Rechte durchzusetzen und es daher oftmals gar nicht erst

---

[28] Grupp, AnwBl 2014, 660, 662.
[29] http://modria.com/.
[30] www.artificiallawyer.com/2017/06/07/ebay-odr-co-modria-sells-up-legal-tech-consolidation-mounts/; http://modria.com/blog/2017/05/30/modria-joins-forces-with-tyler-technologies/.
[31] Vgl. die Liste des Bundesamt für Justiz: www.bundesjustizamt.de/DE/Themen/Buergerdienste/Verbraucherschutz/Verbraucherstreitbeilegung/Verbraucherschlichtungsstellen/Uebersicht_node.html. Der Blog www.odr-info.de listet über 150 weitere ODR-Anbieter auf. http://odr-info.de/?page_id=308.
[32] Siehe die Suchmaske unter https://ec.europa.eu/consumers/odr/main/index.cfm?event=main.adr.show.
[33] www.bloomberg.con/news/articles/2016-06-30/robots are taking divorce lawyers jobs too.
[34] Siehe Meller-Hannich/Höland/Krausbeck, „ADR" und „ODR": Kreationen der europäischen Rechtspolitik. Eine kritische Würdigung, ZEuP 2014, 8, 30 f.; Eidenmüller/Engel, Die Schlichtungsfalle: Verbraucherrechtsdurchsetzung nach der ADR-Richtlinie und der ODR-Verordnung der EU, ZIP 2013, 1704, 1705 f.
[35] Grupp, AnwBl 2014, 660, 661.

versuchen. Zur Abhilfe erging 2013 ein umfangreiches Gesetzgebungspaket: Seit dem 9. Januar 2016 gilt die Verordnung über Online-Streitbeilegung in Verbraucherangelegenheiten (VO (EU) Nr. 524/2013,[36] nachfolgend „ODR-VO"). Ergänzt wird diese durch die Richtlinie über die alternative Beilegung verbraucherrechtlicher Streitigkeiten (nachfolgend: „ADR-RL").[37] Diese Regelungen enthalten bestimmte qualitative Mindeststandards für Schlichtungsstellen, u. a. in den Bereichen Neutralität, Transparenz, Effektivität und Fairness samt ausreichendem Mitarbeiterfachwissen, beinhalten aber kaum technische Vorgaben. Deutschland hat dies 2016 nachgeholt und mithilfe des Verbraucherstreitbeilegungsgesetzes("VSBG") umgesetzt. Mit der Kombination von ODR und ADR erhofft sich die EU *„eine einfache, effiziente, schnelle und kostengünstige außergerichtliche Lösung für Streitigkeiten, die sich aus Online-Rechtsgeschäften ergeben."*[38] Dabei ging es *„nicht um die Verbesserung des gerichtlichen Rechtsschutzes, sondern um die Schaffung eines neuen Systems zur Lösung von Verbraucherstreitigkeiten, das neben dem Gerichtssystem steht"*,[39] also um einen alternativen Zugang zum Recht.[40] Verbrauchern oder Unternehmern sollte hiermit aber nicht das Recht auf gerichtlichen Rechtsschutz genommen werden.[41]

II. Die OS-Plattform der EU

Am 15. Februar 2016 nahm eine europäische Online-Streitbelegungs-Plattform („OS-Plattform") samt einem Online-Beschwerdeformular als zentrale Anlaufstelle den Betrieb auf.[42] Ziel ist die *„unabhängige, unparteiische, transparente, effektive, schnelle und faire außergerichtliche Online-Beilegung von Streitigkeiten zwischen Verbrauchern und Unternehmern."*[43] Im ersten Jahr haben 24.000 Verbraucher diese Plattform benutzt, vorwiegend wegen Streitigkeiten über Bekleidung, Schuhe, Flugtickets und IT-Produkte.[44]

Die OS-Plattform führt die Online-Streitbeilegung nicht selbst durch,[45] sie stellt lediglich *„[f]ür alle Arten von Verbraucherbeschwerden ein flächendeckendes Netz hochwertiger Streitbeilegungsstellen (ADR-Stellen) zur Verfügung (…), das im Falle von elektronischen Rechtsgeschäften online organisiert ist."*[46] Die OS-Plattform hat nur die Aufgabe, die Verbraucher an die richtige ODR-Stelle zu lotsen. Unternehmen und Online-Marktplätze sind zudem verpflichtet, Verbraucher auf die OS-Plattform hinzuweisen.

---

[36] http://eur-lex.europa.eu/legal-content/DE/TXT/?uri=CELEX%3A32013R0524 – Siehe auch die Website der EU hierzu: https://ec.europa.eu/consumers/odr/und deren FAQ, MEMO/13/193 vom 12. März 2013, unter http://europa.eu/rapid/press-release_MEMO-13-193_de.htm.
[37] Richtlinie 2013/11/EU des Europäischen Parlaments und des Rates vom 21.5.2013 über die alternative Beilegung verbraucherrechtlicher Streitigkeiten: http://eur-lex.europa.eu/legal-content/DE/TXT/?uri=CELEX%3A32013L0011 Siehe hierzu Gössl, NJW 2016, 838. Zum Hintergrund siehe auch Weimann/Nagel, NJ 2012, 413, 417 ff.; Siehe hierzu außerdem Greger, MDR 2016, 365-370 und Engel, AnwBl 2013, 478, 482; siehe auch die kritische Würdigung bei Martinek, Vertriebsrecht und Verbraucherschlichtung, ZVertriebsR 2016, 343 sowie zur Frage der technischen Standardisierung Siehe Busch/Reinhold, EuCML 2015, 50.
[38] Siehe den 8. Erwägungsgrund der ODR-VO und den 7. Erwägungsgrund der ODR-VO. Siehe auch den Überblick bei Rühl, RIW 2013, 737.
[39] Röthemeyer, in: Borowski/Röthemeyer/Steike, VSBG, 1. Auflage 2016, Rn. 3 m.W.N.
[40] Hirsch, NJW 2013, 2088.
[41] Siehe den 26. Erwägungsgrund der ODR-VO, sowie den dazugehörigen 45. Erwägungsgrund der ADR-RL; Röthemeyer, in: Borowski/Röthemeyer/Steike, VSBG, 1. Auflage 2016, Rn. 43.
[42] Siehe https://ec.europa.eu/consumers/odr/Zum Hintergrund, Verfahren, Anwendungsbereich und aktueller Rechtsprechung hierzu siehe Vierkötter, K&R 2017, 217 ff., m.W.N.; siehe außerdem Meller-Hannich/Höland/Krausbeck, ZEuP 2014, 8 ff. Siehe auch die Informationen der EU Kommission, unter http://ec.europa.eu/consumers/solving_consumer_disputes/non-judicial_redress/adr-odr/index_en.htm.
[43] Siehe Art. 1 ODR-VO.
[44] Europäische Kommission, Pressemitteilung v. 24.3.2017 – IP/17/727, EuZW 2017, 363.
[45] Zieger/Smirra, MMR 2016, 291, 292.
[46] Meller-Hannich/Höland/Krausbeck, ZEuP 2014, 8, 11; Röthemeyer, in: Borowski/Röthemeyer/Steike, VSBG, 1. Auflage 2016, Rn. 56.

III. ODR-Umsetzung mit dem Verbraucherstreitbeilegungsgesetz

936   Die eigentliche Online-Streitbeilegung erfolgt nach den Verfahrensregeln der jeweiligen ODR-Stelle im betreffenden EU-Mitgliedstaat.[47] Ziel ist es, innerhalb von 90 Tagen nach Eingang der vollständigen Beschwerdeakte ein Ergebnis für die Streitbeilegung zu erreichen.[48] Zum Vergleich: In Zivilsachen betrug bei den Amtsgerichten in der Eingangsinstanz die durchschnittliche Verfahrensdauer im Jahr 2015 4,8 Monate, bei den Landgerichten 9,9 Monate.[49]

937   In Deutschland erstreckt sich hierzu das VSBG auf alle Verbraucherverträge, ohne arbeitsvertragliche Streitigkeiten.[50] Selbst bei hohen Streitwerten über EUR 5.000,00 gibt es keinen Anwaltszwang, im Gegensatz zur ordentlichen Gerichtsbarkeit, was die verbraucherschützende Wirkung des Anwaltszwangs unterläuft.[51] Das Verfahren kostet Verbraucher grundsätzlich nichts, die Gebühren trägt das gegnerische Unternehmen. Das VSBG gilt aber nicht für unternehmensinterne Beschwerdeverfahren (z. B. von eBay, Amazon etc.). Die Teilnahme ist für Verbraucher und Unternehmen freiwillig und die Ergebnisse sind grundsätzlich nicht verbindlich. Am Ende des Verfahrens können die Parteien, wenn sie wollen, einen Vergleichsvertrag schließen, der aber noch kein Vollstreckungstitel ist. Obligatorische Schlichtungsklauseln per AGB sind unwirksam, wenn diese eine gerichtliche Klage dauerhaft oder vorübergehend ausschließen. Dadurch wird das Wahlrecht der Verbraucher zwischen Streitbeilegung oder Klage aufrechterhalten, da befürchtet wurde, dass man ansonsten, wie in den USA, die Verbraucher per AGB zur Online-Streitbeilegung zwingt und so die staatliche Gerichtsbarkeit dauerhaft ausschließt. Doch eines ist klar: Die Bedeutung des Rechts unter dem VSBG ist deutlich reduziert. Der Schlichtungsvorschlag soll lediglich am geltenden Recht „ausgerichtet" sein, womit keine zwingende Bindung ans Recht mehr gemeint ist.

IV. Bewertung der Gesetzgebung der EU zu ODR

938   Mit der Förderung von ODR unterstützt die EU die Revolutionierung des Zugangs zum Recht im Zeitalter der Informationstechnologie via Legal Tech.[52] Das wird *„die deutsche Streitbeilegungskultur für die Vertragsverhältnisse zwischen Unternehmern und Endverbrauchern deutlich"* verändern.[53] Doch ist die ODR-Gesetzgebung der EU kein rechtspolitischer Durchbruch, weil ihre OS-Plattform nur ein Koordinationsportal und keine europäische ODR-Stelle ist Trotz alledem hat die EU durchaus „Pionierarbeit" für ODR geleistet, denn ihre OS-Plattform lässt immerhin *„erahnen, wie ein Onlinegericht der Zukunft aussehen könnte."*[54] Kritiker meinen hingegen, hier wurde neben Mediation und Schiedsverfahren ein *„dritter Konkurrent"* für die

---

[47] Meller-Hannich/Höland/Krausbeck, ZEuP 2014, 8, 11.
[48] Siehe Art. 8 lit. e ADR-RL und Art. 10 lit. a ODR-VO, § 20 Abs. 2 VSBG, sowie Meller-Hannich/Höland/Krausbeck, ZEuP 2014, 8, 31.
[49] Siehe die Aufstellung vom Bundesamt für Justiz vom 3. November 2016 zur Geschäftsentwicklung der Zivilsachen – Amts-, Land- und Oberlandesgerichte 1995–2015, hier: www.bundesjustizamt.de/DE/SharedDocs/Publikationen/Justizstatistik/Geschaeftsentwicklung_Zivilsachen.html.
[50] Es folgt keine detaillierte Darstellung des VSBG, da sich bereits mehrere Kommentare und umfangreiche Literatur hiermit befassen, siehe beispielsweise: Rühl, RIW 2013, 737; Borowski/Röthemeyer/Steike, VSBG, 1. Auflage 2016; Greger/Unberath/Steffek/Greger, 2. Aufl. 2016; Gaier, NJW 2016, 1367, Martinek, ZVertriebsR 2016, 343, 347f.; Hirsch, NJW 2013, 2088; Hakenberg, EWS 2016, 312; Eidenmüller/Engel, ZIP 2013, 1704; Engel, NJW 2015, 1633; Gössl, NJW 2016, 838; Meller-Hannich/Höland/Krausbeck, ZEuP 2014, 8; Grupp, AnwBl 2014, 660; HK-BGB/Hans Schulte-Nölke BGB § 309 Rn. 53; BeckOK ArbR/Jacobs, 43. Ed. 1.3.2017, BGB § 309 Rn. 44; siehe insbesondere Greger/Unberath/Steffek/Greger, 2. Aufl. 2016, VSBG § 19 Rn. 6; Röthemeyer, in: Borowski/Röthemeyer/Steike, VSBG, 1. Auflage 2016, § 19 Rn. 29; BeckOK BGB/Henrich BGB § 204 Rn. 23–26.
[51] Engel, NJW 2015, 1633, 1636.
[52] Kuhlmann, DSRITB 2016, 103, 1941.
[53] Gössl, NJW 2016, 838 m.W.N.
[54] Fries, NJW 2016, 2860, 2864.

Zivilgerichtsbarkeit eingeführt."[55] Sofern nun Online-Streitbeilegung in Deutschland vermehrt wahrgenommen wird, könnte dies einen Wandel der zivilen Streitkultur bedeuten. Doch hinkt der Gesetzgeber hinterher: Im dynamischen eCommerce bieten die bestehenden unternehmensinternen ODR-Plattformen großer Online-Händler oft bereits ein wirkungsvolles Beschwerdemanagement an. Insoweit ist es oft nicht nötig, eine offizielle Schlichtungsstelle anzurufen.[56] Manche signifikant großen Online-Händler schließen deshalb die Teilnahme an den ODR/ADR-Verfahren der EU explizit aus.[57]

Es kann am Ende sein, dass die ODR/ADR-Verfahren der EU in der Praxis wenig genutzt werden. Für viele Online-Händler ist der Anreiz, freiwillig und EU-weit an ODR/ADR teilzunehmen, gering, ist es derzeit doch unwahrscheinlich, dass sie überhaupt gerichtlich in Anspruch genommen werden. Die Hoffnung ist, dass Unternehmen dennoch an ODR/ADR-Verfahren teilnehmen, um kundenfreundlicher zu sein und dadurch Verbrauchervertrauen und Umsatz zu steigern. Allerdings denken Verbraucher beim Online-Kauf vermutlich eher selten an den Vorteil, spätere Streitigkeiten per ODR durchführen zu können. Insbesondere kleinere Online-Händler und Start-Ups könnten dennoch die OS-Plattform zur kostengünstigen und nichtöffentlichen Abwicklung von Massenbeschwerden per ODR für sich entdecken, weil sie damit die (potenziell rufschädigende) Gerichtsöffentlichkeit vermeiden können und kein eigenes Online-Beschwerdemanagement wie die großen Online-Händler vorhalten müssen.[58]

939

F. Computergestützte Strukturierung von Prozessen und Rechtsprechung und die Auswirkungen auf die Anwaltschaft

Im Rahmen der Online-Streitbeilegung werden Entscheidungen durch Software vorbereitet. Diese Systeme sind lernfähig und so werden Computer bald eine vorläufige Fallprüfung und vorstrukturierte Entscheidungsfindung vornehmen können, soweit die Tatbestandsmerkmale von Normen einigermaßen „klar" (d. h. derzeit nicht juristisch umstritten) und der Sachverhalt partiell ein „normaler Fall" ist. Dies wird umso einfacher sein, je häufiger die Schriftsätze der Parteien in elektronischer Form vorliegen, wie derzeit vor allem bei der ODR.

940

Diskutiert wird bereits jetzt, ob man Parteien nicht auch vor staatlichen Gerichten gesetzlich zwingen könnte, die Schriftsätze inhaltlich (und auch in maschinenlesbarer Form) vorzustrukturieren.[59] Eine Gerichtssoftware könnte dann, basierend auf einer Analyse von Literatur und Rechtsprechung, eine inhaltliche Vorprüfung vornehmen und die Rechtslage in einem Urteilsentwurf darstellen, angepasst an einen konkreten Sachverhalt. Das würde den Richtern Zeit sparen; sie müssten nicht mehr lange nach Literatur und Rechtsprechung in Datenbanken recherchieren und Urteilsentwürfe schreiben. Stattdessen könnten sie den Urteilsentwurf weiterbearbeiten und sich dabei auf die Details und die vertiefte juristische Bewertung des jeweiligen Einzelfalls konzentrieren. Der Computer würde dem Richter als Vor-Subsumtionsautomat dienen, ihn aber nicht ersetzen.[60]

941

Doch werden die Parteien (und die Richter) solchermaßen präparierten Urteilen vertrauen? Auch wenn die verwendeten Algorithmen der Fallprüfung geheim oder unverständlich sind?

942

---

[55] Grupp, AnwBl. 2015, 186 m. w. N.; Martinek, Vertriebsrecht und Verbraucherschlichtung, ZVertriebsR 2016, 343, 349 f. meint sogar, das VSBG habe „einen schlechten Start hingelegt" und die EU-Gesetzgebung zu ODR samt Umsetzung sei ein „bürokratisches Chaos-Szenario".
[56] Grupp, AnwBl. 2015, 186, 192, siehe auch Fn. 64 dort.
[57] So z. B. Zalando: https://www.zalando.de/zalando-impressum/.
[58] Siehe Grupp, AnwBl 2014, 660, 661; Meller-Hannich/Höland/Krausbeck, ZEuP 2014, 8, 30f. Siehe auch die entsprechende Einschätzung der Bundesregierung unter http://www.bmjv.de/DE/Themen/GerichtsverfahrenUnd-Streitschlichtung/ADRVerfahren/ADRVerfahren_node.html.
[59] Siehe grundlegend Gaier: Strukturiertes Parteivorbringen im Zivilprozess ZRP 2015, 101 und den Beschluss des 70. Deutschen Juristentages 2014, wonach über verbindliche Regelungen sicherzustellen sei, dass die Parteien ihren Vortrag zum tatsächlichen und rechtlichen Vorbringen strukturieren.
[60] Vgl. Engel, JZ 2014, 1096, 1098–1100.

Die Verwendung von unverständlichen Algorithmen kann das menschliche Vertrauen in ein System beeinträchtigen.[61] Ob Software irgendwann die von Menschen durchgeführte juristische Fallprüfung ganz ersetzen kann, ist offen.[62] Versuche, die Rechtsprache entsprechend aufzubereiten, sind davon noch weit entfernt und stoßen vielleicht an rechtsdogmatische Grenzen, denn *„[d]as positive Recht kennt keine Subsumtionsautomaten, Begriffsmathematiker, Verschiebebahnhöfe logischer Operationen, sondern nur: Zeitmaschinen, die Urteile produzieren und sie radikal in die Gegenwart pflanzen, eine Gegenwart, die im nächsten Augenblick schon wieder vorbei ist."*[63]

943 Aber konsequent weitergedacht, könnte man, wenn es so käme, den Parteien auch *„das automatisch generierte Vor-Urteil zur Kenntnis geben und fragen, ob sie angesichts dessen ihre Anträge tatsächlich aufrecht erhalten oder doch die Klage kostenfrei zurücknehmen bzw. den Anspruch anerkennen wollen."*[64] Zukünftig könnten Gerichtsurteile auch gleich als Programm und nicht nur als Text erstellt werden, und dadurch eventuell rechtlich vernetzter, eindeutiger und schneller durch Software überprüfbar werden.[65] Noch *„befindet sich IT-gestützte Relationstechnik erst in der Erprobungsphase. Automatisch generierte Gerichtsurteile, für die das IT-System auf Entscheidungen in vergleichbaren Sachverhalten zurückgreifen kann, erscheinen zwar technisch denkbar, aber praktisch noch in weiter Ferne."*[66] Doch beim maschinell lesbaren Mahnantrag sowie dem elektronischen Schutzschriftenregister setzt die Gerichtspraxis bereits automatisierte Verfahren ein.[67] Es gibt also auch in Deutschland schon die rechtspolitische Perspektive des „IT-gestützten Zivilprozesses", womit die richterliche Entscheidungsfindung durch eine „elektronisch gestützte Verfahrensvorbereitung" optimiert werden würde.[68]

944 Perspektivisch stünden die Anwaltskanzleien dann nicht nur im Wettbewerb um die besten Mitarbeiter, sondern auch um die beste Software zur computerisierten Vorstrukturierung von Schriftsätzen.

945 Die computerunterstützte Schriftsatz- und Urteilerstellung würde sich für einen erheblichen Teil der Anwaltschaft massiv auswirken. Soweit ODR/ADR-Verfahren die Beteiligung von Anwälten strukturell nicht mehr benötigen, fällt das Geschäftsmodell eines Teils der Anwaltschaft weg. Es wird aber auch schärferen Wettbewerb geben, weil kleinere Anwaltskanzleien durch Software komplexe Rechtsstreitigkeiten führen können, die bisher aus Kapazitätsgründen größeren Anwaltskanzleien vorbehalten waren. Die Beseitigung von mündlichen Verhandlungen wird denjenigen Anwälten, die Stärken als Performer oder Rhetoriker haben, ein Forum rauben. Computeraffine Anwaltscharaktere könnten durch computerbasierten Verfahren mentale Vorteile haben, weil sie sich darin besser zu Hause fühlen.

946 Der Aufbau und Inhalt von Schriftsätzen wird sich ändern, wenn Computer sie zuerst lesen und Richter sie danach nur noch auf Bildschirmen sehen. Schriftsätze könnten dynamischer werden, also nicht nur per Link externe Inhalte einbauen, sondern andere darstellende Elemente, oder Audio- und Videodateien enthalten, wie z.B. Aufnahmen von Zeugenaussagen anstelle von Transkripten. Computer werden auch diese Elemente irgendwann „verstehen" und die Anwaltschaft wird lernen müssen, solche neuen Elemente kreativ in die Sachverhaltsdarstellung und Darlegung der Rechtslage einzubauen. Je mehr sich die computerunterstützte Vorstrukturierung von Schriftsätzen auf dem Rechtsmarkt oder auch vom Gesetzgeber erzwungen durchsetzt, desto weniger wird es für die Anwälte darauf ankommen, durch ihren persönlichen Stil und Aufbau die computerisierte Vorprüfung bei Gericht zu beeindrucken – den Standard-Schriftsatz bereitet die Software vor. Für den Anwalt wird es dann darauf ankommen,

---

[61] Vgl. Katsh/Rabinovich-Einy, 2017, S. 179 f.
[62] Siehe skeptisch Kotsoglou, Subsumtionsautomat 2.0, Über die (Un-)Möglichkeit einer Algorithmisierung der Rechtserzeugung, JZ, 2014, 451, ab S. 452 ff. Siehe hierzu Engel, Algorithmisierte Rechtsfindung als juristische Arbeitshilfe, JZ 2014, 1096 und Kotsoglou, JZ 2014, 1100.
[63] Lahusen, Rechtspositivismus und juristische Methode, 2011, S. 171, siehe auch: Engel, JZ 2014, 1096, 1098, m.W.N.
[64] Fries, NJW 2016, 2860, 2864.
[65] Vgl. Grady, {New}Coding the Law. 27 April 2017, www.seytlines.com/2017/04/newcoding-the-law.
[66] Wagner, BB 2017, 898, 900.
[67] Wagner, BB 2017, 898, 900 Fn. 17.
[68] Gaier, ZRP 2015, 101, 104.

durch gezielte, vertiefte juristische Analyse, den Schriftsatz signifikant zu ergänzen, und so den Richter zu erreichen. Nicht nur der Richter, auch die Anwaltschaft sollte also mehr Zeit haben, schwierige juristische Probleme zu lösen, weil der Computer den Rest erledigt. Spannend wird auf jeden Fall die Frage, wie die Anwälte dies in ihrer Honorarabrechnung darstellen werden.

Für die Kanzleiorganisation wird die Bedeutung des Sekretariats tendenziell sinken. Neue Berufsbilder werden entstehen: Rechtlich-Technische Assistenten („RTA", auch „Legal Technicians", „Legal Coders" oder „Legal Engineers") mit juristischem Training könnten Sachverhalte so aufbereiten und eingeben, dass die Software darauf basierend einen Anwaltsschriftsatz entwerfen kann, der dann von ebendiesen Assistenten auf Stimmigkeit und juristische Vertretbarkeit geprüft würde. Und die Anwälte müssen selbst genügend Kenntnisse haben, um die Arbeit der Software und der Assistenten am Ende juristisch einschätzen zu können, damit sie damit weiterarbeiten können. Denn am Ende wird immer noch der Anwalt für den Schriftsatz verantwortlich sein, der ihn unterschreibt. 947

G. Judicial Online Dispute Resolution (JODR): Das Onlinegericht

Die Entwicklung von justizförmiger Onlineschlichtung („JODR") bis hin zu echten Onlinegerichten, bei denen ein Gericht eine Dienstleistung (*„court as a service"* – „CaaS") und kein Ort mehr sein wird, schreitet voran.[69] Vorreiter ist Großbritannien, aber auch in den USA und allgemein weltweit nimmt die Debatte über Onlinegerichte Fahrt auf und ist im Mainstream angelangt.[70] 948

I. Der Briggs-Report: The Online Court

In Großbritannien gibt es seit dem Report von Lord Justice Briggs („Briggs-Report")[71] vom Juli 2016 zum „Civil Courts Structure Review" konkrete Bestrebungen, das Gerichtswesen voll zu digitalisieren und verpflichtend ein Onlinegericht („Online Court") einzuführen.[72] Dieses Onlinegericht soll zunächst für Fälle bis zu GBP 25.000 zuständig sein, irgendwann aber auch für alle anderen Fälle, mit Ausnahme von hochkomplexen und besonders wichtigen Fällen.[73] Dieses „neue Gericht" soll von den Parteien selbst, mit keiner oder stark reduzierter Unterstützung durch Anwälte,[74] genutzt werden, mit einer eigenen, benutzerfreundlichen Verfahrensordnung, in einem dreistufigen Verfahren: 949

> „(1) an **automated online** triage stage designed **to help** litigants **without lawyers** articulate their claim in a form which the court can resolve, and to **upload their key documents and evidence**;
> (2) a conciliation stage, handled by a **Case Officer**; and

---

[69] Richard Susskind, Tomorrow's Lawyers – An Introduction to Your future, Second Edition, 2017, S. 111, unter Hinweis auf aktuelle Entwicklungen in Kanada, den Niederlanden und England und Wales.
[70] Katsh/Rabinovich-Einy, 2017, S. 159–165. Siehe aktuell auch Ayelet Sela, "Streamlining Justice: How Online Courts Can Resolve the Challenges of Pro Se Litigation", Cornell Journal of Law and Public Policy, Vol. 26, No. 2, 2016, m.W.N., online unter https://papers.ssrn.com/sol3/papers.cfm?abstract_id=2971646; siehe auch Richard Susskind, Foreword, S. xiv, in: Katsh/Rabinovich-Einy, 2017.
[71] Der Briggs-Report ist hier erhältlich: www.judiciary.gov.uk/publications/civil-courts-structure-review-final-report/- einen guten Überblick bietet auch die dazugehörige Pressemitteilung: www.judiciary.gov.uk/civil-courts-structure-review/civil-courts-structure-review-ccsr-final-report-published/civil-courts-structure-review-final-report-press-notice/.
[72] Siehe das 6. Kapitel des Briggs-Reports: „The Online Court". Zum Hintergrund: Lord Briggs war offiziell damit beauftragt, das Gerichtswesen von England und Wales zu untersuchen.
[73] Zur Geschichte und Hintergrund des Briggs-Reports und derzeitigen Bestrebungen samt Bedenken, siehe auch Richard Susskind, Tomorrow's Lawyers, 2017, S. 111 ff.
[74] Nr. 6.43 des Briggs-Reports. Hervorhebung durch den Autor.

*(3) a determination stage, where those disputed cases which cannot be settled are determined by a Judge, by whichever of a face to face trial, **video or telephone hearing** or determination on the documents is the most appropriate."*[75]

950 Der Briggs-Report erörtert das Für und Wider („*A Rash Step in the Dark?*", so die rhetorische Frage von Lord Briggs)[76] eingehend, bleibt aber bei der Empfehlung für ein Onlinegericht:

*„[T]he Online Court is only worth proceeding with if it offers a real prospect of **greatly improved access to justice** to those individuals and small businesses who (or which) cannot afford, or cannot sensibly put at risk, the **disproportionate cost of legal representation** on a full retainer."*[77]

951 Dabei konstatiert der Briggs-Report ausdrücklich, dass das Onlinegericht mehr ist als Online-Streitbeilegung, nämlich ein justizförmiges Verfahren mit einem echten Richter:

*„[Another] **misconception** is that the justice offered by the Online Court would be **a form of ODR**. While a form of online dispute resolution (where the parties seek to settle online without the intervention of a further human participant) **may well be a part of the process**, the main form of conciliation at stage 2 is to be by **human intervention**, while all decisions about substantive rights are to be made by a **judge**."*[78]

952 Damit möglichst viele Menschen Zugang zum Onlinegericht haben, soll dessen IT auch „*for use on smartphones and tablets*" zugeschnitten sein.[79] Der Briggs-Report enthält weiterhin Empfehlungen, wie Parteien geholfen werden kann, die Hilfe beim Umgang mit Online-Systemen benötigen.[80] In England und Wales wird diese Modernisierung und Digitalisierung der Gerichte finanziell mit mehr als GBP 700 Mio. unterstützt. Ein großer Teil dieses Investments fließt in Onlinegerichte, dabei wird das Vorhaben sowohl von Regierung als auch von der Richterschaft unterstützt.[81] Hier geht es um die echte staatliche Entscheidung von Rechtsstreitigkeiten. Dabei ist insbesondere das Ansinnen problematisch, Anwälte vom Verfahren tendenziell auszuschließen oder zumindest fernzuhalten, und wäre in Deutschland wohl verfassungswidrig.[82] Zu erwarten ist auch in Großbritannien eine „robuste" (so Richard Susskind, der Vordenker des Onlinegerichts) Debatte über Onlinegerichte, mit vielerlei Widerstand, auch vor dem Hintergrund, dass öffentliche Technologieprojekte öfter schiefgehen.[83] Um herauszufinden, was für „*designs, solutions, systems, and technologies*" nötig sind, haben sich inzwischen die „Society for Computers and Law", „Legal Geek" und die „Judiciary of England and Wales" zusammengetan, um Hackathon(s) für „*online courts and digital justice*" durchzuführen.[84] Richard Susskind erwartet, dass es im Internetzeitalter nicht mehr vorstellbar sein kann, dass *kein* Onlinegericht in irgendeiner Form eingeführt wird.[85] Ab 2020 würden sowohl Onlinegerichte als auch ODR-Verfahren verstärkt auf Videokonferenzen aufbauen, um die Verhandlungen in Echtzeit zu führen. Hinzukommen würden Diagnosewerkzeuge mit künstlicher Intelligenz, die den Parteien helfen, ihren Fall zu verstehen und darüber zu verhandeln sowie Prognosewerkzeuge, die das wahrscheinliche Ergebnis eines Prozesses mittels statistischer Analyse vorheriger Gerichtsentscheidungen vorhersagen.[86]

---

[75] Nr. 6.4 des Briggs-Reports. Hervorhebung durch den Autor.
[76] Nr. 6.40 ff. des Briggs-Reports.
[77] Nr. 6.68. des Briggs-Reports.
[78] Nr. 6.8 des Briggs-Reports. Hervorhebung durch den Autor.
[79] Nr. 6.18. des Briggs-Reports.
[80] Nr. 6.11 ff. des Briggs-Reports.
[81] Richard Susskind, Tomorrow's Lawyers, 2017, S. 115.
[82] Braegelmann, ZInsO 2016, 950, 952.
[83] Zu diesem Risiko eingehend Nr. 6.55 („Underfunding or inadequate IT") bis Nr. 6.69. des Briggs-Reports.
[84] www.onlinecourtshackathon.com/.
[85] Richard Susskind, Tomorrow's Lawyers, 2017, S. 115.
[86] Richard Susskind, Tomorrow's Lawyers, 2017, S. 115.

II. Bedenken gegen Onlinegerichte, insbesondere aus Sicht der deutschen Rechtsordnung

Bedenken gegen Onlinegerichte gibt es etliche.[87] Eine mündliche Verhandlung kann für Rechtsfrieden sorgen, weil die Parteien sich dabei näherkommen. Der Verzicht darauf könnte ein Kernelement des Rechtschutzes entfallen lassen. Dem steht gegenüber, dass Onlinegerichtsverfahren schneller sein könnten, und so für besseren Rechtsfrieden sorgen. Es kann auch sein, dass ohne mündliche Verhandlung überhaupt kaum noch eine öffentliche Kontrolle der Rechtsprechung stattfinden kann. Andererseits könnte man überlegen, die Onlineverhandlungen auch öffentlich zu machen, wodurch vielleicht sogar eine breitere öffentliche Kontrolle möglich wäre. Ferner ist es fraglich, ob Beweiserhebungen, insbesondere Zeugenvernehmungen, die nur noch aus der Ferne elektronisch vermittelt stattfinden, die gleiche Qualität wie die Beweiserhebung in der mündlichen Verhandlung haben können. Doch ist es wiederum denkbar, dass manche Zeugen bereitwilliger aussagen, wenn sie nicht von der physischen Präsenz eines Gerichtssaals eingeschüchtert werden.[88]

Doch selbst wenn einem die Überlegungen zur Einführung von Onlinegerichten in England und Wales vielleicht vernünftig scheinen mögen, würden sie allein nicht für die Transformation des Gerichtswesens in Deutschland in Richtung Onlinegerichte ausreichen. Sofern mehr als alternative Streitbeilegung, nämlich echte staatliche Rechtsprechung stattfinden soll, muss man bei der strikten Einhaltung der rechtsstaatlichen Verfahrensgrundsätze bleiben, insbesondere also beim Grundsatz der prozessualen Waffengleichheit durch Vertretung durch Anwälte.[89] Dass in Deutschland nun jedoch ein Online-Akteneinsichtsportal für elektronische Gerichtsakten eingeführt wird, wodurch Verfahrensbeteiligte, auch ohne Anwalt, künftig Einsicht in die sie betreffenden Akten nehmen können, zeigt, dass auch in hierzulande bereits eine Infrastruktur entsteht, auf der sich späterhin ein Onlinegericht aufbauen ließe.

Für Großbritannien gibt Susskind zu bedenken, dass man eine Idealversion eines kostengünstigen, traditionellen Gerichts nicht mit ODR und Onlinegerichten vergleichen möge, sondern damit, was es wirklich gebe: Ein System, das zu teuer sei, zu lange brauche, für Nichtjuristen kaum verständlich sei und deshalb viele mögliche Kläger – obwohl sie schlüssige Ansprüche hätten ausschlösse.[90]

Diese desolate tatsächliche Diagnose für Großbritannien, ob sie nun in Gänze stimmt oder nicht, wird man im Auge behalten müssen, wenn man ähnliche Diskussionen auch für Deutschland und die restliche EU führt: Ist das deutsche Gerichtswesen auch derartig verfallen, in der Krise und ausschließend? Soll die deutsche Gerichtsbarkeit nicht nur digitalisiert, sondern in eine Onlinegerichtsbarkeit transformiert werden? Das wird weiter zu untersuchen sein.[91] Jedenfalls ergänzt Susskind, dass man mit Onlinegerichten und ODR einen Weg gefunden habe, den Zugang zur Justiz zu erweitern und, bezogen auf den Streitwert, zu vernünftigen und verhältnismäßigen Kosten mehr Rechtsschutzbedürfnisse befriedigen kann. Susskind erwartet, dass Onlinegerichte und ODR eine „*disruptive technology*" sind und bald die Streitbeilegung dominieren werden.[92]

---

[87] Siehe Richard Susskind, Tomorrow's Lawyers, 2017, S. 118–121, der folgende Absatz paraphrasiert seine Argumente.
[88] Vgl. Richard Susskind, Tomorrow's Lawyers, 2017, S. 118–121.
[89] Vgl. Hirtz, NJW 2012, 1686, 1687 f.
[90] Richard Susskind, Tomorrow's Lawyers, 2017, S. 120.
[91] Vgl die ausführliche Diskussion hierzu bei Viola Schmid, in Sodan/Ziekow, VwGO, 4. Auflage 2014, § 55a, Rn. 1-15: „Zur Überführung von traditioneller Realworld-Justiz in den Cyberspace".
[92] Richard Susskind, Tomorrow's Lawyers, 2017, S. 120 f.

H. Schlussbetrachtung: Online-Streitbeilegung als rechtspolitische Herausforderung

957   Bei der Online-Streitbeilegung steht „*nicht, wie in einem Zivilprozess, der 'Kampf ums Recht' im Vordergrund, sondern die Schlichtung und Befriedung.*"[93] Die Online-Streitbeilegung kommt mit einer weniger starken Rechtsbindung aus und zurecht.[94] Die Frage, welche sich dann der Rechtspolitik stellt, ist: „*Wo bleibt das Recht? (…) Beilegen lässt sich ein Streit auch auf andere Weise als durch Recht [oder] ohne explizite Bezugnahme auf Recht (…).*"[95] Ob durch die Ausweitung der Online-Streitbeilegung also Recht und Gerechtigkeit verbessert werden (und für wen?), muss sich noch zeigen.

958   Den Trend zur Ausweitung von ODR/ADR kann man als Symptom einer rechtsfernen Gesellschaft deuten,[96] er belegt aber auch den rechtstheoretischen Befund, dass das Gesetz seine Vorrangstellung als Rechtsquelle unwiederbringlich verloren hat.[97] Teile der Kritik sprechen in diesem Zusammenhang von einem „*Bedeutungsverlust der Zivilgerichtsbarkeit*", einer „*Paralleljustiz in Verbrauchersachen*", von „*Zwei-Klassen-Justiz*" und einer „*flächendeckenden Vertreibung der Verbraucher aus dem Recht*"[98] oder gar von „*rough justice*"[99] oder „*Außergerichtsbarkeit*"[100] oder „*Schattenjustiz*"[101] Gewährleistet der Staat also noch eine funktionsfähige Justiz für alle seine Bürger? Wenn die Antwort nein lautet, ist ODR/ADR dann die richtige Lösung, oder nicht doch eher die Stärkung und Modernisierung der staatlichen Justiz und des Zugangs zum Recht?[102]

959   Hinzu kommt: Die grundsätzliche Nichtöffentlichkeit von ODR/ADR-Verfahren kann ebenfalls die Geltung des Rechts schwächen, wenn hierdurch „*massenhaft Rechtsrealität neben der staatlichen Gerichtsbarkeit*" geschaffen wird.[103] Bei der Online-Streitbeilegung findet kaum eine öffentliche Kontrolle ihrer Entscheidungen und Maßstäbe statt, soweit die Entscheidungen privat ergehen, nur spärlich begründet werden und nicht veröffentlicht werden. Außerdem haben zukünftige ODR-Verfahren deswegen kaum vorherige ODR-Entscheidungen als Maßstäbe oder gar als Rechtsquellen an der Hand, um ihre Entscheidungen zu treffen. Ohne allgemein zugängliche Sammlungen von Entscheidungen und Rechtsquellen ist aber eine einheitliche Entscheidung von Streitigkeiten und darauf aufbauende Fortbildung der Entscheidungspraxis nicht möglich.[104]

960   Bleibt die Online-Streitbeilegung aber privat, außergerichtlich und unveröffentlicht, kann an einzelnen Entscheidungen auch keine öffentliche oder juristische Kritik erfolgen. Dann bestimmt irgendwann vielleicht kein demokratisch legitimiertes, staatliches Recht die ODR-Entscheidungspraxis mehr, sondern es herrschen vorrangig wirtschaftliche Streitbei-

---

[93] Hirsch, NJW 2013, 2088, 2094, unter Verweis auf Rudolf von Jhering, Der Kampf ums Recht, 1872.
[94] „The law will not be irrelevant, but the solutions to many of the problems generated by our expanding technological environment will not come from the courts – or at least not from courts that are situated in a physical space. Nor will they come from some form of traditional alternative dispute resolution that relies on face-to-face interactions. Face-to face alternative dispute resolution models also do not scale and are less accessible, more lengthy and costly, and more easily influenced by the adversarial and legalistic mindset." Katsh/Rabinovich-Einy, 2017, S. 174.
[95] Meller-Hannich/Höland/Krausbeck, ZEuP 2014, 8, 35.
[96] Engel, NJW 2015, 1633, 1637, m.W.N. Zur Diskussion siehe auch Röthemeyer, in: Borowski/Röthemeyer/Steike, VSBG, 1. Auflage 2016, Rn. 92.
[97] Lahusen, Rechtspositivismus und juristische Methode, 2011, S. 169.
[98] Engel, NJW 2015, 1633, 1635, m.W.N.
[99] Siehe die Zitate von Wagner und Stürner bei Engel, NJW 2015, 1633, 1635 f., insbesondere in Fn. 42 m.W.N.; siehe auch Röthemeyer, in: Borowski/Röthemeyer/Steike, VSBG, 1. Auflage 2016, Rn. 81 ff., wonach die Kritiker überwiegend worst case Szenarien anführen und die Chancen geringschätzen, die Praktiker hingegen ihre alltägliche Praxis verteidigen und die Möglichkeit des Missbrauchs unterbewerten.
[100] Grupp, AnwBl. 2015, 186 m.w.N.
[101] Eidenmüller/Engel, ZIP 2013, 1704.
[102] Eidenmüller/Engel, ZIP 2013, 1704.
[103] Schulte-Nölke, ZGS 2010, 385, am Beispiel von PayPal.
[104] Vgl. Lahusen, Rechtspositivismus und juristische Methode, 2011, S. 170. Zum allgemeinen rechtspolitischen Problem der „verschwindenden Entscheidungspraxis" von staatlichen Gerichten, dem Mangel an veröffentlichtem „case law", wodurch etliche Rechtsgebiete intransparent werden, siehe Risse, SchiedsVZ 2014, 265, 273 ff.

legungs-Interessen, da doch anzunehmen ist, dass z. B. große Onlinehändler Verfahren zur Online-Streitbeilegung nicht vorrangig zur Förderung der Gerechtigkeit anbieten sondern zur Förderung ihres Absatzes.[105]

Die Herausforderung ist also, die „*enormen Chancen derartiger privater Onlinegerichte*" zu wahren, ohne dass dabei „*die private und staatliche Entscheidungspraxis (…) völlig auseinanderdriften und die Rechtsordnung riesige blinde Flecken bekommt.*"[106] Geht die Entwicklung so voran wie bisher, dann wird die Frage immer drängender, was an die Stelle des objektiven Rechts tritt, wenn ein „*ADR-Gewährleistungssystem die Justiz ersetzt*".[107] Droht die Entscheidungspraxis der ODR in vielen Bereichen fragmentarisch auseinanderzufallen und gegebenfalls eher unvorhersehbar zu sein? Diese Unvorhersehbarkeit von ODR-Entscheidungen mangels ODR-Rechtsquellen mag auf die Parteien erheblichen Einigungszwang ausüben, auch wenn die Rechtslage anders ist. Ist das rechtspolitisch wünschenswert? Jedenfalls hat die Online-Streitbeilegung durch das ODR-Modellgesetz der UNO und die ODR-Gesetzgebung der EU weiter an Praxisrelevanz und rechtspolitischer Dynamik gewonnen.[108] Es vollzieht sich eine „*grundlegende Veränderung im System der Rechtsverwirklichung.*"[109] Die bisher papiergebundene Justiz wird entgrenzt, was vielleicht zu einer „*neuen Justiz*"[110] oder gar einem „*Systemwechsel*"[111] führen könnte. **961**

---

[105] Vgl. Schulte-Nölke, ZGS 2010, 385.
[106] Schulte-Nölke, ZGS 2010, 385.
[107] Meller-Hannich/Höland/Krausbeck, ZEuP 2014, 8, 38.
[108] Vgl. Weimann/Nagel, NJ 2012, 413, 419.
[109] Gaier, NJW 2016, 1367, 1371.
[110] Vgl. Viola Schmid, in Sodan/Ziekow, VwGO, 4. Auflage 2014, § 55a, Rn. 21.
[111] Hierzu Rüthers/Fischer/Birk, Rechtstheorie, 2016, § 25, S. 581 ff.

6.2 Legal Publishers, Legal Technology, and the New Legal Landscape

David Curle[1]

A. Prelude: HOW is the New WHAT

There is a famous scene in the 1973 film The Paper Chase. This is a film about a year in the life of a first-year student at Harvard Law School, and it features John Houseman in the role of Professor Kingsfield, a brilliant but arrogant and demanding law professor. This film reflected the experience of law school for a generation of US lawyers.

In that famous scene, Kingsfield declares to his students, *"You come in here with a skull full of mush; you leave thinking like a lawyer."*[2]

Think about that statement. Kingsfield saw law school as being all about the law itself. He wanted to train people to think like a lawyer. Legal education was about theory, doctrine, a "way of thinking," not a set of skills. In his perspective, legal education was about the law, about lawyers, but not necessarily about the people who use legal services, the various problems they face, or how best to serve them.

What Kingsfield did NOT tell his students is that they were there to learn anything about the practice of law. Law school taught nothing about how to deal with clients, how to manage a case, how to run the financial side of a legal practice, or how to integrate legal practice with a client's broader business strategy or other goals. Legal education has always been, and to a large extent still is, a purely theoretical matter. Law schools teach how to think like a lawyer, but little about how to BE a lawyer.

There is a parallel to legal publishing here. To a large extent, legal publishers in their traditional roles fit right in with Kingsfield's emphasis on thinking like a lawyer, not on acting like a lawyer. Legal publishing was about providing lawyers with the important legal texts they needed, finding tools to help them identify relevant laws and precedents, and interpretive materials to help them understand legal texts. But legal publishers had little to do with how lawyers applied that material in their work.

Today, HOW is the new WHAT. Legal publishers have moved from providing the WHAT of the law (legal information), to also delivering software and services that help constitute the HOW of legal services. The products that some legal publishers provide today go well beyond telling lawyers what the law is. Their products are more prescriptive; they guide lawyers through legal workflows; they assist lawyers with their financial, pricing, and business development decisions; they apply advanced data analytics and the latest artificial intelligence techniques to process and analyze large volumes of legal data; and they help lawyers outsource key legal processes to attain new levels of efficiency and quality.

In short, the most advanced legal publishers have transformed themselves into legal solutions providers that are increasingly integrated into the delivery of legal services by all players in the market. They are no longer just the providers of a single input to the industry (information); they are key players in the overall legal services supply chain, and central to the overall development of the legal technology industry.

How did we get here? That's the subject of this chapter.

---

[1] David Curle is Director, Market Intelligence in the Thomson Reuters Legal business. He provides research and analysis about the competitive and market environment in the changing legal services industry to the Thomson Reuters organization and its customers.
[2] link to scene: https://www.youtube.com/watch?v=zruWCuNmWV8.

B. From Information to Action

970   The role of legal publishers in the legal industry has evolved in many ways in the past several decades. Any creature that evolves enough will eventually become almost unrecognizable. Many of the world's legal publishers have now evolved to the extent that it's actually inaccurate to call them legal publishers, or to think of publishing and information as their primary activity.

971   The history of legal publishing since about the late 1970's to the present is the story of an evolution from information to software to services. This transformation is not unique, of course. Information providers in many other fields have made this transition:
- Healthcare publishers (think Elsevier) have transformed from print journal publishers, to electronic research platforms, to just-in-time delivery of medical information in clinical workflow tools. "Clinical decision support" is different from just providing information.
- Financial publishers (think Bloomberg or Thomson Reuters' financial businesses) have evolved from market information publishers to robust platforms that encompass information feeds, messaging platforms, and execution of trades.
- Even in the consumer realm we see the same trend. Think of travel sites such as TripAdvisor, where consumers can look up information about destinations, exchange information about them with other consumers (including reviews and ratings), and then actually book travel, all on the same platform.

972   In all these examples, providers that used to sell information (medical journals, market data, and travel information) are now selling something else. They are selling a result (a recommendation for treatment, an executed trade, or a booked vacation). They have become platforms on which transactions take place. The information is still there and is central to the products, but in many cases it's no longer correct to say that the information IS the product. This shift from information to action and result is a fundamental, ubiquitous transformation that has had an impact on virtually every information-intensive industry.

C. The Structure of a Top-Heavy Industry

973   The legal information industry is dominated by three global players:
- Canada-based Thomson Reuters
- Anglo-Dutch RELX (formerly Reed Elsevier)
- Netherlands-based Wolters Kluwer

974   Those three players combined have about a third of the legal solutions revenue market, which information industry analysts Outsell, Inc. estimated to be $23.0 billion in 2016 revenues. Outsell is a research and advisory firm focused on the convergence of information, media, software, technology, and data.

975   Beyond the "Big Three," there is a long tail of smaller legal publishers, many of them serving a single country. Examples of those smaller players include Bloomberg BNA in the US, Editions Lefebvre-Sarrut in France, Haufe-Lexware and Beck in Germany, and Gyosei in Japan. In many markets, there are also publishers that specialize in information about specific practice areas. This long tail of legal publishers can be said to be, with some exceptions, traditional information-centric publishing operations. And their revenues are, relatively speaking, dwarfed by the Big Three's.

976   The following Outsell charts and data give a sense of the size of those three players relative to the sector as a whole.

977   The Big Three players have different geographical and business profiles. TR Legal and RELX Legal are heavily weighted toward North American revenues. Wolters Kluwer has the bulk of its legal revenues in Europe.

Top 10 Legal & Regulatory Solutions Players 2016
Revenue in $Millions

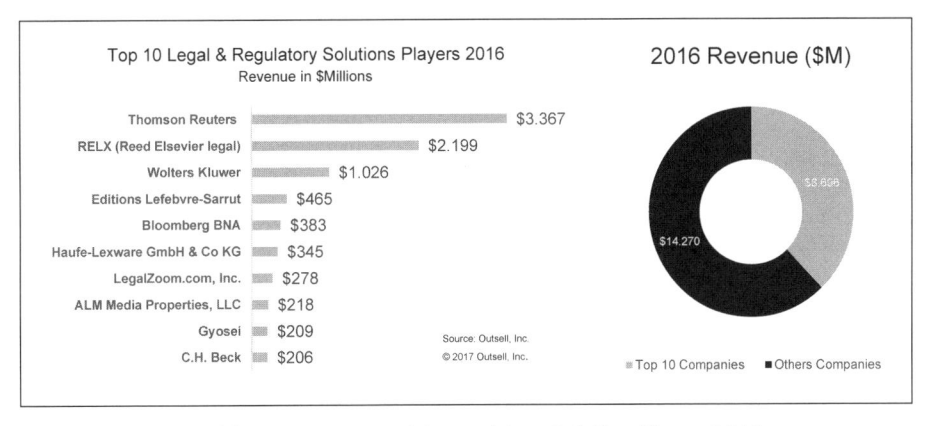

Company	Revenue
Thomson Reuters	$3.367
RELX (Reed Elsevier legal)	$2.199
Wolters Kluwer	$1.026
Editions Lefebvre-Sarrut	$465
Bloomberg BNA	$383
Haufe-Lexware GmbH & Co KG	$345
LegalZoom.com, Inc.	$278
ALM Media Properties, LLC	$218
Gyosei	$209
C.H. Beck	$206

Source: Outsell, Inc.
© 2017 Outsell, Inc.

2016 Revenue ($M): $8.696 / $14.270 — Top 10 Companies ■ Others Companies

Abb. 14: Top 10 Legal & Regulatory Solution Players 2016

	RELX Legal (LexisNexis)	Wolters Kluwer Legal & Regulatory	TR Legal
Geographic footprint of legal businesses	68 % North America 20 % Europe 12 % Asia-Pacific and Rest of World	22 % North America 77 % Europe 1 % Asia-Pacific (AP) and Rest of World (ROW)	86 % Americas 11 % Europe, Middle East, Africa 3 % Asia

Another key measure of the Big Three is the extent to which they have converted from print to digital products, and from transactional to subscription-based sales.

Print share of revenues is an important measure because print revenue is declining for all three of the Big Three players. The process of managing that decline, and shifting customers to digital products, is a focus for all three.

Similarly, all of the Big Three strive to have as much revenue as possible in the form of renewable subscription revenue, because subscriptions add a level of predictability to revenue streams. When any of the Big Three report revenue slowdowns in legal revenue growth, the culprit is often a shift in economic conditions that causes a decline in the purchase of certain transactional products or classes of products.

	RELX Legal (LexisNexis)	Wolters Kluwer Legal & Regulatory	TR Legal
Print Share of US revenues	8 % (estimated)	14 %	14 %
Subscription vs. transaction revenues	80 % Subscription 20 % Transactional	74 % Subscriptions 26 % Transactional	87 % Subscriptions 13 % Transactional

Source: 2016 annual financial reports.

Finally, it should be noted that all of the Big Three are parts of larger information conglomerates. RELX has significant businesses in risk and business analytics and scientific publishing. Wolters Kluwer has large healthcare information and tax and accounting businesses. Thomson Reuters also has a large tax and accounting unit, a financial and risk division, and the Reuters news business. The common denominator in all of these businesses is that all three serve various kinds of professional markets (legal, tax, financial services, and healthcare professionals). Those markets are more stable and have more spending power than many other B2B or BtoC information markets.

D. The Big Three: Consolidation, and the Shift from Content to Solutions

982   The Big Three became big through a combination of organic growth and acquisitions. Historically, acquisitions have been the major driver of growth for all of them, though in recent financial reports all claim to be focused more on organic growth, as they all attempt to extract synergies from integration with other business units within their enterprise structure.

983   The story of this growth is the story of two distinct types of acquisitions, and a shift that has taken place since the start of the new millennium.

I. 20th Century Consolidation: Content, content, content

984   The first phase of consolidation pre-dates the digitization of legal information. Throughout the 20th Century, the Big Three gradually acquired many of the independent legal publishers in the English-speaking world (and some in other markets as well). Some of the major publishing acquisitions included:

Thomson Reuters
- West Publishing Company (1996), which had earlier acquired:
  - Clark Boardman (1980)
  - Carswell (Canada) (1987)
  - Sweet and Maxwell (UK) (1987)
  - RIA, Research Institute of America (1989)
  - Lawyers Cooperative (1989)

RELX
- RR Bowker (1985)
- Martindale-Hubbell (1990)
- LexisNexis (1994)
- Michie Publishing (1994)
- Butterworth's (UK) (1994)
- Shepard's (1998)
- Matthew Bender (1998)

Wolters Kluwer
- Aspen Law & Business (1994)
- Commerce Clearing House (1995)
- Little Brown professional treatises (1996)
- Wiley Law Publications (1997)
- Loislaw (2000)

985   What's notable in this period is that all of these transactions had to do with the consolidation of legal *content*. The Big Three, and the remaining independent legal publishers, still largely thought of themselves as *information* providers. During the course of the century, and particularly with the launch of the Lexis legal research service in 1973, followed by West's launch of Westlaw in 1975, digitization of legal content accelerated. The medium was shifting from print to digital, but the legal information conglomerates still thought of themselves as publishers and content providers.

II. 21st Century Consolidation: From Content to Legal Solutions

In this century, however, the consolidation of legal content has slowed, and the Big Three acquisition activity has taken a different turn. Gradually, through a combination of acquisitions and organic development, the Big Three have turned into not just content providers to the legal industry, but also providers of robust portfolios of information, software, services, and know-how.

Here are some of the key solutions business lines of the Big Three that don't center solely on the provision of information:

RELX (LexisNexis)
- Software:
  - CaseMap (litigation management);
  - CounselLink (matter, e-billing, and legal spend management for in-house counsel);
  - TimeMatters (timekeeping, case management)
- Know-How:
  - Lexis Practice Advisor (US); Lexis PSL (UK).

Wolters Kluwer
- Software:
  - Enterprise Legal Management (legal spend management for in-house legal departments: Datacert, Tymetrix, and LegalView offerings);
  - Kleos (practice management);
- Services:
  - CT Corp (filings and maintaining business licenses);
  - Verifield (health and safety compliance);
  - Corsearch (trademark clearance and protection services);
  - NRAI (registered agent services)

Thomson Reuters
- Software:
  - Elite and Firm Central (practice management software for firms);
  - Legal Tracker (practice management and analytics for in-house legal departments, formerly Serengeti, acquired 2010)
  - Case Notebook (case management)
  - Contract Express (contract automation, acquired 2015)
- Services:
  - Findlaw (originally a free legal content acquisition that has been transformed into a marketing services provider for small firms);
  - Legal Managed Services (formerly Pangea3, a legal process outsourcing firm acquired in 2010)
- Know-How:
  - Practical Law (UK-based Know-how company acquired in 2013 that invented a new category of provider, a mix of content and workflow tools)

E. The Market Begins to Recognize this Move Beyond Content

One of the first observers to recognize the role that legal publishers can play in the transformation of the legal technology space and the legal market itself was the author and legal tech guru Richard Susskind. In his 2009 book "The End of Lawyers?", Susskind identified legal publishers as central players in the transformation of the legal industry and key legal tech players themselves.

989 Susskind argued that the very large legal publishers are the biggest players in legal technology, both in terms of the number of employees and capacity for research and development, but also in terms of revenue and their existing impact on the market. He predicted that publishers like Thomson Reuters and LexisNexis would acquire more and more software system development houses in the legal area.

990 Still, the old 20th-century paradigm of what a publisher was expected to be has been surprisingly difficult to shake off. Equity analysts who track the Big Three have tended to focus on their information assets, and see their offerings as research products primarily sold to libraries.

991 Recently, however, all three companies have emphasized their solutions businesses in their regular financial reports. One analyst in particular seems to have grasped their transformation: a March, 2016 report from Nomura Global Markets Research, called "Media: Legal Solutions vs Decisions."

992 The report comes to a few conclusions about the Big Three:
- First, it acknowledges that solutions (defined as software that enables the client to increase productivity and efficiency and manage a process) have become the fastest-growing part of the Big Three's revenues, as content revenues have been flat for several years. In earnings reports, each of the Big Three usually try to emphasize the higher growth of these solutions businesses as a contrast to the more modest growth rates of the content businesses. The report estimates the share of revenues that each of the Big Three has in solutions. For Thomson Reuters, it's 46%, for Wolters Kluwer it's 45%, and for RELX it's 15% (estimates based on 2015 revenues).
- Second, the report notes that law firm demand is flat, a condition that has been fairly consistent since 2008. However, the report also acknowledges that it is a mistake to equate law firm growth with the growth of the overall legal information and services market. Law firms are losing share of the total legal spend to corporate legal departments retaining more work in-house, to the Big Four audit firms, and to Legal Process Outsourcing companies.

993 That last point is key. Non-law-firm players in the legal market are more likely to be the ones adopting solutions, applying technology and new processes to legal work. Even within firms, slumping demand means that productivity solutions are increasingly important.

994 What this also means is that legal publishers have made a fundamental shift. When they were pure information providers, they were simply vendors to the industry. Now, as providers of a wider range of services and software, they are rapidly playing a more central role in the industry; they are no longer a provider to the industry, they are part of the industry. This is especially true with regard to the services part of their businesses.

F. Advantages and Challenges: Legal Publishers as Solutions Providers

995 With legal publishers increasingly acting as solutions providers, and integrating themselves into the legal services supply chain, they now face a range of opportunities and challenges that they didn't face before.

I. Challenges

996 • **Competition**. As legal publishers have moved into markets other than pure information markets, they have taken on new competitive challenges. When publishing was a more distinct, self-contained industry, legal publishers competed with each other, in clearly defined markets and with clearly defined sets of information-centric offerings. Suddenly, as they moved into the legal technology and legal solutions game, their competitors include a wide range of software players serving the industry already, and, in more recent years, an explo-

sion of legal tech startups all targeting various parts of the legal technology landscape. The competitive environment for legal publishers has become more multi-dimensional. This is particularly true in the services space, where initially some law firms might have seen Big Three-provided services (such as Thomson Reuters Legal Managed Services business) as competitive with their own services. Recent research, however, suggests that firms are now seeing those services as complimentary, not competitive.[3]

- **Integration.** To date, much of legal publishers' shift from legal information into legal solutions has been accomplished via acquisitions, not organic growth. Integrating new offerings with legacy products and platforms is an ongoing challenge. The Big Three have invested enormous resources in existing platforms and information architectures, and each new acquisition presents the challenges that companies in any industry face in integrating new people, processes, data structures, and software into those legacy systems and organizations.
- **Flexibility and Speed.** The legacy legal publishing industry was not known for flexibility and speed. Even as digitization made its inroads, publishing was less dynamic than other software industries, and the legal industry that the legal publishers served did not, for many decades, put any particular pressure on legal publishers for new products or new ways of doing things. Quality of information, certainly, was a concern for law firms, but firms did not begin to demand solutions that increase efficiency or transform the way they work until relatively recent years.

II. Opportunities

- **Scale and Resources.** The Big Three have the advantage of being part of large global solutions players. Their size gives them advantages both relative to their customers (particularly law firms, a fragmented industry where the largest firms have $2-3 billion dollars in revenue, in contrast to other industries where the largest companies are many times larger than that), and relative to other legal tech companies, which tend to have much smaller revenues. That scale is valuable not least when it comes to distribution; each new solution that a Big Three publisher adds to its mix can be sold to the very large base of customers the publisher already has. Newer legal tech startups can't match that distribution power from the start.
- **Domain Expertise.** Because of their legacy as information providers, the Big Three have a great deal of built-in domain expertise. Thomson Reuters, for example, has over 2,300 lawyers within its Legal business, a number which would put it within the top 5 or 6 law firms if it were a firm. That domain expertise gives the Big Three an advantage when they compete with other pure software firms or legal tech providers, which might have founders with a legal background but not nearly the level of legal expertise that is embedded throughout the Big Three organizations.
- **Data, data, data.** Much of the new legal tech industry is built on data. Analytics, eDiscovery, and Artificial Intelligence technologies such as Natural Language Processing all require large data sets. If there are any players who have large sets of legal data, it's the Big Three. While they may not always have exploited it fully in the past, the data resources that all of the Big Three control can provide an important raw material for all kinds of legal solutions. A good example of the value of that data is the recent acquisition of Lex Machina by LexisNexis. Lex Machina was a legal analytics startup that developed offerings that helped lawyers predict case outcomes in IP litigation. Its progress was somewhat hindered by the fact that it had to acquire and normalize large sets of legal dockets data. LexisNexis already had a large set of that data (as do other providers), and ultimately the ability to access that data set and data expertise led Lex Machina to be acquired as a faster route to expansion.

---

[3] see The 2017 Alternative Legal Service Study: Understanding the Growth and Benefits of These New Legal Providers, http://www.legalsolutions.com/alsp.

G. Future Outlook

1002 The future of legal publishers and their ability to maintain and increase their role in the legal technology arena depends on how they manage those opportunities and challenges. It is hard to underestimate the level of change that has occurred in legal technology and innovation in recent years, and the number of new legal technology providers that have come along to challenge the legal publishers over their place in the overall legal tech market. But the legal publishers have not stood still; each in their own way are moving forward and claiming important parts of the new legal technology environment. There are significant challenges, but also significant upsides, to legal publishers continuing to expand and transform into significant legal technology players.

6.3 Judex Calculat – Neue Berufsbilder und Technologie in der juristischen Ausbildung

Dirk Hartung[1]

Dieses Kapitel widmet sich der Frage, welche neuen Berufsbilder durch Legal Technology entstehen und was diese Veränderungen für die juristische Ausbildung bedeuten. Juristen managen Risiken und helfen dabei, Komplexität zu bewältigen. Dies wird auch in Zukunft ihre Tätigkeit bleiben. Verändern wird sich allerdings, wie sie diese Aufgabe bewältigen und mit wem sie dafür zusammenarbeiten. Es lohnt sich daher, all jene Tätigkeiten in den Blick zu nehmen, die der Bewältigung dieser Aufgabe dienen.

Dabei sind die einzelnen, im Folgenden beschriebenen Rollen nicht als abschließende Stellenbeschreibungen zu verstehen. Vielmehr werden Juristen in Zukunft zu unterschiedlichen Anteilen diese Aufgaben selbst übernehmen oder gemeinsam mit Angehörigen anderer Berufe erarbeiten. Auch finden sich viele dieser Tätigkeiten heute bereits in Kanzleien, Rechtsabteilungen, Unternehmen und Gerichten wieder. Bisher werden sie jedoch nicht – oder jedenfalls erst seit kurzer Zeit[2] – als juristische Tätigkeiten eingeordnet.

A. Fähigkeiten für Juristen im nächsten Jahrzehnt

Der Markt für Rechtsdienstleistungen und der Zugang zum Recht werden sich durch Technologie erheblich verändern.[3] Infolgedessen werden Juristen, deren Kenntnisse sich auf juristische Dogmatik und Methodik beschränken, zwar weiterhin Beschäftigung finden. Da ihnen jedoch wesentliche Fähigkeiten für die durch diese Veränderungen bedingten neuen Möglichkeiten zur Wertschöpfung fehlen, werden sie an deren positiven Auswirkungen nicht teilhaben können. Um dies zu ändern, sollten angehenden Juristen die notwendigen Kenntnisse in ihrer Ausbildung vermittelt werden. Daneben wird Rechtsberatung in Zukunft stärker in andere geschäftliche Prozesse integriert und, wo machbar, automatisiert. Die Fähigkeit, Normen auf einen Sachverhalt anzuwenden, ist dann nur noch ein Teil einer breiteren Palette juristischer Beratungsprodukte. Eine ähnliche Entwicklung ließ sich bereits beobachten, als von Juristen Ende des 20. Jahrhunderts zunehmend Fremdsprachenkenntnisse und betriebswirtschaftliche Bildung erwartet wurden.

Angesichts der hohen Entwicklungsgeschwindigkeit auf bestimmten Gebieten der Informatik (beispielsweise Machine Learning) haben alle, die sich nicht in Vollzeit damit beschäftigen, kaum eine Chance, auf der Höhe der Zeit zu bleiben. Die ständige Auseinandersetzung mit den Themen und Einbindung in die fachlichen Communitys, derer es dafür bedürfte, lässt sich schlicht mit einer anderen Berufstätigkeit zeitlich nicht vereinbaren. Juristen werden daher

---

[1] Dirk Hartung entwickelt als Executive Director Legal Technology die Technologieausbildung an der Bucerius Law School.
[2] Das Corporate Legal Operations Consortium (CLOC), gegründet 2009, veröffentlicht seit Kurzem eine Übersicht unter: https://cloc.org/what-is-legal-operations.
[3] s. für eine detaillierte Beschreibung s. die Studie der Boston Consulting Group und Bucerius Law School „How Legal Technology is Changing the Business of Law", abrufbar unter: http://www.bucerius-education.de/fileadmin/content/pdf/studies_publications/Legal_Tech_Report_2016.pdf.

auch in Zukunft selbst keine umfangreiche, aktuelle Software entwickeln.[4] Eine umfassende Ausbildung in Informatik ist deshalb nicht sehr sinnvoll.

1007 Gerade da Softwareentwicklung eine hochspezialisierte, sich sehr schnell entwickelnde Materie ist, besteht die Gefahr, dass sich die ihr zugrundeliegenden Arbeits- und Denkweisen soweit vom intuitiv Erfassbaren entfernen, dass eine Verständigung mit den Entwicklern und ein Verständnis der Technologien für technologische Laien nicht mehr möglich ist. Dies ist vor allem für die Nutzer nachteilig, da sie nicht mehr verstehen, wie Technologie und Wirklichkeit zusammenspielen und ihre Werkzeuge funktionieren. Das führt dazu, dass technologische Laien die Einsatzmöglichkeiten für Technologie verkennen. Wer nicht weiß, was eine relationale Datenbank von einer objektorientierten oder semistrukturierten Datenbank unterscheidet, kann nicht einschätzen, zu welchem Produkt er für eine bestimmte Aufgabe greifen und welche Fragen er einem Dienstleister stellen muss. Er übersieht dadurch lukrative Einsatzmöglichkeiten und Chancen, sich seine eigene Arbeit massiv zu erleichtern. Hier muss eine technologische Zusatzausbildung ansetzen. Juristen – wie im Übrigen alle anderen Professionen – müssen in der Lage sein, grundlegende Funktionsweisen technischer Werkzeuge zu verstehen. Sie müssen sich mit jenen, die diese Werkzeuge entwickeln, außerdem verständigen, das heißt ihre Bedürfnisse und Probleme mitteilen können. Schließlich müssen sie Technologie im juristischen Kontext realistisch bewerten können. Dafür bedarf es eines technologischen Grundverständnisses und daraus resultierender technologischer Sprachfähigkeit.

1008 Zusätzlich wirkt sich die gesamtgesellschaftliche technologische Weiterentwicklung auf die von Juristen zu bearbeitenden Sachverhalte aus. Diese nehmen einerseits in ihrem Informationsumfang erheblich zu. Andererseits kann man viele Sachverhalte und daraus resultierende juristische Fragestellungen nicht in ausreichender Tiefe verstehen, wenn man nicht wenigstens ein rudimentäres Verständnis der eingesetzten Technologien hat. Nur wenn ein solches Verständnis besteht, können Juristen erkennen, unter welchen Umständen Technologie ihre Probleme lösen kann und diese Erkenntnisse Entwicklern vermitteln. Gleichzeitig werden Juristinnen und Juristen dadurch universeller und sinnvoller in arbeitsteilig tätigen Teams einsetzbar.

B. Neue Rollen und ein neues Selbstverständnis in der Rechtsdienstleistung

1009 Arbeitsteilung ist bei juristischer Tätigkeit nichts Neues: In vielen Kanzleien erledigen wissenschaftliche Hilfskräfte und Rechtsanwaltsfachangestellte viele Vorarbeiten und mandatsbezogene oder allgemeine administrative Tätigkeiten. Spezifische Recherchen beispielsweise im Markenrecht werden häufig durch externe Dienstleister erbracht. Größere Kanzleien betreiben eigene Business Center für Tätigkeiten wie Client Onboarding, Überwachung von Interessenkonflikten, Marketing und juristische Recherche usw. In Unternehmen liefern andere Abteilungen wichtige Informationen für die Rechtsabteilung. In der Justiz schließlich fallen viele Aufgaben Geschäftsstellen und den Parteien zu.

1010 Üblicherweise gelten diese Tätigkeiten als Ausgangspunkt für eine weitere Verarbeitung durch Juristen, die auf dieser Grundlage in der nächsten Veredelungsstufe Rechtsprodukte herstellen. Diese dienen in der nächsten Stufe als Grundlage weiterer Entscheidungen. Diese Form der Zusammenarbeit hat sich bewährt, da es die juristischen Berufe alleine nicht leisten konnten, den Sachverhalt hinreichend präzise zu erfassen, alle Informationen für eine rechtliche Bewertung zu beschaffen und dieser eine Form zu geben, die für die weitere Verwendung brauchbar ist. An diesem Grundsatz ändert die Digitalisierung wenig. Allerdings führt sie zu neuen Arten der Kollaboration und erfordert eine neue Einordnung juristischer Tätigkeiten. In vielen Fällen werden rechtliche Bewertungen in Zukunft weiter veredelt werden und Juristen

---

[4] Je nach Tätigkeitsschwerpunkt ist die Erstellung kleiner Programme und Skripte allerdings problemlos vorstellbar.

brauchen für die Bewältigung ihrer Aufgaben bzw. für die Kooperation mit weiteren Disziplinen neue Fähigkeiten.

Diese Arbeitsteilung dient der eingangs erwähnten Bewältigung zunehmender Komplexität. Juristen, die dies erkennen, können erheblich profitieren. Sie können ihre Beratung umfangreicher und gleichzeitig günstiger machen, die Menge und Qualität der von ihnen bearbeiteten Fälle signifikant erhöhen und die Kosten ihrer Abteilung bedeutend senken. Wer es versteht, diese Dynamik für sich zu nutzen macht dabei nicht nur die eigene Arbeit besser, sondern schafft auch gewichtige Argumente für die eigene Karriere.

I. Juristische Projektmanager – Legal Project Manager

Zunehmender Komplexität kann man mit Organisation begegnen. Diese ist im ersten Schritt hilfreich, um die oben angesprochenen verschiedenen Beteiligten zu koordinieren. Diese Aufgabe wird heute vielfach von Juristen erfüllt: Partner in Kanzleien, Teamleiter in Rechtsabteilungen und Richter in der Justiz. Allerdings setzen vor allem größere Kanzleien, inspiriert durch die großen Wirtschaftsprüfungsgesellschaften, zunehmend auf dedizierte Projektmanager. Diese definieren den Ablauf von Beratungsprojekten, überwachen den Fortschritt und stellen die Beratungsteams zusammen. Gleichzeitig achten sie auf die Auslastung der Teammitglieder und übernehmen die Kostenkontrolle.[5] Dies hat weiterhin bereits dazu geführt, dass die Tätigkeit jener Juristen, die bisher diese Aufgabe neben ihrer eigentlichen Tätigkeit wahrgenommen haben, in Frage gestellt wurde.[6] Denn spezialisierte Projektmanager, deren Haupttätigkeit die Koordination der Beratungsprojekte ist, profitieren in deutlich größerem Maße von Standardisierungen bei der Mandatsbearbeitung. Dadurch können sie ihre Tätigkeit schneller und kostengünstiger erbringen. Daneben entlasten sie die Partner und Sachbearbeiter bei der Kommunikation mit den Mandanten von regelmäßigen Kommunikationsaufgaben wie Fortschrittsberichten oder Informationsabfragen. Aufgrund dieser Spezialisierung verbessern sie außerdem ihre Fähigkeiten und Kenntnisse, da sie regelmäßig eine viel größere Anzahl von Projekten gleichzeitig durchführen.

II. Juristische Prozessmanager – Legal Process Manager

Eine weitere Option im Umgang mit zunehmender Komplexität, welche die zutreffende Einschätzung rechtlicher Risiken erschwert, ist Struktur. In vielen Branchen werden Arbeitsabläufe seit den 1970er Jahren mit bestimmten Standardmethoden wie Lean[7], Six Sigma[8] oder einer Kombination beider[9] strukturiert. Wie die amerikanische Kanzlei Seyfarth Shaw LLP bereits seit über einem Jahrzehnt beispielhaft zeigt,[10] lassen sich auch juristische Prozesse durch Anwendung solcher Methoden erfassen und verschlanken. So kann es sich beispielsweise lohnen, den Ablauf bei der Erstellung von Schriftsätzen unabhängig vom Einzelfall genauer zu untersu-

---

[5] Zur weiterführenden Lektüre s. Steven B. Levy, „Legal Project Management: Control Costs, Meet Schedules, Manage Risks, and Maintain Sanity". Ergänzend: „Legal Project Management Competency Framework (LPMCF)", abrufbar unter: http://www.iilpm.com/#LPMCF.
[6] s. Roy Strom, „Legal Project Managers: The New Rainmakers?", abrufbar unter: http://www.law.com/sites/almstaff/2016/09/22/legal-project-managers-the-new-rainmakers/.
[7] Entwickelt aus dem Toyota Production System (TPS) s. „Pioneers of Lean Manufacturing — Taiichi Ohno & Shigeo Shingo", abrufbar unter: http://www.strategosinc.com/downloads/lean_pioneers-dl1.pdf.
[8] Zur Geschichte s. „Six Sigma: Where is it now?", abrufbar unter: https://scm.ncsu.edu/scm-articles/article/six-sigma-where-is-it-now.
[9] Eine gute, nicht kommerzielle Einführung bietet der Wikipedia-Artikel, abrufbar unter: https://en.wikipedia.org/wiki/Lean_Six_Sigma.
[10] s. https://medium.com/rethink-the-practice/lean-by-design-363e49977ef0 bzw. http://www.seyfarth.com/process-improvement.

chen. Häufig lassen sich durch die Visualisierung und Diskussion des Erstellungsprozesses über die Zeit entstandene Arbeitsschritte finden, die keinen Beitrag zur Qualität des Schriftsatzes leisten. Solche Schritte können zum Beispiel routinemäßige Korrekturrunden sein, bei denen kaum Änderungen vorgenommen werden. Auf der anderen Seite können – sofern dafür kein regelmäßiger Arbeitsschritt existiert – wertvolle Vorarbeiten in Form von Entwürfen übersehen werden, wenn die Bearbeiter mangels eines Knowledge Management Systems keine Kenntnis davon haben. Beide Probleme lassen sich organisatorisch lösen und verbessern die Qualität der Rechtsdienstleistung erheblich. Wenn Juristen in Zukunft mit Methoden zum Prozessmanagement und der Prozessverbesserung vertraut sind, können sie nicht nur erheblich Kosten sparen, sondern die gewonnene Zeit auch in neue Angebote investieren.

III. Juristische Technologiemanager – Legal Technologists

1014 Der Tech-Index des CodeX Centers for Legal Informatics der Stanford University zählt aktuell mehr als 700 Unternehmen, die Legal Tech in den USA anbieten.[11] Hinzu kommen Anbieter aus anderen Ländern und Software für Customer Relationship Management oder Business Intelligence, die zwar nicht für den Einsatz im juristischen Kontext entwickelt wurde, jedoch in jedem Unternehmen unerlässlich ist. Gleichzeitig tauchen in Kanzleien, Gerichten und Unternehmen immer wieder neue Herausforderungen auf, die sich möglicherweise mit technologischer Hilfe lösen lassen. Um bei diesem Angebot den richtigen Anbieter auszuwählen, Testphasen durchzuführen und bestimmte Software einzuführen, braucht es Verständnis für die Technologien und gleichzeitig für die juristischen Zusammenhänge. Es verwundert daher kaum, dass viele Kanzleien die Rolle des Chief Innovation bzw. Information Officers schaffen,[12] eigene Tochterunternehmen für Innovation gründen[13] oder Unternehmen ganze Teams zur Sichtung und Implementierung von Technologie in der Rechtsabteilung schaffen.[14]

IV. Juristische Analysten – Legal Analysts

1015 Die Menge juristisch potenziell interessanter Informationen wächst mit erheblicher Geschwindigkeit. Viele dieser Daten können durch den Fortschritt bei der Verarbeitung von natürlicher Sprache[15] automatisch verarbeitet werden. So stellt beispielsweise die Auswertung von 40.000 Gerichtsentscheidungen heute eine für Studierende lösbare Aufgabe dar.[16] Dadurch werden weite Bereiche juristischer Tätigkeit statistisch präzise erfassbar.[17] Wie im Finanzsektor entsteht daher ein Bedarf für Analysten, die mit diesen Daten umgehen, daraus Modelle bilden und aus diesen Vorhersagen ableiten können.[18] Je besser die Modelle werden, umso größer wird die Rolle jener, die daraus Produkte entwickeln: Von Business Intelligence Lösungen zur Preis-

---

[11] http://techindex.law.stanford.edu/.
[12] s. Roland Vogl, „Warum die Zukunft sich Zeit lässt", LTO-Artikel, abrufbar unter: http://www.lto.de/recht/job-karriere/j/legal-tech-veraenderung-rechtsmarkt-branche-codex-technologie.
[13] Prominentestes Beispiel ist Nextlaw Labs mit Unterstützung von Dentons, s. http://www.nextlawlabs.com/.
[14] s. Doug Luftman, „Investing in new technologies: How corporate legal departments are leading the way", abrufbar unter: http://www.insidecounsel.com/2016/08/10/investing-in-new-technologies-how-corporate-legal.
[15] sog. Natural Language Processing (NLP).
[16] Bei einer Kooperation zwischen Bucerius Law School, der Universität Hamburg und IBM haben Studierende binnen zwei Wochen beeindruckende Applikationen zur Analyse von etwa 40.000 Entscheidungen des Bundesgerichtshofs entwickelt. Das Projekt ist ausführlich beschrieben bei D. Hartung, Anwaltsrevue/Revue de l'avocat 6-7/2017 – Juristische Ausbildung in Zeiten der Digitalisierung.
[17] Das Unternehmen Ravel Law aus San Francisco bietet seit Kurzem nicht nur umfangreiche Auswertungen zu Richtern und Gerichten, sondern auch zu Kanzleien, s. Stephen Rynkiewicz, „Ravel Law unveils new tool that measures law firm success", abrufbar unter: http://www.abajournal.com/news/article/ravel_law_firm_analytics.
[18] Ein Beispiel bietet eine kürzlich Stellenausschreibung für einen Data Scientist in der zentralen Rechtsabteilung von Facebook Inc., s. https://twitter.com/1jftorres/status/859640694872392578 1.

bildung für Rechtsdienstleistungen bis zu Versicherungsprodukten für rechtliche Risiken.[19] Auch wenn viele juristische Fragestellungen aktuell noch nicht ausreichend vorhersagbar sind, ist dies zumindest in den USA längst keine Zukunftsmusik mehr. Junge Unternehmen wie LexPredict[20] aber auch alteingesessene Marktteilnehmer wie LexisNexis[21] mit den 2015 bzw. 2017 übernommenen Start-Ups Lex Machina[22] und Ravel Law[23] bieten, kommerziell erfolgreich, datenbasierte Lösungen an und entwickeln gleichzeitig stetig neue Produkte.

V. Juristische Designer – Legal Designer

Softwareentwicklung und Umgang mit digitalen Inhalten zeigen im täglichen Leben, wie wichtig Design für die Vermittlung von Informationen und den Erfolg am Markt ist. Design – vom optischen Design bis zum Prozessdesign – hilft in der digitalen Welt alltäglich dabei, große Informationsmengen zu bewältigen und zu den relevanten Inhalten zu gelangen. Intuitiv erkennen Laien gutes Design daran, dass es einfach zu benutzen ist und sie schnell zum gewünschten Ergebnis führt. Diese Erkenntnis leitet jene Designer, die diese Inhalte ihres Fachs erfolgreich auf andere Disziplinen übertragen.[24] Erfolgreiche Projekte wie jene des NuLawLab[25] zeigen, dass Design Thinking in juristischen Kontexten, insbesondere beim Zugang zum Recht, zu beeindruckenden Ergebnissen führt. Gerade bei der Bewältigung der Veränderungsprozesse, welche durch die Digitalisierung der Rechtsdienstleistungsbranche ausgelöst werden, können Designer und Juristen, die jene verstehen, wertvolle Beiträge leisten.

1016

VI. Juristische Ingenieure – Legal Engineers

Während die bisher beschriebenen Rollen Ausdruck einer gewissen Spezialisierung bei der juristischen Wertschöpfung sind, bildet sich – insbesondere, aber nicht nur zu Beginn der Transformation der juristischen Arbeitswelt – auch eine neue, stärker generalistische Rolle an der Schnittstelle von Recht und Technologie heraus. Der juristische Ingenieur bzw. Legal Engineer ermöglicht durch sein Verständnis für Recht und Technologie den Übergang der traditionellen juristischen Tätigkeit zur juristischen Arbeitswelt der Digitalisierung.[26] Er vermittelt als Berater zwischen traditionell ausgebildeten Juristen und deren fachlichen Gegenüber beim Projekt-, Prozess- und Technologiemanagement. Mit fortschreitender Entwicklung dient er möglicherweise als Ansprechpartner für juristische Kunden eines Legal Technology Start-Ups oder in Kanzleien als interner Koordinator zwischen Technologie-, Prozess- und Rechtsberatungsteam.

1017

---

[19] Für eine nähere Untersuchung empfiehlt sich ein Vortrag von Prof. Daniel M. Katz an der Bucerius Law School im Mai 2017, Video abrufbar unter: buceri.us/dmk2017, Präsentation abrufbar unter: https://www.slideshare.net/Danielkatz/fin-legal-tech-laws-future-from-finances-past-some-thoughts-about-the-financialization-of-the-law-professors-daniel-martin-katz-michael-j-bommarito.
[20] s. https://lexpredict.com/.
[21] s. https://www.lexisnexis.de/.
[22] s. https://lexmachina.com/.
[23] s. https://techcrunch.com/2017/06/10/venture-backed-ravel-law-sells-to-lexisnexis/.
[24] Für einen tieferen Einstieg empfiehlt sich die Onlinepublikation Margaret Hagan, „Law by Design", abrufbar unter: http://www.openlawlab.com/.
[25] s. http://www.nulawlab.org/der Northeastern University School of Law.
[26] s. http://www.lexology.com/library/detail.aspx?g=f8d9bb92-3779-4bc2-9f1b-7354d416acb1.

C. Auswirkungen auf die Ausbildung – Eine neue Fachsozialisation für junge Juristen

1018   Derzeit erfolgt in den meisten Schulen keine ausreichende technologische Ausbildung. Bei Eintritt in die Universitäten bestehen Technologiekenntnisse nur bei einem zufälligen eigenen Interesse der Studierenden. Bei nicht naturwissenschaftlichen Studienfächern ist die Menge der Studierenden mit einem solchen Interesse geringer, da Technologieverständnis nicht als Voraussetzung für eine solche Studienwahl betrachtet wird. Häufig wird angenommen, die Rechtswissenschaft sei ein besonders gutes Fach für jene, die mit Mathematik und Naturwissenschaften in der Schule Schwierigkeiten hatten.

1019   Aus diesen Schwierigkeiten resultieren Berührungsängste der Studierenden mit Technologie. Dass viele Studierende gängige Internetdienste nutzen können, ist kein Indiz dafür, dass ein grundsätzliches Technologieverständnis besteht. Denn für Verbraucher entwickelte Webtechnologien sind sehr aufwendig auf möglichst einfache Bedienbarkeit optimiert. Deren Benutzung vermittelt daher nicht die notwendigen Fähigkeiten, auch mit anderen, weniger auf Verbraucher zugeschnittenen Werkzeugen umgehen zu können.

1020   Im Verlauf der ersten Jahre des juristischen Studiums beginnen Studierende „wie Juristen zu denken". Sie sehen drei Verträge, wenn jemand ein Brötchen kauft, erkennen Argumentationsmuster und verstehen Interessenkonflikte und deren mögliche Lösungen – die sogenannte Fachsozialisation[27] erfolgt. Dieser Vorgang erleichtert die Integration in die juristische Community und ermöglicht die Teilnahme am Wissenschaftsgespräch. In vielen Fällen ist damit eine wachsende Skepsis gegenüber dem Erfordernis empirischer Überprüfbarkeit und eine verstärkte Geringschätzung gegenüber einer mathematisch-naturwissenschaftlicher Methodik verbunden, deren Bedeutung für die eigene, normative Disziplin bestritten wird. Ausdruck findet dies im vermeintlich römisch-rechtlichen Grundsatz „Judex non calculat",[28] der häufig – leider nur halb scherzhaft – als eine Rechtfertigung für fehlende Kenntnisse in diesen Bereichen zitiert wird. Im Laufe der rechtswissenschaftlichen Ausbildung gelangen daher viele Studierende zu der Auffassung, dass sie keine technologischen Kenntnisse benötigen. In einer von Technologie in allen Lebensbereichen beeinflussten Welt ist dies eine unnötige Selbstbeschränkung.

1021   Juristen sind nicht weniger fähig, mathematische Kenntnisse zu erwerben und ein naturwissenschaftliches, wirklichkeitsbasiertes Verständnis der Welt aufzubauen, als andere Professionen. Es bedarf dafür allerdings einer Ausbildung, die im Folgenden skizziert werden soll.[29]

1022   Da es dennoch eine gewisse Schwelle zu überwinden gilt, bevor erste Erfolge erlebt werden können, motiviert die probeweise Auseinandersetzung mit Technologie häufig nicht zur vertieften Beschäftigung. Langfristig spricht diese Zögerlichkeit sehr dafür, zumindest die Grundlagen einer technologischen Ausbildung im oben beschriebenen Umfang – also die Einführungen in Informatik, Data Science und Programmierung – zu verpflichtenden Inhalten innerhalb der juristischen Ausbildung zu machen.

1023   Den Anfang machen sollten indes freiwillige, niedrigschwellige Formate, die Studierenden verdeutlichen, wie wichtig Technologie- und Prozesskenntnisse für ihre spätere berufliche Tätigkeit sind. Dazu gehören beispielsweise Showcase Lectures, die innovative Legal Tech-Unternehmen vorstellen und Raum für Diskussion bieten, oder Coding Workshops, in denen Studierende mit einfachen Übungen Grundlagen des Webdesigns und anderer Alltags-

---

[27] Näher zur juristischen Fachsozialisation Anja Böning, „Jura Studieren – Eine explorative Untersuchung im Anschluss an Pierre Bourdieu", Weinheim, 2017, abrufbar unter: http://www.beltz.de/fachmedien/erziehungs_und_sozialwissenschaften/buecher/produkt_produktdetails/33119-jura_studieren.html.

[28] Eine Entschlüsselung unternimmt André Niedostadek in „Judex non calculat – Eine theoretische Annäherung", abrufbar unter: http://www.lto.de/recht/feuilleton/f/sprichwoerter-recht-rechtswissenschaften-jura-judex-non-calculat/.

[29] Für einen weitaus umfassenderen und detaillierteren Entwurf aus amerikanischer Perspektive s. Daniel M. Katz, „The MIT School of Law? A Perspective on Legal Education in the 21st Century", abrufbar unter: https://papers.ssrn.com/sol3/papers.cfm?abstract_id=2513397.

technologien kennenlernen.³⁰ Indem solche Kurse die gelernten Fähigkeiten direkt mit der Lebenswirklichkeit der Studierenden verknüpfen, also zeigen, wie man sie konkret im eigenen Studium und später im Beruf nutzen kann, kann es gelingen, die Studierenden für die Relevanz der hier vorgeschlagenen Inhalte zu sensibilisieren. Es gilt dann, diese so zu vermitteln, dass die Studierenden sie eigenständig anwenden und weiterentwickeln können.

D. Pflicht und Kür

Technologieausbildung ist für die allermeisten juristischen Ausbildungseinrichtungen eine neue Materie, bei der deutlich weniger Erfahrungswerte als in der klassischen Lehre bestehen.³¹ Hier lässt sich der für vergleichbare Ausgangslagen in der Softwareentwicklung sehr erfolgreiche Ansatz des Rapid Prototyping nutzen: Lehrformate und -inhalte werden zügig erarbeitet, mit einer freiwilligen Gruppe von Studierenden getestet und von allen Beteiligten objektiv und subjektiv zeitnah evaluiert. Die Erkenntnisse fließen in das nächste Kursdesign ein und die Ergebnisse werden verglichen. Diesem Ansatz folgend hat die Bucerius Law School seit 2015 eine Vielzahl unterschiedlicher Formate und Inhalte getestet und verbessert, die im Folgenden kurz skizziert werden.³²

Für alle juristischen Tätigkeiten mit Bezug zur Technologie ist ein grundlegendes Technologieverständnis erforderlich. Dazu erscheint die Integration von wenigstens drei Kursen in den verpflichtenden Teil der Ausbildung sinnvoll: Einführung in die Informatik, Einführung in die Datenwissenschaft und Einführung in die Programmierung. Zunächst müssen Studierende mit den Begriffen und Grundkonzepten der Informatik vertraut gemacht werden, um sinnvoll über Technologie sprechen zu können. Darüber hinaus benötigen sie ein grundlegendes Verständnis von Statistik, um jene mathematischen Modelle zu verstehen, welche die Ergebnisse vieler Analysetools liefern. Schließlich soll eigene Programmiererfahrung dabei helfen, zu verstehen, wie Softwareentwickler denken und Probleme lösen.

Bereits ein solches Programm stellt Studierende vor einige Herausforderungen, kann von ihnen jedoch nach der Erfahrung des Verfassers bewältigt werden. Es führt zu technologischer Sprachfähigkeit und legt die Grundlage für eigene Weiterbildung mit frei verfügbaren Quellen.

Darauf aufbauend sind vielfältige Vertiefungen im Format von Wahlkursen möglich. Die Erfahrungen an der Bucerius Law School reichen bisher von Industriekooperationen mit IBM Watson und den Sprachtechnologen der Universität Hamburg für ein Entwicklungsprojekt im NLP oder Neota Logic für ein Expertensystem der Bucerius Law Clinic über einen Kurs zu Algorithmic Decision Making bis zu vielfältigen Formaten für Projekt- und Prozessmanagement. Je nach thematischer Ausrichtung der jeweiligen Ausbildungseinrichtung und Lehrkapazität sind Kurse zu allen zuvor genannten neuen Rollen entweder selbst durchführbar oder als Online-Ressource zu erwerben.

E. Der weitere Weg

Der mit dem juristischen Ausbildungssystem in Deutschland vertraute Leser mag nach den geäußerten Vorschlägen nun vor allem fragen, wie realistisch eine Umsetzung dieser Ideen

---

[30] Beispiele für solche Formate wären die Legal Tech Lecture der Bucerius Law School, s. http://www.bucerius-education.de/lawport/trainings-lectures/legal-tech-lectures oder das Peer-to-Peer-Learning Format Coding 4 Lawyers, s. https://www.youtube.com/watch?v=WX4ekQNfkew.
[31] Eine Ausnahme bildet seit den frühen 80er Jahren beispielsweise die Universität Speyer, s. Heinrich Reimermann, ZRP 1983, 130, 130 ff.
[32] Aufgrund der durch diese Vorgehensweise bedingten sehr schnellen Veränderungen und Apassungen werden nachfolgend vor allem die Leitgedanken dargestellt und konkrete Beispiele nur kurz umrissen. Sie werden bei Erfolg in eigenen Publikationen umfangreicher dargestellt.

überhaupt ist. Schließlich dominieren die Staatsexamina und die zugehörigen Verordnungen über deren Inhalte den Lehrstoff beider Ausbildungsabschnitte. Gleichzeitig liegen große Teile der juristischen Ausbildung allerdings in der Verantwortung der Universitäten und Gerichte bzw. Rechtsanwaltskammern. Ob in Wahlkursen, Grundlagenfächern, universitären Schwerpunkten oder gar in eigenen Programmen im Rahmen eines universitären Abschlusses – in der Vorbereitung auf die Erste Staatsprüfung bestehen große Freiräume. Auch spricht nichts dagegen, diese Inhalte in das klassische Kerncurriculum zu integrieren. Unter anderem an der Bucerius Law School,[33] der Europa Universität Viadrina,[34] der LMU und TU München[35] und auch im europäischen Ausland[36] und selbstverständlich in den USA[37] gibt es bereits weit fortgeschrittene Projekte zur Legal Technology Education.

1029 Die Kursangebote sind explorativ und probieren sowohl inhaltlich als auch bei der Art des Unterrichts vieles aus. So gibt es an der Bucerius Law School und an der Georgetown University Kurse im Programmieren mit Python mit Übungen und Aufgaben aus dem juristischen Bereich,[38] in Chicago Kurse zu quantitativen Methoden und juristischer Datenanalyse[39] und in Michigan unter anderem einen Kurs zum Projekt- und Prozessmanagement im Rechtsmarkt.[40] Sie reichen von niedrigschwelligen Angeboten wie einer monatlichen Legal Technology Showcase Lecture[41] über mehrwöchige Wettbewerbe[42] und Projektstudien[43] bis zu vollständigen Vorlesungen[44] und Online-Kursen.[45] Mittelfristig werden diese Angebote zu Zertifikaten, Summer Schools und umfangreicheren Programmen heranwachsen, welche die klassische juristische Ausbildung ergänzen.

1030 Langfristig sollte eine Integration der hier skizzierten Inhalte in das grundständige Jurastudium ein Ziel der juristischen Interessenverbände sein. In der Zwischenzeit ist nicht ausgeschlossen, dass andere Bildungsanbieter als juristische Fakultäten und Oberlandesgerichte erkennen, dass die genannten Fähigkeiten interessante Beschäftigungschancen bieten. Viele der beschriebenen Rollen erfordern keine Vertretungsbefugnis vor Gericht und stellen keine Rechtsdienstleistungen nach § 2 RDG dar. Insofern könnten alternative Studien- bzw. Ausbildungsgänge[46], die nicht in zwei Staatsexamen enden, den steigenden Bedarf befriedigen. Angesichts der Anteile entsprechend ausgebildeter Fachkräfte an der Wertschöpfung aller juristischen Berufe wären lukrative Vergütungen für solche Absolventen nicht unwahrscheinlich. Darüber hinaus bietet eine solche Ausbildung auch attraktive Beschäftigungsmöglichkeiten außerhalb des Juristischen, da auch andere Branchen mit der Digitalisierung umgehen müssen. Ob nun im Rahmen der eigenen, kernjuristischen Tätigkeit oder in der Zusammenarbeit mit Mandanten, Parteien und Kollegen – Technologie- und Prozessverständnis sind zentrale Qualifikationen im 21. Jahrhundert.

---

[33] s. http://buceri.us/legaltech.
[34] s. http://legaltech.center/.
[35] s. http://www.lexalyze.de/.
[36] Beispielhaft seien die IE University Law School (abrufbar unter: http://ielawx.ie.edu/) und die Ulster University (abrufbar unter: https://www.ulster.ac.uk/legalinnovation) genannt.
[37] Beispielhaft für viele andere seien hier das CodeX in Stanford (abrufbar unter: https://law.stanford.edu/codex-the-stanford-center-for-legal-informatics/), Legal RnD der Michigan State University (abrufbar unter: legalrnd.org/) und The Law Lab des IIT Chicago Kent College of Law (abrufbar unter: http://www.thelawlab.com/) genannt.
[38] Für eine im Aufbau befindliche Kursbeschreibung s. https://paulohm.com/classes/cpl16/files/Computer-ProgrammingSyllabus.v.0.57.pdf.
[39] s. http://www.legalanalyticscourse.com/.
[40] s. http://legalrnd.org/#toggle-id-2.
[41] s. http://www.bucerius-education.de/lawport/trainings-lectures/legal-tech-lectures/.
[42] s. http://www.abajournal.com/magazine/article/at_iron_tech_students_bring_tech_answers_to_legal_issues.
[43] Eine nähere Beschreibung eines solchen Kurses findet sich bei D. Hartung, Anwaltsrevue/Revue de l'avocat 6-7/2017 – Juristische Ausbildung in Zeiten der Digitalisierung.
[44] Beispielsweise die Vorlesung Legal Informatics aus Stanford, s. https://law.stanford.edu/courses/legal-informatics/.
[45] s. für ein Beispiel http://www.quantitativemethodsclass.com/.
[46] Modularisiert finden sich viele Angebote bereits jetzt bei Online-Anbietern wie Coursera, Udemy oder iTunes U.

6.4 Legal Tech und anwaltliches Berufsrecht

Markus Hartung[1]

> "New technologies
> often have a way of
> making old laws seem obsolete"[2]

A. Einführung

Das anwaltliche Berufsrecht, also die Bundesrechtsanwaltsordnung (BRAO), stammt im Wesentlichen aus dem Jahr 1994. Das Rechtsdienstleistungsgesetz (RDG) stammt aus dem Jahr 2007, hat aber mit dem Rechtsberatungsgesetz einen Vorläufer, der noch viel älter ist. Wenn man sich also allein das Alter der Vorschriften ansieht, aus denen sich die Regularien für die anwaltliche Tätigkeit ergeben, mag man sich fragen, ob man mit diesen den Bereich Legal Tech in den Griff bekommt. Denn obwohl Legal Tech insgesamt „sinnvoll" ist, sowohl aus Sicht des Verbraucherschutzes wie auch aus Sicht von Unternehmensmandanten, bestehen doch erhebliche Hürden für alle Beteiligten. Zunächst einmal ist es überhaupt fraglich, ob technologie- oder softwarebasierte Rechtsdienstleistungen eigentlich zulässig sind. Diese Frage stellt sich nicht nur dann, wenn die Angebote von „Nicht-Anwälten" unterbreitet werden, sondern auch, wenn softwarebasierte Lösungen von Anwälten angeboten werden. In diesem Buch ist nicht ausreichend Platz, um alle Rechtsfragen von Legal Tech erschöpfend zu behandeln, aber wenigstens auf einige Gesichtspunkte soll hingewiesen werden.

1031

B. Nicht-anwaltliche (Alternative) Dienstleister

Viele Start-Ups werden zwar von Anwälten initiiert und betrieben, treten jedoch nicht als Anwaltsgesellschaften auf. Das gilt für Plattformen[3], für Dokumenten-Automationsdienstleister[4], für Anbieter automatisierter Rechtsdienstleistungsprodukte[5] und für Ablauf-Automatisierungsdienstleister[6]. Da sie nach außen als „normale" Gesellschaften auftreten, meist in der Form einer GmbH, und Dienstleistungen anbieten, die man je nach Sichtweise als Rechtsdienstleistungen (und nicht nur als Dienstleistungen im Rechtsmarkt) charakterisieren kann,

1032

---

[1] Der Autor ist Rechtsanwalt und Direktor des Bucerius Center on the Legal Profession an der Bucerius Law School. Er ist außerdem Vorsitzender des Berufsrechtsausschusses des Deutschen Anwaltvereins. – Eine erste Skizze dieser Überlegungen zu Legal Tech und Recht hat der Verf. bereits in der Beilage „Innovationen und Legal Tech" der NJW veröffentlicht, vgl. dort S. 20 f.
[2] *Aaron Pressman*, FORTUNE Tech: Data Sheet – 29 June 2017, http://fortune.com/2017/06/29/data-sheet-thursday-june-29-2017/; ähnlich schon *David Runciman*: "Technology has the power to make politics seem obsolete. The speed of change leaves government looking slow, cumbersome, unwieldy and often irrelevant", in The Guardian vom 23.5.2014, https://www.theguardian.com/books/2014/may/23/politics-technology-save-world-david-runciman.
[3] z. B. 123recht.net; Michael Friedmann ist Rechtsanwalt und mit seiner Plattform, die seit dem Jahr 2000 besteht, der erfahrenste Legal Tech-Anbieter in Deutschland.
[4] z. B. LawLift; die Gründer und geschäftsführenden Gesellschafter Dr. Konstantin Bertram und Dr. Steffen Bunnenberg sind Rechtsanwälte.
[5] z. B. Flightright, der Mitgründer Dr. Philipp Kadelbach ist Rechtsanwalt.
[6] z. B. Lexalgo; der Mitgründer Michael Grupp ist Rechtsanwalt; vgl. dazu auch das Kapitel von *Grupp* in diesem Buch, Rn. 1100 ff.

müssen sie sich auch an den Vorschriften des RDG messen lassen. Nach dem RDG darf man Rechtsdienstleistungen nur anbieten, wenn man eine Erlaubnis dazu hat. Rechtsanwälte haben eine solche Erlaubnis nach der BRAO, wenn sie als Rechtsanwälte auftreten; betreiben sie hingegen Gesellschaften, die keine Rechtsanwaltsgesellschaften z. B. nach den §§ 59c ff. BRAO sind, bedürfen sie wie alle anderen einer solchen Genehmigung.

1033 Ob diese „Alternativen Dienstleister" Rechtsdienstleistungen anbieten, ist oft streitig und sorgt für Unsicherheit, sowohl bei Betreibern wie bei Investoren. In Deutschland gilt ein, im Vergleich zu anderen europäischen Ländern, sehr weitgehendes Rechtsberatungsmonopol. Rechtsdienstleistungen sind nach dem Wortlaut des § 2 Abs. 1 RDG im Gewand der Rechtsprechung des BGH jede konkrete Subsumtion eines Sachverhalts unter die maßgeblichen rechtlichen Bestimmungen, die über eine bloße schematische Anwendung von Rechtsnormen ohne weitere rechtliche Prüfung hinausgeht; ob es sich um eine einfache oder schwierige Rechtsfrage handelt, ist dabei unerheblich.[7]

1034 Das ist wie schon gesagt eine sehr umfassende Definition. Die Geltendmachung von Fluggastentschädigungsansprüchen ist nach Lage der Dinge eine Rechtsdienstleistung, und deshalb hat das Unternehmen Flightright GmbH eine Inkassogenehmigung nach § 10 RDG.[8] Auch die Mietright GmbH, welche die Homepage wenigermiete.de betreibt, hat eine entsprechende Genehmigung.[9] Dass es bei den dort behandelten Ansprüchen um geringe Streitwerte geht, ist nicht maßgeblich, und dass es keine besonders schwierigen Fragen sind, spielt nach der Rechtsprechung des BGH ebenfalls keine Rolle. Aber diese Unternehmen haben immerhin die Möglichkeit, ihre Tätigkeit genehmigen zu lassen, auch wenn damit Aufwand und nicht unerhebliche Folgekosten verbunden sind.

1035 Problematisch kann es hingegen für Plattformen und Outsourcing-Dienstleister, für sogenannte Self Service-Angebote und Chatbots sein. So unterschiedlich diese Unternehmen sind, haben sie eines gemein: für sie gibt es de lege lata nur in wenigen Ausnahmefällen die Möglichkeit, eine Genehmigung zu erhalten. Nach § 10 RDG kann nur für die Bereiche Inkassodienstleistungen, Rentenberatung und Rechtsdienstleistungen im ausländischen Recht eine Erlaubnis erteilt werden, wenn die dafür erforderlichen Voraussetzungen vorliegen. Für andere Rechtsbereiche gilt dies nicht.

1036 Es ist hilfreich, die Unternehmen einmal getrennt voneinander zu betrachten:

I. Plattformen

1037 Vermittlungsplattformen oder elektronische Marktplätze haben, wenn sie sich auf die bloße Vermittlung beschränken, keinerlei Ärger mit der Kammer zu befürchten, denn das Zusammenbringen von Anwälten und Mandanten ist keine Tätigkeit nach dem RDG. Im Hinblick auf die Vergütung, die Anwälte für die Leistungen der Plattformen bezahlen, befindet man sich immer sehr nah am Provisionsverbot des § 49b Abs. 3 BRAO, doch lässt sich diese Frage seit der ebay-Entscheidung des BVerfG[10] rechtssicher gestalten und bleibt im Moment mal außen vor.

1038 Problematisch nach dem RDG (und dem UWG) wird es dann, wenn die Plattform mehr verspricht, als sie versprechen darf und etwa den Eindruck erweckt, sie selber sei es, die Rechtsdienstleistungen durch angeschlossene Anwälte anbietet, oder wenn sie vor der Weiterleitung einer Nachfrage an einen Anwalt bestimmte Prüfdienste anbietet, etwa bei Kreditwiderrufen oder Kündigungen von Versicherungen. Wenn diese Prüfdienste mehr sind als die bloße Auf-

---

[7] Zuletzt BGH v. 14.1.2016 – I ZR 107/14, BeckRS 2016, 10331; kritisch zu diesem weiten Verständnis *Kleine-Cosack*, Das Recht der Rechtsdienstleistung im Wandel, AnwBl. 2017, 702, 706 f.
[8] Vgl. https://www.flightright.de/impressum.
[9] Vgl. https://www.mietright.de/impressum.
[10] BVerfG (2. Kammer des Ersten Senats) vom 19. Februar 2008 – 1 BvR 1886/06, NJW 2008, 1298; vgl. zu diesem Thema auch *Grupp*, Legal Tech – Impulse für Streitbeilegung und Rechtsdienstleistung, AnwBl. 2014, 660, 665.

nahme von Sachverhaltsdaten, und die Prüfung über eine schematische Anwendung des Rechts hinausgeht, kann eine ungenehmigte Rechtsdienstleistung vorliegen. Gleiches gilt, wenn der Eindruck erweckt wird, die bearbeitenden Anwälte seien keine unabhängig tätigen Anwälte, sondern Anwälte in Diensten der Plattform und es sich daher dabei um eine Dienstleistung der Plattform handele. Das kollidiert mit der ständigen Rechtsprechung des BGH zu diesen Sachverhaltskonstellationen.

Aber es kann auch durchaus problematisch werden, wenn die Vermittlungsplattform selbst keine Rechtsdienstleistungen anbietet, und weiterhin zwischen den Rechtsuchenden und den Anwälten ein unmittelbarer Mandatsvertrag zustande kommt. Wenn nämlich die anbietende Plattform mit den angeschlossenen (selbständigen) Anwälten so eng verbunden ist und es sich bei wertender Betrachtung eben doch nicht um die Vermittlung von selbständigen Rechtsanwälten handelt, sondern um die eigene Erbringung solcher Dienstleistungen durch die Plattform unter Hinzuziehung von Rechtsanwälten als Erfüllungsgehilfen, wäre dies ebenfalls ein Verstoß gegen das RDG – der BGH kennt da kein Pardon.[11] Plattformen haben manchmal eine Tendenz, mehr als die bloße Vermittlung bieten zu wollen, insbesondere wenn sie sich als Newcomer gegenüber den etablierten Plattformen abgrenzen wollen. Aber das ist, wie sich zeigt, riskant. **1039**

II. Vertragsgeneratoren

Self Service-Gesellschaften wie etwa Smartlaw.de oder Janolaw.de sind Anbieter von juristischen Dokumenten, die man sich am Computer selber zusammenstellen kann. Dabei geht es also um deutlich mehr als das bloße Einfügen eines Namens in ein Formular. Vielmehr führt einen die Software durch einen Fragenkatalog, mit dem versucht wird, die Interessenlage des Benutzers möglichst konkret zu erfassen, um ihm am Ende ein weitgehend individualisiertes Dokument zur Verfügung zu stellen. Das kann etwa ein Arbeitsvertrag sein, ein Mietvertrag, eine Patientenverfügung oder ein anderes Dokument. Die Besonderheit liegt hierbei in der weitgehenden Individualisierung, die aber wiederum nicht so weit geht, dass es ein komplett auf die individuelle Situation des Nutzers abgestimmtes Dokument wäre. Doch der wesentliche Unterschied zu Vertragsformularen, die es im Schreibwarenladen gibt, oder die von Verbänden an ihre Mitglieder ausgegeben werden, liegt darin, dass es eben mehr ist als ein bloßes Formular. Wie weitgehend diese Individualisierung geht, lässt sich von außen meist nicht sicher beurteilen. Ob also Self Service-Angebote z. B. nur zwei Mietvertragsmuster zur Verfügung stellen – nämlich einmal für Mieter, einmal für Vermieter –, oder ob es noch eine Vielzahl weiterer Varianten gibt, deren Kombination letztlich von der Beantwortung der vom System gestellten Fragen abhängt, ist aus Nutzerperspektive nicht unmittelbar erkennbar. **1040**

Ob solche Self Services im Ergebnis Rechtsdienstleistungen sind, ist umstritten. Man kann durchaus die Auffassung vertreten, dass diese Services wie Verlagsprodukte zu beurteilen sind, die kommentierte Vertragsmuster anbieten, wobei es die Technik ermöglicht, die Zahl der vorhandenen Muster und Musterkombinationen zu erweitern. Wo befindet sich die Grenze zwischen genehmigungsfreiem Verlagsprodukt und genehmigungspflichtiger Rechtsdienstleistung – einmal unterstellt, solche Services nehmen überhaupt die Hürde der bloßen schematischen Anwendung des Rechts? *Remmertz* vertritt die Auffassung, dass es sich bei solcher Software um unerlaubte Rechtsdienstleistungen handelt.[12] Ob sich diese Auffassung als haltbar erweist, wird sich zeigen, denn die Argumentation leidet an ihrer Verallgemeinerung: Letzten Endes muss **1041**

---

[11] BGH 29. 7. 2009 – I ZR 166/06 (Finanz-Sanierung), GRUR 2009, 1077; BGH vom 12.11.2015 – I ZR 211/14, NJW 2016, 693.
[12] *Remmertz*, Legal Tech – Rechtliche Beurteilung nach dem RDG, BRAK-Mitt. 2/2017, S. 55 ff. (Remmertz ist Vorsitzender des Ausschusses Rechtsdienstleistungen bei der BRAK); ähnlich *Degen/Cramer*, Legal Tech: Erbringt ein Generator für Vertragstexte eine Rechtsdienstleistung?, GRUR-Prax 2016, 363 ff.; a. A. *Weberstaedt*, Online-Rechts-Generatoren als erlaubnispflichtige Rechtsdienstleistung?, AnwBl. 2016, 535 ff.; vgl. auch sehr kritisch gegen die Argumentation von Remmertz *Kleine-Cosack*, AnwBl. 2017, 702, 704.

man sich jedes einzelne Angebot sehr genau ansehen, um dann entscheiden zu können, ob es sich um eine Rechtsdienstleistung handelt oder nicht. Eine allgemeine Feststellung ohne Analyse dessen, was solche Programme anbieten, verbietet sich, denn einen Industriestandard gibt es hier nicht. Die Kernfrage ist hier die schematische Anwendung des Rechts.[13] Naturgemäß müssen die Self Service-Angebote mit einer gewissen Standardisierung arbeiten; die Berücksichtigung jeder denkbaren individuellen Sachverhaltskonstellation ist in solchen Systemen nicht vorgesehen. Insofern gehen diese Programme, mögen sie auch noch so beeindruckend sein, bei Licht besehen oft über eine schematische Anwendung nicht hinaus.

III. Chatbots

1042 Chatbots schließlich sind hierzulande noch nicht sehr bekannt, doch wird dies in Zukunft nicht so bleiben. Dabei handelt es sich um automatisierte Dialogsysteme, die so programmiert sind, dass sie in einen täuschend echten Dialog mit einem Nutzer treten und ihm Fragen beantworten oder Hilfestellung bei bestimmten Rechtsproblemen anbieten. Soweit ersichtlich, gibt es in Deutschland bislang nur einen Chatbot für die Geltendmachung von Flugentschädigungen; Anbieter ist eine Rechtsanwaltsgesellschaft aus Passau.[14] In England und den USA gibt es bereits eine Reihe dieser Chatbots, für die unterschiedlichsten Rechtsfälle. Der prominenteste Chatbot ist „DoNotPay" aus England, ein Dialogsystem, das einem bei der Verteidigung gegen Bußgeldbescheide für falsches Parken hilft. Der Erfinder Joshua Browden, ein damals gerade volljähriger junger Mann, hatte der Legende nach dauernd Probleme wegen falschen Parkens und erfand dafür einen Chatbot, der sehr erfolgreich war und den er dann infolge Dritten zur Verfügung stellte. Angeblich sollen mit diesem Chatbot mehr als 160.000 „Tickets" aus der Welt geschafft worden sein. Inzwischen hat Browden einen weiteren Chatbot entwickelt, der Flüchtlingen hilft, sich in der neuen Umgebung zurechtzufinden. Ähnliche Ziele verfolgt der Chatbot visabot.com, den zwei junge russische Studenten an der Stanford University programmiert haben und der Einwanderern bei Visaproblemen in den USA hilft.

1043 Das Besondere an Chatbots ist ihre Fähigkeit, einen menschlichen Dialog täuschend echt zu simulieren. Dadurch entsteht beim Nutzer, der z. B. über den Facebook-Messenger oder WhatsApp mit einem Chatbot „kommuniziert", ein hohes Vertrauen – man könnte tatsächlich vergessen, dass man mit einer Maschine kommuniziert. Insofern ist das Produkt in keinster Weise mit einer bloßen Bildschirmmaske vergleichbar, die gar nicht erst den Eindruck erweckt, als kommuniziere man mit einem Menschen. Chatbots gliedern sich in den Kommunikationsprozess der heutigen Online-Welt nahtlos ein und machen sich zunutze, dass viele Menschen Antworten auf ihre Fragen, welcher Art auch immer, immer zuerst im Internet suchen. Ob auf solchen Plattformen dann ein Mensch oder ein Chatbot mit einem spricht, merkt man nicht.

1044 Die Angebote oder Services solcher Chatbots werden häufig als Rechtsdienstleistung zu qualifizieren sein. Geht es dabei um die Unterstützung bei der Geltendmachung von Forderungen, könnte immerhin eine Genehmigung nach § 10 RDG beantragt werden. Aber bei einem Chatbot gegen Bußgeldbescheide? Oder gegen Mieterhöhungen? Gegen Hartz IV-Bescheide? Oder für Flüchtlinge, um sie durch das Dickicht des Ausländer- und Asylrechts zu lotsen? Als entgeltliche Rechtsdienstleistungen wären sie nicht genehmigungsfähig, weil das RDG solche Dienstleistungen nicht kennt. Als unentgeltliche Rechtsdienstleistungen i. S. v. § 6 Abs. 1 RDG wären sie unter engen Voraussetzungen zulässig.

---

[13] Dazu zuletzt BGH 14.1.2016 – I ZR 107/14, BeckRS 2016, 10331; instruktiv zu den technischen Abläufen bei diesen Vertragsgeneratoren *Grupp*, AnwBl. 2014, 660, 663 f.
[14] RATIS Rechtsanwaltsgesellschaft mbH, vgl. https://ratis.de/chatbot/(Abfrage am 29.5.2017).

IV. Zwischenergebnis

Damit kann für nicht-anwaltliche Anbieter solcher Leistungen festgehalten werden, dass das RDG teilweise passt, teilweise aber nicht. Warum nur Inkassogesellschaften als Rechtsdienstleister zugelassen werden können, nicht aber auch andere rechtsdienstleistende Gesellschaften, erschließt sich nicht. Wenn das deshalb geschieht, um solche Leistungen Anwälten vorzubehalten, wäre das verfassungsrechtlich bedenklich, denn das RDG ist in erster Linie ein Verbraucherschutzgesetz, kein Berufsstandsicherungsgesetz.[15]

Andererseits unterliegen nicht-anwaltliche Dienstleister nicht den engen Vorgaben des anwaltlichen Werbe- und Gebührenrechts. Sie können daher professionell wie E-Commerce-Unternehmen agieren und Angebote unterbreiten, die für den Nutzer risikofrei sind: Er zahlt nur im Erfolgsfall.

C. Legal Tech Angebote durch Anwälte

Anwälte überlegen sich zunehmend, wie sie Legal Tech zur Verbesserung ihrer Dienstleistung und/oder zur Erschließung neuer Geschäftsfelder einsetzen können. Man sollte aber nicht denken, dass dies alles so einfach wäre, ganz im Gegenteil: oftmals passen Anwälte, Legal Tech und Berufsrecht nicht zusammen.

I. Anwaltliche Legal Tech-Angebote

Oben wurde erwähnt, dass an den Legal Tech-Angeboten das „No win, no fee"-Gebührenmodell so attraktiv ist. Rechtsuchende scheinen mit Legal Tech-Angeboten ohnehin oft das viel attraktivere Hilfsangebot zu verbinden, zum einen wegen der Convenience des Zugangs und der Bedienbarkeit, zum anderen wegen der Risikofreiheit. Anwälte können und dürfen das nicht bieten, denn der Verzicht auf die gesetzlichen Gebühren ist nur in Ausnahmefällen zulässig. Gleiches gilt für erfolgsbezogene Honorare.

Wenn also Anwälte als solche nicht wie Unternehmer auftreten dürfen und mit den Portalen nicht konkurrieren können: Dürfen sie denn ein entsprechendes Portal gründen, um Kunden zu akquirieren, die dann später Mandanten werden? Auf den ersten Blick erscheint das unbedenklich, denn Anwälte dürfen sich neben ihrem Anwaltsberuf unternehmerisch betätigen, wenn und solange sie sich in den Grenzen des § 14 Nr. 8 BRAO bewegen.

Bedenklich könnte allerdings der Umstand sein, dass ein Anwalt durch eine vorgeschaltete Gesellschaft Dinge anbieten kann, die ihm als Anwalt untersagt sind. So kann die Gesellschaft regelmäßig honorarfreie Beratung anbieten, die dann im Erfolgsfall höher vergütet wird. Genau das soll der Anwalt aber nicht tun dürfen.[16] Bislang gibt es noch keine Entscheidungen in Bezug auf diese Fälle, aber die Parallele zur Beteiligung von Anwälten an Prozessfinanzierern liegt nicht allzu fern, und da wird die Meinung vertreten, dass Anwälten eine solche unternehmerische Tätigkeit nur in engen Grenzen erlaubt ist.[17] Ausdiskutiert ist das alles bislang nicht, jedoch wird die Frage dabei zwingend lauten müssen: Ist es richtig, solche Leistungsangebote von heute und morgen an einer Regulierung zu messen, die von vorgestern ist? Warum dürfen Rechtsdienstleister „mehr" als Anwälte, wenn es um die Beteiligung am Risiko und damit um die Frage des Werts der Leistung für den Mandanten geht? Das Festhalten am bisherigen Modell,

---

[15] Vgl. ausführlich *Kleine-Cosack*, AnwBl. 2017, 702 ff.
[16] Nur die anwaltliche Erstberatung ist kostenfrei erlaubt, vgl. BGH 3.7.2017 – AnwZ (Brfg) 42/16, BeckRS 2017, 117491.
[17] Vgl. zum Stand der Diskussion *Hartung/Weberstaedt*, Anwaltliche Beteiligung an Prozessfinanzierern, AnwBl. 2015, 840 ff.

das die Kombination von Anwälten und Geld mit größtem Argwohn betrachtet, erweist sich für die Anwaltschaft als Hemmschuh, der sie zum Misserfolg oder zu waghalsigen Konstruktionen zwingt. Das ist nicht sachgerecht. Es ist auch nicht bloße Theorie, sondern entspricht der Sorge von 46 % der Anwaltschaft, dass Legal Tech nicht der Anwaltschaft, sondern der nichtanwaltlichen Konkurrenz hilft.[18]

II. „SmartLaw" durch Anwälte?

1051   Abgesehen von den oben genannten Konstellationen gibt es auch andere Möglichkeiten für Anwälte, Legal Tech-Lösungen einzubinden. So wäre etwa denkbar, Vertrags- oder sonstige Dokumentenerstellungssysteme als anwaltliche Leistung in der Weise anzubieten, dass Mandanten auf der Anwaltshomepage diesen Service finden und sich Dokumente dort selber zusammenstellen können. Dies kann mit dem Angebot verbunden werden, bei Zweifelsfragen den Kontakt zum Anwalt zu suchen.[19]

1052   Die Erstellung solcher Dokumente gehörte früher (und auch heute noch) zum Kerngeschäft der anwaltlichen Tätigkeit, aber der Erfolg von Unternehmen wie Legalzoom, Smartlaw, Janolaw und anderen zeigt, dass das Angebot individualisierter Standarddokumente für Verbraucher häufig attraktiver ist als das maßgeschneiderte Werk aus der Anwaltsmanufaktur, denn die Smartlaw-Angebote sind bequemer zu bekommen, und sie sind deutlich billiger als ein vom Anwalt erstelltes Dokument. Allerdings gibt es bei den Verträgen aus dem Automaten häufig Zweifelsfragen, und manchmal sieht ein Dokument zwar gut aus, hilft dem Verbraucher aber gerade nicht weiter. Die Mischung solcher Standardangebote aus einer Hand, verbunden mit anwaltlicher Beratung in Zweifelsfällen, wäre eine Lösung, die Verbrauchern entgegenkommt. Das amerikanische Unternehmen Legalzoom bietet diese Kombination bereits an, die anwaltliche Zusatzleistung ist in dem Produktpreis inkludiert. Rechtsuchende brauchen also nicht mehr zu entscheiden, ob Anwalt oder Automat, sondern hätten alles aus einer (anwaltlichen) Hand.

1053   Es ist allerdings noch nicht ausführlich diskutiert worden, ob Anwälte gegen berufsrechtliche Pflichten verstoßen, wenn sie solche Dokumentenerstellungssysteme ohne weitergehende anwaltliche Beratung zur Verfügung stellen, wenn der Mandant also vom Anwalt ein juristisches Dokument erhält, das alleine Ergebnis eines technischen Vorgangs ist, ohne dass der Anwalt das Endprodukt noch einmal überprüft hat.[20] Bislang hat sich nur das Landgericht Berlin in der Online-Scheidung-Entscheidung[21] dazu geäußert, dass Rechtsanwälte sich nicht einfach hinter Sachverhaltserfassungsportalen usw. verstecken dürfen, sondern *„bei erkennbarem Beratungsbedarf"* zur umfassenden Beratung verpflichtet sind. Dem lag zugrunde, dass eine Mandantin in einem Internetformular angegeben hatte, auf Unterhalt und Versorgungsausgleichsansprüche verzichten zu wollen. Das Landgericht sah den Anwalt gleichwohl als verpflichtet an, zunächst *„zu eruieren, inwieweit Beratungsbedarf besteht"*. In dieser Sachverhaltskonstellation erschien das auch, angesichts der weitreichenden Folgen solcher Verzichtserklärungen, vertretbar. Aber gilt das auch bei anderen Rechtsbereichen, etwa bei Arbeitsverträgen, Mietverträgen, Kaufverträgen? Anwälte werden sich sehr genau überlegen müssen, inwieweit sie ausschließlich Produkte ohne anwaltliche Endkontrolle anbieten, denn selbst bei berufsrechtlicher Zulässigkeit kann sich dann die Frage nach der Gewerblichkeit der anwaltlichen Leistung stellen. Der bloße Vertrieb vorgefertigter Textbausteine in einer bestimmten Zusammensetzung, an deren Zustande-

---

[18] Bericht über die Studie des Soldan-Instituts von *Marcus Jung* im Wirtschaftsteil der FAZ vom 30.5.2017, „Zahl der Anwälte sinkt".
[19] Vgl. dazu die Beispiele von *Breidenbach*, Landkarten des Rechts – von den Chancen industrieller Rechtsdienstleistungen, in: Der moderne Anwalt, Festschrift für Benno Heussen zum 65. Geburtstag, Köln 2009, S. 39, 39 f.
[20] Bedenken werden z. B. geäußert, wenn Anwälte sich auf Empfehlungen einer Software verlassen, ohne selber noch in der Lage zu sein, diese zu verstehen, vgl. dazu *Fries*, PayPal Law und Legal Tech – Was macht die Digitalisierung mit dem Privatrecht?, in: NJW 2016, 2860, 2863. Diese Fragen werden uns künftig noch vermehrt beschäftigen, je mehr Anwälte mit Systemen Künstlicher Intelligenz arbeiten und auf deren Ergebnisse vertrauen.
[21] LG Berlin 05.06.2014 – 14 O 395/13, BeckRS 2014, 14920.

kommen der Anwalt nicht mehr beteiligt ist, entspricht möglicherweise auch bei großzügiger Auslegung nicht mehr der freiberuflichen anwaltlichen Tätigkeit.

Auch versicherungstechnisch ist die Frage ungeklärt, ob eine solche Tätigkeit unter den Haftpflichtschutz fällt, denn die Allgemeinen Versicherungsbedingungen stellen auf die berufliche Tätigkeit des Rechtsanwalts ab. Dessen Berufsbild ist aber nicht definiert.[22] Weiterhin: Wenn ein Anwalt mit einem Vertragsgenerator arbeitet, der einen fehlerhaften Vertrag produziert, so dass sich der Fehler in Hunderten, vielleicht von Tausenden Fällen auswirkt: Ist das versichert? Rechtsprechung und Literatur gibt es zu diesen Fragen nicht; Anwälte würden daher mindestens ein erhebliches Risiko eingehen, wenn sie eine solche Geschäftstätigkeit ohne Abstimmung mit ihrem Vermögensschadenshaftpflichtversicherer ausüben würden.

D. Gemeinsame Angebote

Wenn Anwälte nicht selber softwarebasierte Leistungen anbieten, sondern dies in Kooperation mit Software-Dienstleistern tun, stoßen sie ebenfalls an rechtliche Hürden. Hier taucht ein bekanntes Problem auf, nämlich das der Bietergemeinschaft von Anwälten mit nichtanwaltlichen Kapitalgesellschaften: Es kommt häufig vor, dass in Vergabeverfahren für komplexe Infrastrukturprojekte Rechtsanwälte aufgefordert werden, sich z. B. mit Unternehmensberatungsgesellschaften oder einer der Big4 Wirtschaftsprüfungsgesellschaften mit einem einheitlichen Leistungsangebot zu bewerben.[23] Im Zusammenhang mit Legal Tech kann diese Konstellation bei sogenannten Internal Investigations auftauchen, etwa wenn in einem Unternehmen große Mengen von Dokumenten durch E-Discovery-Software überprüft werden müssen. In diesen Konstellationen stellen sich berufsrechtliche, haftungsrechtliche und versicherungsrechtliche Fragen, denn die auf Zeit angelegte Kooperation in einer Zweckgesellschaft kann einen Verstoß gegen § 59a BRAO darstellen, wenn der Kooperationspartner nicht zu den vereinbaren Berufen gehört.[24] In steuerrechtlicher Hinsicht besteht das Risiko, dass das zusammen mit einer Kapitalgesellschaft abgegebene gemeinsame Leistungsangebot insgesamt als gewerbliche Leistung gewertet wird mit der Folge der Infizierung der übrigen Einnahmen aus freiberuflicher Tätigkeit. Dies kann auch dann versicherungsrechtliche Folgen haben, wenn in dem Projekt etwas schiefgeht und sich nicht sicher ermitteln lässt, auf wen das Problem letztlich zurückzuführen ist. Bei einem einheitlichen Leistungsangebot ist das Risiko sehr hoch, dass man das eben nicht trennscharf auseinanderhalten kann. Der Versuch, die Folgen aus dem gemeinsamen Auftreten in einer Projektgesellschaft durch ein gestuftes Auftreten zu vermeiden, etwa mit der Kanzlei als Hauptauftragnehmer und der anderen Gesellschaft als Subunternehmer, hilft dabei nicht weiter: Abgesehen davon, dass Auftraggeber oft auf einem gemeinsamen Auftreten bestehen, bleiben die steuer- und versicherungsrechtlichen Themen bestehen, wenn die Kanzlei als Hauptauftragnehmer auftritt. Ist es umgekehrt, tritt also die Kanzlei in die zweite Reihe, muss sehr genau auf die Vereinbarkeit mit dem Rechtsdienstleistungsgesetz geachtet werden, wenn der Hauptauftragnehmer keine Rechtsberatungserlaubnis hat.

Darüber hinaus ist es nach derzeitiger Rechtsprechung des BGH nicht zulässig, wenn wirtschaftsberatende Kanzleien für solche Projekte eine weitere Anwaltsgesellschaft gründen, etwa eine Rechtsanwaltsgesellschaft mbH, deren Anteile dann von der (häufig als PartG oder LLP

---

[22] *Diller*, Berufshaftpflichtversicherung der Rechtsanwälte, 2. Aufl. 2017, § 1 AVB-RZW Rn. 19 ff., danach soll es auf den Schwerpunkt des erteilten Auftrags und auf die Erwartungen eines Mandanten oder Kunden ankommen, ebda. Rn. 26 ff.
[23] Solche Anforderungen gelten als Vergaberechtsverstoß, vgl. VK Brandenburg 3.9.2014 – VK 14/14, NZBau 2014, 793; vorher schon *Hartung/Melchior*, Anwälte in Bietergemeinschaften – erlaubt oder verboten?, AnwBl. 2013, 577 ff.
[24] In der Regel handelt es sich bei solchen Zusammenschlüssen um Gesellschaften, nicht um bloße Kooperationen; vgl. zur Abgrenzung Henssler/Prütting/*W. Hartung*, BRAO, 4. Aufl. 2014, § 59a Rn. 174 ff.; a. A. *Kleine-Cosack*, BRAO, 6. Aufl. 2009, Rn. 71 Vor § 59a (Zusammenarbeit „von Fall zu Fall"); vgl. auch *Michalski/Römermann*, Interprofessionelle Zusammenarbeit von Rechtsanwälten, NJW 1996, 3233 ff.

verfassten) Kanzlei gehalten werden: Solchen mehrstöckigen Anwaltsgesellschaften hat der BGH unlängst eine Absage erteilt.[25]

E. Fazit

1057 Legal Tech als Ausdruck der Digitalisierung der anwaltlichen Profession stellt sich im Hinblick auf das Berufsrecht noch als Fremdkörper dar. Technologie schafft in vielen Bereichen Zugang zum Recht, aus denen sich Anwaltschaft und Justiz zurückgezogen haben oder aber die traditionellen Angebote nicht mehr sachgerecht sind. Technologie ist außerdem in der Lage, bestimmte Tätigkeiten schneller und zuverlässiger als Menschen auszuüben, und wenn es sich um Tätigkeiten handelt, die bislang von Anwälten wahrgenommen wurden, wird dies häufig noch als Bedrohung für die Profession gewertet, auch wenn es sich nur um den Ersatz von nichtanwaltlicher Tätigkeit handelt. Dass man unweigerlich an die industrielle Revolution denkt, an die Erfindung der Webstühle und den Sturm der Ludditen auf die Maschinen, durch die sie ihren Lebensunterhalt gefährdet sahen, bleibt wohl nicht aus. Auch in rechtlicher Hinsicht gerät die traditionelle Anwaltschaft mit ihren häufig altertümlichen Arbeitsweisen mit dem „Kollegen Computer" aneinander, mit der Folge, dass es eher die nichtanwaltlichen Dienstleister sind, die solche Leistungen letztendlich anbieten und damit sehr erfolgreich sind. Diesen Wettbewerb kann die Anwaltschaft vor dem Hintergrund des heutigen anwaltlichen Berufsrechts nicht gewinnen. Der Anwaltschaft hilft es aber nicht, wenn das Berufsrecht weiterhin versucht, die Profession vor den Unbilden der Zukunft zu „schützen", denn eins ist klar: Gegen Innovation hilft keine Regulierung, und Fortschritt lässt sich nicht verbieten. Es wäre also gerade im Interesse der Anwaltschaft, wenn sich die Verbände für eine Öffnung und sachgerechte Anpassung des Rechts stark machen würden, um der Anwaltschaft den Weg ins 21. Jahrhundert zu ebnen.

---

[25] BGH 20.3.2017 – AnwZ (Brfg) 33/16, BeckRS 2017, 107310.

6.5 The Paris Bar Incubator: a story of breaking new boundaries

Lise Damelet, Stéphanie Smatt Pinelli, Ludovic Blanc[1]

A. Introduction

Francis Bacon considered that "*he that will not apply new remedies must expect new evils; for time is the greatest innovator*".

This quote perfectly describes the story of the "Paris Bar's Incubator". In the same way as a business incubator provides the necessary support and services for young start-up companies to develop, so the Paris Bar Incubator provides the perfect environment for innovation within the legal sphere. More than just a "think-tank", the Paris Bar Incubator has the necessary authority and influence to take action, make proposals and disseminate ideas within the profession.

The Incubator was created in 2014, by four lawyers[2] with the support from of the Paris Bar's President (or "Bâtonnier") Pierre-Olivier Sur, and the Vice-Bâtonnier, Laurent Martinet. Today, the Incubator of the Paris bar celebrates its third anniversary.

The story begins however, two years earlier, during the Paris Bar Association's presidential election campaign. At that time, a team of young lawyers had set up a new project called "*Caravane*". The project was designed to bring young lawyers from the Paris Bar together and to gather their opinions on major topical issues.

At this time, innovation was already a key concern, alongside other issues such as the legal education system and professional regulations.

The "*Caravane*" initiative was a real success, and following the election campaign, a white paper was produced. The white paper highlighted the intrinsic and increasing importance of digitalization in our society, which has led to the arrival of the 4th industrial revolution. Such a revolution cannot be ignored by lawyers, otherwise they will be excluded from the very society without which they cannot survive.

B. The Founding of the Paris Bar Incubator

Persuaded by these arguments, and fully aware of the challenges involved, the newly elected Bâtonnier and Vice-Bâtonnier decided to pursue the venture and officially endorsed the "*Incubateur du Barreau de Paris*" or "Incubator of the Paris Bar".

Thus from the outset, this innovative and creative structure, which is unique in Europe, operated under the auspices of the Paris Bar Association and was run by the members of the Paris Bar itself.

Whilst the Incubator was dealing with the creation of the first French legal tech startup, across the Channel (in the United Kingdom) and on the other side of the Atlantic (in the United States), legal tech startups were already ten years old and enjoying a phase of rapid growth.

This trend did not go unnoticed by the founders of the Paris Bar's Incubator. They consequently decided to build upon the Incubator's initial projects by creating "*The Lab*": a laboratory for open-minded ideas. The Lab was devised to further the expansion of cross-functional ideas on key topics that are crucial for the future of the legal profession.

---

[1] Die Verfasserinnen und der Verfasser sind Rechtsanwälte in Paris und beim Paris Bar Incubator engagiert, Lise Damelet als Co-founder.

[2] Lise Damelet, Alexandra Uhel, Frédéric Pelouze and Adrien Perrot.

1068 In keeping with its innovative stance, the Incubator did not shy away from delicate issues or hot topics: What is the position of lawyers vis-à-vis the legal market? What type of relationship must they develop with new entrants to the legal market, in particular with legal tech startups? Which levers have to be activated so that the profession can capture the benefits of legal tech itself?

1069 Positioning itself as a real *"think tank"* for the legal profession on innovative topics, the Incubator (whose members are part of the legal sphere) not only addresses legal tech issues, but also any initiative brought forward by lawyers or non-lawyers, which aims to promote a better access to justice or reinvent the delivery of legal services.

1070 The Innovation Awards of the Paris Bar were created for this purpose, namely in order to reward and support the most disruptive initiatives. These awards recognize the most innovative lawyers, non-lawyers and students for their activities in the legal field.

1071 Originally, the awards were decided upon by a jury composed of the Incubator's associate partners. For the first time, in 2016, all lawyers registered at the Paris Bar were entitled to vote in the Innovation Awards.

1072 In keeping with the ethos of a *"think tank"* the Incubator (through two of its members) presented a report to the Council of the Paris Bar on 7 July 2015. This report contained some proposals for ethical developments, which were considered to be essential for the profession.

1073 The proposals in this original report were reflected in the Haeri Commission's report on *"L'avenir de la profession d'avocat"* (the future of the legal profession) which was submitted to the Minister of Justice (*Garde des Sceaux*) on February 2017. One of the proposals contained in this report was the plan to create additional incubators in local legal Bars across France.

1074 Ever since it was created, the Incubator of the Paris Bar has organized a major annual conference on key issues that are pertinent for both the legal profession, and indeed for all actors in the legal market.

1075 Nowadays, known for its *"avant-gardism"* and its members' freedom of speech, the Incubator frequently participates in conferences covering legal innovation and is benefiting from its growing reputation.

1076 Furthermore, the success it has experienced in only its first few years of operation has been noticed by the current Bâtonnier, Frédéric Sicard and Vice-Bâtonnier, Dominique Attias.

C. The Centers of Interest: The Clusters

1077 The current Bâtonnier and Vice-Bâtonnier have been particularly supportive of the Incubator of the Paris Bar and have extended its membership, increasing its research scope according to eight centers of interest, or "clusters". Today, these clusters are able to offer a better overview of the work performed by the Incubator of the Paris Bar and to meet the increasing and varied interest of the legal profession on these key subjects.

1078 These clusters[3] are described below:

I. The "Communication" Cluster

1079 It is essential to communicate the works and activities of the Incubator both within the legal Profession, and also externally.

1080 That is why a cluster, dedicated to the distribution of the Incubator's work, and the organization of its events, has been created.

---

[3] The following explanations regarding the clusters stem from the Incubateur's Website: http://incubateur-barreaudeparis.com.

In a legal world in which networking is essential for the implementation of an entrepreneurial project, this cluster ensures that the Incubator is able to interact with lawyers and other players in the world of innovation.

II. The "International and European" Cluster

The International and European dimension of the Incubator is significant. Connections with different professional bars such as Liège, Brussels, Quebec and Chicago or with English and German bars already exist.

This cluster focuses on developing existing connections with foreign bars and creating new ones at an international level, in order to benefit from new international perspectives and ideas.

This goal is in perfect harmony with the principles of the Paris Bar, which aims to develop and consolidate its relations within Europe.

III. The "Justice" Cluster

Lawyers are also officers of the court, and thus the Incubator of the Paris Bar also contributes to the creation of tomorrow's Justice.

This is the objective of the *"Justice"* cluster, in partnership with other actors from the judiciary (judges, clerks, etc.).

IV. The "Deontology" Cluster

The main activity of this cluster is to work on relationships between lawyers, on the one hand, and new players on the legal market, on the other hand. The essential task is to develop standards and certifications. These major projects are known as *"labeling"* and *"ethical rulings"*.

Certification is designed to provide the users of legal tech startup services with an objective, qualitative guarantee. The certificate or "label" will be granted following the fulfillment of certain legal and ethical conditions, and will be issued by the Paris Bar to the legal tech startup concerned.

An "ethical ruling" will be granted following the assessment of legal innovation projects for conformity with legal, regulatory and ethical rules.

V. The "Recognition and Award " Cluster

This cluster organizes and grants awards to the most innovative lawyers and non-lawyers of the Paris Bar. It represents the historical activity of the Incubator. For the first time, in 2016, all lawyers of the Paris Bar were able to vote in the awards.

VI. The "Economic Forecasting" Cluster

Since its creation, the Incubator of the Paris Bar has been contacted on a regular basis by general counsels, academics, judges, notaries and bailiffs who wish to invest in the Incubator's work.

1092 By creating an *"Innovation Circle"* within the *"Economic Forecasting"* cluster, the Incubator aims to connect prominent individuals with its existing associate members for publications and for conferences dealing with the new relationship between legal professionals.

1093 This cluster also organizes the Incubator's annual conference, which is enjoying increasing success.

VII. The "Prospective Identity" Cluster

1094 This cluster pursues two main goals.

1095 The first goal is to reflect upon necessary ethical or regulatory changes that must be implemented. These changes will allow lawyers, whilst preserving their unique position on the legal market, to become pro-active innovators.

1096 The second goal of this cluster is to develop and extend the initiative of the Paris Bar's Incubator to professional organizations and to local French Bars.

D. Moving on

1097 Through this new structure, the Incubator of the Paris Bar has witnessed the growth of other local incubators. At the beginning of this year, the Marseille, Lyon and Toulouse Bars officially launched their own Incubators. Other Bars in France have begun to discuss creating their own incubator and will, in the coming months, also be officially launching their first incubators.

1098 In order to harmonize all these new initiatives, the Incubator of the Paris Bar is currently creating a nation-wide network (*"Réseau national des Incubateurs"*) covering local incubators.

1099 By providing coordination at a national level, the incubators can collectively drive forward change in the profession. The incubators can continue to promote the implementation of reforms and increase dialogue between the different players in legal service innovation. Moreover, they are able to analyze the impact of artificial intelligence on the law, and impartially guide the legal profession through its evolution within the new digital ecosystem.

7. Kapitel
Technologie

7.1 Wie baut man einen Rechtsautomaten?

Modellierung juristischer Entscheidungsstrukturen mit Lexalgo

Michael Grupp[1]

Die Automation juristischer Entscheidungen beflügelt seit jeher die Geister – mit Aufkommen der Informatik sind die Träume konkreter geworden. Bislang sind intelligente Anwendungen nicht verfügbar – aber in Einzelbereichen lassen sich juristische Prüfungen mit Hilfe von Technologie (teil-)automatisieren. 1100

Anwendungen wie Lexalgo stellen die technische Grundlage dazu: kleine, individuelle Expertensysteme können überall dort, wo juristische Sachverhalte bisher mit personellem Einsatz erfasst und bearbeitet werden müssen, Komplexität und Aufwand reduzieren. Insbesondere bei häufig auftretenden Fällen oder großen Datenmengen hilft der Einsatz, Ressourcen zu sparen und schneller Ergebnisse zu erzielen. 1101

A. Einleitung

Mit dem Begriff *Rechtsautomation* verbinden wir oft das Bild eines Roboters, der juristische Fragen akkurat und mit juristischen Wertungen beantworten kann. Fantasievolle Ideen für *Rechtsautomaten* und *Subsumtionsmaschinen* haben Tradition[2], ein Beispiel ist etwa das Justizklavier von *Roda Roda*, das auf Tastendruck Recht sprechen kann.[3] Die Entwicklungen der Informatik der 1960er Jahre stießen bei den Juristen auf großes Interesse[4]: Die *Wenn-Dann*-Struktur juristischer Normen drängte den Vergleich zur logischen Regelstruktur der Informatik auf[5], mit dem naheliegenden nächsten Schritt der Abbildung der Regeln in automatisierte Regelungssysteme.[6] Mehrere Projekte bemühten sich um eine wenigstens theoretische Demonstration potenzieller Machbarkeit der computergestützten Rechtsfindung[7] und die Möglichkeiten einer Subsumtionsautomation durch Zeichenketten- oder semantische Vergleiche wurden ausgiebig untersucht, aber letztlich verworfen.[8] 1102

---

[1] Michael Grupp ist Rechtsanwalt und Geschäftsführer von Lexalgo, Anbieter für juristische und medizinische Automationslösungen in Mainz/Berlin.
[2] *Weber*, Rechtssoziologie, 1926, S. 281; *Kelsen*, Die Justiz VI, 1931, S. 591 f.; *Radbruch*, Rechtsphilosophie, 1987, Bd. 1, S. 148.
[3] *Roda Roda*, der in einer Anekdote ein Klavier vorschlägt, das über belastende (schwarze) Tasten und entlastende (weiße) Tasten Informationen über die Strafbarkeit ermittelt, beschrieben zuletzt bei, *Trappl*, A construction manual for robots' ethical systems, 2015, S. V.
[4] *Klug*, Juristische Logik, 1. Aufl. 1951, S. 157 ff.
[5] *Fiedler*, JuS 1971, S. 228 ff.
[6] *Haft*, Juristen und die Informationsgesellschaft in: Tauss/Kollbeck/Mönikes (Hrsg.) Deutschlands Weg in die Informationsgesellschaft, 1996; S. 551 f. *Fiedler/Gordon*, Recht und Rechtsanwendung als Paradigma wissensbasierter Systeme, in: Brauer/Wahlster (Hrsg.), Wissensbasierte Systeme. 2. Internationaler GI-Kongress, Oktober 1987, Informatik-Fachberichte 155, S. 63 ff.
[7] LEX/LEX-1 an der Universität Tübingen mit IBM, *Haft/Lehmann* (Hrsg.), Das LEX-Projekt, 1989, S. 60 (61); KOKON, *Kowalewski/Schneeberger/Wiefel*, KOKON-3: Ein prototypisches System zur wissensbasierten Vertragskonfigurierung. Informatik-Fachberichte 223 (1989) S. 79 ff.; DFG-Projekt „Analyse juristischer Sprache" am DRZ Darmstadt, *Brinckmann/Petöfi/Rieser*, DVR 1972/73, 257.
[8] *Haft*, Computergestützte Entscheidungsfindung, Rechtsprechungslehre, 1992, 589; *Leith*, Fundamental Errors in Legal Logic Programming, The Computer Journal, 1986, 545.

1103 Die Rechtsinformatik kam in den 1990er Jahren überein, dass die Automation juristischer Entscheidungen nicht ohne weiteres gelingt, und insbesondere marktfähige, nutzbare Anwendungen nur mit großer Mühe (sprich: mit erheblichen, kaum amortisierbaren Kosten) zu entwickeln sind – oder jedenfalls nur für spezielle Einzelbereiche.[9] Die Rechtsanwendung im engeren Sinne, die Subsumtion mit Wertungsspielräumen und Bedeutungsinterpretationen, lässt sich nur schwer formalisieren und automatisieren. Entsprechend verebbte das Interesse, und mit Ausnahme der Rechtsinformationssysteme[10] blieben arbeitsunterstützende, spezifisch juristische Technologien aus.

1104 In den letzten Jahren sind Ansätze der Rechtsinformatik – unter dem vom Marketing geprägten Begriff „Legal Tech" – in neuem Gewand wieder sichtbar geworden.[11] Allerdings sind unter der Bezeichnung meist reine Vermarktungslösungen, Portale und alle irgendwie gearteten Produkte und Dienstleistungen mit juristischen und technologischen Elementen gemeint.[12] Noch immer bleiben Lösungen der Rechtsautomation im engeren Sinne, also Lösungen auf Ebene der Rechtsfindung selbst, auf wenige Beispiele beschränkt.

1105 Trotzdem werden zunehmend Anwendungen entwickelt, die auch die Rechtsanwendungstätigkeiten von Juristen unterstützen, beschleunigen, vereinfachen und manchmal ersetzen und dabei im Ergebnis eine Lösung liefern, die dem einer manuellen Prüfung entspricht. Sie demonstrieren, dass einfache technologische Abbildungen einen Nutzen stiften können, sofern sie im richtigen Zusammenhang zur Anwendung kommen: den noch vergleichsweise einfachen Vertragslösungen von *Janolaw* und *Smartlaw* sind verschiedene Nischenanwendungen für bestimmte Service-Bereiche gefolgt. Besonders bekannt sind Anwendungen für Verbraucher, die bei der Erstattung für Flugausfälle oder Bahnverspätungen oder bei der Rückerstattung von Krediten assistieren.[13] Auch im Kanzlei- und Unternehmensumfeld[14] kommen solche Entscheidungsunterstützungssysteme zum Einsatz, mit mehr oder weniger großem Fokus auf materiell-rechtliche Lösungen. Die Anwendungen variieren auch im Hinblick auf Komplexität und Mächtigkeit, können aber in Bereichen hoher Fallfrequenz und hinreichender Standardisierbarkeit und Formalisierbarkeit wirkungsvoll agieren.

1106 Während die ersten Anwendungen von den Anbietern meist vollständig selbst entwickelt wurden, erlauben Autorensysteme als Editoren inzwischen auch die eigene oder Auftragsentwicklung ohne Erstellung der Softwareinfrastruktur. Editoren für komplexere, explizit juristische Prüfungshilfen sind etwa die US-Anwendung Neota Logic[15] oder – für den deutschen Markt – Lexalgo.[16]

B. Verfügbare und machbare Rechtsautomation: Induktiv vs. Deduktiv

1107 Die Informatik verfügt über sehr komplexe Logikmodellierungen, aber nur über ein beschränktes semantisches Instrumentarium – die Rechtsanwendung kommt mit vergleichsweise einfachen Logiken aus, setzt aber ein semantisch hochkomplexes Verständnis voraus. Das ist insbesondere für eine Formalisierung problematisch. Erst in den vergangenen Jahren haben Computerlinguistik und Spracherkennungsforschung signifikante Fortschritte gemacht, trotzdem lassen sich das für eine automatische Subsumtion nötige Weltwissen, Erfahrungen,

---

[9] *Wolf*, Lösung von Rechtsfällen mit Hilfe von Computern? in: Graul/Wolf (Hrsg.), Gedächtnisschrift für Dieter Meurer, 2002, S. 678 f.; *Jandach*, Juristische Expertensysteme, 1993.
[10] *Stöhr*, JurPC 1993, S. 2080.
[11] *Grupp*, AnwBl 2014, S. 660.
[12] Übersicht z. B. bei *Fiedler/Grupp*, DB 2017, S. 1325.
[13] Flightright, Bankright, Bahnbuddy etc.
[14] Dazu zählen auch Claim-Manement-Lösungen, siehe z. B. *Hagel*, SchiedsVZ 2011, S. 65, zT mit Hilfe von KnowledgeTools, siehe Fn. 28.
[15] www.neota.com.
[16] www.lexalgo.com.

"gesunder Menschenverstand" und Gerechtigkeitsempfinden nicht abbilden und insbesondere juristische Begriffe entziehen sich noch einer Formalisierung.

Juristisches Wissen ist heute verschiedentlich abbildbar, die machbaren Ansätze lassen sich in zwei wesentliche Strömungen fassen: in einen induktiven Ansatz auf Grundlage großer Datenmengen, bei dem mathematische Modelle (meist in Form Neuronaler Netze oder vergleichbarer Techniken) zur Aufbereitung der Daten zum Einsatz kommen. Und in einen deduktiven, regelbasierten Weg, bei dem die Prüfungsstrukturen herausgelöst und vergleichbar große Entscheidungsbäume abgebildet werden. Beide Ansätze haben im juristischen Anwendungsbereich eine Daseinsberechtigung, allerdings mit unterschiedlichen Vor- und Nachteilen und Grenzen. 1108

I. Induktiver Ansatz: Statistische Systeme

In den vergangenen Jahren wurden verschiedene Modelle neuronaler Netze entwickelt, einer Technologie, die bereits seit den 1980er Jahren bekannt, aber erst mit verbesserter Rechenleistung und größeren Speichern verwertbare Ergebnisse erzielen konnte. Besonders erwähnenswert sind die Forschungen am *Caffe*-Framework der Universität Berkeley, die überraschende Ergebnisse bei der Mustererkennung erzielt[17]: Ein Algorithmus hatte selbstlernend ein vertieftes Verständnis in der Mustererkennung erreicht, so dass er anhand von *user generated content* das Phänomen Katzenbilder erkennen und beschreiben konnte. Dieser und weitere Meilensteine der Mustererkennung durch selbstlernende Algorithmen führten in den folgenden Jahren zu einiger Euphorie und den Versuchen, solche *deep learning*-Methoden auch für andere Bereiche einzusetzen – bisher aber in den semantisch komplexen Bereichen wie der Rechtswissenschaft noch mit unzureichenden Ergebnissen.[18] 1109

Solche statistischen Lösungen können durchaus einzelne Tatbestandsmerkmale überprüfen und induktiv von beliebigen Inputinformationen ausgehend und häufig selbst lernend für einzelne Folgerungsfragestellungen Zusammenhänge aufzeigen. Statistische Anwendungen sind aber nur dort einsetzbar, wo formalisierte, häufigkeitsbezogene Überlegungen zur Lösung führen.[19] Die Einsatzbereiche sind deshalb limitiert und das Vorgehen meist intransparent – der Nutzer erfährt in der Regel nicht, warum der Algorithmus zu einem bestimmten Ergebnis kommt. Trotzdem entsteht der Eindruck „intelligenter" Anwendungen. Wichtigste Anforderung an funktionsfähige, nutzbare Mustererkennungssysteme ist ein ausreichend großer und hochwertiger Datensatz für ein Referenzmodell. Qualität und Quantität der Daten sind dabei in der Regel umgekehrt proportional zueinander: Daten in Form von Text-Dokumenten, Bildern, PDFs, Audiofiles usw. müssen idealerweise in hoher Qualität vorliegen, also homogen, widerspruchsfrei, annotiert/gekennzeichnet und kongruent. Je weniger/schlechter die Daten annotiert sind – also eine Beschreibung der Daten in Form von Meta-Informationen als Index fehlt –, umso mehr Daten werden benötigt. Größenordnungen sind dabei meist Mengen jenseits der 10.000. Das ist z.B. heute für die Analyse von Mustern in der Bild- oder Spracherkennung der Fall, für die ausreichend Daten formalisiert vorliegen, etwa mit großen indexierten Datensätzen aus den sozialen Netzwerken.[20] Eine international aktive Gruppe bemüht sich heute um die Indexierung und Auszeichnung juristischer Inhalte als Grundlage u.a. für bessere Formalisierungen.[21] 1110

Im juristischen Bereich und bei der Arbeit mit juristischen Inhalten, deren Bedeutungsinterpretation wegen semantischer Komplexität, häufig impliziter Inhalte und großer Wer- 1111

---

[17] *Jia* et al., Caffe: Convolutional Architecture for Fast Feature Embedding, arXiv:1408.5093, Juni 2014.
[18] *Girshick* et al., The IEEE Conference on Computer Vision and Pattern Recognition (CVPR), 2014, S. 580.
[19] Vgl. Watson DeepQA von IBM, *Ferrucci et al.*, AI Magazine 2010, 59.
[20] *Agrawal* et al., Analyzing the Performance of Multilayer Neural Networks for Object Recognition, in Fleet et al. (Hrsg.) Computer Vision – ECCV 2014, Lecture Notes in Computer Science, Bd. 8695.
[21] Dazu gehören Datenaustauschformate wie das Legal Knowledge Interchange Format LKIF, European Project for Standardised Transparent Representations in order to Extend Legal Accessibility, online: www.estrellaproject. org. Erwähnenswert ist weiter LegalRuleML als juristischer Bereich der RuleML-Gemeinschaft.

tungsfreiheit nur schwer formalisierbar ist, bleibt der Einsatz schwierig.[22] Für den Einsatz in der Subsumtion sind die statistischen Modelle noch zu ungenau, lassen insbesondere Wertungsspielräume und Abwägungen außen vor und erfassen implizites Wissen nur unzureichend. Es fehlen ausreichend aufbereitete, also durch Indizes beschriebene Datenmengen, um ein Referenz-Prüfungsmodell erstellen zu können. Vorhandene Anwendungen, die als „Predictive Analytics"-Anwendungen bei der Durchsicht großer Dokumentenmengen bei E-Discovery (zum Beispiel bei der Due Diligence von Unternehmen) zum Einsatz kommen, können deshalb auch nur Aussagen treffen, die sich aus statistischen Zusammenhängen des Datensatzes herleiten lassen. Informationen außerhalb des Datensatzes können in der Regel keine Berücksichtigung finden.

II. Deduktiver Ansatz: Regelbasierte Systeme

1112   Ein dieser induktiven Herangehensweise in vielen Punkten entgegengesetzter Ansatz ist die Abbildung der Entscheidungsstrukturen „von Hand" in regelbasierten, deduktiv arbeitenden Entscheidungsunterstützungssystemen. Die einzelnen Prüfungsschritte werden dabei als Knoten definiert, die Entscheidungsalternativen als Pfade. Es entsteht ein Baum (oder dreidimensionaler Cluster), der die möglichen Wege abbildet und über eine Software interaktiv durchlaufen werden kann. Solche Anwendungen können große Komplexität annehmen, insbesondere wenn das Wissen des Tools, also die Logik, die entscheidet, unter welchen Voraussetzungen welcher Pfad begangen wird oder welche Handlung ausgeübt wird, in einer gesonderten Wissensdatenbank gespeichert wird. Solche expliziten Wissensabbildungen werden auch als Expertensysteme bezeichnet.[23]

1113   Die juristische Expertensystemforschung brachte in der Vergangenheit einige Prototypen hervor, die aber nie die Marktreife erreichten.[24] Heutige, noch stattfindende Untersuchungen sind mit Aspekten der Sichtbarmachung juristischer Inhalte und aufbauender Modellierungen befasst, dazu gehört z. B. das *Argumentation Mining*[25], das Software zur automatisierten Erfassung, Modellierung und Gewichtung von Aussagen in juristischen Texten entwickelt. Damit lassen sich Argumente in gerichtlichen Entscheidungen finden oder bei Diskussionen Ausgangsvorhersagen treffen.

1114   Tatsächlich marktfähig und nutzbar sind jedoch nur wenige, einfachere Anwendungen. Anbieter wie *Neota Logic Inc.*[26] oder *LNR* Corp.[27] stellen für Unternehmen und Kanzleien Entscheidungsunterstützungssysteme her, mit denen häufig auftretende und repetitive Fälle abgebildet werden. Damit werden juristische Prüfungen schneller und ressourcensparender möglich, z. B. Compliance-Prüfungen (*LNR*), wie sie von Wirtschaftskanzleien bereits für den Eigenbedarf entwickelt werden. In Deutschland gibt es mit *KnowledgeTools*[28] und *Lexalgo*[29] zwei Anbieter, um mit einer Editoren-Software für Unternehmen juristische Prüfungsstrukturen zu modellieren.

1115   Die Automation muss dabei nicht die menschlichen Denkprozesse nachbilden, die zu einem konkreten juristischen Schluss führen, sondern sind in der Gestaltung frei – solange das Ergebnis

---

[22] *Philipps*, Unbestimmte Rechtsbegriffe und Fuzzy Logic, in: *Haft* u. a. (Hrsg), Kaufmann-FS, 1993, S. 265.
[23] *Jandach*, Juristische Expertensysteme: Methodische Grundlagen Ihrer Entwicklung, 1993, S. 20 ff.
[24] *Kirn/Müller-Hengstenberg*, MMR 2014, 307; *Jandach*, Juristische Expertensysteme: Methodische Grundlagen Ihrer Entwicklung, 1993, S. 22 ff.
[25] *Gordon/Walton*, The Carneades Argumentation Framework – Using Presumptions and Exceptions to Model Critical Questions, IOS Press, 2003; ARGUMENTUM (*Herberger* u. a.): Universität des Saarlandes/DFKI EEAR; z. B. *Houy/Fettke/Loos/Speiser/Herberger/Gass/Normann*, in: *Wölfl* (Hrsg). KI-2012: Konferenz zur Künstlichen Intelligenz, Saarbrücken, S. 30.
[26] www.neota.com.
[27] www.lrn.com.
[28] www.knowledgetools.de.
[29] Siehe unten Rn. 1118.

juristischer Nachprüfung standhält. Es geht also weniger um die Frage der exakten Formalisierung der Subsumtion, wie gelegentlich kontrovers diskutiert[30], sondern um Anwendungen, die im Ergebnis Lösungen erbringen, die dem Resultat einer menschlichen Rechtsanwendung inhaltlich entsprechen.

Regelbasierte, deduktive Prüfungstools eignen sich überall dort, wo Schwierigkeit und Aufwand weniger in der Definition eines einzigen Tatbestandsmerkmals liegen, sondern wo gerade der Prüfungsprozess als solcher abgebildet werden soll. Das ist dort der Fall, wo Prüfungen mehrere Prüfungspunkte zu berücksichtigen haben, aber die Subsumtion des einzelnen Tatbestandsmerkmals für den Nutzer leicht vorzunehmen ist.[31] Ebenso sind Fragen abbildbar, welche Tatbestandsmerkmale in welcher Reihenfolge in welchem Fall geprüft werden müssen, und welche Konsequenzen das Vorliegen oder Nicht-Vorliegen einzelner Voraussetzungen mit sich bringt. So zum Beispiel die Frage, ob ein Kreditvertrag in einem bestimmten Zeitraum geschlossen wurde, ob eine bestimmte Kreditklausel enthalten ist oder ob eine Komponente aus einem bestimmten Herkunftsstaat kommt. Für eine Abbildung interessant sind deshalb generell stark aufwändige Prüfungen im regulatorischen Bereich.

Da bei den deduktiven Systemen das Prüfungswissen nicht flexibel und autonom aus dem Datenbestand abgeleitet wird, sondern explizit in einer Wissensbasis oder implizit in der Regelstruktur enthalten ist, sind die regelbasierten Systeme wartungsintensiv. Ihre Erstellung setzt eine genaue Kenntnis des abzubildenden Problems voraus und ist – da die Abbildung manuell erfolgt – häufig individuelle Auftragsarbeit. Deshalb lohnt eine Abbildung auch nur dort, wo Fälle mit einer gewissen Ähnlichkeit und Häufigkeit auftreten, gleichzeitig aber für eine menschliche Lösung komplex bleiben.[32]

III. Legal Tech von Lexalgo

Lexalgo[33] entwickelt auf Grundlage eines regelbasierten Editorensystems solche deduktiven Systeme. Damit lassen sich Entscheidungsunterstützungssysteme erstellen, die juristische oder weitere semantisch komplexe Prüfungen vereinfachen, beschleunigen oder absichern können. Wenn Prüfungen häufig und mit ähnlichen Problemen auftreten, aber zu komplex sind, um mit statistischen Mitteln gelöst zu werden, können die Module Fach-Know-how modellieren und Komplexität und Aufwand reduzieren. *Lexalgo*-Module helfen so Callcenter-Mitarbeitern bei der Beantwortung von Kundenfragen, assistieren Justiziaren bei der Prüfung von Einfuhrbestimmungen oder helfen Kundenberatern bei der Prüfung einzelner Vertragsklauseln.

C. Praxisbeispiel: Das DAV-Modul für Vergütungsvereinbarungen

Zur Veranschaulichung von Funktionsweise, Herausforderungen und konkreten Vorteilen einer regelbasierten Entscheidungsunterstützung nachfolgend ein konkretes Anwendungsbeispiel:

---

[30] *Engel*, JZ 2014, 1096 (Antwort auf *Kotsoglou*, JZ 2014, 451), Zuletzt *Koitz*, JurPC, Web-Dok. 52/2017, Abs. 1 (18 ff.).
[31] Statt aller Übersicht bei *Gräwe*, siehe Fn 4, S. 113 ff. zu den „äußeren und inneren Entscheidungsgängen"; *N. Luhmann*, Rechtssystem und Rechtsdogmatik, 1974, S. 24; 55 ff.; *Larenz*, Methodenlehre der Rechtswissenschaft, 6. Auflage 1991, S. 188 ff., 229 ff.
[32] Siehe zu konkreten Anforderungen an einen Einsatz unten, Kapitel IV.
[33] Das Unternehmen mit Büros in Mainz und Berlin wurde 2013 als Ausgründung der Universität Mainz gegründet und unter anderem vom Land Hessen und dem Inkubationsprogramm der European Space Agency ESA finanziert. Eine Anwendung von Lexalgo mit der Charité Universitätsklinikum wurde von der EU Kommission über das Horizon2020-Programm und einem Europäischen Innovationsfonds als Leuchtturmprojekt gefördert. Zu den Kunden des Unternehmens zählen Unternehmen, Kanzleien und Krankenhäuser weltweit.

I. Ausgangslage

1120 In Deutschland schließen nicht alle Kanzleien mit Mandanten regelmäßig individuelle Vergütungsvereinbarungen. Nach mehreren Gesetzesänderungen ist die Rechtslage dabei nicht völlig geklärt, weshalb sich viele Rechtsanwältinnen und Rechtsanwälte bei Bedarf bei ihrem Berufsverband, dem Deutschen Anwaltverein e.V. (DAV), nach Hinweisen erkundigen. Der DAV kann zu dem Thema umfangreich und erfahren informieren; es gibt Handouts zu diesem Thema, doch verhindert die Menge der Anfragen eine individuelle Beratung. Fragestellungen variieren nach Einzelfall, z.B. danach, ob der anfragende Rechtsanwalt alleine oder in einer Kanzleipartnerschaft tätig ist und welchen Sachverhalt das Mandantenverhältnis betrifft. Konkret geht es um rund zehn verschiedene Anwendungskonstellationen, die sich zusammen mit verschiedenen Textbausteinen und Unterlagen auf eine Vielzahl möglicher Kombinationen summieren.

II. Herausforderung

1121 Das beim DAV vorhandene Wissen soll in einer interaktiven und wartbaren Form abgebildet werden. Interne Ressourcen und das Know-how, um vorhandene Unterlagen und nicht-schriftlich vorhandenes Wissen eigenhändig in ein automatisiertes System zu übertragen, sind begrenzt. Ein externer IT-Dienstleister könnte zwar die technologische Umsetzung ermöglichen, aber die Formalisierung der juristischen Regeln nicht leisten, und spätere inhaltliche oder rechtliche Änderungen könnten auch nicht einfach und kontinuierlich eingearbeitet werden.

III. Umsetzung

1122 Mit dem DAV entwickelt *Lexalgo* ein Modul, das Rechtsanwältinnen und Rechtsanwälten zu Vergütungsvereinbarungen Auskunft geben soll. Das vorhandene Wissen in Form von Dokumenten und konkreten Handlungsanleitungen wird dazu in der *Lexalgo*-Editorensoftware abgebildet. Computer arbeiten streng formal, für eine Übertragung juristischer Tätigkeiten auf Computer müssen diese deshalb der formalen Arbeitsweise angepasst, also formalisiert werden. Die Formalisierung muss Nutzerfähigkeit, -bedürfnis und -perspektive berücksichtigen, in diesem Fall die Nutzung durch Juristen, die mit der Materie etwas vertraut sind, die also Subsumtionsschritte vornehmen können. Das ist bei den anwaltlichen Nutzern der Fall, für Nicht-Juristen wäre dies schwieriger und müsste weitere, frei von Subsumtionserfordernissen interpretierbare Erläuterungen vorsehen.

IV. Lösung

1123 Mit dem fertigen Modul erhalten Rechtsanwältinnen und Rechtsanwälte Auskunft. Über die Dialogmaske geben Nutzer die Rahmenbedingungen ihres Falles ein und beantworten einige wenige Fragen. Der DAV kommt unkompliziert und mit geringem Aufwand seiner Informationspflicht nach und kann sogar weitgehend individualisierten Rat erteilen, was bislang nur in Ausnahmefällen möglich war. Telefonische Anfragen lassen sich auf wenige Einzelfälle reduzieren, mit deutlicher Ressourcen- und Kosteneinsparung. Gleichzeitig steigt die Attraktivität des Online-Auftritts des DAV zugunsten des weiteren Online-Angebots.

1124 Die Lösung kann in anderen Fällen auch in einer Aussage zu den Erfolgsaussichten oder in konkreten Handlungsanweisungen bestehen, die mit einer Zusammenfassung der Lösung angezeigt werden. In anderen Situationen/Modulen wird anhand der Angaben zusätzlich ein downloadbares Dokument (Schnittstelle zu gängigen Textverarbeitungsprogrammen) generiert, z. B. Mahnungsschreiben. Die Dokumente bleiben dabei editierbar. Die Benutzer erhalten die zu ihrem Fall passenden Informationen zum Download, z. B. Musterformulare oder konkrete Handlungsanweisungen.

Im Rahmen juristischer Fragestellungen erspart die Software so die Einzelfalleinarbeitung und große Teile der gutachterlichen Prüfung. Häufige und eindeutige Subsumtionsschritte können auf Grundlage der erfassten Daten automatisiert ausgeführt werden. Bei einfachen Fragestellungen kann durch die Regelmaschine der Software die juristische Prüfung bereits vollständig abgebildet werden. Bei komplexeren Fragen können Einzelprüfungen zu jedem Zeitpunkt von einem Bearbeiter aufgerufen, kontrolliert und modifiziert bzw. manuell übernommen werden.[34]

1125

D. Einsatzbereiche regelbasierter Entscheidungsunterstützungssysteme

Mit wenigen Einschränkungen lassen sich also semantisch komplexe und insbesondere juristische Fragestellungen in einer formalisierten Struktur abbilden, auch wenn keine großen Datenbestände vorhanden sind. Voraussetzungen dafür ist, dass die zu modellierende Problemstruktur häufig und wiederholt auftritt, rechtlich eindeutig und geklärt ist, und dass Unschärfen wie unbestimmte Rechtsbegriffe oder stark auslegungsbedürftige Tatbestandsmerkmale auf eindeutige Werteschemata reduziert werden können. Das ist in der Regel überall dort der Fall, wo die Subsumtionsschritte klein sind – etwa bei anwendernahen Regelungstexten wie Verordnungen oder regulatorischen Texten – oder wo die Nutzer der Anwendung bereits über ausreichend Domänen-Wissen verfügen.

1126

I. Wem helfen Entscheidungsautomationen?

Nutzer solcher Anwendungen sind insbesondere Unternehmen oder Rechtsabteilungen von Unternehmen, in denen ähnlich gelagerte Rechtsfragen häufig auftreten, und wo die semantische Komplexität der Prüfungen Automation oder sogar Digitalisierung bislang verhindert und fehlende Datenmengen statistische Lösungen ausschließen. Wenn aufwändige Prüfungsprozesse durch großen personellen Einsatz von vielen oder sehr qualifizierten Mitarbeitern Ressourcen binden, können Regelmodellierungen wie *Lexalgo* erhebliche Kosten sparen und Prüfungsprozesse vereinfachen. Je nach Komplexität und Inhalt lässt sich der Aufwand in großen bis größten Teilen reduzieren.

1127

Auch wenn automatisierte Prüfungen zugunsten der Formalisierung auf Wertungen und intuitiv-individuelle Entscheidungen Einzelner verzichten müssen, liegen klare Vorteile in der gesteigerten Verlässlichkeit und inhaltlichen Richtigkeit der Prüfungsentscheidungen (im Verhältnis zur menschlichen Prüfung) und in der erleichterter Aktualisierung. Da diese Automationen auch meist erstmalig die Digitalisierung des vormals händischen Prozesses mit sich bringen, sind gesteigerte Transparenz, Messbarkeit und Möglichkeiten der Datenaggregation wertvolle Effekte.

1128

---

[34] Zugang für ein Test-Modul sowie weitere Informationen sind für Leser online hinterlegt: http://app.lexalgo.com/legaltech.

II. Investition in Regelautomation

1129 Die Erstellung von Entscheidungsunterstützungs-Modulen erfolgt in der Regel individuell. Nur selten lassen sich die Modelle (die zudem häufig mit vertraulichen oder jedenfalls proprietären Unternehmensdaten entwickelt wurden) mehrfach verwenden. Deshalb umfassen Investitionen neben den üblichen softwarespezifischen Aufwendungen für Nutzungs-Lizenzen, Betrieb und Wartung sowie verschiedenen Support-Leistungen auch die Erstellung des Moduls selbst, in der Regel in Form von Tagessätzen.

1130 Insofern bedarf die Auswahl von Modul-Inhalt und konkretem Einsatzbereich einer eigenen Geschäftsplanung, die konkret geplante Einsparungen ermittelt. Auch Anwendungen, die in erster Linie Marketing- oder Vertriebszwecken dienen, sollten Umsatzpotenziale überprüfen. Bei Unternehmen einer bestimmten Größe oder Spezialisierung zeigen sich aber bei eingehender Betrachtung in der Regel mehrere potenzielle Einsatzbereiche für juristische Entscheidungsunterstützungen.

7.2 Automatisierte Dokumenterstellung in der juristischen Praxis

Dr. Gernot Halbleib[1]

Legal Tech wird oft mit künstlicher Intelligenz oder anderen Technologien assoziiert, die ihr volles Potenzial in der Zukunft noch zeigen werden. Wenn es um praktische Relevanz von Legal Tech in der Gegenwart geht, spielt Software zur Automatisierung der Dokumenterstellung eine große Rolle: denn Dokumente sind das wohl häufigste Endprodukt juristischer Arbeit.

Durch den Einsatz von Dokumentautomatisierungs-Software wird die Erstellung von Dokumenten einfacher, schneller und weniger fehleranfällig. Jeder kennt die Tücken von „Copy-Paste" und „Suchen-Ersetzen", wenn bestehende Vorlagen oder früher verwendete Versionen eines Dokuments für eine neue Verwendung herhalten und kleinteilig angepasst werden müssen. Es muss genau geprüft werden, ob die Vorlage zum aktuellen Sachverhalt passt, ob es rechtliche oder tatsächliche Änderungen gab, ob nach einer Veränderung von Singular/Plural noch alle Formulierungen korrekt und konsistent sind etc.

Automatisierte Dokumenterstellung schafft hier Abhilfe. Dokumentvorlagen werden zentral verwaltet und Aktualisierungen systematisch für alle Anwender verfügbar gemacht. Je nach gewählter Sachverhaltskonstellation werden die passenden Klauseln oder Textbausteine automatisch zusammengesetzt. Auch sprachliche Variationen können von der Software umgesetzt werden, ohne einer weiteren Kontrolle zu bedürfen. Anwälte können sich dann auf die eigentliche Rechtsberatung als Kernaufgabe ihrer Arbeit fokussieren, statt sich Tätigkeiten widmen zu müssen, die zwar simpel, aber zeitintensiv und konzentrationsfordernd sind. Hierdurch steigen Qualität und Effizienz der anwaltlichen Arbeit.

Trotz dieser Vorteile nutzen noch wenige Anwälte spezielle Dokumentautomatisierungs-Software. Im Mai 2016 hat CMS Hasche Sigle öffentlichkeitswirksam angekündigt, die Software Hotdocs kanzleiweit einsetzen zu wollen.[2] Auch andere große Wirtschaftskanzleien in Deutschland, insbesondere die angloamerikanisch geprägten, stellen ihren Anwälten geeignete Software zur Verfügung. Bei genauerem Hinhören stellt sich allerdings heraus, dass viele Anwälte diese Möglichkeiten nicht nutzen. Oft liegt dies daran, dass das Verständnis für die Einsatzmöglichkeiten von Dokumentautomatisierungs-Software fehlt und unbekannt ist, wie die Software funktioniert und was zu tun ist, um sie effektiv einzusetzen.

A. Einsatzmöglichkeiten

Es liegt auf der Hand, dass sich Dokumentautomatisierung dort am meisten lohnt, wo ein Dokument häufig in ähnlicher Form verwendet wird. Dies können Verträge sein, die in verschiedenen Varianten immer wieder vorkommen, Gutachten, gerichtliche oder außergerichtliche Schriftsätze, Satzungen, Vollmachten, Anschreiben, Formulare, E-Mails, Mandatsvereinbarungen, Rechnungen, usw. Der Anspruch muss nicht sein, dass in allen denkbaren Konstellationen ein zu 100% einsatzfertiges Dokument vollautomatisch aus dem System kommt.

---

[1] Gernot Halbleib unterstützt als Legal Tech-Berater Kanzleien und Unternehmen u.a. bei der Einführung automatischer Dokumenterstellung. Der Beitrag entstand unter Mitwirkung seines wissenschaftlichen Mitarbeiters Simon Tänzer.
[2] www.lto.de/recht/kanzleien-unternehmen/k/cms-deutschland-hotdocs-it-basierte-rechtsberatung/ (zuletzt abgerufen am 30.06.2017); mit Flightright gibt es auch ein Legal Tech-Unternehmen, das Hotdocs einsetzt, vgl. www.hotdocs.com/press/flightright-chooses-hotdocs-improve-document-generation-function (zuletzt abgerufen am 30.06.2017).

Eine große Effizienzsteigerung kann bereits darin liegen, den gut standardisierbaren Teil eines Dokuments zu automatisieren, um ihn im Anwendungsfall mit wenig Aufwand reproduzieren zu können. Die wertvolle Zeit des Anwalts wird dann nur noch auf die Teile des Dokuments verwendet, bei denen es wirklich auf eine individuelle Gestaltung ankommt.

1136 Am besten lässt sich Dokumentautomatisierung einsetzen, wenn sie in Standard-Workflows eingebettet wird.[3] Je besser der Sachverhalt aufgearbeitet ist und dem System mitgeteilt werden kann (dazu sogleich), bevor mit der automatisierten Dokumenterstellung begonnen wird, desto besser ist das Ergebnis. Mit entsprechenden organisatorischen Maßnahmen kann dabei sehr gut arbeitsteilig vorgegangen werden und für bestimmte Arbeitsschritte können nicht-anwaltliche Mitarbeiter eingesetzt werden.[4]

1137 Wie sich Effizienzsteigerungen positiv auf das Geschäftsmodell von Anwälten auswirken können, ist bereits an anderer Stelle in diesem Buch beschrieben worden.[5] Automatisierte Dokumenterstellung kann auch ein Schlüssel zur Entwicklung digitaler, skalierbarer Rechtsprodukte[6] sein, man denke an Template-Bibliotheken, die Mandanten gegen eine Lizenzgebühr zur Verfügung gestellt werden. Ein weiteres wachsendes Anwendungsfeld automatisierter Dokumenterstellung sind Online-Tools, mit denen Verbraucher und Unternehmer individualisierte Rechtsdokumente im Self-Service generieren können. Als deutsches Beispiel kann Smartlaw genannt werden, das inzwischen zum Informationsdienstleister Wolters Kluwer gehört.[7] In den USA und Großbritannien sind solche und ähnliche Anwendungen bereits weiter verbreitet.[8] So bietet z. B. das in 2001 gegründete LegalZoom im Kern automatisiert erstellte Dokumente an und ist mit diesem Service zur bekanntesten Rechtsmarke in den USA geworden.[9]

B. Funktionsweise von Dokumentautomatisierungs-Software

I. Bereitmachen von Vorlagen für die Automatisierung

1138 Um das Potenzial für den Einsatz von Dokumentautomatisierung zu erkennen, kann es helfen, wenn Anwälte deren Funktionsweise zumindest in den Grundzügen verstehen. Die meisten Systeme für automatisierte Dokumenterstellung arbeiten mit besonderen Dokumentvorlagen, sogenannten programmierten Templates. Die Erstellung von programmierten Templates erfolgt in drei Schritten:
1. Konsolidierung bestehender Vorlagen in ein Template
2. Algorithmisierung des Templates und
3. Programmierung des Templates.

1139 Die ersten beiden Schritte spielen sich hauptsächlich auf der juristisch-inhaltlichen Ebene ab. Erst im dritten Schritt wird es technisch. Die Vorgehensweise lässt sich an einem Beispiel,

---

[3] Siehe zum Thema Workflows den Beitrag „Der Weg zur Legal Tech-Strategie" des Verfassers in diesem Buch, Rn. 126, 141 ff. Ein praktisches Beispiel für die Verwendung von Dokumentautomatisierung in Workflows bietet die britische Kanzlei Pinsent Masons, die in ihrem Konzept „Smart Delivery" auf automatisierte Dokumenterstellung als zentralen Baustein setzt. www.innovative.legal/solutions/smartdelivery/ (zuletzt abgerufen am 30.06.2017).
[4] Vgl. dazu den Beitrag „Legal Tech – Einsatz in einer kleinen Kanzlei" von Greisbach in diesem Buch, Rn. 659 ff.
[5] Unter anderem im Beitrag „Auswirkungen und Erfolgsfaktoren der Digitalisierung von Kanzleien" von Bues, Rn. 65 ff., und im Beitrag „Der Weg zur Legal Tech-Strategie" des Verfassers, Rn. 126, 134 ff.
[6] Allgemein dazu siehe den Beitrag „Der Weg zur Legal Tech-Strategie" des Verfassers in diesem Buch, Rn. 126, 148 ff.
[7] Weitere Beispiele für Anbieter von individualisierten Rechtsdokumenten in Deutschland sind u. a. janolaw.de, wonder.legal, 123recht.net sowie foundersbox.vc, das von einer Anwaltskanzlei betrieben wird.
[8] Beispiele sind hier Rocket Lawyer (www.rocketlawyer.com), LawDepot (www.lawdepot.com), Nolo (www.nolo.com), Legaltemplates.net (www.legaltemplates.net) oder Avvo (www.avvo.com).
[9] Vgl. z. B. www.techcrunch.com/2012/05/11/legalzoom-ipo/ (zuletzt abgerufen am 30.06.2017).

hier anhand einer (vereinfachten) Haftungsklausel eines Anteilskaufvertrages, am besten anschaulich machen.

Ausgangspunkt jeder Dokumentautomatisierung ist die Frage, in welchen Varianten die Klauseln oder Textpassagen eines Dokumentes vorkommen. Für das Beispiel der Haftungsklausel gehen wir davon aus, dass es folgende Varianten geben soll:

	verkäuferfreundlich	käuferfreundlich
Ein Verkäufer	Der Verkäufer haftet im Rahmen der gesetzlichen Gewährleistungspflichten.	Der Verkäufer haftet für xxx und gibt folgende Garantien ab: …
Mehrere Verkäufer	Die Verkäufer haften im Rahmen der gesetzlichen Gewährleistungspflichten anteilig im Verhältnis ihrer verkauften Anteile.	Die Verkäufer haften als Gesamtschuldner für xxx und geben folgende Garantien ab: …

Manche Anwälte arbeiten bereits mit Vorlagendokumenten, in denen die verschiedenen denkbaren Varianten vollständig zusammengestellt sind. Oft befinden sich diese aber in unterschiedlichen Dokumenten. In diesem Fall werden im ersten Schritt, der Konsolidierung, die einzelnen Vorlagen in einem Dokument zusammengefasst. Doppelter Text wird entfernt, wodurch sichtbar wird, wie sich die verschiedenen Varianten unterscheiden.

Bei den verbliebenen Varianten ist anschließend zu kennzeichnen, welche Variante in welcher Sachverhaltskonstellation zu verwenden ist. Dieser zweite Schritt wird als Algorithmisierung bezeichnet, da im Ergebnis die möglichen Varianten von Sachverhaltskonstellationen abgegrenzt sind und jeder Sachverhalt (Input) zu einem eindeutigen Ergebnis führt (Output).[10] Im Beispiel könnte dies so aussehen:

```
Der/Die Verkäufer haftet/n
[verkäuferfreundlich]:
im Rahmen der gesetzlichen Gewährleistungspflichten.
[nur mehrere:] anteilig im Verhältnis ihrer verkauften Anteile.

[käuferfreundlich]:
[nur mehrere:] als Gesamtschuldner
[einer oder mehrere:] für xxx und gibt/geben folgende Garantien ab:
```

Mit einer solchen Vorlage könnte z. B. auch ein menschlicher Bearbeiter – ohne die rechtlichen Zusammenhänge genau kennen zu müssen – durch Wegstreichen der nicht relevanten Teile ein im Ergebnis korrektes Dokument erstellen, wenn die zugrunde liegende Sachverhaltskonstellation (hier: ein/mehrere Verkäufer; käuferfreundlich/verkäuferfreundlich) definiert ist. Die Dokumentautomatisierung ist aber natürlich erst dann am Ziel, wenn dies durch den Computer erledigt werden kann. Hierfür muss das algorithmisierte Dokument in einem dritten und letzten Schritt in ein programmiertes Template umgewandelt werden. Dies geschieht durch Hinzufügen von Variablen und (einfachen) Steuerungsbefehlen, die einer bestimmten Programmiersprache folgen.[11] Im Beispiel der Haftungsklausel würde dies ungefähr so aussehen, hier dargestellt in einer relativ einfach lesbaren Pseudo-Programmiersprache:

---

[10] Ein Algorithmus ist eine Handlungsvorschrift zur Problemlösung aus „endlich vielen, wohldefinierten Einzelschritten", bei der „eine bestimmte Eingabe in eine bestimmte Ausgabe überführt" wird, vgl. de.wikipedia.org/wiki/Algorithmus (zuletzt abgerufen am 30.06.2017).

[11] Syntax und Funktionsumfang der Programmiersprache unterscheiden sich je nach Anbieter von Dokumentautomatisierungs-Software, einen einheitlichen Standard gibt es nicht. Es gibt auch Anbieter, bei denen die Vorlagen nicht durch Programmierung entstehen, sondern in einer grafischen Benutzeroberfläche zusammengestellt werden können, z. B. Lawlift (www.lawlift.de) oder Knowledgetools (www.knowledgetools.de).

```
[IF anzahl_verkaeufer > 1]
Die Verkäufer haften
[ELSE]
Der Verkäufer haftet
[ENDIF]
[IF variante == „verkäuferfreundlich"]
        im Rahmen der gesetzlichen Gewährleistungspflichten
        [IF anzahl_verkaeufer > 1]
                anteilig im Verhältnis ihrer verkauften Anteile
        [ENDIF]
        .
[ELSE]
        [IF anzahl_verkaeufer > 1]
                als Gesamtschuldner
        [ENDIF]
        für xxx und
        [IF anzahl_verkaeufer > 1]
                geben
        [ELSE]
                gibt
        [ENDIF]
        folgende Garantien ab:
[ENDIF]
```

II. Nutzung von automatisierten Vorlagen: Eingabe von Daten

1144   Nicht alle Anwender von Dokumentautomatisierungs-Software müssen sich in programmierten Templates zurechtfinden, sondern nur diejenigen, die diese erstellen und warten sollen (dazu sogleich in Abschnitt C.). Wer mit der Software ein neues Dokument generieren möchte, sieht eine Maske, in der er die Sachverhaltskonstellation auswählen oder eingeben kann. Je nachdem, ob die Software von einem Juristen oder einem Laien verwendet werden soll, kann der Nutzer mit mehr oder weniger ausführlichen Erläuterungen durch den Ausfüllprozess geleitet werden. Im verwendeten Beispiel würde die Eingabemaske so aussehen:

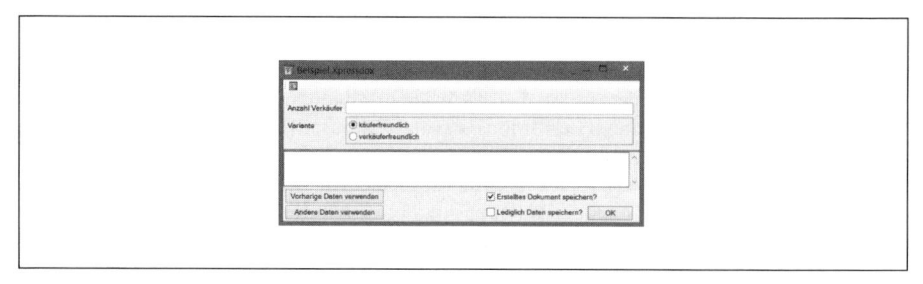

Abb. 15: Eingabemaske. Screenshot: XpressDox

1145   In der Eingabemaske können auch Werte eingetragen werden, die in das fertige Dokument eingesetzt werden sollen (sogenannte Variablen oder Datenpunkte). Dies können z. B. Parteibezeichnungen, Datumsangaben, Zahlen oder der Name des bearbeitenden Rechtsanwalts sein. Ein Vorteil dieser Automatisierung liegt darin, dass Werte, die an mehreren Stellen im Dokument vorkommen, zuverlässig und einheitlich eingesetzt werden und gleich in der vorgegebenen Weise formatiert werden (dies ist z. B. bei Zahlen und Datumsangaben praktisch). Die meisten Programmiersprachen von Dokumentautomatisierungs-Tools bieten darüber hinaus die Möglichkeit, mit eingegebenen Variablen zu rechnen. Naheliegende Anwendungsfälle wären etwa Berechnungen von Zinsen oder Fristen.

Um ein Template mit Berechnungen zu entwickeln, ist eine abstrakte Betrachtung der Sachverhaltskonstellation in Datenpunkten notwendig. Diese werden im Template mit Hilfe von Formeln und Programmierfunktionen miteinander verknüpft. Bei der Erstellung eines Dokuments aus dem Template werden die programmierten Berechnungen automatisch ausgeführt und das Berechnungsergebnis wird in das fertige Dokument eingesetzt. Diesen Vorgang veranschaulicht das Schaubild in Abb. 16: Die wesentlichen Tatbestandsmerkmale werden strukturiert als Variablen erfasst, die eindeutig bezeichnet sind. Diese werden im programmierten Template verwendet, indem sie z. B. formatiert ausgegeben werden (Variable K, in €), zur Bedingung für das Erscheinen bestimmter Textblöcke gemacht werden (Variablen A, B, C) oder für Berechnungen verwendet werden (Variablen K, Z, F). Im fertigen Dokument erscheinen nur noch die wiedergegebenen oder errechneten Werte, Variablenbezeichnungen und Steuerungsbefehle sieht man nicht mehr. **1146**

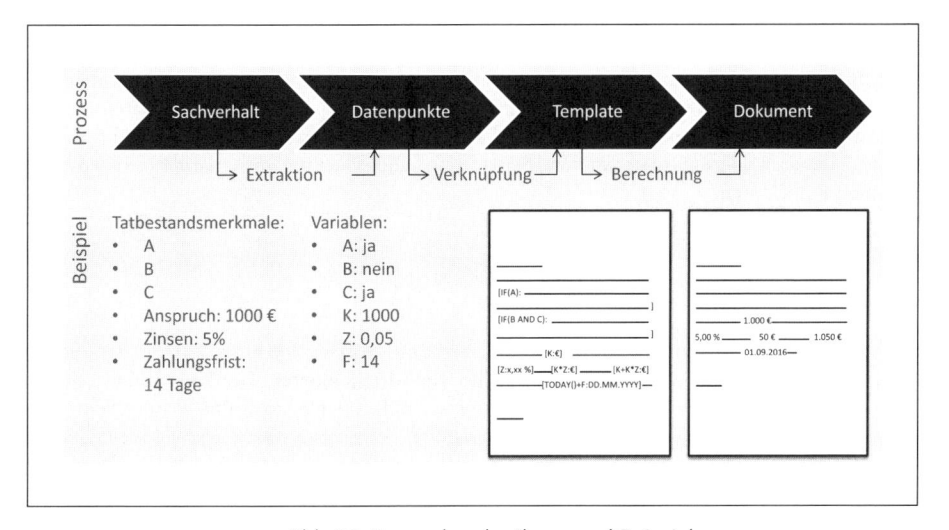

Abb. 16: Prozessbeschreibung und Beispiel

III. Nutzung von automatisierten Vorlagen: Übernahme von Daten aus anderen Systemen

Bei größeren automatisierten Dokumenten kann schnell eine Vielzahl von Varianten und Variablen zusammenkommen. Die einzelnen Felder einer umfangreichen Eingabemaske bei jeder Dokumenterstellung von Hand auszufüllen, kann für den Anwender mühsam sein. Oft sind die Daten, die in die Maske einzutragen wären, auch bereits digital vorhanden. Das können z. B. Mandantenstammdaten sein, die in einer elektronischen Akte gespeichert sind. Hier bietet es sich an, die Dokumentautomatisierungssoftware technisch so zu implementieren, dass vorhandene Daten über sogenannte Schnittstellen aus den entsprechenden Systemen automatisch übernommen werden. Das spart eine Menge Arbeit und vermeidet Übertragungsfehler. Das **1147** größte Potenzial entfaltet eine solche Vorgehensweise, wenn Datenpunkte nicht nur einmal, sondern im Rahmen einer Mandatsbearbeitung immer wieder relevant werden. So können sich ein außergerichtlicher und ein gerichtlicher Schriftsatz zwar in der Gestaltung und in den Formulierungen unterscheiden, im Kern beruhen beide Dokumente aber meist auf denselben Sachverhaltsangaben und rechtlichen Weichenstellungen und mithin auf denselben für die automatisierte Erstellung der Dokumente relevanten Datenpunkten. Ein weiteres Beispiel wären ein Termsheet und eine Finanzierungsvereinbarung. Während in einem Termsheet die Inhalte einer (angestrebten) Vereinbarung relativ knapp wiedergegeben werden, enthält eine Finanzierungsvereinbarung umfangreichere Formulierungen. Die Datengrundlage beider Dokumente, aus der etwa die Bezeichnung der Beteiligten, die Höhe der Investments, Cliff-Perioden, Vesting, etc. hervorgehen, ist aber weitgehend identisch.

1148   Mit einfachen Mitteln digitaler Kommunikation, z. B. gesicherten online-Eingabemasken, kann die Dateneingabe auch an den Mandanten „ausgelagert" werden. So arbeiten z. B. die meisten Legal Tech-Start-Ups, die Services für Verbraucher anbieten, und Anwaltskanzleien, die standardisierbare Mandate in großer Zahl bearbeiten.[12] Oft werden die vom Mandanten eingegebenen Daten direkt bei der Eingabe automatisch auf Plausibilität geprüft. Auch eine menschliche Überprüfung kann sich anbieten, die in der Praxis meist von nicht-anwaltlichen Mitarbeitern durchgeführt wird.

1149   Bei der Beratung von Unternehmen können Anwälte in vielen Konstellationen bei der Sachverhaltserfassung noch einen Schritt weiter gehen, denn dort liegen die benötigten Sachverhaltsdaten oft bereits in standardisierter Form vor. Dies liegt z. B. bei arbeitsrechtlichen Mandaten nahe, in denen viele relevante Daten z. B. in elektronischen Personalverwaltungssystemen beim Mandanten gespeichert sind. Diese Daten können dem Anwalt als exportierter Datensatz zur Verfügung gestellt werden (und gegebenenfalls sogar über technische Schnittstellen übertragen werden), der damit automatisiert weiterarbeitet. Eine händische Eingabe ist dann für diese Daten komplett entbehrlich.

C. Umsetzung

1150   Für die Einführung von Dokumentautomatisierungs-Software in einer Kanzlei bestehen je nach den individuellen Anforderungen verschiedene Möglichkeiten. Die Konsolidierung der bestehenden Vorlagen (siehe oben Schritt 1) sowie ein Teil der Algorithmisierung (Schritt 2) kann durch einen – gegebenenfalls besonders geschulten – Rechtsanwalt vorgenommen werden. Für die weiteren Schritte sind in der Regel Spezialisten erforderlich, da es bei der finalen Algorithmisierung und Programmierung[13] von Templates auf extreme Genauigkeit ankommt. Ein einzelner Fehler kann sich bei der späteren Nutzung der Dokumente leicht vervielfachen und fällt möglicherweise nicht mehr auf, weil sich der Anwender auf das Programm verlässt. Idealerweise verfügen die hierfür eingesetzten Spezialisten nicht nur über IT-Kenntnisse, sondern auch über ein gutes juristisches Grundverständnis, um auch die juristischen Zusammenhänge in den automatisierten Dokumenten zu verstehen. Bei großen Kanzleien, die bereits mit Dokumentautomatisierung arbeiten, übernehmen dies oft spezialisierte „Knowledge Manager" oder „Legal Engineers".[14] Inwiefern die Installation der Software, die Programmierung der Templates sowie deren Wartung besser von eigenen Mitarbeitern oder von externen Dienstleistern durchgeführt werden soll, hängt von einer Reihe von Faktoren ab. Dazu gehören die

---

[12] Vgl. dazu die Beiträge von Greisbach (Rn. 659 ff.) und Klock (Rn. 590 ff.) in diesem Buch.
[13] Bei Tools, die auf grafische Benutzeroberflächen zur Konfiguration von Templates statt Programmierung setzen (z.B. Lawlift), fällt es Anwendern ohne Programmierkenntnisse in der Regel leichter, Vorlagendokumente zu erstellen und zu warten. Programmierte Templates bieten dagegen den Vorteil größerer Anpassbarkeit und Flexibilität bei der Umsetzung.
[14] Vgl. zu neuen Berufsbildern in Anwaltskanzleien den Beitrag „Judex Calculat – Neue Berufsbilder und Technologie in der juristischen Ausbildung" von D. Hartung in diesem Buch, Rn. 1003, 1009 ff.

Größe der Kanzlei und bereits vorhandenes Spezialwissen sowie die Frage, ob die Software zunächst nur in einem bestimmten Bereich getestet oder gleich umfassend kanzleiweit eingeführt werden soll. Wer für diese Aufgaben (zunächst) keine neuen Stellen schaffen möchte, kann auch auf die Unterstützung durch spezialisierte Agenturen oder Berater zurückgreifen.[15] Diese können auch bei der Auswahl einer geeigneten Softwarelösung unterstützen. Die Programme der etablierten Hersteller in diesem Bereich unterscheiden sich im Funktionsumfang kaum und bei den Preisen nicht besonders.[16] Ein wichtiges Kriterium ist die Kompatibilität mit der vorhandenen Systemlandschaft der Kanzlei, da wie beschrieben die Anbindung an vorhandene Datenhaltungssysteme beim Einsatz der Dokumentautomatisierungssoftware große Vorteile bringen kann.

Die Software kann umso effizienter genutzt werden, je besser sie in die Organisationsstruktur der Kanzlei eingebunden wird. Anwälte müssen mit der richtigen Bedienung vertraut gemacht werden und lernen, bei welchen Aufgaben sich Templates am besten verwenden lassen. Es sollten Strukturen dafür geschaffen werden, wer für die Erstellung von neuen Templates zuständig ist, wie Initiativen hierfür eingebracht werden können und wie mit Änderungen an bestehenden Templates umzugehen ist. Jeder Anwalt sollte erkennen können, wo in seinem Tätigkeitsfeld Standardisierungs- und Automatisierungspotenzial liegt. Neben der bloßen Einführung einer Software ist daher eine intensive Schulung für den Erfolg von Dokumentautomatisierung in der Kanzlei entscheidend.[17]

D. Ausblick auf weitere Nutzungsmöglichkeiten

Aus der automatisierten Erstellung eines Dokuments ergeben sich eine Reihe weiterer Anwendungsmöglichkeiten. Wenn ein Dokument, z.B. ein Vertrag, automatisch erstellt wurde, stehen für die weitere Verwendung nicht nur das fertige Textdokument, sondern auch die zugrunde liegenden Sachverhaltsinformationen als Rohdaten zur Verfügung. Wird dieser Datensatz mit dem Dokument gespeichert, können verschiedene Schritte des sogenannten „Contract Lifecycle Managements" (Archivierung, Verwaltung, Anpassung, Weiterentwicklung, Beendigung) erheblich vereinfacht werden: wenn später z.B. aufgrund einer Rechtsprechungsänderung eine bestimmte Klausel überprüft oder geändert werden soll, muss nicht das gesamte Vertragsportfolio gesichtet werden, sondern es können automatisch die Verträge herausgefiltert werden, bei denen die betroffene Klausel verwendet wurde.[18] Kanzleien können so einen kompletten Überblick darüber behalten, welche Verträge mit welchen Klauseln auf Grundlage welcher Templates für ihre Mandanten erstellt wurden und können im Fall von nachträglich entstandenen Risiken proaktiv auf ihre Mandanten zugehen. Auch eine Suche von Verträgen mit bestimmten Sachverhaltskonstellationen, z.B. alle Verträge mit bestimmten Garantien mit einem Gegenstandswert über einer bestimmten Schwelle mit Vertragspartnern in bestimmten Ländern, lässt sich einfach durchführen. Gerade bei komplexen Vertragsbeziehungen großer Unternehmen kann die Archivierung in digitaler, durchsuchbarer Form zu mehr Übersichtlichkeit und einer besseren Kontrollierbarkeit rechtlicher Risiken führen.

Wenn nicht mehr ein Text, sondern (auch) die dem Dokument zugrunde liegenden Rohdaten als Datensatz zwischen den Parteien als verbindlich festgelegt werden, eröffnet dies die Möglichkeit von „Smart Contracts", also verbindlichen Verträgen, die komplett maschinenlesbar

---

[15] Manche Anbieter von Dokumentautomatisierungs-Software bieten auch die Erstellung von (ersten) Templates an, meist aber nur für große („Enterprise-")Kunden.
[16] Universell einsetzbare Lösungen bieten z.B. die Firmen Hotdocs, Contract Express (Thomson Reuters), Xpressdox und Exari an. Daneben gibt es eine Reihe von Anbietern mit Lösungen für spezielle Anwendungsfälle. Für eine vollständige, detaillierte und vor allem aktuelle Auflistung ist dieses Buch nicht das geeignete Medium.
[17] Solche Schulungen bietet z.B. die Bucerius Executive Education an.
[18] Ausführlicher dazu Kuhlmann, Digitales Gold, abrufbar unter www.lto.de/recht/kanzleien-unternehmen/k/kanzleien-daten-server-geschaeftsmodell/ (zuletzt abgerufen am 30.06.2017).

sind und somit durch entsprechend konfigurierte Computerprogramme verstanden und gegebenenfalls automatisch ausgeführt werden können. Diese können dann etwa in EDV-Systeme des Mandanten eingespielt werden, um die enthaltenen Vertragsinformationen automatisch auszuwerten und zu übernehmen. Ein Beispiel wäre ein Arbeitsvertrag, dessen wichtigste Regelungen (wie Urlaubstage, Kündigungsfristen, Ende der Probezeit, Gehalt, Boni und deren Bedingungen, etc.) automatisch in Systeme der Personalverwaltung und Buchhaltung eingespielt und dort weiterverarbeitet werden.

1154 Wenn man noch weiter gehen will, kann auf eine in natürlicher Sprache formulierte Fassung eines Vertrages auch komplett verzichtet werden. Dies wären beispielsweise Smart Contracts, die auf einer Blockchain hoch fälschungssicher dokumentiert und nach bestimmten programmierten Regeln ausgeführt werden können.[19] Diese Technologie wird in der Finanzbranche schon getestet und soll zu geringeren Transaktionskosten und mehr Vertragssicherheit führen.

1155 Unabhängig davon, in welche Richtung sich Vertragsautomatisierung und Smart Contracts in Zukunft entwickeln werden, kann es sich für Anwälte heute schon sehr lohnen, mit Dokumentautomatisierungssoftware bestehende Tätigkeiten schneller, einfacher und weniger fehleranfällig zu machen. Wer gelernt hat, hiermit umzugehen, wird in jedem Fall besser vorbereitet sein, wenn sich Smart Contracts weiter verbreiten und automatisierte Verträge in bestimmten Bereichen zum Standard werden.

---

[19] Siehe dazu den Beitrag „Blockchain und Smart Contracts – Eine neue Basistechnologie im Recht?" von *Glatz* in diesem Buch, Rn. 1208, 1223 ff.

7.3 Artificial Intelligence im Recht

Dr. Micha-Manuel Bues[1]

Künstliche Intelligenz (kurz: KI) gilt derzeit als Modewort im Bereich Legal Tech schlechthin. Einige sprechen gar von einem „Hype" (Ryan McClead); viele Gedanken, Aufsätze und Konferenzen kreisen um die Frage, wie KI die Rechtsbranche verändern wird. KI hat etwas „Magisches": die Debatte über KI oszilliert zwischen Verärgerung („Alles Marketinggeschwätz") und überbordender Begeisterung („Der Anwalt wird endlich überflüssig"). KI im Rechtsbereich erscheint als Heilversprechen und Albtraum zugleich. Gegensätzlich werden daher die Fortschritte in der Entwicklung Künstlicher Intelligenz kommentiert; vor eventuell negativen Folgen warnt Elon Musk: „… *with artificial intelligence we're summoning the demon*"[2] ebenso wie Stephen Hawking: „*The development of full artificial intelligence could spell the end of the human race… It would take off on its own, and re-design itself at an ever increasing rate. Humans, who are limited by slow biological evolution, couldn't compete, and would be superseded*"[3] Ray Kurzweil hingegen vermutet positive Aspekte: „*We have the opportunity in the decades ahead to make major strides in addressing the grand challenges of humanity. AI will be the pivotal technology in achieving this progress.*"[4]

1156

Ist KI ein weltweiter Megatrend? Die amerikanische Beratungsfirma Gartner bewertet KI als den wichtigsten Trend für die nächsten Jahre.[5] Investitionen, die in diesem Bereich getätigt wurden, scheinen diese Prognose zu unterstützen. Laut dem Economist wurden allein in den USA über 10 Milliarden EUR in KI investiert, Tendenz stark steigend.[6] Dabei ist KI eigentlich kein neues Thema. Bereits seit den 1950er Jahren wird an KI geforscht. Neu sind in den letzten Jahren letztlich nur die immer besseren und günstigeren Rechner- und Speicherkapazitäten sowie die höheren Datenvolumina (Stichwort: Big Data), die die KI-Entwicklung und -Adaption exponentiell beschleunigen.

1157

A. Das Verdrängungsmantra

Als „Jobvernichter" wird KI insbesondere in Deutschland kritisch beäugt. Die Meinungen darüber, wie stark die Auswirkungen auf den Arbeitsmarkt sein werden und wann diese Effekte eintreten, gehen im Einzelnen auseinander. Forscher, wie Frey und Osborne, schätzen in ihrer 2013 veröffentlichen Studie „*The Future of Employment: How Susceptible are Jobs of Computerisation*", dass durch KI und andere Faktoren ca. 47% aller Arbeitsstellen in den nächsten 20 Jahren ersetzt werden.[7] Das Zentrum für Europäische Wirtschaftsforschung rechnete für die Bundesregie-

1158

---

[1] Dr. Micha-Manuel Bues ist Rechtsanwalt und Geschäftsführer bei LEVERTON, außerdem Mitglied der Executive Faculty am Bucerius Center on the Legal Profession (CLP). Er betreibt mit dem Legal Tech Blog (www.legal-tech-blog.de) den bekanntesten Blog zum Thema Legal Tech im deutschsprachigen Raum.
[2] Vgl. https://www.washingtonpost.com/news/innovations/wp/2014/10/24/elon-musk-with-artificial-intelligence-we-are-summoning-the-demon/?utm_term=.f4cba4f38967 (einschließlich Video), abgerufen am 25. Juni 2017.
[3] Vgl. http://www.bbc.com/news/technology-30290540, abgerufen am 25. Juni 2017.
[4] Vgl. http://time.com/3641921/dont-fear-artificial-intelligence/, abgerufen am 25. Juni 2017.
[5] Vgl. http://www.gartner.com/smarterwithgartner/gartners-top-10-technology-trends-2017, abgerufen am 25. Juni 2017.
[6] Vgl. http://www.economist.com/blogs/economist-explains/2016/04/economist-explains, abgerufen am 25. Juni 2017.
[7] Die Studie ist abrufbar unter: http://www.oxfordmartin.ox.ac.uk/downloads/academic/-The_Future_of_Employment.pdf, abgerufen am 25. Juni 2017.

rung die Studie von Osborne und Frey für Deutschland durch und kam auf 42 % gefährdete Stellen.[8] Die OECD hingegen schätzte, dass nur 12 % der Arbeitsplätze durch Automatisierung gefährdet seien.[9]

1159   Die Aussagekraft dieser Studien wird zu Recht kritisch bewertet, da sie teilweise auf stark vergröbernden Annahmen beruhen und die Schätzungen zudem recht grobschlächtig sind, die ZEIT spricht gar von einer „Pi-mal-Daumen-Studie".[10] Eine methodische Schwäche vieler Studien ist, dass sie nicht sauber zwischen den einzelnen Arbeitsschritten verschiedener Berufsträger zu differenzieren scheinen. Viele Studien nehmen beispielsweise bestimmte Berufe (den Taxifahrer, den Wirtschaftsprüfer) als solche in den Blick, um auf dieser Basis eine bestimmte Verdrängungswahrscheinlichkeit zu berechnen. Die berufliche Wirklichkeit sieht jedoch meist anders aus: Jedes (klassische) Berufsbild setzt sich aus unterschiedlichen Arbeitsschritten und Fähigkeiten zusammen, und nur diese einzelnen Arbeitsschritte und Fähigkeiten können auf ihr Ersetzungspotenzial durch digitale Systeme untersucht werden.

1160   Diese gleichsam granulierte Sichtweise ist bei der Bewertung des Einflusses von KI auf die Rechtsbranche entscheidend. Es gibt nicht *den* Anwalt, da sehr unterschiedliche Zuschnitte des realen anwaltlichen Tätigkeitsfeldes existieren. Pauschale Betrachtungen des Berufsbilds „Anwalt" verbieten sich daher. In ihrem Artikel „*Can Robots Be Lawyers? Computers, Lawyers, and the Practice of Law*" aus dem Jahr 2015 untersuchen die Professoren Remus und Levy die Auswirkungen von Automatisierung durch KI.[11] Sie kommen – mit im Einzelnen nur schwer nachvollziehbaren Berechnungen, Schätzungen und Schlussfolgerungen – zu dem Ergebnis, dass nach derzeitigem Stand der Technik und unter sehr konservativen Annahmen ca. 13 % der Tätigkeiten von Anwälten automatisiert, d. h. durch Maschinen ersetzt werden können.

1161   Letztendlich sind diese Studien und das prozentgenaue Verdrängungspotenzial, mit zuweilen fragwürdigen Berechnungsgrundlagen und Schätzungen, nicht kriegsentscheidend. Bei der Anwendung und Nutzung von KI geht es nicht in erster Linie um die Frage, wie viel Prozent der Arbeitsplätze oder Aufgaben von künstlicher Intelligenz möglicherweise ersetzt werden können, sondern eher darum, wie sich die anwaltliche Arbeit durch KI bzw. Automatisierung verändern wird. Schlussendlich steht eine neue Verhältnisbestimmung von Mensch und Maschine, weniger ein Verdrängungswettkampf. Wer den Einsatz von KI ausschließlich unter dem Paradigma der Verdrängung sieht, wird es verpassen, sich proaktiv mit den Veränderungen auseinanderzusetzen. Denn eines ist klar: Automatisierung und KI werden kommen – auch in der Rechtsbranche.

B. Was ist künstliche Intelligenz (KI)?

1162   Eliezer Yudkowsky formulierte treffend: „*By far, the greatest danger of Artificial Intelligence is that people conclude too early that they understand it.*"[12]

1163   Wahrscheinlich ist nur den wenigsten Betrachtern wirklich klar, worum es bei KI eigentlich geht. Geht es womöglich um einen Roboter, der durch die Kanzleigänge „geht" und Anwälten die Arbeit streitig macht? Bisher hat sich für KI keine allgemein anerkannte Definition herausgebildet. Erstmals definierte wohl John McCarthy in den 1950er KI als: „*the science and enginee-*

---

[8] Die Studie „Arbeitsmarkt 2030: Digitalisierung der Arbeitswelt" ist abrufbar unter: ftp://ftp.zew.de/pub/zew-docs/gutachten/Kurzexpertise-_BMAS_ZEW2015.pdf, abgerufen am 25. Juni 2017.
[9] Vgl. hierzu die Studie „Arbeitsmarkt 2030: Digitalisierung der Arbeitswelt", S. 11.
[10] Vgl. http://www.zeit.de/2017/11/kuenstliche-intelligenz-arbeitsmarkt-jobs-roboter-arbeitsplaetze, abgerufen am 25. Juni 2017.
[11] Die Studie ist abrufbar unter: https://papers.ssrn.com/sol3/papers.cfm?abstract-_id=2701092, abgerufen am 25. Juni 2017.
[12] Vgl. die Studie „Artificial Intelligence as a Positive and Negative Factor in Global Risk", abrufbar unter: https://intelligence.org/files/AIPosNegFactor.pdf, abgerufen am 25. Juni 2017.

ring of making intelligent machines".[13] Elaine Rich umschrieb den Begriff im Jahr 1983 wie folgt „*Artificial Intelligence is the study of how to make computers do things at which, at the moment, people are better.*"[14] Ein kurze Definition formuliert das Wirtschaftslexikon Gabler: „*Künstliche Intelligenz (KI) beschäftigt sich mit Methoden, die es einem Computer ermöglichen, solche Aufgaben zu lösen, die, wenn sie vom Menschen gelöst werden, Intelligenz erfordern.*"[15]

Nach dieser Definition würde auch ein Taschenrechner auf der Basis von KI arbeiten. Bereits John McCarthy beschwerte sich: „*as soon as it works, no one calls it AI anymore.*"[16] Auch Richard Kemp formuliert treffend: „*It's only AI until you know what it does, then it's just software*".[17] In der Tat sind die gängigen Definitionen zu weit gefasst, so dass sie für das genauere Verständnis von KI und dessen praktische Implikationen nur bedingt weiterhelfen, weswegen Ausdifferenzierungen des Begriffs notwendig sind, um Künstliche Intelligenz besser fassen zu können.

I. Differenzierung: Schwache und starke KI

Eine sinnvolle Unterscheidung zeigt sich in der Differenzierung von schwacher und starker KI (weak/narrow and strong/general AI). Diese Unterscheidung erscheint besonders für das Verständnis des Einsatzes solcher digitaler Systeme in der Rechtsbranche wichtig. Während sich die schwache KI – vereinfacht ausgedrückt – in der Regel mit konkreten Anwendungsproblemen beschäftigt, geht es bei der starken KI darum, eine allgemeine Intelligenz zu schaffen, die der des Menschen gleicht oder diese sogar übertrifft (letzteres auch Artificial Superintelligence, ASI, genannt).

Starke KI begegnet uns bereits seit vielen Jahren in Form eines mit menschlichen Zügen daherkommenden Roboters – beispielsweise in Science-Fiction-Literatur und –Filmen, wovor manche der eingangs erwähnten Zitate warnen. Als starke KI würde man eine Maschine bezeichnen, die gleichsam menschliches Bewusstsein, Selbsterkenntnis, Empfindungsvermögen und Weisheit sowie folgende Elemente von Intelligenz aufweist: "*a very general mental capability that, among other things, involves the ability to reason, plan, solve problems, think abstractly, comprehend complex ideas, learn quickly, and learn from experience.*"[18]

Andererseits muss ein starkes KI-System nicht notwendigerweise viele Gemeinsamkeiten mit dem Menschen aufweisen, sondern kann eine ganz andere kognitive Architektur aufweisen und in seinen Entwicklungsstadien nicht mit den evolutionären kognitiven Stadien des menschlichen Denkens vergleichbar sein. Vor allem ist nicht anzunehmen, dass eine Künstliche Intelligenz Gefühle wie Liebe, Hass, Angst oder Freude zeigen wird – solche Gefühle und ein entsprechendes Verhalten könnte sie jedoch womöglich simulieren.

Ob, wann und wie eine starke KI realisiert werden kann, ist in der Wissenschaft heftig umstritten. Während einige diese Möglichkeit generell ablehnen, gehen viele Wissenschaftler im Bereich von KI von einer Realisierung noch in diesem Jahrhundert aus. Für die Bewertung von KI in der Rechtsbranche können derartige visionäre Ausblicke indes ohne nähere Analyse bleiben, da sie heute und in näherer Zukunft keine praktischen Auswirkungen haben werden.

Eine schwache KI ist demgegenüber heute eine schon weit verbreitete Realität; bei Siri, Google Translate oder Schachcomputern handelt es sich um eine schwache KI. Bei schwacher KI geht es darum, für konkrete Anwendungsprobleme – in einer Problemdomäne –mit den Mitteln der Mathematik und Informatik eine „intelligente" Lösung zu simulieren. Diese KI

---

[13] Vgl. hierzu den Artikel „What is Artificial Intelligence" in der John McCarthy seine berühmte Definition nochmals aufgreift, http://www-formal.stanford.edu/jmc/whatisai.pdf, abgerufen am 25. Juni 2017.
[14] Elaine Rich, Artificial Intelligence, McGraw Hill, 1983, S. 5.
[15] http://wirtschaftslexikon.gabler.de/Definition/kuenstliche-intelligenz-ki.html, abgerufen am 25. Juni 2017.
[16] Vgl. https://cacm.acm.org/blogs/blog-cacm/138907-john-mccarthy/fulltext, abgerufen am 25. Juni 2017.
[17] Vgl. Richard Kemp, Demystifying Artificial Intelligence, S. 2, abrufbar unter: http://www.kempitlaw.com/wp-content/uploads/2017/06/Demystifying-AI.pdf, abgerufen am 25. Juni 2017.
[18] Vgl. Linda S. Gottfredson, Mainstream Science on Intelligence, S. 13, abrufbar unter: http://www.intelligence.martinsewell.com/Gottfredson1997.pdf, abgerufen am 25. Juni 2017.

kann Schachspielen oder Autofahren – aber eben nicht mehr. Maschinen können so agieren, „als ob" sie so intelligent wie Menschen wären. Der Schachcomputer „Deep Blue" konnte beispielsweise gegen die besten Schachspieler der Welt gewinnen, ohne Schachspielen wirklich zu „verstehen" oder eine Intuition zu besitzen. Allein durch Rechnerleistung (brute force) konnte eine Intelligenz simuliert werden, die der tatsächlichen Intelligenz von Menschen in einer bestimmten Problemdomäne überlegen ist.[19] Eben um diese schwache KI geht es, wenn Software für einige juristische Tätigkeiten – und diese Zahl wird zunehmen – ein Ergebnis wie ein Mensch produzieren soll.

II. Ein Bündel von Methoden und Techniken

1170   Unter dem Begriff KI verbirgt sich letztendlich – ganz unabhängig von der Diskussion um starke und schwache KI – eine breite Palette an Methoden, Algorithmen und Technologien. KI ist ein Sammelbegriff für verschiedene „intelligente" Techniken, wie z. B. Machine Learning (ML), maschinelles Sehen (Computer Vision), Natural Language Processing (NLP), Robotik und weitere verwandten Themen.

1. Machine Learning

1171   Als Teil von KI beschreibt der Begriff *Machine Learning* (ML) eine breite Palette an Algorithmen und Methoden, die auf der Generierung von Wissen aus Erfahrung beruht: Ein Computerprogramm „erkennt" Gesetzmäßigkeiten und Muster in Lerndaten, die nach einer Lernphase verallgemeinert werden können. Dadurch kann das Programm eigenständig Lösungen für neue und unbekannte Probleme finden oder vorhersehen. Die „Intelligenz" dieser Methode beruht auf Wahrscheinlichkeit und Statistik.

1172   Bekannte Anwendungsfälle von Machine Learning sind beispielsweise Spamfilter und Suchmaschinen. Bei der Erkennung von Spam sind computergestützte Lösungen dem Menschen bereits weit überlegen. Angewendet auf den Rechtsbereich kann ML insbesondere dann hilfreich sein, wenn es um Vorhersagen, das Erkennen von bestimmten Mustern oder das Klassifizieren und Clustern von bestimmten Dokumenten geht.

1173   Machine Learning ermöglicht es dagegen Computern nicht, sich wie Menschen unablässig neue Konzepte und Ideen anzueignen und neue Zusammenhänge zu verstehen (starke AI). Algorithmen, die auf einem bestimmten Gebiet sehr gute Ergebnisse erzielen können (Spamerkennung), können auf einem anderen Gebiet (Analyse von Akten) völlig unbrauchbar sein.

1174   Die Besonderheit von Machine Learning ist, dass die Algorithmen trainierbar bzw. lernfähig sind. Entscheidend für das Ergebnis von Machine Learning ist daher – neben der Qualität des eigentlichen Algorithmus – das Trainieren und Verbessern der Software. Je umfangreicher und fachkundiger dieses Training vorgenommen wird, desto besser ist das Resultat.

1175   Ein Hauptbereich von Machine Learning, das sogenannte supervised learning, funktioniert durch menschliches Feedback, bei dem die Maschine durch einen Menschen sozusagen angelernt wird. Hier wird deutlich: Es geht nicht um Mensch versus Maschine, sondern vielmehr um ein Miteinander. Durch das gegenseitige Lernen werden Mensch und Maschine besser. Vielfach wird deswegen der Ausdruck „Augmented Intelligence" gegenüber KI bevorzugt.

1176   In Abgrenzung hierzu stehen sogenannte regelbasierte Systeme, wie z. B. Expertensysteme, die im Rechtsbereich ebenfalls eine wichtige Stellung einnehmen. Expertensysteme unterstützen ihren Nutzer bei der Lösung von komplexeren Problemen wie ein menschlicher Fachmann, indem sie Handlungsempfehlungen aus einer einprogrammierten Wissensbasis ableiten. Über sogenannte Wenn-Dann-Beziehungen (Regeln) wird menschliches Wissen für Computer verständlich dargestellt. Expertensysteme können somit Schlussfolgerungen ziehen, die nicht

---

[19] Vgl. hierzu https://www.research.ibm.com/deepblue/meet/html/d.3.3a.shtml, abgerufen am 25. Juni 2017.

zwingend einprogrammiert sind; sie können durch Training – im Gegensatz zu ML – nicht hinzulernen.

2. Natural Language Processing

Ein anderes Feld „intelligenter" Technologien ist *Natural Language Processing* (NLP). NLP beschreibt Systeme, die eine Umgangssprache und nicht nur Codizes analysieren, generieren und verstehen können. Kombiniert man Machine Learning und NLP-Systeme, erhält man Programme, die lernen können, eine Sprache zu verstehen. Bekannte Anwendungsfelder sind etwa Spracherkennung und Übersetzungen. Forscher arbeiten daran, spezielle NLP-Systeme zu entwickeln, die beispielsweise juristische Texte tatsächlich verstehen und analysieren können. Aufgrund der Besonderheiten der juristischen Semantik sind hier allerdings noch größere Hürden zu nehmen. 1177

C. Praktischer Einsatz von KI in der Rechtsbranche

I. Analyse von Rechtsdatenbanken

Ein Bereich, in dem Machine Learning und NLP-Techniken derzeit bereits eingesetzt werden, ist die Analyse von Datenbanken. Anbieter wie Bloomberg DNA, blueJ Legal, FastCase, Judicata, Knomos, LexisNexis/RavelLaw, Thomson Reuters und Westlaw nutzen derartige Lösungen, um die Nutzer juristischer Datenbanken zu schnelleren und besseren Suchergebnissen zu führen. Die Herausforderung juristischer Datenbanken besteht jedoch darin, den Nutzer durch die schiere Masse zu den besten Fundstellen zu geleiten, um die Zeit, die für juristische Recherche notwendig ist, signifikant zu reduzieren. Durch den Einsatz von Machine Learning und NLP soll erreicht werden, dass Nutzer – ähnlich wie bei Google – das Gefühl bekommen, dass die Datenbank die Anfrage „versteht". Über Visualisierungen und eingebaute Feedbacksysteme sollen das Sucherlebnis und -ergebnis auf diese Weise weiter verbessert werden. 1178

In diesem Bereich hat der *„world's first robot lawyer"* ROSS viel Aufmerksamkeit erregt. ROSS mit Sitz in Toronto verwendet Machine Learning, um eine intelligente Datenbank im Bereich des Insolvenzrechts zu schaffen. Der Machine Learning-Algorithmus von ROSS basiert auf IBM Watson. Dieser ermöglicht ROSS, durch das Nutzerverhalten stets hinzuzulernen und die Suchergebnisse aufgrund des gegebenen Feedbacks (Trainings) den tatsächlichen Benutzerwünschen anzupassen. ROSS darf man sich also nicht als „Roboter" vorstellen, den man mit einem beliebigen Sachverhalt füttern könnte, um dann eine rechtliche Lösung zu erhalten. ROSS erleichtert „lediglich" die juristische Recherche, was allerdings bereits signifikante Auswirkungen haben kann,[20] wenn man bedenkt, dass Juristen – laut des *ABA Legal Technology Survey Reports* (2014)[21] zwischen 15-25 % ihrer Arbeitszeit mit juristischer Recherche verbringen. 1179

Intelligente Suchmaschinen, denen es gelingt, per Mausklick die richtigen Fundstellen zu präsentieren, erweisen sich daher als klarer Wettbewerbsvorteil. Diese Art von intelligenten Suchmaschinen sind in deutschsprachigen Rechtsdatenbanken, wenn überhaupt, noch wenig im Einsatz. Hier besteht Nachholbedarf. 1180

---

[20] Vgl. hierzu http://www.lawsitesblog.com/2017/01/ross-artificial-intelligence-outperforms-westlaw-lexis-nexis-study-finds.html, abgerufen am 25. Juni 2017.
[21] Der Report ist abrufbar unter: https://www.americanbar.org/publications/techreport/-2014.html, abgerufen am 25. Juni 2017.

II. E-Discovery

1181   Als *E-Discovery* (Electronic Discovery oder eDiscovery) werden Vorgehensweisen bezeichnet, bei denen Daten lokalisiert, gesichert und durchsucht werden, um diese dann als Beweismittel in zivil- oder strafrechtlichen Verfahren verwenden zu können. E-Discovery ist nicht mehr wegzudenken und wird bei solchen Verfahren angewendet, bei denen große Akten- und Dokumentenmengen durchsucht werden müssen. Der Nutzen ist offensichtlich, denn durch den Einsatz von intelligenten Suchalgorithmen können Datenmengen fünfzig Mal schneller als im manuellen Review durchsucht werden.[22] Von US-Gerichten wurde bereits „offiziell" der Nutzen von E-Discovery anerkannt: *„Computer-assisted review appears to be better than the available alternatives, and thus should be used in appropriate cases."*[23]

1182   Insbesondere der Einsatz vom sogenannten Predictive Coding macht die elektronische Suche effektiv. Hinter diesem Begriff verbergen sich wiederum Machine Learning und NLP. Predictive Coding ermöglicht dem Nutzer, das E-Discovery-System zu trainieren. Der Software wird ein bestimmtes Beispielset an verdächtigen Dokumenten präsentiert, das die Grundlage für ein Training der Software darstellt. Predictive Coding verspricht, auf der Basis des Trainingssets, automatisch, weitere verdächtige Dokumente zu identifizieren. Hier handelt es sich um eine Beschleunigung menschlicher Tätigkeit, nicht um eine Ersetzung, denn der Anwalt ist weiterhin erforderlich, um zum einen das Trainingsset zu bestimmen und dann (vermeintlich) verdächtige Dokumente, die von der Software vorgefiltert wurden, zu überprüfen und eine finale Bewertung abzugeben.

III. Vorhersage von rechtlichen Ergebnissen (Predictive Analytics)

1183   Predictive Analytics – eine weitere Kategorie von KI – setzt sich mit der Vorhersage (prediction) der wahrscheinlichen Zukunft und Trends auseinander. Das zentrale Element von Predictive Analytics ist der Prädiktor, eine Variable, die für eine einzelne Person oder Einheit gemessen wird, um zukünftiges Verhalten vorherzusagen. Predictive Analytics wird im Rechtsbereich zunehmend eingesetzt, um Anwälten – neben ihrem Bauchgefühl – statistische Werte an die Hand zu geben, die helfen, die Risiken beispielsweise eines Rechtsstreits besser abschätzen zu können.

1184   Die Firma Lex Machina, eine Ausgründung des CodeX-Instituts an der Universität Stanford und mittlerweile von LexisNexis erworben, macht Vorhersagen in verschiedenen Rechtsbereichen, indem sie historische Rechtsfälle analysiert und bestimmte Muster zu erkennen versucht, um das Ergebnis eines aktuellen Rechtfalls besser vorhersagen zu können. Die Firma LexPredict geht in eine ähnliche Richtung, und die Firma Premonition formuliert als ihr Ziel: „*to expose, for the first time ever, which lawyers win the most before which Judge.*" Weitere Firmen wie z. B. DocketAlarm, Loom Analytics, PatentVector, PredictGov und Predictice arbeiten in ähnlicher Weise.

IV. Dokumenten- und Vertragsanalyse

1185   Die Vertragsanalyse wird aller Wahrscheinlichkeit nach eines der größten Anwendungsfelder von KI in der Rechtsbranche überhaupt sein. Der manuelle Prozess der Vertragsanalyse und -bewertung ist extrem aufwändig und fehleranfällig, da menschliche Bearbeiter häufig wichtige Passagen übersehen und die Konzentrationsfähigkeit bei umfangreichen Analysen stark

---

[22] Vgl. hierzu Studie von Anne Kershaw/Herbert L. Roitblat/Patrick Oot, Document Categorization in Legal Electronic Discovery: Computer Classification vs. Manual Review, abrufbar unter: http://onlinelibrary.wiley.com/doi/10.1002/asi.21233/full, abgerufen am 25. Juni 2017.
[23] Vgl. Da Silva Moore v. Publicis Groupe. 2012.

abnimmt. Machine Learning, NLP und andere Techniken werden daher in diesem Bereich in verstärktem Maße eingesetzt werden.

Anbieter in diesem Bereich sehen sich immer zwei Herausforderungen gegenüber: zum einen muss der Sachverhalt von der Software richtig erkannt und zum anderen der richtig erkannte Sachverhalt juristisch bewertet werden. Bereits die korrekte Erfassung des Sachverhalts (Data Extraktion oder Data Mining) ist extrem komplex und stellt – angesichts der semantischen und tatsächlichen Komplexität – für die derzeit am Markt vorhandenen KI-Lösungen noch eine große Herausforderung dar. Dieses Problem muss zunächst gelöst werden, bevor man in die juristische Bewertung des Sachverhalts einsteigen kann. Ohne Erfassung der relevanten Textpassagen ist eine rechtliche Bewertung nicht möglich. 1186

Das Problem des Erkennens bestimmter Inhalte in einem Vertrag (Um was für einen Vertrag handelt es sich? Wo befindet sich eine bestimmte Klausel? Welchen genauen Inhalt hat eine Klausel?) kann im Grundsatz durch zwei Techniken gelöst werden, die ergänzend angewandt werden. Zum einen besteht die Möglichkeit, den Inhalt von Verträgen über bestimmte Regeln zu erkennen. Beispiel: Wenn sich in einem Vertrag (mehrmals) das Wort Mieter findet, dann handelt es sich um einen Mietvertrag. Wenn sich bestimmte Schlagwörter zu Renovierungsfragen einer Wohnung in einer Klausel befinden, handelt es sich wahrscheinlich um eine Schönheitsreparaturklausel (Wenn-Dann-Beziehungen). Mit derartigen Techniken können, insbesondere bei ähnlich strukturierten und standardisierten Verträgen, bereits gute Ergebnisse erzielt werden. Das Problem der regelbasierten Erkennung von Vertragsinhalten ist stets, dass diese Regelwerke nicht lernfähig sind, also viel manueller Pflege bedürfen. Eine zweite Schwierigkeit besteht darin, dass man komplexe und unstandardisierte Verträge nur sehr schwer in Wenn-Dann-Beziehungen erfassen kann. 1187

Firmen wie beispielsweise Beagle, Cognitiv+, eBrevia, Kira, Lawbot, Leverton, Luminance, Ravn, Rfrnz und Seal wollen dieses Problem durch KI basierend auf Machine Learning lösen. Sie versuchen keine Wenn-Dann-Beziehungen zu formulieren, sondern einen Maschine Learning-Algorithmus derart anzutrainieren, dass er die Inhalte eines Vertrages basierend auf Erfahrungswissen erkennen kann. Diese Ansätze sind sehr erfolgversprechend, bedürfen aber – aufgrund der hohen Komplexität der Verträge – teilweise einer längeren Entwicklungs- und Trainingsphase. 1188

Die rechtliche Bewertung von Verträgen durch Software steht – von einigen Ausnahmen bei einfach strukturierten Sachverhalten einmal abgesehen – noch aus. Da bereits das Problem der Sachverhaltserkennung häufig noch nicht befriedigend gelöst ist, tun sich viele Anbieter – unabhängig von regulatorischen Bestimmungen z. B. in Deutschland – schwer, unstandardisierte Verträge rechtlich zu bewerten. Daher erfordern Machine Learning-Tools noch viel Grundlagenforschung und Training, um zu im Massenmarkt tauglichen Lösungen zu kommen. 1189

V. Juristische Expertensysteme

Expertensysteme, die beispielsweise von der Firma Neota Logic oder VisiRule angeboten werden, sind ein weiterer Bereich der praktischen Anwendung von (regelbasierter) KI, die historisch gesehen der Vorläufer von KI basierend auf Machine Learning ist. In Expertensystemen wird, wie oben bereits beschrieben, das Wissen von Experten mit bestimmten Logiken kodiert, so dass man eine rechtliche Antwort über einen Frage-Antwort-Mechanismus erhält. Diese Tools werden insbesondere in Unternehmen eingesetzt, wo man in vielen Bereichen Compliance gewährleisten muss. Über ein Expertensystem kann zB. sichergestellt werden, dass bei Auslandsgeschäften nicht gegen die Ausfuhrkontrolle verstoßen wird. Man kann jede Ausfuhr mittels einfacher Fragen und Antworten auf ihre rechtliche Zulässigkeit hin überprüfen, ohne dass der betreffende Mitarbeiter selbst tiefere Rechtskenntnis in dem bestimmten Fachgebiet haben müsste. 1190

VI. Chatbots

1191 Chatbots, persönliche virtuelle Assistenten, erfreuen sich immer größerer Beliebtheit in der Rechtsbranche. Hierbei handelt es sich um textbasierte Dialogsysteme – bestehend aus einer Texteingabe- und einer Textausgabemaske – , über die sich in natürlicher Sprache mit dem dahinterstehenden System kommunizieren lässt. Für „intelligente" Chatbots werden Machine Learning und NLP-Techniken verwendet, um natürliche Sprache zu erkennen. Chatbots im Rechtsbereich sind z. B. DoNotPay, LawBot, LISA, KIM, RATISBOT und Termi.

D. Herausforderungen und Risiken von KI

I. KI ist ein Entwicklungsprozess

1192 Die wahrscheinlich größte Herausforderung von KI allgemein und im Rechtsbereich im Besonderen ist, dass die Entwicklung und Weiterentwicklung, insbesondere durch die Trainingskomponente, beim Machine Learning Zeit bedarf. Die ersten Ergebnisse sind häufig mager. Eine Verbesserung von KI bedarf Geduld, kontinuierlicher Pflege und hoher Investitionen. Google Translate, das Übersetzungen auf Grundlage von Machine Learning anbietet, zeigte zu Beginn kaum nutzbare Ergebnisse. Seitdem das Tool immer weiter durch den Hersteller und durch Nutzer trainiert wird, werden die Ergebnisse immer besser. Mit diesen Erfahrungswerten im Hinterkopf, darf man keine zu schnellen, qualitativ hochwertigen Ergebnisse der KI-Tools erwarten.

1193 Ähnlich verhält es sich mit KI-Tools im Rechtsbereich. Sie benötigen am Anfang ausführliches Training. Dies kann häufig nur mit „vereinten Kräften" gelingen. Das bereits erwähnte Tool ROSS wird beispielsweise von vielen Anwälten trainiert, die hierdurch einen günstigeren bzw. schnelleren Zugang zum Tool erhalten. KI-Toolanbieter sehen sich vor der Herausforderung, dass sie mit noch nicht fertig austrainierten Tools an den Markt gehen müssen, um diese dann zusammen mit dem Kunden, der ja häufig allein Zugriff auf die Daten hat, weiterzuentwickeln.

1194 Das ist der Grund, warum die Entwicklung und Akzeptanz von KI teilweise (in der Rechtsbranche) noch gering ist. Viele Marktteilnehmer halten sich mit einem Beitrag hierzu – aus strategisch durchaus nachvollziehbaren Gründen – noch zurück und warten, bis die Tools voll ausgereift sind. Hierdurch verzögert sich allerdings die schnelle Weiterentwicklung – ein Henne-Ei-Problem. Während einige Marktteilnehmer die nur langsame Weiterentwicklung von KI-Tools durchaus positiv sehen, besteht andererseits die Gefahr, dass sie von weitren Entwicklungen abgehängt werden.

1195 Da KI-Entwicklungen, wie beschrieben, eine entscheidende Zeitkomponente haben, kann ein zu später Einstieg negative Folgen haben. Entstandene Vorsprünge sind kaum oder nur noch mit hohen Investitionen aufzuholen. Kanzleien, die bereits jetzt mit dem Training eigener bzw. eingekaufter KI-Tools beginnen, können sich hingegen einen Wettbewerbsvorteil schaffen. Das kanzleibasierte Trainieren von KI-Software stößt allerdings dann an Grenzen, wenn zum Training wesentlich mehr Daten erforderlich sind, als tatsächlich in einer Kanzlei vorhanden sind. KI-Tools können dann durch ein „Crowdtraining" verbessert werden, indem die Traingslast auf mehrere Schultern, d. h. mehrere Kanzleien, verteilt werden.

II. Daten: Ungeahnte Schätze

KI-Tools müssen in der einen oder anderen Form mit Daten gefüttert werden. Je besser und umfangreicher die Daten sind, desto besser sind die Ergebnisse eines KI-Tools. Daher bekommen Daten und deren Verfügbarkeit bzw. der Zugang zu diesen einen ganz neuen Stellenwert. Eine große Anzahl von historischen Verträgen kann beispielsweise dazu dienen, ein Machine Learning-basiertes KI-Tool anzutrainieren. Das heißt im Umkehrschluss, dass Kanzleien oder Unternehmen mit vielen Daten gewisse Wettbewerbsvorteile haben, wenn dieser Datenschatz gehoben wird.

Wie bei anderen Legal Tech-Tools stellt sich grundsätzlich die Frage, ob es sinnvoller ist, ein KI-Tools selbst zu entwickeln oder einzukaufen („Make or Buy"). Bei KI-Tools lässt sich allerdings grundsätzlich die Regel formulieren, dass eine Selbstentwicklung nur in Ausnahmefällen sinnvoll und wirtschaftlich sein wird, da Programmier- und Trainingskosten in der Regel sehr hoch sind. In Zukunft könnte diese Situation allerdings durch das vermehrte Aufkommen von kostenlosen KI-Tools (Open Source) anders zu beurteilen sein.

III. Misstrauen: Black Box

Eine Herausforderung von Machine Learning, insbesondere von neuronalen Netzwerken, besteht darin, dass die Ergebnisse der Software derzeit nicht genau rekonstruierbar sind. Zugespitzt ist Machine Learning eine „Black Box",[24] die das richtige Ergebnis zeigt, ohne dass man im Einzelnen nachvollziehen könnte, wie dieses Ergebnis zustande gekommen ist. Während einige diese Unsicherheiten als systemimmanent ansehen, dies aber nicht weiter als Problem wahrnehmen, solange das Ergebnis stimmt, gibt es teilweise vielversprechende Versuche, mehr Licht in die Machine Learning-Algorithmen zu bringen.[25]

E. Ausblick und Auswirkungen

Die Veränderungen, die KI in der Rechtsbranche auslösen wird, werden tiefgreifend und nachhaltig sein, allerdings nicht über Nacht erfolgen, so eine der häufigsten Einschätzungen auf einschlägigen Kongressen. Unabhängig von der Frage, ob KI in der Rechtsbranche im Einzelnen eher evolutionär oder disruptiv ist, wird KI mit seiner Fähigkeit, menschliche Intelligenz zumindest zu imitieren, die Rechtsbranche stark verändern, da der Anwalt zunehmend in seinen eigenen Kernkompetenzen eine gewisse zusätzliche Konkurrenz erhält:

I. Automatisierung durch KI

Der Einsatz von KI im Rechtsbereich führt – im Zusammenspiel mit anderen Technologien – zu einer Automatisierung von juristischen Tätigkeiten. Dabei wird die Automatisierung von einfachen, standardisierten und sich häufig wiederholbaren Tätigkeiten bis hin zu komplexen und seltenen Problemstellungen verlaufen. Automatisierung wird dazu führen, dass juristische Tätigkeiten schneller durchgeführt werden können. Teilweise wird es daher zu einem Verdrängungseffekt durch KI kommen, der allerdings in seinen konkreten Auswirkungen nur schwer

---

[24] Vgl. hierzu Nature, Can we open the black box of AI, abrufbar unter: http://www.nature.com/news/can-we-open-the-black-box-of-ai-1.20731, abgerufen am 25. Juni 2017.
[25] Vgl. https://engineering.stanford.edu/news/finally-peek-inside-black-box-machine-learning-systems, abgerufen am 25. Juni 2017.

abstrakt zu berechnen ist. Die Arbeit für Juristen wird damit allerdings kaum weniger werden, denn der Einsatz von KI bzw. Legal Tech führt, wie beschrieben etwa durch das „Trainieren", zu einem Mehr an Arbeit für Juristen.

II. Augmentation durch KI

1201 Durch den Einsatz von KI im Rechtsbereich wird es in erster Linie nicht zu einer Verdrängung von Juristen, sondern zu einer sinnvollen Ergänzung und Unterstützung bei der anwaltlichen Arbeit kommen. Durch die beschriebenen Fähigkeiten von KI kommt es zu einer neuen Verhältnisbestimmung von Maschine und Mensch. KI ist in der Lage, Juristen zu unterstützen und deren Arbeit in bestimmten Bereichen sinnvoll zu ergänzen. KI hat daher primär – zumindest für die nähere Zukunft – Auswirkungen auf die Art und Weise, *wie* Juristen arbeiten. In der juristischen Beratung wird es selbstverständlich werden, mit KI-Tools zu arbeiten. Die heutzutage noch überwiegend manuelle Tätigkeit von Juristen wird dadurch zunehmend hybrid. Die Qualität juristischer Arbeit wird zukünftig daran bemessen werden, wie gut und sinnvoll der Anwalt in der Lage ist, KI-Tools zur Komplementierung und Ergänzung der eigenen Arbeit heranzuziehen. Ähnlich wie der Arzt, der KI einsetzt, um bessere Diagnosen stellen zu können, bieten KI-Tools die Möglichkeit, bestimmte Anwaltstätigkeiten schneller zu erledigen (Beschleunigungseffekt) und auf einer breiteren Sachverhalts- und Wissensbasis zu arbeiten (Qualitätseffekt).

III. Personenwissen zu Softwarewissen

1202 KI bietet die Möglichkeit – über Expertensystem oder das Training von Machine Learning-Tools – Personenwissen in Softwarewissen zu transferieren. Eine große Herausforderung besteht dabei darin, juristische Erfahrungsschätze (bezogen auf juristische Probleme, Sachverhaltsanalysen und Mandanten) in strukturierter Form weiterzugeben. Juristisches und tatsächliches Erfahrungswissen ist häufig bei bestimmten Personen oder Personengruppen monopolisiert. Dieses Erfahrungswissen ist ein entscheidender Wettbewerbsvorteil, für den Mandanten bereit sind, hohe Stundensätze zu zahlen. Deswegen ist eine gewisse „Monopolisierung" verständlich und nachvollziehbar. Ein Wissenstransfer geschieht, wenn überhaupt, auf persönlicher Ebene oder indirekt über das Sammeln von eigenen Erfahrungswerten.

KI bietet die Möglichkeit, menschliches Erfahrungswissen in Software zu übertragen und einem größeren Kreis an Nutzern zugänglich zu machen (Crowd-Intelligenz). Die enge Verbindung von Wissen/Erfahrung und bestimmten Personen kann auf diese Weise aufgebrochen werden. Das ist im Grundsatz die Idee von ROSS. Indem ROSS von verschiedenen Anwälten trainiert wird, stützen sich die Antworten von ROSS auf einen großen Erfahrungsschatz, der fortlaufend verfeinert wird.

IV. Wertschätzung von Daten

1203 Die Qualität von KI-Tools hängt, wie beschrieben, ganz wesentlich von der Qualität der Trainingsdaten ab. Eine der großen Herausforderungen der Rechtsbranche wird derzeit durch den Umstand hervorgerufen, dass juristische Daten nicht in erforderlicher Quantität und Qualität (Strukturiertheit) vorliegen, um KI-Tools hinreichend trainieren zu können. Verschiedene Strategien versuchen diesen Unzulänglichkeiten zu begegnen, was nur gelingen kann, wenn juristische Daten eine neue Wertschätzung erfahren. Quantität und Qualität von Daten wird daher ein entscheidender Wettbewerbsvorteil sein. Um das Vorhalten und Aufbereiten von juristischen Daten werden sich aller Wahrscheinlichkeit nach Kompetenzzentren bilden, wobei Gerichte, juristische Verlage, Kanzleien und Rechtsabteilungen eine zentrale Rolle spielen können.

V. Wettbewerb mit anderen Anbietern

Durch die Entkopplung von Personen und juristischem Wissen (siehe oben) wächst das Potenzial von Software- bzw. KI-Anbietern, juristische Dienstleistungen anzubieten. Finanzstarke Softwareanbieter, wie z. B. IBM und Google, könnten juristisches KI-Wissen aufbauen, um Kosten- und Liberalisierungsdruck auf die Branche ausüben. Wenn ein KI-Anbieter bspw. in der Lage ist, eine Due Diligence um 70 % zu automatisieren, d. h. für ca. ein Drittel des heutigen Preises anzubieten, wird es starke Änderungen im Angebots- und Nachfrageverhalten geben. Bestehende Anbieter müssten in den Kosten nachziehen, indem sie beispielsweise ebenfalls KI-Tools einsetzen. 1204

Ähnliche Entwicklung kann man im Markt für E-Discovery beobachten. Hier haben sich bestimmte Lösungen am Markt weitgehend durchgesetzt und das klassische manuelle Durchsuchen von Datenräumen fast vollständig ersetzt. Das Eintreten von Drittanbietern auf dem Rechtsmarkt, die primär mit Software und nicht mit Menschen agieren, um juristische Dienstleistungen anzubieten, wird daher tiefgreifende Veränderungen mit sich bringen, die im Einzelnen derzeit noch schwer abzuschätzen sind. 1205

VI. Änderung juristischer Arbeitsweise

Wie bereits dargestellt, wird durch den Einsatz von KI das Berufsbild des Anwalts bzw. des Rechtsberaters nicht überflüssig. Es werden „lediglich" Arbeitsschritte automatisiert oder durch softwaregestützte Prozesse beschleunigt. Hierdurch ändert sich die Art und Weise, wie Anwälte ihrer Arbeit nachkommen. Die Arbeit des Juristen, die vormalig in erster Linie aus manuellen Tätigkeiten bestand, wird durch den Einsatz von KI zu einem stärkeren Nebeneinander von Menschen und Maschine führen. KI unterstützt und befruchtet bei der juristischen Problemlösung, weswegen der Jurist und die Rechtsberatung verbessert werden können. Dies führt dazu, dass Anwälte in der Lage sein müssen, selbstverständlich mit KI-Tools (und weiteren Legal Tech-Anwendungen) umzugehen. In Kanzleien und Rechtsabteilungen wird es dezidierte Zuständigkeiten und neue Berufsbilder geben, die sich primär auf die Implementierung und Pflege von KI- und Legal Tech-Anwendungen konzentrieren. 1206

Hierdurch ändert sich das Anforderungsprofil von Juristen bzw. auch die Zusammensetzung der Personen, die in Kanzleien und Rechtsabteilungen arbeiten. Während vor nicht allzu langer Zeit Kanzleien und Rechtsabteilungen neben den üblichen Assistenzberufen fast ausschließlich aus Anwälten bestanden, können die beschriebenen Herausforderungen und Auswirkungen nur bewältigt werden, wenn zusätzliche Expertise verfügbar ist. Neben klassischen Anwälten wird es KI-Spezialisten, Datenbank-Spezialisten, KI-Trainer etc. geben, um vorhandene KI ideal einzusetzen und weiterzuentwickeln. 1207

7.4 Blockchain und Smart Contracts – Eine neue Basistechnologie im Recht?

Florian Glatz[1]

A. Einführung

Wie sieht eine Welt aus, in der nicht mehr natürliche Sprache, Papier und Tinte das tragende Informationsmedium des Rechts darstellen? Können wir uns eine Welt vorstellen, in der Transaktionen zwischen Unternehmen oder Privatpersonen stattfinden, ohne dass zwischen ihnen ein „Mittler" (etwa eine Bank, oder ein Notar, ein Grundbuchamt, ein Handelsregister, ein Stromerzeugungsunternehmen usw.) steht, der seinerseits die verschiedenen Ansprüche bestätigt und durchsetzt? Eine, möglicherweise **die** Antwort darauf ist „Blockchain" – eine neue Netzwerktechnologie, Datenbankarchitektur und Applikationsplattform, deren sozioökonomische Bedeutung von manchen mit der Erfindung des Internets selbst gleichgesetzt wird.[2]

Die Blockchain, welche zuerst Bitcoin – eine dezentrale digitale Währung – möglich machte[3], ist eine Technologie, deren Anwendung weit über den elektronischen Zahlungsverkehr hinausreicht.[4] Die Computerprotokolle, die den dezentralen Währungsnetzwerken zugrunde liegen, machen Transaktionen über beliebige Vermögenswerte möglich, erlauben es Maschinen autonom über Gelder zu verfügen und verleihen Menschen weltweit die Fähigkeit, sich verbindliche Regeln zur Zusammenarbeit zu geben – ohne Mitwirkung von Intermediären wie Juristen, Buchhaltern, Banken, Gerichten oder überhaupt einem Rechtssystem.[5]

Die technische Basis dieser revolutionären Technologie sind P2P-Netzwerke, also Kommunikationsnetze, die Informationen nicht über eine zentrale Vermittlungsstelle (etwa eine Plattform wie Facebook oder Google) senden, sondern im Schwarmmodus Nachrichten von Nachbar zu Nachbar übertragen. Für Endnutzer stellt sich der Umgang mit der Technologie wie ein gewöhnlicher „Cloud-Service" dar – einen Dienst, der über das Internet universell zugänglich ist. Im Hintergrund agieren aber Algorithmen, die eine zentrale Vermittlungsstelle als Diensteanbieter überflüssig machen.

Die Blockchain erschafft eine neue Form kryptographisch abgesicherten, digitalen Eigentums[6] sowie softwarebasierte Verträge, die sich selbst durchsetzen können.[7] Smart Contracts werden jene autonom agierenden Software-Agenten genannt.[8] Anstatt, wie rechtliche Verträge, synallagmatische Obligationen der Parteien zu definieren, ist ein Smart Contract eher mit einem Warenautomaten zu vergleichen, der die Transaktionslogik eines Kaufvorgangs verkörpert

---

[1] Der Verfasser ist als Anwalt, Forscher und Entwickler zum Thema Blockchain tätig.
[2] The Economist, The great chain of being sure about things (31. Oktober 2015) <http://www.economist.com/news/briefing/21677228-technology-behind-bitcoin-lets-people-who-do-not-know-or-trust-each-other-build-dependable> letzter Zugriff am 28. Mai 2017.
[3] Nakamoto, Bitcoin, 2008 <https://bitcoin.org/bitcoin.pdf> letzter Zugriff am 28. Mai 2017.
[4] Wood, Ethereum, 2013 <http://gavwood.com/paper.pdf> letzter Zugriff am 28. Mai 2017.
[5] Ebd., S. 2, vgl. „The state [of the Blockchain – Anm. d. Verf.] can include such information as account balances, reputations, trust arrangements, data pertaining to information of the physical world; in short, anything that can currently be represented by a computer is admissible".
[6] Fairfield, Bitproperty, 88 S. Cal. L. Rev. 2015, 805, 819.
[7] Wright/Filippi, Decentralized Blockchain Technology and the Rise of Lex Cryptographia, 2015 (unveröffentlichter Artikel (SSRN)), 10.
[8] Ebd.

und auf mechanische Weise erzwingt.⁹ Willensäußerungen erfolgen lediglich konkludent. Das Verpflichtungsgeschäft geht im Verfügungsgeschäft vollständig auf. Wie der Automat, kodiert ein Smart Contract die erlaubten Zustände einer beliebig komplexen Transaktion bestimmter Güter. Netzwerkteilnehmer können auf Wunsch diese digitalen Automaten benutzen. Invalide Zustände können innerhalb eines solchen Vertrages nicht auftreten, wofür das Netzwerk als Ganzes kollektiv Sorge trägt.¹⁰

1212   In Blockchain-Netzwerken, die dem ganzen Internet offenstehen (wie Bitcoin und Ethereum), ermöglicht die Technologie dezentrales, anonymisiertes Interagieren.¹¹ Vertrauen in Mittler, zum Beispiel in Banken, wird durch anonymisiertes Vertrauen auf technischer Basis ersetzt. Kollaborative Entscheidungsfindung in Gremien, Organisationen und Unternehmen kann auf der Blockchain abgebildet werden.¹² Lieferketten lassen sich transparenter gestalten.¹³ Für Musik und Texte eröffnen sich neue Vertriebswege.¹⁴

1213   Die Schwächen der Blockchain liegen aus Sicht der etablierten Wirtschaft aber gerade in der radikalen Transparenz, die sie von ihren Nutzern einfordert.¹⁵ Deshalb formen sich um das Stichwort "Distributed Ledger Technology" (DLT) zunehmend Betreiberkonsortien aus Großunternehmen wie Banken und Versicherungen, die lediglich Teile der bewährten Blockchain-Protokolle nutzen.¹⁶ Dementsprechend verändert sich auch das Vertrauensmodell, auf dem eine solche Blockchain basiert.¹⁷ Der Anspruch einer universellen Vertrauensinfrastruktur weicht einer kleiner gefassten Automatisierungsplattform im zwischenbetrieblichen oder -behördlichen Bereich.

1214   Statt anonymer Interaktionen, welche in dem Distributed Ledger Modell nicht vorgesehen sind, steht hier die Standardisierung von Transaktionen auf technischer Basis im Vordergrund. Anstelle isolierter, deal-basierter Austauschbeziehungen könnten in Zukunft ganze Industriesektoren – möglicherweise auch Behörden und Staaten – eine Blockchain-basierte Vertrauensinfrastruktur in Form verschiedener Konsortien betreiben, auf welcher dann wirtschaftlicher Austausch weitgehend standardisiert und dadurch automatisiert werden kann. Die Silos existierender innerbetrieblicher Datensysteme werden aufgebrochen und in einer gemeinsam betriebenen Dateninfrastruktur vereint.

1215   Offen bleibt die Frage, wie viel wir von unserem etablierten Rechtssystem auf einer derartigen digitalen Infrastruktur abbilden können. Zwar können insbesondere Rechtsverträge in vielen Teilen durch formale Sprache ebenso gut, wenn nicht sogar klarer, ausgedrückt werden. Doch während Maschinencode ultimativ reduktionistisch und deterministisch ist, spiegelt das

---

[9] Szabo, Formalizing and Securing Relationships on Public Networks, First Monday, 1997 <http://ojphi.org/ojs/index.php/fm/article/view/548/469> letzter Zugriff am 28. Mai 2017, vgl. „A canonical real-life example, which we might consider to be the primitive ancestor of smart contracts, is the humble vending machine. [...] the machine takes in coins, and via a simple mechanism, [...], dispense change and product according to the displayed price. The vending machine is a contract with bearer: anybody with coins can participate in an exchange with the vendor. The lockbox and other security mechanisms protect the stored coins and contents from attackers [...]."
[10] Nakamoto, 8, vgl. „The network is [...] rejecting invalid blocks by refusing to work on them."
[11] Ebd., 1, vgl. „What is needed is an electronic payment system based on cryptographic proof instead of trust, allowing any two willing parties to transact directly with each other without the need for a trusted third party."
[12] Wright/Filippi, 15.
[13] Harvard Business Review, Global Supply Chains Are About to Get Better, Thanks to Blockchain (15. März 2017) <https://hbr.org/2017/03/global-supply-chains-are-about-to-get-better-thanks-to-blockchain> letzter Zugriff 28. Mai 2017.
[14] Deloitte, Blockchain applications in the media industry, 2016, 1 <https://www2.deloitte.com/content/dam/Deloitte/uk/Documents/Innovation/deloitte-uk-blockchain-app-in-media.pdf> letzter Zugriff am 28. Mai 2017.
[15] Swanson, Consensus-as-a-Service, 2015, 36 (6. April 2015) <http://www.ofnumbers.com/wp-content/uploads/2015/04/Permissioned-distributed-ledgers.pdf> letzter Zugriff am 28. Mai 2017.
[16] Coindesk, The Next Phase of the Blockchain Consortium is Here (24. April 2017) < http://www.coindesk.com/next-phase-blockchain-consortium/> letzter Zugriff am 28. Mai 2017.
[17] Brown/Carlyle/Grigg/Hearn, Corda 2016, 7 <https://docs.corda.net/_static/corda-introductory-whitepaper.pdf> letzter Zugriff am 28. Mai 2017, vgl. „Corda is specialized for use with regulated financial institutions. It is heavily inspired by blockchain systems, but without the design choices that make traditional blockchains inappropriate for many financial scenarios."

B. Digitales Eigentum und digitale Knappheit

Spätestens mit dem Einzug des Internets in den Alltag einer breiten Masse wurde der qualitative Unterschied zwischen dem Eigentum an einer körperlichen gegenüber einer nichtkörperlichen Sache allgegenwärtig. Offenbar hat sich dieser Unterschied zunächst im Urheberrecht, welches Eigentumsrechte an geistigen Werken, losgelöst von deren Verkörperung, erschafft und zuweist[18]. Diese Entkörperung des Wirtschaftsguts zeitigte vor der flächendeckenden Digitalisierung keine nennenswerten Konsequenzen, denn jede Kopie eines Werks war nach wie vor an eine physische Form gebunden und damit faktisch als körperliche Sache regulierbar[19]. Mit dem Aufkommen von Personal Computing, Breitbandinternet und Filesharing-Protokollen änderte sich dies schlagartig.[20] Plötzlich sah sich die urheberrechtliche Verwertungsindustrie mit weltweit verteilten, betreiberlosen und damit unabschaltbaren Filesharing-Netzwerken konfrontiert, in der Konsumenten massenhaft digitale Musikdateien umsonst tauschten. Die bislang rein theoretisch gebliebene Non-Rivalität geistiger Werke (d. h. der Konsum eines geistigen Werks durch Person A stört nicht den Konsum desselben Werks durch Person B) hatte sich durch die digitale Entkörperung erstmals spürbar realisiert – so spürbar, dass es die Geschäftsmodelle der Verwertungsindustrie nachhaltig verändern sollte.

1216

Die Lehre aus dem Urheberrecht ist, dass ein rein rechtlich verbrieftes Eigentum ohne körperliche Einwirkungsmöglichkeit auf eine Sache in Zeiten der Digitalisierung wenig bis gar nichts wert ist. Der Grund hierfür liegt in der nahezu kostenfreien Kopier- und Übertragbarkeit digitaler Daten.

1217

Die Blockchain schafft es, die Kopierbarkeit digitaler Güter zu überwinden. Die Technologie macht es erstmalig möglich, einem rein digitalen Gut Ausschließlichkeitsrechte zuzuordnen. Damit erschafft sie eine ernstzunehmende Form digitalen Eigentums, das dem an einer körperlichen Sache erstaunlich nahekommt.[21] Zwar ist auch die Blockchain kein Hilfsmittel gegen Musikpiraterie,[22] kann also nicht die Rivalität des Genusses geistiger Werke künstlich erzwingen. Dagegen erreicht sie aber bei anderen Arten digitaler Güter, wie etwa den bekannten Kryptowährungen Bitcoin und Ether, eben jenen Effekt.[23] Dies erklärt sich, wenn man sich vor Augen führt, wie ein Bezahlvorgang mit einem Bitcoin konkret funktioniert. Bei derartigen Währungen handelt es sich technisch betrachtet um Einträge in einem digitalen Buch (der Blockchain), welche jedem Bitcoin-Inhaber eine bestimmte Menge an Währungseinheiten zuordnen.[24] Dieses Buch wird von jedem Teilnehmer im Bitcoin-Netzwerk als lokale Kopie vorgehalten. Eine zentrale Verwaltungsinstanz (etwa eine Bank) fehlt. Möchte man mit der Währung eine Ware oder Dienstleistung bezahlen, versendet man nicht etwa eine digitale Zeichenkette an den Verkäufer, sondern man fügt der Blockchain einen Bucheintrag hinzu, welcher die Vermögensverschiebung für alle verbindlich dokumentiert. Um eine solche Ergänzung des verteilten Transaktionsregisters zu erreichen, muss diese von einer überwiegenden Mehrheit aller Teilnehmer im Bitcoin-Netzwerk akzeptiert werden.[25] Die Lösung hierfür liegt

1218

---

[18] vgl. §§ 11, 15 UrhG.
[19] vgl. § 17 UrhG, der die Erschöpfung des Urheberrechts beim Inverkehrbringen körperlicher Werkkopien regelt.
[20] Das UsedSoft Urteil des EuGH wendete den Erschöpfungsgrundsatz erstmals auf die nichtkörperliche Verbreitung digitaler Dateien an, bleibt aber bis heute auf den Sonderfall von Gebrauchtsoftware beschränkt, vgl. NJW 2012, 2565.
[21] Fairfield, 819.
[22] Indirekt verspricht Blockchain-Technologie durchaus eine einfachere, direktere und damit fairere Rechteverwertung für Urheber zu ermöglichen, vgl. Deloitte, 1.
[23] Blocher, The next big thing, AnwBl 8 + 9/2016 612, 615.
[24] Bitcoin, 2.
[25] Ebd., 3.

in einem Konsensfindungsprozess zwischen allen Teilnehmern des Blockchain-Netzwerks, der im Folgenden beschrieben wird.

C. Konsensmechanismen

1219   Grundlage eines jeden Blockchain-Netzwerks ist das Verfahren, mittels dessen seine Teilnehmer in regelmäßigen Intervallen auf einen identischen Datenbestand gebracht werden. Je nachdem, welche Größe ein solches Netzwerk hat und welchen Zwecken es dient, können unterschiedliche Konsensmechanismen zum Einsatz kommen.[26]

1220   Das erste Konsensverfahren, das historisch betrachtet im Rahmen der Blockchain-Technologie zum Einsatz kam, wurde auf den Namen Nakamoto-Konsens getauft – benannt nach dem Pseudonym seines bis heute unbekannten Erfinders „Satoshi Nakamoto".[27] Diese Person oder Gruppierung gab im Jahr 2008 den Anstoß zur Entwicklung von Bitcoin, dem ersten Peer-to-Peer Netzwerk, das digitale Zahlungen unter Umgehung klassischer Vertrauensintermediäre wie Bankhäusern ermöglichte.[28]

1221   Im Rahmen dieses Konsensverfahrens, welches bis heute die großen, öffentlichen Blockchain-Netzwerke antreibt, kommt der sogenannte „Proof-of-Work" zum Einsatz.[29] In einem dezentralen Netzwerk ohne „zentrale Wahrheitsinstanz" muss sichergestellt werden, dass Betrüger keine Chance haben, einen falschen Datenbestand als „Wahrheit" zu verbreiten. Der Proof-of-Work sorgt dafür, dass die Herstellung einer gefälschten Version der Blockchain unwirtschaftlich wird. In dem Verfahren beschäftigt sich eine Untergruppe von Netzwerkteilnehmern, sogenannte Miner, damit, fortwährend neu eintreffende Transaktionen zu sogenannten Blöcken zu bündeln. Zu jedem Block wird eine einmalige Prüfsumme errechnet (sog. Hash), die sodann in den nächsten zu bildenden Block eingebettet wird. Dadurch werden die Blöcke zu einer Blockkette („Block Chain") – jeder Block enthält die Prüfsumme seines Vorgängers. Die nachträgliche Modifikation einer Transaktion innerhalb eines solchen Blocks hätte zur Folge, dass sich auch die einmalige Prüfsumme des Blocks ändert. Die Kette wäre dann an dieser Stelle unterbrochen. Um den Fehler zu beheben, müsste die Prüfsumme aller darauffolgenden Blöcke ebenfalls neu berechnet werden.

1222   Das Berechnen einer solchen Prüfsumme ist allerdings umso rechenintensiver, je mehr Miner an dem Proof-of-Work-Verfahren teilnehmen, bzw. je höher deren eingesetzte Rechenkapazität ist. Der Anreiz, an dem Verfahren teilzunehmen, folgt aus der Belohnung für das Berechnen einer Prüfsumme: der Miner, der zuerst eine valide Prüfsumme für einen neuen Block errechnet, darf sich eine vordefinierte Menge neuer Währungseinheiten des jeweiligen Blockchain-Netzwerks gutschreiben.[30] Hierdurch entsteht der Anreiz für ein Wettrüsten zwischen den Minern. Mehr Rechenleistung steigert die Chance, die Belohnung zu erhalten: Die Teilnehmer eines Netzwerks akzeptieren jene Version einer Blockchain als die „richtige", für deren Erstellung insgesamt am meisten Rechenkapazität aufgewendet wurde, denn diese ist am aufwändigsten zu fälschen.[31] Ein betrügerischer Angreifer, der nachträglich Einträge in der Blockchain zu verändern versucht, muss in seine modifizierte Kopie der Blockchain mehr Rechenkapazität stecken, als für die aktuell vom Netzwerk akzeptierte Version aufgewendet wurde. Mithin muss der Angreifer über mehr Rechenkapazität verfügen, als die Mehrheit aller

---

[26] Swanson, 12.
[27] Bitcoin, 3; Szabo, The dawn of trustworthy computing (11. Dezember 2014) <http://unenumerated.blogspot.de/2014/12/the-dawn-of-trustworthy-computing.html> letzter Zugriff 28. Mai 2017.
[28] Bitcoin, 1.
[29] Ebd., 3.
[30] Ebd., 4, vgl. „By convention, the first transaction in a block is a special transaction that starts a new coin owned by the creator of the block. This adds an incentive for nodes to support the network, and provides a way to initially distribute coins into circulation, since there is no central authority to issue them."
[31] Ebd., 3, vgl. „Nodes always consider the longest chain to be the correct one and will keep working on extending it."

„ehrlichen" Miner im Netzwerk.³² Ab einer gewissen Größe des Blockchain-Netzwerks ist dies aus Kostengründen faktisch ausgeschlossen.³³

D. Smart Contracts

Als Smart Contracts werden formale Regeln bezeichnet, die notwendigerweise erfüllt sein müssen, um eine Zustandsänderung innerhalb der Blockchain herbeizuführen.³⁴ Jeder Bucheintrag in einer Blockchain kann mit derartigen Regeln versehen werden, sodass dieser im Nachgang nur unter Erfüllung der zusätzlichen Regeln verändert werden darf.

Ein einfaches Beispiel hierfür ist etwa ein sogenannter Treuhandvertrag (Escrow Contract), wie er in allen gängigen Blockchain-Protokollen abgebildet werden kann. Ein Käufer möchte im Internet für eine Ware oder Dienstleistung mit Bitcoins bezahlen. Da die Parteien die Leistungstreue des anderen nicht einschätzen können, einigen sie sich darauf, den Bezahlvorgang über eine Treuhandkonstruktion abzuwickeln. Hierfür tätigt der Käufer die Überweisung des Kaufpreises unter Zuhilfenahme eines Smart Contract: er überweist die Kaufsumme auf ein Bitcoin-Konto, von dem das Geld nur beim Vorliegen zweier (digitaler) Unterschriften wegbewegt werden kann. Befugt zur Unterschrift sind der Käufer, der Verkäufer und eine dritte Person, etwa ein Schiedsrichter. Zunächst kann der Verkäufer feststellen, dass der Käufer über die Kaufsumme verfügt (denn diese liegt ja öffentlich sichtbar auf dem Treuhandkonto). Liefert der Verkäufer nunmehr die Ware in der geschuldeten Sollbeschaffenheit an den Käufer, signieren beide Parteien eine Transaktion, welche den Kaufpreis vom Treuhandkonto zu einem Konto des Verkäufers bewegt. Leistet der Verkäufer nicht, kann der Käufer vom Schiedsrichter die erforderliche zweite Unterschrift verlangen, um den Kaufpreis zurückerstattet zu bekommen.

Historisch gesehen geht der Begriff „Smart Contract" auf den amerikanischen Juristen Nick Szabo zurück, welcher Mitte der Neunzigerjahre die Nutzung kryptographischer Verfahren zur Digitalisierung von Willenserklärungen und vertraglicher Ansprüche untersuchte.³⁵ Szabo sagte voraus, dass zusätzlich zu den damals schon bekannten Public-Key-Kryptosystemen, mittels derer ein digitaler Identitätsnachweis möglich ist, Protokolle entwickelt werden würden, über die der automatisierte Austausch digitaler Güter möglich werde. Mehr als eine Dekade später verwirklichte Bitcoin als erstes derartiges Protokoll Szabos Vision.

Doch Bitcoins Konzept von Smart Contracts war aufgrund des stark eingeschränkten Ausdrucksvermögens seiner Programmiersprache für derartige Regelwerke zu eng gefasst.³⁶ Erst seit der Erfindung von Ethereum, einer neueren Implementierung der Blockchain-Idee aus dem Jahr 2013, wurden Smart Contracts zu einem ernstzunehmenden Konkurrenten für den althergebrachten Rechtsvertrag.³⁷ Im Ethereum-Modell werden Smart Contracts zu selbstständigen Agenten innerhalb der Blockchain. Sie können im Prinzip jede beliebig komplexe Transaktionslogik abbilden (sog. Turing-Vollständigkeit) und autonom über digitale Güter verfügen.³⁸

1223

1224

1225

1226

---

³² Ebd., 8, vgl. „[…] a public history of transactions that quickly becomes computationally impractical for an attacker to change if honest nodes control a majority of CPU power."
³³ Ebd.
³⁴ Eine Blockchain kann als Zustandsmaschine betrachtet werden, mit festen Regeln für den Übergang von einem Zustand in den nächsten, vgl. Wood, 1, „This system [Bitcoin – Anm. d. Verf.] can be said to be a very specialised version of a cryptographically secure, transaction-based state machine."
³⁵ Szabo, Formalizing and Securing Relationships on Public Networks,, vgl. „Smart contracts combine protocols, users interfaces, and promises expressed via those interfaces, to formalize and secure relationships over public networks."
³⁶ Blocher, 617.
³⁷ Wood, 1.
³⁸ Buterin, Ethereum White Paper <https://github.com/ethereum/wiki/wiki/White-Paper> letzter Zugriff am 28. Mai 2017, vgl. „What Ethereum intends to provide is a blockchain with a built-in fully fledged Turing-complete programming language that can be used to create "contracts" that can be used to encode arbitrary state transition functions […]."

1227 Durch diese Weiterentwicklung lassen sich nunmehr komplexe Konstrukte wie etwa Gesellschaftsverträge, Shareholder-Agreements und eine Vielzahl von Finanzinstrumenten wie Bonds, Derivate, Swap- und Hedging-Verträge als Software abbilden und über eine Blockchain ausführen. Wie im Treuhand-Beispiel, wird die pure Transaktionslogik eines solchen Vertrages herausgearbeitet und in Programmcode formal abgebildet. Voraussetzung ist, dass die Assets, über die verfügt werden soll, in dem verwendeten Blockchain-Netzwerk existieren. Die Statuten einer Gesellschaft, etwa einer GmbH, beinhalten im Wesentlichen Regeln über das gemeinsame Verwalten der Vermögenswerte der Gesellschaft und die Ausrichtung ihrer Geschäftstätigkeit. Soweit die Vermögenswerte auf einer Blockchain abbildbar sind (was bei Kryptowährungen heute schon der Fall ist, in Zukunft aber auch auf staatliches Geld zutreffen könnte), kann ein Smart Contract treuhänderisch über diese wachen und nur einer vordefinierten Gruppe von Akteuren (etwa dem Geschäftsführer oder einem qualifizierten Quorum von Gesellschaftern) Zugriff darauf gewähren. Es ist zu erwarten, dass die Finanzbranche und möglicherweise auch die Realwirtschaft zunehmend auf diese effizientere und allen voran "nativ digitale" Form der Zahlung, Buchhaltung und Vertragsabwicklung umsteigen werden.

E. Anwendungsfälle

1228 An der Spitze des bekannten Gartner Hype Cycles angelangt, investieren nunmehr Unternehmen in vielen Industrien in die Erforschung der Potenziale, welche die Blockchain für sie bereithält. Im Vordergrund stehen dabei geringere IT-Infrastrukturkosten, eine tiefgehende Digitalisierung von Prozessen aller Art sowie neue Geschäftsmodelle, die auf Basis einer unternehmensübergreifend geteilten Datenbank und Softwareplattform möglich werden.

1229 Mit Kryptowährungen als erstem durchschlagenden Erfolg der Blockchain begannen zunächst Banken über eine Verwendung der Technologie nachzudenken. In Zusammenschlüssen wie dem R3-Konsortium entwickeln Banken gemeinsam weltumspannende Transaktionsnetzwerke, die unter Ausschluss einer Vielzahl von Intermediären Zahlungen abwickeln können.[39] Damit soll nicht nur der Disintermediation der Bankhäuser selbst vorgebeugt werden, sondern die Banken sehen darin auch einen kostengünstigen Weg, ihre veraltete IT-Infrastruktur zu modernisieren.

1230 Ohne Anspruch auf Vollständigkeit haben sich nunmehr alte und junge Unternehmen in folgenden Branchen zum Thema Blockchain positioniert bzw. formiert: Sharing Economy,[40] Internet of Things,[41] Energie,[42] Marktvorhersagen,[43] Musikvertrieb,[44] Real Estate,[45] Insurance,[46] Healthcare,[47] Supply Chain,[48] Cloud Storage und Computing,[49] Gutscheine und Loyalty-Programme,[50] Versandhandel,[51] Wohltätigkeit,[52] Edelmetalle[53] und Identitätsmanagement[54]. Die Sharing-Economy könnte von der Blockchain profitieren, indem Intermediäre wie das Taxi-Unternehmen Uber vollständig durch Smart Contracts ersetzt werden. Dessen Kernauf-

---

[39] Brown/Carlyle/Grigg/Hearn, Corda 2016, 3.
[40] Vgl. https://slock.it.
[41] Vgl. http://blockchainfirst.org.
[42] Vgl. http://conjoule.de.
[43] Vgl. https://gnosis.pm.
[44] Vgl. https://ujomusic.com.
[45] Vgl. http://rexmls.com.
[46] Vgl. https://etherisc.com.
[47] Vgl. https://gem.co/health.
[48] Vgl. https://provenance.org.
[49] Vgl. https://golem.network.
[50] Vgl. http://loyyal.com.
[51] Vgl. https://www.openbazaar.org.
[52] Vgl. https://alice.si.
[53] Vgl. https://www.dgx.io.
[54] Vgl. https://www.uport.me.

gaben, namentlich das Zusammenbringen von Fahrer und Fahrgast sowie die Zahlungsabwicklung sind Funktionen, die ein Smart Contract autonom übernehmen könnte, ohne Profite an einen Intermediär abzuführen. Unternehmen im Bereich des Internet of Things erhoffen sich, den vernetzten Gegenständen durch die Blockchain einen höheren Grad an wirtschaftlicher Autonomie verleihen zu können. Im Energiesektor soll die Blockchain dezentralen Energiehandel zwischen lokalen Produzenten und Konsumenten ermöglichen. Marktvorhersagen sollen durch blockchain-basierte „Prediction Markets" effizienter werden. In der Urheberrechtsindustrie kann durch das Abbilden von Lizenzketten auf einer Blockchain die Bezahlung von Anspruchsinhabern unmittelbarer und transparenter erfolgen. Globale Handelslieferketten könnten durch die Blockchain-Technologie erheblich an Transparenz gewinnen.

Auch im öffentlichen Sektor wird das Thema Blockchain enthusiastisch angegangen. In nationalen und internationalen Gremien werden die Potenziale für eine digitale staatliche Infrastruktur erforscht. Während in Deutschland noch sehr behutsam damit umgegangen wird, sind Länder wie Schweden, Estland, Ukraine, Honduras, Ghana, Nigeria und Kenia bereits damit beschäftigt, ihr Grundbuch mittels der Blockchain zu digitalisieren.[55] Mehrere amerikanische Bundesstaaten, darunter Delaware, Vermont und Arizona, haben Gesetze erlassen, welche die Verwendung der Blockchain-Technologie im Rechtsverkehr vereinfacht.[56] Auf Ebene der europäischen Union wurde ein umfassender Bericht veröffentlicht, welcher von E-Voting, E-Identität und Notariaten als Anwendungsfälle für Blockchain im öffentlichen Sektor spricht.[57]

F. Ausblick

Auf den ersten Blick scheint die Blockchain ein Allheilmittel für viele der Probleme zu sein, vor der wir als länderübergreifende, digitale Weltgemeinschaft stehen. Diejenigen, die schon beim Aufbau des Internets mitgewirkt haben, fühlen sich an die Neunzigerjahre erinnert, in denen dem Internet ähnliche Heilsversprechen nachgesagt wurden. Bekanntermaßen endete die letzte Dekade des zwanzigsten Jahrhunderts jedoch im Platzen der sogenannten Dotcom-Blase mit der Folge einer weitreichenden Konsolidierung der New Economy. Droht der Blockchain-Bewegung ähnliches?

Ebenso wie beim Internet handelt es sich bei der Blockchain um eine Grundlagentechnologie, die eine Vielzahl von Anwendungsszenarien eröffnet. Welche davon im Einzelfall tragen und welche sich als bloße **Science Fiction** herausstellen, kann zum heutigen Zeitpunkt nicht gesagt werden. Zu weit ist die Technologie noch vom echten **Mainstream** entfernt, um hier belastbare Vorhersagen treffen zu können. Einig ist man sich lediglich, dass die Technologie nicht einfach so wieder verschwinden wird. Die aktuelle Phase, die geprägt ist von breit gestreuten Investitionen seitens der Kapitalgeber, ist die Methode des freien Marktes. Unternehmenspleiten sind ein natürlicher Teil davon.

Juristen ist nahezulegen, sich mit den Eigenheiten der Blockchain-Technologie, inklusive der Smart Contracts, näher auseinanderzusetzen, um für die Veränderungen gewappnet zu sein, die diese im Rahmen der Finanzwirtschaft, der Buchführung im weiteren Sinne, der Eigentumsübertragung und dem Vertragswesen mit sich bringen werden.

---

[55] Beispielhaft für Schweden vgl. <https://chromaway.com/landregistry> letzter Zugriff am 28. Mai 2017.
[56] Vgl. Arizona House Bill 2417 „A record or contract that is secured through blockchain technology is considered to be in an electronic form and to be an electronic record."
[57] EPRS, How blockchain technology could change our lives (27. Februar 2017) < How blockchain technology could change our lives> letzter Zugriff am 28. Mai. 2017.

8. Kapitel
Epilog

Vier Thesen für die Zukunft

Markus Hartung[1]

Niemand kann verlässlich vorhersagen, wie die Zukunft aussehen wird. Wir können allenfalls versuchen, aus Daten Rückschlüsse zu ziehen und Prognosen aufzustellen. Wir stützen uns außerdem noch auf unsere bisherigen Erfahrungen mit Legal Tech und auf die vielen Gespräche mit Marktteilnehmern – Anwälte in Kanzleien und Rechtsabteilungen, Start-Up-Unternehmern im Rechtsmarkt sowie Mitgliedern aus Verbänden. Bei allen künftigen Entwicklungen muss man berücksichtigen, dass es ein regulierter Markt ist, von dem wir heute nicht sagen können, ob und wie sich die Regulierung verändern wird.

Dennoch glauben wir, dass wir für die nähere bis mittlere Zukunft des Rechtsmarktes folgende Thesen[2] aufstellen können:

These 1: Was durch Software und/oder Technologie erledigt werden kann, wird auch durch Software und/oder Technologie erledigt werden, selbst wenn das Ergebnis „schlechter" ist

Dem ersten Teil der These wird vermutlich jeder sofort zustimmen; es gibt keinen Lebensbereich, in dem sie nicht zutreffen würde. Möglicherweise werden Anwälte gleich protestieren und auf die einzigartige Unterschiedlichkeit jedes ihrer Mandate verweisen, die jedwede Automatisierung verbietet. Daran ist richtig, dass es tatsächlich Mandate gibt, die man nicht automatisieren kann, und dass sich ein wichtiger Teil der anwaltlichen Tätigkeit, der aus Emotional Intelligence, Empathie, der Fähigkeit, Gesichter und Reaktionen „zu lesen" und Vertrauen bei Mandanten hervorzurufen, besteht, der Automatisierung entzieht. Aber wir sollten uns nichts vormachen: auch in der anwaltlichen Arbeit und bei den Tätigkeiten, die Anwälte machen, gibt es Automatisierungspotenzial.

Aber über den zweiten Teil muss man erst noch einmal nachdenken: Warum sollte man sich mit etwas zufriedengeben, wenn es schlechter ist als das, was man vorher hatte? Die Antwort ist, dass es häufig keine Wahlmöglichkeit mehr geben wird, und: „schlechter" ist sehr subjektiv. Softwareprodukte kommen nie erst dann an den Markt, wenn sie zu 100 % funktionieren, und der traditionelle anwaltliche Ansatz, alles von vorne bis hinten zu beleuchten, findet dort schon gar nicht statt. Qualität aus Verbrauchersicht ist auch sehr häufig etwas anderes als das, was Anwälte unter Qualität verstehen: aus Verbrauchersicht ist eine faire und schnelle Lösung allemal besser als der klassische Weg der anwaltlichen und/oder gerichtlichen Konfliktlösung. Lieber 75 % schnell und unkompliziert als vielleicht 100 % auf steinigem Weg mit Kostenrisiko.

Für Anwälte können Legal Tech-Lösungen durchaus gefährlich werden, wenn sie noch nicht ausgereift sind. Anwälte können sich nicht darauf verlassen, dass sich ihr Manufakturansatz letztlich durchsetzen wird. Es ist wie mit den Inhabern der kleinen und mittleren Buchhandlungen: gegen Amazon ist kaum ein Kraut gewachsen. Qualität ist etwas zutiefst Subjektives und wird stets zusammen mit dem Preis der jeweiligen Leistung betrachtet. Außerdem sind wir heute eher auf das Benutzererlebnis aus, weniger auf die Qualität.[3] Wenn also ein Software-

---

[1] Der Autor ist Rechtsanwalt und Direktor des Bucerius Center on the Legal Profession an der Bucerius Law School. Er ist außerdem Vorsitzender des Berufsrechtsausschusses des Deutschen Anwaltvereins.
[2] Die nachfolgenden Thesen sind bereits in Vorträgen und einer Veröffentlichung des Bucerius Center on the Legal Profession vorgestellt worden (Verfasser: Markus Hartung), vgl. hier: http://www.lto.de/recht/sponsored/s/herbsttagung-2016-bucerius-center-on-the-legal-profession-clp/.
[3] Vgl. das Kapitel von *Marco Klock*, der von Convenience spricht, Rn. 609.

produkt zu schnelleren oder günstigeren Ergebnissen führt, setzt es sich auch bei geringerer Qualität durch, zumal die Erfahrung zeigt, dass sich Software stetig verbessert und der Qualitätsunterschied abnimmt.

These 2: Legal Technology ersetzt nur, wofür man ohnehin keinen Anwalt braucht(e)

1240 Diese These ist nicht so leicht verdaulich und weckt Widerspruch. Ist sie nicht schon dadurch widerlegt, dass es heute schon Software gibt, die das erledigt, wofür man früher (oder auch heute noch) Anwälte einsetzt? Dass man aber spontan hadert, liegt in einer verqueren, geradezu raumgreifenden Definition der anwaltlichen Arbeit. Anwaltliche Arbeit ist das, was Anwälte tun, und Anwälte unterscheiden sich von Nicht-Anwälten durch Examina und Zulassung zur Anwaltschaft.

1241 Aber diese rein regulatorische und statusbezogene Betrachtung hilft uns nicht weiter. Denn nicht alles, was Anwälte tun, ist auch genuine anwaltliche Arbeit. Das gilt auch dann, wenn Anwälten ein umfangreiches Mandat erteilt wird, das aus vielen Einzelprojekten- und Maßnahmen besteht. Die Neubewertung dessen, was anwaltliche Dienstleistung ist, geht auf die Theorie der Commoditization (Richard Susskind) zurück. Das danach zu erfolgende „Unbundling" oder „Decomposing" von Mandaten eröffnet den Blick darauf, dass nicht alle einzelnen Tätigkeiten eines Gerichtsprozesses oder einer Unternehmenstransaktion oder der kautelarjuristischen Tätigkeit von (teuren) Anwälten erledigt werden müssen. Wenn Mandanten über die Höhe anwaltlicher Kosten klagen, dann bezieht sich das in den seltensten Fällen auf die Kosten für die Arbeit, für die wirklich Anwälte erforderlich sind, vielmehr geht es um die Erledigung standardisierter Tätigkeiten durch teure Anwälte auf Zeithonorarbasis. Provozierend könnte man sagen, dass viele Law Firms überhaupt nur durch nichtanwaltliche Arbeit, ausgeführt und abgerechnet durch Anwälte, wirtschaftlich so erfolgreich geworden sind.

1242 Hinzu kommt die Überlegung, dass die Softwarelösungen, welche die Arbeit junger Anwälte ersetzen und/oder ergänzen, hauptsächlich im Bereich der Sachverhaltsermittlung, besonders bei der Durchsicht großer Dokumentenmengen nach bestimmten Informationen, eingesetzt werden. Die Lösung von Rechtsfragen ist damit noch nicht verbunden. Solange es also um Lösungen wie Leverton oder Kira geht[4], käme man noch nicht einmal in den Bereich des RDG.

1243 Anders ist es bei Software wie Smartlaw: diese Software generiert individualisierte Dokumente für individuelle juristische Probleme, viel „passender", als das durch ein Formularhandbuch möglich wäre. Aus einem regulatorischen Blickwinkel könnte man das doch als anwaltliche Arbeit betrachten. Aber ist das die richtige Sicht?[5] Muss man Anwalt sein, um immer wiederkehrende Vertragsmuster mit Variablen zu erstellen? Die Fragwürdigkeit dieser Betrachtung folgt schon daraus, dass in vielen europäischen Ländern das Beratungsmonopol längst nicht so umfangreich ist wie in Deutschland. Außergerichtlich gibt es nur selten ein so umfassendes Monopol wie bei uns. In England, Frankreich, den skandinavischen Ländern oder der Schweiz etwa würde man die Diskussion, die wir führen, gar nicht verstehen. Wir halten es daher nur für eine Frage der Zeit, dass sich das hierzulande ändert.

1244 Unserer Meinung nach darf man den Begriff der anwaltlichen Arbeit nicht nur regulatorisch und statusbezogen betrachten, sondern muss fragen, welche Tätigkeiten notwendigerweise durch einen Anwalt durchgeführt werden müssen, und dabei auch den Nutzen für Mandanten mit einbeziehen. Erst dann erschließt sich auch wieder der Wert der anwaltlichen Tätigkeit, in Abgrenzung zu standardisierbaren, schematischen und automatisierbaren Tätigkeiten. Dass Anwälten durch Technik etwas „weggenommen" wird, ist eine irreführende Bezeichnung, denn es gehörte ihnen nicht.

---

[4] Vgl. dazu die Kapitel von *Bues*, Rn. 1156 ff.; und *Krause/Hecker*, Rn. 304 ff.
[5] Vgl. zu diesen Fragen das Kapitel von *M. Hartung*, Rn. 1031 ff.

These 3: Anwälte verlieren ihre Mandanten nicht an ein Legal Tech-Unternehmen, sondern an bessere Anwälte

Das klingt vermutlich überraschend, ist es aber nur auf den ersten Blick – aber der schwierigste oder größte Wettbewerber einer Kanzlei ist kein Legal Tech-Unternehmen, auch kein „Alternative Service Provider". Das hat schon ganz praktische Gründe: wenn irgendwo doch Rechtsrat ins Spiel kommt, geht es derzeit nicht ohne Anwälte. Legal Tech-Unternehmen dürfen grundsätzlich keinen Rechtsrat anbieten. Und auch bei Unternehmen wie Flightright, die eine Genehmigung nach § 10 RDG (zugelassenes Inkassounternehmen) haben und damit in gewissem Umfang Rechtsdienstleistungen anbieten dürfen, gilt diese These: sie konkurrieren schon deshalb nicht mit Anwälten, weil dieses Rechtsgebiet von Rechtsanwälten so gut wie gar nicht angeboten wurde. Und wenn es gerichtlich streitig wird, muss auch Flightright auf externe Anwälte zurückgreifen.

Allerdings üben Legal Tech-Unternehmen insoweit Druck auf Anwälte aus, als sie zeigen, wie es anders geht, schneller und günstiger und benutzerfreundlicher. Solche Unternehmen werden nur den Kanzleien gefährlich, die glauben, Neuentwicklungen ignorieren zu können. Diejenigen Kanzleien, die ihre Mandanten (existierende oder künftige) genau kennen und wissen, wie sie den Prozess der juristischen Dienstleistung mit verschiedenen Ressourcen (Mitarbeiter in vielen Funktionen, längst nicht nur Anwältinnen und Anwälte) erstellen und anbieten, profitieren von neuer Technologie. Sie entwickeln sich damit zu „besseren Kanzleien", die ihre Mandanten besser bedienen als andere. Aber dieser Weg geht sich nicht von selbst, sondern erfordert Unternehmergeist, Veränderungswillen, Change Management, Offenheit für technologische Neuerungen, und eine Prise Fortune, ohne die sowieso nichts geht.

These 4: The competitor that kills you doesn't look like you

Diese These ist ein Zitat von Richard Susskind.[6] Niemand weiß, was die ultimative Bedrohung für die Anwaltschaft wäre, quasi die UBER-App für die Anwaltschaft (verstanden als ein Softwareprodukt, das zahlreiche Anwendungsfelder hochgradig automatisieren kann). Vielleicht wird die „Killer-App" gerade erfunden. So simpel wie in der Theorie der disruptiven Innovation wird es allerdings nicht gehen. Eine echte disruptive Veränderung des Rechtsmarktes wird nur durch eine Kombination aus Technologie, neuen Strukturen und neuer Regulierung ermöglicht werden. Das schafft alleine kein noch so intelligenter Roboter. Die Softwaretechnologie, mit der wir heute bereits arbeiten können, ist nicht disruptiv, sondern erleichtert uns Anwälten das Leben und ermöglicht es uns, „besser" zu werden. Das gilt auch für alles, was mit künstlicher Intelligenz zu tun hat. Vielleicht finden das nur diejenigen nicht gut, die minderwertige Arbeit durch teure Anwälte erledigen lassen wollen, um damit viel Geld zu verdienen. Aber von diesen Fossilen wollen wir uns nicht sagen lassen, wie die Zukunft aussehen soll.

Es hat jedenfalls keinen Zweck, sich auszumalen, wie „die Technologie" aussehen könnte, die alles verändert. Eine einzige Software wäre es ohnehin nicht, eher ein Bündel an Anwendungen. Und wer würde sie entwickeln – Verlage?[7] Oder eine der Big4-Gesellschaften?[8] Legal Tech Start-Ups, die mit sehr viel Venture Capital ausgestattet sind, wie z.B. LegalZoom? Eine Plattform, die sich nicht nur auf die Vermittlung beschränkt, sondern ausgehend von ihren Erfahrungen selber eine Anwaltsgesellschaft aufbaut?[9] Oder ein Zusammenschluss von Rechtsanwälten, die sich weniger auf die sachbearbeitende Rechtsberatung konzentrieren, son-

---

[6] Das Zitat stammt aus Vorträgen von Richard Susskind (bzw. übernommen von seinem Sohn Daniel), vgl. z.B. hier: http://lexisnexis.com.au/media-centre/blog-articles/2016-May-20-Looking-at-the-Future-of-Legal-Services.
[7] Vgl. dazu das Kapitel von *David Curle*, Rn. 962 ff.
[8] Vgl. dazu die Kapitel von *Northoff/Gresbrand*, Rn. 466 ff., und von *Busekist/Glock/Mohr*, Rn. 489 ff.
[9] Michael Friedmann, der Gründer von 123recht.net, hat unlängst die Kanzlei PRIME Rechtsanwaltsgesellschaft gegründet, die zusammen mit der Technologie von IBM/Watson die Entwicklung automatisierter Rechtsberatung erprobt.

dern auf Prozessabläufe und/oder -automatisierung?[10] Oder doch ein Rechtsschutzversicherer? Rechtsschutzversicherer dürfen gemäß § 4 RDG keine Rechtsdienstleistungen anbieten.[11] Das ist in anderen europäischen Ländern anders. Da die Versicherer unter erheblichem Kostendruck stehen, versuchen sie, ihre Versicherungsnehmer vom Gang zum Anwalt abzuhalten.[12] Alles, was die Rechtsberatung verbilligt oder ersetzt, passt in die Strategie dieser Unternehmen. Jedoch haben sie sich bislang noch nicht als besonders innovativ erwiesen, was Legal Tech angeht.[13] Disruptiv kann aber auch eine Änderung des Gesetzes wirken: die Streichung des § 4 RDG hätte erhebliche Folgen für weite Teile der Anwaltschaft, ohne dass irgendeine technologische Innovation erforderlich wäre.

1249 Damit kommen wir also nicht weiter. Vermutlich würden wir diese Veränderung auch erst dann als Bedrohung für die Profession erkennen, wenn sie direkt vor uns steht – doch dann ist es zu spät. Wir sollten also keine Zeit mit Zukunfts-Menetekeln verschwenden, sondern uns darum kümmern, dass wir heute und morgen mit Hilfe von Legal Tech bessere Anwälte, Richter oder Rechtsdienstleister werden, oder: wie wir die juristische Profession durch Technologie heute und morgen verbessern.

---

[10] Vgl. das Kapitel von *Marco Klock*, Rn. 590 ff.
[11] Das entspricht der überwiegenden Auffassung im Schrifttum, vgl. Henssler/Prütting/*Weth*, BRAO, 4. Aufl. 2014, Rn. 3-11; *Deckenbrock/Henssler*, RDG, 4. Aufl. 2015, Rn. 4; a. A. *Kleine-Cosack*, RDG, 3. Aufl. 2014, Rn. 20 ff., jeweils zu § 4 RDG und m.w.N.
[12] Grundsätzlich haben Versicherte das Recht der freien Anwaltswahl, § 127 Abs. 1 VVG, dennoch dürfen Versicherer mit Anreizsystemen arbeiten, damit zunächst kostengünstigere Streitschlichtungsmöglichkeiten in Anspruch genommen werden; vgl. dazu BGH 4.12.2013 – IV ZR 215/12, NJW 2014, 630; zulässig ist auch, Kostenzusagen für Gerichtsverfahren von der vorherigen Durchführung einer Mediation abhängig zu machen, vgl. BGH 14.1.2016 – I ZR 98/15, BeckRS 2016, 04378; zur europarechtlichen Situation vgl. *Wendenburg*, NJW 2011, 3064 mit einer Besprechung von EuGH 26.5.2011 – C-293/10.
[13] Allerdings gibt es Ausnahmen, vgl. den Bericht „*Rechtsberatung vom Versicherer*", Süddeutsche Zeitung vom 23.3.2017 über ein neues Beratungsangebot der ARAG Rechtsschutz, http://sz.de/1.3433126.

Sachregister

Die Zahlen verweisen auf Randnummern

ABA Model Rules of Professional Conduct 220
Abmahnung 690, 693
Abrechnungsmodelle → *Preismodelle*
ABSs → *Alternative Business Structures*
ACC → *Association of Corporate Counsel*
Accelerator 344, 524
Aderant 243
ADR → *Alternative Streitbeilegung*
Agile Applikationen 755
Agiles Arbeiten 398, 522, 118 ff., 490 f., 530 ff.
AI → *Künstliche Intelligenz*
Algorithmisierung 1142
Allen & Overy 129, 157
Alternative Business Structures 233 f.
– NewLaw 277
– Riverview Law 257
Alternative Dienstleister 1032 f.
Alternative Dispute Resolution → *Alternative Streitbeilegung*
Alternative Legal Service Providers 225
Alternative Streitbeilegung 922
– ADR-RL 933 ff.
Analysten 1015
Analytics 235
Anreizstrukturen 156
Anwaltliche Arbeit
– Manufaktur 1239
– statusbezogene Betrachtung 1241 ff.
Anwaltliches Honorarsystem 41
Anwaltliches Selbstverständnis 42
Aosphere 129, 150, 157
Applikationsplattform 746
Approval Tool 913
Apps 153
Arbeitserleichterung 781
Arbeitsteilung 1009
Arrowood, Bryce 548
Artificial Intelligence → *Künstliche Intelligenz*
Association of Corporate Counsel 551
Attias, Dominique 1076
Audi 774 ff.
– DocCreator 775 ff.
– Electronics Venture GmbH 776
Ausbildung 1003
Auswahllisten 791
Automatisierte Dialogsysteme → *Chatbots*

Automatisierung 423
– Abgrenzung klassische Bearbeitung 663
– Dokumentenzustellung 699
– Entscheidungsautomation 1102
– Grenzen 1237
– Mahnsystem 699
– Rechtsautomation 1102 ff.
– Rechtsberatungsprodukte 28
– Voraussetzungen 424
– Wertungen 1103
Axel Springer AG 82
B2B 50 ff.
– Definition 34
– Rolle von Anwälten 51
B2C 37 ff.
– Definition 34
Bacon, Francis 1058
Baker McKenzie 291
Basisdatenabfrage 790
Beck 230
Bedienung 789
Benchmark 360
Benutzererlebnis 1239
Berufsbilder, neue 947
Berufsrecht
– anwaltliches 1031 ff.
– Zulässigkeit 663, 687
Berwin Leighton Paisner, BLP 236
Best of Breed 242
Best-Practice 906
Beteiligungsgesellschaft 787
Beteiligungsmanagement 517
Bietergemeinschaften 1055
Big Data 799, 1109
– Big Data Law 190
Big Four 233, 491
Bitcoin 1218
Blind Bidding 926
Blockchain 176, 531, 593, 1154, 1218
Blog 690
Bloomberg BNA 230
BPMN 862
Break-Even 157
Brexit
– Brexit Navigator 475
– eDiscovery 484
Briggs-Report 949
Browder, Joshua 262, 1042
Bucerius Center on the Legal Profession
– BCG-Studie 21 ff.

301

Bucerius Law School 1024, 1028 f.
Bundesgerichtshof
- Afterlife 704
- Morpheus 704
Business Model 352
Business Model Canvas 148
CaaS → Court as a service
Caffe-Framework 1109
Callcenter 694, 915
Candis 641
Caravane, Project 1061
Case Management 233
Change-Management 877
Chatbots 261, 1042, 1191
- DoNotPay 262
- Helm 266, 360
- Joshua Browder 262
- Lawbot 264
- Robot Lawyer LISA 265
- Termi 266
Chief Innovation Officer 1014
Civil Developers 746
Clearspire 536, 539
Clifford Chance 128
- Kira Systems 254
Cloud
- für Anwälte 702
Cloud Computing 244
Cluster
- Center of Interest 1077
- Communication Cluster 1079
CMS Hasche Sigle 128, 149, 151, 1134
Co-Creation 360
Co-Development 360
CodeX LegalTech Index 205
Commoditization 10 ff., 158, 1241
Compliance 243, 498
Computerfax 700
Contract Lifecycle Management → Dokumentenmanagement
Contract Management → Dokumentenmanagement
ContractorCheck 153, 413 ff.
- Entwicklung 443 ff.
- Funktionsweise 429 ff.
Convenience 1239
Coral 538, 557 ff.
- Architecture 559
- Interfaces 562
Corporate Housekeeping 855
Corporate Legal Departments
- Leverton 258
- Riverview Law 257
Court as a service 922, 948
Customer Journey 358
Customizing 781
Cybersecurity 243
Datenanalyse 511
- semantische 527

Datenherrschaft 766
Decomposing 10, 1241
Deep-Learning 1109
Delivery of Legal Services 537, 540
Deloitte 467
- Center for the Long View 475
- Deloitte Legal 467
Dentons
- NextLaw Labs 344 ff.
- Venture funds 344 ff.
Deontology Cluster 1087
Design Thinking 148, 291, 359, 522, 525, 531, 860, 1016
Digital Justice Gap 922
Digital Transformation 250
- The Digital Onion 245
Digitale Geschäftsmodelle 151, 80 ff.
Digitale Lösungen 906
Digitales Eigentum 1216
Digitales Richtlinienmanagement 498
Digitalisierung
- Definition 67
- der deutschen Justiz 925
- der Geschäftsmodelle 902
- der internationalen Auftrags- und Vertragsbearbeitung 893
- der Rechtsabteilung 903
- des Contract Managements 823
- des Kundenkontakts 97 ff.
- Digitalisierungsdimensionen 78 ff.
- Digitalisierungsstrategie 72 ff.
- Dokumente 698
- Erfolgsfaktoren 101 ff.
- Kanzlei 696
- Vision 74 ff.
- von Prozessen 87 ff.
- von Strukturen 92 ff.
Digitization Readiness 712
Digitizing vs. Digitalizing 832
Disaggregation 546
Dismissal Calculator 474
Disruptive Auswirkungen 20 ff.
- der Digitalisierung 68
Disruptive Veränderung 64, 1247
Distributed Ledger 1213
DocGuide 791
DocsCorp 243
Document Automation → Dokumentautomatisierung
Document Management → Dokumentenmanagement
Document Review → Dokumentenanalyse
→ Information Extraction
Dokumentautomatisierung 243, 468, 1131
- Contract Automation 233
- Element (Deloitte) 471
Dokumentenanalyse
- E-Discovery 31, 235, 253, 1181
- E-Discovery, Brexit 484

- E-Discovery, Deloitte 482
- E-Discovery, Technology Assisted Review (TAR) 483
- Vertragsanalyse 1185

Dokumentenerstellungssysteme
- und Berufsrecht 1053
- und Haftung 1054
- Vertragserstellung 910
- Vertragserstellung, Lawforce 906

Dokumentenmanagement
- Contract Lifecycle Management 144, 1152
- Contract Management 802 ff.
- Document Management 243
- Document Production 243
- Vertragsmanagement 800
- Vertragsmanagement, Definition 804
- Vertragsmanagement, SAP 809 ff.

Dokumentvorlagen 1133 ff.
Domänen-Experte 444
DoNotPay 262, 1042
Doppelstöckige Anwaltsgesellschaften 1056
Due Diligence 248, 309
- und Information Extraction Tools 477

eAudIT-Tool 495
eBay 924
E-Billing 233
Economic Forecasting Cluster 1091
E-Discovery → *Dokumentenanalyse*
Editions Lefebve-Sarrut 230
Effizienz 781
- Kostensenkung 846

Effizienzsteigerung 127, 133, 144, 778
Element 471
Elite Legal Talent 545
ELTA → *European Legal Technology Association*
End of Lawyers, The 10, 488
End-to-End Solution 875
Entrepreneur 355
Entscheidungsbaum 1103 ff., 432 ff.
- Entscheidungsunterstützungssysteme 1112 ff.

Ethereum 1226
Europa Universität Viadrina 1028
European Legal Technology Association 164
Excel-Tabelle 693
Expert Systems → *Expertensysteme*
Expertenportale 29
Expertensysteme 429, 473, 1027, 1103 ff., 1112 ff., 1190
- Brexit Navigator 475
- Dismissal Calculator 474

Explainability 218
External Legal Manager 765
Facebook Business Manager 627
Fachsozialisation 1020
Failure 401
Fertigungsstraßen 45
Filesharing 692
Finanzkrise 11

Finite State Machine 682
Finley Kumble 550
Fixed-priced models 572
Flightright 171
Forensik 512
Frage/Antwort-Dialog 455
Fragenkatalog 790
Freitextsuche 791
Fremdbesitz
- Innovationsförderung 15

Freshfields Bruckhaus Deringer
- Kira Systems 254
- Lawtech hackathon 261

Gatekeeping Regulations 221
GdV-Studie 39
Georgetown University 1029
Gericht
- als Service/Dienstleistung 922

Gerichtlicher Schriftsatz → *Schriftsatz, gerichtlicher*
Gerichtsurteil
- als Programm 943

Gesamtverband der Deutschen Versicherungswirtschaft 39
Geschäftsmodell
- Kanzlei 847

Gesetz zur Einführung der elektronischen Akte in der Justiz und zur weiteren Förderung des elektronischen Rechtsverkehrs 925
Gewerbliche Tätigkeit 1053
Gewichtungssystem 437
- Funktionsweise 437 ff.

Global financial crisis 543
Goodenough, Oliver 20
Google
- Google Adwords 627
- Google Analytics 627
- Google Drive 639
- Google Sheets 639
- G-Suite 639

Governance-Tool 791
Gowling WLG
- Derek Southall 245
- The Digital Onion 245

Gratton, Lynda 567
Grundsatzfragen 784
Gyosei 230
Hackathon 164, 261, 952
Haeri's Commission Report 1073
Haufe-Lexware 230
Helm 360
- Thomson Reuters Elite 266

HighQ
- Collaborate 243

Honorarsystem → *Anwaltliches Honorarsystem*
HotDocs 243, 1134
Hotline 693

IBM Watson 1027
- DoNotPay 262
- Joshua Browder 262

Iffergan, Eyal 567
IFRS 16 827
Ignition Center 522
iManage 243
- RAVN Systems acquisition 275

Immobilienkredit 705
Incentive 355
Incubator 345
- als Sandbox 410
- Think Tank of the Legal Profession 1069
- und Banken 357

Incubator of the Paris Bar 1059 ff.
Individualisierung 786
Industrialisierte Rechtsdienstleistung 42
Information Extraction (Tools) 477
- Argus 479
- D-ICE 479
- in der Due Diligence 477
- Kira 480

Information-Enablement 831
Inkassogenehmigung 1034
Innovation 238, 244, 521 ff.
- Fremdbesitz 15
- Hubs 301
- Innovationskraft 148
- Sandbox 347

Innovation Award of the Paris Bar 1070
Innovationskultur 104 ff., 489 ff.
Innovationsprozess 523 ff.
International and European Cluster 1082
Internationales Netzwerk 514
Intranet 701
Intransparenz anwaltlicher Leistungen 55
Investitionen 15, 153
Janolaw 1105
Judicial Online Dispute Resolution 948
Juristische Datenanalyse 1029
- Juristische Analysten 1015

Juristische Ingenieure → *Legal Engineer*
Juristische Projektmanager 1012
Juristische Prozessmanager 1013
Juristische Technologiemanager 1014
Justice Cluster 1085
Justiz
- ohne Anwälte 922

Justizförmige Onlineschlichtung 948
Kanzlei der Zukunft 291
kCura
- Relativity 482

Kira Systems 179, 307, 319
- Abrechnung 343
- Anwendungsbereiche 314
- Clifford Chance 254
- Due Diligence 311
- Einsatz bei Deloitte 480

- Freshfields Bruckhaus Deringer 254
- Sicherheit 331
- Sprachen 325 ff.
- Trainieren 327
- Vertragsmanagement 316
- Virtuelle Datenräume 320

Klassische Bearbeitung 663
Klausel
- Gerichtsstandsklausel 796
- Haftungsklausel 791
- Salvatorische Klausel 796

Know-how 491 ff.
Knowledge Management → *Wissensmanagement*
Knowledge Manager → *Wissensmanagement*
KnowledgeTools 1114, 1143
Komplexität 782, 1003, 1011
- Komplexitätsbewältigung 778
- Komplexitätsvermeidung 794

Konferenzen 164
Konkretisierung 790
Konkurrenz → *Wettbewerb*
Konsensmechanismus 1219
Konzeptentwurf 781
Konzernstrukturen 789
Kosten 782
- Rechtsstreit 39

KPMG AG Wirtschaftsprüfungsgesellschaft 489 ff.
KPMG Law 489 ff.
Krebs, Fred 567
Künstliche Intelligenz 144, 177, 235, 236, 237 f., 243, 244, 249, 306, 465, 531, 593, 799, 891
- as a game-changer 251
- Augmentation 1201
- Auswirkungen 1199 ff.
- Automatisierung 1200
- changing the key players in legal tech 258
- Definition 1163
- Grenzen 313
- Herausforderungen 1192 ff.
- im Recht 1102 ff., 1156
- Kira Systems 254
- legal AI 253, 258
- Leverton 258
- Linklaters 255
- Linklaters Verifi 258
- Luminance 254
- Neota Logic 256
- Pinsent Masons 255
- RAVN Systems 251, 252
- ROSS Intelligence 269
- shifting the legal business model 277
- starke und schwache 1165
- take-up 253
- Technologien 307

Law Firm Marketing Services 233
Lawbot 264

Law-Coder 769
LawCorps 549
Lawlift 1143
Lawsuit Financing 214
Lawtech
− Freshfields Bruckhaus Deringer 261
− hackathon 261
− Hackney Community Legal Centre 261
− Legal Geek 261
− Neota Logic 261
− start-up map 273
Lean Six Sigma 862, 1013
Legal AI → *Künstliche Intelligenz*
Legal Analytics 497
Legal Content Management 831
Legal Date Scientists 767
Legal Due Diligence → *Due Diligence*
Legal Engineer 237, 258, 947, 1017, 1150
Legal Expert Systems → *Expertensysteme*
Legal Geek 260
− Hackney Community Legal Centre 261
− Lawtech for good 261
− Lawtech start-up map 273
− Legal Geek start-up conference 267
Legal Information Management 832
Legal Know-How 233
Legal Platforms 220
Legal Prediction
− Contract Analysis 210
− IP Analytics 211
− Judicial Analytics 208
− Legislative Prediction 212
− Predictive Analytics 201
− Predictive Policing 213
Legal Process Outsourcing 30, 233, 249
Legal Publishers 231
− competition with other types of companies 234 f.
− consolidation 232
− shift to software and services 233
Legal robots 236, 258
Legal Services Act
− (UK, 2007), liberalisation 233
Legal Spend Management 233
Legal Talent 545
Legal Tech
− 1.0-Anwendungen 20
− 2.0-Anwendungen 20
− 3.0-Anwendung 20
− Auswirkung auf Arbeitsplätze 334
− Berater 135, 141, 146, 1150
− Bucerius-Studie 21
− Definition 17 ff.
− im engeren Sinn 23
− Konferenzen 164
− Strategie 126
− Taxonomie 25 ff.
− und anwaltliches Geschäftsmodell 485

− und Governance 485
− und Kanzleipersonal 485
Legal Technology Innovation Architect 444
Legalvisio GmbH 702
Lernende Organisation 886
Leverton 258
Lex Machina 1015
Lexalgo 1102 ff.
LexisNexis 230 ff., 243, 1015
LexPredict 1015
Linguistik 1107
Linklaters
− AI 255
− Verifi 258
Litigation Management 233
Logikbausteine 432
Low Coder 746
Low Hanging Fruits 147
Ludwig Maximilians Universität München
− LMU 1028
Luminance 254
− Dr Lynch 254
− Invoke Capital 254
− Slaughter and May 254
Lyon Bar 1097
M&A Transactions
− due diligence 248
− RAVN Systems 252
Machine Learning 497, 799
− Definition 1171
− supervised learning 1175
− Technologie 312
− Training 478
Magic Circle 244
Mailchimp 627
Mandantenportal 127
Manufakturansatz 1239
Manufakturbetrieb 42
Marketing 157
Marktplätze 29
Marseille Bar 1097
Martinet, Laurent 1060
Maschinelles Lernen 1006
Massenklageverfahren 497
Medien 689
Microsoft
− OneNote 639
− SharePoint 242
Mimecast
− email management 243
Mindset 593
Minimum Viable Product (MVP) 154 ff.
Modria 930
Moonshot Paradigm 829
More for Less 12
Mustererkennung 1109
myInsight 485
Myright 170

305

Natural Language Processing 1177
- NLP 1015

Negotiation
- assisted/automated 926

Neota Logic 153, 430, 1027, 1106
- AI 256
- Lawtech hackathon 261

NetDocuments 243
Neuronale Netze 1109 ff.
NewLaw 277
Nextlaw Labs 344 ff.
No win, no fee 43
No-Code-Platform 430
Norton Rose Fulbright 153, 443
NuLawLab 1016
Nutzerverhalten 36
ODR → *Online-Streitbeilegung*
One-Stop-Shop 528
Online Court 949
Online Dispute ResolutionOnline-Akteneinsichtsportal 925, 954
Online-Dialog 155
Onlinegericht 922, 938, 948
- Bedenken gegen 953

Online-Marktplatz
- Hinweispflicht auf OS-Plattform 935

Online-Streitbeilegung 922, 933, 936
- als rechtspolitische Herausforderung 957
- Anreiz für Unternehmen zur freiwilligen Teilnahme 939
- ODR-Modellgesetz 926 ff.
- ODR-Plattform 926 ff.
- ODR-VO 933
- Online-Streitschlichtung 922
- Plattform 934 f.

Open Innovation 532
Optical Character Recognition 639
Organisationspflicht 498, 500
Outsourcing 144, 545
Paris Bar Incubator 1059 ff.
Peppermint Technology 243
Pinsent Masons 127, 255
Pivot 594
Plattformen
- Rückkoppelungseffekt 48
- und Berufsrecht 1037 ff.

Plug-and-Play-Lösungen 907
Post Merger Integration 896
Practice Management 243
- Software 233

Practice of Law 540
Predictice Analytics 1183
Predictive Coding 1111
Preismodelle 137
Product Development
- und Innovation 361

Produktivitätssteigerung 137
Professionalierung in Anwaltskanzleien 298

Programmierung 696, 1143
Project Caravane 1061
Project The Lab 1067
Projektjuristen 30
Projektmanagement-Tools
- Shared Delivery Center 497
- Shared Service Center 496

Projektmanager 1012
Proof-of-Work 1221
Prospective Identity Cluster 1094
Prototyp 16, 524
Prozess
- Ablauf 701
- Beschreibung 701
- Change-Prozess 775
- Einstiegsprozess 785
- Gestaltung 504
- Innovations- 523
- Ist-Soll-Prozess 779
- modelling 505
- Modelling-Tools 505
- Prozesssteuerung 791
- Vertragserstellungsprozess 774, 785
- Visualisierung 505

Prozessdesign 1016
Prozessdigitalisierung
- Agile Apps 906

Prozessfinanzierer
- anwaltliche Beteiligung 1050

Prozessmanager 1013
Python 1029
Qualifikationsprogramme 769
Qualität
- aus Verbrauchersicht 1238
- Maßstab 780

Quersubventionierung 42
Rapid Prototyping 153, 398, 1024
Rating-Engines 765
Ravel Law 1015
RAVN Systems 179, 243, 258
- acquisition 275
- applied cognitive engine 251
- Berwin Leighton Paisner 251
- due diligence 251
- LONald 251

Recht
- alternativer Zugang zum 933
- Kampf ums Recht 957

Rechtliche Rahmenbedingungen 159
Rechtlich-Technischer Assistent → *Legal Engineer*
Rechtsabteilung 775 ff.
Rechtsautomat 144
Rechtsdienstleistungen
- Definition 1033

Rechtsdienstleistungsgesetz (RDG) 880
Rechtsformalisierung 1109 ff.
Rechtsinformatik 1103

Rechtsprodukte
– digitale 148
Rechtsschutzlücke
– im eCommerce 933
Rechtsschutzversicherer
– und Legal Tech 1248
Rechtsservice 786
Recognition and Award Cluster 1090
Recommind 243
Redtube 703
Regelbasierte Systeme 1176, 1112 ff.
Regelmaschinen 1103 ff.
Regelstrukturen 1103 ff.
Relationstechnik
– IT-gestützte 943
Relativity
– kCura 482
RELX 230 ff.
Repeat Player 45
Ressourcen 788
Review 916
Richter
– ohne Gerichtssäle 922
Richtlinienmanagement
– digitales 498
Riverview Law
– Kim 257
Robolawyer 190
Robot Lawyer LISA 265
Robotik 531
Ross Intelligence 167
Sachverhaltserfassung 666
– Validierung 671
Sachverhaltsprüfung 674
Sandbox
– und Innovation 347
Schlichtungsklauseln
– Unwirksamkeit obligatorischer 937
Schlichtungsstelle 931 ff.
Schlichtungsstelle
– für den öffentlichen Personenverkehr 46
Schnittstellen
– technische 1147 ff.
Schriftsatz, gerichtlicher
– Maschinenlesbarkeit 941
– Strukturierung 940
– Vorstrukturierung 941
Schritte zur digitalen Rechtsabteilung 773
Search 243
Selbstdisziplin 796
Selbstverständnis der Anwaltschaft 42
Self Service Angebote
– als Rechtsdienstleistungen 1041
– durch Rechtsanwälte 1051 ff.
Self-Service-Produkt 130, 151, 155, 1437
Semantik 1107
Seyfarth Shaw LLP 1013
– SeyfarthLean 848

Shared Delivery Center 497
Shared Service Center 496
– Off-shore 894
Sicard, Frédéric 1076
Signaturit 641
Simmons & Simmons 151
Six Sigma 1013
Skalierung 148
– Skalierbarkeit 427
Slaughter and May
– Luminance 254
Smart Apps
– Neota Logic 256
Smart Contract 762, 1153, 1223
SmartLaw 1105
Software 696
– as as Service (SaaS) 244
Softwareentwickler 696
Softwareentwicklung 781, 1150
– agile 154
Software-Landschaft 146
SÖP → Schlichtungsstelle
Southall, Derek 246
– Gowling WLG 245
– Hyperscale Group 245
– The Digital Onion 245
Spracherkennung 1107
Standard 780
– Standardisierung 777
Stanford University 1014, 1028
Start-Up 122, 516 ff., 521 ff.
Start-Up Culture
– Dentons NextLaw Labs 269
– Jimmy Vestbirk 260
– Legal Geek 260
– Legal Geek start-up conference 267
Start-Up Incubators 269
Statements of Work 553
Statistische Systeme 1109 ff.
Strategic Partnership
– and Incubators 362
Subsumtion 1107
Subsumtionsautomat 941
Sur, Pierre-Olivier 1060
Susskind, Richard 10, 12, 14, 233, 248, 481, 488, 1241
Sysero 243
Tauschbörse 689
Taylor Vinters
– ThoughtRiver 270
Technische Sachverhaltsvalidierung 672
Technische Universität München 1028
Technologieausbildung 1024
Technologiemanager 1014
Technology Assisted Review (TAR) 483
Templates → Dokumentvorlagen
Termi
– Thomson Reuters Elite 266

Testen 450
The Digital Onion
- digital transformation programme model 245
- Gowling WLG 245

Think Tank of the Legal Profession 1069
Thomson Reuters 230 ff.
- ContractExpress 243
- Elite 243
- Helm 360 266
- Lawtech start-up map 273
- Solcara 243
- Termi 266

Three-Legged Stool 547
Tikit
- Carpe Diem 243

Timekeeping 233
Tools
- für Rechtsabteilungen 900

Toulouse Bar 1097
Transformation
- des Gerichtswesens in Deutschland 954

Two Company Model 555
UBER-App
- für die Anwaltschaft 1247

Unbundling 10, 1241
UNCITRAL Working Group III (Online Dispute Resolution) 926 ff.
Unternehmen
- Hinweispflicht auf OS-Plattform 935

Unzufriedenheit mit anwaltlichen Leistungen 34
Unzulänglichkeit des Rechtspflegesystems 35
Urheberrecht 704
USA 1014 f., 1028
User Experience 301
User Generated Content 1109
User-Akzeptanz 794
User-Konzept 786
Value Proposition 352
Variablen 431, 1145 f.
Venture Capital 15
Verbraucherstreitbeilegungsgesetz 933 ff.
Veredelung 1010
Verfahrensvorbereitung
- elektronisch gestützte 943

Verordnung über Online-Streitbeilegung in Verbraucherangelegenheiten (VO (EU) Nr. 524/2013) → *Online-Streitbeilegung*
Vertrag
- Vertragsmuster 789
- Vertragssprache 791

Vertragsanalyse → *Dokumentenanalyse*
Vertragsautomation → *Dokumentautomatisierung*
Vertragserstellung → *Dokumenterstellungsysteme*

Vertragsgeneratoren
- und Berufsrecht 1040 ff.

Vertragsmanagement → *Dokumentenmanagement*
Vestbirk, Jimmy
- Legal Geek 260

Virtual Law Firm 571
Vollautomatisierte Bearbeitung 663
Vorlagenverwaltung 791
Vorschaltdialog 790
Vorstrukturierung
- von Schriftsätzen 941 ff.

Vor-Subsumtionsautomat 941
VSBG → *Verbraucherstreitbeilegungsgesetz*
Waffengleichheit 508 ff.
Watson 515
Web-Frontend 660, 669
Webmerge 641
Wells, Martyn 250
- the procurement conundrum 271
- Wright Hasall 235

Wenn-Dann 432, 436
- Strukturen 1103

Wertschöpfungskette 851
Wettbewerb 136, 140, 158
Widerruf 705
WINNI 697
Wirtschaftliche Analyse 134
Wirtschaftsprüfungsgesellschaft 489 ff.
Wissensmanagement 791, 1013
- Knowledge Management 243
- Knowledge Manager 1150

Wolters Kluwer 230, 236
Workflow 845, 1136
- Analyse 141
- Mapping 848
- Modellierung 861
- Rebundling 872
- Reengineering 867
- Standardisierung 879
- Unbundling 851

Workshare 243
Wright Hassall
- Martyn Wells 235

YouTube 703
Zapier 641
Zendesk 641
Zivilprozess
- IT-gestützter 943

Zugang zu Informationen 57
Zugang zum Recht 33 ff.
- in den USA 40

Zukunft
- Thesen 1235 ff.

Zweckgesellschaft 1055